EINZELVERÖFFENTLICHUNGEN DER

HISTORISCHEN KOMMISSION ZU BERLIN

BAND 81

BARBARA STRENGE

JUDEN IM PREUSSISCHEN JUSTIZDIENST

1812–1918

Der Zugang zu den juristischen Berufen als Indikator der gesellschaftlichen Emanzipation

K · G · SAUR
MÜNCHEN · NEW PROVIDENCE · LONDON · PARIS 1996

Gedruckt mit finanzieller Unterstützung der Axel Springer Stiftung, Berlin,
des Berliner Anwaltsvereins e. V.,
der Berliner Justizsenatorin Frau Dr. Lore Maria Peschel-Gutzeit
und Frau Margot Rumpf.
Die Schriftenreihe der Historischen Kommission zu Berlin erscheint mit Unterstützung
der Senatsverwaltung für Wissenschaft und Forschung, Berlin.

Lektorat der Schriftenreihe

Christian Schädlich
Thomas Revering

Die Deutsche Bibliothek – CIP-Einheitsaufnahme

Strenge, Barbara:
Juden im preussischen Justizdienst 1812 - 1918 : der Zugang zu den juristischen Berufen als Indikator der gesellschaftlichen Emanzipation / Barbara Strenge. - München ; New Providence ; London ; Paris : Saur, 1996
(Einzelveröffentlichungen der Historischen Kommission zu Berlin ; Bd. 81)
Zugl.: Berlin, Humboldt-Univ., Diss., 1993 u. d. T.: Strenge Barbara: Der Zugang der Juden zum preussischen Justizdienst 1812 - 1918
ISBN 3-598-23225-X
NE.: Historische Kommission <Berlin> : Einzelveröffentlichungen der Historischen ...

Gedruckt auf alterungsbeständigem Papier

A Reed Reference Publishing Company
Printed in the Federal Republic of Germany

Satz: Historische Kommission zu Berlin, Berlin
Druck: Strauß Offsetdruck, Mörlenbach
Binden: Buchbinderei Schaumann, Darmstadt

ISBN 3-598-23225-X

GELEITWORT

Die Zulassung von Minderheiten zum engeren staatlichen Herrschaftsapparat derjenigen Gesellschaft, in der ihnen ein Leben nach ihren eigenen Wertvorstellungen und Normen zugestanden wurde, ist in der Geschichte und bis in die Gegenwart ein besonders umstrittenes Problem. Juristische, polizeiliche, militärische und erzieherische Funktionen blieben und bleiben weitgehend Angehörigen der Mehrheitsbevölkerung vorbehalten.

Das galt insbesondere für die seit Jahrhunderten in Deutschland lebenden Juden. Seitdem die höheren preußischen Beamten begannen, die Emanzipationsvorstellungen der Spätaufklärung in gesetzliche Regelungen umzusetzen, stellte sich die Frage, ob Juden zum Staatsdienst zuzulassen seien. Als besonders diffizil erwiesen sich dabei die Anstellung von Juden im Justizdienst mit richterlichen Befugnissen und die Ernennung von Juden zu Hochschullehrern im Bereich der Rechtswissenschaft. Formale und informelle Hemmnisse verhinderten oder erschwerten den Zugang zu diesen Laufbahnen bis in das 20. Jahrhundert hinein.

In der Arbeit von Barbara Strenge wird dieser Themenkomplex in seinem historischen Ablauf, basierend auf umfangreichem Quellenmaterial, eingehend analysiert und interpretiert. Die Autorin leistet damit einen wichtigen Beitrag zu einem bisher nur punktuell aufgearbeiteten Kapitel deutsch-jüdischer Geschichte. Die Historische Kommission begrüßt es daher sehr, ihre Studien zur Geschichte der Juden in Deutschland durch diese Veröffentlichung bereichern zu können.

Berlin-Nikolassee, im Mai 1995

Prof. Stefi Jersch-Wenzel
Sektion für deutsch-jüdische Geschichte

INHALT

VERZEICHNIS DER TABELLEN

ABKÜRZUNGSVERZEICHNIS

AZJ	*Allgemeine Zeitung des Judentums*
BA Potsdam	Bundesarchiv Koblenz, Abteilungen Potsdam
BA Koblenz	Bundesarchiv Koblenz
CAHJP	Central Archives for the History of the Jewish People, Jerusalem
CV	Centralverein deutscher Staatsbürger jüdischen Glaubens
Diss.	Dissertation
GS	Gesetz-Sammlung
GStAPK	Geheimes Staatsarchiv Preußischer Kulturbesitz, Berlin
IDR	*Im Deutschen Reich* (Organ des CV)
JJGL	*Jahrbuch für jüdische Geschichte und Literatur*
JMBl.	*Justizministerialblatt*
LBI-YB	*Yearbook* des *Leo Baeck Institute*
OLG	Oberlandesgericht
StBPrA	*Stenographische Berichte des Preußischen Abgeordnetenhauses*
StBPrH	*Stenographische Berichte des Preußischen Herrenhauses*
VdDJ	Verband der Deutschen Juden

VORWORT

Die vorliegende Arbeit ist eine leicht überarbeitete Fassung der Dissertation, die ich im Herbst 1992 an der Humboldt-Universität zu Berlin vorgelegt habe. An dieser Stelle möchte ich allen herzlich danken, die durch ihre Ermutigung und Kritik zu ihrem Entstehen beigetragen haben.

Mein Dank gilt meinem Betreuer Herrn Prof. Laurenz Demps (Humboldt-Universität zu Berlin), der mich jederzeit mit wissenschaftlichem und menschlichem Rat unterstützte.

Ich danke Frau Prof. Stefi Jersch-Wenzel (Historische Kommission zu Berlin), die mit kritischen Ratschlägen die Weiterführung der Arbeit bis zur Drucklegung freundlich förderte. Herr Prof. Reinhard Rürup (Technische Universität Berlin) stellte sich mir ebenso wie Herr Dr. Rainer Erb (Zentrum für Antisemitismusforschung, Berlin) großzügig mit hilfreichem Rat zur Verfügung. Herrn Prof. Rürup verdanke ich darüber hinaus wichtige kritische Anregungen zur beabsichtigten Publikation.

Besonderen Dank möchte ich Herrn Prof. em. Jacob Toury (Herzlija/Israel) aussprechen, den ich mehrfach konsultieren konnte. Ohne seine richtungweisenden Hinweise und seinen aufmunternden Zuspruch wäre die vorliegende Arbeit nicht zustande gekommen.

Schließlich danke ich Andreas Reinke für die Durchsicht des Manuskripts sowie den Lektoren, Herrn Schädlich und Herrn Revering, für die Hilfe bei der Drucklegung. Für die finanzielle Unterstützung der Drucklegung durch die Axel Springer Stiftung, den Berliner Anwaltsverein, Frau Dr. Lore Maria Peschel-Gutzeit und Frau Margot Rumpf bin ich ebenfalls sehr dankbar. Der Historischen Kommission zu Berlin, die die Arbeit in ihre Schriftenreihe aufgenommen hat, gilt mein abschließender Dank.

Berlin, im Juli 1995 *Barbara Strenge*

EINLEITUNG

Es gibt in der Geschichte der Judendiskriminierung wenige Grundsätze, die historisch so weit zurückreichen und so lange weiterbestanden wie der, daß den Juden jedwede „obrigkeitliche" Funktion über Christen vorzuenthalten sei.[1]

Kaum ein anderer Bereich kann deutlicher als Indiz für den Stand der Emanzipation der gesamten Gesellschaft und eines auch nach der rechtlichen Emanzipation fortdauernden minderen Status der Juden gelten wie die Praxis der Anstellung in Staatsämtern. Die prinzipielle Möglichkeit jedes Staatsbürgers, bei entsprechender fachlicher Kompetenz öffentliche Ämter und höhere Positionen im Staatsdienst zu erlangen, ist seit der Entstehung der modernen bürgerlichen Gesellschaft bis in die Gegenwart als der empfindlichste Gradmesser für die tatsächliche Gleichstellung aller Mitglieder des Staates und den Stand ihrer gesellschaftlichen Integration anzusehen.[2]

[1] Die allgemeine Erörterung der Frage der Zulassung von Juden zu oder ihres Ausschlusses aus Ämtern und Würden reicht bis in die Antike zurück. Bereits in der frühen Neuzeit ist in der Schrift des venezianischen Rechtsgelehrten Marquardus de Susanis, *Tractatus de Judaeis et Usuris*, Venedig 1604, 2. Aufl., Frankfurt am Main 1613 und 1635, die zum Ausgangspunkt einer systematischen Bearbeitung von „Judenrecht" durch deutsche Juristen wurde, viel Raum der Untersuchung gewidmet, ob Juden Richter, Notare, Advokaten, Doktoren, Ärzte, Vormunde usw. sein können bzw. warum sie ausgeschlossen bleiben müssen, vgl. Georg Landauer, *Zur Geschichte der Judenrechtswissenschaft* (1930), in: Kurt Wilhelm (Hrsg.), *Wissenschaft des Judentums im deutschen Sprachbereich*, Tübingen 1967, S. 298. Wie weit derartige antisemitische Stereotype und Ressentiments in die Gegenwart hineinreichen, zeigt die moderne Antisemitismusforschung, vgl. z. B. Werner Bergmann/Rainer Erb, *Antisemitismus in der Bundesrepublik Deutschland. Ergebnisse der empirischen Forschungen 1846–1989*, Opladen 1991, S. 161 ff.

[2] Vgl. Stefi Jersch-Wenzel, *Der „Mindere Status" als historisches Problem*, Berlin 1986, sowie dies., *Die Lage von Minderheiten als Indiz für den Stand der Emanzipation einer Gesellschaft*, in: Hans-Ulrich Wehler (Hrsg.), *Sozialgeschichte Heute. Festschrift für Hans Rosenberg zum 70. Geburtstag*, Göttingen 1974, S. 365–387.

In Preußen waren die Beschränkung der Gleichheit für jüdische Untertanen beziehungsweise die Modalitäten und Grenzen ihrer Eingliederung in den Staat, vor allem hinsichtlich der Übernahme von öffentlichen Ämtern, seit dem Beginn der staatlichen Überlegungen zur Emanzipation der Juden im Jahre 1786 lebhaft erörtert worden. Innerhalb der sich entwickelnden bürgerlichen Gesellschaft stellte sich die Frage nach der zukünftigen Stellung der Juden, die in der Folgezeit zum Gegenstand zahlloser Denkschriften, Gutachten, Staatsministerialbeschlüsse und internen Verordnungen wurde. Die rechtliche Judenemanzipation war ein Resultat des umfassenden Prozesses der bürgerlichen Emanzipation, der Überwindung der ständisch-feudalen Ordnung. Die allgemeine politische Parole von Freiheit und Gleichheit, mit der aus „Untertanen" gleichberechtigte Mitglieder des neuen bürgerlichen Rechtsstaates werden sollten, mußte grundsätzlich für alle gelten, wollte man die liberale Forderung nach der Gleichheit aller vor dem Gesetz nicht ihrer unbedingten Gültigkeit berauben.[3]

Die Bedenken, die gegen die Eingliederung der Juden in Staat und Gesellschaft im Rahmen ihrer Gleichstellung als staatlich-legislativer Akt bestehen blieben, verdichteten sich in der Ämter-Frage. Nachdem die rechtliche Emanzipation der Juden in Preußen durch das Edikt von 1812 eingeleitet worden war, gehörte die Zulassung zum Staatsdienst zu jenen politischen Rechten, die jüdischen Bewerbern bis 1848 mit wenigen Ausnahmen gar nicht und auch danach nur sehr widerstrebend und zögernd gewährt wurden. Eine reaktionäre und restriktive Judenpolitik Preußens nach 1812 hatte die Durchsetzung der Ämterparagraphen des Edikts mit Hilfe einschränkender Kabinettsordres und Ministerialreskripten in der Praxis verhindert.

Die formalrechtliche Emanzipation der Juden wurde in den preußischen Verfassungen von 1848 und 1850 durch den Grundsatz der Unabhängigkeit der Wahrnehmung staatsbürgerlicher Rechte vom religiösen Bekenntnis fixiert. Damit waren die öffentlichen Ämter für alle dazu Befähigten formal gleichermaßen zugänglich. Mit diesem Wegfall der diskriminierenden Sondergesetzgebung für Juden trat eine verfassungs- und gesetzwidrige Verwaltungspraxis gegenüber jüdischen Staatsdienstbewerbern in den Vordergrund. Der Ausschluß der Juden von Beamtenstellen wurde innerhalb des insgesamt lang-

[3] Vgl. u. a. Reinhard Rürup, *Kontinuität und Diskontinuität in der Judenfrage im 19. Jahrhundert*, in: H.-U. Wehler (Hrsg.), *Sozialgeschichte Heute...*, S. 389 ff.

wierigen, mit Rückschlägen verbundenen Emanzipationsprozesses nur allmählich aufgegeben, ungeachtet der fortschreitenden Integration der Juden in die preußische Gesellschaft und ihres raschen wirtschaftlichen und sozialen Aufstiegs ins Bürgertum.

Nach dem Gleichstellungsgesetz von 1869 und der Reichsgründung, insbesondere seit dem innenpolitischen Kurswechsel 1878/79, wurden Juden durch die informelle Form „stillschweigender Übereinkunft" in den Ministerien auch weiterhin von höheren Staatsämtern ferngehalten oder im Avancement benachteiligt. Bis zum Ende des wilhelminischen Kaiserreichs bestand mit der restriktiven Anstellungspraxis preußischer Regierungsbehörden gegenüber Juden im Justizdienst wie auch in der allgemeinen Staatsverwaltung, dem Heer und im Bereich Bildung/Erziehung eine ungebrochene Kontinuität in der Zurücksetzung jüdischer Beamtenanwärter.

Die Repräsentation des Staates durch den Beamten und dessen Nähe zur Macht ließen die staatliche Administration zu einem besonders exklusiven und elitären Bereich werden und hatten eine hohe Aufmerksamkeit bei der Besetzung solcher Positionen zur Folge. Die mit der Tätigkeit des höheren Staatsbeamten verbundene Teilnahme an der staatlichen Machtausübung – mochte der eigentliche Anteil daran auch noch so gering sein und sich in der Amtstätigkeit vor allem durch besonders verläßlichen Untertanengehorsam erschöpft finden – verlieh diesen Funktionen einen hohen Stellenwert in der gesellschaftlichen Hierarchie.

Deshalb gehörten vor allem die mit „autoritärer", exekutiver Kompetenz verbundenen Beamtenstellen in Preußen zu den sozial am höchsten bewerteten Stellungen. Neben dem hohen Sozialprestige, mit dem diese verbunden waren, waren sie darüber hinaus für eine Berufskarriere sehr attraktiv, weil sie die soziale Sicherheit des unkündbaren und pensionsberechtigten Beamten boten.

Ebenso langlebig wie der Ausschluß der Juden von Staatsämtern beziehungsweise Spitzenpositionen und exklusiven Karrieren waren die behördlichen Begründungen: wegen ihrer angeblich moralischen (oder religiösen, nationalen und physischen) Minderwertigkeit fehle es ihnen an Autorität und ihren Untergebenen damit zwangsläufig an der notwendigen Subordination – ein Aspekt, der in der preußischen Bürokratie besonderes Gewicht erhielt. Letztere mußte reibungslos funktionieren. Die gesinnungstreue und sowohl sozial als auch politisch homogene Beamtenschaft sollte gemeinsam mit der christlich-monarchischen Ordnung den festen Grund bilden, auf dem der preußische Staat ruhte. Hohe Posten in Staat und Reich in legislativen und exekutiven Bereichen wurden hier nicht nur als Sphären hoher beruflicher Qualifikation, sondern auch als Hort des „Nationalgeistes" angesehen.[4] Deshalb sollten Juden möglichst keinen (noch so geringen) direkten oder indirekten Anteil an der Herrschaftsausübung erlangen und zugleich als „nicht gesellschaftsfähige" Konkurrenten aus attraktiven akademischen Karrieren ferngehalten werden, um exklusive Standesrechte der alten Eliten gegenüber sozial Aufstrebenden aufrechtzuerhalten. Bei der überragenden Autorität eines staatlichen Amtes in Preußen war es einer ganzen Bevölkerungsgruppe jedoch unmöglich, volles Vertrauen und hohes Ansehen zu gewinnen, wenn ihr kollektiv gerade diese Quelle des Prestiges unzugänglich war. Die preußischen Juden blieben dadurch Staatsbürger „zweiter Klasse".

Aus dem Reservoir ausgebildeter Juristen rekrutierten alle Verwaltungen ihre höheren Beamten. Die vier klassischen Berufsfelder des Juristen (Richter, Staatsanwalt, Rechtsanwalt, Verwaltungsjurist) können zusammen mit der universitären Rechtswissenschaft exemplarisch für den preußischen Staatsdienst stehen. Seit der Reichsgründung war jüdischen Justizaspiranten das Richteramt zugänglich gemacht worden. Der Justizdienst wurde damit zu einem Bereich, in dem sich jüdischen Staatsdienstbewerbern die vergleichsweise größten Chancen für eine höhere Beamtenlaufbahn im preußischen Staat boten. Die Rechtsanwaltschaft erlangte nach ihrer Freigabe besonders für jüdische Anwärter einen beachtlichen Stellenwert innerhalb der juristischen Berufe und der freien Berufe überhaupt. Gerade in der Geschichte der jüdischen Juristen treten die Ambivalenzen von fortschreitender Integration und fortdauernder Diskriminierung, von sozialem Aufstieg und Anerkennung ebenso wie die Grenzen des Erfolgs und Karrierehindernisse besonders deutlich hervor.

Die vorliegende Untersuchung konzentriert sich innerhalb des oben umrissenen allgemeinen Ausgangspunktes und Betrachtungsrahmens auf die Chancen des Zugangs von Juden zu den juristischen Berufen. Es werden die politischen Intentionen von Regierung und Justizverwaltung in bezug auf die Zulassung oder Nichtzulassung von jüdischen Justizkandidaten zum Vorbereitungsdienst, zum beamteten Staatsdienst und zum Avancement aufgezeigt und die dazu bevorzugten Methoden analysiert. Ziel der Arbeit ist es, mit neuem

[4] Vgl. Uriel Tal, *Christians and Jews in Germany*, Ithaka-London 1975, S. 140.

Quellenmaterial konkrete Aussagen über Ursachen, Motive und Funktion der diskriminierenden Einstellungs- beziehungsweise Beförderungspraxis in der Justizverwaltung zu treffen und die Zusammenhänge im Kontext übergreifender historischer Entwicklungen zu erhellen.

Welche Hindernisse und Schwierigkeiten standen jüdischen Juristen in ihrer Berufslaufbahn entgegen? Wie hoch war der quantitative Anteil der Juden im Justizwesen tatsächlich? Wo lagen die Schwerpunkte der Zurücksetzung und mit welchen Resultaten erfolgte sie? Welche Faktoren beeinflußten die Kontinuität und Dynamik des Prozesses? Was machte die Spezifik des Justizwesens hinsichtlich der Anstellung von Juden aus? Wie reagierte die Öffentlichkeit auf die Präsenz der Juden in der Justiz?

Dies sind einige der Fragen, auf die eine Antwort zu geben versucht wird. Bedeutsam in diesem Zusammenhang ist auch, warum es zu einer Konzentration der jüdischen Bildungselite in diesem Sektor kam – wobei (nach 1878) vor allem jüdische Rechtsanwälte innerhalb der Berufsgruppe „überdurchschnittlich" repräsentiert waren – und auf welche historischen Wurzeln diese außergewöhnliche Berufsstruktur zurückzuführen war. Trotz der durch staatliche Maßnahmen zunächst verhinderten, dann verengten Aufstiegschancen jüdischer Akademiker beschreibt die Darstellung zugleich den erfolgreichen Prozeß der Herausbildung der Berufsgruppe der jüdischen Juristen.

Die genauere Betrachtung der preußischen Politik hinsichtlich ihrer Haltung zum Zugang von Juden zu machtnahen Bereichen, besonders auch der Vorgänge auf der Regierungs- und der parlamentarischen Ebene, zeigt, daß die Anstellungs- und Beförderungspolitik einer erkennbar judenfeindlichen Praxis folgte. Die systematische Untersuchung der Anstellungspolitik und der strukturellen Barrieren für eine Aufwärts-Mobilität jüdischer Juristen in Ämter im Herrschaftsapparat erweist einen informellen Konsens bei Regierung und Ministerialbürokratie zur Benachteiligung jüdischer Anwärter.

Die diskriminierende Anstellungs- und Beförderungspraxis wird unter anderem ein wesentliches Motiv des Übertritts zum Christentum.

Wegen der hohen Bewertung von Regierung und Verwaltung im preußisch-deutschen Obrigkeitsstaat zog das Erscheinen von Juden in (höheren) Staatsämtern, vornehmlich im Justizdienst, große Aufmerksamkeit auf sich und bildete gleichzeitig ein immer wieder präsentes Thema innerhalb der Regierungsbehörden, in den parlamentarischen Debatten und in der Publizistik sowie, seit dem Aufkommen des modernen Antisemitismus, auch in dessen Propagandafeldzug gegen die Juden. Jüdische Juristen wurden zu einem speziellen Objekt antisemitischer Agitation. Mit einem Überblick über die Pressepropaganda gegen das „Eindringen der Juden in die Justiz“ werden Argumente und Stellenwert dieser Kampagne im gesellschaftlichen Kontext eingeschätzt.

Bis in die neuere Forschungsliteratur hinein besteht Unsicherheit über die tatsächliche Anzahl jüdischer Juristen. Die antisemitische Propaganda behauptete einen übermäßigen Anteil der Juden in der preußischen Justiz. Die Analyse bekannter und neu hinzugezogener Quellen, insbesondere von Teilen der internen Statistik des preußischen Justizministeriums zur konfessionellen Zugehörigkeit der Justizbeamten, erlaubt es erstmals, die oft nur vagen Hinweise auf den großen oder „überproportionalen“ Anteil von Juden im Justizwesen zu korrigieren oder zu präzisieren.[5]

In den 1890er Jahren nahmen jüdische Interessenvertretungen den Kampf gegen die fortbestehenden Benachteiligungen im öffentlichen Leben und die antisemitische Hetze auf.

Hinsichtlich der Zurücksetzung im Justizbereich werden die jüdischen Reaktionen auf die weiterbestehenden und neuen Diskriminierungen dargestellt, für allgemeinere Zusammenhänge und damit verbundene innerjüdische Entwicklungen dagegen auf die dazu zahlreich vorliegenden wissenschaftlichen Untersuchungen verwiesen.

Bei der Beschäftigung mit der Frage, wie die Zurücksetzung realisiert wurde und welche Faktoren den Prozeß beeinflußten, wird auch anhand von Einzelschicksalen jüdischer Juristen und Rechtskandidaten sowie der Aktivitäten des Centralvereins und des Verbandes der Deutschen Juden im Kampf um die verfassungsmäßigen Rechte jüdischer Justizbewerber gezeigt, welche Hindernisse diesen

[5] In der neueren wissenschaftlichen Literatur finden sich bei Peter Pulzer, *Religion and Judicial Appointments in Germany, 1869–1918*, in: *Yearbook* des *Leo Baeck Institute* (im folgenden *LBI-YB* zitiert), XXVIII (1983), S. 185–204; Jacob Toury, *Soziale und politische Geschichte der Juden in Deutschland 1848–1871*, Düsseldorf 1977 und Tillmann Krach, *Jüdische Rechtsanwälte in Preußen. Über die Bedeutung der freien Advokatur und ihre Zerstörung durch den Nationalsozialismus*, München 1991, bereits ausgewählte Zahlen dazu. Umfangreiche, bisher nicht im einzelnen nachgeprüfte Statistiken publizierte Sievert Lorenzen in der NS-Zeit (vgl. Anm. 9).

bei der Erreichung ihres Berufsziels entgegengesetzt wurden und wie sich dies auf persönliche Lebensstrategien und Berufsorientierungen (insbesondere der Wahl des Rechtsanwaltsberufes) auswirkte. Ingesamt stehen die Lebenswege einzelner Juristenpersönlichkeiten jedoch nur im Hintergrund der Darstellung.[6]

Hinsichtlich der sozial- und kulturgeschichtlichen Dimension des Themas (Lebensweisen, Wertorientierungen, Heirats- und Mobilitätsmuster jüdischer Juristen, Mitgliedschaft in Vereinen) muß für diese frühe Zeit einiges offen bleiben. Für weitere Untersuchungen innerhalb der Bürgertumsforschung in diese Richtung, die hier nicht zum Gegenstand gemacht wurde, bietet sich die Berufsgruppe der jüdischen Anwälte an.

Betrachtet wurden besonders die ersten beiden Juristengenerationen, jene, die etwa zwischen 1830 bis zum Vorabend der Reichsgründung geboren wurden und erstmals die Möglichkeit hatten, in den preußischen Justizvorbereitungsdienst aufgenommen zu werden und ein Richteramt zu bekleiden. Für diese, die kaum in höhere Staatsämter gelangen konnten, liegen nur sehr wenige (gedruckte) biographische Zeugnisse vor.[7] Wenn Selbstzeugnisse jüdischer Juristen in Preußen präsentiert werden, muß deshalb auch die nächste Generation einbezogen werden, die ihre Referendarzeit um die Jahrhundertwende absolvierte und oftmals erst in der Weimarer Republik den Höhepunkt ihrer beruflichen Karriere erreichte. Das auffälligste biographische Merkmal dieser nach 1871 geborenen Juristen ist der durch nationalsozialistische Diskriminierung und Vertreibung geprägte Lebensabend.

In die Untersuchung einbezogen wurde auch die Anwaltschaft, die in Preußen bis zur Reichsanwaltsordnung von 1878 zum judiziellen

[6] Zur biographischen Forschung vgl. neuerdings: Helmut Heinrichs/Hans H. Franzki/Klaus Schmalz/Michael Stolleis (Hrsg.), *Deutsche Juristen jüdischer Herkunft*, München 1993.

[7] Im Archiv des Leo-Baeck-Institutes in New York befinden sich zahlreiche ungedruckte Memoiren und kleinere Sammlungen, auch von jüdischen Juristen, die leider nicht ausgewertet werden konnten. Wie die Durchsicht des Bestandskatalogs zeigt, handelt es sich jedoch auch hier überwiegend um Juristen der nachfolgenden Generationen (vgl. Leo Baeck Archive New York, *Catalog of the Archival Collections*, New York 1990). Auszüge aus einigen dieser Lebensberichte jüdischer Juristen finden sich in den von Monika Richarz herausgegebenen Selbstzeugnissen deutscher Juden, besonders in Bd. 2 (dies., *Jüdisches Leben in Deutschland*, Bd. 2: *Selbstzeugnisse zur Sozialgeschichte im Kaiserreich*, Stuttgart 1979).

Staatsdienst gehörte. Der seit 1879 freie Beruf des Rechtsanwalts wurde, vor allem infolge der restriktiven staatlichen Anstellungspolitik für den beamteten Staatsdienst, zur wichtigsten jüdischen Juristenprofession. Das Ehrenamt des Geschworenen als Laienrichter wurde mehrfach Gegenstand konkreter Benachteiligung von Juden und wird deshalb ergänzend betrachtet. Jüdische Juristen außerhalb der Justiz (in Bankwesen, Politik und Publizistik) hingegen finden nur in Ausnahmefällen Erwähnung.

Um Traditionslinien oder Brüche in der Kontinuität der Zurücksetzungen erkennen zu lassen, wurde ein relativ weit gespannter Untersuchungszeitraum – vom Erlaß des Emanzipationsedikts 1812 bis zum Ende des Kaiserreichs 1918 – gewählt. Die Betrachtung konzentriert sich auch nach der Reichsgründung auf das Territorium Preußens, da dessen Politik aufgrund der Vorzugs- und Hegemonialstellung Preußens und der engen Verknüpfung von Reichsleitung und preußischer Regierung für das Reich dominant war. In Preußen lebten in den letzten Jahrzehnten der Monarchie mit fast 70% die Mehrzahl aller deutschen Juden. Mehr als die Hälfte aller Justizaspiranten im Deutschen Reich wurden in Preußen ausgebildet und beschäftigt. Auch diese Größe rechtfertigt die Konzentration auf Preußen. Wegen der förderativen Struktur des Reichs blieben die Justizverwaltung und die Zulassung zum öffentlichen Dienst zudem überwiegend Sache der Landesregierungen.

Gemäß der Hauptfragestellung nach der bürokratischen Diskriminierung lag bei der Aufteilung des Stoffes eine vorwiegend chronologische Gliederung nahe, die den Etappen der preußisch-deutschen Politik folgt. Das ERSTE KAPITEL hat dabei den Charakter einer Einführung, die vor dem Hintergrund der wissenschaftlich bereits relativ gut aufgearbeiteten Emanzipationsgeschichte der preußischen Juden in der ersten Hälfte des 19. Jahrhunderts wichtige Erkenntnisse zum Thema zusammenfaßt, die großen Linien nachzeichnet und, sich an der Quellen- und Forschungslage orientierend, Akzente setzt, die bisher weniger Aufmerksamkeit erlangten. Das ZWEITE bis FÜNFTE KAPITEL bilden das Kernstück der Arbeit.

Einige Anmerkungen zum Forschungsstand: Zur rechtlichen, politischen und sozialen Stellung der Juden in Preußen im Emanzipationszeitalter bis zum Ende der Monarchie liegt eine Fülle wissenschaftlicher Untersuchungen zu den verschiedendsten Aspekten vor. Umfassend ist die Problematik der Juden in öffentlichen Ämtern von

Ernest Hamburger in seinem Werk *Juden im öffentlichen Leben Deutschlands* behandelt worden. Hamburgers Gesamtdarstellung legt den inhaltlichen Schwerpunkt auf Abgeordnete deutscher Parlamente und bezieht getaufte Juden und Nachkommen getaufter Juden mit ein.

Monika Richarz stellte in ihrer Monographie *Der Eintritt der Juden in die akademischen Berufe* Ergebnisse ihrer detaillierten Forschungen über den Zugang von Juden zum Universitätsstudium und zu den akademischen Berufen vor. Damit wurde die Frühgeschichte des Akademisierungsprozesses der Juden in Deutschland erfaßt, die über die tiefgehende Wandlung des jüdischen Bildungsideals und das Aufgeben der kulturellen Separation die allmähliche Hinwendung zu akademischen Berufen und Studien sowie Ursachen und Folgen des sozialen Aufstiegs in der Bildung darstellt. Die für die neuere deutsch-jüdische Geschichtsschreibung grundlegende *Soziale und politische Geschichte der Juden in Deutschland 1848–1871* von Jacob Toury enthält den umfassendsten und genauesten Überblick über die staatlichen Restriktionen gegenüber Juden für diese Periode.

Über die genannten Arbeiten hinaus können weitere Untersuchungen als Vorarbeiten gelten. Bereits in den sechziger Jahren publizierte Horst Fischer eine Darstellung über Juden im preußischen Militärdienst in der ersten Hälfte des 19. Jahrhunderts. Für den gleichen Zeitraum analysierte Stefi Jersch-Wenzel den Zugang von Juden zu preußischen Kommunalämtern. Für unseren Zusammenhang richtungweisend sind auch ihre anderen Studien zu Minderheiten in der preußischen Gesellschaft.

Reinhard Rürup arbeitete mehrfach über theoretische Fragen der Emanzipation und des Antisemitismus und stellte sie am konsequentesten in den größeren Zusammenhang der Entstehung und Entwicklung der bürgerlichen Gesellschaft.[8]

[8] Ernest Hamburger, *Juden im öffentlichen Leben Deutschlands. Regierungsmitglieder, Beamte und Parlamentarier*, Tübingen 1968; Monika Richarz, *Der Eintritt der Juden in die akademischen Berufe. Jüdische Studenten und Akademiker in Deutschland 1678–1848*, Tübingen 1974; Jacob Toury, *Soziale und politische Geschichte der Juden in Deutschland 1848–1871. Zwischen Revolution, Reaktion und Emanzipation*, Düsseldorf 1977; Horst Fischer, *Judentum, Staat und Heer in Preußen im frühen 19. Jahrhundert*, Tübingen 1968; Stefi (Jersch-)Wenzel, *Jüdische Bürger und kommunale Selbstverwaltung in preußischen Städten 1808–1848*, Berlin 1967; dies, *Die Lage von Minderheiten als Indiz für den Stand der Emanzipation einer Gesellschaft*, in: H.-U. Wehler (Hrsg.), *Sozialgeschichte Heute...*, S. 365–387; Reinhard

Die Arbeit Norbert Kampes zum studentischen Antisemitismus im deutschen Kaiserreich bot ebenfalls weiterführende Hinweise in bezug auf die Berufslaufbahn jüdischer Juristen. In jüngster Zeit ist mit der Publikation von Tilmann Krach eine hervorragende Arbeit aus der Sicht eines Juristen zu jüdischen Rechtsanwälten in Preußen erschienen, die sich jedoch hauptsächlich mit der Zeit der Weimarer Republik und der Ausgrenzung jüdischer Juristen während des Nationalsozialismus beschäftigt. Die NS-Verfolgung steht auch in dem Artikel von Konrad H. Jarausch, *Jewish Lawyers in Germany 1848–1938,* (1991), im Vordergrund. Der Artikel von Peter Pulzer zu *Religion and Judicial Appointments in Germany, 1869–1918,* (1983), widmet sich besonders der öffentlichen Diskussion um die Gleichberechtigung der Konfessionen. In jüngster Zeit erschien, herausgegeben von Juristen, der umfangreiche Sammelband *Deutsche Juristen jüdischer Herkunft,* (1993), der neben ausführlichen Biographien bekannter Juristen-Persönlichkeiten unter anderem einleitend einen instruktiven Beitrag von Reinhard Rürup zum Thema enthält.[9]

Rürup, *Emanzipation und Antisemitismus,* Göttingen 1975; ders., *Kontinuität und Diskontinuität der Judenfrage im 19. Jahrhundert. Zur Entstehung des modernen Antisemitismus,* in: H.-U. Wehler (Hrsg.), *Sozialgeschichte Heute...,* S. 388–415; Reinhard Rürup, *Emanzipation und Krise. Zur Geschichte der Judenfrage in Deutschland vor 1890,* in: Werner E. Mosse/Arnold Paucker (Hrsg.), *Juden im Wilhelminischen Deutschland 1890–1914,* Tübingen 1976, S. 1–56. Für weitere einschlägige Literatur der genannten Autoren vgl. das LITERATURVERZEICHNIS.

[9] Norbert Kampe, *Studenten und „Judenfrage" im deutschen Kaiserreich. Die Entstehung einer akademischen Trägerschicht des Antisemitismus,* Göttingen 1988; T. Krach, *Jüdische Rechtsanwälte...;* Konrad H. Jarausch, *Jewish Lawyers in Germany, 1848–1938. The Disintegration of a Profession,* in: *LBI-YB,* XXXVI (1991), S. 171–190; P. Pulzer, *Religion and Judicial Appointments...;* H. Heinrichs/H. Franzki/K. Schmalz/M. Stolleis (Hrsg.), *Deutsche Juristen jüdischer Herkunft...;* Reinhard Rürup, *Die Emanzipation der Juden und die verzögerte Öffnung der juristischen Berufe,* in: *a. a. O.,* S. 1–25. In dem Beitrag *Jüdische Rechtsgelehrte in der deutschen Rechtswissenschaft* versucht Hans-Peter Benöhr, auf der Grundlage der vorhandenen einschlägigen Literatur die Leistungen jüdischer Juristen bzw. Juristen jüdischer Herkunft zu würdigen, ohne zwischen beiden Gruppen zu unterscheiden (in: Karl E. Grözinger [Hrsg.], *Judentum im deutschen Sprachraum,* Frankfurt/M. 1991, S. 280–308). Zu den unmittelbar zum Thema vorliegenden Arbeiten gehört ferner die von Sievert Lorenzen. Lorenzen, nationalsozialistischer Amtsgerichtsrat, verfaßte diese im Auftrage des Reichsjustizministeriums, zunächst als zweiteiligen Artikel (1939), dann als Mongraphie *Die Juden und die Justiz* (1942). Seine Schrift ist eine Nazi-Polemik; soweit sie jedoch auf den Akten des preußischen Justizministeriums beruht, erwies sie sich in den referierten Fakten als solide.

In dieser Forschungsliteratur finden sich wichtige Beiträge und Hinweise zum Thema, eine systematische Darstellung zur Zulassung von Juden zum preußischen Justizdienst fehlte jedoch bisher.

Den Versuch, diese Forschungslücke zu schließen, unternimmt die vorliegende Arbeit. Ihre Quellenbasis bilden im wesentlichen Bestände des Geheimen Staatsarchivs Preußischer Kulturbesitz in Berlin-Dahlem (und dessen ehemaliger Außenstelle Merseburg) sowie des Bundesarchivs, Abteilungen Potsdam, besonders die preußischen Justizministerialakten, sowie Akten des preußischen Staats-, Innen- und Kultusministeriums, des Geheimen Zivilkabinetts und einiger Reichsbehörden. Hinzu kommen einzelne Aktenstücke der Central Archives for the History of the Jewish People in Jerusalem und anderer Archive.[10] Von den gedruckten Quellen wurden vor allem die stenographischen Berichte des preußischen Landtags, Gesetzestexte, Publikationen des Justizministeriums sowie Pressemitteilungen herangezogen.

Es sei an dieser Stelle noch kurz auf ein Definitionsproblem verwiesen: Wenn in der vorliegenden Arbeit von rechtlicher oder gesellschaftlicher Zurücksetzung von jüdischen Juristen die Rede ist, geht es zunächst um Angehörige der entsprechenden Religionsgemeinschaft, ohne die sogenannten getauften Juden (oder gar deren Nachkommen) mit einzuschließen. Grundsätzlich wird die Untersuchung also „Juden" beziehungsweise jüdische Juristen als solche definieren, die Mitglied einer jüdischen Gemeinde waren, sofern nicht ausdrücklich auf eine andere Konstellation verwiesen wird.

Unter verschiedenen Aspekten und in unterschiedlichen Kontexten erscheint es sinnvoll, in die Untersuchung darüber hinaus Personen jüdischer Herkunft, die trotz ihrer Abkehr vom Judentum Verbindungen mit dem jüdischen Leben aufrechterhielten oder im allgemeinen Streben nach gesellschaftlicher Gerechtigkeit dem Ringen der Juden um vollständige Gleichbehandlung verbunden blieben, einzubeziehen. In dieser Hinsicht erweitert sich die Darstellung auch dann, wenn anhand der ersten Generation jüdischer Beamtenanwärter gezeigt werden soll, unter welchen Umständen ein Übertritt zur christlichen Religion im Erwachsenenalter erfolgte, sowie zur Beantwortung der Frage der Bevorzugung oder Benachteiligung von Beamtenanwärtern durch die Taufe. Eine Einbeziehung der „Getauf-

[10] Für die angeführten Archivbestände vgl. das QUELLEN- UND LITERATURVERZEICHNIS.

ten" ist durch den Definitionsprozeß „Jude" im Kaiserreich, der heute die Antisemitismus-Forschung, die Sozialgeschichte der Juden und die deutsch-jüdischen Geschichtsschreibung interessiert, gerechtfertigt.

Geht es um die Nähe „Getaufter" zum Judentum und ihr Bild in den Augen der Öffentlichkeit, muß jedoch jeder Fall individuell untersucht und bewertet werden. Eine pauschale, undifferenzierte Sicht, bei der „getaufte Juden", „ungetaufte Juden" unter den Begriff „Jude" subsumiert werden – und wie sie gerade in der Literatur über jüdische Juristen nicht selten anzutreffen ist –, ist nicht zu rechtfertigen.

Der Begriff des „getauften Juden" ist symptomatisch für die deutsch-jüdische Geschichte des 19./20. Jahrhunderts und weist unübersehbar darauf hin, daß die Bezeichnung „Jude" im religiösen Bekenntnis nicht aufging. Ungeachtet der historischen Variabilität und Umstrittenheit dieser Begriffsdefinition bleibt es aber auch eine Tatsache, daß im preußischen Staatsapparat mit „Jude" Personen jüdischen Glaubens bezeichnet wurden und daß mit der Taufe die behördlich-rechtlichen Diskriminierungen und Zurücksetzungen hinsichtlich der Zulassung zu höheren und höchsten Staatsämtern wegfielen; daß diese Konvertiten darüber hinaus im Alltag – etwa durch „typisch" jüdische Namen und Aussehen – weiterhin dem antisemitischen Vorurteil ausgesetzt blieben, ist aus vielen Lebenszeugnissen belegt.

Wie nachzuweisen sein wird, hatte es im gesamten 19. Jahrhundert und bis zum Ende des Kaiserreiches behördlicherseits immer nur die Unterscheidung zwischen Juden und Christen, nicht zwischen Juden und Deutschen gegeben. Die Unterscheidung nach Religionszugehörigkeit, nicht nach ethnischer oder vermeintlicher Rassenherkunft gab den Ausschlag bei der Entscheidung über den Bewerber. Schlüsselstellungen im Justizdienst blieben jüdischen Glaubensgenossen versperrt, waren aber unter der Voraussetzung der Taufe erreichbar.

ERSTES KAPITEL

Das Emanzipationsedikt von 1812 und die Ämterfrage in der preußischen Judenpolitik bis 1847

Einführung: Erste jüdische Jurastudenten und Justizamts-Bewerber in Preußen vor 1812. Das Edikt von 1812 (§§ 8–9) bis zum Beginn der 1840er Jahre

Als im letzten Drittel des 18. Jahrhunderts im feudal-absolutistischen Preußen unter dem Einfluß aufklärerischer Ideologie und merkantilistischer Wirtschaftspolitik die ersten Entwürfe zur Reform der bisherigen restriktiven Judengesetzgebung gemacht wurden, deren Ergebnis auf eine Emanzipation der jüdischen Bevölkerung hoffen ließ, immatrikulierten sich jüdische Studenten in Preußen erstmals für die Rechtswissenschaft, obwohl bis dahin nur das Studium der Medizin einige Berufs- und Zukunftsaussichten für Juden versprechen konnte.

An der Universität Königsberg, zu dieser Zeit das Zentrum der Aufklärung in Ostpreußen, begannen in den Jahren 1788 bis 1790 vier Juden, Jura zu studieren.[1] Im Zuge der bürgerlich-kulturellen Assimilation des preußischen Judentums in den wirtschaftlichen und kulturellen Zentren des Landes und in der Hoffnung auf baldige rechtliche Gleichstellung mit den christlichen Untertanen der Monarchie schrieben sich jüdische Studenten jetzt auch an den philosophischen Fakultäten ein.

Sowohl die Philosophie als auch die Rechtswissenschaft lenkten durch eine starke geistige Bindung an die traditionell-religiöse jüdische Gelehrsamkeit das säkularisierte Interesse jüdischer Studierwilliger an Recht und Gesetz in ihre Richtung. Für die Jurisprudenz kam die Tatsache hinzu, daß das Studium dieses Faches, das als das

[1] M. Richarz, *Der Eintritt...*, S. 56.

angesehenste galt, hohes soziales Prestige bewirkte beziehungsweise eine berufliche Karriere versprach. Doch auch ohne Berufsaussichten konnte man sich damit Wissen und Reputation erwerben, Möglichkeiten, die sich auf verschiedenen Gebieten praktisch nutzen ließen.

Noch am Ende des 18. Jahrhunderts galten die Juden als außerhalb der feudalen Ständeordnung stehende „Fremde", deren Angelegenheiten durch eine Sondergesetzgebung geregelt wurden. Diskriminierende Reglements schlossen sie aus allen öffentlichen Bereichen und den meisten Berufen aus. Sie waren nicht im Besitz politischer Rechte, insbesondere konnten sie weder ein öffentliches noch ein kommunales Amt bekleiden. Durch das Allgemeine Preußische Landrecht von 1794 wurde ihre staatsrechtliche Stellung nicht berührt. Die mittelalterliche Rechtsverfassung für die Gesamtheit der preußischen Juden erhielt sich in ihren Grundsätzen bis zum Ende des 18. Jahrhunderts. Nur einzelne, mit besonderen Privilegien ausgestattete Mitglieder der jüdischen Korporationen konnten in höherem Grade an der Kultur des christlichen Umfeldes teilnehmen und sich um den Erwerb säkularer Bildung an höheren Bildungseinrichtungen über das traditionelle Medizinstudium hinaus bemühen.

Der erste Jude, der versuchte, in Preußen nach dem Studium der Rechte zur Justizausbildung zugelassen zu werden, um sich die Voraussetzungen für eine staatliche Anstellung zu erwerben, war Salomon Bendavid aus Berlin, der sich 1792 in Göttingen immatrikuliert und das dreijährige Studium absolviert hatte. Sein erstmals im Jahre 1796 eingereichtes Gesuch auf Anstellung als Auskultator, der ersten Ausbildungsstufe im juristischen Vorbereitungsdienst, beim Berliner Stadtgericht wurde von den preußischen Staatsbehörden auch nach wiederholten Eingaben Bendavids abgewiesen.[2] Während dies vom damaligen Justizminister und Großkanzler Heinrich Julius von Gold-

[2] GStAPK, Rep. 84a, Nr. 11945, Bl. 1 ff. – Die Auskultatur als erste Stufe des juristischen Vorbereitungsdienstes wurde unentgeltlich an einem Untergericht, hauptsächlich mit subalternen Tätigkeiten und Dienstleistungen, wie Protokoll- und Registerführen, absolviert; sie war auch für zukünftige Verwaltungsbeamte seit 1817 quasi obligatorisch. Im allgemeinen waren die Justizbehörden verpflichtet, jeden Bewerber nach erfolgreicher Ablegung der erforderlichen Examina in die betreffende Stufe des Vorbereitungsdienstes aufzunehmen; nach dem Durchlaufen aller drei Stufen – Auskultatur, Referendariat und Assessorexamen – bestand eine Anwartschaft auf Aufnahme in den höheren Justizdienst, in der Regel die Berufung in ein Richteramt.

beck primär mit dem „bekannten leichten und unzuverlässigen Charakter dieser Nation" begründet wurde, fürchtete König Friedrich Wilhelm II. darüber hinaus, daß man mit der Zulassung Bendavids ein Exempel statuieren könnte, das zahlreiche weitere jüdische Jurastudenten zu einem solchen Schritt ermutigen würde. Offenbar mußte man bei dem relativ hohen Assimilierungsgrad, den die preußischen Juden am Ende des 18. Jahrhunderts vor allem in der jüdischen Oberschicht in Berlin (zu der auch Bendavid gehörte) bereits erlangt hatten, mit weiteren zahlreichen jüdischen Bewerbern in der Folgezeit rechnen.[3]

In einer Kabinettsorder an Goldbeck vom 1. Dezember 1796 äußert der König mit Bezug auf das Gesuch: „Es ist mir nun zwar lieb, daß sich talentvolle Männer aus dieser Nation Kenntnisse erwerben, wodurch sie auf mehrere Weise nützlich werden können. Es wird solchen aber auch nicht an Gelegenheit fehlen, solche anzuwenden, ohne bey der Justiz angestellet zu werden: zumal Ich aus guten Gründen dafür *nicht* bin."[4]

Zu den ersten jüdische Absolventen eines Jura-Studiums gehörte auch Lewin Benjamin Dohm (1754–1825), der spätere Syndikus der jüdischen Gemeinde Breslaus.[5] Dohm hatte sich vermutlich von vornherein auf eine solche Tätigkeit vorbereitet und den fruchtlosen Versuch, eine staatliche Anstellung zu erhalten, unterlassen.[6]

Angesichts der Unmöglichkeit für Bewerber jüdischen Bekenntnisses, ein solches Amt zu erlangen, entschloß sich im Jahre 1799 erstmals ein Jurastudent zur christlichen Taufe, um in den juristischen Vorbereitungsdienst eintreten und ein Staatsamt erlangen zu können. Es war der ebenfalls in Berlin ansässige Isaak Elias Itzig, ein Enkel des bekannten preußischen „Münzjuden" und Oberlandesältesten Daniel Itzig, der bereits 1791 nebst Kindern und deren Familien

[3] M. Richarz, *Der Eintritt...*, S. 180.

[4] Ismar Freund, *Die Emanzipation der Juden in Preußen unter besonderer Berücksichtigung des Gesetzes vom 11. März 1812*, Bd. 2: *Urkunden*, Berlin 1912, S. 344 f. (vgl. dort auch die zweite königliche Kabinettsorder vom 28. November 1797). – Hervorhebung von B. S.

[5] Ernst G. Lowenthal, *Juden in Preußen. Ein biographisches Verzeichnis*, Berlin 1982, S. 49.

[6] Außerhalb Preußens erhielt der Jude Aaron Gumprecht an der Universität Göttingen am 25. Oktober 1799 den juristischen Doktorhut, mußte dann allerdings ohne Aussicht auf eine entsprechende Berufsausübung in den Kaufmannsberuf zurückkehren (M. Richarz, *Der Eintritt...*, S. 62).

„naturalisiert" worden war. Im Falle Itzigs entschied der König, „...daß ein zur christlichen Religion übergegangener Jude, wenn er auch mit seiner jüdischen Familie in Verbindung bleibt [! – B. S.], dennoch nach Maaßgabe seiner Qualifikation zu Justiz Bedienungen zugelassen werden könne, und die Familien Connexion ihm nur insofern hinderlich seyn dürfe, als ein geborener Christ um einer ähnlichen Connexion willen von diesem oder jenem Orte ausgeschlossen wurde".[7]

Isaak Elias Itzig wurde noch im Jahr seiner Konversion als Auskultator in Warschau (im ehemaligen Südpreußen) angestellt. Nach einer glanzvollen Laufbahn starb der sich nach der Taufe Eduard Julius Hitzig nennende Jurist 1849 hochgeehrt als Abteilungs-Direktor beim Berliner Kammergericht.[8] Als Angehöriger der dünnen jüdischen Oberschicht, die aus einer wirtschafts- und finanzkräftigen Hoffaktoren-Familie hervorgegangen war, konnte sich Itzig wegen seiner gesicherten finanziellen Verhältnisse bereits vor der politischen und gesellschaftlichen Emanzipation der jüdischen Bevölkerung in Preußen für ein Jurastudium entscheiden, ohne zunächst die ungewissen Zukunftsaussichten zu bedenken. Die bereits erfolgte Einbürgerung (Naturalisation) seiner Familie, die eine weitgehende rechtliche Gleichstellung mit den christlichen Untertanen bewirkte, und die allgemein hohe Taufrate innerhalb seines engeren sozio-kulturellen Umfeldes erleichterte ihm darüber hinaus eine Entscheidung, die auf vielen seiner Nachfolger oder Kommilitonen als schwerer und oftmals unüberwindlicher Druck lag.

Die Aufklärung als geistig-kultureller Ausdruck des aufstrebenden deutschen Bürgertums hatte in der Beseitigung der diskriminierenden Sondergesetze für die Juden einen Bestandteil ihres politischen Wirkens gesehen. Der Emanzipationsgedanke, der in dieser Zeit entstand und in seinem Wesen von Anfang an antifeudal und antiständisch war – denn in einer feudalen Gesellschaft war Rechtsgleichheit undenkbar –, mußte auch für die Juden Geltung erlangen, wenn die aufklärerische Idee von der Gleichheit aller Menschen nicht ihrer Gültigkeit und Durchschlagskraft beraubt werden sollte. Sie hatte die bürgerliche Emanzipation der Juden geistig vorbereitet, diese aber nicht bewirken können. Die Frage der Emanzipation der Juden als

[7] H. Fischer, *Judentum, Staat und Heer in Preußen*... (Dokumentenanhang), S. 206; vgl. GStAPK, Rep. 84a, Nr. 11945, Bl. 15 ff.

[8] E. Hamburger, *Juden im öffentlichen Leben*..., S. 70.

rechtliches und soziales Problem stellte sich infolge des beginnenden Umwälzungsprozesses von der feudal-ständischen zur bürgerlich-konstitutionellen Gesellschaft und war eng mit der noch in den Anfängen steckenden politischen Emanzipation des Bürgertums und der Entwicklung des Liberalismus verbunden. In dessen konkreter Forderung nach individueller Freiheit und Gleichheit aller Mitglieder des Staates vor dem Gesetz, der Abschaffung von geburtsständischen Privilegien und klerikaler Dominanz war die rechtliche und politische Gleichstellung der Juden einbezogen.[9] Dabei sollte sich die Frage der Anstellung im Staatsdienst mit seiner Nähe zur Macht immer mehr als eine Kernfrage ihrer politischen Emanzipation erweisen.

Die in den letzten beiden Jahrzehnten des 18. Jahrhunderts in Preußen eingeleiteten Reformen der Judengesetzgebung blieben im feudal-absolutistischen Preußen im Ansatz stecken.[10]

Für die weitere Entwicklung wurden die Auswirkungen der französischen Revolution entscheidend. Erst mit ihr und der napoleonischen Okkupation begann auch in Preußen die bürgerliche Umwälzung. Ein Jahrzehnt nach dem Beginn der französischen Revolution war in Preußen eine Staatskrise auf Leben und Tod aufgebrochen

[9] Eine differenzierte Sicht der hier verknappt dargestellten allgemeinen Zusammenhänge sowie Definitionsansätze von „Bürgertum", „Verbürgerlichung" und „Bürgerlichkeit" siehe vor allem bei Jürgen Kocka (Hrsg.), *Bürger und Bürgerlichkeit im 19. Jahrhundert,* Göttingen 1987; Werner Conze/Jürgen Kocka (Hrsg.), *Bildungsbürgertum im 19. Jahrhundert,* Stuttgart 1985; Wolfgang Schieder (Hrsg.), *Liberalismus in der Gesellschaft des Vormärz,* Göttingen 1983; Reinhard Rürup, *Judenemanzipation und bürgerliche Gesellschaft in Deutschland,* in: Ernst Schulin (Hrsg.), *Gedenkschrift für Martin Göhring,* Wiesbaden 1986, S. 174–199.

[10] Zur Frühphase der Judenemanzipation bzw. der „Prä-Emanzipation" in der Zeit der Aufklärung seit dem letzten Viertel des 18. Jahrhunderts bis 1812 liegen zahlreiche wissenschaftliche Untersuchungen vor, vgl. u. a. Jacob Katz, *Die Entstehung der Judenassimilation in Deutschland und deren Ideologie,* Frankfurt/M. 1935; ders., *Aus dem Ghetto in die bürgerliche Gesellschaft,* Frankfurt/M. 1986; Walter Grab (Hrsg.), *Deutsche Aufklärung und Judenemanzipation,* Tel Aviv 1980; Stefi Jersch-Wenzel, *Juden und „Franzosen" in der Wirtschaft des Raumes Berlin/Brandenburg zur Zeit des Merkantilismus,* Berlin 1978; dies., *Die Herausbildung eines „preußischen" Judentums 1671–1825,* in: Peter Freimark (Hrsg.), *Juden in Preußen – Juden in Hamburg,* Hamburg 1983, S. 11–31; Hans Liebeschütz/Arnold Paucker (Hrsg.), *Das Judentum in der deutschen Umwelt 1800–1850,* Tübingen 1977; Leopold Auerbach, *Das Judentum und seine Bekenner in Preußen und in anderen deutschen Bundesländern,* Berlin 1890, S. 185 ff.; Selma Stern, *Der preußische Staat und die Juden,* 7 Bde., (Berlin 1925) Tübingen 1962–1974.

und erforderte tiefgreifende Reformen.[11] Da die wirtschaftliche und politische Kraft des Bürgertums noch unzureichend war und die Entwicklung des Liberalismus in Deutschland in den Anfängen steckte, mußten die liberalen Veränderungen auf dem Wege einer reformerischen Staatspolitik erfolgen. Im Zuge der Stein-Hardenbergschen Reformen sollte dies auch in einem Gesetz Niederschlag finden, das die bürgerliche Gleichstellung der Juden, das heißt ihre Befreiung von allen sonderrechtlichen Bestimmungen und ihre Aufnahme in das allgemein geltende oder noch zur Geltung zu bringende Recht, einleitete.

Nach monatelanger Bearbeitung der Vorlagen in den Reformministerien Stein und Dohna/Altenstein seit 1808 traten die Vorarbeiten zu einem solchen Gesetz mit der Berufung Karl August Fürst von Hardenbergs zum Staatskanzler am 6. Juni 1810 in ihr entscheidendes Stadium.[12] Da Hardenberg auch das für die Judenangelegenheiten zuständige Innenministerium übernommen hatte, unterlagen die Arbeiten am neuen Judengesetz direkt seiner Kontrolle. Die Grundanschauungen, mit denen er das Problem anging, waren entsprechend seiner humanistischen Gesinnung und liberalen Staatsauffassung nicht diejenigen, auf denen frühere Vorlagen basierten. Der neue Staatskanzler war von der Notwendigkeit überzeugt, die Juden unter dem Motto „Gleiche Rechte – Gleiche Pflichten“ den Christen unbedingt in allen Rechten gleichzustellen, und wollte die Reform in

[11] Günter Vogler/Klaus Vetter, *Preußen. Von den Anfängen bis zur Reichsgründung*, Berlin 1984; Ilja Mieck, *Zielsetzung und Ertrag der preußischen Reformen*, in: Manfred Schlenke (Hrsg.), *Preußen – Beiträge zu einer politischen Kultur*, Hamburg 1981, S. 181–196.

[12] Schon unter dem Reformministerium des Freiherrn vom Stein wurde mit der Vorlage des ostpreußischen Provinzialministers Schroetter vom 28. Dezember 1808 ein erster umfassender Entwurf für eine Neuordnung der jüdischen Verhältnisse vorgelegt. Wie für Stein, waren auch für Schroetter rein praktisch-politische Gesichtspunkte für sein Handeln maßgebend. Sein Plan ging nicht vom Prinzip der Gleichheit aller vor dem Gesetz aus (wenn dies auch im ersten Paragraphen der Vorlage ausgesprochen war), sondern wollte nur eine partielle Gleichberechtigung mit dem Zweck der Auflösung der jüdischen Sondergemeinschaft und war gedacht als erzieherische Einwirkung auf die jüdische Bevölkerung. Von einer möglichen Zulassung von Juden zu öffentlichen Ämtern war in diesem Entwurf keine Rede. Vgl. dazu u. a. I. Freund, *Die Emanzipation...*, Bd. 1, S. 109 ff.; Rosa Dukas, *Die Motive der preußischen Judenemanzipation von 1812 mit besonderer Berücksichtigung ihres Verhältnisses zu den Ideen der Judengesetzgebung der französischen Revolution*, Freiburg 1915, S. 13.

diesem Sinne zu einem Abschluß führen. Dabei war erheblicher Widerstand im Staatsministerium zu überwinden.

Zu dem von Wilhelm von Humboldt beeinflußten Gesetzentwurf von Regierungsrat Raumer hatte auch der neue Justizminister Friedrich Leopold von Kircheisen seine Stellungnahme abzugeben. Am 4. Februar 1811 schrieb dieser an Hardenberg, daß er sich in mehreren wichtigen Punkten nicht damit einverstanden erklären könne. Sein Hauptanliegen bezog sich auf die im Entwurf unberührt gebliebene Frage, ob Juden bereits zu Staatsämtern qualifiziert seien. Er wünschte eine ausführliche Besprechung zu diesem Punkt und bezog sich dabei explizit auf die Jurisprudenz, denn: „Die Judenschaft muß schon jetzt wissen, ob sie ihre Söhne in dieser Hoffnung erziehen und auf die Universität senden kann und die Departements Chefs die (nach meiner vollkommenen Überzeugung) über drey Jahre mit jüdischen Candidaten, welche das Referendariat ambiren, überhäuft seyn dürften, müssen bestimmt wissen, ob sie solche Mittel zulassen sollen oder nicht."

Als Prävention gegen einen von ihm offensichtlich befürchteten starken Andrang jüdischer Bewerber für den juristischen Vorbereitungsdienst schlug er einen Paragraphen vor, der dem Staat vorbehalte, erst dann über die Ansprüche der Juden auf Staatsämter zu befinden, wenn sie sich durch treue Erfüllung der neuen Bürgerpflichten dazu „würdig" gezeigt hätten. Keinerlei Kompromisse jedoch wollte er hinsichtlich des Justizdienstes machen; „wider ihre Zulassung zu den Justizbedienungen" protestierte er sofort ausdrücklich: „So läßt sich eine seit Jahrhunderten begründete, nicht im Vorurtheil allein gegründete Opinion des christlichen Unterthan, den jüdischen Richter vorurtheilsfrei anzuerkennen, nicht weg verordnen, vielmehr glaube ich, daß es nicht zu wagen ist, das Vertrauen auf die Rechtspflege in dieser Art zu stören."[13] Wie groß das Vertrauen des christlichen Untertanen in die preußische Justiz war, glaubte der Minister nicht erläutern zu müssen. Eine Berufung auf die „Opinion" des Volkes blieb jedoch, wie für das Justizwesen zu zeigen sein wird, ein ebenso beliebtes wie zählebiges Argument aller Emanzipationsgegner bis ins 20. Jahrhundert hinein.

Einige Tage später schlug von Kircheisen für einen weiteren, diesmal von ihm selbst angeregten Entwurf des Ministerialbeamten Pfeif-

[13] I. Freund, *Die Emanzipation...*, Bd. 2, S. 342.

fer (der seinerseits wieder auf die Schroettersche Vorlage zurückgriff) für den umstrittenen Ämter-Paragraphen eine verzögerungstaktische Variante vor; erst nach einen Zeitraum von fünfzehn Jahren sollte die Regierung eine Qualifikation der Juden für andere öffentliche Bedienungen außer den akademischen Lehr- und Schulämtern überhaupt prüfen.[14] In einer abschließenden Revision sprach sich Hardenberg für eine mildere Fassung des Paragraphen aus, der jüdische Bewerber in den ersten fünfzehn Jahren nach Inkrafttreten einer prinzipiellen Zulassung zu Staatsämtern über die akademischen Lehr- und Schulämtern hinaus nur mit ausdrücklicher Genehmigung der Regierung zulassen würde.[15]

Nach mehreren Umarbeitungen fand am 6. März 1812 der Vortrag des Gesetzentwurfs vorm König statt. In der Ämterfrage schloß sich dieser dem ablehnenden Standpunkt des Justizminister an, demzufolge eine sofortige Zulassung von Juden zu staatlichen Bedienungen ausgeschlossen sei. Der vorgesehene Paragraph wurde fallengelassen, um diese Frage generell einer späteren Entscheidung vorzubehalten. Am 11. März wurde der geänderte Gesetzentwurf vom König unterzeichnet. Damit hatte das Gesetz Gültigkeit erhalten und erlangte am 24. März 1812 Gesetzeskraft.

Das im Rahmen der Stein-Hardenbergschen Reformen ergangene *Edikt, betreffend die bürgerlichen Verhältnisse der Juden in dem Preußischen Staate* vom 11. März 1812 erklärte die preußischen Juden für „Einländer und preußische Staatsbürger".[16] Die nun als

[14] Bemerkungen des Justizministers Kircheisen zum Pfeifferschen Entwurf am 9. Februar 1811, *a. a. O.*, S. 394 ff.

[15] Bemerkungen Hardenbergs zu dem von Bülow abgeänderten Pfeifferschen Entwurf (o. Datum), *a. a. O.*, S. 397.

[16] Das *Allgemeine Preußische Landrecht* von 1794 kannte noch keine allgemeine Staatsbürgerschaft. Statt dessen tauchen verschiedene Begriffe auf, die sich in den nächsten Jahrzehnten einander anglichen, zunächst jedoch noch verschiedene (aber nicht eindeutig zu definierende) Bedeutung hatten. So wird zur Bezeichnung der Gesamtheit der preußischen Bevölkerung im politischen Sinne von „Einwohnern", „Mitgliedern", „preußischen Untertanen" oder „Bürgern der preußischen Monarchie" gesprochen. Der Begriff „Staatsbürger", der inhaltlich und begrifflich unmittelbar mit dem bürgerlichen Staat verbunden war, war noch unüblich und ist nicht mit der staatsrechtlichen Kategorie im heutigen Sinne zu identifizieren. Er bezeichnet lediglich eine weitere Umschreibung der oben genannten Begriffe, ohne sich bereits deutlich von diesen abzuheben, weshalb er in der vorliegenden Arbeit bis 1848 in Anführungsstriche gesetzt wird. Der Titel des „Staatsbürgers" kommt in offiziellen Gesetzestexten nur sporadisch vor, so in dem bekannten Verfassungsversprechen vom 22. Mai 1815.

Inländer zu betrachtenden Juden sollten, sofern die Verordnung nichts Abweichendes enthalte, fortan gleiche bürgerliche Rechte und Freiheiten mit der christlichen Bevölkerung genießen (§ 7).[17] Das Gesetz betraf rund 30 000 „privilegierte", das heißt mit Schutzbriefen, Naturalisationspatenten oder ähnlichem versehene Juden im damaligen Königreich Preußen.[18]

Kernstück des Edikts war neben der Aufhebung der Aufenthalts-, Handels- und Gewerbebeschränkungen die Zulassung von Juden zu akademischen Lehr- und Schulämtern sowie Gemeindeämtern, „zu denen sie sich geschickt gemacht haben" (§ 8). Der folgende Paragraph, Gegenstand der kontroversen Diskussionen im Staatsministerium, läßt jedoch, wie vom König gewünscht, die Entscheidung über eine definitive Zulassung von Juden zu „anderen öffentlichen Bedienungen und Staatsämtern" ausdrücklich offen; inwiefern eine solche Zulassung möglich wäre, sei erst zu einem späteren Zeitpunkt gesetzlich zu bestimmen (§ 9).[19] Ein sensibler Bereich der staatlichen

Das einzige Gesetz, das expressis verbis vom „preußischen Staatsbürger" sprach, war das Emanzipationsedikt vom 11. März 1812 (vgl. Reinhart Koselleck, *Preußen zwischen Reform und Revolution,* Stuttgart 1967, S. 52 ff., 660 ff.).

17 Die Rechtswirksamkeit des Edikts beschränkte sich naturgemäß zunächst nur auf das preußische (Staats-)Gebiet innerhalb der im Tilsiter Frieden im Jahre 1807 gezogenen Grenzen, also im wesentlichen auf die fünf preußischen Kernprovinzen. – Durch die Preußische Städteordnung von 1808, einem Ergebnis der Steinschen Reformen, hatten die Juden als Stadtbürger bereits die Möglichkeit erhalten, das städtische Bürgerrecht unabhängig von „Stand, Geburt und Religion" zu erwerben (vgl. dazu S. (Jersch-)Wenzel, *Jüdische Bürger und Kommunale Selbstverwaltung...,* S. 9 ff.

18 Juden, die keine Schutzbriefe besaßen, galten als fremde Juden, deren Naturalisation an erschwerte Bedingungen geknüpft war. Eine Instruktion Hardenbergs sollte jedoch sicherstellen, auch jene, sofern sich sich zum Zeitpunkt des Erlasses im Lande befunden hatten, in die Gesetzgebung einzubeziehen (siehe Jeremias Heinemann, *Ergänzungen und Erläuterungen der die religiöse und bürgerliche Verfassung der Juden in den Kgl. Preußischen Staaten betreffenden Gesetze,* Glogau 1831, S. 11).

19 Der begriffliche Inhalt von „Amt" ist zu Beginn des 19. Jahrhunderts noch weit und undifferenziert; im Allgemeinen Landrecht von 1794 werden „Bedienung" und „Amt" synonym gebraucht, ebenso wie die Bezeichnungen „Staatsdiener" und „Staatsbeamter" bis zur Mitte des 19. Jahrhunderts nebeneinanderstanden. Davon wurden dann die ‚Subalternen' unterschieden, um die Bindung der Beamtenschaft im engeren Sinne an ein mit Hoheitsrechten ausgestattetes Staatsamt und die vermöge dieser Bestallung zu beanspruchende Würde und die damit verbundenen Vorteile abzuheben. Auch die Unterscheidung zwischen Justiz und sogenannter klassischer Verwaltung wurde erst allmählich üblich. Ausführlich zur Begriffsgeschichte vgl. *Geschichtliche Grundbegriffe,* Bd. 7, Stuttgart 1992.

rechtlichen Emanzipation blieb so unausgeführt, da die im Edikt verheißene absehbare zukünftige Gesetzgebung niemals verwirklicht wurde.

Das Edikt vom 11. März 1812 hatte alle bisher bestehenden Judenordnungen und damit den Sonderstatus der Juden als „Fremde" aufgehoben. Die preußischen Juden sollten sich als „Staatsbürger" nicht mehr von den übrigen Untertanen der Monarchie unterscheiden. Ausnahmebestimmungen wiesen jedoch nur zu deutlich darauf hin, daß der Bruch mit der Vergangenheit nicht so radikal vollzogen worden war, wie es die Einleitung zum Gesetz vermuten ließ. Als besonders schwerwiegend sollte es sich für die Zukunft erweisen, daß die Zulassung zu Staatsämtern nicht entschieden worden war. Unverbindlich war aber auch die Zusage bezüglich der öffentlichen Ämter im Bildungswesen formuliert. Eine strenge Auslegung des § 9 hob außerdem die politische Bedeutung des undeutlich formulierten § 16 (Staatsanstellung – Stellung im Heer) faktisch wieder auf.[20] Der Paragraphen-Block §§ 7–9 wurde in der Folgezeit kritischster und empfindlichster Punkt der Gesetzgebung. Die daraus resultierenden weiterbestehenden Einschränkungen der jüdischen Gleichstellung waren nicht geeignet, die Anerkennung der Juden als gleichberechtigte Bürger in den Augen der christlichen Bevölkerung zu fördern.

Obwohl das Edikt damit im einzelnen erheblich hinter dem Prinzip der völligen Gleichheit aller Bürger vor dem Gesetz und damit einer vollständigen rechtlichen Emanzipation der Juden zurückblieb, bedeutete es für die Juden einen ungeheuer großen Fortschritt und wurde von jüdischer Seite mit Begeisterung aufgenommen. Mit dem Edikt hatte die Bezeichnung „jüdische Nation" offiziell ihre Bedeutung verloren.[21] Der Rabbiner Paul Rieger bezeichnete zur Jahrhundertfeier des Edikts in Berlin 1912 den 11. März 1812 als den „ersten Tag der Neuzeit für die preußischen Juden".[22] Tatsächlich verbindet sich mit diesem Datum der Zeitpunkt des Eintritts der preußischen Juden in die bürgerliche Gesellschaft, auch wenn es bereits vorher

[20] Vgl. H. Fischer, *Judentum, Staat und Heer...*, S. 28.

[21] Ministerialreskripte erklärten dies wiederholt ausdrücklich; dagegen wird der Begriff „jüdische Nation" von Emanzipationsgegnern weiterhin zur Begründung der behaupteten Fremdheit und Absonderung der Juden vorrangig gebraucht. In der Reaktionsperiode findet er auch in die Argumentation der preußischen Regierung wieder Eingang.

[22] Paul Rieger, *Zur Jahrhundertfeier des Judenedikts vom 11. März 1812*, Berlin 1912, S. 3.

Entwicklungen gab, die aus der mittelalterlichen Verfassung herausführten. Mit dem Emanzipationsakt waren nun auch die Voraussetzungen für den Prozeß der Emanzipation und Integration der Juden in den preußischen Staat gegeben.[23] Wenn es auch weit weniger entschieden war als das französische Emanzipationsdekret von 1791 – das dem aufgeklärt-bürokratischen Emanzipationskonzept Preußens durch eine bewußt prinzipielle Entscheidung der Nationalversammlung entgegengesetzt war, die allen französischen Juden per einmaligem Gesetz die volle und uneingeschränkte Gleichberechtigung zusprach –, gab es den preußischen Juden jedoch mehr Rechte, als die Juden aller anderen deutschen Staaten außerhalb des französischen Machtbereichs zu diesem Zeitpunkt hatten. Mit gutem Grund ist es daher als ein „Meilenstein in der allgemeinen Geschichte der Judenemanzipation" betrachtet worden.[24] Das preußische Emanzipationsedikt stellte im Rahmen der deutschen Emanzipationsversuche den ersten wirklichen Höhepunkt dar und leitete eine neue Phase der Geschichte der Juden in Preußen ein.

Die Umwandlung der feudal-ständischen in eine bürgerliche Gesellschaft in Preußen erfolgte jedoch nicht auf revolutionärem Wege, sondern mittels einer staatlichen Reform unter massivem politischen Druck auf die Regierung von innen und außen, aber ohne dauerhaften politischen Machtwechsel. So konnten sich die bürgerlich-liberalen Forderungen nicht vollständig durchsetzen. Infolge des Wiedererstarkens der Reaktion nach 1815 blieb auch das im § 8 gewährte Recht des Eintritts in akademische Lehr- und Schulämter fast ohne praktische Bedeutung und § 9 mit der verheißenen Zulassung zu anderen öffentlichen Ämtern unausgeführt. (Wie dies konkret aussah, wird für den Bereich der Zulassung zum Staatsdienst, insbesondere zum Justizdienst, im folgenden zu zeigen sein.) Die im

[23] Die Tatsache, daß sich das Edikt nur auf „vergleitete" Juden, also solche mit Schutzbriefen, Naturalisationspatenten oder ähnlichen Konzessionen ausgestattete Personen bezog, veranlaßte Reinhart Koselleck zu der Einschätzung, daß das „Staatsbürgerrecht" von 1812 de facto nicht mehr als ein „erweitertes und generell ausgesprochenes Privileg" war, daß die Juden nur privatrechtlich den anderen preußischen Einwohnern anglich (R. Koselleck, *Preußen zwischen Reform und Revolution...*, S. 59 f.). Dies weist darauf hin, daß die entscheidenden politischen Rechte auch weiterhin ständischer Natur blieben und die bürgerliche Gleichheit nur auf dem wirtschaftlichen Sektor annähernd verwirklicht wurde.

[24] Vgl. Reinhard Rürup in: *Juden in Preußen. Ein Kapitel deutscher Geschichte*, hrsg. vom Bildarchiv Preußischer Kulturbesitz, Dortmund 1981, S. 33.

Edikt angelegte Tendenz eines „Erziehungsgesetzes", das eine vollständige Gleichstellung der Juden an das Ende einer allmählichen, stufenweisen „Besserung", wenn die Juden die Erwartungen der Mehrheit erfüllt haben, setzen will, wurde für die preußische Regierungspraxis nun aktuell. Es wurde prinzipiell wieder einer langsamen, sukzessiven Gleichstellung der Vorzug gegeben. Diese „moralische Aufnahmeprüfung", die ihre Notwendigkeit mit einer vorgeblich durch die jüdische Religion zu begründenden, nach wie vor vorhandenen Minderwertigkeit der Juden zu rechtfertigen suchte und in der Taufe dann folgerichtig das letzte Kriterium für die erfolgreiche soziale und kulturelle Integration sah, erwies sich für den Emanzipationsprozeß als problematisch und belastend. Die Emanzipation wurde damit nicht als Anspruch und Notwendigkeit akzeptiert, sondern dem politischen Kalkül von Regierungen unterworfen, die diese als Belohnung für soziales Wohlverhalten oder gnädigen Vorschuß auf künftige Leistungen einsetzten.[25]

Inzwischen hatte der Wiener Kongreß eine politische Wende in Europa herbeigeführt. Da die rechtliche Lage der Juden in Deutschland zum Zeitpunkt der Beendigung der Befreiungskriege und der Friedensschlüsse von 1814/15 ebenso unübersichtlich wie widerspruchsvoll war, erwartete man von der Behandlung der Verfassungsfrage für die deutschen Staaten und der Gründung des Deutschen Bundes unter anderem auch eine einheitliche Regelung der jüdischen Rechtsverhältnisse. Das Ergebnis der damit befaßten Beratungen war Artikel 16 der deutschen Bundesakte, der Gebieten mit ehemals französischer Gesetzgebung gestattete, den vorgefundenen (emanzipatorischen) Rechtsstatus der Juden wieder aufzuheben, da er als den Regierungen oktroyiert angesehen werden könne. Nur die unter „legitimen" Machthabern bereits ausgesprochenen Rechte waren aufrechtzuerhalten. Erst von der Bundesversammlung, so bestimmte es der Wiener Kongreß, solle in Zukunft beraten werden, wie auf eine möglichst übereinstimmende Weise die „bürgerliche Verbesserung" der Bekenner des jüdischen Glaubens in Deutschland zu bewirken sei.[26]

[25] Zum Konzept der schrittweisen Emanzipation in Deutschland vgl. R. Rürup, *Judenemanzipation und bürgerliche Gesellschaft...*, in: E. Schulin (Hrsg.), *Gedenkschrift...*, S. 174 ff.; ders., *Kontinuität und Diskontinuität der Judenfrage im 19. Jahrhundert*, in: H.-U. Wehler (Hrsg.), *Sozialgeschichte Heute...*, S. 388 ff.

[26] Salo Baron, *Die Judenfrage auf dem Wiener Kongreß*, Wien-Berlin 1920, S. 164.

Der preußische Legationsrat, der im Dezember 1817 zum Deutschen Bundestag nach Wien ging, wurde unter anderem dahingehend instruiert, daß, falls der Versuch gemacht werden sollte, eine allgemein geltende Norm für die Judengesetzgebung der Länder des Deutschen Bundes zu entwerfen, darauf zu achten sei, Juden nicht in Staatsämter und nicht in landständische Versammlungen aufzunehmen, „weil sie den Geist beider offenbar verderben würden".[27]

Für Preußen bedeutete die Entscheidung des Wiener Kongresses zwar eine Festschreibung des Status quo der Judengesetzgebung und damit eine formale Fixierung des Edikts von 1812, jedoch hatten sich in der den napoleonischen Befreiungskriegen folgenden politischen Restaurationsperiode die restaurativen Kräfte auch in Preußen wieder konsolidieren und mit der „Heiligen Allianz" ein Bündnis gegen alle demokratischen Bestrebungen schließen können. Mit der staatserhaltenden Doktrin des „christlichen Staates" und dem „Bündnis von Thron und Altar" wurde zugleich die „christliche Nation" verkündet, mit der die fortschrittliche Idee des bürgerlichen Nationalstaates in eine konservativ-reaktionäre Ideologie verkehrt wurde.

Die halbfeudal-monarchistische preußische Regierung schritt zu umfassenden restaurativen innenpolitischen Maßnahmen und war nun bemüht, die durch das Emanzipationsedikt eingeleitete Gleichstellung der Juden wenigstens wieder einzuschränken. Die Entscheidung, in den neu- und wiedererworbenen Gebieten Preußens die jeweils bei der Okkupation vorgefundenen Judengesetzgebungen in Kraft zu lassen und die Bestimmungen des Edikts nicht auf diese auszudehnen, führte nicht nur zu komplizierten, unübersichtlichen Rechtsverhältnissen, sondern auch zu einer Festschreibung diskriminierender, zum Teil noch mittelalterlicher Judengesetzgebungen in größeren Teilen der Monarchie. Ein erheblicher Teil der preußischen Juden blieb damit bis 1848 ohne bürgerliche Rechte im Sinne des Edikts von 1812, das durch diese Entscheidung erheblich an politisch-emanzipatorischer Bedeutung verlor.

Da – im Geltungsgebiet des Edikts – gesetztes Recht nicht mehr ohne weiteres wieder annulliert werden konnte, ohne eine stärker werdende liberale beziehungsweise demokratische Opposition fürchten zu müssen, versuchte die preußische Regierung, die erteilten

[27] Richard Schwemer, *Geschichte der Freien Stadt Frankfurt am Main (1814–1866)*, Frankfurt/M. 1910, Bd. 1, S. 401 f.

Rechte vornehmlich auf dem Wege der Interpretation und durch interne Verordnungen zu beschränken.[28]

In den behördlichen Diskussionen nach 1815 scheute man sich jedoch nicht, das Edikt auch generell wieder in Frage zu stellen und mit Argumenten aus dem Lager der „christlich-germanischen" Ideologie die angeblich (noch) ungenügenden Voraussetzungen der Juden für die Emanzipation beziehungsweise die von jenen enttäuschten staatlichen Assimilations-Erwartungen zu behaupten. Das Emanzipationsedikt, in revolutionärer Zeit unter ungewöhnlichen Umständen „übereilt" erlassen, hätte, so argumentierte man jetzt, die mindere moralische Qualifikation der Juden außer acht gelassen. Kultusminister Altenstein warf der überwiegenden Mehrheit der Juden sogar eine „angeborene" moralische Verderbtheit vor.[29] Eine „Besserung" sei, wenn überhaupt, nur durch ein rasches Aufgehen in der christlichen Bevölkerung zu erwarten. Diese Auffassung bestimmte in den folgenden Jahrzehnten die Haltung der preußischen Regierungsbehörden zu allen Fragen, die die rechtliche Gleichstellung der Juden betrafen. Durchgängig wünschte man dabei nicht eine Emanzipation der Juden, sondern deren möglichst baldigen Übertritt zum Christentum. Antijüdische Angriffe aus der Publizistik beeinflußten die Anschauungen der Beamten und weiterer Teile des entstehenden Bildungsbürgertums in diesem Sinne.[30]

[28] So erkannte man in den ehemals französisch beherrschten Gebietsteilen die vorgefundenen Gesetzgebungen an, verkürzte diese aber auf die Bestimmungen bzw. die Auslegungen des Edikts von 1812. Das von Napoleon auf zehn Jahre befristete diskriminierende „schändliche Dekret" von 1808 wurde unter preußischer Herrschaft auf unbestimmte Zeit verlängert.

[29] Vgl. H. Fischer, *Judentum, Staat und Heer*..., S. 73.

[30] Hier sei nur auf die beiden bekanntesten antijüdischen und antiemanzipatorischen Schriften der Jahre 1815/16–1819 hingewiesen: Friedrich Rühs, *Über die Ansprüche der Juden an das deutsche Bürgerrecht*, Berlin 1816 (als Artikel bereits 1815); Jakob F. Fries, *Über die Gefährdung des Wohlstandes und Charakters der Deutschen durch die Juden*, Heidelberg 1816. – Zum „Früh-Antisemitismus" vgl. u. a. Eva Reichmann, *Die Flucht in den Haß*, Frankfurt/M. 1956; Michael Behnen, *Probleme des Frühantisemitismus in Deutschland 1815–1848*, in: *Blätter für deutsche Landesgeschichte*, 112 (1976), S. 244–279; Nicoline Hortzitz, *„Früh-Antisemitismus" in Deutschland (1789–1871/72)*, Tübingen 1988; Wanda Kampmann, *Deutsche und Juden*, Heidelberg 1963, S. 154 ff.; Hermann Greive, *Geschichte des modernen Antisemitismus*, Darmstadt 1983, S. 18 ff.; Annegret Brammer, *Judenpolitik und Judengesetzgebung in Preußen 1812 bis 1848*, Berlin 1987; Rainer Erb/Werner Bergmann, *Die Nachtseite der Judenemanzipation*, Berlin 1989.

Die von Staat und Verwaltung betriebene diskriminierende Ausschließungspraxis gegenüber jüdischen Staatsdienstbewerbern hatte bereits unmittelbar nach den Befreiungskriegen begonnen und damit die stufenweise Revision des Prinzips und der Einzelbestimmungen des Edikts durch königliche Kabinettsorders, Verfügungen und interne Absprachen in den Ministerien eingeleitet.[31]

Auslöser für die ersten restriktiven Maßnahmen gegen jüdische Bewerber um staatliche Anstellungen wurden die geltend gemachten Zivilversorgungsansprüche jüdischer Teilnehmer an den preußischen Befreiungskriegen. An den Kämpfen gegen die französische Fremdherrschaft hatten zahlreiche jüdische Freiwillige teilgenommen; seit 1814 waren sie auch offiziell wie alle anderen preußischen Untertanen zum Heeresdienst herangezogen und seitdem der allgemeinen Wehrpflicht unterworfen worden.[32]

Während der Befreiungskriege war Juden die militärische Beförderung nicht versagt worden, zumal in der preußischen Armee ein Mangel an Unteroffizieren und Offizieren bestand. Durch die Teilnahme der Juden am Heeresdienst wurde erstmals objektiv und subjektiv ihre Zugehörigkeit zum preußischen Staat demonstriert. Die Erwartung einer entsprechenden Gleichstellung auch im Zivil- und Alltagsleben war nur natürlich. Als jedoch im Dezember 1815 im Staatsministerium die Diskussion über die Frage der vom König in Aussicht gestellten staatlichen Zivilanstellung (als subalterne Beamte) nach freiwilliger Kriegsteilnahme begann, stimmten mit Ausnahme des Staatskanzlers Hardenberg, der der Auffassung war, daß die

[31] Als erstes wurden Anstellungsgesuche jüdischer Ärzte abgewiesen, die sich als Kreisphysikus bewarben. – Siehe die Ablehnung des Anstellungsgesuchs von Dr. Sachs als Physikatsarzt in Braunsberg am 31. Januar 1814 von Regierungsseite mit der Begründung durch die §§ 8–9 und der Argumentation: „Daß auch alle übrigen Juden außer diesem Beschwerdeführer das Gesetz richtig so verstanden haben, beweiset ihr bisheriges Zurückbleiben aus dem Concurse zu Staatsämtern, da sonst nach dem Charakter des Volkes wie er zur Zeit noch ist sicher jede offene Stelle im Staate durch ein Dutzend israelitischer Kandidaten in allen Instanzen mit Ansprüchen wie der vorliegende bis zum Throne würden verfolgt werden", GStAPK, Rep. 77, Tit. 30, Nr. 39, Bd. I, Bl. 1.

[32] Verfügung des Innenministers vom 27. Februar 1813, daß jüdische Freiwillige nicht zurückgewiesen werden sollen; endgültige Regelung und Ausführung des § 16 des Edikts durch das Wehrgesetz vom 3. September 1814, vgl. H. Fischer, *Judentum, Staat und Heer...*, S. 34 ff. und den Kommentar von Ludwig von Rönne/Heinrich Simon, *Die früheren und gegenwärtigen Verhältnisse der Juden in den sämmtlichen Landestheilen des Preußischen Staates*, Breslau 1843, S. 51 ff.

königliche Zusicherung für alle Freiwilligen ohne Rücksicht auf ihr Glaubensbekenntnis gelten müsse, alle seine Ministerkollegen darin überein, daß diese Zusagen den jüdischen Freiwilligen gegenüber nicht erfüllt werden könnten und dürften.[33]

Die Diskussion im Staatsministerium, die eine grundsätzliche Klärung der Frage anstrebte, zeigte, daß die Minister die Bestimmungen des Emanzipationsedikts bereits als „übereilt" ansahen und eine Ausführung des Staatsämter-Paragraphen für undurchführbar hielten. Dabei kam ganz unverhohlen das Mißtrauen in bezug auf die moralische Zuverlässigkeit der Bewerber zum Ausdruck. So betonte Minister von Kircheisen in seinem Votum vom 23. Dezember 1815 für die Justizverwaltung, daß „für die Juden die Vermutung weniger Moralität durch temporelle Tapferkeit nicht entkräftet wird".[34] Er konnte sich auf „die bestimmteste Abneigung Sr. Majestät des Königs" in dieser Frage berufen. Eine Anstellung von Juden in seinem Ressort hielt er demnach für ausgeschlossen.[35]

Angesichts des einmütigen und entschlossenen Widerstandes des preußischen Staatsministeriums bestand keine Aussicht mehr auf Vergünstigungen für jüdische Kriegsfreiwillige. Eine offizielle, abschließende Verfügung scheint nicht ergangen zu sein, ein Exempel für die Verfahrensweise der Provinzialbehörden war jedoch gegeben. Vorläufig sollten entsprechende Anstellungsgesuche jüdi-

[33] In der Diskussion um eine mögliche Anstellung von jüdischen Kriegsfreiwilligen im Zivildienst lehnte es der Finanzminister bereits im April 1815 ab, derartige Gesuche zu berücksichtigen. Er ging davon aus, daß das jüdische Bekenntnis allein ausreiche, um jeden Bewerber von vornherein und ohne Rücksicht auf seine Qualifikation vom Staatsdienst auszuschließen. Mit dieser Haltung befand er sich in direktem Gegensatz zu Hardenberg, der mit einer Einstellung regulärer jüdischer Zivilbeamter eine erste, vorläufige Ausfüllung des der Präzision harrenden § 9 des Edikts erstrebte. Sein Versuch, den Juden auf diesem Wege den Zugang zu Staatsstellen (in diesem Falle subalterne Beamtenstellen der untersten Kategorien) zu öffnen, scheiterte jedoch am Widerstand der Ressortminister. Vgl. dazu ausführlich H. Fischer, *Judentum, Staat und Heer...*, S. 53 f.; die einzelnen Voten bei I. Freund, *Die Emanzipation...*, Bd. 2, S. 465 ff.

[34] *A. a. O.*, S. 466.

[35] Nach Auskunft des Kriegsministers waren Anfang des Jahres 1815 mehrere Juden beim Kriegs-Kommissariat in Subaltern-Verwaltungsstellen angestellt, GStAPK, Rep. 77, Tit. 30, Nr. 39, Bd. I (Schreiben der Kurmärkischen Regierung an den Innenminister, 11. März 1815).

scher Kriegsfreiwilliger „ohne Aufsehen abgewiesen" werden.[36] Jüdischen Offizieren wurde fortan auch das Avancement versagt.

Die wenigen Jahre zwischen dem Erlaß des Emanzipationsedikts und dem Wiedereinsetzen der politischen Reaktion seit 1815 hatten Übergangscharakter und waren von einer Unentschlossenheit in der preußischen Judenpolitik gekennzeichnet. Eine definitive Entscheidung über § 9 des Edikts, also auf Zulassung von Juden zu preußischen Beamtenstellen, und sei es nur auf der untersten Ebene der Zivilanstellungen für ehemalige Kriegsfreiwillige, schien nicht mehr auf der Tagesordnung zu stehen. Die Verwaltungsbehörden wurden weiterhin im unklaren über eine einheitliche Verfahrensweise gelassen. Die Kontroverse um die Zulassung jüdischer Zivilversorgungsanwärter zu öffentlichen Stellen hielt demzufolge noch Jahre an, bis das Staatsministerium am 19. August 1818 unmißverständlich beschloß, diese auch in der Zukunft unter keinen Umständen für Beamtenstellen zuzulassen.[37]

Eine erste „preußische Schneise" in ehemals rheinisch-französisches Recht wurde mit der beabsichtigten Entlassung von drei im rheinischen Justizdienst beschäftigten jüdischen Beamten geschlagen.

In den linksrheinischen Territorien Preußens waren unter der vorhergegangenen französischen Herrschaft mit der rechtlichen Gleichstellung durch das französische Recht auch einige Juden faktisch Beamte geworden. Als Preußen sollten diese nun ihre Stellungen aufgeben, da nach preußischem Recht jüdische Staatsbeamte nicht angestellt werden könnten. Damit wurde § 9 des Edikts in extensiver Auslegung auf die neuen westlichen Provinzen angewandt. Als die preußische Regierung 1816 die Übernahme und Bestallung der drei in Frage kommenden Juristen verweigerte, demonstrierte sie erstmals auf diesem Gebiet ihre Entschlossenheit, die Verheißungen des Edikts von 1812 nicht Wirklichkeit werden zu lassen, die Emanzipationsgesetze so restriktiv wie möglich auszulegen und den Einbruch französischen Rechts keineswegs zu dulden.

Betroffen davon waren die drei jüdischen Justizbeamten Heinrich Marx, Johann Jacob Meyer und Philipp Benedict. Heinrich Marx, der Vater von Karl Marx, hatte in französischer Zeit als angesehener

[36] H. Fischer, *Judentum, Staat und Heer…*, S. 56.

[37] GStAPK, Rep. 90, Nr. 498, Bl. 4; vgl. H. Fischer, *Judentum, Staat und Heer…*, S. 58.

Anwalt am Appellationsgerichtshof in Trier praktiziert.[38] Johann Jacob Meyer war Expedient auf dem Sekretariat des Tribunals von Krefeld, Philipp Benedict als Huissier (Gerichtsdiener, auch Gerichtsvollzieher) in Heinsberg, Kreis Aachen, angestellt.[39]

Der damalige Oberlandesgerichtspräsident von Düsseldorf und Präsident der Immediat-Justizkommission, Sethe, dem die Aufgabe zufiel, die Einführung des preußischen Rechts in der Rheinprovinz in die Wege zu leiten, war unsicher, wie mit den drei jüdischen Justizbeamten zu verfahren sei; einerseits waren entsprechende französische Gesetze nicht offiziell durch ein preußisches Gesetz aufgehoben worden, andererseits war aber anzunehmen, daß alle im preußischen Staat allgemein geltenden gesetzlichen Bestimmungen, also auch das Emanzipationsedikt von 1812, in die neuen Provinzen eingeführt werden würden. Sethe hielt sich daher nicht für ohne weiteres autorisiert, ohne eine entsprechende königliche Ausnahmeregelung über den Verbleib der jüdischen Beamten zu entscheiden. In seinem Schreiben an den Justizminister vom 23. April 1816 gab er zu bedenken, daß er zwar nicht für eine völlige Gleichberechtigung der Juden sei, aber: „...jene drei Israeliten sind Eingebohrene: Sie haben ihre Anstellung rechtmäßig erlangt; Sie haben im Vertrauen auf das Gesetz, was die Juden von Staatsämtern nicht ausschloß, diesen Erwerbszweig gewählt; Sie würden brotlos werden, wenn sie ihn verlöhren; auch haben sie das ohne Einschränkung gegebene königliche Wort für sich, daß die vorgefundenen Beamten, wenn sie sich unverweislich betragen haben, behalten werden sollen;[40] es ist gegen sie nichts zu erinnern vorgekommen,

[38] Vgl. dazu Heinz Monz, *Advokatanwalt Heinrich Marx. Die Berufsausbildung eines Juristen im französischen Rheinland*, in: *Jahrbuch des Instituts für Deutsche Geschichte Tel Aviv*, Tel Aviv 1979, S. 125–141. Hiernach müssen die praktische Vorbildung, der genaue Ablauf der Ausbildung und die ursprüngliche Berufs- und Titelbezeichnung des Heinrich Marx im damaligen französischen Koblenz unklar bleiben. Die Bezeichnung „Advokatanwalt" geht auf die komplizierte partielle Neuordnung des Gerichtswesens von 1815 an zurück, seit das Land wieder unter preußischer Verwaltung steht.

[39] GStAPK, Rep. 84a, Nr. 11945, Bl. 29 ff. und GStAPK, 2. 2. 1., Nr. 23683, Bl. 65 ff. (Bericht des Justizministers Heinrich Gottlob von Mühler an den König vom 21. Oktober 1842, Referat zur bisherigen Rechtspraxis).

[40] Im Besitznahmepatent für das Rheinland vom 5. April 1815 war den dort angestellten (christlichen) Beamten bei vorausgesetzter Treue die Weiterbeschäftigung auf ihren Posten zugesichert worden.

vielmehr sprechen die offiziellen Zeugnisse sehr vortheilhaft für sie."[41]

Der Justizminister war jedoch anderer Ansicht. Nachdem er Verbindung mit Innenminister Kaspar Friedrich Schuckmann aufgenommen hatte, der ihm politisch den Rücken stärkte, wurde Sethe am 27. Mai 1816 dahingehend belehrt, daß jüdische Beamte keinen Anspruch auf ihre Ämter hätten, da die Vorschriften des Edikts von 1812 in der Rheinprovinz mit der damals beabsichtigten Einführung der preußischen Gesetze auch dort Anwendung finden müßten und eine Ausnahme nicht gestattet werden könne. Ihnen könne lediglich solange, bis sie ihre künftige Stellung wieder geordnet haben würden, ein Wartegeld oder eine Pension bewilligt werden.[42] Dieses letzte Zugeständnis resultierte wohl aus des Ministers Wunsch, „diese Angelegenheit ohne Aufsehen zu behandeln und in den gesetzlichen Gleisen zu erhalten".[43]

Der Advokat Heinrich Marx, den Sethe dem Justizminister gegenüber mit den diesem von seiner Dienststelle bescheinigten „rühmlichen Zeugnissen" von Kenntnis und Fleiß hervorhob, um schließlich auch seinen guten Eindruck von Marx' Persönlichkeit zu wähnen, sah sich schließlich vor die Wahl zwischen Erwerbslosigkeit und Taufe gestellt. Wenig später trat er zur christlichen Religion über, um seine Stelle behalten zu können.[44] Er gewann als langjähriger Vorsteher der Trierer Anwaltschaft offenbar besonderes Ansehen unter seinen Kollegen; 1831 wurde ihm der Titel „Justizrat" verliehen.[45]

[41] GStAPK, Rep. 84a, Nr. 11945, Bl. 29–31 (Sethe an Justizminister von Kircheisen, Düsseldorf, 23. April 1816); vgl. Adolf Kober, *Karl Marx' Vater und das napoleonische Ausnahmegesetz gegen die Juden 1808*, in: *Jahrbuch des Kölnischen Geschichtsvereins*, 14 (1932), S. 116.

[42] GStAPK, 2. 2. 1., Nr. 23683, Bl. 65 ff.

[43] A. Kober, *Karl Marx' Vater*..., S. 117.

[44] Vgl. unterschiedliche Quellen und Zeitangaben zur Taufe von Heinrich Marx: *a. a. O.*, S. 111 ff.; Hans Lamm, *Karl Marx und das Judentum*, in: *Karl Marx 1818–1968. Neue Studien zur Person und Lehre*, Mainz 1968, S. 11; Heinz Monz, *Die soziale Lage der elterlichen Familie von Karl Marx*, in: *a. a. O.*, S. 71 (vgl. leicht abweichend ders., *Die jüdische Herkunft von Karl Marx*, in: *Jahrbuch des Instituts für Deutsche Geschichte*, Tel Aviv 1973, S. 189); Edmund Silberner, *Kommunisten zur Judenfrage*, Opladen 1983, S. 19.

[45] H. Monz, *Advokatanwalt Heinrich Marx*..., S. 138.

Der subalterne jüdische Justizbeamte Johann Jacob Meyer scheint ausgeschieden zu sein, da er in den späteren Beamtenlisten nicht mehr verzeichnet ist.[46]

Philipp Benedict dagegen focht die ihm angekündigte Entlassung mit dem Verweis auf die Gesetze, auf deren Grundlage er durch kaiserliche Bestallung vom 11. Januar 1808 zum Gerichtsvollzieher ernannt worden war, an. Seine Eingaben wurden indes durch Verfügungen des Justizministers vom 2. November 1821 und 1. März 1822 und des an politischem Einfluß verlierenden Staatskanzlers Hardenberg vom 19. Januar 1822 abschlägig beschieden. Ihm wurde lediglich die oben erwähnte Pension zugesichert. Benedict aber ließ nicht locker, hatte er doch die Fürsprache seiner Vorgesetzten hinter sich.[47] Auf Grund einer erneuten Petition an den König forderte dieser den Bericht des Staatsministeriums über die beantragte Entlassung Benedicts an, das sich am 25. März 1822 mit der Begründung für die Entlassung ausgesprochen hatte, „daß der Grundsatz, welcher die Juden vom Staatsamte ausschließt, als ein allgemein durchgreifendes Verwaltungsprinzip in der Regel auch auf diejenigen Juden anzuwenden sei, welche im Dienste des Staates vorgefunden werden".[48]

Auf Befehl des Königs beriet das Staatsminsterium am 22. Januar 1823 erneut über den Fall. Nachdem sich Innen- und Kriegsminister zögernd mit der Beibehaltung von Benedict im Amt einverstanden erklärt hatten, da er bereits im Dienste des Staates vorgefunden worden war und der Grundsatz der Ausschließung auf ihn deshalb nicht unbedingt anzuwenden sei, bekräftigte der Justizminister die vom Staatsministerium ausgesprochene Ansicht und fand sich zu keinerlei Kompromiß bereit, zumal die Nachteile, die bei der Ausübung von staatlichen Ämtern durch Juden, insbesondere bei den „Justizbedienungen" entstehen könnten, gar nicht auszudenken seien. Auch das Amt des Gerichtsvollziehers sei ein verantwortungsvoller Posten, und es sei daher schlechterdings notwendig, die Verrichtung „nur solchen Individuen zu übertragen, aus deren persönlichen Verhältnissen kein Grund zum Mißtrauen entnommen werden könne".

[46] GStAPK, 2. 2. 1., Nr. 23683, Bl. 65 ff.

[47] Vgl. Adolf Kober, *Aus der Geschichte der Juden im Rheinland*, in: *Zeitschrift des rheinischen Vereins für Denkmalpflege und Heimatschutz*, H. 1 (1931), S. 81 f.

[48] GStAPK, 2. 2. 1., Nr. 23683, Bl. 67.

Wegen zu befürchtender „Collisionen zwischen Juden und Christen" könne bei Benedict keine Ausnahme gemacht werden.

Das Staatsministerium faßte schließlich einen Beschluß in diesem Sinne; seit dem 22. Januar 1823 galt nun der generelle Ausschluß von Juden aus Staatsämtern – einschließlich der militärischen Zivilanstellung und der (inzwischen wieder verschlossenen) akademischen Lehrämter – als ein „allgemein durchgreifendes Verwaltungsprinzip".[49] Dieser Grundsatz wird in den folgenden Jahren mehrfach bekräftigt.

Der König entschied jedoch entgegen dem Staatsministerialbeschluß im Einzelfall Benedict – möglicherweise unter dem Einfluß des Kronprinzen – durch die Kabinettsorder vom 12. April 1823, daß dieser auf seinem Posten belassen und abgewartet werden solle, ob er „über kurz oder lang zur christlichen Religion übergehen werde".[50] Benedict blieb dagegen offenbar standhaft und behielt sein Amt beim Friedensgericht zu Heinsberg, das er noch in den 1840er Jahren allgemein geachtet bekleidete.[51] Damit war Benedict der einzige jüdische Justizbeamte in Preußen vor 1848.[52]

Die Bestimmungen des Edikts wurden nie offiziell im Rheinland eingeführt, dessen Beschränkungen aber in der Rechts- und Verwaltungspraxis strikt angewandt.[53] An dem Grundsatz der Nichtanstel-

[49] GStAPK, Rep. 90, Nr. 498, Bl. 19 f. Siehe auch unten.

[50] GStAPK, Rep. 84a, Nr. 11945, Bl. 60 – Abdruck der entsprechenden Kabinettsorder bei H. Fischer, *Judentum, Staat und Heer...*, S. 207.

[51] Siehe Mitteilung über die Verleihung des Allgemeinen Ehrenzeichens an Benedict in der *Allgemeinen Zeitung des Judentums* (im folgenden zit. als *AZJ*) vom 29. Februar 1840, Nr. 9, S. 122, abgedruckt in: Dieter Kastner (Bearb.), *Der rheinische Provinziallandtag und die Emanzipation der Juden im Rheinland 1825–1845* (Quellenedition), Brauweiler 1989, S. 275; vgl. GStAPK, 2. 2. 1., Nr. 23683, Bl. 67.

[52] Ernest Hamburger, der meinte, alle rheinischen jüdischen Beamten hätten ihre Stellung verloren, ist in diesem Punkte zu korrigieren (vgl. E. Hamburger, *Juden im öffentlichen Leben...*, S. 69). Innenminister Schuckmann hält den Fall Benedict in seinem Votum vom 25. Oktober 1822 für den einzigen seiner Art im Rheinland, GStAPK, Rep. 90, Nr. 498, Bl. 17–18; A. Kober berichtet neben den rheinisch-preußischen Beamten außerhalb Preußens von 8 jüdischen Beschäftigten in Verwaltungsbüros in der Mainzer Judenschaft im Jahre 1811 (A. Kober, *Juden im Rheinland...*, S. 77).

[53] Auch insgesamt blieb die Integrationspolitik in bezug auf das Rheinland schwierig und ist insbesondere bei der Rechtsvereinigung im Vormärz weitgehend gescheitert. Die französische Rechts- und Gerichtsverfassung blieb teilweise bis zur Reichsgründung und sogar darüber hinaus erhalten, vgl. R. Schütz, *Zur Eingliederung der Rheinlande*, in: Peter Baumgart (Hrsg.), *Expansion und Integration. Zur Eingliederung neugewonnener Gebiete in den preußischen Staat*, Köln-Wien 1984, S. 211.

lung von Juden im Staatsdienst gemäß § 9 in bezug auf neue Anstellungen wurde seit 1815 streng festgehalten.

Neben Benedict finden sich im Vormärz nur zwei weitere jüdische Staatsbeamte in Preußen, beide außerhalb des Justizdienstes. Beide, der Berliner Salomon Sachs und sein Neffe Meno Burg, wurden durch eigene Publikationen, in denen sie ihren ungewöhnlichen Lebenslauf schilderten, in der preußischen Öffentlichkeit relativ gut bekannt.[54] Meno Burg war 1813 zum Unteroffizier im preußischen Heer befördert worden, durch außergewöhnliche Umstände zum Major aufgestiegen und bekleidete ein Lehramt an der Berliner Artillerie-Schule. Salomon Sachs, der bereits im Dezember 1792 „wie durch ein Wunder" an der Hof-Bau-Amts-Direktion eine Anstellung erhielt, wurde 1799 Bauinspektor und im gleichen Jahr als Lehrer an der Königlichen Bauakademie beschäftigt. Mit Beginn der Reaktionszeit sollte auch er seine Stelle verlieren; nach einer Eingabe an den König genehmigte dieser Sachs' Anstellung als „eine Ausnahme von der Regel". Sachs wurde wieder Kameral-Baubeamter und ging im Jahre 1830 in Pension.[55]

Auch die Ausschließung beziehungsweise Benachteiligung von Juden bei der Ausübung des Geschworenen-Ehrenamtes – die in einigen Gegenden noch zu Beginn des 20. Jahrhunderts praktiziert wurde – hatte in Preußen „Tradition". Geschworenengerichte existierten zunächst nur im Rheinland. Hier war es in den Jahren 1821/22 zu einer solchen Beschränkung der öffentlichen Wirksamkeit von Juden im Justizwesen gekommen (wenn auch außerhalb einer beamteten Stelle). Eine Diebstahlsaffäre in Köln, bei der ein jüdischer Geschworener des Assisengerichtshofes der Hehlerei beschuldigt worden war, nutzte der Regierungspräsident von Koblenz als willkommene Gelegenheit, seine Landräte anzuweisen, sämtliche Juden von den Geschworenenlisten zu streichen und keine neuen aufzunehmen. Diese Maßnahme wurde der Öffentlichkeit mit der Begrün-

[54] Meno Burg, *Geschichte meines Dienstlebens*, 2. Aufl., Leipzig 1916 (geschrieben: 1847–1849) und Salomon Sachs, *Mein fünfzigjähriges Dienstleben und literarisches Wirken. Ein Beitrag zur tatsächlichen Beleuchtung der Frage: Sind Juden zum Staatsdienst geeignet?*, Berlin 1842; detaillierte Informationen zu Burg bei H. Fischer, *Judentum, Staat und Heer...*, S. 127 ff.; zu Sachs vgl. u. a. Ludwig Geiger, *Geschichte der Juden in Berlin*, Berlin 1871 (Neudruck Leipzig 1988), S. 152 f. und S. Sachs, *Mein fünfzigjähriges Dienstleben...*, in: *AZJ*, 80. Jg. (1916), Nr. 14.

[55] *A. a. O.*, S. 31, Text der Kabinettsorder vom 29. April 1816 wegen Sachs' Anstellung *a. a. O.*, S. 93; vgl. GStAPK, Rep. 77, Tit. 30, Nr. 39, Bl. 28 ff.

dung mitgeteilt, daß die Juden „noch so weit in ihrer sittlichen Bildung zurück" seien und schließlich auch in den alten Provinzen nicht das volle Staatsbürgerrecht genössen.[56]

Die Juden protestierten gegen die Maßnahme des Regierungspräsidenten unter anderem mit einer Petition an den Oberpräsidenten Carl Heinrich Ludwig von Ingersleben. Dieser verfügte, daß der Ausschluß von jüdischen Geschworenen als Verwaltungsgrundsatz ungesetzlich sei. Der Regierungspräsident sah sich daraufhin genötigt, eine gegenteilige Instruktion an seine Landräte ergehen zu lassen, nach der sie für die Aufnahme geeignete Juden in einer nachträglichen Liste erfassen sollten. Inzwischen war die Angelegenheit jedoch der Staatsregierung zu Ohren gekommen, die sich auf die Seite des gescholtenen Regierungspräsidenten stellte. Minister Schuckmann versicherte diesem am 29. März 1822 in einem Reskript höchstpersönlich seiner Gewogenheit und stellte fest, daß er es – obgleich zugegebenermaßen eine entsprechende Gesetzgebung nicht existiere – „als Maxime keineswegs mißbillige", wenn Juden zur Ausübung des Geschworenenamtes niemals berufen würden. Anschließend legitimierte er die Vorgehensweise seines Untergebenen auch für die zukünftige Praxis; es sei ihm lediglich unangenehm gewesen, daß die betreffende Anordnung „unnötigerweise" zur öffentlichen Kenntnis gelangt sei – man wollte wohl im Ausland nicht als intolerant gelten.[57] In einem Schreiben Schuckmanns an den Justizminister verwies er rechtfertigend auf das – mit dem Gegenstand in keinem sachlichen Verhältnis stehende – von der preußischen Regierung verlängerte Napoleonische Dekret von 1808, nach dem Juden vor Gericht „die gesetzliche Präsumption des Betruges" gegen sich hätten, weshalb sie unmöglich geeignet erscheinen könnten, als Geschwo-

[56] Zirkularverfügung vom 3. Oktober 1821, abgedruckt bei D. Kastner, *Der rheinische Provinziallandtag...*, S. 88 f.; A. Kober, *Aus der Geschichte der Juden...*, S. 81. – Das Geschworenenwesen war Bestandteil der französischen Gesetzgebung in den linksrheinischen Gebieten. Die ehrenamtlich arbeitenden Geschworenen wurden in preußischer Zeit vom Regierungspräsidenten aus einer Liste von Personen bestimmter Berufs- und Besitzgruppen ausgewählt, die jedoch keineswegs nach konfessioneller Zugehörigkeit unterschieden werden sollten.

[57] Einer der Landräte hatte die Anordnung im regionalen Anzeigenblatt veröffentlichen lassen, Abdruck des Reskripts bei D. Kastner, *Der rheinische Provinziallandtag...*, S. 92 f.; vgl. ferner H. Fischer, *Judentum, Staat und Heer...*, S. 61, 107.

rene im Gerichtssaal „über Leben und Freiheit christlicher Staatsbürger" zu entscheiden.[58] Der ausgesprochene Ausschluß von Juden vom Ehrenamt des Geschworenen wurde erst im Revolutionsjahr 1848 auf Grund eines Gesuchs an die Regierung ausdrücklich für ungültig erklärt (vgl. ZWEITES KAPITEL).

Ungeachtet der den preußischen Juden weiter verschlossen bleibenden Berufsmöglichkeiten im akademischen Bereich wurde Bildung seit Beginn des 19. Jahrhunderts für sie zu einem bevorzugten Mittel sozialen Aufstiegs. Gemessen an ihrem Anteil an der preußischen Gesamtbevölkerung, der im Vormärz bei etwa 1,3 Prozent lag, wurde davon in überdurchschnittlichem Maße Gebrauch gemacht. Durch die Gründung der Friedrich-Wilhelms-Universität im Jahre 1810 hatte, nach der Emanzipationsgesetzgebung und im Zuge der fortschreitenden kulturellen Assimilation und der Säkularisationstendenzen, innerhalb der jüdischen Intelligenz eine zunehmende Konzentrierung jüdischer Studenten in Berlin (und an der ein Jahr später gegründeten Universität Breslau) eingesetzt. Es wurde jedoch vorwiegend Medizin und Philologie studiert, denn die juristische Fakultät lehnte es in Berlin grundsätzlich ab, Juden die Promotion und damit die Voraussetzung für eine akademische Lehrtätigkeit zu gestatten. Bis in die 1840er Jahre wurde die juristische Promotion in Preußen nur in einzelnen Fällen erlaubt. In der Regel mußten jüdische Justizkandidaten zu diesem Zwecke an die außerpreußischen Universitäten in Göttingen, Heidelberg oder Marburg wechseln.[59]

[58] Dem Oberpräsidenten der Niederrheinprovinz, der auch nach einem die Verfügung rechtfertigenden Gutachten des verantwortlichen Regierungsrates bei seiner Ansicht blieb, daß die Ausschließung von Juden aus dem Geschworenenamt nicht rechtens sei, wurde von Schuckmann mitgeteilt, daß er die Maßnahme fortan zu akzeptieren habe (Schreiben des Innenministers an den Justizminister vom 7. Mai 1822, abgedruckt in: D. Kastner, *Der rheinische Provinziallandtag...*, S. 101 f.; Schreiben des Innenministers an den Oberpräsidenten vom 7. Mai 1822, Landeshauptarchiv Koblenz, 403, Nr. 15228, Bl. 1).

[59] Vgl. dazu ausführlich M. Richarz, *Der Eintritt...*, bes. S. 91 ff., 107. Für Berlin ließen sich genauere statistische Daten nicht ermitteln; noch im Gründungsjahr vermutet Monika Richarz jedoch mindestens 7% jüdische Studenten. Die Zahl der in Preußen Jura studierenden Juden lag an der Universität Bonn wahrscheinlich vergleichsweise höher, da hier auch Studenten aus westdeutschen Territorien kamen, in denen Juden zur Advokatur zugelassen waren (*a. a. O.*, S. 99 bzw. 107). Zwischen 1811 und 1848 gab es in Breslau insgesamt 569 jüdische Studenten, für Berlin kann man ähnliche Zahlen annehmen; die Mehrzahl von ihnen studierte Medizin, ein großer Teil aber auch an der philosophischen Fakultät (zwei Drittel davon bereiteten sich auf den Rab-

So konnten angehende jüdische Juristen bis 1847, von Ausnahmefällen abgesehen, weder promovieren noch einen einschlägigen Beruf ergreifen oder sich für ihn im Vorbereitungsdienst qualifizieren. Selbst die Ausübung der Advokatur, die in einigen anderen deutschen Bundesstaaten im Laufe der Emanzipationsgesetzgebungen auch für Juden freigegeben worden war, blieb den preußischen Juden verschlossen, da hier eine staatliche Bestallung als Justizkommissar erforderlich war.

So wurde im Jahr 1815 das Gesuch des Rechtskandidaten Samuel Moses Marx auf Anstellung als Auskultator beim Land- und Stadtgericht Halle ebenso abgelehnt wie ein Jahr später das des Jurastudenten Heinrich Heinemann (Kreis Paderborn), an einem preußischen Gericht die Voraussetzung zum Eintritt in den Justizvorbereitungsdienst zu erwerben – mit der gleichen Begründung wie ein ähnlicher Antrag des jüdischen Rechtskandidaten Coppenhagen im Jahre 1824, „da derselbe ein israelitischer Glaubensgenosse ist".[60]

Die erste Promotion an einer preußischen Juristenfakultät erlangte Julius Rubo (1794–1866), der in Göttingen und Berlin Rechtswissenschaft studiert hatte und 1817 an der Universität in Halle die Doktorwürde erwarb. Danach versuchte er vergeblich, in Preußen, Hamburg, Holstein oder Braunschweig zur Advokatur zugelassen zu werden; schließlich ließ er sich 1820 an der juristischen Fakultät Halle als Privatdozent nieder – auch damit war und blieb er in Preußen eine Ausnahme, denn außer ihm wurde in der ersten Hälfte des 19. Jahrhunderts kein einziger weiterer Jude als Privatdozent für dieses Fach bestätigt.[61] Nach einer von Levin Goldschmidt später mitgeteil-

biner-Beruf vor). – Vgl. Monika Richarz, *Juden, Wissenschaft und Universitäten*, in: Walter Grab (Hrsg.), *Gegenseitige Einflüsse deutscher und jüdischer Kultur von der Epoche der Aufklärung bis zur Weimarer Republik*, Tel Aviv 1982, S. 62. – In Greifswald erhielt 1820 Nathan Aarons aus Hamburg, der später als Advokat in Mecklenburg-Schwerin bekannt wurde, die juristische Doktorwürde (vgl. M. Richarz, *Der Eintritt...*, S. 109). Als erster Extraordinarius in Deutschland wurde Samuel Marum Meyer 1831 in Tübingen berufen.

60 GStAPK, Rep. 84a, Nr. 11945, Bl. 37 ff., 62 und GStAPK, 2. 2. 1., Nr. 23683, Bl. 67, fanden sich leider keine weiteren Angaben zu den Personen und Umständen der Antragstellung. Das Gesuch eines preußischen Juden unbekannter Qualifikation namens Jacob Levy um Verleihung einer Kanzlisten- oder einer ähnlichen Stelle (vermutlich als Zivilversorgung) im Jahr 1822 wurde ebenfalls abschlägig beschieden.

61 Zu Julius Rubo vgl. u. a. M. Richarz, *Der Eintritt...*, S. 181; L. Geiger, *Geschichte der Juden in Berlin...*, Bd. 1, S. 160 f., Bd. 2, S. 206; Hanns Günther Reissner, *Eduard Gans. Ein Leben im Vormärz*, Tübingen 1965, S. 30, E. G. Lowenthal, *Juden in Preußen...*, S. 193.

ten Äußerung eines preußischen Justizrates war Rubos Anstellung vermutlich „versehentlich" geschehen, weil der Minister nichts davon gewußt hatte.[62]

Die preußische Kabinettsorder vom 18. August 1822 (vgl. unten), die Juden wieder aus allen akademischen Lehr- und Schulämtern, zu denen sie das Emanzipationsedikt von 1812 für fähig erklärt hatte, ausschloß, beendete Rubos Tätigkeit in Halle. Er gab die Stelle wegen der politischen Verhältnisse als aussichtslos auf und wurde im Jahre 1824 Sekretär der Berliner jüdischen Gemeinde, in der er über 30 Jahre tätig war.[63]

Eine gleichermaßen rasante wie glanzvolle Karriere machte indessen – der noch als Kind getaufte – Eduard Simson (1810–1899), der 18jährig zum Dr. jur. promoviert und zwei Jahre später habilitiert wurde. 1833 wurde Simson zum außerordentlichen Professor in Königsberg ernannt. Sein Beispiel zeigt, wie bereits das von Isaac Elias Itzig und weitere in den Folgejahren bis ins Kaiserreich, daß die Taufe, auch wenn die jüdische Herkunft des Kandidaten noch wahrgenommen wurde, von den obersten Behörden stets als ein eindeutiger Schritt der Lösung aus dem Judentum respektiert wurde und damit die auf den Juden lastenden rechtlichen Diskriminierungen in diesen Fällen als gegenstandslos galten.

Noch war der kritische Fall, daß ein (außerhalb Preußens promovierter) „ungetaufter" Jude sich um ein preußisches juristisches Ordinariat oder Extraordinariat – also um eine seit 1812 gesetzlich offene Möglichkeit der akademischen Lehrtätigkeit auch für qualifizierte jüdische Kandidaten – bewarb, nicht eingetreten. Der erste Fall, in dem § 8 des Emanzipationsedikts dann ernsthaft auf die Probe gestellt wurde, war zugleich der letzte.

Eduard Gans (1797–1839), Sohn einer Berliner Bankiersfamilie, hatte in den Jahren der einsetzenden politischen Reaktion 1816 bis 1819 in Berlin, Göttingen und Heidelberg Jura studiert und wurde in Heidelberg zum Doktor beider Rechte promoviert.[64] Als Hegelschü-

[62] Vgl. Levin Goldschmidt, *Ein Lebensbild in Briefen,* Berlin 1898, S. 116.

[63] Vgl. H. G. Reissner, *Eduard Gans...,* S. 82; M. Richarz, *Der Eintritt...,* S. 81; L. Geiger, *Juden in Berlin...,* Bd. 1, S. 160 f. und Bd. 2, S. 206. Wie viele andere jüdische Juristen bei den (größeren) jüdischen Gemeinden Preußens angestellt waren, ist nicht bekannt.

[64] Ausführlich zu Gans siehe dessen Biographie von H. G. Reissner, *Eduard Gans...,* bes. S. 55 ff. und J. Braun, *Die „Lex Gans"...,* S. 60–98; ferner E. Hamburger, *Juden im öffentlichen Leben...,* S. 13.

ler war er bereits mit einer Schrift an die Öffentlichkeit getreten, in der Rechtsauffassungen der von Savigny vertretenen Schule scharf angegriffen worden waren.

Am 9. Dezember 1819 stellte Gans den förmlichen Antrag bei Kultusminister von Altenstein auf Zulassung zur akademischen Laufbahn. Die juristische Fakultät der Berliner Universität, der der Antrag zwecks gutachtlicher Prüfung zugeleitet worden war, antwortete erwartungsgemäß negativ. Die vom konservativen, einflußreichen Savigny beherrschte Fakultät war keineswegs bereit, Gans als Mitglied zu akzeptieren. Der Gans wohlwollende Hardenberg versuchte zunächst, dem Problem auszuweichen, indem er ihm nahelegte, sich als (unbesoldeter) Privatdozent an der Universität Breslau zu bewerben; wenig später erbot sich das Kultusministerium sogar, Gans als Privatdozenten mit Einkünften in Königsberg unterzubringen – allerdings ohne Aussicht auf eine spätere Habilitation. Dies geschah bereits mit der später gängig werdenden Begründung, daß die Universitätsfakultäten „mit öffentlichen Gewaltzwecken bekleidete Korporationen" seien, zu denen Juden auch nach § 8 des Edikts von 1812 nicht zugelassen werden könnten. Das teilte Altenstein Staatskanzler Hardenberg am 16. August 1820 mit und hob hervor, daß ein Eintritt von Juden in die juristische Fakultät ganz besonders zweifelhaft erscheine, da die Spruchkollegien richterliche Funktionen ausübten. Außerdem sei den juristischen Fakultäten die Bewahrung und Weiterentwicklung der Gesetze anvertraut und niemand dürfe lehren, was er nicht selbst ausüben könne![65]

Am 9. Februar 1822 reichte Gans eine Denkschrift bei Staatskanzler Hardenberg ein. Dabei berief er sich erneut auf das gültige Gesetz von 1812, das eine Anstellung von geeigneten jüdischen Glaubensgenossen im preußischen Staatsdienst prinzipiell ermögliche, und erklärte sich zu dem Kompromiß bereit, auf eine Mitarbeit im Spruchkollegium, also eine persönliche Ausübung richterlicher Funktionen, zu verzichten.[66] Hardenberg hatte jedoch inzwischen zunehmend an Einfluß auf die Regierung verloren und konnte mit seiner Fürsprache die Bewerbung im Staatsrat nicht durchsetzen.

[65] *A. a. O.*, S. 57; vgl. J. Braun, *Die „Lex Gans"...*, S. 74. – Das Spruchkollegium war ein Fakultätsausschuß, bei dem untere Gerichtsinstanzen Gutachten und ein Urteil einholen konnten, das dann in der Regel bindend war.

[66] Denkschrift Gans' in: *a. a. O.*, S. 84 (ohne Datum – Datumsangabe bei H.-G. Reissner, *Eduard Gans...*, S. 57).

Kultusminister von Altenstein begründete die Ablehnung des Gesuchs erneut mit seiner Gesetzesinterpretation: Zwar sei nach dem Edikt von 1812 die Bekleidung akademischer Lehr- und Schulämter durch Juden nicht ausgeschlossen, aber im § 9 stehe, daß die Bekleidung von Staats- und anderen öffentlichen Stellen durch Juden einer künftigen Regelung vorbehalten sei; ein Universitätslehrer aber habe künftige Staatsdiener auszubilden, und es sei unmöglich, daß jemand Disziplinen lehre, die er selbst nie praktisch ausüben könne.[67]

Altenstein, der die Angelegenheit lange verzögert hatte und erst auf Hardenbergs siebente Aufforderung zur Äußerung über die Anstellung von Dr. Gans antwortete, deckte schließlich seine Karten auf: „Ich leugne gar nicht", schrieb er jetzt an Hardenberg, „daß mein wichtigster Gegengrund sich auf die Religion des Gans bezieht [...] Ich würde daher, wenn er nicht Jude wäre, keinen Anstand nehmen, ihn als Privatdozenten zuzulassen und es abzuwarten, wie er in dieser Sphäre sich bewähren ... würde." Es müsse die Gefühle christlicher Hochschullehrer kränken, daß ihnen Kollegen aufgedrungen werden sollten, „welche die Beamtenwelt noch von sich ausschließt und die man im allgemeinen zur guten Gesellschaft zu zählen noch nicht geneigt ist". Er wußte mit dieser Aufassung den König hinter sich.[68] Nachdem Altenstein vor der Entscheidung durch das gesamte Staatsministerium noch einmal vorsorglich betont hatte, daß der „christlich-germanische" Charakter des Staates die Zulassung von Juden als Lehrer der Jugend verbiete und nur Medizin, Natur- und Sprachwissenschaften als unbedenklich gelten könnten, blieb die Regierung bei ihrem ablehnenden Votum und wußte sich bei der vorgeschlagenen Gesetzesänderung der königlichen Zustimmung zu versichern; Altenstein erreichte bei Friedrich Wilhelm III. die für die weitere Entwicklung schwerwiegende Kabinettsorder vom 18. August 1822, die „wegen der bei der Ausführung sich zeigenden Mißverhältnisse" die Juden nun wieder offiziell und rechtlich sanktioniert von der Bekleidung akademischer Lehr- und Schulämter ausschloß.[69]

[67] Vgl. Heinz Mosche Graupe, *Die Entstehung des modernen Judentums*, 2. Aufl., Hamburg 1977, S. 174.

[68] J. Braun, *Die „Lex Gans"...*, S. 90–91; vgl. Max Lenz, *Geschichte der Kgl. Friedrich-Wilhelms-Universität zu Berlin*, Bd. 2/1, Halle 1910, S. 216 ff.

[69] GStAPK, Rep. 90, Nr. 498, Bl. 13; vgl. H. G. Reissner, *Eduard Gans...*, S. 91; L. von Rönne/H. Simon, *Die Rechtsverhältnisse der Juden...*, S. 281.

Die Kabinettsorder machte viele Hoffnungen jüdischer Studierender mit einem Schlag zunichte. Der Abschluß der rechtlichen Emanzipation der Juden war damit zunächst wieder in weite Ferne gerückt. Bei der „Lex Gans", wie das Gesetz nach seinem Anlaß bald genannt wurde, hatte es sich um die Rücknahme eines wesentlichen Rechts gehandelt, das der jüdischen Minorität im Zuge ihrer Gleichstellung zugesprochen worden war.[70] Das Edikt von 1812, das den Juden in § 7 prinzipiell die gleichen Rechte wie den anderen Mitgliedern des preußischen Staates verliehen hatte (also im wesentlichen die anderen, dem Stein-Hardenbergschen Reformwerk entsprungenen bürgerlichen Rechte mit ihren Einschränkungen in den Folgejahren) war damit stark beschnitten, der § 8 außer Kraft gesetzt worden. Damit bildete die Kabinettsorder vom 18. August 1822 den tiefsten Einschnitt in die Entwicklung zur politischen Emanzipation und zu der diskriminierenden Rechtspraxis der preußischen Regierung bis 1847. Zum erstenmal setzte sich diese damit nicht nur über ihre eigenen Zusagen, sondern auch über das geltende Bundesrecht (Art. 16) hinweg. Seit dem 22. Januar 1823 wurde das Verbot als interner Beschluß des Staatsministeriums explizit – anläßlich der Beratungen über den Fall Benedict – auf alle Staatsämter ausgedehnt (siehe oben) und damit der Hoffnung auf eine baldige Ausführung des Ämter-Paragraphen § 9 kaum noch Raum gelassen.

Die restriktive und restaurative preußische Judenpolitik wurde durch die massiven Forderungen der preußischen Provinzialstände in den 1820er und 1830er Jahren nach Rücknahme oder Einschränkung der erlassenen Emanzipationsgesetze unterstützt und scheinbar legitimiert.[71]

Die de facto wieder entzogenen Rechte der preußischen Juden auf Anstellung in einem akademischen Lehramt waren allerdings durch das Einsetzen der politischen Reaktion nach 1815 und angesichts der Kürze der seit 1812 vergangenen Zeit auch schon vorher ohne große praktische Bedeutung geblieben.

Eduard Gans, dessen Anstellungsgesuch in Berlin rechtlich sanktioniert abgewiesen worden war, fand als Jude auch außerhalb Preußens keine akademische Stelle. Schließlich ließ er sich 1825 in Paris taufen. Daraufhin wurde er sofort von Altenstein zum außerordentli-

[70] A. Brammer, *Judenpolitik und Judengesetzgebung...*, S. 135.

[71] Zu den Forderungen der preußischen Provinzialstände vgl. *a. a. O.*, S. 153 ff.; H. Fischer, *Judentum, Staat und Heer...*, S. 79 ff.

chen Professor für Rechtswissenschaft in Berlin ernannt und erhielt 1828 ein Ordinariat. Angesichts der anderen, allgemeiner politisch motivierten Widerstände gegen Gans' Berufung, vor allem von seiten der Vertreter der sogenannten historischen Rechtsschule an der Universität, weist diese demonstrative Zulassung eines liberalen Rechtslehrers deutlich darauf hin, daß mit Gans das Exempel statuiert werden sollte: Die Taufe hebt alle Beschränkungen auf.

Gans selbst hatte in diesem Zusammenhang jedoch bereits 1822 in seiner Denkschrift an Hardenberg hervorgehoben: „Durch diesen unheiligen psychischen Zwang, oder vielmehr durch diesen physischen Zwang (weil es doch wohl das Messer an die Kehle setzen heißt, jemanden aller Aussicht auf eine künftige Existenz zu berauben), wird das Christentum nie auf die echte und rechte Weise bevölkert werden."[72] Anlaß zu dieser Bemerkung war vermutlich die Taufe von Gans' Studienfreund Sigmund Zimmern, der 1818/19 als erster jüdischer Jurist in Deutschland habilitiert worden war und eine Privatdozentur in Heidelberg erhalten hatte. Zimmern ließ sich im September 1821 taufen, um unmittelbar anschließend zum Ordinarius ernannt zu werden.[73]

Juden konnten in Preußen bis 1848 – und zum Teil noch weit über diese Zeit hinaus – weder Professor noch Lehrer an öffentlichen Gymnasien werden. Nur drei jüdische Bewerber hatten bis 1822 die Erlaubnis zur Habilitation als Privatdozenten erhalten.[74] Wie die

[72] Zit. nach J. Braun, *Die „Lex Gans"*..., S. 87; zu Gans vgl. auch Johann Braun, *Eduard Gans (1797–1839). Ein homo politicus zwischen Hegel und Savigny*, in: H. Heinrichs u. a. (Hrsg.), *Deutsche Juristen jüdischer Herkunft*..., S. 45–58.

[73] Zu Sigmund Zimmern vgl. u. a. Christoph Krampe, *Sigmund Wilhelm Zimmern (1796–1830). Systematiker des römischen Rechts in der Frühzeit der Emanzipation*, in: H. Heinrichs u. a. (Hrsg.), *Deutsche Juristen jüdischer Herkunft*..., S. 27–43. Eine große Überraschung schien die Konversion des „ungetauften Hegelschen Christen" jedoch nicht zu sein (vgl. *a. a. O.*, S. 48 f.). Zimmern war einer der ersten jüdischen Juristen, die sich aktiv für die Judenemanzipation und gegen Diskriminierung engagierten. 1816 setzte er der bekannten antijüdischen Publikation von J. F. Fries, *Über die Gefährdung des Wohlstandes und des Charakters der Deutschen durch die Juden*, Heidelberg 1816, die Schrift *Versuch einer Würdigung des Angriffs des Herrn Prof. Fries gegen die Juden*, Heidelberg 1816, entgegen.

[74] Es handelte sich dabei um Dr. med. Nathan Friedländer (1778–1830) im Jahre 1810 in Berlin, Dr. med. S. Guttentag (1786–1850) im Jahre 1815 in Breslau und den schon erwähnten Dr. jur. Julius Rubo 1820 in Halle. Die nächste ausdrückliche „Ausnahme" eines jüdischen Privatdozenten (diese Position war weder eine staatliche An-

Geschichte der Berliner Universität zeigt, wurde jedoch immer wieder versucht, zumindest als Privatdozenten zugelassen zu werden, so daß das Ministerium Eichhorn dagegen 1826 eine Rundverfügung erließ.[75]

Im Laufe der 1820er und 1830er Jahre machte die preußische Bürokratie weitere erfolgreiche Versuche, das Edikt von 1812 faktisch zu revidieren. In den Jahrzehnten des Vormärz wurden Juden nun auch sämtliche anderen Berufe und Tätigkeiten, die sich im weitesten Sinne als öffentliche Ämter interpretieren ließen, untersagt. Wurde schon mit den Reskripten vom 31. Januar und 24. November 1820 die Ausübung des Amtes eines Feldmessers und Scharfrichters verboten, folgte mit dem Reskript vom 17. August 1827 das Verbot der Tätigkeit als Auktionskommissionär.[76] Das ständische Recht der Polizeigewalt und persönlichen Ausübung der Polizei-Gerichtsbarkeit von Gutsbesitzern oder -pächtern wurde für jüdische Rittergutsbesitzer am 25. April 1831 aufgehoben.[77] Das Amt eines Schiedsmannes konnte seit Mai 1835 nicht mehr von Juden ausgeübt wer-

stellung noch hatte sie eine obligatorische Besoldung) wurde erst 1847 der Mediziner Robert Remak (1815–1865), vgl. M. Richarz, *Der Eintritt...*, S. 208; Norbert Kampe/Heinz-Peter Schmiedebach, *Robert Remak (1815–1865)*, in: *LBI-YB*, XXXIV (1989), S. 95–130 (nach den Angaben von Schmiedebach/Kampe war Friedländer nicht habilitiert).

[75] M. Richarz, *Der Eintritt...*, S. 210. – Siehe auch Gesuch des Heinrich Bernhard Oppenheim (der nicht in Preußen studiert hatte) auf Habilitation an der Berliner Universität im Jahre 1840 zwecks anschließender Tätigkeit als Privatdozent, das auf schroffe Ablehnung stieß (*ebda.*; E. Hamburger, *Juden im öffentlichen Leben...*, S. 55 und 267 f.; Jacob Toury, *Die politischen Orientierungen der Juden in Deutschland*, Tübingen 1966, S. 148 ff.). Es war ferner eine viel beachtete Ausnahme, als im April 1842 gegen den Widerspruch des Kultusministers von Eichhorn der Physiker Peter Theophil Riess als erster Jude in die Akademie aufgenommen wurde (zu P. Th. Riess vgl. Peter Honigmann, *P. T. Riess. Der erste Jude in der preußischen Akademie der Wissenschaften*, in: *Jahrbuch des Instituts für Deutsche Geschichte*, Bd. 14 (1985), S. 181–191.

[76] Alfred Michaelis, *Die Rechtsverhältnisse der Juden in Preußen seit dem Beginne des 19. Jahrhunderts. Gesetze, Erlasse, Verordnungen, Entscheidungen, (Gesetzsammlung)*, Berlin 1910, S. 107. – Noch im Jahre 1845 hielt Justizminister Karl Albrecht Alexander von Uhden eine Tätigkeit von Juden als Scharfrichter für unmöglich, weil die Hinrichtung eines Christen durch einen Juden „großen Anstoß erregen" würde (GStAPK, Rep. 84a, Nr. 11945, Bl. 96).

[77] A. Michaelis, *Die Rechtsverhältnisse...*, S. 98.

den.[78] Auch der Beruf eines Apothekers, der einer besonderen staatlichen Konzessionierung bedurfte, fiel ebenso wie der Besitz von Apotheken unter ein Verbot. Das Staatsministerium bekräftigte in einem Schreiben an den König bereits 1822, daß Juden der Betrieb des Apothekergewerbes trotz der im Edikt von 1812 ausgesprochenen Grundstückserwerbs- und Gewerbefreiheit zu versagen sei; eine Furcht vor „fahrlässigen oder vorsätzlichen [! – B. S.] ... schädlichen Pflichtwidrigkeiten", die nicht kontrolliert werden könnten, sei nicht von der Hand zu weisen, denn es ließe sich nur höchst selten prüfen, ob die bereiteten Arzneien die vorgeschriebene Dosis enthielten.[79] Die Unterstellung von Betrug, „Giftmischerei" oder Nachlässigkeit wegen geringerer moralischer Zuverlässigkeit von Juden wurde an der Regierungsspitze wohl selten so klar wie im Zusammenhang mit jüdischen Apothekern ausgesprochen. Diese Gedankenführung konnte mit dem Argument verbunden werden, daß Juden nach dem Edikt noch keine gesetzliche Glaubwürdigkeit in Kriminalsachen (§ 23) hatten und damit nicht als Zeugen bei Untersuchungen der Polizei- und Kriminaljustiz aussagen konnten.[80]

[78] *A. a. O.*, S. 107; L. von Rönne/H. Simon, *Die Rechtsverhältnisse...*, S. 208 ff. – Anlaß für die oben genannte Kabinettsorder war offensichtlich die Information, daß bei der Schiedsmänner-Wahl in der Provinz Brandenburg 1834 in Berlin 5 jüdische Mitglieder mitgewählt worden waren (vgl. *Vollständige Verhandlungen der Ersten Vereinigten Preußischen Landtages über die Emanzipationsfrage der Juden*, Berlin 1847, S. 324). – Schiedsmänner wurden zur Schlichtung streitiger Rechtsangelegenheiten wie Kommunalbeamte gewählt; sie registrierten und vermittelten Vergleiche auf freiwilliger Basis. Niemand war verpflicht, vor ihnen zu erscheinen, wenn auch die von ihnen abgeschlossenen Vergleiche selbst bindenden Charakter hatten. Schiedsmänner hatten demzufolge keine richterlichen Kompetenzen. Über den Ausschluß von Juden von diesem Amt ließ die Kabinettsorder vom 29. April 1835 dagegen u. a. verlauten: „Die Schiedsmänner ... stehen unter der Aufsicht der Provinzialgerichtshöfe ... Ihr Amt ist daher als ein richterliches zu behandeln, und von der Verwaltung richterlicher Ämter sind die Juden gesetzlich ausgeschlossen", GStAPK, Rep. 84a, Nr. 11945, Bl. 65; vgl. A. Michaelis, *Die Rechtsverhältnisse...*, S. 108.

[79] Schreiben vom 14. Juli 1822, GStAPK, Rep. 77 Tit. 30, Nr. 54, Bl. 6–12.

[80] Bereits im Jahre 1822 hatte man offensichtlich über diese Frage beraten, wobei im Staatsministerium betont wurde, daß der Innenminister schon im Jahre 1819 für den Ausschluß von Juden vom Beruf des Apothekers gestimmt habe (vgl. GStAPK, Rep. 77, Tit. 30, Nr. 54. Bl. 3, Reskripte vom 7. Mai 1822 und 17. August 1827; zur Zulassung von Juden als Apotheker vgl. ferner W. Kampmann, *Deutsche und Juden...*, S. 116; Wilhelm Freund, *Zur Judenfrage in Deutschland*, Berlin-Breslau 1843–1844, S. 30); für das Jahr 1844 berichtet die *AZJ* über die Zulassung eines jüdischen Apothekers (vgl.

Die hier außerhalb der Betrachtung bleibenden Kommunal- und Gemeindeämter sowie die Teilnahme an kreis- und provinzialständischen Versammlungen waren ebenfalls von der Gesetzesrevision in der Reaktionszeit betroffen.[81]

Die Situation jüdischer Justizbewerber in den 1840er Jahren. Bilanz der ersten Phase der Judenemanzipation bis 1847

In der bekannten Immediateingabe von Abraham und Salomon Oppenheim aus Köln vom 5. Januar 1841 an den König wegen der Rechtsverhältnisse der Juden (insbesondere im Rheinland) wird die Ausschließung von Juden aus den Justizstellen besonders angesprochen, „als wenn es ein feststehender Grundsatz wäre, daß sie von jeder höheren, geistigen, wissenschaftlichen Tätigkeit ausgeschlossen bleiben müßten".[82]

Die Nichtzulassung zur Advokatur wurde als besonders benachteiligend und drückend empfunden, zumal dem Advokaten im rheinischen Recht eine hervorragende Bedeutung zugemessen war. Der rheinisch(-französische) Advokat unterschied sich grundsätzlich vom

D. Kastner, *Der rheinische Provinziallandtag...*, S. 322, Anm. 10). Die Verhältnisse auf diesem Gebiet bleiben unklar; Betrieb und Verwaltung einer Apotheke durch Juden werden im Februar 1861 als rechtmäßig bestätigt (A. Michaelis, *Die Rechtsverhältnisse...*, S. 109).

[81] 1831 und 1833 wurden Juden von der Leitung von Kommunalämtern ausgeschlossen, da zu solchen Ämtern nur diejenigen fähig seien, die sich zur christlichen Religion bekennen (vgl. L. von Rönne/H. Simon, *Die Rechtsverhältnisse...*, S. 282). – Die revidierte Städteordnung von 1831 wurde in den Städten der Provinzen Posen, Sachsen und Westfalen eingeführt, in denen die Städteordnung von 1808 nicht galt. Von der Möglichkeit einer fakultativen Übernahme der neuen Ordnung auch in andere Städte wurde kaum Gebrauch gemacht, so galt sie u. a. auch für Berlin nicht. Die Ausschließung von Juden von Kommunalämtern war jedoch in den preußischen Kernprovinzen schon seit den 1820er Jahren auf informellem Wege vollzogen worden (vgl. S. [Jersch-]Wenzel, *Jüdische Bürger und kommunale Selbstverwaltung...*, S. 40 ff.). – Ein Erlaß vom 2. Januar 1841 dehnte das Verbot auf diejenigen städtischen Magistratsstellen aus, deren Inhaber mit der Ausübung der Polizeigewalt persönlich oder direkt beauftragt waren. Eine Kabinettsorder schloß Juden ferner, sofern sie Rittergüter besaßen, vom Tragen der ritterschaftlichen Uniform aus, im gleichen Jahr wurden sie von der Teilnahme an Kreisversammlungen ausgeschlossen. Bis 1843 konnten jüdische Soldaten nicht ins preußische Garde-Korps eintreten.

[82] Abdruck der Oppenheim-Eingabe bei D. Kastner, *Der rheinische Provinziallandtag...*, S. 316.

preußisch(-deutschen) Rechtsanwalt; im Bereich der Gültigkeit des Allgemeinen Landrechts und der Allgemeinen Gerichtsordnung war die Wirksamkeit der Rechtsanwälte in Person der Justizkommissare einer Art von öffentlichen Beamten übertragen. Mit der Gerichtsverfassung der Rheinprovinz dagegen war eine bloß privaten Charakter tragende Stellung des Advokaten verbunden.[83] Faktisch wurde diese Tätigkeit jedoch auch den dortigen Juden versagt. Auch die Ausschließung vom Geschworenen-Ehrenamt an den im Rheinland bestehenden Assisenhöfen wurde in der Petition als besonders kränkend und ungerecht hervorgehoben, weil damit sehr deutlich demonstriert wurde, daß die jüdischen Einwohner Preußens als Bürger „zweiter Klasse" betrachtet wurden.

Als typisches Beispiel für die Reaktion der Staatsbehörden auf entsprechende Anstellungsgesuche und die unglückliche Lage der Betroffenen kann der Fall des Jurastudenten Adolf Seligmann gelten. Seligmann, 1820 als Sohn eines Kaufmanns in Koblenz geboren und jüdischer Religion, hatte in Bonn und Heidelberg studiert und seine abschließenden Studien im Jahre 1841 in Berlin absolviert. Am 10. Mai 1842 richtete er eine Bittschrift um Zulassung zur Advokatur bzw. zu den Vorbereitungsstufen dazu an den König.[84] Folgt man seiner Eingabe, so war er bis dahin von der Überzeugung ausgegangen, in seiner rheinischen Heimat das Recht auf eine Advokatur zu haben, da diese den Juden dort nie ausdrücklich versagt worden war und allgemein nicht als Staatsamt betrachtet wurde. Die Qualifikation der im Rheinland anzustellenden Juristen war jedoch Anfang der 1830er Jahre durch ein preußisches Regulativ den allgemeinen Bedingungen in Altpreußen angeglichen, das heißt an die Absolvierung des juristischen Vorbereitungsdienstes geknüpft worden.[85] Das (theoretische) Recht auf Ausübung der Advokatur wurde also wieder entzogen, indem die zu deren Erlangung notwendig vorangehenden Ausbildungsstufen im preußischen Justizvorbereitungsdienst, insbesondere das Referendariat, in Altpreußen als beamtete Stellung betrachtet wurden und demzufolge mit der Ablegung eines Diensteides und „exekutiven" Funktionen verbunden waren oder zumindest sein konnten. Die paradoxe Situation wird noch deutlicher, wenn man bedenkt, daß die Ausübung der Advokatur, eben weil sie kein Staats-

[83] Vgl. *a. a. O.*, S. 321, Anm. 9.
[84] Gesuch A. Seligmanns vom 10. Mai 1842, GStAPK, 2. 2. 1., Nr. 23683, Bl. 62–63.
[85] Vgl. Thomas Kolbeck, *Juristenschwemmen*, Frankfurt/M.-Bern 1978, S. 16.

amt war, den Juden selbst in einigen der deutschen Staaten, die ihnen noch immer die „Staatsbürgerschaft" vorenthielten, gestattet war.

Seligmann, der seine Heimat nicht verlassen und seine „Abneigung, die Religion um äußere, wenn auch noch so hoher Zwecke willen zu ändern", nicht verhehlen wollte, schien nichts anderes übrig zu bleiben, als auf dem Wege des Immediatgesuchs an Friedrich Wilhelm IV. sein Recht als Gnade zu erflehen. Nachdem sein Gesuch am 31. Mai 1842 vom Justizministerium zurückgewiesen worden war, wiederholte er es wenig später. Der vom König zum Bericht darüber aufgeforderte Justizminister von Mühler mußte im Oktober 1842 zugeben, daß in der Rheinprovinz kein ausdrückliches Gesetz bestand, welches Juden von Staatsämtern ausschloß, da die französischen Gesetze tatsächlich nie offiziell durch ein preußisches Gesetz aufgehoben worden waren. Getreu den seit 1815 in dieser Frage verfolgten restriktiven Rechts- und Verwaltungsgrundsätzen wies er jedoch Seligmanns Antrag erneut ab. Dabei stellte er mit dem beliebten Argument der „technischen Schwierigkeiten" die Ableistung des Diensteides und die Vereidigung christlicher Zeugen durch einen jüdischen Referendar als schier unüberwindlich dar. Da die Advokatur in Preußen zudem einer staatlichen Anstellung bedürfe, sei diese demzufolge auch ein Amt, von dem Juden ausgeschlossen bleiben müßten. Zudem seien die Beratungen, zu welchen Ämtern Juden in Preußen zukünftig zugelassen werden könnten (wie sie der König dem Staatsministerium durch Kabinettsorder vom 29. März 1841 befohlen hatte), noch nicht beendet und vorherige Ausnahmen nicht ratsam. Der eigentliche Beweggrund seines Widerstandes wird dann doch noch offensichtlich: „Wollte man in der Rheinprovinz Juden zur Advokatur zulassen, so kann man sie konsequenter Weise in den älteren Provinzen von dem Justizkommissariat nicht ausschließen."[86] Der Bittsteller Seligmann wurde erneut abschlägig beschieden.

Mit derselben Begründung – es können keine Ausnahmen gemacht werden – und dem Verweis auf die laufenden Vorarbeiten zu einem neuen Judengesetz wurden auch andere Petitionen jüdischer Bewerber grundsätzlich abgewiesen.

Unter dem Eindruck der diskriminierenden Judenpolitik der preußischen Regierung und dem Wissen um die Aussichtslosigkeit einer

[86] GStAPK, 2. 2. 1., Nr. 23683, Bl. 68.

Anstellung im Justizdienst entstand noch eine andere, spezifische Studienmotivation jüdischer Jurastudenten, für die der spätere Syndikus der Breslauer Judengemeinde David Honigmann (1821–1885) ein eindrucksvolles Beispiel bietet. Als Honigmann im Jahre 1844 in Berlin studierte, gab es hier außer ihm nur noch einen (!) jüdischen Jurastudenten. Er war gemeinsam mit seinem Kommilitonen Immanuel Auerbacher (einem Vetter des beliebten zeitgenössischen Schriftstellers Berthold Auerbach) der einzige jüdische Hörer an der juristischen Fakultät der Berliner Friedrich-Wilhelms-Universität in dieser Zeit. Auerbacher wollte in seinem Vaterland Baden, wo Juden zur Advokatur zugelassen wurden, praktischer Jurist werden.[87]

Das deutet darauf hin, daß der „Abschreckungseffekt", den die preußischen Behörden durch ihre judenfeindliche Anstellungspraxis erzielten, Wirkung gezeigt hatte. Die jüdischen Jurastudenten bevorzugten außerpreußische deutsche Studienorte, wo sie zur Advokatur und zur Privatdozentur zugelassen waren.

Honigmann, der in Breslau zur Schule gegangen war und sich an der dortigen Universität zunächst an der philosophischen Fakultät eingeschrieben hatte, wurde von Wilhelm Freund, dem bekannten Breslauer Vorkämpfer der Judenemanzipation, geraten, sich in Berlin dem Studium der Jurisprudenz zu widmen „als derjenigen Wissenschaft, welche in dem weiteren Kampfe um die Gleichberechtigung unserer Glaubensgenossen ... die einzigen tauglichen Waffen darbiete und gebrauchen lehre".[88] Wenn auch vorläufig keine Aussicht auf eine staatliche Anstellung vorhanden sei, so doch jedenfalls eine zweifellose Anwartschaft auf ein Syndikat bei einer der größeren jüdischen Gemeinden des Landes, da man annehmen könne, daß die (damals allgemein erwartete) gesetzliche Reorganisation der jüdischen Gemeinden unter Ausführung des § 39 des Emanzipationsedikts derartige Ämter nötig machen werde. Wilhelm Freund stellte Honigmann während seines Studiums in Berlin eine Mitarbeit an der gerade von ihm gegründeten Zeitschrift *Zur Judenfrage in Deutschland* in Aussicht.[89] So wurde Honigmanns Motiv für die Wahl eines

[87] Marcus Brann (Hrsg.), *David Honigmanns Aufzeichnungen aus seinen Studienjahren*, in: *Jahrbuch für jüdische Geschichte und Literatur*, Bd. 7, Berlin 1904, S. 133–188, bes. 181.

[88] *A. a. O.*, S. 159.

[89] W. Freund, *Zur Judenfrage in Deutschland*, Berlin-Breslau 1843–1844 (mehr nicht erschienen).

Jurastudiums – ähnlich wie bei seinem großen Vorbild Gabriel Riesser (der sich ebenfalls zunächst vergeblich um eine staatliche Anstellung bemüht hatte) – nicht die Aussicht auf den Staatsdienst, sondern der „Eintritt in die spärlich besetzten Reihen der kampfgeübten, im Recht geschulten Streiter für die Sache der Gleichstellung der Glaubensgenossen". Honigmann äußerte sich in seinen Erinnerungen sehr plastisch über die veränderten Bedingungen des Emanzipationskampfes in den 1840er Jahren gegenüber Riessers Taktik in den 1830er Jahren; so gab er unter anderem zu bedenken:

„Der strategische Zweck, in die Zwingmauern des neuen feudalromantischen Bollwerks ‚christlicher Staat' Bresche zu legen, war überall unverändert derselbe geblieben, aber die Taktik mußte den neuen Zeiten und den besonderen Verhältnissen angepaßt werden. Riesser konnte seine Geistesschlachten noch mit den ... Waffen aus der Rüstkammer des Naturrechts, der Politik und Staatsökonomie führen. Seine Fahne war mit dem Symbolzeichen von ‚Menschenrecht, Freiheit, Gleichheit' geschmückt ... *Uns* war das minder schöne Los zugefallen, aus halbverrostetem Material des positivem Rechts nüchterne Kugeln zu gießen und dem Gegner aufs Dach zu streuen. Man war zu der Überzeugung gekommen, daß mit den herrlichsten Ideen des Humanismus und der Sozialpolitik der treue bureaukratisch-feudale Haushund, der den christlichen Staat bewachte und und die Pforten desselben versperrte, sich nicht von seinem Posten weglocken lassen wollte. Man mußte ihn an seinen gewohnten Brocken von alten Gesetzen, Reglements und Reskripten erwürgen lassen."[90]

Honigmann erlangte nach der Fortsetzung seines Studiums in Heidelberg den juristischen Doktor. Als tatkräftiger Demokrat bewährte er sich anschließend in seiner Heimatstadt Breslau, wo er unter anderem als Mitarbeiter an Breslauer Zeitungen, Mitglied der Stadtverordnetenversammlung und Generalsekretär der Oberschlesischen Eisenbahn tätig war.[91] Daneben wirkte er aktiv in der jüdischen Gemeindearbeit mit und verfaßte Denkschriften zur Emanzipation der Juden.[92] Im Jahre 1869 wurde er einer der Mitbegründer des

[90] M. Brann, *David Honigmanns Aufzeichnungen...*, S. 141–142 (Hervorhebung im Original).

[91] J. Toury, *Die politischen Orientierungen...*, S. 54.

[92] So stammt die kleine, in der Emanzipationsgeschichte nicht unbekannt gebliebene (anonym erschienene) Broschüre *Herr Geheimrat Wolfart und die Juden* [Berlin 1844] aus Honigmanns Feder.

Deutsch-Israelitischen Gemeindebundes. David Honigmann ist das preußische Beispiel für die zutreffende Bemerkung Monika Richarz', daß gerade jüdische Juristen die eigene rechtliche Benachteiligung zum Kampf um die Emanzipation der Juden und zum politischen Engagement für die damit untrennbar verbundenen bürgerlichen Rechte und Freiheiten motivierte. Damit verfochten sie gleichzeitig jüdische und liberal(-demokratische) Interessen.[93]

Ähnlich motiviert wie Honigmann (wenn auch ohne Betonung des spezifisch jüdischen Aspekts) war der seit den 1860er Jahren bekannte fortschrittliche Parlamentarier Eduard Lasker, der sich unter dem Eindruck der 1848er Revolution zum Jurastudium entschloß, um Politiker zu werden.[94]

Nur einige jüdische Studenten, wie beispielsweise der Bankierssohn Dr. jur. Heinrich Isaak Samson aus Berlin (1799– ?) und Dr. jur. Wilhelm Friedenthal (1805–1869) sowie Mayer Karl Rothschild (1820–1886), waren finanziell so unabhängig, daß sie es sich leisten konnten, nur aus allgemeinem Bildungsstreben oder dem Wunsch nach Prestigeerwerb das Rechtsstudium zu wählen, um ihre akademischen Kenntnisse innerhalb des familiengeführten Großhandels oder Bankhauses zu nutzen.[95]

Einigen wenigen anderen jüdischen Rechtskandidaten gelang es nach erfolgloser Bewerbung in Preußen, außerhalb des Landes eine Anstellung als Privatdozent der Rechte zu erlangen, wie Dr. Alexander Friedländer, der in Baden studiert hatte und seit 1843 (ohne seine preußische Staatsangehörigkeit aufzugeben) in Heidelberg lehrte.[96]

[93] Vgl. M. Richarz, *Der Eintritt...*, S. 187.

[94] Zu Eduard Lasker siehe Zweites Kapitel, Anm. 21 und Drittes Kapitel, Anm. 14. – Ausgesprochen politisch motiviert waren auch die beiden jüdischen Heidelberger Privatdozenten an der jur. Fak., Heinrich Bernhard Oppenheim und Alexander Friedländer, die aktiv an den revolutionären Kämpfen von 1948/49 teilnahmen.

[95] Vgl. M. Richarz, *Der Eintritt...*, S. 179; Jacob Jacobson, *Die Judenbürgerbücher der Stadt Berlin*, Berlin 1962. – Mayer Karl (Freiherr von) Rothschild war seit 1867 Abgeordneter des Norddeutschen Bundes und Mitglied des preußischen Herrenhauses.

[96] Siehe abgelehntes Gesuch vom 2. und 6. August 1841 wegen Aufnahme in den preußischen Staatsdienst (von seinem Großvater gestellt) und vom 25. August 1847 um Zulassung zur Advokatur (Justizkommissariat) in Preußen, GStAPK, Rep. 77, Tit. 30, Nr. 39, Bd. I, Bl. 87–89 bzw. Rep. 84a, Nr. 11945, Bl. 174.

Es läßt sich zusammenfassend schlußfolgern, daß ein Jurastudium von Juden in Preußen in der ersten Hälfte des 19. Jahrhunderts beziehungsweise seit Beginn der Emanzipationszeit auf unterschiedliche Weise bewertet und unter verschiedenen, zum Teil miteinander verknüpften Aspekten angestrebt wurde:

- als Ausgangspunkt eines sozialen Aufstiegs im Staatsdienst, (fast) identisch mit dem Entschluß zur Taufe;
- als berufsunspezifische, gesellschaftlich hoch angesehende Ausbildung aus wissenschaftlicher Neigung und wissenschaftlichem Bedürfnis von sich dem Bürgertum zugehörig fühlenden, aufstiegsorientierten Teilen der jüdischen Bevölkerung, mit der man (zunächst) in anderen Tätigkeitsfeldern seinen Lebensunterhalt verdienen konnte;
- als berufsunspezifische und hoch angesehene Ausbildung von Angehörigen der jüdischen Oberschicht aus Prestigegründen und/ oder finanziell abgesichertem, mittelbar auf einen späteren Lebensunterhalt orientierten Bildungs- und Assimilationsdrang (in Verbindung von Bildung und Besitz) sowie schließlich
- zwecks Qualifikation und Erwerb eines Handwerkszeugs im Emanzipationskampf beziehungsweise im allgemeinen politischen Engagement.

Das Hauptproblem für die im Vormärz noch kleine Gruppe der jüdischen intellektuellen Elite blieb die Diskrepanz zwischen den ihnen offenstehenden Bildungsmöglichkeiten und der Verweigerung der beruflichen Emanzipation.

Die Zahl jüdischer Jurastudenten der ersten Generation blieb demzufolge in Preußen gering. Zur Verteilung der jüdischen Studenten auf die Fakultäten der preußischen Universitäten liegen leider keine repräsentiven Angaben vor; verglichen mit außerpreußischen Universitäten (vor allem den einen besonders guten Ruf genießenden juristischen Fakultäten von Heidelberg und Göttingen), läßt sich jedenfalls ein erheblich niedrigerer Anteil Jura studierender Juden annehmen.[97] Durch die schlechten Berufsaussichten dürften darun-

[97] Vgl. M. *Richarz, Der Eintritt*..., S. 96 – An den drei Universitäten Heidelberg, Göttingen und Bonn studierten in der ersten Hälfte des 19. Jahrhunderts ca. 31% der jüdischen Studenten Rechtswissenschaft. Dabei ist eine auffallende Bevorzugung des Rechtsstudiums durch Angehörige der jüdischen sozialen Oberschicht zu verzeichnen; in Heidelberg, der am stärksten von jüdischen Jurastudenten frequentierten Universität, dürften ca. 60% der studierenden Söhne der Oberschicht die juristische Ausbildung gewählt haben. Eine statistische Übersicht jüdischer Studenten an deutschen Universitäten läßt sich nach Richarz jedoch nur für Bonn und Heidelberg gewinnen (vgl. *a. a. O.*, S. 111 und 134 ff.).

ter die Söhne der assimilierten jüdischen Oberschicht Preußens, die nicht auf eine Anstellung angewiesen waren, deutlich dominiert haben. Unter den niedrigeren sozialen Schichten angehörenden jüdischen Studenten der Rechtswissenschaft spielte als Studienmotiv die in intellektuellen Familien tradierte geistige Aktivität und das Bedürfnis nach sozialem Aufstieg eine wichtige Rolle. Mit der Verweigerung der vollständigen rechtlichen Emanzipation wurden Bildung und Besitz die wichtigsten Voraussetzungen für den erstrebten Eintritt in das Bürgertum. Der Zwang, die Habilitation oder den Berufsweg mit der Taufe zu „erkaufen", führte zu einem relativ hohen Anteil von ehemals jüdischen Konvertiten auf den preußischen Hochschulen in den folgenden Jahrzehnten.[98]

Die Diskussion um die Zulassung von Juden zu öffentlichen Ämtern flammte im Frühjahr 1841 wieder auf, nachdem der neue König, Friedrich Wilhelm IV., das Staatsministerium zur baldigen Beratung darüber aufgefordert hatte, ob Juden nach zwölfjährigem Dienst als Unteroffizier im Heer ebenso wie allen anderen entsprechenden Bewerbern eine Anstellung in zivilen subalternen Verwaltungsämtern möglich gemacht werden könne.[99] Der Anlaß dafür und für eine erneute breitere Erwägung der Zulassung von Juden auch zu anderen öffentlichen Bedienungen und Staatsämtern – also einer eventuellen Wiederbelebung der durch die königliche Kabinettsorder und den Staatsministerialbeschluß von 1822 beziehungsweise 1823 außer Kraft gesetzten §§ 8 und 9 – waren offenbar sich häufende Anstellungsgesuche jüdischer Untertanen.[100] Das mögliche Entgegenkommen in der Ämterfrage, die Bereitwilligkeit, Juden gewisse Staatsämter zu erschließen, entsprang dabei unmittelbar der Initiative Friedrich Wilhelms IV.[101] Damit wurden die in im Sande verlaufenen Vorarbeiten zu einem neuen Judengesetz für die Gesamtmonarchie unter Friedrich Wilhelm III. von seinem Sohn wieder aufgenommen.

[98] *A. a. O.*, S. 144.

[99] GStAPK, Rep. 84a, Nr. 11945, Bl. 80.

[100] Siehe Kabinettsorder (KO) vom 13. Dezember 1841, GStAPK, Rep. 90, Nr. 498, Bl. 61.

[101] Diese Einschätzung ergibt sich eindeutig aus dem Quellenmaterial, vgl. auch Ismar Freund, der in einem (unveröffentlichten?) Manuskript zu demselben Ergebnis kommt, Central Archives for the History of the Jewish People (CAHJP), P2/MS 26, pag. 1.

Innenminister Gustav Adolf Rochus von Rochow sprach sich daraufhin im Staatsministerium generell für eine solche Möglichkeit aus.[102] Justizminister von Mühler prägte in diesem Zusammenhang die als Argument bereits bekannte, nun aber für die weitere Judenpolitik der preußischen Regierung programmatische Formel, daß Juden in allen Provinzen nur zu solchen Ämtern zuzulassen seien, mit denen keine „obrigkeitliche Autorität" verbunden ist.[103] Diese Formulierung sollte sich in den weiteren Beratungen und Auseinandersetzungen um die Frage der Zulassung von Juden zu preußischen Staatsämtern als ebenso zentral wie im restriktiven Sinne großzügig auslegbar erweisen.

In der Beratung vom 12. April 1842 zeigte sich schließlich die Mehrheit der Minister der Wiederherstellung des § 8 des Edikts von 1812 – skeptisch bis zurückhaltend – zugeneigt; eine Entscheidung wurde nicht getroffen.[104] Auf diese Weise zogen sich die Beratungen über ein neues, allgemeines Judengesetz über die folgenden Jahre hin, ohne daß legislative Schritte eingeleitet wurden.[105]

Die „Judenfrage" war inzwischen zu einem tagespolitischen Schlagwort geworden und rief in den folgenden Jahren eine Flut von Flugschriften, Broschüren und Zeitungsartikeln zur Emanzipations-

[102] Rochow hatte in seinem Votum vom Juni 1841 im Zusammenhang mit einer möglichen Zulassung von Juden zu akademischen Lehrämtern in der medizinischen und philosophischen auch die Öffnung der juristischen Fakultät sowie die Möglichkeit der Erlangung der Advokatur in der Rheinprovinz befürwortet; diese letzten beiden Vorschläge konnten sich jedoch im Staatsministerium nicht durchsetzen (GStAPK, Rep. 77, Tit. 30, Nr. 39, Bd. I, Bl. 152 ff.; GStAPK, Rep. 84a, Nr. 11945, Bl. 81 ff.).

[103] GStAPK, Rep. 90, Nr. 498, Bl. 48 ff.

[104] GStAPK, Rep. 77 Tit. 30, Nr. 39, Bd. I, Bl. 109 f. – Dem in diesem Zusammenhang ausgesprochenen königlichen Willen, Juden an der medizinischen und philosophischen Fakultät zu Lehrämtern zuzulassen, wurde im Staatsministerium schließlich mit 6 : 5 Stimmen zugestimmt (Ismar Schorsch, *The Religious Parameters of Wissenschaft – Jewish Academics at Prussian Universities*, in: *LBI-YB*, XXV [1980], S. 6).

[105] In einer der Beratungen über das neue Judengesetz am 22. Oktober 1844 bekräftigte das Staatsministerium vielmehr, es bei der bisherigen gesetzlichen oder faktischen Ausschließung der Juden aus dem Apothekergewerbe und der Tätigkeit eines Auktionskommissionärs und Feldmessers zu belassen (GStAPK, Rep. 77, Nr. 54, Bl. 13). Der König beschränkte sich auf eine Ausnahmeanstellung des jüdischen Unteroffiziers Wallbaum nach zwölfjähriger Dienstzeit im Oktober 1844 (*a. a. O.*, Bl. 124). Dies war die erste Zivilanstellung eines jüdischen Unteroffiziers, der einige Beförderungen jüdischer Unteroffiziere – im Kontext der Rechtslage ebenfalls Ausnahmeerscheinungen – folgten.

problematik hervor.[106] An dieser Stelle sei aus der Fülle der vorhandenen Schriften lediglich auf die des judenfeindlichen Agitators in Westfalen, H. E. Marcard, verwiesen, der die hier näher untersuchte Frage unmittelbar zum Gegenstand seiner Schrift *Darf ein Jude Mitglied einer Obrigkeit sein, die über christliche Untertanen gesetzt ist?* machte (1843 erschienen unter dem Pseudonym Treumund Wahrlieb). Marcard argumentiert in scharfer Verneinung der von ihm gestellten Frage vornehmlich mit dem „christlichen Staat", in dem Juden, da weder christlich noch deutsch, immer noch Fremde seien. Daher wären jüdische Richter unfähig, einen christlichen Eid abzunehmen. Anschließend verweist er darauf, daß die Juden, sollten sie je obrigkeitliche Ämter übernehmen, die vollständige Herrschaft über die Christen erlangen würden, weil sich dann „unermeßlicher Reichtum mit Beamtenmacht vereinigt". Nur die christliche Taufe aus echter Überzeugung könnte Juden zu Einheimischen machen.[107]

Die abschließenden Beratungen zu der heftig umstrittenen Frage der Militärpflicht der Juden und der Zweckmäßigkeit des „korporativen" Plans des Monarchen fanden im Jahre 1845 im Staatsministerium statt. In der „sittlichen Verbesserung" der Juden durch den Militärdienst sah die Regierung ein so wesentlich positives Element, daß sie der vom König – unter grober Verkennung der Realitäten – beabsichtigten Aufhebung der Militärdienstpflicht für Juden nicht zustimmte.[108] In der Sitzung vom 30. September 1845 wurde eine Zivilanstellung jüdischer Unteroffiziere „in nicht mit obrigkeitlicher Autorität verbundenen Ämtern" befürwortet. Leitender Grundsatz sollte der Ausschluß von allen „richterlichen, polizeilichen und mit exekutiver Gewalt verbunden Ämtern" sein.[109]

[106] Keine Emanzipationsbewegung ist in Preußen in der zeitgenössischen publizistischen Auseinandersetzung verschiedener politischer Lager so leidenschaftlich diskutiert worden wie die der Juden. Ca. 3000 deutschsprachige Titel zum Thema (im weiteren Sinne) verzeichnet eine entsprechende Bibliographie vom Beginn der Emanzipationsdiskussion bis 1848 (vgl. Volker Eichstädt, *Bibliographie zur Geschichte der Judenfrage*, Bd. 1: *1750–1848*, Hamburg 1938).

[107] Treumund Wahrlieb (d. i. H. E. Marcard), *Darf ein Jude Mitglied einer Obrigkeit sein, die über christliche Untertanen gesetzt ist?*, 7., verm. Aufl., Minden 1843, S. 15.

[108] GStAPK, Rep. 77, Tit. 30, Nr. 39, Bd. I, Bl. 128. Ausführlich dazu: H. Fischer, *Judentum, Staat und Heer...*, S. 152 ff.

[109] GStAPK, Rep. 90, Nr. 498, Bl. 65. – Ein näheres Eingehen auf die einzelnen Gattungen der möglichen Ämter im Text der Verfügung wollte man vermeiden, die Ausführung vielmehr den einzelnen Ministerien überlassen.

Am 25. Dezember 1845 wurde das Gesetz über die allgemeine Militärpflicht für die gesamte Monarchie erlassen, eine Kabinettsorder vom selben Monat genehmigte Zivilversorgungsansprüche von jüdischen Unteroffizieren für die unterste Stufe der Beamtenlaufbahn (Registratoren, Kalkulatoren, Sekretäre, Ofenheizer, Portiers, Boten in Zentral- und Provinzialbehörden sowie in Gerichten).[110]

Im Vormonat hatte das Staatsministerium zusammengetragen, was der allgemeinen Zulassung von Juden zu Staatsämtern vermeintlich entgegenstehe: „Nationale" Sonderinteressen, moralische Minderwertigkeit, gepaart mit mangelndem „Ehrgefühl" und Gewinnsucht, sowie die Abneigung der christlichen Bevölkerung hindere die Juden an der Wahrnehmung eines Staatsamts.

Man argumentierte, „daß sie in gewissem Maasse eine *besondere Nationalität* bewahrt haben, welche ... ihre Wirksamkeit in Staats-Ämtern, worin den allgemeinen Interessen gleichmäßig gedient werden soll, zu beeinträchtigen droht, indem besorgt wird, daß die *Verfolgung ihrer Sonderinteressen* ... nicht selten der Wahrnehmung der eigenen Interessen vorgehen dürfte, daß ferner die Grenzen des Erlaubten nach der *Sittenlehre ihrer Religion*, mindestens bei der größeren Zahl der auf einer untergeordneten Stufe stehenden über dasjenige hinausgehe, was nach der christlichen Moral erlaubt sei; die überwiegend *starke Neigung zum Gewinn* und der, wenn auch unter den gebildeten Juden verminderte ... *Mangel an Ehrgefühl* keineswegs die hinreichende Gewähr dafür darbieten, um ihnen Staats-Ämter mit Vertrauen zu übergeben, und daß es daher mit den Verhältnissen eines zum größten Teil aus christlichen Einwohnern bestehenden Staates unvereinbar erscheint, den in einer abgesonderten Gemeinschaft beharrenden Juden eine ... Gewalt über die christliche Bevölkerung zu übertragen, zumal die im Volke vielfach bestehende, zum Teil auf jenen Wahrnehmungen, zum Teil auch auf Vorurtheil beruhende *Abneigung gegen die*

[110] KO vom 31. Dezember 1845, die bisherige Rechtslage, die Militärpflicht betreffend, GStAPK, Rep. 77, Tit. 30, Nr. 39, Bd. I, Bl. 179. – Aufgrund des Gesetzes vom 3. September 1814 und durch Kabinettsorder vom 11. März 1817 und 2. März 1829 waren nur diejenigen Juden von der Militärpflicht befreit, die in ihren Territorien auch früher nicht militärpflichtig gewesen waren (ehemaliges Großherzogtum Posen: seit 1833 freiwillige Teilnahme, sonst Rekrutengeld; ehemaliges Großherzogtum Warschau, zugehörige Teile, die nicht dem Edikt von 1812 unterlagen: Rekrutengeld; ehemalige sächsische Landesteile: kein Heeresdienst, kein Rekrutengeld).

Juden, den Erfolgen einer amtlichen Tätigkeit wesentlich entgegentreten würde".[111]

Damit waren vom Staatsministerium neben der Berufung auf den „christlichen Charakter" des Staates als zentralem Element alle wesentlichen gegenemanzipatorischen Argumente noch einmal gemeinsam in die Waagschale geworfen worden, um eine vollständige rechtliche Gleichstellung der preußischen Juden als wenigstens zum gegenwärtigen Zeitpunkt undurchführbar erscheinen zu lassen.

Das Festhalten am Begriff der „jüdischen Nation" – ungeachtet der Fortschritte der kulturellen Assimilation und nationalen Integration derjenigen Juden, die sich für solche Beamtenstellen qualifiziert hatten – hing mit der aus antijüdischen Vorurteilen fließenden diffusen Befürchtung zusammen, daß Juden als Beamte nach einer offenen oder verborgenen „Herrschaft über die Christen" streben könnten. In diesem Kontext wurde auch Konkurrenzangst als „national" motivierte Ablehnung ausgegeben und moralische Bedenken geltend gemacht, die eine soziale Deklassierung der Juden damit rechtfertigten, daß Juden für die Übernahme von staatlichen Ämtern „sittlich noch nicht reif" seien. Die (von der Aufklärung unter umgekehrten Vorzeichen verwendete) Vorstellung von der „Verderbtheit" der Juden diente hier vornehmlich der Erhaltung exklusiver Standesrechte gegenüber sozial Aufstrebenden. Neben religiösen, nationalen und moralischen Motiven wurde die Berufung auf die „Volksmeinung" gern als Argument gegen die Vergabe von Staatsämtern an jüdische Bewerber genutzt. Monika Richarz kommt in ihrer grundlegenden Monographie zum Eintritt der Juden in die akademischen Ämter zu dem Schluß, daß bei der Mehrheit der Bevölkerung in Deutschland die Erweiterung der Emanzipationsgesetze in der ersten Hälfte des 19. Jahrhunderts unpopulär war. Angst oder Ablehnung von Juden in sozialen Führungspositionen waren Ausdruck und Wirkung eines vielschichtigen sozialpsychologischen Phänomens; weite Kreise der christlichen Bevölkerung sahen in der Emanzipation einer Bevölkerungsgruppe, die jahrhundertelang im Mittelalter als sozial und moralisch minderwertig beziehungsweise fremd, verachtungswürdig oder gefährlich gegolten hatte, ein Mittel zur „Machtergreifung" und zu einem unkontrollierbaren Einfluß der Juden.[112]

[111] Staatsministerialsitzung vom 8. November 1845, GStAPK, Rep. 77, Tit. 30, Nr. 39, Bd. I, Bl. 166–175. Hervorhebungen von B. S.

[112] M. Richarz, *Der Eintritt...*, S. 172.

In mehreren preußischen Provinziallandtagen des Jahres 1845 wurde jedoch – infolge des verstärkten liberalen Einflusses selbst in diesen ständischen Gremien – mittlerweile die Wiederherstellung des Edikts von 1812 und dessen Einführung in andere bisher nicht davon betroffene preußische Territorien gefordert. Der rheinische Provinziallandtag, in dem das liberale Bürgertum besonders starken Einfluß geltend machen konnte, hatte bereits 1843 die rechtliche Gleichstellung der Juden beantragt. Im 8. Schlesischen Landtagsabschied von 1845 antwortete der Monarch seinen „getreuen Ständen" hingegen schon vorsorglich, daß es auch zukünftig nicht sein Wille sei, die Juden zu Ämtern zu befähigen, „welche ihnen eine obrigkeitliche Gewalt über Unsere christlichen Unterthanen gäben".[113]

Der Weg zu staatlichen Stellen, auch zu den untersten, führte für die Juden im späten Vormärz, wenn überhaupt, ausnahmslos über die Armee. Kurz nachdem die Kabinettsorder über die Zivilversorgungsansprüche jüdischer Unteroffiziere ergangen war, forderte der Justizminister von allen Obergerichts-Präsidenten gutachtliche Äußerungen darüber, ob und wie eine Übertragung von subalternen Stellen an jüdische Anstellungsberechtigte in der Justizverwaltung zu realisieren sei.[114] Das Ergebnis waren ebenso gründliche wie haarspalterische und kleinliche Erwägungen, die selbst die schon so begrenzte Vorgabe noch einengen oder, in einigen Fällen, am liebsten ganz unwirksam machen wollten. Es schien kaum ein noch so niedriges Amt zu geben, daß nicht wenigstens einer der obersten Justizbehörden bedenklich erschien. So hielt man im Bereich des Oberlandesgerichts Köln Juden auch als Gerichtsschreiber für ungeeignet, da ihre Mitarbeit die „Würde des Gerichts" beeinträchtige.[115]

[113] GStAPK, Rep. 90, Nr. 498, Bl. 71; vgl. Karl Nauwerck, *Hauptergebnisse der Landtags-Abschiede in Preußen,* Berlin 1846. Ausführlich zu den Beratungen der Provinzialstände 1843 und 1845: A. Brammer, *Judenpolitik und Judengesetzgebung*..., S. 294 ff.

[114] Reskript vom 10. Februar 1846.

[115] Bei der ministeriellen Umfrage bezüglich der Anwendbarkeit der Kabinettsorder wurde diese von der Mehrheit der Oberlandesgerichtspräsidenten in Zweifel gezogen bzw. es wurden weitergehende Einschränkungen vorgeschlagen. Hierbei traten besonders die erzkonservativen Präsidenten des Kammergerichts (von Kleist), der Präsident des Appellationsgerichtshofs in Magdeburg (Ludwig von Gerlach) sowie seine rheinischen Kollegen (von Sethe, Schapers) hervor; alle vier hielten jede Stelle in der Verwaltung für mit obrigkeitlicher Autorität ausgestattet und wollten Juden mit dieser Begründung weiterhin gänzlich von ihren Einrichtungen fernhalten, GStAPK, Rep. 84a, Nr. 11945, Bl. 101 ff.; GStAPK, Rep. 77, Tit. 30, Nr. 39, Bd. I, Bl. 194 ff.; vgl. H. Fischer, *Judentum, Staat und Heer*..., S. 171 f.

Daraufhin versagte im Juli 1846 eine Verfügung des Justizministers zwecks Instruktion der entsprechenden Behörden möglichen jüdischen Unterbeamten nicht nur jede obrigkeitliche Funktion, sondern darüber hinaus ausdrücklich auch alle Stellen, bei denen der Beamte in Kontakt mit dem Publikum kommen könnte![116]

Das Edikt von 1812 war durch die restriktive und restaurative preußische Judenpolitik in den seinem Erlaß folgenden Jahrzehnten bis 1847 auf dem Wege von Gesetzesinterpretation, Verwaltungspraxis und Sonderbestimmungen hinsichtlich der Zulassung von Juden zu staatlichen Ämtern partiell unwirksam gemacht und damit die rechtliche Gleichstellung der Juden mit den nichtjüdischen preußischen Einwohnern (soweit diese bereits über bürgerliche beziehungsweise politische Rechte verfügten) nicht konsequent durchgeführt worden.

Die höhere Beamtenlaufbahn, die nach 1817 generell nur von akademisch ausgebildeten Juristen (mit nachgewiesenem finanziellen „Vermögen") beschritten werden konnte, blieb jüdischen Kandidaten von vornherein verschlossen, eine Zulassung zu akademischen Lehr- und Schulämtern wurde durch königliche Kabinettsorder zurückgenommen. Der definitive Ausschluß jüdischer Bewerber von allen „öffentlichen Bedienungen" und Staatsämtern in den Jahren nach den Befreiungskriegen nahm jüdischen Bildungswilligen in der Praxis jede Aussicht auf eine beamtete berufliche Stellung oder eine akademische Karriere, Jura-Studenten darüber hinaus jede Möglichkeit einer späteren einschlägigen Berufsausübung – bereits zum juristischen Vorbereitungsdienst ließ man sie nicht zu. Diese Praxis beschränkte das aufstrebende jüdische Bildungsbürgertum weiter auf die „freien" Berufe, vor allem die bevorzugte Ausbildung zum Mediziner.

Durch die Verweigerung von Staatsämtern wurde die berufliche Emanzipation jüdischer Akademiker verhindert und ihre soziale Integration wesentlich erschwert. Das trug dazu bei, eine Stärkung des bürgerlichen Charakters der politischen Institutionen – in den staatstragenden Bereichen des Heeres, des Bildungswesens und des Staats- und Verwaltungsapparates – im Namen des vielbeschworenen „christlichen Staates" zumindest zu verzögern und die konservativ-reaktionären Werte der „christlichen" Monarchie als eine Macht-

[116] Verfügung vom 29. Juli 1846 (schon angedeutet im Ministerialreskript vom 21. März 1846), vgl. A. Michaelis, *Die Rechtsverhältnisse...*, S. 108.

grundlage der alten feudalen Eliten zu bewahren. Damit war ein Instrument zur Niederhaltung einer religiös-sozialen Gruppe im Staat geschaffen worden, die im Begriffe war, sich allgemein in die Gesellschaft, konkret aber in das sich als gesellschaftliche und politische Kraft konstitutierende Bürgertum zu integrieren, dessen Angehörige die preußischen Juden auf Grund ihrer historisch bedingten Berufsstruktur in ihrer Mehrheit waren beziehungsweise zu werden begannen. Der sich im Zuge eines relativ raschen sozialen Aufstiegs immer deutlicher abzeichnende Prozeß ihrer Verbürgerlichung und der aufgrund wirtschaftlicher Prosperität und der traditionell hohen Bewertung von Bildung – für die Juden Symbol des Aufstiegs ins Bildungsbürgertum – wachsende Zustrom zu akademischen Berufen sollte damit gestört, konnte aber nicht verhindert werden.

Aber auch das sich emanzipierende nichtjüdische Bürgertum war, durch die starke Aufwärtsmobilität der preußischen Juden verunsichert und teilweise von Ideen der politischen Romantik beeinflußt, vornehmlich aus Konkurrenzangst nicht durchgängig bereit, Juden tatsächlich in (potentiellen) Führungspositionen zu akzeptieren. Der seit den 1830er und 1840er Jahren einsetzende Strom von Söhnen aus den „niedrigen Ständen", zu denen die Juden – noch wenige Jahrzehnte zuvor als Parias der Gesellschaft wahrgenommen – oftmals zählten, zu den akademischen Berufen wurde auch von etablierten Gruppen des Bildungsbürgertums als neues und besorgniserregendes Phänomen gesehen und provozierte Abschottungstendenzen gegen den Zustrom bisheriger Außenseiter „von unten". Eine prinzipielle Bejahung der Emanzipation der Juden durch die Liberalen bedeutete noch nicht Vorurteilsfreiheit, wenn es um rare Universitätsstellen, neue Aufstiegsmöglichkeiten und Teilhabe an der politischen Macht ging.

Daneben wirkten traditionell-religiös motivierte judenfeindliche Tendenzen in der christlichen Gesellschaft weiter, die sich in der ersten Hälfte des 19. Jahrhunderts ebenfalls in der Forderung nach Rückgängigmachung oder Einschränkung der in der Reformzeit eingeleiteten rechtlichen Gleichstellung der Juden artikulierten. Mit einer Identifizierung von „Christentum" und „Deutschtum" und einem postulierten Sondercharakter der jüdischen „Nation" wurde staatlicherseits der Versuch unternommen, Juden aus bestimmten Bereichen der Gesellschaft fortdauernd auszugrenzen. Gleichzeitig sollte durch eine möglichst enge Koppelung von Emanzipationsmaßnahmen und Assimilationsfortschritten – unter Gleichsetzung einer vollständigen Emanzipation mit dem Ziel der christlichen Taufe und der völligen Assimilation beziehungsweise „Verschmelzung" im Sinne einer Absorption – die jüdische Bevölkerung ihrer religiös-kulturellen Grundlagen beraubt und damit gerade nicht mehr als Juden emanzipiert, sondern ihre jüdische Existenz negiert werden. Mit der Verweigerung von Staatsämtern sollte der jüdischen Intelligenz die Möglichkeit zum Aufstieg in akademische Führungspositionen verwehrt bleiben, solange sie nicht zur „Vorleistung" Taufe bereit war. Jüdischen Bewerbern um Beamtenstellen wurde die notwendige Qualifikation schlechthin abgesprochen, da sie auf Grund ihres religiösen Bekenntnisses nicht die Voraussetzungen für einen preußischen Beamtenanwärter erfüllen könnten. Die so erwiesene „Unfähigkeit" der Juden zu einer vollständigen Emanzipation wurde zur Rechtfertigung für die Nichtausführung des Edikts.

Der Emanzipationsgedanke wurde damit zu einem „Erziehungsprogramm" deformiert, das die Gewährung von bürgerlichen Rechten für Juden von deren „Besserung" – mit dem höchsten Ziel der christlichen Taufe – abhängig machte. Die Intention Hardenbergs, die Juden als „Staatsbürger jüdischen Glaubens" in den Staatsverband einzugliedern, hatten sich in der preußischen Regierung zu einer langfristigen, sukzessiven Gleichstellungspraxis verschoben, in deren Verlauf die Bestimmungen des Edikts zunehmend unterhöhlt wurden.

Viele jüdische Akademiker trieb diese Situation zum Schritt der christlichen Taufe, die rechtlich und praktisch alle besonderen Hindernisse bei der Berufswahl beseitigte. Diese Entscheidung war angesichts der bestehenden Rechtsminderung vor allem für jüdische Akademiker meist keine religiöse, sondern eine soziale Frage. Besonders jüdische Intellektuelle unterlagen diesem „Taufdruck", um beruflicher Diskriminierung zu entgehen.[117]

Charakteristischerweise wandte sich der staatliche Ruf an einzelne Juden oder ihre Gesamtheit – im Gegensatz zu mittelalterlichen

[117] Zentrum des Assimilationsprozesses und der Taufbewegung war Berlin, das in der ersten Hälfte des 19. Jahrhunderts mehr als ein Drittel sämtlicher jüdischer Konvertiten in Preußen stellte. Insgesamt aber blieb die Zahl der preußischen Juden, die sich zwischen 1800 und 1847 (vorwiegend evangelisch) taufen ließen, mit weniger als 1% sehr gering (vgl. *Encyklopaedia Judaica*, Bd. 2, Sp. 1222 ff.). – Unter den Juden, die sich von 1828 bis 1856 in der Berliner Sophienkirche durch den Pfarrer der Judenmission taufen ließen, waren 17 jüdische Juristen (M. Richarz, *Der Eintritt...*, S. 162).

Bekehrungsversuchen – dabei nicht an das „religiöse Gewissen" der Juden. Schon in der ersten Phase der Judenemanzipation in der ersten Hälfte des 19. Jahrhunderts ging es vielmehr primär um die Demonstration kultureller und nationaler Zugehörigkeit und Ergebenheit der jüdischen Untertanen zum preußischen Staat.[118]

Wenngleich die Konversion innerhalb der jüdischen Gesamtbevölkerung Preußens und im Rahmen der Emanzipationspolitik insgesamt eine nur geringe Rolle spielte, so war doch der relative Anteil der wirtschaftlichen und kulturellen Oberschicht der Juden an der Gesamtzahl der Übertritte zum Christentum außerordentlich hoch.[119] Besonders stark innerhalb dieser Bevölkerungsschicht mußte sich die prekäre Lage auf jüdische Jurastudenten auswirken, in deren Fach die schärfsten Berufsbeschränkungen stattfanden. Wie Richarz hervorhebt, war in keiner anderen Berufsgruppe der Taufdruck so stark und die Zahl der Übertritte so hoch wie bei den Juristen, so daß man im allgemeinen „das Jurastudium bei Juden schon fast identisch mit dem Entschluß zur Taufe" ansah.[120] Dem schärfsten Druck waren jene ausgesetzt, die sich zur Privatdozentur (außerhalb Preußens) entschlossen, aber ungetauft keine Aussicht auf eine Professur hatten.

Jüdische Universitätsabsolventen, die sich nicht taufen ließen, mußten in andere Berufe (wie Redakteur, Journalist, Kaufmann, Gehilfe christlicher Advokaten) und in jüdische Gemeindeämter ausweichen oder sich in anderen deutschen Staaten um eine Anwaltsstelle bemühen. In Baden, Württemberg, den beiden Hessen und Frankfurt am Main wurden Juden im Vormärz zur Rechtsanwaltschaft zugelassen. In diesen Staaten konnten sie auch die juristische Staatsprüfung ablegen und als Rechtspraktikanten tätig sein. Die relativ größte Zahl jüdischer Anwälte dürfte dabei in Frankfurt am Main zu finden gewesen sein, zumeist Söhne der wirtschaftlich erfolgreichen Familien der Stadt.[121]

118 Vgl. Jacob Katz, *Die Judenemanzipation und ihre sozialen Folgen*, in: ders., *Zur Assimilation und Emanzipation der Juden*, Darmstadt 1982, S. 191.

119 Vgl. R. Rürup, *Kontinuität und Diskontinuität...*, in: H. -U. Wehler (Hrsg.), *Sozialgeschichte Heute...*, S. 398, Anm. 412.

120 M. Richarz, *Der Eintritt...*, S. 124 und 179.

121 *A. a. O.*, S. 180. Frankfurt hatte nach der Aufhebung des Emanzipationsgesetzes von 1811 im Jahre 1824 das Notariat für Juden gesperrt, ließ sie aber weiterhin als Rechtsanwälte zu. Die meisten jüdischen Rechtsanwälte bzw. Advokaten gab es in Hessen (3), Baden (3) und Frankfurt/M. (4). H. A. Strauss, *Pre-Emancipation Prus-*

Auch in Hamburg, Mecklenburg und Sachsen waren die Juden im Vormärz von der Advokatur weiter ausgeschlossen, wobei ihnen hier zumindest ausnahmsweise, indem ihnen die in der Franzosenzeit erteilte Zulassung nicht wieder entzogen wurde, die Berufsausübung gestattet war; so wurden zum Beispiel in Mecklenburg-Schwerin zwei Ausnahmen – nach jahrelangen Bemühungen und durch besondere landesherrliche Begünstigung – gemacht (Nathan Aarons und Lewis Marcus); in Holstein und Hamburg wurden jüdische Advokaten nur durch eine besondere Dispensation des Justizministers, die nach Belieben erteilt oder versagt werden konnte, zugelassen.[122] Der erste jüdische Jurist in Baden wurde Veit Ettlinger (1796–1877), der 1824 nach wiederholten Bemühungen eine Anstellung als Hofgerichts-Advokat in Karlsruhe erhielt; die Erlangung des Referendariats war hier offenbar unproblematisch, selbst das Badische „Erziehungs"-Gesetz von 1809, das staatsbürgerliche Rechte nur partiell zugestand, sah hierin kein Hindernis.[123]

Preußen betrieb damit im Vergleich zu anderen deutschen Bundesstaaten gemeinsam mit Bayern die restriktivste Politik gegenüber jüdischen Juristen. Bis 1843 wurden in ganz Deutschland gerade 20 jüdische Rechtsanwälte zugelassen – keiner davon in Preußen.

Ausschließung von „obrigkeitlicher Autorität" – Das Gesetz vom 23. Juli 1847 über die Zulassung zu Staatsämtern

Der nach umfangreichen, über Jahre verschleppten Vorarbeiten im Staatsministerium schließlich vorliegende *Entwurf einer Verordnung, die bürgerlichen Verhältnisse der Juden betreffend,* sollte die seit lan-

sian Politics towards the Jews 1815–1847, in: *LBI-YB,* XI (1966), S. 117, Anm. 17; bei Konrad Jarausch, *Jewish Lawyers in Germany,* in: *LBI-YB,* XXXVI (1991), S. 173 findet sich die Angabe, daß im Jahre 1837 unter 94 Frankfurter Anwälten sogar 10 Juden waren.

122 Gabriel Riesser, *Verteidigung der bürgerlichen Gleichstellung der Juden gegen ... Paulus* (1831), in: M. Isler (Hrsg.), *Gabriel Riessers Gesammelte Schriften,* Frankfurt/M.-Leipzig 1867–1868, S. 101 f. Auch in Bayern, Braunschweig und Sachsen-Meiningen gab es ein bis zwei solcher „Ausnahmen".

123 Zu Veit Ettlinger vgl. Monika Richarz (Hrsg.), *Jüdisches Leben in Deutschland,* Bd. 1, Stuttgart 1976, S. 392 ff.

gem ausstehende einheitliche Rechtsordnung für alle preußischen Juden bringen und war mit der Hoffnung der preußischen Juden auf eine vollständige rechtliche Emanzipation verbunden. Die Frage ihrer möglichen Zulassung zu staatlichen Ämtern hatte in den internen Diskussionen um den Entwurf eine zentrale Rolle gespielt und sollte auch in den Debatten um den Gesetzentwurf auf dem vom König erstmals einberufenen Vereinigten Preußischen Landtag im Frühjahr 1847 im Mittelpunkt stehen.

Der Gesetzentwurf wurde dem Ersten Vereinigten Landtag im Frühsommer 1847 zur Beratung vorgelegt.[124] Eine ausführliche Denkschrift der Regierung diskutierte und begründete zuvor noch einmal alle wichtigen Paragraphen des Gesetzeswerkes. Der Abschnitt über die Zulassung zu Staatsämtern und ständischen Rechten enthielt mit § 35 nicht mehr als den Anspruch jüdischer Zivilanwärter des Heeres auf nicht mit einer „obrigkeitlichen Autorität" verbundene subalterne Stellen – was nichts weiter als eine Bestätigung der Kabinettsorder vom 31. Dezember 1845 bedeutete. Ob Juden mittelbare und unmittelbare Staats- und Kommunalämter bekleiden könnten, sei nach den alten darüber ergangenen Spezialvorschriften zu beurteilen – auf zivilem Wege sollte kein Jude eine Beamtenstelle erlangen. Die Vorlage ließ damit die alten Bestimmungen voll in Kraft und offenbarte eine emanzipationsfeindliche Tendenz, die die praktische Emanzipation letztlich blockieren und insbesondere weiterhin keine politischen Rechte gewähren wollte.

Lange, gewundene Erklärungen ließen dem Ministerium lediglich eine Zulassung jüdischer Privatdozenten und außerordentlicher Professoren zu den mathematischen, naturwissenschaftlichen und medizinischen Universitätsfakultäten (sofern deren Statuten dem nicht entgegenstünden) als zulässig erscheinen. Der weitere Ausschluß jüdischer Justizkandidaten von der Promotion und der Anstellung an einer juristischen Fakultät wurde in der Denkschrift damit erläutert, daß die „christliche Lebens-Anschauung" in bezug auf Recht und Verfassung stets ein entscheidendes und niemals aus-

[124] Ausführlich zum Gesetzentwurf und zu den Landtagsverhandlungen siehe H. Fischer, *Judentum, Staat und Heer*..., S. 177 ff.; A. Brammer, *Judenpolitik und Judengesetzgebung*..., S. 338 ff.; *Vollständige Verhandlungen*..., S. XXXVIII (ff.); Texte des Gesetzentwurfs, der Denkschrift und weiterer dazugehöriger Aktenstücke siehe auch bei Eduard Bleich (Hrsg.), *Der erste Vereinigte Landtag in Berlin 1847*, Teil 1, Berlin 1847.

zuschließendes Moment bleiben würde. Somit schien auch gleich eine weitere Frage geklärt: „Muß schon diese Erwägung auf eine Ausschließung der Juden von Lehrämtern der juristischen Fakultät führen, so stellt es sich auch als unvereinbar dar, den Juden den Eintritt in das Richteramt und die obrigkeitlichen Ämter nicht zu gestatten und sie doch als Rechts- und Gesetzeslehrer auftreten zu lassen."[125]

In den Debatten des von der ministeriellen Denkschrift so eingestimmten Vereinigten Landtages über den Gesetzentwurf erwies sich der Entwurf des Paragraphen zur Ämterfrage, wie zu erwarten gewesen war, als entscheidendes Diskussionsthema, dessen neuralgischer Punkt in den Auseinandersetzungen um die mit „obrigkeitlicher Autorität" verbundenen Ämter lag. Unter diesem in den 1840er Jahren in Regierungskreisen gängig gewordenen Terminus wurden in der Interpretation der Regierung, das hatten die Ministerialverfügungen und Kabinettsorders der Vorjahre bereits ahnen lassen, fast alle Beamtenstellen verstanden.

Vom 14. bis 17. Juni 1847 debattierte die Herrenkurie über den Entwurf. Das in der Versammlung dominierende preußische Junkertum bestimmte den Ausgang der Verhandlungen; die Mehrheit sprach sich für eine nur beschränkte Zulassung der Juden zu Staatsämtern im Sinne des Gesetzentwurfs aus. Dabei wurde immer wieder beschwörend auf die Grundsätze des „christlichen Staates" verwiesen. Bei der separaten Erörterung der Frage für den Justizbereich erklärte der Ständevertreter Graf Botho von Stolberg, daß er „einen jüdischen Justizkommissarius, der gegen mich zu sprechen hätte, von Hause aus perhorresciren würde".[126] Ein Vertreter des liberalen Flügels des Junkertums, Graf York, hielt dagegen: „...wenn wir bei Par. 34 den Wunsch ausgesprochen haben, daß jüdische Knaben auf wissenschaftlichen Lehranstalten sich einem höheren Beruf widmen sollen, so frage ich, welcher dieser höhere Beruf sein soll, wenn man den Juden die Möglichkeit verschränkt, zu irgend einem Amte von Bedeutung ... zu gelangen".[127]

Die Herrenkurie nahm schließlich den Vorschlag eines Zusatzes, nach dem Juden zu Justizkommissaren und Advokaten (ohne Notariat) gewählt werden konnten, mit einer Stimme Mehrheit an, schloß

[125] *Vollständige Verhandlungen...*, S. 73 f.
[126] *A. a. O.*, S. 90, 102.
[127] *A. a. O.*, S. 91.

aber gleichzeitig die Möglichkeit eines Lehramtes für Juden an der juristischen Fakultät aus den in der ministeriellen Denkschrift bereits vorgebrachten Gründen (weil jede staatliche Autorität auf der Basis der christlichen Lehre ausgeübt werden müsse) nachdrücklich aus.

Die Drei-Stände-Kurie des Vereinigten Landtages versammelte sich zur gleichen Zeit. Einen besonderen historischen Nachhall erzielte auf diesem Parkett eine Wortmeldung des jungen Bismarck, der zu diesem Zeitpunkt noch uneingeschränkt als Vertreter der erzkonservativen Fraktion des preußischen Junkertums auftrat, als er die oft zitierten Worte äußerte: „...wenn ich mir als Repräsentanten der geheiligten Majestät des Königs gegenüber einen Juden denke, dem ich gehorchen soll, so muß ich bekennen, daß ich mich tief niedergedrückt und gebeugt fühlen würde (...) Ich teile diese Empfindung mit der Masse der niederen Schichten des Volkes...“.[128]

Schon der erste Verhandlungstag der Dreiständekurie zum Gesetzentwurf hatte großes Aufsehen erregt, weil sich der anwesende Staatsminister Ludwig Gustav von Thile in der erstmals öffentlichen Debatte zu scharfen antijüdischen Äußerungen hatte hinreißen lassen, die durch die Tagespresse publik gemacht wurden. Beunruhigt über die bis dahin mehrheitlich klar für eine weitgehend vollständige Gleichstellung der Juden votierende Versammlung, glaubte Thile nochmals ausdrücklich auf der Wahrung der „Rechte des christlichen Staates“ bestehen zu müssen, und äußerte dabei, daß „der Jude an und für sich kein Vaterland haben kann, als das, worauf ihn sein Glaube hinweist. Zion ist das Vaterland der Juden.“ Juden könnten aus diesem Grunde nie Deutsche oder Preußen werden und seien demzufolge auch unfähig, staatliche Ämter zu übernehmen.[129]

Das in der Versammlung stark vertretene, vor allem rheinische liberale Bürgertum ließ die Fürsprecher der Emanzipation jedoch überwiegen. In der Debatte um § 35 des Gesetzentwurfs stimmte eine (geringe) absolute Mehrheit für die unbedingte Zulassung von Juden zu allen staatlichen Ämtern (mit Ausnahme der Ämter, die mit

[128] *A. a. O.*, S. 225. Besonders gern wurde diese Bismarck-Rede ca. 40 Jahre später in der antisemitischen Presse des Deutschen Reiches und in separaten antisemitischen Flugblättern zitiert, deren Initiatoren sich mit dieser frühen politischen Äußerung des Reichskanzlers politisch legitimieren wollten (vgl. z. B. Flugblatt mit der Bismarck-Rede (o. Datum), vermutlich um 1890/91, GStAPK, 2. 5. 1., Nr. 7412, Bl. 197).

[129] *Vollständige Verhandlungen...*, S. 195.

der Leitung und Beaufsichtigung der christlichen Kultus- und Unterrichtsangelegenheiten verbunden waren) und damit gegen die Beibehaltung des Ämter-Paragraphen in seiner dem Landtag vorliegenden Form. Die Majorität der Stände-Kurie bejahte auch die noch einmal gesondert erörterte Frage, ob Juden zu allen akademischen Lehrämtern zugelassen werden sollten, und ging damit erheblich über die von der Regierung vorgegebenen Richtlinien hinaus, mit denen, wie der Referent in der Debatte treffend bemerkte, „den Juden eigentlich gar nichts oder nur scheinbar etwas bewilligt würde".[130]

Die meisten Vorbehalte gab es bezeichnenderweise bei der Frage der Zulassung von Juden zu Richterämtern und zur Dozentur an einer juristischen Fakultät; begründet zum einen mit vermeintlichen Schwierigkeiten bei der Abnahme christlicher Eide durch jüdische Richter und der Leistung des Amtseides, zum anderen wegen der Tatsache, daß die Promotion zum Doctor utriusque juris das zivilrechtliche und kirchenrechtliche Doktorat umfaßte. Kanonisches Recht zu lehren oder auch nur die prinzipielle Befähigung dazu zu erlangen, schien zahlreichen Ständevertretern christlichen Lehrkräften vorbehalten bleiben zu müssen. Der Versammlung war allerdings bekannt, daß in einigen anderen deutschen Staaten schon mehrfach Juden zur Promotion zugelassen wurden. Bei diesen Zulassungen war man jedoch unterschiedlich verfahren; so waren an der Universität Heidelberg ein Jude oder mehrere ohne Schwierigkeiten zum Doktor beider Rechte promoviert worden, während an der Universität Rostock einem Juden nur der Doctor iuris civilis (ohne kanonisches Recht) verliehen wurde.[131]

Beide Kurien des Vereinigten Landtages von 1847 verneinten ferner mehrheitlich eine Partizipation von Juden an ständischen Rechten (Teilnahme an Kreis- und Provinziallandtagen, Patrimonalgerichtsbarkeit und andere Rechte von Rittergutsbesitzern) und folgten dem Gesetzentwurf, als sie auch zukünftig die Anstellung jüdischer Lehrer weitgehend auf jüdische Unterrichtsanstalten beschränkt wissen wollten.

[130] Referent Sperling, in: *a. a. O.*, S. 301, 343.

[131] Vgl. *a. a. O.*, S. 331; dazu ferner M. Richarz, *Der Eintritt...*, S. 181; diese Aussage auch im Votum der juristischen Fakultät Berlin an das Ministerium vom 12. Dezember 1847, in: Moritz Kalisch, *Die Judenfrage in ihrer wahren Bedeutung für Preußen*, Leipzig 1860, S. 90.

Die Verhandlungen des Ersten Vereinigten Landtages über die Judenfrage im Juni 1847 ließen, verglichen mit den Äußerungen der preußischen Provinzialstände in den 1820er und 1830er Jahren, eine Veränderung des politischen Kräfteverhältnisses zugunsten des liberalen Bürgertums, die selbst die junkerlich-adlige Herrenkurie nicht unberührt ließ, klar hervortreten. Der vom König einberufene Landtag konnte jedoch kein Ersatz für die immer lauter werdende Forderung nach einer demokratisch gewählten konstitutionellen Versammlung sein, die die Erfüllung des noch immer uneingelösten Verfassungsversprechens Friedrich Wilhelms III. anmahnte. Die Institution des Landtags, der durch konservative, aber auch liberale Vertreter des ostelbischen Junkertums ebenso wie durch die hier politisches Profil gewinnenden Vertreter des rheinischen Bürgertums geprägt wurde, hatte letztlich noch immer feudal-ständischen Charakter und nur in Einzelfragen (wie dem Mitspracherecht bei staatlichen Anleihen und Steuern) das Recht bindender Beschlußfassung. Seine Erörterungen der wichtigsten gesellschaftlichen Probleme des preußischen Vormärz, darunter der „Judenfrage", hatten lediglich beratenden Charakter; Formulierung und Sanktion des Gesetzes konnten nur durch das Staatsministerium beziehungsweise den König erfolgen. Allein, die Publizität der Verhandlungen, die von der Tagespresse aufmerksam kommentiert und zitiert wurden, erzeugte einen politischen Druck, dessen dahinterstehende Erwartungen von der Regierung nicht mehr ohne weiteres ignoriert werden durften, wenn revolutionäre Unruhen vermieden werden sollten.

Das *Gesetz über die Verhältnisse der Juden* trat nach einer Schlußrevision durch das Staatsministerium schließlich mit einigen Änderungen am 23. Juli 1847 in Kraft.[132] Es brachte die angestrebte einheitliche Regelung der jüdischen Rechtsverhältnisse für die gesamte preußische Monarchie (mit einer Sonderregelung für Posen), jedoch wieder keine völlige Gleichstellung der Juden mit der christlichen Bevölkerung. Im Vergleich zu Geist und Buchstaben des Edikts von 1812 blieb es hinter diesem zurück. Allerdings war unter dem Ein-

[132] Ein von der Ständekurie verlangter Wegfall der Sonderbestimmungen für die Provinz Posen, wo ein Gesetz von 1833 den Unterschied zwischen „naturalisierten" und „nicht naturalisierten" Juden fortbestehen ließ, wurde nicht berücksichtigt. Die nicht naturalisierten Juden Posens blieben damit bis 1848 weiter den bisherigen erheblichen Beschränkungen unterworfen. Abdruck des Gesetzes vom 23. Juli 1847 unter anderem bei I. Freund, *Die Emanzipation...*, Bd. 2, S. 501 ff.

fluß des Vereinigten Landtages die im Gesetzentwurf auf Militäranwärter beschränkte Zulassung zu bestimmten Beamtenstellen weggefallen und hatte allgemeinen Charakter erhalten. Nach § 2 des Gesetzes vom 23. Juli 1847 waren Juden nun zu denjenigen mittelbaren und unmittelbaren Staats- und Kommunalämtern dann zugelassen, wenn mit jenen die Ausübung einer „richterlichen, polizeilichen oder exekutiven Gewalt" nicht verbunden war.[133]

An Universitäten sollten Juden als Privatdozenten, außerordentliche, und – auch das eine Neuerung gegenüber dem Entwurf – ordentliche Professoren der medizinischen, mathematischen und sprachwissenschaftlichen Lehrfächer zugelassen werden, soweit dem die Universitätsstatuten nicht entgegenstanden. Von den Stellungen eines Prorektors und Rektors blieben sie von vornherein ausgeschlossen. Die Anstellung von Juden als Lehrer war außer an Kunst-, Gewerbe-, Handels- und Navigationsschulen nur an jüdischen Schulen möglich. Juden konnten in kommunale Ämter gewählt werden, nicht aber zu Bürgermeistern und Dorfschulzen. Ständische Rechte sollten sie auch weiterhin nicht wahrnehmen dürfen (§ 3).

Die Beschränkungen der §§ 2 und 3 enthielten somit weiter bestehende einschränkende Festlegungen, die auf eine Diskriminierung jüdischer Staatsdienstbewerber zielten. Zur Justizlaufbahn oder zur Advokatur waren Juden auch weiterhin nicht zugelassen. An dem Grundsatz, daß sie keine höheren Stellungen in der Staatsverwaltung übernehmen durften, wurde strikt festgehalten. Insgesamt blieb das Gesetz damit hinter der liberalen Forderung einer vollständischen rechtlichen Emanzipation der jüdischen Bevölkerung Preußens zurück.

Die Gutachten der Universitäten zur Zulassung von Juden zu akademischen Lehrämtern an den juristischen Fakultäten

Noch vor dem Inkraftreten des neuen Judengesetzes vom 23. Juli 1847, dessen zweiter Paragraph unter anderem bestimmt hatte, daß Juden der Zugang zu akademischen Lehrämtern an einigen Fakultäten eröffnet sei, kam es an der Berliner Universität zu heftigen Diskussionen über dessen mögliche künftige Auswirkungen.

[133] Die Formulierung „richterliche, polizeiliche und exekutive Gewalt" wurde im Gesetz als präzisierende Bezeichnung an die Stelle der „obrigkeitlichen Autorität" im Gesetzentwurf gesetzt.

Am 9. Juli 1847, unmittelbar nach Verhandlungsschluß des Vereinigten Landtages, wandten sich Rektor und Senat der Friedrich-Wilhelms-Universität mit nicht völlig von der Hand zu weisenden Bedenken an Kultusminister Eichhorn.[134] Da die Berliner Universität in ihren Statuten als einzige der preußischen Landesuniversitäten keine bestimmte konfessionelle Bindung als Voraussetzung zur Ausübung eines Lehramtes bestimmt habe, müsse dies zur Folge haben, daß der in dem neuen Gesetz gebrauchte „freigebige Pluralis" sich in einen „ausschließenden Singularis" verwandele, so daß das Gesetz eigentlich den Sinn bekäme, an der Universität Berlin und nur an ihr allein können Juden zu bestimmten Lehrämtern zugelassen werden. Damit würde ein allgemeines Landesgesetz in seiner Wirksamkeit auf Berlin beschränkt. Die Universitätsleitung glaubte, dringend auf die Auswirkungen hinweisen zu müssen, die diese Situation haben würde: „...wenn den Talenten jüdischen Glaubens alle höheren Ämter verschlossen sind, und ihnen sämmtlich und allein der Weg in die überfüllte (Berliner) Universität zugewiesen wird, so wird ihnen eben dadurch nicht Raum gegönnt, sondern entzogen."[135] Dem schloß sich eine – freilich nicht ganz uneigennützige – Bitte an den König an, die neue Maßregel auf alle Universitäten der Monarchie auszuweiten.

Als Antwort darauf erließ Eichhorn am 28. September des Jahres, also nach Ausfertigung des Gesetzes, eine ministerielle Aufforderung an alle Landesuniversitäten, zu der Frage Stellung zu nehmen, ob die bestehenden jeweiligen Statuten die im Gesetz ausgesprochene Zulassung der Juden zu den benannten Fakultäten gestatte und, wenn dies nicht der Fall sei, ob eine Modifikation derselben für zulässig und angemessen zu erachten sei. Die juristischen Fakultäten wurden besonders angesprochen, von ihnen wurde eine Prüfung und Begutachtung der Frage erwartet, ob die durch das Gesetz implizit bestimmte fortdauernde Ausschließung der Juden von der Lehrtätigkeit auch zukünftig ohne Änderungen zu befürworten sei.[136]

[134] Eingabe der Universität Berlin an den Kultusminister vom 9. Juli 1847, in: M. Kalisch, *Die Judenfrage*..., S. 66 ff.; die Statuten der Berliner Universität datieren vom 31. Oktober 1816, die der einzelnen Fakultäten vom 29. Januar 1838.

[135] *A. a. O.*, S. 67 ff.

[136] *A. a. O.*, S. 72 f. – Die Bewertung dieser Zirkularverfügung durch Kalisch, daß sich das Ministerium dadurch inquisitorisch ein christliches Bekenntnis gemeinsam

Die letzte Fragestellung bestätigte, daß die Debatten des Vereinigten Landtags nicht unbeachtet geblieben waren und eine Erweiterung der Zulassung für die juristischen Lehrämter ihre Befürworter auch in Regierungskreisen haben mußte.

Auch der Katholisch-Theologischen Akademie Münster wurde die Aufforderung zum Gutachten zugesandt, möglicherweise zu dem Zweck, den von dieser Seite sicher zu erwartenden negativen Bescheid bei der Gesamtauswertung ungünstig zu Buche schlagen zu lassen und damit die Anwendung des Gesetzes von 1847 für den Universitätsbereich zu blockieren.[137]

Von den insgesamt 26 angesprochenen Fakultäten waren nach Ismar Schorsch, der die Gutachten in den preußischen Kultusministerial-Akten ausgewertet hat (und diejenigen mit eingeschränkter Zustimmung offensichtlich als ablehnende Haltung interpretierte und zählte), 11 der Fakultäten für die Juden, 12 dagegen und 3 unentschieden. Demgegenüber stimmten 141 Professoren in Separatvota gegen 92 ihrer Kollegen für die Zulassung der Juden zu akademischen Lehrämtern.[138] Zusammen mit den Stimmen von Rektoren und

mit einer Antipathie gegenüber Juden von jedem einzelnen Fakultätsmitglied bestätigen lassen wollte, kann aus wissenschaftlicher Sicht nicht ohne weiteres nachvollzogen werden (weit weniger schwer ist die Abneigung des Zeitgenossen Kalisch gegenüber dem preußischen Kultusminister nachzuempfinden).

[137] Eine relativ umfangreiche Auswahl der wichtigsten Gutachten findet sich bei M. Kalisch, der sich mit einer kommentierten Quellenedition wichtiger Dokumente der preußischen Judenemanzipation zur erneuten Verhandlung der Petition Abraham Sutros im Preußischen Abgeordnetenhaus und Staatsministerium im Jahre 1860 zu Wort meldete, um eine „drohende Gefahr für die verfassungsmäßigen Rechte der Juden" zu konstatieren und die historische Hinfälligkeit der Argumente des „christlichen Staates" nachzuweisen (*a. a. O.*, S. I–XIV. Zu den Ereignissen von 1860 siehe das Zweite Kapitel). Die Studie von Ismar Schorsch wertet darüber hinaus die preußischen Kultusministerialakten aus, die die vollständigen Unterlagen enthalten (Ismar Schorsch, *The Religious Parameters of Wissenschaft – Jewish Academics at Prussian Universities*, in: *LBI-YB*, XXV [1980], S. 3–20). – In der kurzen Auswertung nach den Quellen bei Kalisch werden in dieser Studie – im Gegensatz zu I. Schorsch – die Gutachten der Katholischen Akademie Münster außer acht gelassen, da diese Lehranstalt ausschließlich die Ausbildung katholischer Lehrkräfte und Priester zum Ziel hatte und damit eine Zulassung von Juden von vornherein ausschließen mußte – ihr Votum verfälscht in diesem Falle das Meinungsbild.

[138] Fakultäten- und Professoren-Zahlen bei *a. a. O.*, S. 11 (hier abzüglich der Akademie Münster). Für die Senate liefert Schorsch meiner Auswertung teilweise widersprechende Angaben, was auf einer abweichenden Interpretation der Gutachten be-

Senat der einzelnen Universitäten zeigt sich hier insgesamt ein Zeugnis des gesellschaftlichen Wandels: Die überwiegende – wenn auch nicht überwältigende – Mehrheit der Hochschullehrer sah die Universitätsstatuten einer Zulassung von jüdischen Lehrkräften als prinzipiell nicht entgegenstehend an (Rektor und Senat von Berlin, Bonn, Greifswald, Breslau) oder bejahte eine entsprechende Modifizierung des Paragraphen, der sich für die konfessionelle Bindung der Universität aussprach (Rektor und Senat von Königsberg). Das Gutachten der Repräsentanten der Universität Bonn betonte darüber hinaus die Auffassung der „entschiedenen Mehrheit" des Senats, daß die wissenschaftliche Befähigung von der religiösen Überzeugung gänzlich unabhängig sein müßte – so „kühn" war man aber wohl nur in dem Wissen, daß eine entsprechende königliche Verordnung unmittelbar bevorstand.[139]

Der Greifswalder Senat wollte dagegen die Zahl jüdischer Dozenten geringhalten und jüdischen Anwärtern die Professur nur ausnahmsweise gestatten.[140] Die Universitätsleitung von Königsberg wünschte ungeachtet ihrer generellen Zustimmung auch für die Zukunft ihren konfessionellen Charakter zu wahren und für alle nichtevangelischen Bewerber eine nur beschränkte Zulassung aufrechtzuerhalten. Die preußischen Universitäten waren, wie Schorsch formulierte, „less Christian than Protestant, for Catholics were almost as disadvantaged as Jews".[141] Daß die Professoren in ihrer Haltung zur politischen Emanzipation der Juden insgesamt konservativer als der Preußische Landtag waren, bleibt eine Tatsa-

ruht: er schlägt die nur mit der Stimme des Rektors gewonnene Mehrheit des Breslauer Senats den ablehnenden Stimmen zu, ebenso das Votum der Universität Greifswald (vgl. M. Kalisch, *Die Judenfrage...*, S. 154 ff. und 188 ff.; I. Schorsch, *The Religious Parameters...*, S. 12) Schorsch kommt damit insgesamt zu einer eher negativen Einschätzung der Haltung der Universitäten: „The outcome can hardly be called a resounding vote of approval..." (*ebda.* – im Gegensatz zu dem wiederum etwas euphorischen Resümee M. Kalischs, *Die Judenfrage...*, S. 73). Vgl. auch Monika Richarz, *Juden, Wissenschaft und Universitäten*, in: Walter Grab (Hrsg.), *Gegenseitige Einflüsse deutscher und jüdischer Kultur von der Epoche der Aufklärung bis zur Weimarer Republik*, Tel Aviv 1982, S. 66 ff.

139 M. Kalisch, *Die Judenfrage...*, S. 227. – Das Gutachten der Universität datiert vom 4. April 1848, also bereits nach dem königlichen „Aufruf an das Volk und die deutsche Nation".

140 Votum vom 20. Dezember 1847, in: *a. a. O.*, S. 154 ff.

141 I. Schorsch, *The Religious Parameters...*, S. 14.

che.[142] Von revolutionärem Geist war an den preußischen Fakultäten am Vorabend der Revolution von 1848 nichts zu spüren.

Die Gutachten der einzelnen juristischen Fakultäten, einschließlich der Separatvota einzelner Professoren, fallen ausführlicher aus. Während zum Beispiel die Juristenfakultät Halle zum Ausdruck bringt, daß allen ihren Mitgliedern die generelle Ausschließung von Juden, auch von den im Gesetz bezeichneten akademischen Ämtern, auf Grund der Statuten notwendig erscheine, votierten ihre Kollegen in Greifswald in diametral entgegengesetzter Weise: Verstand, nicht Religion sei für ein Lehramt entscheidend, deshalb bestünden keine Bedenken gegen die Aufnahme von Juden in die Fakultät.[143]

Die juristische Fakultät Berlin äußerte sich am 12. Dezember 1847. Von ihren neun Mitgliedern sprachen sich acht nachdrücklich gegen eine Öffnung der Fakultät für jüdische Lehrkräfte aus; die Dominanz von Vertretern der staatstreu-konservativen historischen Rechtsschule im Zentrum der preußischen Monarchie ist in dieser Auffassung und ihrer wortreichen Erläuterung nicht zu übersehen.[144] In der Argumentation der ablehnenden Voten der Berliner Juristenfakultät wird eine große Zahl charakteristischer antijüdischer Stereotype ins Feld geführt, wobei sich eine Gewichtsverlagerung von der religiösen auf die politische Ebene feststellen läßt.[145] Zunächst bekräftigte man die bewährten Argumente; als tiefstes Hindernis sah die Fakultät den „christlichen" Charakter des juristischen Lehramtes an, zumal das Gesetz vom 23. Juli 1847 ausdrücklich die Leitung und Beaufsichtigung christlicher und Kultusangelegenheiten und den Zugang zu

142 Vgl. M. Richarz, *Juden, Wissenschaft und Universitäten*, in: W. Grab (Hrsg.), *Gegenseitige Einflüsse*..., S. 67.

143 M. Kalisch, *Die Judenfrage*..., S. 84 ff., 129 ff. (die Gutachten der juristischen Fakultäten Bonns, Breslaus und Königsbergs sind bei Kalisch nicht publiziert).

144 Schon früher (1838) hatte die juristische Fakultät Berlin den Minister ersucht, sie von der Schlußklausel der Fakultätsstatuten zu befreien, die eine – für die Berliner Universität bekanntlich nie wirksam gewordene – Formel enthielt, die die Verfahrensweise beim Promotionseid für jüdische Kandidaten enthielt. Den schönen Schein zu wahren, schien dem Minister damals aber doch zweckmäßig; er lehnte das Ersuchen mit der Begründung ab, daß die Bestimmung erhaltenswert sei, um „die Streitfrage über die Zulässigkeit der Promotion jüdischer Kandidaten nicht durch die Eidesformel selbst von vorn herein zu entscheiden" (Hinweis im Gutachten der juristischen Fakultät Berlin, in: *a. a. O.*, S. 89 ff.).

145 Systematisierung der einzelnen Argumente der Emanzipationsgegner in der ersten Hälfte des 19. Jahrhunderts bei M. Richarz, *Juden, Wissenschaft und Universitäten*, in: W. Grab (Hrsg.), *Gegenseitige Einflüsse*..., S. 68 ff.

richterlichen Ämtern verschließe: „Zu den höheren Lebensgebieten des Staatsorganismus also würde der jüdische Rechtslehrer seine Zuhörer überhaupt nicht vorbereiten können, wenn er sie ... zu Ämtern tüchtig machen soll, die zu begleiten er selbst und zwar wegen seiner [religiösen – B. S.] Grundsätze für unfähig erklärt ist." So erscheine es unumgänglich, daß die „Emanzipation und Entchristlichung", wenn ihr überhaupt das Wort geredet werden dürfe, nicht bei der Befähigung zum Richteramt ansetzen könne. Mit Bezug auf die verhinderte Anstellung Eduard Gans' in den Jahren 1821/22 betonte die Fakultät die unabdingbare Notwendigkeit einer „christlich-germanischen Gesinnung" für ein solches Lehramt. Bei einer allmählich steigenden Zahl jüdischer Lehrer würde sich die Universität in eine nichtchristliche, „oder gar in eine positiv jüdische Lehranstalt" umwandeln. So müsse man auf der alten, vollständigen Ausschließung bestehen, um eine „verderbliche Vermehrung des Andranges zu den schon so überreich besetzten Lehrämtern" unbedingt zu verhindern, zumal der Eintritt ins Extraordinariat und Ordinariat schon wegen der damit verbundenen christlichen Eidesleistung ausgeschlossen sei.[146] Ein Fakultätsmitglied kleidete seine Abneigung gegen jüdische Kollegen in moralische Bedenken und unterstrich die Gefahr, daß aus einem „Amt der Ehre" ein Mittel der Spekulation würde, wenn akademische Lehrämter Juden geöffnet würden. Die Reformjuden als „widerwärtigste aller liberalen Fraktionen" (!) dürften nicht auf den Kathedern heimisch werden.[147] Prof. Friedrich Julius Stahls Votum erteilte – wie es in den kommenden Jahren seine vornehmlichste Aufgabe bleiben sollte – den Stellungnahmen seiner Kollegen mit Ideologemen des „christlichen Staates" seinen theoretischen Segen.[148]

Wie bereits schon aus den angeführten Zitaten sichtbar wird, verbarg sich hinter der national oder christlich-religiös motivierten Ablehnung von Juden an der Fakultät oftmals unverhüllt die Furcht vor neuen Mitbewerbern um die ohnehin schon knappen Anstellungsmöglichkeiten sowie vor politisch mißliebigen Kollegen.[149]

[146] M. Kalisch, *Die Judenfrage...*, S. 91 ff.

[147] Separatvotum Prof. Richter vom 16. Dezember 1847, in: *a. a. O.*, S. 109.

[148] Separatvotum Prof. Stahl vom 20. Dezember 1847, in: *a. a. O.*, S. 105 ff.

[149] Die erste große allgemeine „Juristenschwemme" erlebte der juristische Arbeitsmarkt in Preußen bereits seit den 1830er Jahren mit einem steilen Anstieg der Jurastudenten und Justizkandidaten. Die Justizverwaltung reagierte mit Warnungen vor

Die einzige dissentierende Stimme im Kollegium der Berliner Juristen kam von Prof. Heffter, der meinte, die den Juden nun eröffneten Wohltaten wieder „wegdeuten“ hieße gleichsam „entweder den Gesetzgeber einer Schikane fähig halten oder das Gesetz schikanieren“. Die drei in den Ausführungen seiner Kollegen (und auch in Regierungskreisen) üblichen konkreten Argumente zur Ausschließung jüdischer Lehrkräfte von der juristischen Fakultät wie jenes, daß das als primär christlich interpretierte Staats- und Rechtssystem Preußens ihrer Zulassung generell widerspreche, daß sie darüber hinaus kein kanonisches Recht lehren und schon deshalb die Qualifikation zum Amt nicht erlangen könnten und daß eine Vorbereitung zukünftiger christlicher Beamter durch jüdische Lehrer wegen ihrer Nichtbefähigung zum Richteramt unmöglich sei, versuchte Heffter – innerhalb der Logik des gegebenen engen Argumentationsrahmens – zu widerlegen. Die jüdische Bevölkerung, soweit wollte er seinen Kollegen folgen, habe zwar kein Recht auf völlige Gleichstellung mit dem „christlichen Volksstamme“, loyale jüdische Untertanen aber ein solches auf bürgerliche und partielle politische Emanzipation.[150]

Insgesamt stellte sich die juristische Fakultät Berlin mit ihrem Gutachten eindeutig auf die Seite der Emanzipationsgegner. Man kann sich vorstellen, wie wenig begeistert einige ihrer Kapazitäten auf die wenige Monate später aktuellen Märzereignisse und die königliche Aprilverordnung von 1848 zur Gleichstellung aller preußischen Untertanen vor dem Gesetz, verbunden mit einer gesetzlichen Öffnung aller staatlichen Ämter für Juden, reagierten und wie hartnäckig sie alles in ihrer Macht Stehende taten, um eine Anstellung jüdischer Privatdozenten und Professoren an ihrer Bildungseinrichtung zu verhindern.

dem Rechtsstudium, numerus clausus, verschärften Examensbedingungen und politischer Gesinnungskontrolle aller Bewerber zur Assessorenprüfung sowie Verbot einer entgeltlichen Nebentätigkeit während des unbesoldeten Vorbereitungsdienstes – ohne daß sich diese Maßnahmen durchgreifend und langfristig auf die Frequenz der juristischen Fakultät bzw. den Abbau der bestehenden Mißverhältnisse auswirkte. Fast über den gesamten Zeitraum der Untersuchung hinweg war die preußische Justizverwaltung mit einem Überangebot von juristischen Nachwuchskräften konfrontiert. Lediglich in den drei Jahren nach der Revolution von 1848 und während der 1870er Jahre entsprachen sich Angebot und Bedarf von juristischen Nachwuchskräften annähernd – vgl. Th. Kolbeck, *Juristenschwemmen...*, S. 36 ff. und 109 ff.; Wilhelm Bleek, *Von der Kameralausbildung zum Juristenprivileg*, Berlin 1972, S. 140 ff.

150 Separatvotum Prof. Heffter vom 20. Dezember 1847 in: M. Kalisch, *Die Judenfrage...*, S. 95 ff.

Noch waren nicht alle Gutachten vollständig eingegangen, als mit den revolutionären Ereignissen des Jahres 1848 das alte Regierungssystem in Preußen zusammenbrach und der verfassungsmäßige Grundsatz, daß die Befähigung zu einem Amt von der religiösen Überzeugung schlechthin unabhängig sein müsse, eine umständliche und spitzfindige Erläuterung und Auslegung der bestehenden Spezialgesetze, Verordnungen und Statuten zur möglichen Ausschließung von Juden für immer zu beseitigen schien. Der erste jüdische Privatdozent im Rechtsfach konnte jedoch erst sechzehn Jahre nach der formalen vollständigen rechtlichen Gleichstellung der Juden durch die preußische Verfassung von 1848 seine Tätigkeit aufnehmen (vgl. dazu ZWEITES KAPITEL).

Eine ordentliche Jura-Professur erreichte in Preußen kein einziger jüdischer Kandidat vor der Reichsgründung.

Die Lage jüdischer Justizbewerber am Vorabend der Revolution von 1848/49

Da die nach § 2 des Gesetzes vom 23. Juli 1847 den Juden nun offen stehenden Ämter im subalternen Bereich nicht eindeutig definiert worden waren und sich die Statuten-Klausel für die Universitätslaufbahn offensichtlich verschieden auslegen ließ, blieb behördlicher Willkür bei der Entscheidung über Anstellungsgesuche auch weiterhin großer Ermessensspielraum, was zu erheblichen Widersprüchen der auf dem Papier gewährten Rechte mit der Anstellungspraxis führte.

In den der Publikation des neuen Judengesetzes von 1847 folgenden Monaten nahmen Gesuche und Anfragen hinsichtlich zukünftiger Berufschancen von jüdischen Bewerbern zu. Ein besonderes Problem stellte im Rahmen der bestehenden Vorschriften die Zulassung von Juden als Justizkommissare beziehungsweise Rechtsanwälte dar, da diese vom Gesetz nicht ausdrücklich ausgeschlossen worden war und daher als möglich gelten konnte.

Noch im August 1847 richtete der bekannte Berliner Seidenfabrikant Kommerzienrat Joel Wolff Meyer eine Eingabe wegen Zulassung eines seiner Söhne zum Amt des Justizkommissars beziehungsweise zur Advokatur an den König.[151] Justizminister von Uhden hielt

[151] GStAPK, Rep. 84a, Nr. 11945, Bl. 175 und Nr. 11946, Bl. 2.

in seiner Stellungnahme eine solche Anstellung für unmöglich, da zwar die Tätigkeit selbst nicht mit der Ausübung richterlicher Gewalt verbunden sei, wohl aber die zu durchlaufenden Qualifikationsstufen. Ein Antrag der Berliner Kaufmannschaft, auch jüdische Mitglieder als (ehrenamtliche) Handelsrichter zuzulassen, wurde im August 1847 vom Justizministerium ebenfalls abgelehnt.[152]

Im Oktober 1847 entschied die oberste Justizbehörde wegen zunehmender Anfragen intern, daß Juden nicht als Anwälte zugelassen werden könnten, weil sie in ihrer Ausbildungszeit als Gerichts-Referendare gezwungen seien, richterliche Funktionen auszuüben. Dem ging (noch vor Inkrafttreten des neuen Judengesetzes) ein gleichlautender Beschluß des Staatsministeriums vom 20. Juni 1847 voraus.[153]

Wie bereits erwähnt, gehörte die Anwaltschaft in Preußen – bis zur Einführung der Reichsanwaltsordnung von 1878/79 – zum judiziellen Staatsdienst und wurde beamteten Justizkommissaren, Advokaten oder Prokuratoren übertragen.[154] Die Advokatur selbst war jedoch kein richterliches Amt und nicht mit entsprechenden Funktionen verbunden. Das Argument des Ministeriums gegen eine Aufnahme jüdischer Kandidaten in den juristischen Vorbereitungsdienst wegen der Eidesabnahme war von Anfang an wenig überzeugend, da das Referendariat keineswegs notwendig mit derartigen Tätigkeiten verbunden sein mußte. Die Abnahme eines christlichen Zeugen-

[152] GStAPK, Rep. 84a, Nr. 11945, Bl. 164 ff. – Der erste jüdische Handelsrichter (Laienrichter aus der Kaufmannschaft) wurde erst 1869 in Preußen zugelassen, vgl. das DRITTE KAPITEL, Anm. 10.

[153] H. Fischer, *Judentum, Staat und Heer*..., S. 191; Sievert Lorenzen, *Das Eindringen der Juden in die Justiz vor 1933*, in: *Deutsche Justiz*, Berlin 1939, 1. Halbbd., S. 735.

[154] Zur Vielfalt der zeitweilig nebeneinander bestehenden Berufsbezeichnungen und Titel im Justizwesen: „Justizkommissar“ wird ähnlich wie „Advokat“ und „Anwalt“ bzw. „Advokatanwalt“ gebraucht, seit 1852 ist die allgemeine Bezeichnung „Rechtsanwalt“ üblich; siehe daneben: Advokat und Prokurator. Diese Funktionen gingen ineinander über (sie beruhten auf ursprünglicher Arbeitsteilung von schriftlichen und mündlichen Tätigkeiten im Mittelalter). In Deutschland wurden 1879, mit der Eröffnung der freien Advokatur, beide Bezeichnungen durch den offiziellen Terminus „Rechtsanwalt“ ersetzt, ohne daß der Begriff Advokat verschwand (vgl. dazu u. a. Fritz Ostler, *Die deutschen Rechtsanwälte 1871–1917*, Essen 1971, S. 4 ff.; Adolf Weißler, *Geschichte der Rechtsanwaltschaft*, Leipzig 1905, Neudruck Frankfurt/Main 1967). Auf den Unterschied zwischen rheinisch-französischem Advokaten und preußisch-deutschem Justizkommissarius bzw. Rechtsanwalt wurde oben bereits hingewiesen.

eides durch einen jüdischen Justizbeamten bei der Ausübung seiner Tätigkeit am Gericht konnte jedoch in einem noch überwiegend feudalen Staat, der sich als fundamental „christlich" definierte und dessen Thron laut staatstragender Ideologie auf „göttlicher Grundlage" stand, von dessen Verteidigern durchaus als Indiz für die Brüchigkeit dieser Institutionen und die gefürchteten säkularisierenden Tendenzen in der Gesellschaft gesehen werden und schien die Grundlagen der Herrschaft der alten Eliten in den Augen der christlichen Bevölkerung in Frage zu stellen. Die Irrationalität dieser Befürchtung war schon im Verhältnis zu der Geringfügigkeit ihres Anlasses (der Wirkungskreis eines Referendars an einem kleinen Amtsgericht war sehr eng, die Zahl jüdischer Referendare wäre vergleichsweise gering gewesen) offenkundig, schränkte jedoch deren Wirksamkeit zumindest in Regierungskreisen nicht ein.

Friedrich Wilhelm IV. selbst war es schließlich, der auf Joel Wolff Meyers zweites Immediatgesuch durch Kabinettsorder vom 25. Februar 1848 (gegen den Antrag des Justizministers) entschied, daß eine Zulassung von Juden zum Justizkommissar generell statthaft sei, indem die Vorbereitung dazu so geregelt werden könne, daß die Betroffenen keine richterlichen Funktionen ausüben müßten.[155] Damit wurde – erstmals in Preußen – durch königlichen Beschluß den Juden (zunächst theoretisch) ein juristisches Amt eröffnet beziehungsweise der Weg zur Advokatur im Rheinland erschlossen.[156] Es

[155] GStAPK, Rep. 84a, Nr. 11946, Bl. 5–6. – Friedrich Wilhelm IV. hatte diese Möglichkeit, wie er mitteilte, schon beim Erlaß des Gesetzes von 1847 im Auge gehabt (vgl. seinen Vorschlag zur Erweiterung der Staatsämter für Juden auf der Staatsministerialsitzung am 6. April 1847, GStAPK, 2. 2. 1., Nr. 23682, Bl. 192–195). Insgesamt läßt sich in der Frage der Zulassung zu subalternen Beamtenstellen bzw. zur Advokatur – entgegen einer in der wissenschaftlichen Literatur gelegentlich geäußerten Meinung – eine liberalere Haltung des Monarchen im Vergleich zu seinen Ministerial- und Provinzialbeamten feststellen; vgl. GStAPK, 2. 2. 1., Nr. 23684, Bl. 117 ff. und A. Michaelis, *Die Rechtsverhältnisse...*, S. 98.

[156] Die Gerichtsverfassung im Rheinland blieb bis zum 1. Oktober 1879 im wesentlichen in jenen Strukturen bestehen, wie sie zur Zeit der französischen Herrschaft begründet worden waren und erfuhr lediglich einige preußische Modifikationen. Damit ergaben sich auch für das Amt des Advokaten, Advokat-Anwalts und Anwalts (mit verschienenen Kompetenzen und Tätigkeitsbereichen) für das Rheinland spezifische Abweichungen in der Ausbildung, auf die hier nicht näher eingegangen werden kann (vgl. Hans-Jürgen Becker, *Zur Geschichte der Kölner Rechtsanwaltschaft 1887–1987*, in: Oswald Bussenius u. a. (Hrsg.), *100 Jahre Kölner Anwaltsverein*, Köln 1987, S. 21 ff.

war nur ein kleiner Schritt auf dem Weg zur rechtlichen Gleichstellung – in obersten Regierungskreisen bedauerte man indessen schon, einen entsprechenden Ausschluß nicht ausdrücklich im Judengesetz von 1847 fixiert zu haben.[157]

[157] August Costenoble, Mitglied des Staatsrats, an Innenminister Ernst von Bodelschwingh, 24. Januar 1848: Costenoble hält die königliche Anregung „für ganz unthunlich und überhaupt die Zulassung von Juden zum Justizkommissariat nicht eben für wünschenswert". Besser wäre es gewesen, man hätte die Unstatthaftigkeit ihrer Zulassung zu dem gedachten Beruf im Judengesetz ausdrücklich festgelegt (GStAPK, 2. 2. 1., Nr. 23684, Bl. 67). Die prinzipielle Öffnung der Advokatur bzw. des Justizkommissariats auch für Juden wird hingegen auch deshalb als erstes innerhalb des Justizsektors möglich geworden sein, weil dieser Tätigkeitsbereich innerhalb der Justiz ein wesentlich geringeres Ansehen hatte als das Richter- oder später das Staatsanwaltsamt (vgl. Hannes Siegrist, *Public Office or Free Profession?*, in: Geoffrey Cocks/Konrad H. Jarausch (Hrsg.), *German Professions 1800–1950*, New York 1990, S. 48 ff.).

ZWEITES KAPITEL

Die Verfassungen von 1848 und 1850 und das Weiterbestehen rechtlicher und administrativer Diskriminierungen jüdischer Justizbewerber seit 1849

Erste jüdische Geschworene, Advokaten und Aspiranten im juristischen Vorbereitungsdienst im Revolutionsjahr 1848 – Der Fall Adolph Jonas

Das Gesetz vom 23. Juli 1847 wurde bald von den historischen Ereignissen überholt. Die durch die revolutionären Erhebungen des Jahres 1848 erzwungene königliche *Verordnung über einige Grundlagen der preußischen Verfassung* vom 6. April 1848 enthielt mit § 5 die von Artikel 11 der oktroyierten Verfassungsurkunde vom 5. Dezember 1848 auf Artikel 12 der revidierten Verfassung vom 30. Januar 1850 übergegangene Bestimmung, daß „die Ausübung bürgerlicher und staatsbürgerlicher Rechte ... fortan vom religiösen Glaubensbekenntnis unabhängig" ist.

Hinzu trat Verfassungsartikel 4, der alle Preußen vor dem Gesetz für gleich und die öffentlichen Ämter für alle Befähigten für gleich zugänglich erklärte. Damit war einer der grundlegenden Forderungen des Liberalismus Genüge getan und die Überwindung rechtlicher Ungleichheit als Bedingung bürgerlicher Umwälzung verwirklicht.

Auch Juden konnten nun erstmals das aktive und passive Wahlrecht zur Nationalversammlung und zu parlamentarischen Körperschaften ausüben. Die Rechte waren regional nicht mehr beschränkt (wie das Edikt von 1812 und die Posener Verordnung von 1833). Wenn man sich vergegenwärtigt, wie lange und ausführlich noch wenige Monate zuvor derselbe Landtag, der im Februar 1848 über die konstitutionellen Grundrechte für die April-Verordnung beraten hatte, über jedes den Juden zu gewährende oder zu versagende Einzelrecht diskutiert, ja mitunter geradezu gefeilscht hatte, dann wird deutlich, wie durchschlagend im Jahre 1848 mit den kläglichen gesetzgeberischen Zugeständnissen aufgeräumt wurde. Aber erst in der Praxis konnte sich erweisen, wie tragfähig der konstitutionelle Boden tatsächlich war. Der am 5. Dezember 1848 verfassungsmäßig verankerte Grundsatz der Unabhängigkeit der bürgerlichen und staatsbürgerlichen Rechte vom religiösen Bekenntnis mußte auch die prinzipielle Möglichkeit der Zulassung der jüdischen Glaubensgenossen zu Staatsämtern und allen anderen (mittelbaren) Beamten- und Ehrenstellen im öffentlichen Leben mit einschließen. Dies gab unmittelbar nach dem Inkrafttreten der Dezember-Verfassung zu der Frage Anlaß, ob nun die entsprechenden Bestimmungen des Gesetzes vom 23. Juli 1847 aufgehoben seien. Damit war das übergreifende und langlebige Problem des Verhältnisses von Verfassung und Spezialgesetzgebung erstmals aufgeworfen. Es sollte sich schon wenig später als keineswegs mehr selbstverständlich erweisen, dieses eindeutig zugunsten der allgemeinen Staatsverfassung zu entscheiden.

Auf verschiedene Anfragen von Behörden und Einzelpersonen während des Revolutionsjahres und noch bis zum Sommer 1849 wurde die uneingeschränkte Gültigkeit der Verfassungsurkunde und die daraus zu schließende Ungültigkeit des Ämter-Paragraphen – § 2 des Gesetzes von 1847 – von staatlicher Seite wiederholt bestätigt. Man sah den § 5 der April-Verordnung beziehungsweise Artikel 11 der Dezember-Verfassung als unmittelbares und direkt wirksames Recht an.[1]

Mit der formalen rechtlichen Gleichstellung aller preußischen Staatsbürger schien auch der jüdischen Bevölkerung die Wahrnehmung ihrer politischen Rechte gesichert und der Weg in öffentliche Ämter bei entsprechender fachlicher Qualifikation geebnet. Damit wurden auch jüdischen Rechtskandidaten grundsätzlich Justizdienst und akademische Laufbahn zugänglich gemacht. Nun ging es darum, die auf dem Papier garantierten gleichen Rechte in die Praxis umzu-

[1] Im Laufe des Jahres 1848 erklärten einzelne Ministerialverfügungen die wichtigsten Beschränkungen aus dem Judengesetz von 1847 für ungültig. Im Mai 1848 verfügte Kultusminister von Schwerin die Gleichstellung jüdischer Lehrer mit ihren christlichen Kollegen. Im Juni 1848 erkannte Adalbert von Ladenberg jüdische Gelehrte als zulassungsberechtigt zu allen Lehrämtern an den Landesuniversitäten an. Vgl. A. Brammer, *Judenpolitik und Judengesetzgebung...*, S. 374 ff. Das Jahr 1848 verzeichnete zwei Habilitationen von Juden: Jacob Bernays in Bonn in klassischer Philologie und Joseph Saalschütz, der sich als Orientalist in Königsberg habilitierte.

setzen und zu erhalten. Allein die Tatsache, daß in Preußen erst von 1870 an Juden auch zu Richtern ernannt wurden, macht bereits deutlich, wie wenig die rechtliche Verfügung der Emanzipation allein bedeutete.[2]

Die Gleichstellung im Justizbereich begann in der Praxis mit positiven Bescheiden auf entsprechende Gesuche. So bat ein an den rheinischen Regierungspräsidenten gerichtetes Gesuch des Juden Abraham Ochse-Stern vom Mai 1848, die Juden wieder in die ihnen seit den 1820er Jahren entzogenen Ehrenrechte als Geschworene einzusetzen. Er erhielt zunächst die Ahnungslosigkeit vorgebende Antwort, „daß in den hiesigen Akten keine Verfügung aufzufinden ist, durch welche die Ausschließung von Juden vom Geschworenenamt angeordnet wäre. Dennoch haben die mit der Aufstellung beauftragten Unterbehörden – es erhellt nicht, auf welche Veranlassung – allerdings bisher keine Juden in dieselben aufgenommen." Da dieses Verfahren ungerechtfertigt sei, wolle man die örtlichen Behörden zu dessen Abstellung auffordern.[3] Wenige Tage später mußte Justizminister Ferdinand Wilhelm Ludwig Bornemann bestätigen, daß der Eidesleistung jüdischer Geschworener nichts hinderlich entgegenstehe, da die Juden nach der rheinischen Kriminalprozeßordnung mit der einfachen Bekräftigungsformel („Ich schwöre es") wie üblich den bürgerlichen Eid leisten könnten. Diese Klarstellung war offenbar nach einem dementsprechend begründeten Einspruch des rheinischen Appellationsgerichts-Präsidenten gegen die Regierungsentscheidung und eine darauf folgende Eingabe der jüdischen Gemeinde Krefeld notwendig geworden.[4]

[2] M. Richarz, *Der Eintritt der Juden...*, S. 182.

[3] *AZJ*, 12. Jg. (1848), Nr. 23, 29. Mai 1848, S. 327.

[4] *AZJ*, 12. Jg. (1848), Nr. 26, 19. Juni 1848, S. 375; vgl. auch *Vossische Zeitung*, Nr. 142 vom 22. Juni 1848. – Geschworenengerichte gab es zu dieser Zeit nur im Rheinland. Mit der 1848 begonnenen Umgestaltung der deutschen Strafprozeßordnung und der neuen Gerichtsverfassung von 1849 traten in Deutschland wesentliche Änderungen in der Organisation der Strafgerichte ein. Mit der Einführung der Mündlichkeit und Öffentlichkeit des Verfahrens wurden auch Geschworenengerichte (an Stelle des schriftlichen deutschen Inquisitionsprozesses) eingeführt. Diese Einführung erfolgte jedoch wiederum nicht einheitlich, so daß eine große Mannigfaltigkeit in der Organisation der Strafgerichte wie im deutschen Strafprozeßrecht noch in den 1870er Jahren zu verzeichnen war, wie das Nebeneinanderbestehen von Geschworenen- und Schöffengerichten (vgl. dazu *Denkschrift über die Schöffengerichte*, ausgearbeitet vom Preußischen Justizministerium, Berlin 1873). Die neue Gerichtsverfassung führte daneben in den 1850er Jahren die Staatsanwaltschaft als Institution ein.

Uneingeschränkt bejahte der damalige liberale März-Justizminister Bornemann auch die Frage, ob jüdischen Absolventen des Jura-Studiums nun die Zulassung zur ersten Vorbereitungsstufe im Justizdienst, der Auskultatur, zu gestatten sei. Ohne besondere Anträge abzuwarten, ließ er denjenigen jüdischen Rechtskandidaten, die sich seit dem Vorjahr durch Gesuche vergeblich darum bemüht hatten, mitteilen, daß sie die Prüfungen zum Eintritt in die Auskultatur ablegen könnten, da dem eine gesetzliche Schranke nicht mehr entgegenstehe.[5] Bornemanns Ansicht wurde – gegen den zähen Widerstand des in seinem alten Personalbestand wenig erschütterten Berliner Kammergerichts – durch einen Staatsministerialbeschluß vom 19. Oktober 1848 gebilligt.[6]

Die anstehende praktische Umsetzung dieses Beschlusses veranlaßte bald eine Monate währende Kontroverse zwischen dem Berliner Kammergericht (der höchsten gerichtlichen Instanz für Berlin und Brandenburg) und dem Justiz- bzw. Staatsministerium, als Dr. juris Adolph Jonas (? –1879), ein Berliner Jude, der im Jahre 1847 an der Universität Halle promoviert hatte, beantragte, ihn als Auskultator am Kammergericht zu vereidigen und zu beschäftigen.[7]

Jonas' Kampf um eine Zulassung zur ersten juristischen Ausbildungsstufe zeigt exemplarisch das Ausmaß und den Charakter der Widerstände, die einem jüdischen Bewerber trotz gesetzlicher Gleichberechtigung und nachgewiesener fachlicher Eignung bei einem solchen Ansinnen entgegentraten. Erste Versuche, angestellt

[5] *Spenersche Zeitung*, Nr. 92 vom 17. April 1848. – Die beiden großen Tageszeitungen Berlins, die *Spenersche* und die *Vossische Zeitung*, berichteten regelmäßig über Ereignisse im Zusammenhang mit der Judenemanzipation, vgl. LA Berlin, Rep. 01, BRA, Nr. 44.

[6] GStAPK, Rep. 90, Nr. 498, Bl. 101 f.

[7] Die Auskultatur dauerte in der Regel 15 Monate bis 4 Jahre (die Zeitspanne des juristischen Vorbereitungsdienstes veränderte sich mehrmals). Seit 1869 fiel diese Stufe weg – nach Ablegung der ersten Staatsprüfung erfolgte die Ernennung zum Referendar; damit war der Anspruch auf Zuweisung zu einem Gericht zur unentgeltlichen Beschäftigung und weiteren Ausbildung gegeben. Referendare galten bereits als unmittelbare (nichtrichterliche) Staatsbeamte, die Assessoren waren dagegen richterliche Beamte – vgl. W. Bleek, *Von der Kameralausbildung...*, S. 104 ff.; Bitter, *Handwörterbuch der preußischen Verwaltung*, Stichwort: *Justizbeamte*, Berlin-Leipzig 1928. – Zum Fall Jonas vgl. GStAPK, Rep. 90, Nr. 498, Bl. 95 ff. und Rep. 84a, Nr. 11946, Bl. 8 ff., 31 ff. (siehe ferner Jonas' Doktorarbeit *De interversionis natura et consummatione*, Jur. Diss. 1846–48, Nr. 4, Leipzig 1847, vorhanden in der Berliner Staatsbibliothek).

zu werden, hatte Jonas bereits zum Jahresbeginn 1848 gemacht; er wurde vom Kammergericht zweimal abgewiesen.[8] Wenige Monate nach der April-Verordnung von 1848 führte das Kammergericht in einem widersetzlichen Schreiben an die Regierung fast alle Bedenken und Einwände gegen die Zulassung jüdischer Bewerber zum Justizdienst auf, die in den nächsten zwei Jahrzehnten (und darüber hinaus) Emanzipationsgegnern dazu dienten, den Ausschluß vom Justizdienst zu begründen.

Nachdem Jonas' Antrag durch das Kammergericht – zweifellos wegen seines jüdischen Glaubensbekenntnisses – abgelehnt worden war, beschwerte er sich darüber beim Justizminister. Durch Reskript vom 18. Mai 1848 wurde die Gerichtsbehörde über die Rechtmäßigkeit des Antrags belehrt und Jonas' Einstellung angeordnet. Das Kammergericht weigerte sich jedoch unter Berufung auf § 2 des Gesetzes vom 23. Juli 1847 erneut; die gesetzlichen Bestimmungen von 1847 hätten durch die April-Verordnung keine vollständige Aufhebung erfahren. Mit dieser Begründung und einer Aufreihung weiterer, der Anstellung angeblich hinderlicher Gründe, wie unter anderem des Weiterbestehens der *Allgemeinen Gerichtsordnung* von 1793 (deren Text eine „christliche Gesinnung" bei Justizbeamten voraussetzte), der Unmöglichkeit der Abnahme von christlichen Eiden durch jüdische Referendare und des allgemein „christlichen Charakters" aller höheren Ämter lieferte das Kammergericht ein argumentatives Grundmuster, welches für die preußische Reaktionszeit typisch und beispielgebend für alle Begründungen restriktiver und dilatorischer Maßnahmen zur Fernhaltung von Juden aus Justizämtern und damit zugleich Gegenstand der Diskussion in Regierung, Justizverwaltung und Landtag wurde.

Jonas mußte seine Gesuche an das Kammergericht mehrfach erneuern und wurde immer wieder abgewiesen – trotz der ausdrücklichen Verfügung und der wiederholten Aufforderungen des Justizministers, ihn aufzunehmen. Nach monatelangem Tauziehen erwirkte der Justizminister einen Staatsministerialbeschluß, der den Antrag des Kammergerichts auf Aufhebung dieser Ministerialverfügung verwarf. Adolph Jonas mußte schließlich zum Jahresende 1848 einge-

[8] Das Gesuch Adolph Jonas' an den Justizminister vom 28. Februar 1848 wurde ebenso abgelehnt wie anschließend die Immediateingabe Jonas' an den König, der das Staatsministerium daraufhin zur Stellungnahme aufforderte, GStAPK, Rep. 84a, Nr. 11946, Bl. 8–12.

stellt werden und wurde damit der erste jüdische Aspirant im juristischen Vorbereitungsdienst in Berlin und einer der ersten in Preußen. Bereits im Sommer 1848 hatte in Breslau die Vereidigung des Rudolph Königsberger als Auskultator stattgefunden, zwei weitere jüdische Rechtskandidaten bereiteten sich darauf vor.[9]

Unterstützend für Jonas' Aufnahme am Gericht dürfte der Antrag des Abgeordneten Raphael Kosch in den Verhandlungen über die Vereinbarung der preußischen Staatsverfassung am 4. Oktober 1848 gewirkt haben. Koschs Interpellation brachte die Erfahrungen des jüdischen Bewerbers mit dem Kammergericht an die Öffentlichkeit und erzwang damit eine beschleunigte und definitive Entscheidung durch die Regierung.[10] Kosch erwähnte zunächst den Fall des Arztes Dr. Fränkel, dem trotz erforderlicher Qualifikation der Eintritt in eine militärärztliche Stellung (die mit dem Offiziersrang verbunden war) verweigert wurde, weil er Jude war. Der liberale Abgeordnete sah darin zu Recht einen Widerspruch zur Verordnung vom 6. April 1848; ihm ging es darum, die volle Anerkennung des § 5 („Die Ausübung bürgerlicher und staatsbürgerlicher Rechte ist fortan vom religiösen Glaubensbekenntnis unabhängig") für den ganzen Bereich der Staatsämter zu sichern, weil diese Frage „Grundprinzip unserer neuen Zustände" und ein „Grundpfeiler des Rechtsstaats" sei. Er stellte heraus, daß „die Gelüste, auf büreaukratische Weise den Sinn der Gesetze und diese selbst durch administrative Maßregeln zu beseitigen, noch nicht vollständig erloschen sind", und erklärte sich fest entschlossen, diesen Gegenstand so oft zur Sprache zu bringen,

[9] *A. a. O.*, Bl. 39. – Königsberger nahm seine Vereidigung zum Anlaß, prinzipiell gegen die „ungesetzliche und antiquierte Form" der besonderen Eidesformel für Juden zu protestieren. Sein Name taucht in den Beförderungslisten des *JMBl* (zur Ernennung zum Referendar bzw. Assessor) nicht auf; es ist deshalb anzunehmen, daß Königsberger noch vor der Referendarsprüfung ausschied bzw. außerhalb Preußens sein Glück versuchte.

[10] Dr. med. Raphael Kosch (1803–1872) war 1848 als liberaler Abgeordneter für Könighberg auf dem Zweiten Vereinigten Landtag in die Preußische Nationalversammlung gewählt worden; er gehörte später zu den Mitbegründern der Fortschrittspartei (1861) und war bis zu seinem Tode Mitglied des preußischen Abgeordnetenhauses, wo er sich noch mehrfach für die Sache der jüdischen Gleichberechtigung einsetzte. Kosch selbst hatte unter den Zurücksetzungen zu leiden; sein Antrag, seiner militärischen Dienstpflicht als Arzt genügen zu dürfen, wie es bei Medizinern üblich war, wurde mit der Begründung abgelehnt, daß der König seine Soldaten nicht von jüdischen Ärzten behandeln wissen wolle. Vgl. E. Hamburger, *Juden im öffentlichen Leben...*, S. 42.

wie noch irgendein Zweifel über die Anwendung des Gesetzes entstehen sollte.

Nachdem Ministerpräsident Ernst von Pfuel die Geltung des Gesetzes für das gesamte Militärdepartement bestätigt hatte, forderte Kosch dies auch bezüglich des Justizwesens, insbesondere für den vorliegenden Fall des Adolph Jonas, dessen Name zwar in der Debatte nicht erwähnt wurde, dessen Angelegenheit aber offensichtlich auch anderen Abgeordneten nicht unbekannt geblieben war. Pfuel erklärte daraufhin die Geltung der Verordnung auch für diesen Bereich der staatlichen Ämter.[11]

In den Revolutionsjahren wurden erstmals auch einige (vermutlich nur zwei bis drei) rheinische Juden zur Advokatur zugelassen. Unter ihnen befand sich auch Adolph Seligmann, der zum Advokaten in Koblenz und Anwalt beim dortigen Landgericht ernannt wurde.[12]

Die Auseinandersetzungen um die Zulassung von Juden zum Vorbereitungsdienst und zum Richteramt in der Reaktionszeit bis 1860

Ob der formal durch die preußische Verfassung von 1848 kreierte „Rechtsstaat" in Form einer konstitutionellen Monarchie mit dem Postulat der Gleichheit aller Bürger vor dem Gesetz auch tatsächlich im Sinne des politischen Liberalismus praktisch durchgesetzt werden konnte, hing davon ab, ob das erstarkende Bürgertum in der Auseinandersetzung um die Bestimmungsgewalt im Staat die Oberhand behalten würde. Durch den schleppenden Übergang von einer feu-

[11] *Stenographische Berichte der Verhandlungen der Versammlung zur Vereinbarung der preußischen Staatsverfassung*, Bd. 2, S. 511 f.

[12] Die Ernennung verzeichnet das *JMBl*, 1849, S. 263. – Diese Regierungspublikation veröffentlichte regelmäßig Listen aller neuen Beförderungen im Justizdienst; da die Angaben jedoch in der Regel ohne Vornamen erfolgten, ist der Erkenntniswert dieser Quelle leider sehr gering. Insofern ist auch die Identifikation Adolf Seligmanns hier unsicher, die Listen der beim Appellationsgerichtshof Köln angestellten Advokaten verzeichnet erstmals für das Jahr 1848 einen Wilhelm Heinrich Ad. Max. Seligmann. Ein Namensvetter Adolf Seligmanns, vermutlich getauft, war dagegen bereits seit 1840 an dieser Gerichtsbehörde tätig. In den erwähnten Advokatenlisten für das Rheinland sind volle Namen angegeben; außer Heinrich Marx ist für die erste Hälfte des 19. Jahrhunderts kein weiterer jüdischer Advokat identifizierbar (vgl. Verzeichnisse der beim Appellationsgericht in Cöln immatrikulierten Advocaten, GStAPK, 2. 5. 1., Nr. 906).

dal-ständischen zu einer modernen bürgerlichen Gesellschaft wurde diese Frage nicht konsequent und nur unvollständig gelöst. Mit der Staats- und Regierungsform des nachrevolutionären Preußen war kein Bruch mit den traditionellen Führungsschichten vollzogen worden. Es hatten hier statt dessen, wie überall in Deutschland, erneut Jahre der politischen Reaktion begonnen. Unter diesen Bedingungen veränderte sich auch die staatsrechtliche und soziale Stellung der Beamtenschaft. Diese hatte aufgehört, als politische Standesvertretung in einer Mittlerfunktion die bürgerliche Gesellschaft zu repräsentieren. Unter der Ägide von Innenminister Otto von Manteuffel wurde sie straff neu organisiert und politisch streng konservativ diszipliniert. Mit der Bürokratisierung der Beamtenschaft als Exekutivorgan der Regierung sollte insbesondere eine Stärkung der ministeriellen Position dem Abgeordnetenhaus gegenüber erreicht werden.[13]

Mit dem Wiedererstarken der politischen Reaktion nach der gescheiterten Revolution von 1848/49 setzten in Preußen unverzüglich Versuche ein, die verfassungsmäßigen Errungenschaften der Revolution so weit wie möglich nach „rückwärts" zu revidieren oder „unschädlich" zu machen. Es war politisch folgenschwer, daß schon die Verfassung nicht kraft der Volkssouveränität beschlossen worden war, sondern auf einer Vereinbarung mit der Krone basierte. Danach leitete die Verfassung ihren Ursprung weniger aus der Märzrevolution als vielmehr aus einer Rechtskontinuität der überkommenen Institutionen ab. Das Infragestellen der unmittelbaren gesetzlichen Gültigkeit der Verfassung wurde charakteristisch für diese zweite Reaktionsperiode in Preußen. Weil die Regierung die Verfassung jedoch nicht mehr aufheben konnte – weder Friedrich Wilhelm IV. noch seine Kamarilla konnten es wagen, sie wieder zu beseitigen –, versuchte sie, diese wie jede andere Rechtsnorm oder wie ein untergeordnetes Spezialgesetz zu behandeln, ihr also keine besondere Stellung als Grundgesetz einzuräumen. Die Kluft zwischen Verfassungsrecht und Verfassungswirklichkeit riß in diesen Jahren weit auf. Es kam zu einer restriktiven Verfassungsinterpretation durch die Ministerialbürokratie, die durch den Nichtvollzug von Gesetzge-

[13] Vgl. Günther Grünthal, *Parlamentarismus in Preußen 1848/49–1857/58*, Düsseldorf 1982, S. 221 f., bzw. ders., *Grundlagen des konstitutionellen Regiments in Preußen 1848–1867*, in: Gerhard A. Ritter (Hrsg.), *Regierung, Bürokratie und Parlament in Deutschland und Preußen von 1848 bis zur Gegenwart*, Düsseldorf 1983, S. 50 ff.

bungsgeboten zugunsten administrativ-diskriminierender Ausführungsbestimmungen gekennzeichnet war.

Insbesondere die Juden mußten erfahren, daß die ihnen im Revolutionsjahr zugestandene Gleichberechtigung mehr auf dem Papier als in der Wirklichkeit bestand. Der zentrale Punkt ihrer staatsbürgerlichen Gleichstellung, enthalten in dem Verfassungsgrundsatz, daß der Genuß bürgerlicher und staatsbürgerlicher Rechte unabhängig vom Glaubensbekenntnis sein solle, wurde von der preußischen Regierung häufig und lange Zeit hindurch verletzt. Eine offene Rückkehr zu vorrevolutionären Verhältnissen war jedoch auch hier nicht mehr möglich.

Die in der oktroyierten Verfassung von 1848 enthaltenen Rechte der Artikel 4 und 11 hatten sich auch in der revidierten Verfassung vom 30. Januar 1850 – hier als

> Artikel 4: *Alle Preußen sind vor dem Gesetz gleich. Standesvorrechte finden nicht statt. Die öffentlichen Ämter sind (unter Einhaltung der von den Gesetzen festgestellten Bedingungen) für alle dazu Befähigten gleich zugänglich;*

und

> Artikel 12: *Die Freiheit des religiösen Bekenntnisses* [...] *wird gewährleistet. Der Genuß der bürgerlichen und staatsbürgerlichen Rechte ist unabhängig von dem religiösen Bekenntnisse. Den bürgerlichen und staatsbürgerlichen Pflichten darf durch die Ausübung der Religionsfreiheit kein Abbruch geschehen –*

durchsetzen können.[14]

Sie wurden jedoch durch einen weiteren, im Zuge der Revision neu aufgenommenen Artikel zum Teil aufgehoben, der bei allen Einrichtungen des Staates, „welche mit der Religionsausübung im Zusammenhange stehen“, das christliche Glaubensbekenntnis als Voraussetzung zu Grunde legte (Artikel 14).[15] Damit konnte die Geltendmachung der rechtlichen Gleichstellung nach Artikel 4 und 12 unter Bezugnahme auf Artikel 14 der Verfassungsurkunde und des-

[14] Ludwig von Rönne, *Die Verfassungsurkunde für den preußischen Staat vom 31. Januar 1850*, Berlin 1850. Der in Klammern gesetzte Teil wurde bei der Revision ergänzt – B. S.

[15] Artikel 14 der Verfassung lautet: *Die christliche Religion wird bei denjenigen Einrichtungen des Staates, welche mit der Religionsausübung im Zusammenhange stehen, unbeschadet der im Art. 12 gewährleisteten Religionsfreiheit, zum Grunde gelegt (ebda.).*

sen extensive Auslegung verhindert werden. Letzterer wurde so zur juristischen Handhabe für eine diskriminierende Einstellungspraxis, die darauf zielte, jüdische Bewerber weiterhin vom preußischen Staatsdienst fernzuhalten. Durch die Verknüpfung von Artikel 14 mit den Gleichstellungsartikeln, die darauf hinauslief, jedes Staatsamt im preußischen-konservativen „christlichen Staat" als mit der Religionsausübung im Zusammenhange stehend zu interpretieren, wurde die Anstellung von Juden im Staatsdienst zu einer zumindest willkürlichen Angelegenheit der Behörden, die faktisch alte Zustände beibehielt.

Hinzu kam die teilweise Beibehaltung der früheren, vorrevolutionären Gesetzgebung, die mittlerweile im Widerspruch zur Verfassung stand, als politische Richtlinie – hinsichtlich der Judenpolitik insbesondere der Ämter-Paragraph, § 2 des Judengesetzes von 1847. Die Berufung auf die Bestimmungen dieses Paragraphen wurde Bestandteil der von den Konservativen verbissen verteidigten Behauptung, daß die Verfassung als späteres, „allgemeines" Recht kein unmittelbar geltendes Recht sei und Bestimmungen früherer Spezialgesetzgebungen nicht ohne weiteres außer Kraft setzen könne.[16] Der konservativen Kreuzzeitungs-Partei nahestehende Regierungsbeamte und Landtagsmitglieder wollten die Verfassung darüber hinaus als „Produkt des Liberalismus" generell nicht als Staatsgrundgesetz anerkennen. Der durch diese Regierungspraxis provozierte Vorwurf der Verfassungswidrigkeit konnte sich von seiten liberaldemokratischer Kräfte zunächst kaum artikulieren, da die Neukonstituierung der Zweiten Kammer des preußischen Landtages unter den Bedingungen des Dreiklassenwahlrechts gemeinsam mit verstärkter innenpolitischer Repression gegenüber allen fortschrittlichen Kräften in der „Ära Manteuffel" der 1850er Jahre ein stickiges politisches Klima, eine in ihren Möglichkeiten stark eingeschränkte Presse und einen politisch mehrheitlich konservativen bis offen reaktionären Landtag zum Resultat hatte. Die unverkennbare Tatsache des verfassungswidrigen Regierens gewann in der Öffentlichkeit jedoch zunehmend an politischem Gewicht.

Trotz der formalrechtlich garantierten ungehinderten Zulassung von jüdischen Bewerbern zu Staatsämtern blieben jüdische Akade-

[16] Die Minister versuchten u. a. auch, ihre Auslegung unter Verweis auf entsprechende Entscheidungen des Obertribunals (in anderen Sachzusammenhängen) in diesem Sinne zu rechtfertigen.

miker in der Praxis bei der Bewerbung um entsprechende Stellen auch weiterhin stark benachteiligt oder völlig ausgeschlossen. Ihre Anstellungsfähigkeit wurde vor allem für den höheren Staatsdienst, im Heer, in der Bürokratie und in der Justiz als den tragenden Säulen des politischen Machtapparates, in denen die Repräsentanz des aristokratisch-konservativen Elements besonders stark war, verneint. Auch in den – insbesondere mit ideologischem Einfluß verbundenen – Lehr- und Schulämtern verweigerte man Preußen jüdischen Bekenntnisses die Anstellung.

Die Ausschließung von Juden blieb Grundsatz in den alten, von der junkerlich und großbourgeoisen Elite beherrschten staatlichen Führungs- und Schaltstellen. Die offizielle Begründung für die Nichtzulassung von Juden zu solchen Ämtern war bis 1869 am häufigsten die Berufung auf den „christlichen Charakter" des Staates. Seit 1849 diente der verstärkte Ausbau einer konservativ-christlichen Staatsideologie zur Rechtfertigung und Stabilisierung bestehender Verhältnisse.

Universitäten und Gerichtsbehörden, für die die Revolution von 1848 nur eine Episode darstellte, deren Erinnerung und Folgen möglichst minimiert werden sollten, schienen deshalb schon kurz nach dem Inkrafttreten der revidierten Verfassung die Bedingungen günstig, um die altbekannten Einwände und Bedenken gegen jüdische Amts- oder Titelanwärter zu wiederholen und zu bekräftigen. Die juristischen Fakultäten der Universitäten Berlin und Breslau versäumten es dann auch nicht, die Verleihung der juristischen Doktorwürde an jüdische Kandidaten erneut zu beanstanden. Der akademische Grad, so erörterten sie dem Kultusministerium, sei nicht nur ein Abschluß für Zivil- und Kirchenrecht, sondern auch mit gewissen geistigen und moralischen Qualitäten verbunden, die nur ein Christ „fühlen" und erbringen könne. Juden an der Fakultät promovieren zu lassen, führe zu einer „Entchristlichung" des Rechtsfaches und verletze die Würde des weltlichen und religiösen Rechtssystems.[17] Offenbar auf Veranlassung dieser Eingaben kam es im Jahre 1853 zu einem Reskript des Kultusministers an die preußischen Universitäten, rechtskundigen Juden die Promotion nicht mehr zu gestatten; nicht einmal den Grad eines Doctor juris civilis sollten sie noch erlangen können.[18]

[17] I. Schorsch, *The Religious Parameters...*, in: *LBI-YB*, XXV (1980), S. 17.

[18] So referiert in den Verhandlungen des Abgeordnetenhauses, *StBPrA*, 25. Sitzung am 23. März 1859, S. 481.

Der Justizsektor bildete das Hauptreservoir aller höheren Staatsbeamten. Die Ausbildung für den höheren Staats- und Justizdienst war direkt mit der Juristenausbildung verknüpft. Das Jurastudium, verbunden mit dem Durchlaufen der vorgeschriebenen Qualifikationsstufen im Justizbereich und in der höheren Verwaltung, wurde damit ständig zum Tatort formeller und informeller Ausschließungspraktiken. Preußische Justizminister versuchten seit den 1850er Jahren bis zum Vorabend der Reichsgründung immer wieder den Beweis zu führen, daß ein Jude weder ein Richteramt noch andere höhere Beamtenstellen bekleiden könne oder dürfe. So war der neue, den retardierenden Kräften in der Regierung eng verbundene Justizminister Louis Simons keineswegs geneigt, in den Verfassungsbestimmungen die gesetzliche Grundlage einer vollständigen rechtlichen Emanzipation der preußischen Juden einschließlich des ungehinderten Zugangs zu allen Staatsämtern zu sehen; er fand vielmehr alsbald Wege, Juden auch weiterhin von der juristischen Karriere fernzuhalten.[19]

Im Frühjahr 1851, als es um die Ernennung mehrerer jüdischer Auskultatoren zu Referendaren, der nächsten Stufe des juristischen Vorbereitungsdienstes, dem Referendariat, ging, brachte das Kammergericht frühere Bedenken und seine ablehnende Haltung gegenüber jüdischen Justizbewerbern erneut zur Sprache. Es beantragte beim Justizminister, die anstehenden Beförderungen auszusetzen, bis eine allgemeine Eidesformel gefunden sei, die es Juden ermögliche, Christen einen gerichtlichen Eid abzunehmen. Unmittelbarer Anlaß für diesen neuen Vorstoß des Berliner Kammergerichts unter dem gleichen Vorwand war wieder Adolph Jonas, der als erster jüdischer Kandidat im Januar 1851 die Prüfung zum Referendariat bestanden und vorschriftsmäßig ein Probe-Referendariat erhalten hatte,[20] sowie das Gesuch des Auskultators Kayser, der ebenfalls mit der einzigen Begründung, daß ein Jude den christlichen Eid nicht abnehmen könne, vom Kammergericht abgewiesen worden war. Kayser beantragte

[19] Louis Simons, in den Jahren 1848/49 Mitglied des rechten Flügels der preußischen Nationalversammlung, trat sein Amt als Justizminister im Juni 1849 an und schied im Dezember 1860 aus.

[20] Das weitere berufliche Schicksal von Jonas liegt im Dunkeln. Der *Berliner Adreß-Kalender* verzeichnet ihn 1860 als Mitglied des Vorstandes der Armenkommission der jüdischen Gemeinde Berlins (vgl. *Adreß-Kalender für die kgl. Haupt- und Residenzstädte Berlin und Potsdam*, Berlin 1860, S. 373).

daraufhin, was noch kein jüdischer Justizaspirant bisher gewagt hatte: Wenn dem so sei, solle man ihn doch als Regierungs- (und nicht als Gerichts-)Assessor zulassen, da der angeführte Einwand einer solchen Ernennung und Tätigkeit in der allgemeinen Staatsverwaltung nicht hinderlich sein könne.[21] Ein solches Gesuch auf Anstellung im allgemeinen Verwaltungsdienst, eine Qualifikation, die auf hohe Staats- und Regierungsämter vorbereitete, mußte die Behörden geradezu wie ein Schock treffen. Einerseits schien ihnen ein Eindringen eines Juden ins Allerheiligste der inneren Staatsverwaltung undenkbar, andererseits war man rechtlich schlecht dagegen gerüstet. Die Situation verlangte in den Augen der verantwortlichen Behörden dringend eine Grundsatzentscheidung über den Ausschluß jüdischer Bewerber von solchen Staatsämtern.

Inzwischen hatten sich noch mehrere andere jüdische Auskultatoren auf die zweite Staatsprüfung vorbereitet und waren in absehbarer Zeit zu examinieren. So hatte im Mai 1851 der später als liberaler Politiker landesweit bekannt gewordene Eduard Lasker (1829–1884) als einer der ersten Juden in Preußen das erste juristische Examen bestanden und war als Auskultator am Berliner Stadtgericht angestellt worden. Lasker hatte zunächst Arzt werden wollen; der Vater, ein wohlhabender Kaufmann, widersprach jedoch, und so studierte er in Breslau ein Jahr Mathematik und Astronomie. Durch die revolutionären Ereignisse von 1848, vor allem die eigenen Erlebnisse des Neunzehnjährigen in Wien, war der Entschluß gereift, sich der Politik zu widmen und deshalb Rechtswissenschaft zu studieren.[22]

[21] GStAPK, Rep. 77, Tit. 30, Nr. 39, Bd. II, Bl. 38 f. – Wer die Verwaltungslaufbahn und nicht die Justizkarriere wählen wollte, konnte nach dem Durchlaufen der ersten justizjuristischen Vorbereitungsstufe die Übernahme als Regierungsreferendar beantragen; im Gegensatz zur Justizverwaltung, in der ein gewisses Anrecht auf Übernahme in die nächsthöhere Stufe bestand, konnte darüber nur der Regierungspräsident nach eigenem Ermessen entscheiden. Nach 1868 fiel das Regierungsreferendariat weg, und die allgemeine Verwaltung entnahm ihre zukünftigen Elite-Beamten dem Reservoir der Assessoren.

[22] Unmittelbar nach Absolvierung der zweiten Staatsprüfung im Jahre 1853 ging er nach England, u. a. um sich in London als praktischer Jurist zu versuchen – eine Möglichkeit, die ihm in Preußen als Jude verwehrt war. Nach einem fast vierjährigen Aufenthalt kehrte Lasker nach Preußen zurück. 1858 wird er zum dritten Staatsexamen zugelassen und als Assessor am Stadtgericht Berlin beschäftigt. Mangels einer Beförderungsmöglichkeit zum Richter oder eines Ausweichens in eine andere Branche bringt er es zum dienstältesten Assessor in Preußen. Vgl. Richard W. Dill, *Der Parlamentarier Eduard Lasker*, Erlangen 1956, S. 2 ff.; *Eduard Lasker. Seine Biographie und*

Das Justizministerium sah sich genötigt, baldigst grundsätzlich darüber zu befinden, ob auch für die jüdischen Auskultatoren die quasiobligatorische Ernennung zum Referendar erfolgen sollte. Justizminister Simons, der im Einklang mit dem Innenminister Otto Ferdinand von Westphalen einen prinzipiellen Beschluß in dieser Frage für dringend notwendig hielt, beantragte eine Beratung des Staatsministeriums über diesen Gegenstand. In seinem diesbezüglichen Votum vom 22. Mai 1851 gab er zu bedenken, daß die vom Kammergericht als zentrales Argument gegen die Übertragung eines Referendariats an jüdische Anwärter angeführte Form der Eidesleistung keine ausreichende Begründung sei, Juden von der Zulassung zu den weiteren Ausbildungsstadien für den (juristischen) Staatsdienst auszuschließen. Der Minister ging dabei noch von der – ihm persönlich unerwünschten, aber absehbaren – baldigen Einführung einer einheitlichen, konfessionell indifferenten Eidesformel aus, die eigentlich bereits beim Zusammentritt der preußischen Nationalversammlung am 5. September 1848 hatte beschlossen werden sollen, dort jedoch nicht mehr zustande kam (zum Eid vgl. unten). Mit der Einführung der neuen Eidesformel hätte das Problem erneut zur Debatte gestanden. Simons dachte deshalb an eine Formulierung, die kleinere gesetzliche oder politische Veränderungen dauerhaft überstehen würde. Die Gedankenführung des Ministers in seinem Votum ließ keinen Zweifel daran, daß die von ihm beabsichtigte unbedingte Ausschließung der Juden vom Richteramt auf Grund ihres religiösen Bekenntnisses erfolgen sollte, das in seinen Augen offenkundig mangelnde moralische Qualifikation und politische Unzuverlässigkeit begründete. So fand er einen direkteren Ausweg: Die Befähigung zu einem Amt begründe schließlich noch kein Recht auf dessen Verleihung, auch wenn es im Justizvorbereitungsdienst dem üblichen Modus entsprach, Rechtskandidaten aufzunehmen und in die

letzte öffentliche Rede (o. Hrsg.), Stuttgart 1884, S. 8–11; Tobias Cohn, *Eduard Lasker*, in: *Im Deutschen Reich* (künftig *IDR* zitiert), 3 (1897), S. 410 ff.; E. Hamburger, *Juden im öffentlichen Leben*..., S. 270. Erst 1870 erhält er ein Anstellungspatent als Rechtsanwalt, übt diesen Beruf aber als „Berufspolitiker" im preußischen Abgeordnetenhaus, dem er seit 1865 als Abgeordneter der Fortschrittspartei und dann der Nationalliberalen angehörte, nicht aus. Seit 1867 ist er daneben Mitglied des Norddeutschen Reichstages. Weitere Angaben und Literatur zu Lasker in Adolf Laufs, *Eduard Lasker (1829–1884). Ein Leben für den Rechtsstaat*, in: H. Heinrichs u. a. (Hrsg.), *Deutsche Juristen jüdischer Herkunft*..., S. 249–281.

nächsthöhere Stufe zu überweisen. Man könne jüdischen Bewerbern, so Simons Idee, vor Antritt der dritten juristischen Prüfung (dem Assessorenexamen) mitteilen, daß sie auf diese Weise zwar die *Befähigung* zum Richteramt erlangen würden, damit aber noch kein *Recht* auf Verleihung eines solches Amtes hätten. Mit diesem Grundsatz würde es der Regierung an geeigneten Mitteln nicht fehlen, eine Anstellung zu verhindern und damit zugleich auch die mögliche Eidesabnahme durch jüdische Richter auszuschließen.[23]

Bereits in den Sommermonaten jenes Jahres 1851 hatten mehrere jüdische Jurastudenten die Regierung um Auskunft darüber gebeten, wie ihre Zukunftsaussichten in juristischen Ämtern zu beurteilen seien, ob überhaupt und in welchen Fächern eine Zulassung von Juden möglich sei oder was dem hinderlich im Wege stünde, da es „nirgend widerlegte Gerüchte" gebe, nach denen jüdische Anwärter keine Aussicht auf ein Richteramt in Preußen hätten.[24] Ein jüdischer Auskultator aus Brilon (Kreis Arnsberg) bat „aus Besorgnis um eine gefährdete Zukunft und eine verlorene Vergangenheit" das Justizministerium um Information über Pressehinweise, nach denen jüdische Bewerber seiner Qualifikation nicht zum Richteramt zugelassen werden sollten. Die Schreiben blieben unbeantwortet.[25]

Statt dessen verhandelte das Staatsministerium am 9. September 1851 über die vom Justizminister eingebrachte Problematik. Entschlossen, gleich das gesamte unliebsame Problem des Zugangs von Juden zum Staatsdienst auf längere Zeit zu lösen, beschloß es an diesem Tage Maßnahmen mit für die jüdischen Beamtenanwärter schwerwiegenden Folgen. Die Minister erklärten,

1. „...daß es den Bekennern der jüdischen Religion nach dem gegenwärtigen Stande der Gesetzgebung nicht verschränkt werden könne, sich die Qualifikation zu den unmittelbaren und mittelbaren Staatsämtern jeder Art durch Zurücklegung der gesetzlich oder reglementarisch angeordneten Vorbereitungsstationen, resp. Prüfungen zu erwerben, daß aber

[23] GStAPK, Rep. 90, Nr. 498, Bl. 103 f.

[24] Siehe Gesuche jüdischer Studenten der Universität Breslau vom 30. Juni 1851, in: GStAPK, Rep. 84a, Nr. 11946, Bl. 55–58; Gesuch des Jurastudenten an der Berliner Universität Max Kierski vom 11. Juli 1851, GStAPK, Rep. 90, Nr. 498, Bl. 111.

[25] GStAPK, Rep. 84a, Nr. 11946, Bl. 59–60; vgl. Kommentar dazu in der *Vossischen Zeitung* vom 28. November 1851, in: LA Berlin, Rep. 01 BRA, Nr. 44, Bl. 50.

2. die Erlangung dieser Qualifikation überhaupt noch kein Recht auf Verleihung eines bestimmten Staatsamts begründe, sondern es vielmehr der Beurteilung der betreffenden Departementschefs bei Bewerbungen um ein bestimmtes Amt vorbehalten bleiben müsse, ob der Bewerber, ganz abgesehen von seinem religiösen Bekenntnisse, sich seiner Persönlichkeit und seinen Fähigkeiten nach für dieses Amt eigne".[26]

Von dieser geschickten Erklärung, die theoretisch-rechtlich unangreifbar war, lediglich der üblichen Praxis entgegenstand und wahre Hintergründe heuchlerisch verschleierte, konnte der Justizminister befriedigt feststellen, daß sie „vollständig auf dem Boden der Verfassung" stehe. Zudem wurde der Staatsministerialbeschluß auf alle Staatsämter ausgedehnt und hatte infolgedessen weitreichende Folgen. Die verantwortlichen Ressortminister waren angewiesen worden, entsprechende konkrete Verfügungen an ihre nachgeordneten Behörden zu erlassen. Daraufhin verfügten die Minister des Innern, von Westphalen, und der Finanzen, von Bodelschwingh, am 6. Oktober 1851 an ihre Unterbehörden, niemals Juden ohne ihre ausdrückliche Genehmigung anzustellen. Dem Bewerber um ein Regierungsreferendariat, Kayser, wurde im Namen des Innenministers in Beantwortung seines Gesuches die neue Verfügung mitgeteilt und scheinheilig anheimgestellt, daß es ihm nun selbst überlassen bleibe, inwiefern er an seinem Entschluß festhalte, zur Verwaltung überzugehen; sollte dies der Fall sein, müsse er sich an den betreffenden Regierungspräsidenten (der die Botschaft seiner Vorgesetzten wohl verstanden hatte) wenden.[27]

Justizminister Simons teilte in Ausführung des Beschlusses diesen mittels Reskript vom 9. Oktober 1851 dem Kammergericht Berlin und sämtlichen Obergerichten des Landes gemeinsam mit der weit über dessen Rahmen hinausgehenden Verfügung mit, daß „die

[26] GStAPK, 2. 5. 1., Nr. 7411, Bl. 136–137. – Die Unterscheidung in mittelbare und unmittelbare Staatsbeamte wurde nie klar definiert, da das in der Verfassung von 1850 verheißene allgemeine Beamtengesetz nicht erlassen wurde. Damit gab es keine eindeutigen gesetzlichen Bestimmungen und keine allgemeingültigen bzw. festen Merkmale für nichtrichterliche Beamte. Als mittelbare (im Range niedrigere) Beamte galten z. B. Gemeindebeamte, Beamte an Handels-, Industrie- und Handwerkskammern und Provinzial-Feuersozietäten sowie Lehrer an Mittelschulen. Vgl. Bitter, *Handwörterbuch*..., S. 190 ff.

[27] GStAPK, Rep. 77, Tit. 30, Nr. 39, Bd. II, Bl. 49.

Bekenner der jüdischen Religion, welche in der Justizpartie eine Anstellung suchen, zur Zeit von allen Ämtern ausgeschlossen bleiben sollen, bei deren Verwaltung sie in die Lage kommen könnten, christliche Eide abzunehmen und ihnen auch die kommissarische Verwaltung eines solchen Amtes nicht übertragen werden dürfe".[28]

Das war gleichbedeutend mit einem definitiven Ausschluß der Juden vom Richteramt und zur Not auch weiter auslegbar. Die kurzfristige Öffnung des Rechtsanwaltsberufs seit 1848 war mit dieser ministeriellen Verfügung ebenfalls wieder annulliert, weil der Vorbereitungsdienst dazu unmöglich gemacht wurde. Gleichzeitig konnte der Minister damit eine ihm nicht genehme und seiner Meinung nach auch von der christlichen Bevölkerung nicht erwünschte Änderung der Eidesnorm umgehen. Während seiner gesamten Amtszeit hielt Simons darüber hinaus unumstößlich an seiner Auffassung fest, daß § 2 des Gesetzes vom 23. Juli 1847 durch die Bestimmungen der Artikel 4 und 12 der Verfassungsurkunde von 1850 *nicht* außer Kraft gesetzt worden sei.

Kultusminister Karl Otto von Raumer stand Simons kaum nach, als er in diesem Zusammenhang 1851 eine Verfügung erließ, welche Juden Anstellungen als Lehrer an Gymnasien verschloß.[29]

Im Baufach war die offizielle Ausschlußbegründung mit dem „konfessionellen Charakter" staatlicher Ämter am offenkundigsten als Vorwand ersichtlich. Bei der Erörterung der Frage, ob Juden zur Feldmesser-Prüfung zugelassen werden könnten, faßte das Staatsministerium ein Jahr darauf den seinen vorherigen Verfügungen analogen Beschluß, daß eine Zulassung zur Prüfung möglich sei; jedoch solle den Feldmessereleven gleichzeitig jedesmal protokollarisch eröffnet werden, daß ihnen dadurch kein Recht auf Anstellung erwachse.[30] Der Bescheid des Gewerbeministers August von der Heydt vom 31. Mai 1853, nach dem eine Beschäftigung jüdischer Baumeister „generell nicht angemessen" erscheine, wurde nicht ein-

[28] GStAPK, 2. 5. 1., Nr. 7411, Bl. 137 (wurde im Justizministerial-Blatt nicht veröffentlicht).

[29] Vgl. A. Brammer, *Judenpolitik und Judengesetzgebung...*, S. 378, Anm. 45; zur Entlassung des bekannten Emanzipationsverfechters Wilhelm Freund vgl. ferner Ludwig Philippson, *Der Kampf der preußischen Juden um die Sache der Gewissensfreiheit*, Berlin 1856, S. XLII.

[30] Ministerialverfügung vom 13. Oktober 1852 (GStAPK, Rep. 77, Tit. 30, Nr. 39, Bd. II, Bl. 72, veröffentlicht im *Staats-Anzeiger* vom 17. Nov. 1852).

mal durch das Gesetz von 1847 gestützt.[31] Der Innenminister wollte selbst Subaltern-Karrieren kontrollieren, indem er anordnete, vor der Anstellung jedes jüdischen Beamtenanwärters stets erst die Genehmigung des Departements-Chefs einzuholen.[32] Durch einen weiteren Ministerialbeschluß vom 17. Juni 1853 wurde Juden auch die Verwaltung von Schulzenämtern – mit Berufung auf die umstrittenen alten Landgemeindeverfassungen – wieder ausdrücklich versagt und wenige Tage später das Verbot der Ausübung des Stimmrechts auf Kreistagen vom reaktionären Ministerpräsidenten von Manteuffel bestätigt, da nicht anzunehmen sei, daß der Artikel 12 der Verfassungsurkunde ohne weiteres den Bestimmungen der älteren Gesetze über die Kreis- und Provinzialverfassungen wirksam entgegenstehe. Der allgemeine Grundsatz des Artikel 12, so faßte der Minister zusammen, habe nicht die Kraft, ein bestimmtes partikuläres Recht ohne weiteres aufzuheben.[33] Damit wurden im nachrevolutionären Preußen in der Reaktionsperiode der 1850er Jahre Juden erneut aus Schulzenämtern und von Wahlen zu Kreis- und Provinziallandtagen ausgeschlossen; zu Munizipal- und Landtagswahlen blieben sie zugelassen, man vermied jedoch weitgehend, sie als Kandidaten aufzustellen.[34]

Christlich-konservative Vertreter des preußischen Junkertums suchten unterdessen die Jahre der politischen Reaktion in Preußen dazu zu nutzen, alle Errungenschaften der 1848er Revolution zu eliminieren. Die Mehrheit des preußischen Herrenhauses war als stärkstes Bollwerk der Konservativen auch in der Judenfrage nachdrücklicher Befürworter und Bewahrer entsprechender Restriktionen. Als der Abgeordnete Klee zu Beginn des Jahres 1852 der Ersten Kammer

[31] Über den Fall des Bauführers Baruch Sutro aus Westfalen (dem Sohn des später durch seine Petitionen zur jüdischen Gleichberechtigung landesweit bekannt gewordenen Rabbiners Abraham Sutro), der als Absolvent der königlichen Bauakademie Berlin keine weitere Anstellung bekam, ausführlich bei Bernhard Brilling, *Ein Kapitel aus dem Kampf der preußischen Juden um ihre Gleichberechtigung*, in: *Theokratia*, Leiden 1973, S. 273–306; vgl. auch die Petition Baruch Sutros ans Staatsministerium vom 1. Juli 1853 wegen Weiterbeschäftigung im Baufach nach seiner Entlassung, GStAPK, Rep. 90, Nr. 499, Bl. 11 ff.

[32] Reskripte aus den Jahren 1851 und 1856, vgl. *IDR*, 3 (1897), S. 244.

[33] Erlaß an den Oberpräsidenten von Schlesien am 8. August 1853 und als Zirkularreskript an alle anderen Oberpräsidenten, GStAPK, Rep. 169 C, Abschn. 33, Nr. 2, Bl. 67–68.

[34] J. Toury, *Die politischen Orientierungen*..., S. 99.

des preußischen Landtages einen Änderungsantrag zum Artikel 12 der Verfassung einreichte, lag es in seiner und der (ausnahmslos adligen) Mitunterzeichner Absicht, den Juden sämtliche politischen Rechte wieder zu nehmen beziehungsweise sie auf den Status von 1847 zurückzudrücken. Der beantragte Zusatz sollte lauten: „Die Mitgliedschaft in einer der beiden Kammern und der Zutritt zu Ämtern, mit denen die Ausübung einer richterlichen, polizeilichen oder exekutiven Gewalt verbunden ist, ist bedingt durch die Aufnahme in einer der anerkannten christlichen Kirchen."[35]

Obwohl der Antrag letztlich verworfen wurde, ging aus den Stellungnahmen von Kultus- und Innenminister das generelle Wohlwollen der Regierung den Antragstellern gegenüber deutlich hervor. Es bedürfe keiner Verfassungsänderung, so bekannte man im Ministerium freimütig, da hinsichtlich der Staatsämter durch die Interpretation der Gesetze eine entsprechende „Ausgleichung" schon stattgefunden habe. Kultusminister von Raumer, der aus den Reihen der „Kreuzzeitungs-Partei" hervorgegangen war, versicherte ebenso offenherzig wie beschwichtigend, daß die Regierung nun zwar genötigt sei, in konstitutionellen Formen zu regieren, daß aber „die Praxis seit den veränderten Bestimmungen der Gesetzgebung nicht in irgend erheblicher Weise abgewichen sei von der Praxis, die vor diesen Bestimmungen bestanden hat". Auch künftig werde es unmöglich sein, daß irgendeine erhebliche Abweichung eintreten werde.[36] Ein Eingeständnis offener Verfassungsverletzungen durch die faktische Aufhebung der Gleichstellungsartikel vermied die Regierung jedoch.

Ähnlich wie bei dem Antrag Klee verlief die Debatte über den (bereits modifizierten) Antrag des ehemaligen Redakteurs der ultrakonservativen *Kreuz-Zeitung (Neue Preußische Zeitung)*, Hermann Wagener, auf verfassungsmäßige Wiedereinschränkung jüdischer Rechte im Jahr 1856 im preußischen Abgeordnetenhaus.[37] Dieser

[35] *Stenographische Berichte der Ersten Kammer des preußischen Landtages*, 49. Sitzung am 30. März 1852, S. 867; diese Verhandlungen sind separat publiziert in: Moritz Veit (Hrsg.), *Die bürgerlichen Rechte der Juden und Dissidenten vor dem Forum der Ersten Kammer*, Berlin 1852.

[36] *Stenographische Berichte der Ersten Kammer*..., S. 867 ff.

[37] *StBPrA*, 36. Sitzung vom 6. März 1856, S. 622 ff. sowie Drucksache Nr. 48; vgl. GStAPK, Rep. 77, Tit. 30, Nr. 39, Bd. II, Bl. 52 ff.; ausführlicher zum Antrag Wagener vgl. J. Toury, *Soziale und politische Geschichte*..., S. 310 ff.; zur Rolle der *Kreuzzeitung* und ihres politischen Hintergrundes um H. Wagener und F. J. Stahl vgl. Julius Schoeps, *Christlicher Staat und jüdische Gleichberechtigung*, in: Eike Hennig/Ri-

wünschte, aus Artikel 12 den Terminus „staatsbürgerliche Rechte" zu streichen, so daß allein die „bürgerlichen Rechte" als konstitutionell garantiert übrig geblieben wären. Die hinter Wagener stehende politische Gruppierung wollte die Verfassung nicht als Staatsgrundgesetz anerkennen und versuchte demzufolge, wenigstens die revolutionären Neuerungen unter den Verfassungsartikeln durch nachträgliche Revision auszumerzen.

Jedoch hielten auch treue Konservative, die sich nicht zu jenem Flügel zählten, eine so offensichtliche Verletzung der Normen eines konstitutionell verfaßten Staates für nicht ratsam oder gar gefährlich, wenn man die innenpolitischen Folgen bedachte. So wollte selbst die mehrheitlich durchaus konservativ gesinnte „Landratskammer" diesem Ansinnen einer Verfassungsänderung soweit nicht folgen und ging im Plenum zur Tagesordnung über, hatte ihr doch die öffentliche Erklärung des in der Sitzung anwesenden Innenministers von Westphalen auch diesmal jeglichen Zweifel daran genommen, daß die Regierung ihre Politik der Fernhaltung der Juden von höheren Positionen im Staat unter Zuhilfenahme diverser Spezialverfügungen weiterführen würde.[38] Die Regierung habe bisher, so hatte der Innenminister im Abgeordnetenhaus ausgeführt, eine den „christlichen Charakter" des preußischen Staates verletzende Auslegung des Artikel 12 nicht Platz greifen lassen und namentlich eine Zulassung von „Nichtchristen" oder Anhängern „irreligiöser Sekten" zu richterlichen und obrigkeitlichen Ämtern verhindert; sie halte sich auch in Zukunft für berechtigt und verpflichtet, an dieser Verfassungsauslegung, welche die §§ 2 und 3 des Gesetzes von 1847 (betr. Staatsämter und ständische Rechte) als weiterhin gültig ansieht, festzuhalten.

Es wurde in dieser Debatte auch deutlich, daß es bei den „Nichtchristen" (dieser Begriff wurde in der Diskussion fast ausschließlich benutzt), vor deren Einfluß auf das gesellschaftliche Leben man sich fürchtete oder zu fürchten vorgab, nicht allein um die Juden ging. „Nicht-Christen" und „Nicht-Deutsche" sollten per se von jedweder

chard Saage (Hrsg.), *Konservatismus. Eine Gefahr für die Freiheit?*, München-Zürich 1983, S. 43 ff.; der Wortlaut der auf Initiative Ludwig Philippsons begonnenen Petitionsaktion von 264 Synagogengemeinden Preußens gegen Wageners ursprünglichen Antrag in: M. Philippson, *Die Sache der Gewissensfreiheit* ..., S. 5 ff; hier finden sich eindrucksvolle Dokumente jüdischen staatsbürgerlichen Bewußtseins und der durch diesen Antrag empfundenen Schmach für „Preußen jüdischen Glaubens".

[38] *StBPrA*, 36. Sitzung vom 6. März 1856, S. 629.

Ehrenstellung und von jeder Gewinnung öffentlichen Ansehens im „christlich-germanischen" Staat ferngehalten werden. Die politische Abwehr richtete sich in dieser Zeit darüber hinaus verstärkt gegen alle sozialen Kräfte, die diesen Staat ins Wanken bringen könnten. So zeichneten einige der ultrakonservativen Befürworter des Wagenerschen Antrags – die sich politisch und historisch allerdings bereits in der Defensive befanden – in den Beratungen des entsprechenden Ausschusses des Abgeordnetenhauses in Katastrophenstimmung ein Bild der allmählichen Zerstörung des preußischen Staatswesens infolge der zersetzenden Gefahr von „Indifferentismus" und „gröbstem Materialismus und Atheismus", die von Verfassungsartikel 12 zugelassen werde. Von rechtlichen Diskriminierungen und politischer Repression waren neben den Juden alle von der Regierung als „Nichtchristen" definierten Individuen oder Bevölkerungsgruppen betroffen. Die Zahl solcher Personen und Gruppen, die in ihrem religiösen Bekenntnis von den staatlich privilegierten christlichen Kirchen abwichen („Dissidenten") oder einem atheistischen weltanschaulichen Bekenntnis folgten (wie einige Linksliberale und Kommunisten) war noch sehr gering, nahm aber tendenziell zu und schien überdies als Symbol für den von der adlig-junkerlichen Führungsclique verabscheuten „Liberalismus" und die sich allgemein abzeichnende Säkularisierungstendenzen in der Gesellschaft geeignet. Die Mitglieder des Verfassungsausschusses des preußischen Abgeordnetenhauses, die über den Antrag Wagener diskutierten, meinten sogar, daß den Juden, „abgesehen von den Reformjuden", eine bessere Behandlung zustehe als den übrigen Nicht-Christen: „Die Juden haben größere und bessere Ansprüche als die Freien, die Deutsch-Katholiken … und es wäre eine schwere Ungerechtigkeit, die Juden hinsichtlich ihrer bürgerlichen und staatsbürgerlichen Rechte unter die Kategorie ‚Nicht-Christen' gleich den Atheisten, Pantheisten, Mormonen usw. zu behandeln."[39]

[39] *A. a. O.*, Drucksache Nr. 48, S. 177. – Zu den „Dissidenten", das heißt, den außerhalb der Staatskirchen Stehenden, zählten u. a. die evangelischen Freigemeinden und die Deutsch-Katholiken. Ihre Zahl wird in wilhelminischer Zeit auf ca. 1% der preußischen Gesamtbevölkerung geschätzt (vgl. Arnold Vogt, *Volle Gleichstellung nie erreicht*, in: *Tribüne*, 25 [1986], H. 99, S. 126). Rechtliche Restriktionen hatten auch Angehörige nicht staatlich anerkannter religiöser Gruppen in anderen deutschen Bundesstaaten hinzunehmen. So besaßen beispielsweise die Freigemeindler in Anhalt keine staatsbürgerlichen Rechte – sie konnten kein Staats- oder Kommunalamt bekleiden; in Lauenburg wurden zu öffentlichen Ämtern gesetzlich nur Bekenner der evangelisch-lutherischen Konfession zugelassen (vgl. *Bericht des Ausschusses für Justizwesen*, Drucksache des Bundesrates des Norddeutschen Bundes, Session 1869, Nr. 54).

Die von konservativen Ideologen weiter ausgebaute Theorie der „christlichen" Grundlagen des Staates sollte die bestehenden Herrschaftsverhältnisse legitimieren und konservieren sowie liberaldemokratischen Kräften jede öffentliche Wirksamkeit unmöglich machen. Auf der Grundlage einer exponierten und privilegierten Stellung der christlichen (evangelischen) Kirche in der preußischen Verfassung definierte diese staatstragende Ideologie die nationale Identität und moralische Qualifikation über die Zugehörigkeit zur offiziellen Religion. Die enge Verknüpfung von evangelischer Oberlandeskirchenverwaltung und staatlicher Macht- und Herrschaftsausübung – die Personalunion zwischen Krone und Summepiskopat – ermöglichte eine soziale Kontrolle und gezielte politisch-ideologische Beeinflussung der Mehrzahl der preußischen Untertanen.

Um die Führungspositionen der alten Machteliten zu erhalten, sollte dem bürgerlich-liberalen Element, das allgemein als Träger der fortschrittlichen Strömungen gelten konnte, der Zugang zu höheren Positionen im Staat möglichst verwehrt bleiben. Jedwede Beeinträchtigung der bestehenden Grundlagen der Monarchie bedeutete für die starr konservativen politischen Kräfte in der Regierung unweigerlich einen Machtverlust, der angesichts der rasch zunehmenden wirtschaftlichen Macht des Bürgertums nur noch zu verzögern, aber nicht mehr zu stoppen war. Die preußische Staatsführung bekämpfte den politischen Liberalismus, weil er die überkommene Ordnung, das „göttliche Gesetz", als Grundlage ihres Machtanspruchs zugunsten eines liberalen Rechtsstaates aufheben wollte, indem die Forderung nach rechtlicher Gleichheit aller und der Abschaffung ständischer Privilegien erhoben wurde. Innerhalb des Kampfes gegen säkularisierende Tendenzen und Irreligiosität maß man dem Judentum in „traditionell" antijüdischer Interpretation ein besonders zerstörerisches und aufweichendes Potential zu. Durch den sich schon seit der ersten Hälfte des 19. Jahrhunderts abzeichnenden wachsenden und – gemessen am Anteil der Juden an der Gesamtbevölkerung – erheblichen Anteil von jüdischen Schülern und Studenten in höheren Bildungseinrichtungen stellten diese außerdem ein nicht unbeachtliches und in den Augen nicht weniger Regierungsbeamter bedrohliches „unchristliches" Reservoir für die akademischen Berufe und die höheren Beamtenstellen dar.

Es wurde weiter auf der Grundlage bereits bekannter judenfeindlicher Stereotype, wie eine mindere moralische Qualifikation und (wenngleich mit zunehmender Integration in abgeschwächtem

Maße) nationale Sonderinteressen, argumentiert, die die geistig-ideologische Basis für die diskriminierende Anstellungspraxis für Juden in Preußen schufen. Solche antijüdischen Stereotype bestimmten das Denken im konservativen Lager in den Jahren der Reaktion von 1850 bis 1858. Die Doktrin des christlichen Staates richtete sich zwangsläufig gegen die Juden als Nicht-Christen und stellte deren völlige Gleichberechtigung in Frage. Unter Berufung auf die christlich-konservative Staatsideologie wurden Juden als Richter, als Lehrer und als beamtete Repräsentanten der Staatsgewalt allgemein für untragbar erklärt.[40]

Als auffälliges Kennzeichen der Behandlung der Zulassungfrage auf Regierungsebene zeigte sich ferner die Neigung, auftretende Konflikte überwiegend als abstrakten juristischen „Fall" zu verhandeln, indem das Handeln der Beteiligten in erster Linie oder ausschließlich auf seine Vereinbarkeit mit bestehenden beziehungsweise vermeintlich weiterbestehenden Gesetzen hin untersucht wurde. Der formalrechtspositivistische Ausgangspunkt der Diskussionen verengte die Betrachtung des Gegenstandes, der nur noch als Rechtsfall relevant erschien. Politische und historische Analysen oder gar Werturteile wurden in der Justizbürokratie möglichst vermieden. Die vielschichtigen sozialen und wirtschaftlichen Hintergründe sowie Ursachen und Folgen der staatlichen Judenpolitik blieben damit aus der Betrachtung von vornherein ausgeblendet. Die preußische Verwaltung ging allgemein von der Vorstellung aus, daß ihre Arbeit in erster Linie (passive) Anwendung der Gesetz sei (und nicht darüber hinaus aktive Wirtschafts-, Sozial- oder Kulturpolitik im Rahmen der Gesetze).[41]

[40] Beispiele dazu bei J. Schoeps, *Christlicher Staat...*, in: E. Henning/R. Saage (Hrsg.), *Konservatismus...*, S. 38–54. – Auch ein ganz anderer Blickwinkel läßt den judenfeindlichen Hintergrund der permanenten Restriktionen hervortreten: Anklänge einer Sympathiebekundung bzw. des Respekts gegenüber den jüdischen Einwohnern seines Heimatortes hielt Justizminister Simons eines loyalen preußischen Staatsdieners für unwürdig. So betrachtete er es als „unangemessen" und „der amtlichen Stellung des Betreffenden nicht gemäß", als ein Kreisgerichtsdirektor im September 1854 – als einer der Honoratioren des Ortes – an der Eröffnung der neuen Synagoge in Greiffenberg (Pommern) bzw. am deshalb veranstalteten Festzuge durch die Stadt teilnahm. Dem Justizbeamten wurde auf Anordnung des Justizministers eine Rüge erteilt (GStAPK, 2. 5. 1., Nr. 7411, Bl. 38).

[41] Dies insbesondere auch als Folge des „Juristenmonopols" in der Verwaltung. Vgl. dazu u. a. Ernst Fraenkel, *Reformismus und Pluralismus* (1955), hrsg. von Falk Esche und Frank Grube, Hamburg 1973, S. 315 ff.

Kehren wir noch einmal zu den Ereignissen im preußischen Justizministerium der Reaktionszeit zurück, wo Justizminister Simons beharrlich jede fortschrittliche Regung zu unterdrücken verstand und weiter darüber nachsann, wie der beruflichen Karriere jüdischer Justizaspiranten trotz des nicht mehr aufzuhaltenden Zugangs einiger von ihnen zum Vorbereitungsdienst der ersten beiden Stufen (Auskultatur und Referendariat) ein Riegel vorzuschieben sei.

Am 2. November 1855 erfolgte am Berliner Kammergericht mit Julius Kayser zum ersten Mal die Ernennung eines jüdischen Referendars zum Gerichtsassessor.[42] Nach dem in der Regel vierjährigen Referendariat und dem Bestehen der Assessorprüfung war die letzte Ausbildungsstufe abgeschlossen, die auf den richterlichen Beruf und das Justizkommissariat (beziehungsweise die Rechtsanwaltschaft) vorbereitete. Gerichtsassessoren konnten gewöhnlich vorübergehend freie Richter- und Staatsanwaltsstellen verwalten, beurlaubte Rechtsanwälte und Notare vertreten und etatmäßige Hilfsarbeiterstellen in der Justizverwaltung besetzen. Durch die kommissarische Übernahme eines solchen Amtes konnten die grundsätzlich unbesoldeten Assessoren ein bescheidenes Einkommen erzielen. Der größte Teil von ihnen fungierte jedoch als Arbeitskraft der Justizverwaltung ohne jegliche Vergütung. Durch eine Hilfsrichter-Tätigkeit konnte ein Assessor, ohne daß dies notwendig zu seinem Arbeitsgebiet gehörte hätte, auch in die Lage kommen, christliche Eide abnehmen zu müssen.

Julius Kayser war im Mai 1849 in den juristischen Vorbereitungsdienst aufgenommen worden und hatte, wie Adolph Jonas, im Jahre 1851 schon um seine Ernennung zum Referendar bangen müssen.[43] Seine Aufnahme war ohne weitere ausdrückliche Verfügungen kaum zu verhindern gewesen, da das preußische Justizwesen bei bestandener entsprechender Staatsprüfung eine quasi-obligatorische Übernahme in den Assessorendienst vorsah. Eine Ausschließung des Justizkandidaten schien aber auch nicht mehr nötig, denn das Ministerium hatte bekanntlich mit der Verordnung vom 9. Oktober 1851 Vorsorge dagegen getroffen, daß jüdischer Bewerber ein richterliches Amt erhalten konnten. Aus diesem Grunde verlieh das in dieser Frage nicht nachgiebiger gewordene Kammergericht in seinem langen

[42] GStAPK, Rep. 84a, Nr. 11946, Bl. 79. – Erst seit 1851 war eine dritte juristische Prüfung notwendig, die Auskultatorprüfung fiel 1869 weg.

[43] Vgl. Anm. 20.

Schreiben an den Minister seinen Bedenken gegen eine Übernahme eines (unbesoldeten) Assessorats durch einen jüdischen Aspiranten auch diesmal erfolglos Ausdruck.[44] Simons verfügte anläßlich des Falls Kayser jedoch vorsorglich, daß die Tätigkeit gemäß Reskript vom 9. Oktober 1851 so zu ordnen sei, daß keine christlichen Eide abzunehmen seien.[45] Diese Einschränkung machte die kommissarische Anstellung Kaysers als Einzel- oder Untersuchungsrichter, überhaupt eine besoldete aushilfsweise Heranziehung in richterlicher Funktion, bei denen die Möglichkeit einer Eidesabnahme bestehen könnte, unmöglich und beschränkte seine Tätigkeit auf Vormundschaftsabteilungen und Handlungen der freien Gerichtsbarkeit.

Eine für weitere Fälle dieser Art gedachte Rundverfügung, die sicherstellen sollte, daß als Gerichtsassessoren zugelassene Juden mindere Rechte und Kompetenzen hätten, scheiterte an der Rücksicht auf die öffentliche Meinung. Wenn dieser Entwurf abgehe, heißt es in einem ministeriellen Aktenvermerk, dürfe man sich nicht wundern, wenn die Angelegenheit Gegenstand der Tagespresse werde, weil unklar bleibe, woher diese judenfeindlichen Auffassungen kämen und auf welche Bestimmungen sie sich gründeten.[46] Diese überraschende Überlegung zeigt, daß die preußische Regierung – wie schon bei den Anträgen auf Verfassungsänderung – auch diesmal unnötiges Aufsehen in der Öffentlichkeit vermeiden wollte, um nicht umfassendere und allgemeine Diskussionen über den Bestand der verfassungsmäßig garantierten Rechte der Staatsbürger der preußischen Monarchie zu provozieren. Simons beschränkte sich statt dessen darauf, seine Sachbearbeiter zu instruieren, ihm in jedem einzelnen Falle einer Übernahme eines jüdischen Gerichtsassessors zuvor dessen weitere Beschäftigung bei den Gerichtsbehörden näher zu erläutern.[47]

[44] Im Januar 1856 beantragte das Kammergericht ungebrochen beim Justizminister, dem Gerichtsassessor Kayser ebenso wie möglichen weiteren jüdischen Anwärtern, die Verwaltung eines „richterlichen Amtes“, auch wenn dieses im Vorbereitungsdienst nur unentgeltlich und mit beschränktem Stimmrecht ausgeübt würde, generell zu verbieten. Die Entscheidung über die (mit Auflagen verbundene) Beschäftigung Kaysers wurde vom Justizministerium jedoch nicht widerrufen. Vgl. GStAPK, Rep. 77a, Tit. 30, Nr. 39, Bd. II, Bl. 80 ff.

[45] Simons intern am 21. Juni 1856, *a. a. O.*, Bl. 96.

[46] Vgl. S. Lorenzen, *Das Eindringen der Juden*..., 1. Halbbd., S. 771.

[47] GStAPK, Rep. 84a, Nr. 11948, Bl. 117 ff.

Kurze Zeit darauf wurde dem Kammergericht mit Alexander Bertheim ein zweiter jüdischer Gerichtsassessor überwiesen, nach Julius Kayser einer der dienstältesten jüdischen Justizaspiranten Preußens.[48]

Nach den neuen Maßgaben wurden in den folgenden Jahren einige weitere jüdische Assessoren zur unentgeltlichen Beschäftigung an entsprechenden Einrichtungen der Justizbehörden angestellt. Jedoch selbst die Möglichkeit, daß einer von ihnen zum Beisitzer in den öffentlichen Sitzungen eines Kreisgerichts für Zivil- und Kriminalsachen bei Verhinderung eines Mitgliedes der Gerichtsabteilung vertretungsweise eingesetzt wurde, erachtete Simons im Dezember 1857 für unzulässig. Ein dennoch vorgekommener Fall, bei dem die Übertragung richterlicher Funktionen an einen jüdischen Assessor erfolgte, wurde vom Ministerium nachträglich mißbilligt und war diesem Anlaß, die Staatsministerialverfügung vom September 1851 und die Zusatz-Verfügung des Justizministers vom Oktober 1851 erneut zu veröffentlichen.[49] Eine Eingabe jüdischer Gerichtsassessoren an den Justizminister um Aufhebung des Ministerialreskripts vom 9. Oktober 1851, das die Ausschließung von Juden vom Richteramt beziehungsweise von richterlichen Funktionen implizit ausgesprochen hatte, schildert eindrucksvoll die entwürdigende und widersinnige Situation jüdischer Gerichtsassessoren in Preußen bis zum Beginn der 1860er Jahre und gibt gleichzeitig einen Einblick in deren Tätigkeitsbereiche. Die Petenten berichteten unter anderem:

„Nachdem das Reskript vom 9. Oktober 1851 den Rechtsboden für unsere Stellung durchbrochen hatte, trat bei unseren Gerichten ein System der Strenge ein, welches weit über den Inhalt des Reskripts hinausgeht. So verbot man den jüdischen Assessoren nicht allein die Abnahme der Eide, sondern auch der eidestattlichen Versicherungen, ja sogar die Verpflichtung von Vormündern und Kuratoren durch Handschlag an Eides Statt [! – B. S.]. Man nahm ferner an, daß sie nicht Mitglied eines Collegii sein dürften, dessen Vorsitzender [! – B. S.] in die Lage kommen könnte, einem Christen den Eid abzunehmen. Hierdurch rechtfertigte man den Ausschluß der jüdischen Assessoren von aller Mitwirkung bei der Entscheidung von Zivil- und Kriminalprozessen ... Bei den Kreisgerichten können sie als Untersu-

48 GStAPK, Rep. 90, Nr. 11946, Bl. 98.

49 Meldung der *Spenerschen Zeitung* vom 14. Mai 1856, in: LA Berlin, Rep. 01, BRA, Nr. 44, Bl. 94.

chungsrichter, nicht aber als Vormundschaftsrichter, bei den Stadtgerichten derselben Stadt als Vormundschaftsrichter, nicht aber als Untersuchungsrichter fungieren. In einigen Departements wurde den jüdischen Assessoren volles Stimmrecht verliehen, in anderen versagt, obgleich jüngere christliche Assessoren es erhielten. In einigen Gerichtsbezirken sind sie zur Aufnahme der Akte der freiwilligen Gerichtsbarkeit befugt, in anderen werden sie den Untergerichten mit der Maßgabe überwiesen, daß sie keine Testamente an- oder aufnehmen dürfen. So gilt an dem einen Gericht als verboten, was an dem anderen erlaubt ist, und umgekehrt."[50]

Um die einschneidendste Maßnahme seiner Amtszeit in bezug auf die Staatsanstellung von Juden in seinem Ressort vorzubereiten, ließ Simons im Mai 1857 bei allen preußischen Justizbehörden die Anzahl der im juristischen Vorbereitungsdienst befindlichen Juden ermitteln. Nach den Erhebungen des Justizministeriums – zum Zwecke einer versuchten Rechtfertigung der nachfolgenden diskriminierenden Verordnung – befanden sich zu diesem Zeitpunkt insgesamt 68 jüdische Aspiranten im Vorbereitungsdienst, davon

15 jüdische Auskultatoren
42 jüdische Referendare und
15 jüdische Gerichts-Assessoren.

Diese konzentrierten sich deutlich in den beiden großen Gerichtsbezirken Berlin und Breslau. Den größten Anteil jüdischer Aspiranten stellte das Departement des Kammergerichts mit 6 Assessoren, 19 Referendaren und 6 Auskultatoren (die Dienstältesten unter den jüdischen Aspiranten waren Julius Kayser, Alexander Bertheim und Markus Hermann), gefolgt von Breslau mit vier, neun beziehungsweise fünf jüdischen Aspiranten.[51] Die Zahl aller preußischen Assessoren

[50] GStAPK, Rep. 84a, Nr. 11947, Bl. 155 ff. – Die von Dr. Behrend und 16 weiteren Berliner Gerichtsassessoren jüdischen Glaubens am 22. Mai 1862 wiederholte Petition vom 11. November 1861 an das preußische Abgeordnetenhaus wurde dort im Jahre 1862 verhandelt (siehe Drucksachen zu den *StBPrA*, 1862, S. 17 ff.).

[51] Die Einzellisten der verschiedenen Untergerichte sind nicht ganz identisch mit der im Protokoll angegebenen Gesamtzahl, weil bei der Zusammenstellung der Zahlen offensichtlich die Angaben Königsbergs ungezählt blieben, so daß sich geringfügige Abweichungen in den Zahlen ergeben (im ministeriellen General-Bericht je 2 Auskultatoren und Assessoren weniger). Überhaupt keine jüdischen Aspiranten hatten die Gerichtsbezirke Arnsberg, Greifswald, Ehrenbreitenstein, Insterburg, Paderborn, Coeslin, Naumburg und Magdeburg), GStAPK, Rep. 84a, Nr. 11946, Bl. 107 ff.; Namensliste für Berliner Kammergericht: *a. a. O.*, Bl. 138.

lag im Jahre 1859 bei etwa 739, der jüdische Anteil an dieser Statusgruppe dürfte zur Zeit der Datenerhebung also unter 2% gelegen haben.[52]

Nachdem diese Zahlen ermittelt waren, hielt Simons jedoch den Tatbestand eines „übermäßigen Andranges" jüdischer Bewerber zum Justizdienst für nachgewiesen. Die „gegenwärtig so bedeutende Anzahl von Juden" in der Justizausbildung ließe die Möglichkeit ihrer zukünftigen definitiven Anstellung als Rechtsanwalt (als ihre einzige Berufsmöglichkeit) einem „begründeten Zweifel" unterliegen. Es erscheine daher, so der Justizminister, unabweisbar notwendig, dem weiteren Andrange vorläufig ein Ende zu setzen.[53]

Die dieser Verlautbarung folgende Allgemeine Ministerialverfügung vom 10. Juli 1857, betreffend die Zulassung jüdischer Rechtskandidaten zur Auskultatoren-Prüfung, wies alle Obergerichte der Monarchie an, nur noch diejenigen jüdischen Rechtskandidaten zur Prüfung für die Auskultatur und der anschließenden Beschäftigung bei den Gerichten zuzulassen, die bis zum Ablauf des Wintersemesters 1857/58 ihr dreijähriges Universitätsstudium vollständig zurückgelegt hatten, und sodann alle diesbezüglichen Gesuche „bis auf weiteres" abzulehnen.[54] Damit konnten seit Sommer 1858 (bis Mai 1861, als die Verfügung von Simons Amtsnachfolger aufgehoben wurde) keine jüdischen Universitätsabsolventen mehr in die Ausbildung aufgenommen werden, was jüdischen Bewerbern die gesamte Justizlaufbahn auf unbestimmte Zeit völlig verschloß und einem juristischen Studium praktisch jeden Sinne nahm. Diejenigen Studenten, die bereits vier Semester hindurch die juristische Fakultät besucht hatten, hatten umsonst studiert.

Der zu diesem Zeitpunkt für jüdische Aspiranten einzig möglichen Berufsaussicht innerhalb des Justizbereichs, eine zukünftige Anstellung beziehungsweise Konzessionierung als Rechtsanwalt, war vom Justizministerium „ein Bedenken an und für sich nicht entgegengesetzt worden".[55] Dennoch war selbst dieses Recht seit Beginn der

[52] Allgemeine Angaben zur Anzahl der Assessoren im preußischen Justizdienst bei Th. Kolbeck, *Juristenschwemmen...*, S. 58.

[53] *JMBl*, 19. Jg. (1857), Nr. 30, S. 266.

[54] *Ebda.*; vgl. Kommentar der *AZJ*, 21. Jg. (1857), Nr. 33 vom 10. August 1857, S. 450 f.

[55] So ausgesprochen in der Justizministerialverfügung vom 10. Juli 1857, in: *JMBl*, (1857), Nr. 30, S. 266.

1850er Jahre wirkungslos geblieben; mit der neuen Verfügung wollte der Minister einem „Andrange" offenbar schon präventiv ein Ende setzen, bevor auch nur ein einziger jüdischer Anwärter in diese Position gelangt war. Jedenfalls waren bei der Umfrage des Ministeriums bis 1857 keine jüdischen Justizkommissare registriert worden.[56] Es muß angenommen werden, daß es in Preußen im Mai 1857 noch keinen jüdischen Rechtsanwalt gegeben hat, weil erste Zulassungen zum juristischen Vorbereitungsdienst seit frühestens 1848/49 erfolgt waren, in etwas größerem Maße aber erst seit 1850/51 möglich wurden und es in der Regel wenigstens fünf bis sechs Jahre dauerte, bis die Assessorprüfung erfolgte. Das setzt den Zeitpunkt einer frühestmöglichen Anstellung eines jüdischen Rechtsanwalts (Justizkommissarius) auf etwa 1854 an. Eine Ausnahme könnte das Rheinland gemacht haben, wo die dienstliche Stellung von Advokaten eine andere war. Unmittelbar nach der April-Verordnung von 1848 war, wie bereits erwähnt, einigen jüdischen Rechtsanwälten im Rheinland die Advokatur gestattet worden.[57] In einigen Staaten hatte man schon im Vormärz Juden zur Advokatur zugelassen, so daß zum Beispiel in Württemberg im Jahre 1858 bereits etwa 10% der dort praktizierenden Rechtsanwälte jüdisch waren.[58]

Zwei Jahre nach dem Erlaß der restriktiven Verfügung, im März 1859, beteuerte Simons noch immer die „wohlwollende Absicht" dieses Schrittes, der nur den größten Zudrang jüdischer Aspiranten zu beschränken und diese „vor einer Täuschung und der Wahl eines

[56] Toury hält diese Maßnahme für möglicherweise dadurch inspiriert, daß die *Norddeutsche Zeitung* zuvor recht abfällig von einer „außerordentlichen Zunahme von Rechtsanwälten mosaischen Glaubens während der letzten Jahre" zu berichten wußte, obwohl bis dahin in Preußen noch kein einziger jüdischer Rechtsanwalt bei den Gerichten zugelassen worden war (vgl. J. Toury, *Soziale und Politische Geschichte...*, S. 313). Wahrscheinlich fand eine solche „Inspiration" eher auf dem umgekehrten Wege statt, um die Maßnahme zu rechtfertigen und anzukündigen.

[57] Es bleibt unklar, warum keiner dieser (wenigen) Advokaten in der Zählung des Justizministeriums auftaucht – die eindeutige Klärung dieser Frage muß noch offen bleiben. Die in den Justizministerialakten vorliegenden Verzeichnisse aller rheinischen Advokaten bis zur Reichsgründung lassen keine Schlüsse auf jüdische Berufsmitglieder zu, GStAPK, 2. 5. 1., Nr. 906–907 bzw. das ZWEITE KAPITEL, Anm. 12.

[58] J. Toury, *Soziale und politische Geschichte...*, S. 93 (die bei Toury folgenden Ermittlungen für Preußen weichen von den Angaben der vorliegenden Studie leicht ab). Den ersten jüdischen beamteten Justizkommissarius in (Alt-)Preußen gab es erst im Jahre 1859 mit Julius Kaiser. In anderen deutschen Staaten, wie Hamburg und Bayern, wurden seit 1848/49 jüdische Rechtsanwälte zugelassen.

verfehlten Lebensweges zu bewahren“ suche. Die christliche Bevölkerung, dies versäumte der Minister auch diesmal nicht zu ergänzen, habe die Verfügung „mit Genugtuung“ aufgenommen.[59]

Neben dem primären Vorsatz des Ausschlusses von Nicht-Christen aus Stellungen, die jene zu potentiellen Anwärtern auf staatliche Beamtenstellen und mögliche spätere Führungspositionen in machtnahen Bereichen der Staatsverwaltung machte, spielte für den Justizbereich die Fernhaltung von unliebsamen jüdischen Konkurrenten im Rechtsstudium, dem Vorbereitungsdienst und im akademischen Lehramt eine erhebliche Rolle.[60] Bei der hier vom Minister bemühten „Volksmeinung“ dürfte es sich allenfalls um jene von Teilen des akademischen Bildungsbürgertums, besonders von christlichen Justizbewerbern gehandelt haben. Der allgemeine Andrang zum Jurastudium beziehungsweise Justizdienst hatte seit Beginn der 1850er Jahre nach einer kurzen Zeit der Entspannung auf dem juristischen Arbeitsmarkt wieder stark zugenommen. In einer Verfügung vom 11. Januar 1858 hatten deshalb Justiz- und Kultusministerium vom Studium der Rechtswissenschaften wegen „Überfüllung“ abgemahnt. Die Wartezeit der preußischen Assessoren auf eine feste, etatmäßige Anstellung, die in den 1830er Jahren bei sechs bis sieben Jahren gelegen hatte, betrug in den 1850er Jahren ungefähr zehn Jahre. 1863 kam es erneut zu einer Abmahnung vom Jurastudium durch Justizminister Leopold Graf zur Lippe. Dabei wurde von den Justizbewerbern ein Nachweis von Subsistenzmitteln für mindestens zehn Jahre (unbesoldeten Vorbereitungsdienstes) gefordert.[61]

Auch einige antijüdische Schriften wurden in den letzten Jahren der Reaktionsperiode publiziert. Für unseren Gegenstand ist auf einen Artikel in *Der Publizist – Zeitung für Recht und Gerichtsverfahren* aus dem Jahre 1857 hinzuweisen, dessen Autor C. F. Schütze unter dem Titel *Die Juden, ein Staatsübel* im Interesse des Staates eine gewissermaßen antijüdische Judenemanzipation forderte – in der geistigen Tradition der aufklärerisch-staatlichen Emanzipationskonzepte der ersten Hälfte des 19. Jahrhunderts, die mit der Gewährung der rechtlichen Gleichstellung eine Assimilation der Juden im

[59] *StBPrA* vom 23. März 1859, S. 483.

[60] Nicht wenige Zeitgenossen lasen in dem Reskript die Absicht, damit die Konkurrenz jüdischer Studenten der Rechte zugunsten christlicher Kommilitonen auszuschließen, vgl. *StBPrA* vom 23. März 1859, S. 481.

[61] Vgl. Th. Kolbeck, *Juristenschwemmen*..., S. 57 ff.

Sinne eines Aufgehens in der christlichen Bevölkerung anstrebte und nur damit ein allmähliches Nachlassen der behaupteten jüdischen „Verderbtheit" für realisierbar hielt. Was bei Wilhelm von Humboldt 1809 noch fortschrittlich-liberal klang, war hier zumindest anachronistisch geworden. Der bisherige Ausschluß vom Staatsdienst, so der Verfasser, sei schuld, daß alles Geld in die Hände der Juden ströme und deren Charakter negative Züge behalten habe. Judenhetze und Rechtsverweigerung nützten also nichts: „Ja, die Juden müssen als solche ausgerottet werden, aber es gibt dazu nur ein Mittel, das ist ihre völlige Gleichstellung mit den Christen; nur wenn dies geschehen sein wird, werden sie nach und nach verschwinden, werden in die Nation völlig übergehen, und es wird selbst endlich der Name Jude aufhören." Interessanter als dieser Artikel selbst ist jedoch die redaktionelle Bemerkung dazu: Im Prinzip sei man mit den Ausführungen einverstanden, aber eine Zulassung zu Staatsämtern dürfe nicht erfolgen: „Ehe wir uns aber von den Juden administrieren und richten lassen, verlangen wir eine Annährung des Judentums an das Christentum."[62]

Die laufenden Landtagsverhandlungen über die Petitionen Abraham Sutros seit 1859 veranlaßten ferner eine innerhalb der politischen Tagesliteratur, in der andere Themen dominierten, relativ ungewöhnliche, weil „prophylaktische" Warnschrift eines anonymen Richters mit dem Titel *Juden können nicht Richter sein.*[63] Der Autor dieser Broschüre beschränkte sich argumentativ noch ganz überwiegend auf den „traditionell-religiösen" Rahmen, ohne Aspekte in die Diskussionen zu bringen, die nicht schon häufiger von der Seite der Emanzipationsgegner vorgebracht worden waren. Er verwies dabei auf die noch geltende Allgemeine Gerichtsordnung von 1793, nach der „christliche Tugenden" für Richter die Voraussetzungen einer „Gott gefälligen Justiz" seien; ein Jude könne nicht Richter sein in Preußen, weil er Christen keinen Eid abnehmen und wegen seines

[62] *Der Publizist – Zeitung für Recht und Gerichtsverfahren*, XII. Jg., 21. August 1857, hrsg. von A. F. Thiele (Doc. der Rechte), in: GStAPK, Rep. 76 III, Sekt. 1, Abt. XIIIa, Nr. 49, Bd. 1, Bl. 345 f. – Die wichtigste judenfeindliche Schrift dieser Zeit stellt zweifellos Hermann Wageners Broschüre *Das Judentum und der Staat*, Berlin 1857, dar. Nach Wagener (ebenfalls Jurist) folgt das Postulat, daß Juden niemals „Funktionäre" des Staates werden können, aus der „Naturnotwendigkeit des christlichen Staates" (*ebda.*, S. 67).

[63] [Anonym,] *Juden können nicht Richter sein. Ein Wort zur Berücksichtigung von einem preußischen Richter*, Berlin 1859.

fremden Nationalcharakters „in manchen Sachen nicht Recht finden" könne. Die „zerstörende Zugluft des Liberalismus" seit 1848 und „Christi Feinde", die Juden, drohten das Prinzip des christlichen Staates auszuhöhlen; Juden müßten nicht nur weiterhin von Richterämtern ausgeschlossen bleiben, sondern dürften schon als Assessoren keinerlei richterliche Funktionen ausüben; (liberale) Kammermajoritäten dürften für die juristische Interpretation von Gesetzen keine Autorität darstellen.[64] Die Schrift erreichte wohl kaum größere Verbreitung, sie dürfte indes von preußischen Beamten gründlicher gelesen worden sein.

Die relativ wenigen judenfeindlichen Wortmeldungen in Form eigenständiger Publikationen im Preußen der 1850er und 1860er Jahre, überwiegend aus dem Umkreis der „Kreuzzeitungs-Partei" um Hermann Wagener, Bruno Bauer und erzkonservativer junkerlich-adliger Kreise, sprachen sich in der Regel nur allgemein gegen Juden im Staatsdienst aus, da von jenen bis dahin höhere Positionen kaum erreicht worden waren.[65] Die Teilhabe der Juden (als Rittergutsbesitzer) an den Relikten ständischer Patrimonial-Rechte und ihre Zulassung zu Kreis- und Provinziallandtagen – den schwindenen Machtzentren des preußisch-konservativen Junkertums in den östlichen Provinzen – stand in den antijüdischen Pamphleten im Vordergrund.

Die wohl am beunruhigsten und umfassendsten auf ein zukünftiges neues Aufleben antijüdischen beziehungsweise antisemitischen Gedankengutes hinweisende Schrift unter dem Pseudonym H. Naudh, die 1859 erstmals unter dem Titel *Die Juden und der Deutsche Staat* veröffentlicht wurde, ihre eigentliche Verbreitung jedoch erst nach gründlicher Überarbeitung und Erweiterung unter „modernen" antisemitischen Gesichtspunkten in den 1880er Jahren erfuhr, führte scharfe judenfeindliche Behauptungen ins Feld. Im Zusammenhang mit der beschworenen drohenden Gefahr einer „Judenherrschaft", die immer mehr Macht akkumuliere, wurde in den frühen Auflagen auf das beabsichtigte Eindringen der Juden in

64 *A. a. O.*, S. 32.

65 Die private Eingabe eines Leutnants a. D. aus Elbing gegen die Zulassung von Juden zu Staatsämtern vom 29. März 1859 bzw. ihre Wiederholung am 27. März 1860 (vgl. GStAPK, Rep. 84a, Nr. 11946, Bl. 160–161 bzw. 203), die J. Toury als Beleg für eine verschärfte Hetze gegen die Anstellung von Juden im preußischen Staatsdienst anführt (vgl. J. Toury, *Soziale und politische Geschichte*..., S. 313), dürfte im Gesamtzusammenhang von geringerem Gewicht gewesen sein, weshalb ihr der von Toury angenommene gesellschaftliche Stellenwert nicht beizumessen ist.

staatliche Ämter und die Aneignung ständischer Privilegien warnend hingewiesen.[66]

Das Ringen um die Durchsetzung der im Ergebnis der Revolution von 1848/49 erreichten bürgerlichen und staatsbürgerlichen Rechte einschließlich des prinzipiell freien Zugangs aller fachlich Befähigten zu öffentlichen Ämtern war im nachrevolutionären Preußen zu einem zentralen Punkt in der Auseinandersetzung um gesellschaftliche Führungspositionen geworden. Dieser war primär Ausdruck eines politischen Machtkampfes des an der Staatsspitze verbliebenen, überwiegend restaurativ-illiberalen Junkertums und der wirtschaftlich aufstrebenden, aber an der politischen Macht nur unzureichend beteiligten bürgerlich-liberalen Kräfte.

Eine verstärkte industrielle Entwicklung und damit verbundene Veränderungen in der ökonomischen und sozialen Struktur des preußischen Staates machten Ende der 1850er Jahre immer deutlicher, daß die bestehende spezifische Form der junkerlich-monarchistischen Staatsführung verändert werden und die Abwehrfront zur Bekämpfung aller Angriffe auf die junkerliche Vormachtstellung durch einen konzessionsbereiten Teil des Adels gelockert werden mußte. Eine weitere Stabilisierung der bisherigen Machtstrukturen in den 1860er Jahren war kaum realisierbar, wollte man deren Grundlagen erhalten.

Bisher hatte das gesellschaftliche Kräfteverhältnis die politisch konservativsten Kräfte zwar daran gehindert, die Verfassung aufzuheben, aber es war möglich geblieben, sie in einer Reihe von Details zu ignorieren.[67] Das Junkertum mußte sich nach 1848 mit dem

[66] H. Naudh, *Die Juden und der Deutsche Staat*, 5. Aufl., Berlin-Posen 1862, S. 6. Hier heißt es – innerhalb eines breiteren Kontextes – konkret nur: „Sie wollen Richter, Offiziere und Kirchenpatron werden, ständische Rechte ausüben und in die Verwaltung eindringen." In den Auflagen ab 1879 wurde dem Text u. a. neu hinzugefügt: „Es ist ein altes germanisches (Rechts-)Prinzip, daß der Deutsche nur von Seinesgleichen gerichtet werden könne" (*a. a. O.*, 10. Aufl., Berlin 1879, S. 25 bzw. 11. Aufl., Chemnitz 1883, S. 29). Das Außerachtlassen der gravierenden Unterschiede zwischen den Auflagen aus den 1850/60er Jahren und späteren, antisemitisch stark erweiterten Ausgaben der Schrift führte u. a. A. Brammer zu der Behauptung, daß Vertreter der christlichen Staatsideologie in dieser Zeit den Ausschluß der Juden vom öffentlichen Leben auch mit rassistischen Anschauungen motiviert hätten (vgl. A. Brammer, *Judenpolitik und Judengesetzgebung...*, S. 382).

[67] Karl-Heinz Börner, *Die Krise der preußischen Monarchie von 1858 bis 1862*, Berlin 1976, S. 23.

geschaffenen konstitutionellen Tatbestand abfinden und akzeptierte die Verfassung, wie Friedrich Julius Stahl es damals treffend formulierte, als eine Möglichkeit, weil sie keine Wirklichkeit war.[68] Doch im November 1858 errangen die Liberalen bei den Wahlen zum Landtag einen überwältigenden Sieg – die konservative Mehrheit im Abgeordnetenhaus war damit aufgelöst.

Mit der Politik der „Neuen Ära" kam es seit November 1858 unter dem neuen Kabinett Karl Anton Fürst von Hohenzollern-Sigmaringens zu einer liberaleren Behandlung der Ämterfrage im Staatsministerium, indem man die Bestimmungen der Verfassung zunehmend als verbindlichen Rechtsboden des Staates anerkannte. Hatte die alte Regierung mit Ministerpräsident Manteuffel, flankiert von den Ministern Westphalen und Simons, versucht, Teilergebnisse der Revolution von 1848 auf legislativem Wege wieder aufzuheben oder sie administrativ auszuhöhlen, um damit ein rasches Fortschreiten der bürgerlichen Umgestaltung auf politischer Ebene zu blockieren, bekannte sich die Mehrheit der Minister im neuen Staatsministerium zu (gemäßigt) konservativ-liberalen Grundsätzen und den verfassungsmäßigen Normen. Nur Justizminister Simons wurde aus dem alten Staatsministerium übernommen.

Im Monat zuvor hatte Prinz Wilhelm die Regentschaft anstelle des regierungsunfähigen Friedrich Wilhelms IV. übernommen. Die erwartete allgemeine und umfassende liberale Umgestaltung des preußischen Staates mit dem politischen Kurswechsel blieb jedoch aus. Das Staatsministerium hatte zwar die Initiative ergriffen, sich aber gegenüber den retardierenden Kräften im Staat, dem konservativen Kabinett um Wilhelm (I.) und den zunehmenden Differenzen im Ministerium selbst als zu schwach erwiesen. Die liberal-konservative, „konstitutionelle" Gruppierung im Ministerium mußte scheitern. Im Frühjahr 1862 fand das politische Intermezzo mit der Entlassung der liberalen Minister ein frühes Ende.

Doch hatte sich in dieser Periode in der Politik gegenüber jüdischen Staatsdienstbewerbern einiges bewegt. Den Anstoß dazu gab eine Petition Abraham Sutros, des Rabbiners von Münster, der seit 1853 einen systematischen Kampf gegen die Zurücksetzung der Juden im preußischen Staatsdienst im allgemeinen und im Justizdienst im besonderen durch Petitionen führte, die er alljährlich an

[68] Friedrich Julius Stahl, *Siebzehn parlamentarische Reden*, Berlin 1862, S. 29; K. H. Börner, *Die Krise...*, S. 23.

das preußischen Abgeordnetenhaus richtete. Unmittelbarer erster Anlaß für das beharrliche Einklagen verfassungsmäßig gewährleisteter Rechte war vermutlich das Schicksal seines eigenen Sohnes Baruch, der nach der Entlassung als Jude aus dem Baufach während der Reaktionszeit ins Ausland ging und bald darauf starb. Gleichzeitig war mit einer vom Magdeburger Rabbiner und Herausgeber der *Allgemeinen Zeitung des Judentums*, Ludwig Philippson, organisierten Petition von 172 preußischen Synagogengemeinden beim Staatsministerium beantragt worden, den Gleichstellungsartikeln der Verfassung ihre volle Ausführung, vor allem bezüglich der rechtlichen Befähigung der Juden zum Staatsdienst, zu sichern.

Die genannten Petitionen führten alle wesentlichen Punkte der Verkümmerung der Artikel 4 und 12 der Verfassungsurkunde an:

- die Verschränkung der juristischen Laufbahn durch Reskripte vom 9. Oktober 1851 und 10. Juli 1857;
- die in der Praxis versagte Zulassung zu Lehrämtern an Lehranstalten aller Art und in den Lehrfächern, zu denen selbst das Gesetz vom 23. Juli 1847 sie für befähigt erklärt hatte;
- die Nichtzulassung zum Schulzenamt durch Reskript vom 17. Juli 1853;
- die Ausschließung von Feldmessern im Baufach durch Ministerialerlasse vom 9. Oktober 1852 bzw. April 1853 sowie die Ausschließung vom (ständischen) aktiven und passiven Wahlrecht auf Kreis- und Provinziallandtagen.

Die jüdischen Gemeinden beantragten, alle diese Einschränkungen dadurch zu beseitigen, daß sämtliche die bürgerlichen und staatsbürgerlichen Rechte der Juden betreffenden Bestimmungen des Gesetzes vom 23. Juli 1847 durch die Verfassungsurkunde (Artikel 4 und 12) für aufgehoben erklärt und Artikel 12 unter Aufhebung der diesem zuwiderlaufenden Ministerialreskripte ohne irgendwelche Einschränkungen zur vollen Anwendung gebracht werden sollte.[69]

[69] Petition Sutro vom 15. Februar 1859, Magdeburger Petition vom 1. März 1859; Verhandlungen dazu siehe in: *StBPrA* vom 23. März 1859. Die Magdeburger Eingabe fordert darüber hinaus, den besonderen gerichtlichen Judeneid als entwürdigend und zweckwidrig aufzugeben und ferner einige zivilrechtliche Angleichungen an allgemein geltendes bürgerliches Recht (betreffend Eheschließung, jüdische Feiertage in Strafanstalten, Gemeindebeamten-Steuerbefreiung, Erziehungsrecht und jüdische Lehrerausbildung) vorzunehmen.

In der preußischen Reaktionsperiode waren die Petitionen unbeachtet und wirkungslos geblieben; erst nachdem Ende 1858 eine liberale Mehrheit ins Abgeordnetenhaus eingezogen war, kam es in den beiden folgenden Jahren zu eingehenden Debatten über die Zulassung der Juden zum Richteramt. Durch Beschluß des neu formierten Hauses wurde im März 1859 erstmals über eine Petition Sutros, worin hauptsächlich über die den jüdischen Staatsangehörigen mehrfach versagte Zulassung zu öffentlichen Ämtern Beschwerde geführt worden war, verhandelt und der königlichen Staatsregierung „zur Berücksichtigung" überwiesen.

In seinem umfangreichen Votum für die Staatsministerialsitzung vom 15. September 1859 aus diesem Anlaß erklärte der liberale Innenminister Maximilian Graf von Schwerin-Putzar diese Frage für ein dringend anstehendes Problem, das einer eingehenden und prinzipiellen Erörterung im Staatsministerium bedürfe, „wenn die Regierung sich nicht dem Vorwurf dilatorischen Schwankens und mangelnder Offenheit aussetzen wolle". Die bisher geübte Praxis sei „nicht ganz verfassungsmäßig" gewesen und die nachhaltigen Beschwerden darüber daher nicht völlig unbegründet. Schwerin hielt alle Punkte der Petitionen, die sich darauf bezogen, für stichhaltig, erhoffte die Zurücknahme aller entsprechenden benachteiligenden Erlasse und bemerkte – mit gezielter Polemik gegen den Justizminister –, daß es „jedenfalls den Forderungen der Gerechtigkeit besser zu entsprechen scheint, durch Beseitigung der konfessionellen Eidesformel im Gebiete der Justiz den jüdischen Staatsangehörigen zu ihrem verfassungsmäßigen Recht, auch Richterämter bekleiden zu dürfen, zu verhelfen, als aus ihrer Nichtbefähigung zu einer der zahlreichen richterlichen Funktionen ihre völlige Ausschließung aus dem Richteramt herzuleiten".[70] Solche Töne hatte man im preußischen Staatsministerium noch nicht gehört!

In Schwerins Votum findet sich erstmals in nachrevolutionärer Zeit ein umfassendes Plädoyer eines preußischen Ministers für die vollständige Gleichstellung der Juden in allen gesetzlichen Rechten.

[70] GStAPK, 2. 5. 1., Nr. 7411, Bl. 155. – Graf von Schwerin-Putzar hatte sich bereits als Deputierter der Pommerschen Ritterschaft auf dem Vereinigten Landtag von 1847 ausdrücklich für eine vollständige Emanzipation der Juden ausgesprochen und die Überzeugung geäußert, daß das zu diesem Zeitpunkt noch zukünftige Gesetz von 1847 nicht lange vor dem historischen Fortschritt bestehen werde (vgl. Eduard Bleich [Hrsg.], *Der Erste Vereinigte Landtag für Berlin*, T. 1, Berlin 1847, S. 994).

Jedoch nur Finanzminister Robert von Patow schloß sich ihm knapp in allen wesentlichen Punkten an. Simons, von der Heydt und Bethmann-Hollweg hielten es in dieser Frage mit den Konservativen und zeigten keinerlei Bereitschaft zu Veränderungen des bestehenden Zustandes.[71] Simons verharrte starr bei seiner Position, daß es vor allem wegen der „dem germanischen Charakter nicht gemäßen Eigenthümlichkeiten" der Juden „höchst bedenklich" wäre, ihnen Richterämter zu übertragen.[72] Er mußte jedoch soweit nachgeben zu versichern, daß jüdischen Aspiranten der Zugang zu subalternen Justizbeamtenstellen und Justizkommissarien offengehalten und zu diesem Zweck die Verfügung von 1857 eventuell aufgehoben werden könne.[73]

In der sich anschließenden Beratung des Staatsministeriums über das Thema schob man die Klärung aller prinzipiellen Fragen schließlich auf und entschied, sie „vorläufig auf sich beruhen zu lassen". Die Staatsregierung stellte dabei erneut die These auf, daß die allgemeinen grundrechtlichen Bestimmungen der Verfassung spezielle Gesetze nicht aufgehoben hätten und nicht aufheben könnten, vielmehr nur anzeigen sollten, welchen Gang die Gesetzgebung zu nehmen habe. Zu diesen nur allgemein richtungweisenden, nicht unmittelbar gültigen oder gar einklagbaren Rechten gehörten auch die Verfassungsartikel 4 und 12; bis zum Erlaß von Ausführungsbestimmungen zur Verfassung seien daher einige Bestimmungen des Gesetzes vom 23. Juli 1847 noch in Kraft.[74]

Mit dieser Gesetzesinterpretation fuhr die Mehrheit des Staatsministeriums fort, die unmittelbare Rechtswirksamkeit der Verfassung abzuzulehnen und ihren Inhalt zu negieren. Von diesem Standpunkt aus konnten auch die betreffenden Ressort-Minister alle restriktiven und diskriminierenden Reskripte zur Fernhaltung der Juden von staatlichen Ämtern aus den Jahren 1851 bis 1857 aufrechterhalten und den Vorwurf eines Verfassungsbruchs zurückweisen.

Durch die sich häufenden Petitionen und die Verhandlungen der Petitionskommission und des Plenums des preußischen Abgeordnetenhauses darüber wiederholt mit dem Problem konfrontiert, mußte das Staatsministerium am 4. Januar 1860 jedoch noch einmal zusam-

[71] GStAPK, 2. 5. 1., Nr. 7411, Bl. 176 ff.
[72] GStAPK, Rep. 90, Nr. 499, Bl. 60.
[73] *A. a. O.*, Bl. 89 ff.
[74] Beratung des Staatsministeriums vom 14. Dezember 1859, *ebda.*

mentreten, um über die für das weitere Vorgehen maßgebende Frage abzustimmen, ob der Ämter-Paragraph (§ 2) des Gesetzes von 1847 durch Verfassungsartikel 12 (und 109) als aufgehoben zu betrachten sei.[75] Mit dieser Abstimmung sollte eine feste Diskussionsgrundlage für die schon vorauszusehenden unumgänglichen Entscheidungen der Regierung zu diesem Problemkreis geschaffen werden. Die Frage wurde grundsätzlich mit sechs zu vier Stimmen bejaht, also im Sinne der Verfassung beantwortet (die Minister, die es vorzogen, an der vorrevolutionären Judengesetzgebung festzuhalten, waren Simons, von Roon, von der Heydt und Bethmann-Hollweg).[76] Dies bedeutete immerhin, daß von der Mehrheit der in der Beratung anwesenden Minister nun die Bestimmungen des Artikel 12 der Verfassung – zumindest theoretisch – als unmittelbar wirksamer und sofortige Anwendung fordernder Rechtssatz anerkannt worden war, neben dem zuwiderlaufende Vorschriften einer früheren Spezialgesetzgebung (in diesem Falle das Gesetz vom 23. Juli 1847 mit den dort verordneten Rechtsbeschränkungen der §§ 2–3) nicht fortbestehen konnten.

Mit diesem regierungsinternen Beschluß wurde der Rechtsanspruch der Juden, unter gleichen Voraussetzungen wie christliche Bewerber zu Staatsämtern zugelassen zu werden, „in abstracto" anerkannt, sofern diesem nicht die Bestimmungen der Artikel 4 und 14 (fachliche Qualifikation und unmittelbarer christlich-religiöser Bezug) entgegenstünden.[77] Mit der definitiven Anerkennung dieses Grundsatzes wurde auch die Anerkennung der preußischen Juden als vollberechtigte Staatsbürger bekräftigt. Der Staatsministerialbeschluß vom 4. Januar 1860 kann deshalb als eine gewisse Zäsur in der Behandlung der Judenfrage angesehen werden. Damit war ein mehrheitlicher Grundkonsens in der bis dahin strittigsten Frage innerhalb der Regierung in der Judenpolitik erreicht, der als Grundlage für weitere Beratungen und Diskussionen von positivem Einfluß sein konnte. Außerdem fiel damit ein Hauptargument der Emanzipa-

[75] Dies bezieht sich auf den Passus des Art. 109 der Verfassung, der lautet: „ ... *alle Bestimmungen der bestehenden Gesetzbücher, einzelne Gesetze und Verordnungen, welche der gegenwärtigen Verfassung nicht zuwiderlaufen, bleiben in Kraft, bis sie durch ein Gesetz abgeändert werden*".

[76] GStAPK, Rep. 90, Nr. 499, Bl. 96 ff.; GStAPK, 2. 5. 1., Nr. 7411, Bl. 223 f.

[77] Bericht des Staatsministeriums an den Prinzregenten vom 6. Januar 1860, GStAPK, 2. 2. 1., Nr. 23684, Bl. 91 ff., bzw. 2. 5. 1., Nr. 7411, Bl. 229 ff.

tionsgegner innerhalb der Diskussionen auf Regierungsebene weg: Die Befürworter fortdauernder staatlicher Restriktionen gegenüber jüdischen Beamtenanwärtern konnten sich jetzt nur noch auf Artikel 14 der Verfassungsurkunde berufen, wenn sie ihrer Meinung den Charakter einer streng juristischen, „wissenschaftlichen" Disputation über Rechtsnormen geben wollten – was unter den Ministern allgemein angestrebt wurde.

Über die Grundsatzentscheidung hinaus wollte jedoch die Regierung damals ein unmittelbares Bedürfnis nicht anerkennen, die Ausnahmen von der Regel einer Anstellungsfähigkeit der Juden in bezug auf Beamtenstellen, die sich aus dem umstrittenen Artikel 14 ergeben könnten, definitiv festzulegen, und beschloß vielmehr, es dem Ermessen der einzelnen Ressort-Chefs bis auf weiteres „nach Gelegenheit und Bedürfnis" zu überlassen, welche Kategorien öffentlicher Ämter jüdischen Bewerbern zu gestatten seien.[78] Damit blieb man wieder auf halbem Wege stehen, denn es war nicht zu erwarten, daß die negativ votierenden Minister – unter ihnen Justiz- und Kultusminister –, eine Änderung ihrer Anstellungspraxis beziehungsweise die Aufhebung ihrer restriktiven Verordnungen von sich aus einleiten würden. So fand der festgestellte Grundsatz dann auch nur im Ressort des liberalen Innenministers von Schwerin eine praktische Vermittlung, indem durch einen Runderlaß vom 3. Februar 1860 die den Juden bis dahin verwehrte, mit einem möglichen Grundbesitz verbundene persönliche Ausübung polizeiobrigkeitlicher Gewalt und die Verwaltung des Dorfschulzenamtes ermöglicht wurde (dies zum Teil nur als Sanktionierung in der Praxis bereits bestehender Zustände). Diese vergleichsweise geringe Erleichterung, die nur wenige jüdische Rittergutsbesitzer betraf und historisch Relikte ständischer Rechte wieder auf diese ausdehnte, bedeutete nicht nur die Erledigung zahlreicher diesbezüglicher Beschwerden, sondern war in den Augen des Ministers zugleich ein Schritt, das „ungleichmäßige Schwanken des Rechtszustandes innerhalb der östlichen Provinzen" einzudämmen.[79]

[78] GStAPK, Rep. 90, Nr. 499, Bl. 96 ff.; GStAPK, 2. 5. 1., Nr. 7411, Bl. 229 ff.

[79] GStAPK, 2. 2. 1., Nr. 23684, Bl. 91 ff. – In den Regierungsbezirken Oppeln, Breslau, Frankfurt und Potsdam gab es zum Teil schon seit zehn Jahren jüdische Ortspolizeigewalt (z. B. den jüdischen Dorfschulzen Friedländer zu Französisch-Buchholz bei Berlin seit 1848), die diese Funktionen „ohne irgend welche Beschwerden oder Mängel" ausübten (Bericht des Staatsministeriums an den Prinzregenten, *ebda.*); zu-

Bald darauf war den preußischen Juden die Anstellung als Feldmesser und im Staatsbaufach genehmigt worden.[80] Es muß angenommen werden, daß durch die Entscheidung des Staatsministeriums auch das Zirkularreskript des früheren Innenministers von Westphalen vom 6. Oktober 1851, durch welches die Behörden angewiesen worden waren, Juden niemals ohne Genehmigung der Ministerien anzustellen, aufgehoben war.

Alle Entscheidungen wurden wohlweislich mittels Ministerialreskript, nicht auf legislativem Wege bewirkt; nicht nur, weil es sich ja eigentlich nur um eine nachträgliche Anerkennung des gesetzlich-verfassungsmäßigen Zustandes handelte, der jahrelang ignoriert worden war, sondern auch, weil eine staatlich-gesetzgeberische Handlung nicht nur öffentliches Aufsehen, sondern auch eine Beratung des Gesetzentwurfs im Abgeordnetenhaus bedeutet hätte, welches diesen möglicherweise verworfen und anläßlich der Beratungen umfangreichere oder vollständige Rechte für die Juden gefordert hätte. In einen solchen Konflikt wollte sich die Regierung – durch die politische Konstellation sowieso schon zwischen zwei Fronten stehend – nicht gestürzt sehen.

Justizminister Simons, noch immer im Amt, weigerte sich indessen auch nach dem Staatsministerialbeschluß weiter hartnäckig, die Bestimmungen des Gesetzes von 1847 als aufgehoben zu betrachten, obgleich er von seinem alten Argument, die Verfassung beeinträchtige nicht frühere Spezialgesetze, in diesem Falle in der Öffentlichkeit keinen Gebrauch mehr machen konnte, ohne die Regierung zu kom-

dem war in Westfalen und in der Rheinprovinz durch neue Gemeindeordnungen von 1856 für Gemeindevorsteher und Bürgermeister das christliche Bekenntnis nicht mehr Grundvoraussetzung. – Zu Dorfschulzen vor 1848 vgl. ferner S. (Jersch-)Wenzel, *Jüdische Bürger und kommunale Selbstverwaltung...*, S. 166.

[80] Die diesbezüglichen Reskripte von 1851, 1853 und 1856 wurden durch Zirkular-Erlaß vom 14. Februar 1859 außer Kraft gesetzt. – Bereits im Februar 1859 war durch eine persönliche Initiative von Schwerins interimistischem Amtsvorgänger, Eduard von Flottwell, jüdischen Rittergutsbesitzern die Ausübung ständischer Rechte gestattet und gegensätzliche Reskripte aufgehoben worden. Besonders zum speziellen Problem der Wahrnehmung des Stimmrechts auf Kreistagen durch jüdische Rittergutsbesitzer wurde in der Petitionskommission des Abgeordnetenhauses und im Herrenhaus mehrfach heftig debattiert; vgl. u. a. die Verhandlungen in der II. Kammer bzw. im Abgeordnetenhaus zur Beschwerde Friedländer in den Jahren 1854/55 und Kempner 1857/58 sowie die Debatten zur Petition Blumenthal-Luckow im Herrenhaus, Sitzungen am 23. und 24. März 1860 (*Stenographische Berichte* ..., S. 265 ff.).

promittieren. Er bemühte sich jetzt noch konzentrierter, eine Zulassung von Juden zu Richterämtern unbedingt zu verhindern. Noch im April 1860 ließ er – als Teilnehmer an den Verhandlungen des Abgeordnetenhauses – verlauten, ein jüdischer Richter könne niemals den christlichen Eid abnehmen, „weil der göttliche Stifter unserer Religion von den Juden gekreuzigt worden ist", und verstieg sich – unter Ignorierung aller in der Praxis bereits gemachten Erfahrungen mit jüdischen Beamten – zu Erörterungen mosaischen Rechts, das die Arbeit jüdischer Beamter am Sabbat unmöglich mache und deshalb mit den Dienstpflichten eines preußischen Beamten unvereinbar sei. Wie Simons kaum unbekannt geblieben sein dürfte, waren dagegen mehr als einmal vom Ministerium ausdrücklich gegenteilige Berichte der Unterbehörden zur Kenntnis genommen worden, und schon bei Napoleons Großem Sanhedrin im Jahre 1807 war diese Ansicht von führenden Rabbinern öffentlich auch theoretisch-theologisch widerlegt worden.[81] Ungeachtet dessen hatte bereits der Bericht der Petitionskommission des Abgeordnetenhauses Simons' unverrückbaren Grundsatz verzeichnet, daß Juden zu Richterämtern nicht zuzulassen seien, weil sie nicht imstande wären, alle ihnen in dieser Funktion obliegenden Pflichten zu erfüllen, nämlich christliche Eide abzunehmen und am Sabbat beziehungsweise an jüdischen Feiertagen zu arbeiten.[82] Als er sich zur Rechtfertigung seiner Ansichten wieder einmal auf „Vorurteile des Volkes" berief, war es der bekannte Altliberale Georg Freiherr von Vincke, der den Justizminister darauf hinwies, daß es dann Sache der Obrigkeit sei, das ununterrichtete Volk über die Rechte der Juden zu belehren.[83]

Eines der häufigsten unmittelbaren Gegenargumente zur behaupteten Unmöglichkeit einer Eidesabnahme durch Juden war die wiederholt von liberalen Befürwortern der vollständigen Judenemanzipation vorgetragene Tatsache, daß dem Eid eines Katholiken vor einem protestantischen Richter, ebenso wie im umgekehrten Falle, keine Bedenken entgegengesetzt würden, obwohl sich die Eidesformeln unterschieden; der Eid könne sogar von Dissidenten geleistet werden; lediglich die Konfession des Eidesleistenden sei bei der

[81] *StBPrA*, Sitzung am 25. April 1860, S. 868.

[82] Bericht der Petitionskommission des Abgeordnetenhauses vom 22. März 1860 (in den Drucksachen der *StBPrA*).

[83] *StBPrA*, Sitzung am 25. April 1860, S. 876.

Eidesfrage relevant.[84] Schon in früheren Landtagsverhandlungen hatte der Abgeordnete Simson darauf verwiesen, daß, sei nur das Eides-Argument ein Anstellungshindernis, Juden der Zugang zur Staatsanwaltschaft ohne weiteres möglich sein müsse, da hier gewöhnlich keine Eide abgenommen würden.[85] Damit wurden die Theorien der Gegner einer vollen Emanzipation der Juden als Scheinargumente entlarvt. Es wurde deutlich, daß jene die angestrebte objektiv-juristische Ebene der Diskussion verlassen hatten und weiterreichende Vorbehalte gegen eine vollständige Judenemanzipation als nüchtern konfessionelles Problem erscheinen lassen wollten.

In derselben Sitzung des Abgeordnetenhauses zeigte sich, daß von den Zentralbehörden offenbar förmlich Buch über die „Bekehrungen" jüdischer Amtskandidaten geführt wurde. Der Justizminister hob in den Erörterungen seiner Rechtspraxis hervor, daß sich die Zahl der etwa 70 bis 80 jüdischen Aspiranten, die sich derzeit im Justizdienst befänden, um sieben, die zum christlichen Glauben übergetreten seien, vermindert habe.[86] Er war offenbar guter Hoffnung, auf die bewährte Weise einer administrativ-diskriminierenden Behandlung solcher Kandidaten und der Aussichtslosigkeit einer Anstellung dem Christentum weitere Täuflinge zuführen zu können.

Von diesen 70 bis 80 jüdischen Justizaspiranten hatte Simons bis dahin nur vier zur Rechtsanwaltschaft beziehungsweise zum Notariat zugelassen.[87] Nach seinen Worten hatte es bis dahin noch keiner der jüdischen Justizkandidaten unternommen, um eine Zulassung zum allgemeinen Verwaltungsdienst nachzusuchen.

Im Sommer 1859 war Julius Kayser, der 1855 erster jüdischer Gerichtsassessor in Preußen geworden war, beim Kreisgericht Berlin als Rechtsanwalt und Notar zur Praxis zugelassen worden. Er war damit auch der erste jüdische höhere Justizbeamte außerhalb des

[84] Schon nach der *Allgemeinen Gerichtsordnung* von 1793 waren christliche Richter befugt, Eide von Juden und moslemischen sowie griechisch-orthodoxen Glaubensbekennern abzunehmen, obwohl sie deren religiöse Überzeugung nicht teilten.

[85] *StBPrA*, Sitzung am 23. März 1859, S. 492.

[86] *StBPrA*, Sitzung am 25. April 1860, S. 870.

[87] *Ebda.*; vgl. E. Hamburger, *Juden im öffentlichen Leben* ..., S. 42.

Vorbereitungsdienstes in Preußen.[88] Noch ein weiterer jüdischer Kammergerichts-Assessor wurde im Laufe des Jahres 1859 als Rechtsanwalt und Notar bestätigt: Assessor Herzfeld war wegen seiner politischen Aktivitäten während der 1848er Revolution in der Reaktionszeit einstweilig in „Ruhestellung" versetzt worden und hatte erst mit dem Einsetzen der „Neuen Ära" die Erlaubnis erhalten, sich als Anwalt beim Appellationsgericht in Insterburg niederzulassen.[89] Neben Kayser hatte Berlin mit Dr. Moßner seit Ende 1859 einen weiteren Rechtsanwalt jüdischen Glaubens, der seine Zulassung für einen kleinen Ort mit einer Berliner Stelle getauscht hatte.[90] Die – vermutlich fiktive – Meldung der *Allgemeinen Zeitung des Judentums* in dieser Zeit, der Minister des Innern, von Schwerin, habe geäußert, er würde sich freuen, recht bald einen jüdischen Landrat ernennen zu können, blieb ein unbestätigtes Gerücht – weniger wegen eines möglichen persönlichen Einwandes des Innenministers als wegen der politischen und gesellschaftlichen Voraussetzungen, die eine Anstellung von Juden in hohen Positionen der inneren Staatsverwaltung, die mit exekutiver Gewalt und höchstem Sozialprestige verbunden waren, noch auf Jahrzehnte – bis zum Ende des Kaiserreiches – unmöglich machte.[91]

Dennoch war mit der (Wieder-)Zulassung jüdischer Rechtsanwälte in Preußen nach 1848 ein erstes Signal des Erstarkens der bürgerlich-liberalen Kräfte und ihres Einflusses auf die staatlichen Belange und in der Justizverwaltung sichtbar. In der Bewertung dieser Entwicklung ist der Rückblick des Zeitgenossen Immanuel Heinrich Ritter, Prediger der liberalen jüdischen Reformgemeinde Berlin, auf *Die letzten zwölf Jahre* in Preußen im Jahre 1860 interessant. Das versöhnliche Fazit des Autors ist, „daß es mit einer befriedigenden Lösung der Judenfrage in Preußen zwar nicht so schnell geht als wir es wohl

[88] *AZJ*, 23. Jg., Nr. 32 vom 1. August 1859, S. 464. – Die CV-Zeitschrift *Im Deutschen Reich* meldete im November 1900 das 50jährige Dienstjubiläum Dr. Siegmund Meyers (geb. 1830), Justizrat und Vorsitzender des Vorstandes der jüdischen Gemeinde Berlin (*IDR*, 6 [1900], S. 593). Damit war offenbar die Zeit seit seinem Eintritt in den juristischen Vorbereitungsdienst (nach den Justizministerialakten 1851 und nicht 1850) gemeint. Ob er schon früher als Julius Kayser zum Justizkommissariat zugelassen wurde, oder ob er außerhalb Preußens als Anwalt tätig war, konnte hier nicht ermittelt werden.

[89] *AZJ*, 23. Jg., Nr. 50 vom 5. Dezember 1859, S. 722.

[90] *AZJ*, 23. Jg., Nr. 53 vom 26. Dezember 1859, S. 756.

[91] *AZJ*, 23. Jg., Nr. 50 vom 5. Dezember 1859, S. 722.

gewünscht hätten, daß aber auch zu Befürchtungen vor wesentlich rückgängiger Bewegung kein Grund gefunden werden kann"; eine Rückkehr zum allgemeinen Besseren seit der neuen Regierung werde auch die Angelegenheiten der Juden fördern.[92]

Auch die Regierungen anderer deutscher Bundesstaaten sahen sich zunehmend einem Erstarken der liberal-bürgerlichen Bewegung gegenüber; in Hamburg wurde am 28. September 1860 eine liberal-konservative Verfassung erlassen. Im Zuge dieser Maßnahme wurde mit dem bekannten Vorkämpfer der Judenemanzipation und Juristen Gabriel Riesser erstmals ein jüdischer Richter (Obergerichtsrat) in Hamburg ernannt. Riesser meldete sich im gleichen Jahr zum Thema *Die Rechte der Juden in Preußen* zu Wort und stellte demgegenüber fest: „Diese Sache hat jederzeit ihre Niederlagen, aber nicht immer die Siege der Freiheit geteilt."[93]

Neue Ansätze des Justizministers von Bernuth in der Diskussion um die Zulassung von Juden zum Richteramt in der „Neuen Ära" 1861/62

Erst unter dem neuen Justizminister August Moritz von Bernuth, der sein Amt als Nachfolger Simons' im Dezember 1860 antrat (dessen Amtszeit die „Neue Ära" jedoch nicht überdauern konnte) zeichnet sich mit dem Versuch, den besonderen Judeneid abzuschaffen und Juden sukzessive den Zugang zu richterlichen Ämtern zu ermöglichen, eine Bewegung im Justizministerium ab.[94]

Der sogenannte Judeneid war noch immer nach einem umfangreichen, verklausulierten Gesetzesabschnitt der Allgemeinen Gerichts-

[92] Immanuel Heinrich Ritter, *Die letzten Zwölf Jahre*, in: *Jahrbuch für die Geschichte der Juden und des Judenthums*, Bd. 1, Leipzig 1860, S. 101–138.

[93] *Gabriel Riessers Gesammelte Schriften...*, Bd. 3, S. 567. Zu Gabriel Riesser (1806–1863) vgl. Wilfried Fiedler, *Gabriel Riesser (1806–1863). Vom Kampf für die Emanzipation der Juden zur freiheitlichen deutschen Verfassung*, in: H. Heinrichs u. a. (Hrsg.), *Deutsche Juristen jüdischer Herkunft...*, S. 85–99; Fritz Friedlaender, *Das Leben Gabriel Riessers. Ein Beitrag zur inneren Geschichte Deutschlands im 19. Jahrhundert*, Berlin 1926.

[94] August Moritz von Bernuth (1808–1889) war 1859 Präsident des Appellationsgerichts in Posen, seit 1860 Mitglied des Herrenhauses und Kronsyndikus, ab 1867 Mitglied des Reichstags (Nationalliberaler).

ordnung von 1793 geregelt.[95] In der preußischen Nationalversammlung von 1848 waren Ansätze zur Einführung einer überkonfessionell-allgemeinen gerichtlichen Eidesformel gescheitert. Seit dieser Zeit waren bei der preußischen Regierung Petitionen von mehr als 500 jüdischen Gemeinden, also fast allen preußischen Synagogengemeinden, wegen Abschaffung der diskriminierenden, umständlichen und unzeitgemäßen Bestimmungen zur Ableistung des gerichtlichen Judeneides eingegangen.[96] Das Fehlen einer einheitlichen Eidesformel für alle Konfessionen oder Religionen beziehungsweise das Bestehen eines besonderen Eides für Juden hatte, wie bereits gezeigt wurde, Emanzipationsgegnern immer wieder als Rechtfertigung dafür gedient, daß Juden der Zugang zu all jenen Ämtern versperrt bleiben müsse, deren Ausführung mit der Abnahme christlicher Eide verbunden sein könnte, und jenen damit den Justizbereich weitgehend verschlossen (die Eidesleistungen auf die Verfassung und der Geschworeneneid wurden bereits in gleicher Form mit den Christen abgelegt). Der neue Justizminister begann im Januar 1861 seine beabsichtigte Verbesserung der Rechtslage der Juden mit diesem Punkte, der in den vorausgegangenen Monaten durch die Petitionskampagnen wieder ins Parlament und damit ins Bewußtsein einer breiteren Öffentlichkeit gedrungen war.[97]

Die Bemühungen Bernuths – dem einige vergebliche Vorstöße von Schwerins vorangegangen waren –, mündeten in einem Gesetz-

[95] Vgl. *Allgemeine Gerichtsordnung*, Teil I, Tit. 10, §§ 317 ff.

[96] Das Justizministerium gab die Zahl der bestehenden Synagogengemeinden in Preußen für das Jahr 1861 mit 576 an (vgl. GStAPK, Rep. 84a, Nr. 10567, Bl. 67). Siehe u. a. die Petitionen von fast 400 preußischen Synagogengemeinden auf Initiative der Berliner jüdischen Gemeinde aus dem Jahre 1850 (gesammelt in: GStAPK, Rep. 84a, Nr. 9274, Bl. 1–344 und Nr. 10565, Bl. 159 ff.). Von dieser Petitions-Flut offenbar beindruckt, erklärte sich Friedrich Wilhelm IV. daraufhin im Januar 1851 in einem widersprüchlichen Schreiben an das Staatsministerium zähneknirschend bereit, eine von den jüdischen Gemeinden vorgeschlagene einfache Eidesformel einzuführen, obwohl er „fortwährend die Überzeugung habe, daß die Masse der gemeinen Juden die nach der neuen Form abgelegten Eide als rechtliche Eide gar nicht ansehen wird". Selbst Justizminister Simons wies damals darauf hin, daß man die Angelegenheit beschleunigen solle, bevor die Zweite Kammer womöglich weitergehende Forderungen stelle – ohne daß es zu einem Ergebnis kam (vgl. *a. a. O.*, Bl. 201 f.).

[97] Insbesondere die von Philippson initiierte Magdeburger Petition vom 1. März 1859 und die (verspätet) von den Vorständen von 379 Synagogengemeinden beschlossene Petition vom 12. April 1860 wegen Abänderung der für die Eidesleistung der Juden bestehenden gesetzlichen Vorschriften.

entwurf, der die Prozedur des jüdischen Eides auf eine einfache und kurze Formel allgemeinen Charakters reduzieren wollte. Damit wäre noch keine auch wirklich allgemeingültige Eidesformel für alle preußischen Staatsbürger (wie es dem Antrag des Abgeordnetenhauses und den Vorstellungen Bernuths und Schwerins entsprochen hätte) entstanden, für das unmittelbar anstehende Problem aber Abhilfe geschaffen worden.[98]

Der Gesetzentwurf wurde im Abgeordnetenhaus fast einstimmig angenommen, vom Herrenhaus dagegen im Frühjahr 1862 als „zu weit gehend" verworfen; durch das aufschiebende Veto des Herrenhauses gelangte er nicht zur Verwirklichung. Der Entwurf ging – trotz fortdauernder Beschwerden über die mit dem alten Eid verbundenen Mißstände – in den folgenden konfliktreichen Jahren unter und kam erst 1867 als Teilgesetz zur Aufhebung des besonderen jüdischen Zeugeneides im Strafrecht zustande. Eine endgültige Klärung dieser Frage gelang erst mit dem preußischen Gesetz vom 15. März 1869 über eine allgemeine interkonfessionelle Eidesformel.[99]

Geradezu dramatisch gestaltete sich Bernuths zweites Vorhaben, Juden endlich den Zugang zu Richterämtern zu ermöglichen. In seinem ersten Gutachten dazu vom 17. Februar 1861 hielt er die bisherige Haltung seines Amtsvorgängers für „bedenklich". Er sah sich außerdem dem zunehmenden Druck der Öffentlichkeit und des liberal dominierten Parlaments ausgesetzt und glaubte, daß sich die baldige Erörterung des Gegenstandes nicht umgehen lassen werde, denn „wenn sich die bisherige Position nicht halten läßt, so erachte ich es für besser, sie freiwillig aufzugeben, als den Schein zu begründen, daß die Regierung dem Drängen des Abgeordnetenhauses nachgäbe". Es sei dabei die zwiespältige Situation der Regierung zu bedenken, die sich dem Abgeordnetenhaus gegenüber nicht auf das ihr ablehnend gegenüberstehende reaktionäre Herrenhaus stützen könne, während sie in prinzipiellen Verfassungsfragen mit ersterem übereinstimme. Damit hatte Bernuth knapp das allgemeine Dilemma beschrieben, in dem sich die „Neue-Ära"-Regierung befand.[100]

98 Motive zum Gesetzentwurf siehe in: *StBPrA* 1861, Drucksachen, Nr. 35.

99 Vgl. *Gesetz-Sammlung für die Kgl. Preußischen Staaten*, Berlin 1869, Nr. 26, S. 124; J. Toury, *Soziale und politische Geschichte...*, S. 338.

100 GStAPK, Rep. 90, Nr. 499, Bl. 151.

Bernuth diskutierte in seinem Votum noch einmal alle noch gängigen Vorbehalte, die gegen eine Zulassung jüdischer Justizaspiranten zum Richteramt geltend gemacht wurden. Das überaus zäh sich haltende, obgleich durch die Praxis in den letzten Jahrzehnten längst entkräftete Argument der Sabbat-Ruhe, wegen der ein jüdischer Bewerber angeblich seinen Amtspflichten nicht voll nachkommen könne, hielt Bernuth für wenig überzeugend und stichhaltig, zumal Klagen darüber nie bekannt geworden seien. Das aktuelle und nun zentrale Argument der Eidesabnahme wurde von ihm ebenfalls vollständig entkräftet: Die Eidesabnahme sei *keine* mit der Religionsausübung im Zusammenhang stehende Einrichtung des Staates im Sinne des Artikel 14 der Verfassung; es komme bei der Eidesleistung nicht auf die Überzeugung des Richters, sondern nur auf die des Schwörenden an.[101] Mit dieser Darlegung folgte er zahlreichen früheren Erklärungen liberaler Vertreter im Abgeordnetenhaus, wo das Problem bekanntlich mehrfach besprochen und alle Gegenargumente im Sinne einer vollständigen Emanzipation entkräftet worden waren. Er, so fuhr Bernuth fort, wolle zwar nicht leugnen, daß die Zulassung von jüdischen Richtern „nicht sehr wünschenswert" sei, da in der christlichen Bevölkerung „eine überwiegende Abneigung" gegen solche Anstellungen vorherrsche; er habe auch auf persönliche Gesuche jüdischer Gerichts-Assessoren um Verleihung einer Richterstelle bisher immer ausweichend geantwortet; nach sorgfältiger Prüfung sei er aber zu der Auffassung gelangt, daß Juden wegen ihres religiösen Bekenntnisses rechtlich der Zugang zu solchen Ämtern nicht versagt werden könne und ihre prinzipielle Ausschließung von Richterämtern nicht länger aufrechtzuerhalten sei.

Vom Justizministerium waren im Februar 1861 erneut aktuelle Zahlen jüdischer Beschäftigter im Justizdienst ermittelt worden. Danach gab es zu diesem Zeitpunkt in der preußischen Monarchie:

 7 jüdische Rechtsanwälte,
32 jüdische Gerichtsassessoren und
17 jüdische Referendare und Auskultatoren.

Von den Gerichtsassessoren war einer bei der Staatsanwaltschaft beschäftigt, alle anderen fungierten unbesoldet bei Gerichten erster Instanz, zum größten Teil im Bezirk des Kammergerichts Berlin; (mit

[101] *A. a. O.*, Bl. 160.

Abstand) an zweiter Stelle stand der Appellationsgerichtsbezirk Breslau.[102]

Vergleicht man diese mit den vom Justizministerium im Mai 1857 erhobenen Zahlen, tritt die Wirkung des diskriminierenden Ministerialreskripts vom 10. Juli 1857, das jüdische Rechtskandidaten (Universitätsabsolventen) gänzlich vom Justizvorbereitungsdienst ausgeschlossen hatte, deutlich hervor. Die Gesamtzahl jüdischer Rechtsaspiranten war – durch den künstlich erzeugten Mangel an Nachwuchs – absolut von 68 auf 49 Personen (um 28%) gesunken. Zu den vier noch unter Simons zugelassenen jüdischen Rechtsanwälten waren drei neue hinzugekommen.[103]

Bernuth betonte in seinem Gutachten noch einmal nachdrücklich, daß eine ausweichende Erklärung der Regierung angesichts der politischen Lage nicht mehr möglich sei; er sei vielmehr genötigt, eine eindeutige Ansicht auszusprechen, da man sonst einen neuen Vorstoß des Abgeordnetenhauses zu erwarten habe. Mit einem wiederholten Antrag zur Berücksichtigung der Petition Sutro würde sich deren politisches Gewicht deutlich erhöhen, und es sei damit zu befürchten, „daß bei den bevorstehenden Wahlen die Judenfrage eine erhebliche Bedeutung erlangen würde". Eine ablehnende Haltung der Regierung würde so der Opposition in die Hände arbeiten und neuen Stoff für regierungsfeindliche Diskussionen im Landtag liefern, „zumal gerade die sonst der Regierung so ergebene Partei des Abgeordnetenhauses [die „Wochenblatt-Partei" – B. S.] durch ihre Abweichung von der Regierung in einer prinzipiell so wichtigen Frage bei den Wahlen in eine schwierige Lage gerathen würde".[104]

102 *A. a. O.*, Bl. 161 f.

103 Unter den ersten jüdischen Rechtsanwälten befand sich Dr. Wilhelm Salomon Freund (1831–1915), der bereits seit dem 24. Oktober 1856 im Besitz seines Gerichtsassessor-Patents war. Er wurde am 15. Juli 1862 Anwalt und Notar in Breslau. Landesweit bekannt wurde er vor allem durch sein Abgeordnetenmandat im Reichstag von 1879 bis 1881 und als Mitglied des preußischen Abgeordnetenhauses von 1876 bis 1879 (vgl. E. Hamburger, *Juden im öffentlichen Leben...*, S. 296 f.; Inhaltsverzeichnis der Akte zu Wilhelm Freund, Leo-Baeck-Archives, New York). Im Jahre 1862 erhielt auch Hermann Makower (1830–1897) die Bestallung als Justizkommissarius (Rechtsanwalt). Makower wurde ein bekannter Vertreter der Berliner Anwaltschaft sowie des Vorstands des Juristentages; seit 1866 gehörte er der Repräsentantenversammlung der jüdischen Gemeinde Berlins an und war seit 1870 bis 1892 deren Vorsitzender. Auch sein Sohn, Felix Makower, wurde ein engagierter Anwalt und war letzter Vorsitzender des VdDJ (vgl. *Jüdisches Lexikon*, hrsg. von Georg Herlitz und Bruno Kirschner, Berlin 1927 ff.).

104 GStAPK, Rep. 90, Nr. 499, Bl. 162.

Auch wenn man in Rechnung stellen will, daß der Minister, um des Erfolgs seiner Sache willen, möglicherweise geneigt war, die Dinge etwas zu dramatisieren, lassen sein Votum und die relativ häufigen Staatsministerialsitzungen zu diesem Gegenstand doch den Schluß zu, daß die Bedeutung der preußischen Politik gegenüber jüdischen Staatsdienstbewerbern und die Rolle des Justizministers Bernuth in dieser historischen Phase Preußens in der wissenschaftlichen Literatur bisher unterschätzt wurde. Dies trifft auch auf die Wirkung der Sutroschen Petitionen zu; ihre regelmäßige (in Regierung und Abgeordnetenhaus bald schon erwartete) Wiederkehr und ihr betont sachlicher, auf juristische Argumente beschränkter Inhalt bewirkten ebenso regelmäßige Debatten im Abgeordnetenhaus über die Zulassung von Juden zu preußischen Staatsämtern, besonders zu Richter- und Lehrerstellen. Die eingeengte Sicht Sutros auf das Problem der Emanzipation als ausschließlich rechtliche Frage, als alleiniges Problem staatlicher Regelung und Gesetzgebung, ermöglichte wohl gerade deshalb die Akzeptanz seines Anliegens in weiten politischen Kreisen und die ministerielle „Verhandlungsfähigkeit" des Gegenstandes.[105]

Die permanente Überweisung der Petitionen durch das Abgeordnetenhaus an die Regierung „zur Berücksichtigung" und später „zur Abhilfe" versetzte diese in einen gewissen Zugzwang. Die Minister sahen sich zu einem Entschluß gedrängt, weil sie sonst die Behandlung der Frage in einer für sie ungünstigen Form durch das Parlament befürchten mußten. Bernuth schlug dem Staatsministerium schließlich vor, die einschränkenden Reskripte über jüdische Justizbewerber vom 9. Oktober 1851 und vom 10. Juli 1857 aufzuheben und einen schrittweisen Zugang von jüdischen Justizaspiranten zu richterlichen Ämtern zu ermöglichen.

Die übermäßige Verklausulierung der Vorschläge des Ministers und ihre ängstlich-zögernden, „pädagogisch" ausgerichteten Formulierungen erinnern an die Zeit der Frühphase der Emanzipation in der ersten Hälfte des 19. Jahrhunderts und bestätigten erneut die weitere Gültigkeit des staatlichen Konzepts einer langsamen, schrittweisen Gleichstellung der Juden, die von ihrer „Besserung" abhängig sein sollte – als staatliche Gunst ohne Rechtsanspruch, erlangt durch nachgewiesene

[105] Das gilt unabhängig von den persönlichen Intentionen und der Persönlichkeit Abraham Sutros. Vgl. abweichend Arno Herzig, *Judentum und Emanzipation in Westphalen*, Münster 1973, S. XIV und 43 ff.

Assimilationsfortschritte der jüdischen Bevölkerung – als der einzig praktizierten Form der preußischen Emanzipationspolitik bis 1869. Der Kontext der Äußerungen des Justizministers läßt jedoch auch die Vermutung zu, daß er angesichts des ihm bekannten Widerstands einiger Minister das politisch Machbare im Auge hatte und mit Rücksicht auf den dieser Frage äußerst skeptisch gegenüberstehenden Teil des Staatsministeriums von vornherein zu einem Kompromißvorschlag neigen mußte. Seine konkreten Vorschläge lauteten sinngemäß:

a) zunächst nur einzelnen und „nach ihrer Persönlichkeit besonders geeigneten" Gerichtsassessoren richterliche Funktionen zu übertragen;
b) diese wiederum zunächst nur kommissarisch einzusetzen;
c) dies unter Auswahl geeigneter Gerichtsbezirke und passender Orte sowie unter Ausschließung von Einzelrichter-Stellen;
d) unter Vorbehalt eines nach ca. sechs Monaten zu erstattenden Berichts über den Erfolg der Maßnahme.[106]

Doch selbst diese Mini-Reform, die nur von einer diätarischen, noch nicht von einer etatmäßigen festen Anstellung jüdischer Bewerber sprach, ging der Mehrzahl der höchsten Regierungsvertreter schon zu weit. In einer sich anschließenden Staatsministerialsitzung am 26. Februar 1861 wurde die mögliche Zulassung von Juden zu Richterämtern ausführlich beraten. Im Ergebnis der Abstimmung waren schließlich neben Bernuth vier Minister für dessen Vorschlag, fünf dagegen. Damit hielt es die Majorität für ratsamer, die Zulassung auch ferner zu verweigern.[107]

Bernuth mußte damit zunächst aufgeben und dem Staatsministerium versichern, sich weiter auf hinhaltende Erklärungen zu beschränken, hob jedoch wenigstens die Verfügung seines Amtsvorgängers von 1857 auf, um für ihm bevorstehende weitere Stellungnahmen vor dem Abgeordnetenhaus zumindest etwas vorweisen zu können; das Verbot zur praktischen Ausbildung jüdischer Absolventen eines Jurastudiums vom 10. Juli 1857 wurde von ihm daraufhin am 21. Mai 1861 zurückgenommen, die Verfügung von 1851 blieb bestehen.

Elf Monate später, im Januar 1862, unternahm der Minister einen zweiten Vorstoß in der Richterämter-Frage. Anlaß war diesmal die

[106] GStAPK, Rep. 90, Nr. 499, Bl. 160.

[107] *A. a. O.*, Bl. 163. Für Bernuths Vorschlag stimmten Schwerin, Pückler, der Vertreter Patows und Hohenzollern-Sigmaringen. Die Gegenstimmen kamen von Roon, Schleinitz, von der Heydt, Auerswald und Bethmann-Hollweg.

dritte Überweisung einer Sutroschen Petition an das Staatsministerium durch das Abgeordnetenhaus und die noch dringlicher gewordene Notwendigkeit, das Problem endlich grundsätzlich zu entscheiden, um jener Petition und wiederholten Anträgen jüdischer Gerichtsassessoren gegenüber eine festere Position zu gewinnen. Der in der ersten Diskussion im Staatsministerium zur Sprache gekommene Einwand der Sabbat-Ruhe, die jüdischen Beamten einen ordnungsgemäßen Dienst angeblich unmöglich machen würde, hatte Bernuth unterdessen veranlaßt, eine entsprechende Umfrage bei den Gerichten der Monarchie zu machen. Er erhielt keine diese Behauptung stützenden Berichte, dagegen mehrere ausdrückliche Hinweise auf die Zuverlässigkeit und den Diensteifer jüdischer Justizaspiranten.[108]

Im Januar 1862 erwähnt Bernuth in einem erneuerten Gutachten unter anderem ein Gesuch von 20 jüdischen Gerichtsassessoren aus Berlin, „unter denen sich mehrere befinden, welche, *wenn sie nicht jüdischen Glaubens wären, längst eine wenigstens diätarische richterliche Stellung hätten erhalten können*, während ihnen bei der Bewerbung um die zur Zeit allein ihnen zugänglichen Rechtsanwaltsstellen ... die Konkurrenz älterer christlicher Bewerber entgegengestanden hat".[109] Abgesehen davon, daß er wohl auch in der nächsten Landtags-Session wieder über den Gegenstand berichten müsse, komme die Beratung über den Gesetzentwurf betreffend die Handelsgerichte (beziehungsweise entsprechende Abteilungen an den bestehenden Gerichten) neu hinzu, denn ein Paragraph des vorliegenden Gesetzentwurfs lautete, daß die ehrenamtlichen Handelsrichter auch aus dem Kreis jüdischer Kaufleute gewählt werden können.

Der Justizminister trug dem Hauptargument der Gegner einer vollen rechtlichen Gleichstellung der Juden Rechnung, indem er versicherte, Anordnungen zu treffen, die jüdische (Hilfs-)Richter nicht in die Situation kommen ließen, christliche Eide abzunehmen. Um einen Andrang von Juden zu Richterämtern zu vermeiden, wolle er einzelnen Assessoren fortan auch die Beschäftigung bei der Staatsanwaltschaft gewähren.[110]

[108] Vgl. GStAPK, Rep. 84a, Nr. 11947, Bl. 137 ff.
[109] GStAPK, Rep. 90, Nr. 499, Bl. 176. – Hervorhebung von B. S.
[110] Inwieweit der Minister dabei eine nur diätarische oder auch eine mögliche etatmäßige Anstellung ins Auge gefaßt hatte, ist seiner Äußerung nicht zu entnehmen.

Zwei Wochen später versammelte sich das Staatsministerium zur Beratung dieses Antrages. Diesmal fiel die Abstimmung mit vier zu drei Stimmen zugunsten von Bernuths Vorschlag einer prinzipiellen Zulässigkeit der Anstellung jüdischer Richter aus, da Kultusminister Bethmann-Hollweg, der sich nun wohl seiner politischen Grundprinzipien besann, ebenfalls zögernd zustimmte.[111] Bernuths einzige Chance, den Antrag durchzubringen, war eine vermittelnde Behandlung der Angelegenheit gewesen, die auf die wenig flexible konservative Ministerminorität, die dem neuen Monarchen Wilhelm I. näherstand, Rücksicht nahm. Man einigte sich also auf eine stark beschränkte Form einer nur diätarischen, nicht definitiven Anstellung, die einen Kandidaten überdies nicht in die Situation bringen sollte, einem christlichen Zeugen den gerichtlichen Eid abzunehmen.[112] Durch die beabsichtigte Öffnung dieser Stellen sollte eine „unverkennbare Härte" gemildert werden. Juden waren bis dahin generell von (kommissarischen) Hilfs-Richterämtern ausgeschlossen worden, selbst bei der zweiten Abteilung der Kreisgerichte, bei denen Eidesleistungen in der Regel überhaupt nicht vorkamen.

In dem obligatorischen Bericht über diesen Beschluß an den Regenten vom Februar 1862, der die Maßnahmen rechtskräftig machen sollte, wurden die in früheren Erörterungen aufgetretenen Gegenargumente nochmals ausführlich entkräftet; dabei wurde sogar der Haupteinwand der Ministerminorität, die unmögliche Eidesabnahme, widerlegt und ad absurdum geführt, obwohl auch dieser Beschluß eine Beschneidung der Kompetenzen jüdischer richterlicher Beamter in der genannten Hinsicht vorsah. Diese Einschränkung der beabsichtigten zukünftigen Gerichtspraxis sei, wie man formulierte, mit Rücksichtnahme auf „das Gefühl, wie es in der christlichen Bevölkerung zur Zeit besteht", vorgenommen worden.[113]

Die Antwort Wilhelms I. kam schon am folgenden Tag und machte alle Hoffnungen zunichte: Der Monarch lehnte die Vorschläge des

[111] Staatsministerialbeschluß vom 25. Januar 1862, GStAPK, Rep. 90, Nr. 499, Bl. 179. Dem Antrag Bernuths auf Immediat-Vorstellung wegen dieser Frage stimmten Schwerin, Patow, Bethmann-Hollweg und Pückler zu. Von der Heydt, Roon und Bernsdorff waren dagegen.

[112] Siehe Nachtrags-Votum des Justizministers, betreffend die Zulassung von Juden zum Richteramt, vom 6. Februar 1862, *a. a. O.*, Bl. 181.

[113] Bericht des Staatsministeriums an den König vom 21. Februar 1862, in: *a. a. O.*, Bl. 187–198 bzw. GStAPK, 2. 2. 1., Nr. 23684, Bl. 125–136; vgl. ferner die kurze Darstellung dazu bei A. Brammer, *Judenpolitik und Judengesetzgebung...*, S. 387 f.

Staatsministeriums unumwunden ab und unterstützte statt dessen entschieden dessen Minorität.[114]

Bernuth zeigte sich jedoch überraschend hartnäckig. Auf seinen erneuten Antrag hin entschloß sich das Staatsministerium eine Woche später, am 1. März 1862, die Vorstellung beim König zu wiederholen – mit dem nachdrücklichen Hinweis auf die überwiegende Einstellung des preußischen Abgeordnetenhauses, welches die Regierung in der nächsten Plenums-Diskussion zu einer Erklärung verpflichten würde. Mit Genehmigung der ministeriellen Vorschläge zur Revision der Strategie in der zentralen Frage der Staatsanstellung dagegen würde, wie Bernuth betonte, für die nächsten Jahre ein „stetes Agitationsmittel gegen die Regierung" ausscheiden, zumal die Zulassung jüdischer Kaufleute als Handelsrichter inzwischen ausgesprochen sei, eine Maßnahme, die sich nur schwerlich in die bisherige Rechtspraxis integrieren lasse.[115] Eine königliche Anwort blieb aus.

Die Wendung kam mit dem Ende der „Neuen Ära", die in einer unüberwindlich werdenden Kabinettskrise und der königlichen Auflösung des aufbegehrenden Abgeordnetenhauses ihren Ausdruck fand. Auch die Amtstage von Bernuths waren seitdem gezählt; seine Ministertätigkeit endete im März 1862. Nachdem er hatte gehen müssen, konnte sein Nachfolger Leopold Graf zur Lippe – der in seinen Anschauungen eher dem reaktionären Simons nahestand und dessen politischen Kurs wieder aufzunehmen versuchte –, das Staatsministerium dazu überreden, die von Bernuth beantragte zweite Berichterstattung an den Monarchen „nunmehr ganz auf sich beruhen zu lassen und die diesbezüglichen Verhandlungen als erledigt zu den Akten zu nehmen", denn es sei ohne Frage, daß Juden nicht Richter werden könnten.[116] Der angestrebte neue innenpolitische Kurs war damit auch im Justizministerium beendet. Schon wenige Wochen nach seiner Amtsübernahme bestätigte der Nachfolger Bernuths dem Kammergericht auf dessen Anfrage, daß jüdischen Gerichtsassessoren nach wie vor nur ein beschränktes Stimmrecht zustehe.[117]

[114] GStAPK, Rep. 90, Nr. 499, Bl. 200.

[115] *A. a. O.*, Bl. 201 ff.

[116] Graf zur Lippe auf der Sitzung des Staatsministeriums vom 31. März 1862, *a. a. O.*, Bl. 216. – Leopold Graf zur Lippe-Biesterfeld-Weißenfeld (1815–1889) war vor seiner Berufung Oberstaatsanwalt am Berliner Kammergericht. Seine Amtszeit als Justizminister dauerte von März 1862 bis Dezember 1867.

Lediglich eine bemerkenswerte Anstellung eines jüdischen Juristen ist für das Jahrzehnt vor der Reichsgründung in unserem Zusammenhang noch nachzutragen: Am Ende des Jahres 1864 habilitierte sich Dr. Behrend in Berlin und wurde (nach Julius Rubo in der ersten Hälfte des 19. Jahrhunderts) erster Privatdozent jüdischen Glaubens an einer juristischen Fakultät im nachrevolutionären Preußen. Bis dahin hatte das Kultusministerium den Erwerb eines juristischen Doktorgrades und einen Zugang von Juden zum Lehramt beharrlich mit der Begründung abgelehnt, daß diese nicht Doktoren des Kirchenrechts werden könnten.[118] Jacob Friedrich Behrend (1833–1907) gehörte zu der ersten Generation jüdischer Justizaspiranten. Er war zunächst von der Universität abgegangen und in den Justizvorbereitungsdienst eingetreten. Als einer der wenigen jüdischen Juristen, die sich in dieser Zeit für eine akademische Laufbahn – die damals bekanntlich fast unüberwindliche Schwierigkeiten in der Beförderung (und damit in der Frage der Absicherung des Lebensunterhaltes) bot – entschieden, verlief seine wissenschaftliche Karriere – allerdings erst nach der Reichsgründung – außergewöhnlich erfolgreich. Vom Privatdozenten im Jahre 1870 zum Extraordinarius der juristischen Fakultät der Berliner Universität ernannt, wirkte er in den Jahren 1873 bis 1887 als ordentlicher Professor des bürgerlichen Handelsrechts in Greifswald, wo er 1882/83 als erster Jude Preußens ein Rektorenamt bekleidete.[119] Nach anschließender zweijähriger Lehrtätigkeit an der Universität Breslau konnte er ein weite-

[117] GStAPK, Rep. 84a, Nr. 11947, Bl. 243.

[118] Die Namensliste der jüdischen Aspiranten am Kammergericht vom Mai 1857 führte Behrend als Referendar mit dem Dienstalter von 1854 an (vgl. GStAPK, Rep. 84a, Nr. 11946, Bl. 138); Universitäts-Archiv der Humboldt-Universität zu Berlin, Professoren der jur. Fak. der Friedrich-Wilhelms-Universität, Nr. 493, Bl. 165a sowie Personalakte Behrend, N. 127; zu Behrend vgl. ferner J. Toury, *Die politischen Orientierungen...*, S. 126 f. ; E. Hamburger, *Juden im öffentlichen Leben...*, S. 44; Martin Philippson, *Neueste Geschichte der Juden*, Leipzig 1907, Bd. 1, S. 367 f.; *Deutsche Juristen-Zeitung*, 12 (1907), S. 170 (Nachruf von Prof. Hölder); GStAPK, Rep. 84a, Nr. 11948, Bl. 101.

[119] Nicht alle Quellen verzeichnen das Rektorat in Greifswald, so daß dieses Faktum unsicher bleibt. Vgl. aber das *Handbuch für den Königlich-Preußischen Hof und Staat*, Berlin 1882/83, ferner Salomon Wininger, *Große Jüdische National-Biographie*, Reprint Nendeln/Liechtenstein 1979). – Die Angabe bei Jens Jessen (ders., *Die Selbstzeugnisse der deutschen Juristen. Eine Bibliographie*, Frankfurt/M.-Berlin 1983), der Nachlaß Behrends befinde sich im Archiv der damaligen Akademie der Wissenschaften Berlin, erwies sich bei einer Überprüfung leider als falsch – es handelt sich hier um den Namensvetter Friedrich Behrend, einen Germanisten.

res mit höchstem gesellschaftlichen Ansehen verbundenes Amt antreten: Er wurde an den Ersten Zivilsenat des Reichsgerichts nach Leipzig berufen. Mit dem Titel eines Reichsgerichtsrats schied Behrend im Jahre 1900 aus dem aktiven Berufsleben aus. Er sollte – neben Levin Goldschmidt am Reichsoberhandelsgericht (siehe *Exkurs*) – der einzige jüdische Jurist am Reichsgericht vor 1918 bleiben.[120]

Debatten im Abgeordnetenhaus und auf Regierungsebene vor der Reichsgründung. Das Gesetz vom 3. Juli 1869

Die „Umkehrung der Verfassung durch die Verwaltung" (Rudolf von Gneist) hatte bereits unmittelbar nach dem Scheitern der Revolution von 1848/49 begonnen. Sie stellte in den Reaktionsjahren eine die schwankende Regierungspolitik deutlich prägende Grundkomponente dar und hatte sich in der Diskussion um die Anstellungsfähigkeit der Juden zum Staatsdienst auffallend niedergeschlagen. Seit dem Ende der 1850er Jahre war diese Frage vom fortschrittlich-liberalen Lager in öffentlichen Debatten und in der Presse immer wieder zur Sprache gebracht und im Zusammenhang mit der diskriminierenden Anstellungspolitik der preußischen Regierung gegenüber jüdischen Beamtenanwärtern oftmals heftig debattiert worden, zumal sich diese Frage als Vehikel eignete, Mißstände in der Regierungspraxis allgemein anzuprangern.

Die durch Petitionen mehrfach veranlaßten beziehungsweise provozierten Debatten über die Staatsanstellung von Juden als Gymnasiallehrer und Richter sowohl in den beiden Häusern des Landtages als auch auf Regierungsebene ließen das Problem trotz der stark in den Vordergrund tretenden aktuellen außen- und innenpolitischen Ereignisse auch in den 1860er Jahren nicht von der politisch-parlamentarischen Tagesordnung verschwinden. Dies übte einerseits einen Druck auf die Regierung hinsichtlich einer eindeutigen Stellungnahme zu den strittigen Fragen aus; andererseits wurde die

120 Im Jahr des Beginns der wissenschaftlichen Laufbahn von Behrend konnte im liberaleren Baden zum ersten Mal ein jüdischer Staatsanwalt ernannt werden – in Preußen bis dahin noch undenkbar. Mit Moritz Ellstätter brachte es in Baden ein jüdischer Jurist noch vor der Reichsgründung sogar zum Minister (er leitete von 1868 bis 1893 das badische Finanzministerium).

„Judenfrage" dadurch zu einem jahrzehntelang verschleppten „Dauerthema", was latent vorhandenen antijüdischen Ressentiments ständig neue Nahrung gab.

Mit der Übernahme der Ministerpräsidentschaft durch Otto von Bismarck im Herbst 1862 kündigte sich das Jahrzehnt der nationalen Einigung und ein aktiver Einsatz Preußens in der nationalen Frage an. Die Auseinandersetzungen zwischen Landtag und Regierung wurden in diesen Jahren vom Heeres- und Verfassungskonflikt dominiert, der beredter Ausdruck für die Zuspitzung der widersprüchlichen politischen Situation im Land war. In der Austragung der Differenzen zwischen dem preußischen Abgeordnetenhaus und der Militärpartei an der Regierungsspitze engte sich der Handlungsspielraum der neuen konservativen Regierung stark ein. Die Mehrheit des Staatsministeriums sah ihre Aufgabe nun zwar wieder in einer konservativ bestimmten Politik; dieser sollten aber grundsätzlich verfassungsmäßige Normen zugrunde liegen. Trotz des Endes der „Neuen Ära" mit der Entlassung der liberalen Minister im Frühjahr 1862 und einer massiven Wahlbeeinflussung gewann die bürgerlich-liberale Opposition bei den Neuwahlen zum Abgeordnetenhaus im Mai 1862 an Stimmen hinzu (auf sie entfielen zwei Drittel aller Sitze). Eine geistig-ideologische Rückkehr in die Reaktionsperiode war im Landtag nicht mehr möglich. Die gegensätzlichen Auffassungen im Ministerium fanden in beiden Häusern ihre Entsprechung: Während das liberale Abgeordnetenhaus die Verfassung als unumstößliche Grundlage und Ausdruck der Rechtsstaatlichkeit ansah und damit die verfassungsmäßigen Ansprüche der jüdischen Staatsbürger zumindest theoretisch voll anerkannte, hielt das stark junkerlich-konservativ geprägte Herrenhaus in seinen Debatten an einer weitestmöglichen Negierung der Verfassung und an der fortbestehenden Gültigkeit des Ämterparagraphen im Judengesetz von 1847 unverrückbar fest und blockierte alle fortschrittlichen Gesetzesvorlagen.

Zum einen bot die liberale Mehrheit im preußischen Abgeordnetenhaus günstige Voraussetzungen, um zu einer Entscheidung über die noch strittigen oder unausgeführt gebliebenen Punkte hinsichtlich der Realisierung der staatsbürgerlichen Gleichheit und der Gleichbehandlung der Staatsbürger unabhängig von ihrem religiösen Bekenntnis im positiven Sinne zu drängen; zum anderen hatte die Machtprobe mit Bismarck anläßlich der Budgetbewilligung die Ohnmacht des Parlaments und die Begrenztheit der politischen Möglichkeiten dieser Institution in der Konfliktszeit der 1860er Jahre in Preußen offenbart.

Die Petitionskommission und das Plenum des Abgeordnetenhauses verhandelten jedes Jahr über die erneuerte Petition Abraham Sutros und andere ähnliche Eingaben von jüdischen Gemeinden und Privatpersonen über die Beschränkungen für Juden bei der Besetzung von preußischen Staatsämtern. Solche Debatten waren der politischen Opposition auch dann willkommen, wenn einigen ihrer Abgeordneten die spezielle Frage der rechtlichen Emanzipation der Juden persönlich weniger am Herzen liegen mochte, denn diese artikulierte exemplarisch die liberale Forderung nach einem konstitutionellen Rechtsstaat.

Seit 1862 trat der neu gewählte, im politischen Leben bereits bekannte liberale Abgeordnete für Königsberg, Raphael Kosch, erneut als Sprecher für die Gleichberechtigung der Juden gegen die Praktiken der preußischen Justiz- und Schulverwaltung auf. Kosch betonte, wie sein jüdischer Vorgänger im Landtag, Moritz Veit, als Jude und als Verfechter verfassungsmäßiger Gesamtinteressen des deutschen Volkes (in Abwandlung der Worte Gabriel Riessers) vor den Abgeordneten: „Unser Recht ist auch Ihr Recht … im Rechtsstaat ist die Verletzung des Rechtes des Einzelnen oder einer Minorität die Verletzung des Rechts Aller. Und indem Sie unser Recht verteidigen, verteidigen Sie also auch ihr eigenes Recht.“[121]

Justiz- und Kultusminister beriefen sich dagegen mittlerweile wieder auf die Bestimmungen des Judengesetzes von 1847. Die nach dem Staatministerialbeschluß von 1860 durch den damaligen Kultusminister von Bethmann-Hollweg abgegebene Erklärung, daß eine Anstellung von Juden nicht länger zu beanstanden sei, sofern dem nicht der christlich-konfessionelle Charakter der betreffenden Lehranstalt entgegenstehe, wurde von seinem Nachfolger Heinrich von Mühler in der Sitzung des Abgeordnetenhauses am 1. Juli 1862 zurückgenommen und die seit 1860 überwunden geglaubte Interpretation wieder angebracht, daß die Bestimmungen des Gesetzes von 1847 bis zum Erlaß des in der Verfassung von 1850 verheißenen Schulgesetzes auch gegenüber Artikel 4 und 12 dieser Verfassung aktuelles Recht darstellten.[122]

[121] E. Hamburger, *Juden im öffentlichen Leben…*, S. 42 f.

[122] Leopold Auerbach, *Das Judentum und seine Bekenner in Preußen und in den anderen deutschen Bundesländern*, Berlin 1890, S. 260.

Durch die diesbezüglichen Abgeordnetenhausdebatten über die Grenzen Preußens hinaus bekannt wurde das Beispiel des jüdischen Lehrers Moritz Jutrosinski (1825–1909). Seit 1862 in Posen als Hilfslehrer an der Städtischen Realschule angestellt, konnte er trotz Unterstützung des Magistrats und zahlreicher Eingaben eine ordentliche Anstellung erst nach sich über die Jahre 1862 bis 1868 hinziehenden Diskussionen über seinen Fall erreichen. Erst 1868 erhielt er seine Bestallung als Lehrer in Posen. Das preußische Kultusministerium hatte eine Bestätigung Jutrosinskis zuvor mit der Begründung abgelehnt, daß ein Jude die Fächer Geschichte, Deutsch und klassische Sprachen nicht unterrichten könne, da im Geschichtsunterricht unter anderem die Entstehung des Christentums und die Reformationszeit behandelt werden müßten und mit dem Fach Deutsch der Unterricht in Ethik verbunden sei. Jutrosinskis Sohn, der später über den Lebensweg seines Vaters berichtete, bemerkte, er „hätte diese schweren Jahre sich ersparen können, wenn er wie manche andere sich zur Taufe entschlossen hätte. Er blieb jedoch fest…“.[123]

Nach Übersendung der Petition Sutros für das Jahr 1863 durch das Abgeordnetenhaus an die Regierung (seit dem Vorjahr unter Verwendung der stärkeren Formulierung „zur Abhilfe“) faßte das Staatsministerium in einer Sitzung – bei der Ministerpräsident von Bismarck anwesend war – den Beschluß, „unter Festhaltung des bisherigen Standpunktes diese Angelegenheit für jetzt auf sich beruhen zu lassen“, womit weitere Erörterungen über den Gegenstand als überflüssig erachtet wurden.[124]

Doch der Rabbiner Sutro ermüdete in seinem Bestreben nicht, vermittelt durch das Abgeordnetenhaus, immer von neuem das Unrecht zur Sprache zu bringen, das seinen Religionsgenossen dadurch geschah, daß ihnen eine Reihe der wichtigsten Beamtenstellen, insbesondere das Richteramt und bis auf wenige Ausnahmen auch das des Lehrers, prinzipiell und faktisch versperrt blieben.[125] Bereits seit

[123] M. Richarz (Hrsg.), *Jüdisches Leben in Deutschland…*, Bd. 1, S. 418. – Jutrosinski leitete in den Jahren 1872–1906 das bekannte Reichenheimsche Waisenhaus in Berlin.

[124] Staatsministerial-Beschluß vom 13. Juli 1863, GStAPK, Rep. 84a, Nr. 11947, Bl. 291.

[125] Bis zum Jahr 1866 wurde die Petition zu jedem Jahresbeginn erneuert. – Bis 1860 waren Juden als Hilfslehrer in einigen Städten der östlichen Provinzen angestellt, in Erfurt hauptamtlich (A. Brammer, *Judenpolitik und Judengesetzgebung…*, S. 387, Anm. 125); zu jüdischen Lehrern vgl. auch J. Toury, *Soziale und politische Geschichte…*, S. 353 f.

1862 hatte die Petitionskommission des Abgeordnetenhauses in diesem Zusammenhang die Verfassungswidrigkeit des Ministerialreskripts von 1851 festgestellt und nachgewiesen. Von der Fruchtlosigkeit der bisherigen Form der Überweisungen an das Staatsministeriums inzwischen überzeugt, beanstandete sie in der zweiten Session von 1865 diesmal ausdrücklich eine durch die Regierungspraxis hervorgerufene Verfassungsverletzung. Das waren, wie Hamburger anmerkt, „starke Worte ... von einer schwachen Volksvertretung".[126] In dem Kommissionspapier wurde unter Verweis auf internationale Erfahrungen dazu weiter feierlich festgehalten: „Dem Staatsbürger jüdischer Religion sollen wir den Weg zum Richter- oder zum öffentlichen Lehramte nicht verschränken oder verbauen ... Um wie viel weniger dürfen wir dieses, wenn ihm sein ganzer Bildungsgang, seine Anschauungsweise, seine Denkart das Streben einflößen, einer der unseren zu werden, – wenn ... die Erfahrung anderer Länder (wie z. B. Frankreich und Holland) und in hohem Grade die Geschichte Preußens schon jetzt darthun, daß der Jude den Ruhm, welchen er in den verschiedenen Zweigen des Könnens und Wissens errungen hat, freudig demjenigen Lande zugute kommen läßt, welches ihm durch gastliche Freiheit und vollendete Rechtsgleichheit zur Heimat geworden ist."[127]

Im Bericht der Petitionskommission zu den Petitionen Sutro und Philippson aus dem Jahre 1866 erkannte man erneut unumschränkt an, daß die in den Ressorts des Kultus- und des Justizministeriums bestehenden Beschränkungen hinsichtlich der Zulassung von Juden zu Staatsämtern verfassungswidrig seien. Das Gremium fand klare Worte, um alle noch vorgebrachten Gegenargumente zu entkräften, und glaubte, „daß die preußischen Staatsbürger jüdischen Glaubens einen Anspruch auf schleunige und gründliche Abhilfe ihrer Beschwerden um so mehr haben, als die Ereignisse des gegenwärtig seinem Abschlusse zuneigenden Jahres wiederum Zeugnisse dafür abgelegt haben, daß die preußischen Juden in der Erfüllung ihrer bürgerlichen und staatsbürgerlichen Pflichten hinter ihren christlichen Mitbürgern nicht zurückstehen, daß aber auch andererseits der Staat einen Anspruch darauf habe: ‚von der Summe an Geist und

[126] E. Hamburger, *Juden im öffentlichen Leben*..., S. 43.

[127] Preußisches Abgeordnetenhaus, II. Session 1865, Drucksache Nr. 210, S. 40–41 (4. Bericht der Petitionskommission) bzw. GStAPK, Rep. 84a, Nr. 11947, Bl. 295–316; vgl. ferner Drucksache Nr. 57 (1862) und Nr. 153 (1863).

Kräften', – wie die Philippsonsche Petition sich ausdrückt – welche der Preußischen Judenschaft innewohnt, auch innerhalb der staatlichen Ämter nichts unbenutzt zu lassen".[128]

Während man im Kultusministerium unter zunehmendem Druck durch liberale Kräfte schließlich von einem prinzipiellen Recht jüdischer Lehrer auf Anstellung sprach, hielt Justizminister zur Lippe bis zu seiner Entlassung im Dezember 1867 – er war politisch untragbar geworden – eine Anstellung von Juden in Richterämtern für generell unzulässig.[129] Die Diskussion um die Zulassung von Juden zum Richteramt, die sich seit 1859 und in den 1860er Jahren von den Debatten des Abgeordnetenhauses auf die Regierungsebene ausgedehnt hatte, blieb bis zum Vorabend der Reichgründung ohne praktisches Ergebnis. Bis 1870/71 wurde in Preußen kein jüdischer Gerichtsassessor, ungeachtet gleicher fachlicher Befähigung wie ein christlicher Amtsanwärter, zum Richter ernannt.[130]

In allen regierungsinternen Debatten um die Ämter-Frage in den 1850er und 1860er Jahren hatte man jeglichen Versuch, die Ursachen des sozialen und beruflichen Wandels der preußischen Juden und ihrer gesellschaftlichen Ansprüche zu erklären, ebenso unterlassen wie die wahren Hintergründe des ihnen verordneten Ausschlusses fast völlig ausgeklammert. Die Motive für ihren Ausschluß wurden nur ungern offen preisgegeben, eine direkte Stellungnahme war meist vermieden worden. Die noch bis in die 1840er Jahre so „frei-

[128] Preußisches Abgeordnetenhaus, I. Session 1866, Drucksache Nr. 143 (3. Bericht der Petitionskommission) bzw. GStAPK, Rep. 84a, Nr. 11948, Bl. 29 ff.

[129] Votum des Justizministers vom 2. Februar 1867, GStAPK, Rep. 84a, Nr. 11948, Bl. 73–75. Zur Lehreranstellung siehe Reskript des Kultusministers vom 19. Juli 1867: Prüfungen als Schulamtskandidat sind möglich, eine Zulassung nicht. – Reskript vom 25. Januar 1869: Eine Anstellung ist möglich, nur bei christlich-konfessionellem Charakter der Schule nicht (vgl. L. Auerbach, *Das Judentum und seine Bekenner...*, S. 260).

[130] Entgegen den Angaben von J. Toury, *Soziale und politische Geschichte...*, S. 371, kamen Bestallungen jüdischer Richter bis 1870 überhaupt nicht vor. Der erwähnte Assessor wurde nur aushilfsweise (kommissarisch) als Kreisrichter in Hamm beschäftigt und war nach seinem – auf diese Weise besoldeten – Assessorat als Rechtsanwalt angestellt (vgl. GStAPK, Rep. 90, Nr. 499, Bl. 212). Allein dieses Kommissariat für einen jüdischen Gerichtsassessor stellte jedoch schon eine positive Ausnahme dar und fand aus diesem Grunde bei den Behörden und der Presse Beachtung, stand dieser Sachverhalt doch der These entgegen, daß Juden generell keine richterlichen Funktionen übernehmen könnten, auch nicht aushilfsweise. Für den Hinweis M. Philippsons (*Neueste Geschichte der Juden...*, Bd. 1, S. 367) auf die Bestallung eines jüdischen Richters unter Bernuth findet sich kein anderer Beleg.

mütige" Begründung einer Zulassungsbeschränkung, „weil sie Juden sind" und deshalb von vornherein suspekt, moralisch minderwertiger, als Staatsbürger unzuverlässiger und so weiter, mußte angesichts der vollzogenen formal-rechtlichen Emanzipation aufgegeben werden. Bereits der Staatsministerialbeschluß vom 9. September 1851 hatte statt dessen zu dem unanfechtbaren Argument Zuflucht genommen, daß es ein Recht der Krone beziehungsweise der Ministerien sei, unter den Beamtenanwärtern grundsätzlich frei auszuwählen, unabhängig von deren Befähigung. Als mit dem Antrag Wageners aus dem Jahre 1856 erstmals der Versuch gemacht worden war, eine kaum verhüllte und schließlich sogar von Regierungsvertretern offen zugegebene diskriminierende Verwaltungspraxis juristisch legitimieren zu lassen, wurde von Regierungsseite darauf verwiesen, daß bestehende Gesetze auf administrativem Wege wirksam genug umgangen werden könnten, ohne daß sich Beschwerden der Betroffenen eindeutig formulieren oder rechtlich fassen ließen und ein Verfassungsbruch offenkundig würde.

Die zunehmende Verlagerung der Diskriminierungen auf die Verwaltungspraxis erschwerte es erheblich, die praktizierte Nicht-Anstellung oder -Beförderung jüdischer Justizaspiranten nachzuweisen. In den offiziellen Verlautbarungen zu dem als Tatsache nicht geleugneten Ausschluß der Juden vom Richteramt und anderen Staatsämtern war nur in seltenen Fällen deren Religion beziehungsweise „Konfession" als alleiniger Grund angegeben, in der Regel wurde dagegen eine spezifizierte (aus dem religiösen Unterschied erwachsene) „Unfähigkeit" behauptet, die dann juristisch interpretiert werden konnte, ohne neue Rechtsnormen notwendig zu machen. In den Debatten und Vorträgen über die angebliche Unfähigkeit der Juden, christliche Eide abzunehmen, hatte sich hingegen deutlich erwiesen, wie wenig die Vertreter der restriktiv-restaurativen Linie selbst an die Unanfechtbarkeit ihrer Behauptungen glaubten.

Die Petitionskommission des Abgeordnetenhauses geriet in dieses politisch herbeigeführte juristische Dilemma, als sie im Mai 1865 „allerlei Fälle von Zurücksetzungen" festhielt, bei denen es allerdings meist unmöglich bleiben werde, „die Eigenschaft der Anzustellenden als Jude als den einzigen oder den Hauptbeweggrund [der Zurücksetzung – B. S.] mit juristischer Strenge darzutun".[131] Das alleinige

[131] Preußisches Abgeordnetenhaus, II. Session 1865, Drucksache Nr. 210, S. 40–41.

Anstellungsrecht der Krone als unverfängliches Argument zur Verschleierung von staatlich-administrativer Willkür und die von der Staatsverwaltung gern vorgebrachte „Abneigung der christlichen Bevölkerung" gegen jüdische Obrigkeit sollten in den Diskussionen um die Zulassung der Juden zu „autoritativen" Staatsämtern bis zum Ende des Kaiserreiches aktuell bleiben.

Bis zum Abschluß der rechtlichen Gleichstellung der Juden im Norddeutschen Bund mit dem Bundesgesetz vom 3. Juli 1869 nahmen die Petitionen von jüdischen Gemeinden und Einzelpersonen wegen vollständiger Verwirklichung der Artikel 4 und 12 der preußischen Verfassungsurkunde von 1850 nicht ab.[132] Im preußischen Landtag wurde jedoch nicht mehr versucht, Beschlüsse herbeizuführen. Als der Abgeordnete Kosch am Ende des Jahres 1868 den neu berufenen Justizminister Adolf Leonhardt zu einer Stellungnahme über die anstehende Frage aufforderte, wurde er auf eine spätere Gelegenheit vertröstet, obwohl der Beschluß des Norddeutschen Bundes über einen Gesetzentwurf zur unmißverständlichen Formulierung der Gleichberechtigung aller Konfessionen bei der Wahrung ihrer bürgerlichen und politischen Rechte bereits Monate zurücklag.[133]

Der Schwerpunkt des staatlich-rechtlichen Emanzipationsvorgangs hatte sich seit dessen Bestehen auf den Norddeutschen Reichstag verlagert, der das Problem mit Blick auf die nationale Einigung für alle daran beteiligten deutschen Bundesstaaten lösen sollte. Mit der Stärkung des Gedankens der deutschen Einigung durch die Bismarcksche „Revolution von oben" und dem Ringen um eine Gesamtkonzeption für den Umbau der Gesellschaft konnte man von den Regierungsexponenten einen baldigen Abschluß der Frage der rechtlich-politischen Emanzipation der Juden als Teil eines integrierenden Gesetzeswerkes erhoffen, das durch den politischen Druck fortschrittlich-liberaler Kräfte gefördert wurde.[134] Durch die Annexionen

[132] Siehe u. a. Petitionen von 273 und 298 preußischen Synagogengemeinden im Jahre 1866 wegen Zulassung zu Staatsämtern, vor allem als Richter und Lehrer an öffentlichen Schulen; vgl. dazu J. Toury, *Soziale und politische Geschichte...*, S. 337 f.

[133] Vgl. *a. a. O.*, S. 344 (*StBPrA* vom 27. 11. 1868).

[134] Zur Bewertung der Art und Weise und der Ursachen der Durchsetzung der formal vollständigen rechtlichen Emanzipation in der letzten Dekade vor der Reichsgründung vgl. ausführlich J. Toury (*a. a. O.*, S. 358 ff.); ferner A. Brammer, *Judenpolitik und Judengesetzgebung...*, S. 391 ff.

von 1866 war auch die jüdische Bevölkerung von Hannover, Holstein, Schleswig, Kassel, Nassau und Frankfurt am Main unter preußische Herrschaft gekommen.[135] Die Frage der Judengesetzgebung, die in den nunmehr Preußen einverleibten Gebieten uneinheitlich war, mußte so bald wie möglich einer generellen Regelung unterworfen werden. Es war vom neugegründeten Norddeutschen Bund um so mehr zu erwarten, daß dieser alle damit verbundenen Probleme einer emanzipatorischen Lösung zuführen werde, als das für das gesamte Territorium bereits erlassene allgemeine Freizügigkeits-Gesetz von 1866 den Wegfall aller gewerblichen und bürgerlichen Ausnahmebestimmungen auch für Juden bereits impliziert hatte. Offen war danach nur noch die Frage der uneingeschränkten politischen Rechte der Juden, praktisch meßbar an einem offenen oder verweigerten Zugang zu staatlichen Ämtern und die (in dieser Darstellung ausgeklammert bleibende) Kultusfrage im Zusammenhang mit den spezifischen Belangen der jüdischen Gemeinden.

Die eine nationale Einigung anstrebende Regierung unter Bismarck konnte nicht umhin, eine vollständige Judenemanzipation zu bejahen, wenn sie in Rechnung stellte, wie schwer sich ein fortdauernder schwankender und unsicherer Rechtszustand mit den zukünftigen neuen Institutionen und der Wirksamkeit der Bundesgesetze vertragen würde. Wie man in der preußischen Führungsspitze durchaus wußte, waren in fast allen europäischen Industrienationen Beschränkungen solcher Art schon längst beseitigt. Auch in der Mehrzahl der deutschen Bundesstaaten gehörten sie, zumindest gesetzlich, bereits der Vergangenheit an. Vertreter einer „Realpolitik" mußten das Weiterbestehen von Bestimmungen, die die bürgerlichen und staatsbürgerlichen Rechte eines Teils der Bevölkerung beeinträchtigten, als – wie es im Gutachten des Bundesrates heißt – „im Widerspruch mit den gegenwärtig vorherrschenden Anschauungen und mit der gesamten Entwicklung des Staatslebens" und als „unver-

[135] Dabei wurde der Schaffner bei der Hannoverschen Staatseisenbahn, Jacob Tachau (1828–1900), der im Jahre 1856 für sich beanspruchen konnte, der erste jüdische Beamte im Königreich Hannover geworden zu sein, entgegen der sonstigen preußischen Praxis von der Eisenbahnverwaltung übernommen und im Jahre 1889 als Kgl. Preußischer Eisenbahn-Güterexpedient pensioniert (vgl. M. Richarz [Hrsg.], *Jüdisches Leben in Deutschland...*, Bd. 1, S. 429 f.)

kennbaren Übelstand" ansehen.[136] So diktierte der politische Einigungswille auch diesen letzten politischen Schritt zur völligen rechtlichen Gleichstellung der Juden.

Die Verfassung des Norddeutschen Bundes hatte es vermieden, sogenannte Grundrechte zu proklamieren; es fand sich darin – in Abweichung von der Mehrzahl der modernen Verfassungen – keine Bestimmung ähnlich der des Artikels 12 der preußischen revidierten Verfassung von 1850. Das Staatsbürgerrecht war jedoch unter die Kompetenz des Bundes gestellt worden.

Bereits der erste Bundestag nach Einführung der Verfassung des Norddeutschen Bundes von 1867 sah sich veranlaßt, verschiedene jüdische Petitionen zur Kenntnis zu nehmen, die ein Bundesgesetz mit der Bestimmung der Unabhängigkeit der bürgerlichen und staatsbürgerlichen Rechte vom Glaubensbekenntnis forderten. Vor allem die mecklenburgischen Judengemeinden, die besonders diskriminierenden „Judenreglements" ausgesetzt waren, hofften auf ein entsprechendes Einschreiten der Bundesgesetzgebung. Der Norddeutsche Reichstag beschloß am 23. Oktober 1867, einen solchen Gesetzentwurf vorzulegen.

Die letzte bedeutende Emanzipationsschrift in Preußen vor der vollständigen rechtlichen Emanzipation der Juden des Norddeutschen Bundes stammt aus der Feder des jüdischen Rechtsanwalts Meyer Levy, der in seinem *Mahnruf* an das Parlament den erreichten Stand noch einmal systematisch zusammenfaßte und dazu aufforderte, die staatsbürgerliche Gleichstellung der Juden als „eine der gegenwärtigen nationalen Aufgaben" zu betrachten, die im öffentlichen Interesse der gesamten Gesellschaft liege.[137]

Der Reichstagsbeschluß harrte indessen seiner Ausführung, bis der nationalliberale Abgeordnete Moritz Wiggers in den Sessionen 1868 und 1869 den Antrag stellte, den Bundeskanzler aufzufordern, ein für das gesamte Bundesgebiet geltendes Gesetz darüber auszuführen, damit die Angelegenheit abgeschlossen werden könne, „um

[136] Bericht des Ausschusses für Justizwesen des Bundesrates, betreffend die Anträge des Reichstags wegen Aufhebung der aus dem religiösen Bekenntnisse entspringenden Beschränkungen der bürgerlichen und staatsbürgerlichen Rechte vom 5. April 1869 in: *Drucksachen des Bundesrates des Norddeutschen Bundes*, Nr. 54, S. 5.

[137] Meyer Levy, *Der Staat und die Juden im Norddeutschen Bunde*, Lissa 1867.

dann für immer von unserer Tagesordnung zu verschwinden". Der Beschluß des Hauses entsprach dieser Interpellation.[138]

Dagegen zögerte Justizminister Leonhardt noch im November 1868 mit einer Entscheidung, da er „der Sache erst nähertreten müsse".[139] Er hoffte offensichtlich, nichts veranlassen zu müssen, weil die Angelegenheit grundsätzlich in die Kompetenz des Norddeutschen Bundes fiel.[140]

Der Entwurf Wiggers' fand schließlich vor jenem des Justizausschusses des Bundesrates den Vorzug. Reichstag und Bundesrat nahmen den Gesetzentwurf mit dem vorgeschlagenen Wortlaut in dritter Lesung mit großer Mehrheit an.[141] In seinem abschließenden Votum erklärte der Justizminister dazu – vier Wochen vor dessen Umsetzung –, er halte zwar die gegen die Zulassung von Juden zu Richterämtern geltend gemachten Gründe des Staatsministeriums zu Beginn der 1860er Jahre nicht für stichhaltig; dagegen allerdings sei der politische Grund, daß solche Anstellungen „dem Gefühl der christlichen Bevölkerung allgemein widerstreben werde", nicht ohne Gewicht, vor allem wegen des fortbestehenden konfessionellen Eides. Nachdem aber nun die gewählten Vertreter des Norddeutschen Parlaments sich bereits für eine Anstellungsfähigkeit ausgesprochen hätten, würden sich seine Bedenken wohl nicht länger aufrechterhalten lassen. Zumindest sei es günstig, so räumte er ein, daß die Gesetzgebung vom Bund komme, weil damit die seit Jahren schwelende Kontroverse der beiden Häuser des Landtags und innerhalb der preußischen Regierung vermieden werden könne.[142]

Nachdem der Entwurf von Bismarck und Wilhelm I. gebilligt worden war, erschien am 3. Juli 1869 das Gesetz, dessen einziger Paragraph lautete:

„Alle noch bestehenden aus der Verschiedenheit des religiösen Bekenntnisses hergeleiteten Beschränkungen der bürgerlichen und staatsbürgerlichen Rechte werden hiermit aufgehoben. Insbesondere soll die Befähigung zur Teilnahme an der Gemeinde- und Landesver-

[138] *Stenographische Berichte des Reichstags des Norddeutschen Bundes*, 34. Sitzung am 4. Mai 1869, S. 738.

[139] BA Potsdam, Reichstag 01. 01., Nr. 19272, Bl. 28.

[140] BA Potsdam, Reichskanzeramt 14. 01., Nr. 1538, Bl. 114–115, 128–130.

[141] Ausführlich zum Antrag Wiggers' und den Beratungen J. Toury, *Soziale und politische Geschichte...*, S. 344 ff.

[142] GStAPK, Rep. 84a, Nr. 11948, Bl. 87–90.

tretung und zur Bekleidung öffentlicher Ämter vom religiösen Bekenntnis unabhängig sein.“[143]

Damit war die im preußischen Landtag und von der preußischen Regierung nicht beigelegte Kontroverse auf dem Wege der Bundesgesetzgebung zu einem Ende geführt worden. Die rechtliche Emanzipation der Juden im Norddeutschen Bund hatte durch dieses allgemeine Gesetz ihren Abschluß gefunden. Das Gleichstellungsgesetz war gerade zu dem Zeitpunkt entstanden, als die (national-)liberale Mehrheit bereits den Kompromiß mit Bismarcks Staatsprinzipien geschlossen hatte. Aus Gründen der Staatsraison konnte es die preußische Regierung nun angezeigt finden, die jüdische Frage als jahrzehntelangen Konfliktstoff zu entschärfen und der liberalen Initiative den Weg freizugeben.[144]

Das Gesetz vom 3. Juli 1869 war die als eine „Frage des Prinzips“ notwendige Konsequenz der modernen Staats- und Gesellschaftsentwicklung, die es nicht mehr zulassen konnte, daß eine bestimmte Gruppe von Bürgern aufgrund eines Religionsunterschiedes rechtlich benachteiligt wurde.[145] Für die älteren Territorien Preußens war damit eigentlich kein neuer Rechtszustand geschaffen worden, denn die Verfassung von 1850 hatte den Grundsatz des Gesetzes von 1869 bereits festgelegt. Mit dem Bundesgesetz war die politische Emanzipation legislatorisch jedoch endgültig vollzogen und die letzte Hintertür zu einer restriktiven Auslegung des Textes verschlossen worden. Der interpretationsanfällige Artikel 14 der preußischen Verfassungsurkunde war davon zwar nur indirekt berührt, jedoch vom Primat des Reichsrechts überlagert worden, als das Bundesgesetz im April 1871 als Reichsgesetz übernommen wurde. Mit dieser Übernahme endete das Zeitalter der Judenemanzipation in Deutschland, die von Anfang an ein integraler Bestandteil des Aufstiegs und der Durchsetzung der bürgerlichen Gesellschaft gewesen war.

Nicht berührt von der Gesetzgebung, die nur die *individuellen* Rechte der (jüdischen) Staatsbürger regelte, wurde die Lage des

[143] Abdruck des Gesetzes u. a. in: *Gesetz-Sammlung...*, 1869, S. 292; A. Michaelis, *Die Rechtsverhältnisse...*, S. 42; J. Toury, *Soziale und politische Geschichte...*, S. 346. – Die Weimarer Verfassung von 1919 übernahm dessen Inhalt in ihren Artikel 136.

[144] *A. a. O.*, S. 360.

[145] Vgl. Reinhard Rürup, *Emanzipation und Antisemitismus. Historische Verbindungslinien*, in: Nobert Kampe/Herbert A. Strauss (Hrsg.), *Antisemitismus. Von der Judenfeindschaft zum Holocaust*, Frankfurt/M.-New York 1985, S. 91.

Judentums als religiöser Gemeinschaft und kultureller Gesamtheit. Die volle Emanzipation des Judentums in diesem Sinne wäre nur unter den Bedingungen einer vollständigen Trennung von Staat und Kirche möglich gewesen; eine volle Gleichberechtigung des Judentums neben den anerkannten beziehungsweise privilegierten christlichen Kirchen fand nicht statt. Die Auseinandersetzungen um Kultusfragen und Fragen der staatskirchenrechtlichen Stellung der jüdischen Gemeinden hielten demzufolge an. Sie stellten das wichtigste Problem in der wilhelminischen Periode in bezug auf die Lage der jüdischen Gemeinden Preußens als Institution dar. Die darauf abzielende Hauptforderung von jüdischer Seite war eine zeitgemäßen Revision der Gesetzesabschnitte des Judengesetzes vom 23. Juli 1847, das die jüdische Kultusverhältnisse ordnen sollte und die Synagogenverbände geschaffen hatte.[146]

Die rechtliche Emanzipation der deutschen Juden behielt letztlich, da sie nicht Resultat revolutionärer Veränderungen gewesen war, den Charakter einer Gnade des Staates, die dieser in „christlicher Großmut", wenn auch unter politischem Druck, gewährt hatte. Der schwierige und langwierige Prozeß der Judenemanzipation in Preußen, bei dem die aus der Gleichstellung resultierenden Rechte nur zögernd und sukzessiv vergeben worden waren, führte dazu, daß der staatsbürgerliche Status der Juden auch nach ihrem politischrechtlichen Abschluß weiter krisenanfällig blieb.

Exkurs: Der Lebensweg Levin Goldschmidts

Der im Kaiserreich als Handelsrechtslehrer und ordentlicher Professor an der Berliner Universität bekannt gewordene jüdische Jurist Levin Goldschmidt (1829–1897) gehörte in seiner Jugend zu jenen noch relativ wenigen jüdischen Rechtskandidaten in Preußen, die in ihrem Heimatland vergeblich auf eine Anstellung hofften; seine spätere, sehr erfolgreiche Berufslaufbahn charakterisiert dagegen eher die Ausnahme als die Regel. Goldschmidts Karriere illustriert damit gleichermaßen die Diskriminierungen, denen jüdische Bewerber für juristische Berufe in Preußen ausgesetzt waren, wie ihre Möglichkeiten in diesem Bereich.

[146] Vgl. dazu J. Toury, *Soziale und politische Geschichte...*, S. 354 ff.; Majorie Lamberti, *The Jewish Struggle for the Legal Equality of Religious in Imperial Germany*, in: *LBI-YB*, XXII (1978), S. 101 ff.

Levin Goldschmidt, 1829 in Danzig geboren und aufgewachsen, hatte sich als junger Student in den 1840er Jahren zunächst an der medizinischen Fakultät immatrikuliert, da er sich in der von ihm eigentlich bevorzugten Rechtswissenschaft keine Aussichten auf Anstellung versprechen konnte. In seinem autobiograpischen *Lebensbild* berichtete er über jene Jahre. Im Oktober 1847, nach dem Erlaß des lange erwarteten Judengesetzes vom 23. Juli 1847, von dem er sich eine vollständige Aufhebung der restriktiven Bestimmungen bezüglich der staatlichen Anstellungen für Juden erhofft hatte, schrieb er tief enttäuscht an seine Eltern: „Was soll ich anfangen? Durch das Judengesetz sind die Illusionen, die ich mir bis dahin gemacht hatte, zerstört worden. Also Jurist, Geschichtsprofessor, Philosoph kann ich nicht werden – diese drei Lieblingsfächer sind mir, solange ich auf eine einstige Anstellung in Preußen reflektiere, versperrt. So bleibt mir denn nichts als Medizin, Philologie, Naturwissenschaften übrig." Da er diese Fächer nicht studieren wolle, fehle ihm nun die „feste Basis späteren Handelns".[147]

Zur Jurisprudenz konnte er erst übergehen, als im Revolutionsjahr 1848 mit der königlichen April-Verordnung die Juden in die allgemeine rechtliche Gleichstellung aller preußischen Untertanen einbezogen wurden. Im September 1848 teilt er seinen Eltern mit: „Vieles, um was wir noch im vorigen Jahre flehten, ist erreicht. Auch der Jude kann jetzt nach seiner Neigung, nach seinen Talenten den Weg einschlagen, den er beliebt; auch er braucht sein Glück nicht mehr mit der Abschwörung seines Glaubens zu erkämpfen."[148] Bereits im Frühjahr 1848 wechselt er von der medizinischen zur juristischen Fakultät über, studiert in Bonn, Heidelberg und Berlin.

In Berlin wird er als Jude nicht zum Doktorexamen zugelassen; so promoviert er im Mai 1851 in Halle zum Dr. jur.[149] Danach ist er dreieinhalb Jahre als Auskultator und Referendar beim Stadt- und Kreisgericht seiner Heimatstadt Danzig tätig. Als Auskultator hatte er

[147] *Levin Goldschmidt. Ein Lebensbild in Briefen,* (o. Hrsg.), Berlin 1898, S. 8 f. Zu Goldschmidt vgl. neuerdings auch Karsten Schmidt, *Levin Goldschmidt (1829–1897). Der Begründer der modernen Handelsrechtswissenschaft*, in: H. Heinrichs u. a. (Hrsg.), *Deutsche Juristen jüdischer Herkunft*..., S. 216–230.

[148] *Levin Goldschmidt. Ein Lebensbild*..., S. 27.

[149] Goldschmidt wurde nicht zum Doktor iuris utriusque (beider Rechte), sondern nur zum Dr. iuris civilis ernannt. Erst als er Ordinarius war, erstreckte sich seine Doktorwürde auch auf das kanonische Recht (vgl. Max Pappenheim, *Levin Goldschmidt*, Stuttgart 1897, S. 2).

bereits die schriftliche Erklärung unterschreiben müssen, daß er auf keinerlei Anstellung im Staatsdienst zu rechnen habe, und auch seine Aussichten auf eine Anwaltsstelle waren fast gleich null. So verzichtete er auf das Assessorexamen und wandte sich der akademischen Laufbahn zu.

Doch auch hier tritt bald die Enttäuschung ein. Der Versuch, sich zu habilitieren, um danach an einer deutschen Universität als Privatdozent zugelassen zu werden, gestaltet sich schwierig. Seit Juli 1854 reist er durchs Land, um die Verhältnisse an den verschiedene Universitäten zu erkunden. Wenige Monate zuvor bekennt er in einem Brief an seine Schwester: „Ich bin stets entschlossen gewesen, mich nicht taufen zu lassen – ich habe in diesem Entschlusse zu keiner Zeit gewankt ... Daß materielle Unabhängigkeit sich mit diesem Entschlusse nicht durchführen läßt, weiß ich sehr wohl – doch will ich versuchen, mit meinen Kräften zu machen, was thunlich ist."[150]

Obgleich mit ausgezeichneten Zeugnissen ausgerüstet, findet er in Preußen keine Möglichkeit zur Habilitation. Der Repräsentant der preußischen Konservativen und Theoretiker des „christlichen Staates", Friedrich Julius Stahl, begründet diese Ablehnung in der Fakultät damit, daß diese wissenschaftliche Qualifikation auch die Befähigung, im (Kirchen-)Konsortium zu sitzen, verleihe, was einem Juden unmöglich sei. Er bleibt auch dabei, als Goldschmidt versichert, von dieser (sehr theoretischen) Möglichkeit keinen Gebrauch zu machen. Stahl dürfte damals kaum vorausgesehen haben, daß er diesen Bescheid seinem einstigen Nachfolger im Dekanat der juristischen Fakultät der Berliner Universität erteilte.[151]

Um Auskunft über die ihm noch verbleibenden beruflichen Chancen zu erhalten, wendet sich Goldschmidt an das Kultus- beziehungsweise Justizministerium. Der Geheime Justizrat Friedländer, der als einer der wenigen liberalen Ministerialbeamten im Justizressort gilt, teilt ihm mit, daß er auch nichts anderes sagen könne, als jener schon wisse: Unter dem jetzigen System sei an keine Änderung zu denken. Auf eine einigermaßen einträgliche Rechtsanwaltsstelle dürfe sich ein Jude schwerlich Hoffnung machen. Er rät Goldschmidt, noch bis zum Assessor-Examen zu arbeiten, da bei einer –

[150] *Levin Goldschmidt. Ein Lebensbild...*, S. 114.

[151] Jacob Riesser, *Levin Goldschmidt. Gedächtnisrede, gehalten in der Juristischen Gesellschaft zu Berlin am 13. November 1897 von Justizrat Dr. Riesser*, Berlin 1897, S. 13 f.

wenn auch nicht absehbaren – Änderung des Systems die Rechtsanwaltsstellen vermutlich als erste der Justizberufe für jüdische Bewerber freigegeben würden.

Noch zwei Jahre sehr wahrscheinlich umsonst zu absolvieren, scheint Goldschmidt sinnlos. Die akademische Laufbahn ins Auge gefaßt, begibt er sich ins Kultusministerium zu Geheimrat Schulze. Auch dieser muß ihm unumwunden erklären, daß für ihn keinerlei Aussicht bestehe, an einer preußischen Universität anzukommen, und daß er als Jude auf eine Anstellung nicht rechnen könne. Der Minister würde sich, so wie er ihn kenne, jeder Zulassung widersetzen, selbst wenn, wie in Berlin, Bonn und Breslau, die Universitätsstatuten einen Vorwand für die Nichtzulassung eines Juden nicht mehr hergäben.[152]

Die Auskunft, daß ohne vorherige Taufe seine Bemühungen vergebens seien, bekommt er auch in Bayern und anderen deutschen Staaten, durch die er in den folgenden Monaten reist. Schließlich erreicht er im Jahre 1855 in Heidelberg seine Habilitation als Privatdozent. Noch immer unbesoldet, wird er 1860 zum außerordentlichen Professor berufen. 1866 erfolgt seine Ernennung zum Ordinarius. Sie geschieht nicht auf Vorschlag der Fakultät. Das Dekanat darf er trotz der Ernennung nicht übernehmen, Examina nicht abhalten.[153]

Durch die Vorarbeiten zu einem eigenständigen Handelsgesetzbuch und als Begründer des deutschen Handelsrechts wird Goldschmidt in diesen Jahren in ganz Deutschland bekannt. Als er 1869 zum Mitglied des Reichsoberhandelsgerichts in Leipzig berufen wird, nimmt er die Berufung an, „um durch die Tat an der Vereinigung von Nord und Süd, Theorie und Praxis, an der Verwirklichung konfessioneller Gleichberechtigung mitzuarbeiten ... Wenn man im Bundesrat und in Preußen speziell soweit alle Vorurteile zu überwinden versteht, daß man einen süddeutschen Professor meiner Konfession in den obersten Gerichtshof beruft, so mußte ich mich meinerseits des großen Entschlusses würdig zeigen."[154] Von August 1870 bis Juni

[152] *Levin Goldschmidt. Ein Lebensbild...*, S. 115.

[153] Hugo Sinzheimer, *Jüdische Klassiker der deutschen Rechtswissenschaft,* 2. Aufl., Frankfurt/M. 1953, S. 66.

[154] Goldschmidt an Prof. Fitting in Halle, Heidelberg, den 23. September 1869, in: *Levin Goldschmidt. Ein Lebensbild...*, S. 328 (Goldschmidts Berufung am Ende des Jahres 1869 u. a. auch mitgeteilt in: *AZJ*, [1870], S. 6).

1875 ist er als kaiserlicher Rat am Reichsgericht tätig. Er persönlich fühlt in den folgenden Jahren, wie er berichtet, keine Anzeichen konfessioneller Zurücksetzung.

Im Mai 1875 wird Goldschmidt ein Ordinariat an der Berliner Universität übertragen und auf seinen Wunsch hin zu diesem Zwecke ein spezieller Lehrstuhl für Handelsrecht geschaffen. Damit wird Levin Goldschmidt der erste Ordinarius für das Spezialfach des deutschen Handelsrechts im Kaiserreich. Er lehrt an der juristischen Fakultät Berlin, bis er 1894 seine Tätigkeit aus gesundheitlichen Gründen aufgeben muß.[155] Für die Jahre 1875/76 nimmt er daneben ein Reichstagsmandat der Nationalliberalen für Leipzig an.

Neben seiner erfolgreichen Tätigkeit als Jurist und Handelsrechtslehrer bleibt er im Deutsch-Israelitischen Gemeindebund tätig und ist Vorsitzender des Hilfsvereins für jüdische Studierende in Berlin.

Als Heinrich von Treitschke, ein Freund Goldschmidts aus der Heidelberger Zeit, durch seine antisemitischen Artikel in den *Preußischen Jahrbüchern* sowie seine Haltung zur sogenannten Antisemitenpetition als Geschichtsprofessor der Berliner Universität auf neue Weise unrühmliche Bekanntheit erlangt, kündigt ihm Goldschmidt die Freundschaft und nimmt aktiv gegen den aufkommenden Antisemitismus Stellung.[156]

[155] Archiv der Humboldt-Universität zu Berlin, Professoren der jur. Fak. der Friedrich-Wilhelms-Universität, Nr. 493, Bl. 167–169, 176; Nr. 494, Bl. 82–83; Personalakte Goldschmidt, Nr. 141; vgl. ferner GStAPK, Rep. 76 Va, Sekt. 2, Tit. III, Nr. 8, Bl. 43, wo Kultusminister Adalbert Falk diesen Schritt vor dem Kgl. Kabinett rechtfertigen muß.

[156] Siehe Goldschmidts Schrift gegen Treitschke vom Mai 1881, in: H. Sinzheimer, *Jüdische Klassiker...*, S. 69 ff. – Für Aufsehen und heftige Auseinandersetzungen unter den preußischen Juden sorgte er andererseits, als er 1887, bei den sogenannten „Kartell-Wahlen", zusammen mit dem ebenfalls bekannten jüdischen Gelehrten Moritz Lazarus öffentlich für die Kandidatur eines Abgeordneten eintrat, der als Verteidiger des antisemitischen Hofpredigers Adolf Stoecker aufgetreten war. Beide wollten jedoch „in großen politischen Fragen" nicht gegen die Regierung stimmen, nur weil auch antisemtisch beeinflußte Konservative auf deren Seite standen. Dies entsprach ihrem Wunsch, als deutsche Juden politische Loyalität und deutsches Nationalbewußtsein bewußt zu demonstrieren, um nicht pauschal zu der von den Antisemiten immer vehementer als „jüdisch" verschrienen „antinationalen" freisinnig-sozialdemokratischen Opposition gezählt zu werden, und damit dem Vorurteil entgegenzuwirken, jüdische Wähler würden ausschließlich links-oppositionell wählen. Für Jacob Toury wird Goldschmidt dadurch zu einem „jüdischen Parteigänger des Antisemitismus". Vgl. J. Toury, *Jüdische Parteigänger des Antisemitismus*, in: *LBI-YB*, (1961), S. 323–335; ders., *Die politischen Orientierungen...*, S. 178 ff.; vgl. dazu ferner Moritz Lazarus' Schrift *An die Deutschen Juden*, Berlin 1887.

Levin Goldschmidt, der zu jenen gehörte, die bis zuletzt den Schritt der Taufe entschieden von sich wiesen, bot seinen jüdischen und nichtjüdischen Mitbürgern damit ein Beispiel an Charakterstärke und Festigkeit.[157]

[157] Da für die frühe Zeit nur sehr wenig Selbstzeugnisse jüdischer Generationsgenossen von Goldschmidt vorliegen, sei an dieser Stelle auf die publizierten Lebenserinnerungen des (bis 1867) Nicht-Preußen Ferdinand Philipp verwiesen, eines späteren Anwalts von Bismarck. Philipp (1834–1917), der sich im Jahre 1855 ebenfalls vor die Notwendigkeit gestellt sah, einen Beruf zu ergreifen, und als Jude an eine richterliche oder andere Beamtenlaufbahn nicht denken konnte, hatte in seiner damals unter dänischer Oberherrschaft stehenden Heimat Holstein die Möglichkeit, Advokat zu werden, und erhielt im Mai 1864 die Bestallung als Ober- und Landgerichts-Advokat für das Herzogtum Holstein. Nach der preußischen Einverleibung von Holstein-Lauenburg ging er als Rechtsanwalt nach Altona. Philipp ließ sich nicht taufen – er blieb aus Pietät gegenüber den Eltern und persönlicher Würde im Judentum, ohne selbst eine Bindung zu ihm zu verspüren. Seinen (noch ungetauften) Sohn ließ er am christlichen Religionsunterricht teilnehmen, da er die Taufe für die jüngere Generation der Juden für angebracht hielt, um diese vom „Zwiespalt der Empfindungen" von vornherein fernzuhalten und deren Entwicklung einfacher zu machen (Ferdinand Philipp, *Lebenserinnerungen. Aus den hinterlassenen Aufzeichnungen*, Altona 1917).

DRITTES KAPITEL

Die Öffnung der Justizkarriere für jüdische Aspiranten nach der Reichsgründung und die Entwicklung bis in die 1880er Jahre

Erste Anstellungen jüdischer Richter seit 1870/71

Unmittelbar nach der Reichsgründung im Jahre 1871 teilten die preußischen Juden, nunmehr vollberechtigte Staatsbürger, die Hoffnung ihrer Mitbürger auf ein neues Zeitalter des Friedens, der wirtschaftlichen und politischen Stabilität und des gesellschaftlichen Fortschritts.

Das Bundesgesetz von 1869 schien die konkrete Forderung nach einem rechtlich ungehinderten Zugang von jüdischen Bewerbern zu Staatsämtern unter den gleichen Bedingungen wie für christliche Anwärter des öffentlichen Dienstes gegenstandslos gemacht zu haben. Es erschien nur noch als Frage der Zeit, bis eine vollständige Integration der jüdischen Bevölkerung Preußens auch ihre ungeteilte gesellschaftliche Anerkennung und eine gleichberechtigte Teilnahme am öffentlichen Leben auf allen Ebenen mit sich bringen würde.

Durch den förderativen Charakter der Reichsverfassung blieben Verwaltung und Rechtsprechung weitgehend in der Kompetenz der Einzelstaaten. Jedoch hatte das seit 1871/72 reichsübergreifend geltende Gleichstellungs-Gesetz inhaltlich Artikel 12 der preußischen Landesverfassung bestätigt. Die durch das Gesetz vom 3. Juli 1869 implizit formulierte vollständige rechtliche Gleichstellung jüdischer Staatsbürger war eine allgemeine Emanzipation de jure; eine völlige gesellschaftliche Integration und Chancengleichheit, eine Emanzipation auch de facto, konnte nicht per Dekret erreicht werden. Die preußisch-deutschen Juden mußten auch im Kaiserreich weiter gegen Vorurteile in der christlichen Mehrheitsgesellschaft angehen, die trotz des von ihnen in den Emanzipationsjahrzehnten seit 1812 erreichten hohen Grades an sozialer, politischer und kultureller Integration weiter bestanden.

Die von staatlicher Seite nun bevorzugte und in der wilhelminischen Ära verstärkt einsetzende Praxis informeller Zurücksetzungen von Juden hinsichtlich einer Anstellung in höheren Staatsämtern stellte die Gleichberechtigung der jüdischen Staatsbürger im öffentlichen Leben im Kaiserreich in Frage. Fortgesetzte staatliche Verfassungsverletzungen durch eine diskriminierende Verwaltungspraxis der preußischen Regierungsbehörden wurden von den linksliberalen Parteien und jüdischen Organisationen bis zum Ende der Monarchie konstatiert und öffentlich kritisiert. Es ging dabei vor allem um die mit höherem sozialen Ansehen, „Autorität" und exekutiver Kompetenz verbundenen Beamtenstellen – um die Anstellung als Lehrer und Richter (in Beförderungsstellen), als ordentlicher Professor an der Universität, im höheren Verwaltungsdienst, im diplomatischen Korps und das militärische Avancement (insbesondere zum Offizier und Reserveoffizier des Heeres).

Die Forderung nach einer Beseitigung noch bestehender Barrieren verengte und verdichtete sich damit zugleich. Die noch verschlossenen Bereiche sozialer Aufstiegschancen im höheren öffentlichen Dienst, in der politischen Staatsverwaltung und anderen machtnahen Bereichen bildeten einerseits einen nur noch relativ schmalen Bereich innerhalb aller Berufsmöglichkeiten. Sie waren auf der anderen Seite diejenigen mit dem höchsten sozialen Prestige, so daß ein Ausschluß einer ganzen Gruppe von Staatsangehörigen hier besonderes Gewicht hatte und zum Kennzeichen eines minderen Status der Juden in der Gesellschaft wurde.

Bei Stellenbesetzungen in der höheren staatlichen Administration waren die Spitzen der kaiserlich-preußischen Beamtenschaft sorgfältig darauf bedacht, soviele Stellen wie möglich mit konservativen Adligen oder doch zumindest mit Angehörigen einer exklusiven „schlagenden Verbindung", mit dem Titel des Reserveoffiziers und großbürgerlicher Herkunft zu besetzen. Dieses Prinzip war darauf ausgerichtet, durch die Erhaltung der Beamtenoligarchie und eine entsprechende Auswahl und Sozialisation des Nachwuchses die Exklusivität dieses Bereiches zu sichern. Eine finanzkräftige Herkunft, Vermögen und politische Anpassungsfähigkeit galten als unabdingbare Voraussetzungen für die höhere Beamtenlaufbahn, die erhebliches soziales Ansehen versprach, das in Preußen nur noch vom Ansehen des Offiziers und der „höchsten Kreise" übertroffen wurde. Die politisch-soziale Auswahl des Nachwuchses wurde auf diese Weise auf eine konservative politische Einstellung und seit den 1880er Jahren auf eine „neufeudale" Gesellschaftshaltung mit ausgeprägtem Standesdünkel ausgerichtet.[1]

Je machtnäher die Sphären wurden, in denen preußische Beamte tätig waren, desto konsequenter funktionierten staatliche formelle und informelle Ausschließungspraktiken. Die in den vergangenen Jahrzehnten in Preußen öffentlich geführte Diskussion um die Staatsanstellung von Juden erfuhr jetzt dadurch eine Zuspitzung, daß die subtiler werdenden administrativ-diskriminierenden Praktiken der Zurücksetzung beziehungsweise des Ausschlusses immer schwieriger zu fassen waren, weil es sich um informell praktiziertes Unrecht handelte und somit die verfassungsmäßig bestehenden Rechte schwer einklagbar waren.

Eine öffentliche Auseinandersetzung um die Zulassung von Juden zu mit „obrigkeitlicher Gewalt" verbundenen Stellungen kam wieder auf, als sich die antisemitische Propaganda seit Ende der 1870er Jahre der „Judenfrage" mit gegenemanzipatorischer Stoßrichtung annahm. Deren Forderung nach neuen legislativen ausschließenden Maßnahmen für Juden, vor allem ihre Fernhaltung beziehungsweise Entfernung aus allen höheren Staatsämtern, besonders im Bildungswesen, provozierte Reaktionen in der Presse, in breiteren gesellschaftlichen Kreisen und auf Regierungsebene.

Nach dem Ende der in diesem Zusammenhang liberalen Periode der Bismark-Ära, wenige Jahre nach der Reichsgründung, gingen preußische Regierungsbehörden wieder daran, den gerade erst erlangten Zugang jüdischer Anwärter zu höheren staatlichen Ämtern erneut zu verengen.

Doch zunächst konnten sich die Juden und alle Verfechter ihrer Emanzipation am Ziel ihrer Wünsche glauben. Die Mehrheit der preußischen Juden, fast in ihrer Gesamtheit Teil des deutschen Bürgertums, betrachtete sich vorbehaltlos als zugehörig zur deutschen Nation, Kultur und Wissenschaft.

In der ersten Dekade nach der Reichsgründung, unter den Bedingungen eines vom Bündnis Bismarcks mit den Nationalliberalen getragenden Liberalismus, besserten sich die Chancen für Juden, eine akademische Laufbahn einzuschlagen und in höhere Beamten-

[1] Vgl. W. Bleek, *Von der Kameralausbildung...*, S. 151.

stellen, vor allem in Richterämter, zu gelangen. Durch die Dynamik der deutschen Reichseinigung und ein von liberaler Freihandelspolitik bestimmtes wirtschaftliches Wachstum gewann eine weniger diskriminierende Anstellungspraxis gegenüber jüdischen Staatsbeamten wenigstens in einigen der angesprochenen Bereiche kurzzeitig die Oberhand.

Von den den Juden bis dahin vorenthaltenen höheren Positionen im öffentlichen Dienst bot das Richteramt (an preußischen Gerichten unterer Instanzen) nun die wenigsten Anstellungsvorbehalte, so daß sich der Justizbereich in dieser Hinsicht als vergleichsweise liberal darstellte. Dies hatte damit zu tun, daß in der preußischen Beamtenhierarchie richterliche Beamte geringer bewertet wurden als Verwaltungsbeamte. Richterämter galten als erstrebenswerte Posten für Angehörige des mittleren Bürgertums, weniger für die Aristokratie.[2] Richterliche Beamte waren weniger „elitär" als Verwaltungsbeamte oder Militärangehörige. Die preußischen Richter wiesen bereits in dieser Zeit einen nur geringen Anteil von Adligen auf, in der Regel auch keine Verflechtung mit Grundbesitz, wie man sie noch häufiger bei den Verwaltungsbeamten fand. Ihrer sozialen Herkunft nach entstammte der größte Teil der preußischen Richter dieser Zeit dem Bildungsbürgertum. In der politischen Opposition der Konfliktszeit der 1860er Jahre im Abgeordnetenhaus war der Typus des liberalen Kreisrichters hervorgetreten. Die vergleichsweise größere politische Unabhängigkeit der richterlichen Beamten gegenüber den Verwaltungsbeamten und ihre größere Nähe zur Bevölkerung hatte sie in den letzten Jahren vor der Reichgründung eher als nichtrichterliche Beamte mit der liberalen Opposition sympathisieren lassen und war freier von den Vorbehalten und dem Standesdünkel der elitären höheren Bereiche staatlicher Machtausübung.[3]

Bis zum Ende des Kaiserreichs rekrutierte sich der Richterstand deshalb hauptsächlich aus Beamtensöhnen, gutgestellten Kaufleuten und Akademikern. Angehörige des hohen Adels oder der industriellen und agrarischen Eliten gingen selten in die Justiz. Diese zogen die militärische oder die diplomatische Laufbahn vor und wurden lieber Verwaltungs- als Gerichtsjuristen. Das war kostspieliger und galt als vornehmer. Ernst Fraenkel, der sich in seinen grundlegenden

[2] Vgl. E. Hamburger, *Juden im öffentlichen Leben...*, S. 4.

[3] Adalbert Hess, *Das Parlament, das Bismarck widerstrebte*, Köln-Opladen 1964, S. 64 f., 84; W. Bleek, *Von der Kameralausbildung...*, S. 125, 159 f.

Aufsätzen zur deutschen Verfassungsgeschichte zum soziologischen Standort des Richtertums äußerte, kam deshalb zu dem Schluß, daß dem deutschen Richter im Kaiserreich „eine gewisse Kleinbürgerlichkeit" anhaftete.[4]

Für die preußische Justizverwaltung trat in den ersten Jahren nach der Reichsgründung der begünstigende Umstand hinzu, daß – erstmals seit Jahrzehnten – eine Entspannung des juristischen Arbeitsmarktes und infolge dessen ein annähernd ausgeglichenes Verhältnis des Angebots von Bewerbern im Vorbereitungsdienst und des Bedarfs im höheren Justizdienst zu verzeichnen war, wodurch sich der Konkurrenzdruck vorübergehend milderte.[5]

Der preußische Richter hatte ein auskömmliches (wenngleich mit Blick auf die Besoldung der Verwaltungsbeamtenschaft kein vergleichsweise hohes) Gehalt und war in der Regel durch Familienvermögen finanziell gut gestellt. Schon die lange unbesoldete Assessorenzeit, die nicht unerhebliche Geldmittel erforderte (über die zuvor ein Nachweis erbracht werden mußte), sorgte für eine soziale Auslese unter den Beamtenanwärtern. Die politische Anpassung wurde durch die lange Ausbildungszeit und das staatliche Anstellungsmonopol im Justizdienst gewährleistet. Die kurzzeitig liberale Entwicklung in der Justizverwaltung ließ mit den „refeudalen" Tendenzen in der Staatsverwaltung entsprechend dem politisch konservativen Kurs der Regierung seit den 1880er Jahren unter dem wachsenden Konkurrenzdruck in der bald wieder bewerberüberfluteten Justiz und einem letztlich willkürlichen Tempo staatlicher Beförderung zugunsten politisch konformistischer Haltungen stark nach. Die gesamte Richterschaft des wilhelminischen Zeitalters fand ihre Vorgesetzten in den Beamten, die das Puttkamersche System des bürgerlich-adligen „Neofeudalismus" durchlaufen hatten.[6] Im langwierigen Justizvorbereitungsdienst war genug Zeit, um behördlicherseits beurteilen zu können, ob ein Bewerber willfährig und staatstreu, das heißt ergeben konservativ-monarchistisch war. Fraenkel bemerkte zum Zusammenhang zwischen der langen Ausbildungszeit und der überwiegend „gesinnungstreuen" konservativen Haltung jüdischer Justizamts-Anwärter zutreffend: „Der Qual einer derartigen Probezeit

[4] Ernst Fraenkel, *Zur Soziologie der Klassenjustiz*, Berlin 1927, S. 11.
[5] Th. Kolbeck, *Juristenschwemmen...*, S. 76 u. 113.
[6] Vgl. Eckart Kehr, *Der Primat der Innenpolitik*, Berlin 1965, S. 75 f.

hat sich niemand ausgesetzt, der das damalige System nicht auch innerlich bejahte."[7]

Erst mit der Einführung der freien Advokatur 1878/79 war diese Haltung für einen Teil der im Justizvorbereitungsdienst befindlichen Aspiranten, nämlich jene, die nicht auf eine Anstellung im Staatsdienst hofften, nicht mehr maßgebend. Durch die Möglichkeit, einen „freien" Beruf zu ergreifen, fielen der Druck des staatlichen Anstellungsmonopols und damit auch politisch(-religiöse) Zwänge für die Bewerber weg.

Die Weigerung der preußischen Regierung, Juden zu etatmäßigen Richtern zu bestellen, war die eklatanteste und am heftigsten kritisierte der der jüdischen Gleichberechtigung entgegenstehenden Maßnahmen in den beiden Jahrzehnten vor der Reichsgründung gewesen.[8] Mit dem Gesetz vom 3. Juli 1869 war endlich auch jene noch bis zum Vorabend der Reichsgründung bestehende ministerielle Verfügung vom 9. Oktober 1851 gefallen, die Juden unter dem Vorwand, ihnen sei die Eidesabnahme nicht möglich, verwaltungsrechtlich den Richterberuf verschlossen und in den fast 18 Jahren ihrer Gültigkeit für heftige Debatten gesorgt hatte. Nachdem das Gleichstellungsgesetz rechtskräftig geworden war, entschloß sich Justizminister Leonhardt nach längerem Zögern, die Praxis seiner Amtsvorgänger zu durchbrechen und erstmals jüdische Gerichtsassessoren zum Richteramt zuzulassen. Der preußische Justizminister bestätigte seine Absicht im preußischen Abgeordnetenhaus auf Anfrage des Abgeordeten Kosch am 13. November 1869.[9]

Damit begann die preußische Justizverwaltung mit der praktischen Durchsetzung der staatsbürgerlichen Gleichberechtigung der Konfessionen, wie sie im Gesetz ausgesprochen war.

Bereits im Juli 1869 hatte der Düsseldorfer Kaufmann Moritz Seelig eine Bestallung als ehrenamtlicher (Laien-)Richter am dortigen Handelsgericht erhalten.[10] Mit dieser Anstellung, die jedoch noch nicht die akademisch vorgebildeten, eigentlichen Anwärter auf ein besoldetes preußisches Richteramt betraf, begann 1870 und im Laufe des folgenden Jahres eine Reihe von Beförderungen jüdischer Gerichts-

[7] E. Fraenkel, *Zur Soziologie der Klassenjustiz...*, S. 10.

[8] J. Toury, *Soziale und politische Geschichte ...*, S. 346.

[9] *StBPrA*, 19. Sitzung am 13. November 1869, Bl. 512 ff.

[10] GStAPK, Rep. 84a, Nr. 11948, Bl. 117 ff. – Eine Zulassung zum Handelsrichter wäre rechtlich schon seit 1862 möglich gewesen.

assessoren zu etatmäßigen Richtern an Kreis- und Stadtgerichten Preußens.

Den Auftakt zu einer neuen Anstellungspolitik für Juden in Preußen noch vor dieser Öffnung des Richteramtes hatte die Berufung des bereits erwähnten Levin Goldschmidt an das Reichsoberhandelsgericht in Leipzig Ende 1869 gebildet.

Zum Jahresbeginn 1870 wurde der jüdische Gerichtsassessor Jeremias Mai zum Kreisrichter in Beuthen (Oberschlesien) ernannt und war damit der erste jüdische Richter in Preußen. Die *Allgemeine Zeitung des Judentums* kommentierte das Ereignis mit den Worten: „Hoffen wir, daß mit Mai der langersehnte Frühling für die jüdischen Juristen Preußens gekommen ist und daß auch die beim Breslauer Stadtgericht seit einem Jahrzehnt unbesoldet und mit beschränktem Stimmrecht beschäftigten jüdischen Assessoren, bisher trotz ihrer hohen Anciennität bei Vacanzen stets übergangen, nun endlich einmal zum Lohn ihres langen Ausharrens zu Richtern befördert werden."[11]

Dem Gerichtsassessor Ernst Rubo (1834–1895), Sohn des bekannten ersten jüdischen Privatdozenten der Rechtswissenschaft in Preußen und späteren Sekretärs der Berliner jüdischen Gemeinde, Julius Rubo, wurde im Juni 1870 das Patent als königlich-preußischer Stadtrichter in Berlin erteilt. Rubo, der schon längere Zeit als Mitarbeiter („Hilfsarbeiter") im Justizministerium beschäftigt war, hatte daneben bereits seit einigen Jahren Vorlesungen als Privatdozent an der Berliner Universität gehalten.[12] Im gleichen Jahr wird Assessor (Meyer?) Levy ebenfalls im oberschlesischen Beuthen als Kreisrichter angestellt. Nach zwölfjähriger unbesoldeter Assessorenzeit wurde schließlich auch Joseph Landsberger – als dienstältester Assessor der Monarchie – am 1. Juli 1870 Kreisrichter in Trebnitz; er verstarb jedoch am Tage nach seinem Amtsantritt. Damit gab es am Ende des Jahres 1870 drei etatmäßige jüdische Richter in Preußen.[13]

[11] *AZJ* vom 18. Februar 1870, S. 6. – Jeremias Mai aus Rosenberg (Schlesien) war ein Bruder des aus der 1848er Revolution bekannten „Roten Mai".

[12] *AZJ* vom 13. August 1869, S. 677 und vom 19. Juni 1870, S. 536; vgl. E. G. Lowenthal, *Juden in Preußen...*, S. 193.

[13] Zu Levy vgl. J. Toury, *Soziale und politische Geschichte...*, S. 352 f. – Zu Joseph Landsberger vgl. *AZJ*, (1870) (Meldung vom 19. Juli 1870), S. 576 f. – Die in der *AZJ*, (1869), S. 677 bzw. (1870), S. 498 als vollzogene Tatsache gemeldete Anstellung des Assessors Joel aus Stettin und des Assessors F. aus Breslau als Richter in Oels findet in den Justizministerialakten keine Bestätigung; vgl. ferner leicht abweichende Angaben bei T. Krach, *Jüdische Rechtsanwälte...*, S. 13.

Die in den der Reichsgründung vorausgegangenen Jahrzehnten selten gebliebene Vergabe von staatlichen Rechtsanwaltspatenten (Justizkommissarien) an jüdische Anwärter fand nun eine Beschleunigung und mit der Ernennung von Eduard Lasker zum Rechtsanwalt beim Stadtgericht Berlin und zum Notar beim Kammergericht ein markantes Beispiel.[14]

Eine neue, zunächst nur regierungsinterne Kontroverse entfachte im Jahre 1873 die Frage der Zulassung jüdischer Staatsanwälte. Bereits im Januar 1867 wurde im preußischen Abgeordnetenhaus durch den Abgeordneten Kosch mitgeteilt, daß die Regierung – wie ein Regierungskommissar auf Anfrage hätte verlauten lassen – jetzt bereit sei, Staatsanwaltsstellen mit geeigneten jüdischen Assessoren zu besetzen.[15] Damit war vermutlich nur eine mögliche kommissarische Anstellung innerhalb des Justizvorbereitungsdienstes gemeint. Ob sich die Regierung darüber hinaus in den 1860er Jahren ansatzweise dazu bereit zeigte, Juden zukünftig auch als Staatsanwälte etatmäßig anzustellen, bleibt unwahrscheinlich. Staatsanwälte als nichtrichterliche (abhängige) Beamte besaßen als unmittelbare Repräsentanten der Staatsgewalt höheres gesellschaftliches und berufliches Ansehen und einen anderen Beamtenstatus als Richter. Beförderungen in höchste Posten der Justizverwaltung wurden fast ausschließlich mit solchen Juristen besetzt, die jahrzehntelang Staatsanwälte gewesen und damit als politische Beamte an die Weisungen der vorgesetzten Behörde direkt gebunden waren. Komplettiert wurde die politische Gefügigkeit dieser Beamtenkategorie durch die hier für die Anstellung unabdingbare Voraussetzung des Reserveoffizierspatents.[16]

Am 1. April 1873 hatte der Justizminister beim König erstmals die Anstellung des jüdischen Advokaten Dr. Salomon Mayer als Staats-Prokurator (Staatsanwalt) am Appellationsgerichtshof Köln beantragt.[17] Angesichts der neuen politischen und rechtlichen Lage und einer in den vergangenen zwei Jahren relativ zahlreich erfolgten Zulassung jüdischer Richter und Rechtsanwälte glaubte der Minister

[14] Zu Lasker vgl. ZWEITES KAPITEL, Anm. 21. Lasker übte den Beruf des Rechtsanwalts zugunsten seines politischen Engagements nicht aus. – Julius Rubo und Eduard Lasker waren bereits seit den 1860er Jahren Mitglied der Juristischen Gesellschaft Berlin (vgl. Andreas Fijal, *Die Geschichte der Juristischen Gesellschaft zu Berlin in den Jahren 1859 bis 1933*, Berlin-New York 1991, S. 55).

[15] *StBPrA*, 52. Sitzung am 12. Januar, S. 1451.

[16] Vgl. E. Fraenkel, *Zur Soziologie der Klassenjustiz...*, S. 10.

[17] GStAPK, 2.2.1., Nr. 23684, Bl. 156 ff.

offenbar nicht, mit besonderen Schwierigkeiten rechnen zu müssen – die Bestallungsurkunde war bereits ausgestellt. Zudem war Dr. Mayer schon seit 1856 als Advokat in der ehemals freien Stadt Frankfurt am Main erfolgreich tätig gewesen und schien dem Minister als vollkommen geeignet für die Besetzung der vakanten Stelle bei der Staatsanwaltschaft in Köln, in der zwei weitere Staats-Prokuratoren tätig waren, deren Wirkungskreis sich auf die schriftliche Bearbeitung der Akten und die Teilnahme an nichtöffentlichen Sitzungen beschränkte.

Ein königlicher Sprecher, der Kabinettsrat von Wilmowski, teilte Leonhardt jedoch umgehend mit, daß der Monarch diese Ernennung beanstande; Seiner Majestät sei nicht erinnerlich, daß ein Jude jemals zu einem solchen Amte zugelassen worden sei (womit Wilhelm I. auch kein Fall entgangen war). Jener wolle „im Hinblick darauf, daß die Beamten dieser Kategorie dem Publikum gegenüber eine besonders exponierte Stellung einnehmen", zunächst eine Stellungnahme dazu hören, inwiefern die Anstellung eines Juden in einem solchen Amte überhaupt für „angemessen" zu erachten sei.[18] Der Minister räumte daraufhin ein, daß trotz der bestehenden Gesetzgebung in manchen Fällen den „berechtigten Gefühlen der Bevölkerung Rechnung zu tragen sei", wies aber zugleich auf den begrenzten Wirkungskreis des Gerichts mit wenig Öffentlichkeit hin, weshalb in diesem Falle die Bedenken des Monarchen nicht berücksichtigt werden müßten; schließlich bot er die Zurückziehung der Zulassung an. Offenbar wurde von diesem Angebot Gebrauch gemacht.[19]

In den beiden ersten Jahrzehnten nach der Reichseinigung wurden in Preußen vergleichsweise viele jüdische Richter angestellt (vergleiche dazu folgenden Abschnitt). Zum Staatsanwalt dagegen ist bis zum Ende des Kaiserreichs in Preußen kein einziger Jude ernannt worden. Dieser Unterschied gründete sich, wie bereits erwähnt, auf die Hierarchie im Justizbereich; während das Richteramt als sozial weniger vornehm und exklusiv galt und geringer bewertet (und besoldet) wurde als die Verwaltungsposten nichtrich-

[18] *A. a. O.*, Bl. 158.

[19] *A. a. O.*, Bl. 159. Der erste jüdische Staatsanwalt in Deutschland wurde im Jahre 1864 in Heidelberg, der erste jüdische Oberstaatsanwalt 1914 ebenfalls in Baden ernannt. Zulassungen zu diesem (nichtrichterlichen) Amt erfolgten außerhalb von solchen „Ausnahme"-Zulassungen nur in Bayern (vgl. E. Hamburger, *Juden im öffentlichen Leben...*, S. 40).

terlicher Beamte (und deshalb auch jüdischen Staatsamts-Bewerbern nicht verschlossen blieb), teilten die Staatsanwälte das Ansehen der höheren Verwaltungsbeamten, deren politische, soziale und religiöse Homogenität streng gehütet wurde. Die obersten Ränge in der Justizverwaltung wurden in der Regel mit ehemaligen Staatsanwälten besetzt.[20]

Quantitative Entwicklung jüdischer Justizbeamter beziehungsweise Rechtsanwälte

Richter

Zahlen über den Anteil jüdischer Beamter im Staatsdienst waren, da es keine offizielle konfessionelle Berufszählung in Preußen gab, der Öffentlichkeit des 19. Jahrhunderts weitgehend unbekannt. Regierungsintern wurden solche Daten in einzelnen Ressortministerien jedoch in unregelmäßigen Abständen erhoben.

Am Ende des Jahres 1871 wurde in den jährlichen Generalberichten der Justizbehörden an das Ministerium – gemäß einer entsprechenden neuen Verfügung – erstmals obligatorisch die konfessionelle Gliederung der richterlichen Beamten angegeben. Dabei ging es neben der Information, wieviele Beamte dem jüdischen Glauben angehörten, auch um das Verhältnis von evangelischer und katholischer Konfession bei ihnen. Katholiken wurden bei der Besetzung hoher staatlicher Ämter ebenfalls benachteiligt oder zumindest nicht in einem Grade berücksichtigt, wie es ihr hoher Anteil an der Gesamtbevölkerung erwarten ließ; diese Tatsache wurde in den 1890er Jahren Gegenstand der katholischen „Paritätsforderung" (vergleiche VIERTES KAPITEL, S. 272–282).

[20] Vgl. E. Hamburger, *Juden im öffentlichen Leben...*, S. 3 f.; W. Bleek, *Von der Kameralausbildung...*, S. 159 ff.; vgl. ferner Carl Kade, *Der deutsche Richter*, Berlin 1910, S. 211 ff. (hier auch Angaben zu den Richtergehältern). – Im sozialen Ansehen noch eine Stufe unter den Richtern standen die akademisch gebildeten Lehrer und die höheren technischen Beamten. Die deutliche Zurücksetzung jüdischer Dozenten im Bildungswesen und deren, im Verhältnis gesehen, freizügigere Zulassung im technischen Bereich basierte ebenfalls auf dem unterschiedlichen Grad an öffentlichem Einfluß und „Autorität", die mit diesen Ämtern verbunden waren.

Folgende Angaben über jüdische höhere Justizbeamten liegen für den Bezirk des Kammergerichts Berlin und das Obertribunal (Berlin) vor:[21] Bei den höheren Instanzen, wie dem Obertribunal und dem Ober-Appellationsgericht, waren zu diesem Zeitpunkt (Ende 1871) keine jüdischen Juristen angestellt. Das Stadtgericht Berlin beschäftigte mit dem bereits erwähnten Ernst Rubo den einzigen jüdischen Richter im Kammergerichtsbezirk. Im Kammergerichtsbezirk Berlin(-Brandenburg) waren unter den insgesamt 137 Rechtsanwälten und Notaren 9 jüdische Rechtsanwälte (ca. 6,6%) tätig, einer von ihnen am Kammergericht Berlin, fünf am Stadtgericht Berlin (darunter der bekannte Eduard Lasker und der Vorsitzende der Berliner jüdischen Gemeinde, Hermann Makower).[22] Insgesamt 9 jüdische Gerichtsassessoren und 48 jüdische Referendare bereiteten sich am Ende des Reichsgründungsjahres an den verschiedenen Justizeinrichtungen und bei Rechtsanwälten des Kammergerichtsbezirks auf die höhere Justizlaufbahn vor; sie stellten dort ca. 10% aller Gerichtsassessoren und 24,4% der Referendare.[23]

Für Dezember 1871 liegen in den Akten des preußischen Justizministeriums auch interne Angaben über die konfessionellen Verhältnisse der Justizbeamten für ganz Preußen vor. Danach hatte sich die Zahl der Ende des Jahres 1870 beschäftigten jüdischen Richter von drei auf neun erhöht; die Vergabe von Konzessionen für (beamtete) jüdische Rechtsanwälte hatte im Vergleich zur Zeit vor 1871 relativ rasch zugenommen, ebenso wie die Zahl jüdischer Referendare im Vorbereitungsdienst, die – im Vergleich zur Zählung Bernuths im Februar 1861 – von 17 auf 114 angestiegen war. Die Zahl jüdischer

[21] GStAPK, Rep. 84a, Nr. 3258, Die Konfessionsverhältnisse der höheren Justizbeamten 1870/71, Bl. 51 ff. und 111–112. – Diese und die nachfolgenden Daten des Justizministeriums können durch eine in den (zum Teil umfangreichen) Akten nachvollziehbare Art und Weise ihrer Zusammenstellung als solide angesehen werden. Dies erweist sich auch im (stichprobenartigen) Vergleich untereinander (d. h. mit späteren quantitativen Erhebungen der Behörde) und mit anderen, von zeitgenössischen Autoren privat ermittelten Einzeldaten bzw. allgemeinen statistischen Angaben. Leichte Abweichungen können sich im Vergleich mit späteren statistischen Übersichten auch durch zu verschiedenen Stichtagen innerhalb eines Jahres erhobene Daten ergeben.

[22] Der erste jüdische Anwalt am Kammergericht Berlin war vermutlich Carl Kaufmann, im juristischen Vorbereitungsdienst seit 1853. Hermann Makower (1830–1897) war bereits seit 1862 Rechtsanwalt in Berlin (vgl. ZWEITES KAPITEL, Anm. 101).

[23] GStAPK, Rep. 84a, Nr. 3258, Bl. 111–112.

Justizaspiranten im Assessorendienst war – vermutlich durch ihren beschleunigten Abbau infolge von Ernennungen jüdischer Assessoren mit hohem Dienstalter zu Rechtsanwälten – von 32 auf 21 Personen zurückgegangen. Die folgenden Zahlen vom Dezember 1871 können als Ausgangsbasis für das Kaiserreich gelten:[24]

TABELLE 1

Anteil der jüdischen Beamten in der preußischen Justiz (Stand Dezember 1871)

Beamtenkategorien	Gesamtzahl der Angestellten	davon Juden	
		absolut	%
Richterliche Beamte aller Ränge	4101	9	0,02
Staatsanwälte	286	0	0
Rechtsanwälte/ Notare	2480	75	3,02
Gerichtsassessoren	321	21	6,54
Referendare	1498	114	7,61

Die Anzahl jüdischer Richter nahm seit 1870 zunächst schnell zu und war am 1. Januar 1881 auf 123 jüdische Amts- und Landrichter (das heißt Richter an den beiden unteren Instanzen) angewachsen. Seit diesem Jahr stieg sie stetig, aber langsamer (keine bis maximal neun jährliche Neueinstellungen bis 1893).[25]

[24] *A. a. O.*, Bl. 989–991 (gezählt wurden die Provinzen Brandenburg, Pommern, Ostpreußen, Posen, Schlesien, Westpreußen, Sachsen, Ehrenbreitenstein, Rheinprovinz, Hannover, in Hessen-Nassau, Schleswig-Holstein). Es fällt in den in den Akten vorliegenden differenzierteren Listen auf, daß im Rheinland, in der Provinz Hannover, in Hessen-Nassau und Schleswig-Holstein zu diesem Zeitpunkt (noch) kein jüdischer Gerichtsassessor beschäftigt war, in der Rheinprovinz darüber hinaus nur 3 jüdische Referendare; vgl. J. Toury, *Soziale und politische Geschichte...*, S. 94. – Die Assessorenzahl umfaßte alle zum Zeitpunkt der Erhebung im Vorbereitungsdienst befindlichen Assessoren, also nicht nur jene mit Anstellungsdienstalter.

[25] GStAPK, Rep. 84a, Nr. 11948, Bl. 117 ff. (Denkschrift des Justizministers Schelling über die Aufnahme der Juden in den preußischen Justizdienst von 1893); GStAPK, Rep. 84a, Nr. 11944, Bl. 1 ff.

TABELLE 2

Jüdische Richter in Preußen (1871–1893)

1. Jan. 1871	–	3
1. Jan. 1872	–	9
(keine Angaben für die Jahre 1873–1878)		
1. Okt. 1879	–	99
16. Nov. 1880	–	123
1. Jan. 1881	–	123
1. Jan. 1882	–	123
1. Jan. 1883	–	127
1. Jan. 1884	–	132
1. Jan. 1885	–	140
1. Jan. 1886	–	145
1. Jan. 1887	–	145
1. Jan. 1888	–	155
1. Jan. 1889	–	155
1. Jan. 1890	–	160
1. Jan. 1891	–	171
1. Jan. 1892	–	177
1. Jan. 1893	–	169

Der Anteil jüdischer Richter an der Berufsgruppe nahm im Zeitraum 1883 bis 1893 von rund 3% auf etwa 3,7% zu.[26] Da die etatmäßigen Richterstellen für ganz Preußen nur um rund 7% aufgestockt wurden (von insgesamt ca. 4200 im Jahr 1883 auf ca. 4500 im Jahr 1893), die Zahl jüdischer Richter im genannten Zeitraum jedoch um etwa 33% (von 127 auf 169 Richter) stieg, kann man von einer liberalen Einstellungspolitik des Justizministeriums in den ersten zwei Jahrzehnten des Kaiserreiches sprechen, die in Richtung einer „Normalisierung" der Berufsstruktur jüdischer Juristen wies (in dem Sinne, daß Juden, denen bisher der Zugang zur eigentlichen Juristenprofession verweigert worden war, nun aus dem Vorbereitungsdienst in eine solche gelangen konnten). Allerdings bedeutete diese vergleichsweise häufigere Zulassung von Juden zum Richteramt in diesen Jahren keine direkte Bevorzugung, sondern ergab sich aus dem Anciennitätsprinzip, nach dem Justizassessoren eines bestimmten Dienstalters ein gewisses Anrecht (wenn auch kein justitiables Recht) auf Verleihung einer etatmäßigen Richterstelle hatten. Durch den jah-

[26] Vgl. die tabellarische Übersicht über die Zahl der Studierenden der Rechte und den Personalbestand der Referendare, Rechtsanwälte und höheren Justizbeamten in Preußen seit 1880 in: *JMBl*, 69. Jg. (1907), Nr. 38.

relangen Ausschluß jüdischer Justizbewerber vom Richteramt waren diese in den 1870er Jahren in erhöhtem Maße im Vorbereitungsdienst vertreten und standen damit in den Listen der zu berücksichtigenden Anstellungskandidaten an vorderen Plätzen.

Wieviele von den im Justizvorbereitungsdienst insgesamt befindlichen, qualifizierten, also durch die Ablegung der Assessorprüfung zum Richteramt befähigten jüdischen Bewerbern dieses Amt tatsächlich erstrebten, und wieviele von ihnen demgegenüber von vornherein die Alternative der (seit 1879) freien Rechtsanwaltschaft wählten, läßt sich nicht ermitteln. Aus diesem Grunde können auch keine Aussagen darüber getroffen werden, ob oder wie stark die Zahl der jüdischen Bewerber, die in den beamteten Staatsdienst treten wollten, von der der Kandidaten abwich, die – entsprechend den gerade üblichen Wartezeiten im Vorbereitungsdienst – eine etatmäßige Richterstelle (pünktlich) erhielten.

Rechtsanwälte

Mit der Öffnung der Advokatur als freier Beruf im Zuge der Reichsjustizreformen durch die Rechtsanwaltsordnung vom 1. Juni 1878 (in Kraft seit 1879) bildete sich ein neuer juristischer Berufsstand außerhalb der juristischen Beamtenschaft heraus.[27] Jeder Bewerber, der die Befähigung dazu – und das war noch immer die Absolvierung des juristischen Vorbereitungsdienstes einschließlich des Assessorexamens – erworben hatte, mußte (unter bestimmten Normativbedingungen) zur Berufsausübung zugelassen werden. Ein Niederlassungsrecht wurde nun unabhängig von der bis dahin üblichen staatlichen Konzessionierung anerkannt. Die freie Anwaltschaft bot dadurch die Möglichkeit, eine berufliche Tätigkeit außerhalb des staatlichen Anstellungsmonopols im Justizwesen zu finden.

Damit bildete der Anwaltsberuf seit dieser Zeit gerade für viele jüdische Justizkandidaten die Chance zu einer erfolgreichen beruflichen Karriere. Hauptverantwortlich für ihren zukünftig hohen Anteil unter der preußisch-deutschen Anwaltschaft war die – bald wieder spürbarere – diskriminierende Einstellungs- und Beförderungspraxis

[27] Rechtsanwaltsordnung vom 1. Juli 1878, in: *Reichs-Gesetzblatt*, Berlin 1878, S. 177–198. Das Gesetz trat im gesamten Reich mit dem Gerichtsverfassungsgesetz 1879 in Kraft.

der preußischen Justizverwaltung, die Juristen jüdischen Glaubens in diesen nun offenstehenden Beruf abdrängte. Der Anwaltsberuf, ein typisch „bürgerlicher" Beruf,[28] wurde seit den 1880er Jahren zur „klassischen Juristenprofession" für die jüdische Bevölkerung Preußens.[29] Er blieb durch seine Unabhängigkeit von den Zwängen staatlicher, von sachlichen Kriterien abweichender Anstellungspolitik, besonders des Taufdrucks, „Zufluchtsstätte" der religiös beziehungsweise institutionell an das Judentum und die jüdische Gemeinde gebundenen Juden. Da für die Anwaltszulassung der Nachweis einer bestimmten politischen „Gesinnung" weitgehend gegenstandslos war, konnte auch ein größerer Teil der (jüdischen) Rechtsanwälte, für die der religiöse Aspekt eine untergeordnete oder keine Rolle spielte, linken beziehungsweise nonkonformen politischen Orientierungen verbunden bleiben.[30]

Die Freigabe der Advokatur, ein wichtiges legislatives Resultat des Liberalismus und seiner Rechtsstaatsidee, war von dem Rechtslehrer Rudolf von Gneist schon im Jahre 1867 als Beitrag zu einer langfristigen Lösung oder Entspannung der allgemeinen Mißverhältnisse in der Justizverwaltung, insbesondere der Lage der vielen unentgeltlich tätigen Assessoren ohne Hoffnung auf baldige Staatsanstellung, gefordert worden. Sie war jedoch auf der anderen Seite bereits vor ihrer Schaffung vor allem wegen ihres gewerblichen Charakters heftig umstritten und hauptsächlich in politisch konservativen Kreisen angefeindet worden. Die Gegner dieser Einrichtung gaben düstere Prognosen über zukünftige Mißstände durch eine angeblich zu erwartende „Überfüllung des Anwaltsstandes" ab. Die durch (vermeintlich) unlauteres Geschäftsgebaren zahlreicher Rechtsanwälte beeinträchtigte preußisch-deutsche Rechtspflege, so meinte man in diesem Lager, würde das Vertrauen des Volkes in das bestehende Rechtssystem erschüttern. Es wurde auch in den Jahren nach der Realisierung der freien Anwaltschaft weiter über unlautere Mittel

[28] Vgl. Hannes Siegrist, *Die Rechtsanwälte und das Bürgertum. Deutschland, die Schweiz und Italien im 19. Jahrhundert*, in: J. Kocka (Hrsg.), *Bürgertum im 19. Jahrhundert...*, S. 92–123, bes. 105 ff.

[29] Vgl. T. Krach, *Jüdische Rechtsanwälte...*, S. 31.

[30] Sozialdemokratische (oft ihrer Herkunft nach jüdische) Rechtsanwälte bzw. Justizkandidaten waren in preußischen Behörden gelegentlich staatlichen Repressionen ausgesetzt, die bis zur Verweigerung des Referendarexamens oder (bei Ablegung der Examina außerhalb Preußens) der verweigerten Zulassung an einem preußischen Oberlandesgericht gingen; vgl. T. Krach, *Jüdische Rechtsanwälte...*, S. 57.

geklagt, die Rechtsanwälte unter dem wachsenden Konkurrenzdruck in ihren Reihen zur Stabilisierung oder Vergrößerung ihrer Praxis angeblich anwandten, und über die Jahrhundertwende hinaus die Zurücknahme der freien Anwaltschaft gefordert. Besonders fürchteten sich die konservativen Parteigänger dieser Forderung vor einem sogenannten Anwaltsproletariat, womit man den zunehmenden kleinbürgerlichen und politisch eher links orientierten Anteil unter den preußischen Rechtsanwälten meinte, der wegen fehlender staatlicher Kontrollmöglichkeiten schwer zu überblicken und zu reglementieren war. In den 1880er Jahren, einer Zeit, in der auf allen Gebieten mit dem „Manchestertum" abgerechnet wurde, teilte ein vermutlich großer Teil der Konservativen die Meinung, daß sich die freie Advokatur nicht bewährt habe und der Stabilität des Justizwesens und damit des staatlich-rechtlichen Systems nachteilig sei.

Auch innerhalb der Justizverwaltung zeigte man sich gegenüber Vertretern kleinbürgerlicher Herkunft, die seit dieser Zeit verstärkt in die Berufsgruppe einflossen, unangenehm berührt, in späteren Jahren sogar bedroht, und diskutierte angesichts der stetigen Zunahme der Anwälte in den folgenden Jahrzehnten die Einführung eines Numerus clausus.[31] Dabei wurde häufig ein Zusammenhang zwischen der Freigabe der Advokatur und ihrer angeblichen „Überfüllung", der starken Präsenz jüdischer Anwälte und einem vermeintlichen Sinken des Ansehens des Berufsstandes und des Rechts überhaupt hergestellt. Eine Parallele dazu war die seit Ende der 1870er Jahre in der Öffentlichkeit geführte Diskussion über die Zunahme der Universitätsstudenten. Hier befürchteten die feudalbourgeoise Elite und das gebildete Bürgertum die Entstehung eines „akademischen Proletariats", das den gesellschaftlichen Status quo bedrohen könnte.[32]

Dieser gedankliche Hintergrund ist für eine Analyse der Motivation der konservativen Agitation gegen jüdische Anwälte beachtenswert. Wenn die konservative Presse gegen jüdische Anwälte polemisierte, sollte damit oftmals gleichzeitig eine generelle Abschaffung der freien Advokatur unausgesprochen mitgefordert und gerechtfertigt werden, während sich umgekehrt die Forderung nach deren

[31] Das preußische Justizministerium empfahl bereits 1894 dem Gesetzgeber u. a. die Einführung eines Numerus clausus, vgl. *a. a. O.*, S. 41.

[32] N. Kampe, *Studenten und „Judenfrage"* ..., S. 54.

Abschaffung immer auf das Bild der durch „ungeeignete (jüdische) Elemente" hervorgerufenen „Mißstände" bezog.

Bedingt durch die Freigabe der Advokatur zeichnete sich in den größeren Städten Preußens eine enorme Zunahme in der Anwaltschaft ab. Die Zahl aller Rechtsanwälte in Preußen vergrößerte sich im Zeitraum von 1880 bis 1895 um mehr als 40%. Sie war innerhalb von vier Jahren von knapp 2000 (1 991 im Dezember 1880) auf 2633 (im Oktober 1884) gestiegen und nahm weiter rasch zu. Zwischen 1880 und 1905 verdoppelte sich die Anzahl aller Rechtsanwälte im gesamten Deutschen Reich von 4112 auf 7865 und war im Jahre 1911 auf über 10 000 angestiegen. Im Jahre 1905 betrug ihre Zahl in Preußen 5317. In den Großstädten machten sich die Anwälte bald Konkurrenz. In Berlin war die Anwaltsdichte besonders groß: Kamen im Jahre 1880 noch 15 000 Einwohner auf einen Anwalt, waren es im Jahre 1905 nur noch 4500.[33]

Im Zusammenhang mit der zunehmenden Verrechtlichung des Lebens war es im Kaiserreich jedoch auch zu einem verstärkten Bedarf nach Rechtsbeistand und juristisch geschultem Personal sowohl unter der Bevölkerung als auch in Wirtschaftsunternehmen und Körperschaften öffentlichen Rechts gekommen. Das Aufgabenfeld hatte sich mit den Anforderungen der Wirtschaft, der förderativen Struktur des Reiches und dem Ausbau der Gesetzlichkeit (unter anderem durch die neue Verwaltungsgerichtsbarkeit seit 1875) sowie der partei- und vereinspolitischen Differenzierung enorm erweitert. So kam es lediglich in den größeren Städten, besonders in Berlin, zu einer „Überfüllung" des Anwaltsstandes im Sinne einer Ballung von Vertretern dieser Berufsgruppe auf relativ engem Territorium.[34]

Neben dem zunehmenden quantitativen Bedarf und einer neuen qualitativen Nachfrage nach Rechtsanwälten war eine weitere Ursache für den einsetzenden starken Andrang zum Anwaltsberuf in der schlechten Lage auf dem juristischen Arbeitsmarkt zu suchen, der sich nur in den Jahren der Reichseinigung kurz entspannt hatte, nun aber wieder ein wesentlich größeres Potential an anstellungsfähigen Gerichtsassessoren als vorhandene vakante Richterstellen aufwies. Durch den anhaltend starken Andrang zum höheren beamteten

[33] *A. a. O.*, S. 67; T. Krach, *Jüdische Rechtsanwälte...*, S. 40 f.; Vgl. ferner den Artikel *Die Überfüllung des Anwaltsstandes* in der *Königsberger-Hartungschen Zeitung*, in: GStAPK, 2.5.1., Nr. 880, Bl. 135; T. Kolbeck, *Juristenschwemmen...*, S. 89.

[34] *Ebda.*

Justizdienst und damit verbundenen immer längeren Wartezeiten der Assessoren waren die Chancen auf baldige feste Staatsanstellung und -besoldung gesunken. Hinzu kam eine abnehmende Attraktivität des Richterberufes, in dem man im Vergleich zur Verwaltungs- oder Militärlaufbahn nur mäßig besoldet, zugleich jedoch (durch ausbleibende Aufstockung des Justizetats für neue Richterstellen) stärker beschäftigt war. Zahlreiche Gerichtsassessoren zogen nun die An-waltskarriere vor, zu der es keiner förmlichen Bestallung mehr bedurfte und in der relativ schnell (und oftmals mehr) Geld zu verdienen war. Durch die kürzere Ausbildungs- beziehungsweise unbesoldete Wartezeit waren hierzu außerdem geringere finanzielle Mittel erforderlich, so daß dadurch auch kleinbürgerlichen Schichten der Zugang in den Justizvorbereitungsdienst verstärkt ermöglicht und erstrebenswert wurde.

Zusätzlich zu den geschilderten allgemeinen Engpässen in der Justizverwaltung kam für angehende jüdische Juristen die seit dem Ende der 1870er Jahre wieder spürbarer wahrzunehmende diskriminierende Anstellungspraxis der Behörden hinzu, die ein Ausweichen jüdischer Gerichtsassessoren in andere Zweige der staatlichen Verwaltung verhinderte.

Die sogenannte „Flucht in die Advokatur", wie zeitgenössische jüdische und linksliberale Stimmen die Kanalisierung beziehungsweise Abdrängung jüdischer Juristen in die Rechtsanwaltschaft nannten, bildete eine Möglichkeit, die für jüdische Justizaspiranten noch unsicherere staatliche Anstellung und die fast unüberwindlichen Schwierigkeiten hinsichtlich einer Beförderung in der Richterkarriere zu umgehen. Für viele Juden, die dieses Berufsziel anstrebten, wird die Entscheidung unter dem Aspekt des nicht vorhandenen direkten oder indirekten „Taufdrucks" und (wie auch allgemein für kleinbürgerliche Bewerber gilt) der geringeren Ausbildungskosten von ausschlaggebender Bedeutung gewesen sein. Hinzu kam die Möglichkeit, im Anwaltsberuf jüdische Familien- und Handelsbeziehungen nutzen zu können.[35]

[35] T. Krach hebt in seiner Monographie hervor, daß die Anwaltschaft bis 1933 „Zufluchtsstätte der konfessionell gebundenen Juden" geblieben war; nur ein sehr geringer Teil der hohen Zahl jüdischer Rechtsanwälte bis 1933 war getauft, vgl. T. Krach, *Jüdische Rechtsanwälte...*, S. 39 f.; vgl. ferner Konrad Jarausch, *Jewish Lawyers in Germany*, in: *LBI-YB*, XXXVI (1991), S. 175.

Nicht zuletzt jedoch mag mancher jüdische Justizkandidat traditionell die berufliche Selbständigkeit (einschließlich Mobilität und Unabhängigkeit) bevorzugt haben. Angesichts der fortbestehenden informellen benachteiligenden Praktiken im Staatsdienst, vor allem für solche aus kleinbürgerlichem Milieu (die jetzt häufiger aus den östlichen Provinzen Preußens zum Jurastudium kamen), wurde der freie Beruf des Rechtsanwalts für viele von ihnen ausdrückliches Ziel der Justizausbildung. Für die Mehrzahl der nichtjüdischen Bewerber blieb demgegenüber die beamtete Staatsanstellung – unkündbar und mit Pensionsanspruch – nach wie vor die attraktivste Form der (lebenslangen) Versorgung mit hohem Sozialprestige und erschien damit trotz aller Schwierigkeiten und Mißverhältnisse im Justizwesen vorrangig erstrebenswert.

Infolge der Verdrängung aus bestimmten Tätigkeitsbereichen und der durch ein Verharren in einigen Erwerbszweigen gesammelten beruflichen Erfahrungen (wie im Arzt- und später im Rechtsanwaltsberuf) gestaltete sich auch die Herausbildung der Berufsgruppe jüdischer Juristen als ein dynamischer Prozeß, in der Zwang und Freiwilligkeit ineinandergriffen.

Statistische Daten zur Anzahl jüdischer Rechtsanwälte in Preußen wurden nur sporadisch erhoben. Nach den vorliegenden Zahlen waren unmittelbar vor der Reichsgründung und anderthalb Jahre nach dem Gleichstellungsgesetz im Dezember 1870 von den 2 480 amtlich bestallten Rechtsanwälten (Justizkommissaren) 75 Juden, was einem Anteil von etwa 3% entsprach (vgl. TABELLE 1). Unmittelbar nach Öffnung der freien Advokatur hatte sich der Anteil jüdischer Rechtsanwälte in Preußen mit 7,33% mehr als verdoppelt. In der Stadt Berlin, die in dieser Hinsicht im gesamten Untersuchungszeitraum eine exponierte Stellung einnahm, betrug er Ende 1880 bereits 28,57%.

Die Statistik für Preußen sieht für den Stichtag des 8. Dezember 1880 folgendermaßen aus:[36]

[36] Interne Statistik des Justizministeriums, GStAPK, Rep. 84a, Nr. 11944, Bl. 23.

TABELLE 3

Der jüdische Anteil unter den Rechtsanwälten in Preußen (Stand Dezember 1880)

Oberlandesgerichtsbezirk	Gesamtzahl aller Rechtsanwälte	davon Juden	
		absolut	%
Berlin	261	53	20,31
(darunter in der Stadt Berlin)	(175)	(50)	(28,57)
Breslau	221	26	11,76
Kassel	88	5	5,68
Celle	241	7	2,90
Köln	278	4	1,44
Frankfurt/M.	128	19	14,84
Hamm	182	5	2,75
Kiel	93	4	4,30
Königsberg	95	1	1,05
Marienwerder	69	3	4,35
Naumburg	159	2	1,26
Posen	93	14	15,05
Stettin	83	3	3,61
insgesamt	1991	146	7,33

Schon in dieser noch relativ wenig aussagekräftigen Statistik von 1880 zeichnet sich eine Tendenz ab, die sich in den folgenden Jahrzehnten noch deutlicher ausprägen sollte: Im Kammergerichtsbezirk Berlin, vor allem aber in der Metropole Berlin selbst, war der Anteil jüdischer Rechtsanwälte absolut und relativ am höchsten, gefolgt von den Oberlandesgerichtsbezirken Posen, Frankfurt am Main und – mit Abstand – Breslau.

In den folgenden Jahren erhöhte sich der prozentuale Anteil jüdischer Anwälte vor allem in Berlin und den östlichen Provinzen der Monarchie (die einen verhältnismäßig hohen jüdischen Bevölkerungsanteil aufwiesen) rasch, so daß sich jüdische Juristen schon bald nach der Reichsgründung in dieser Berufsgruppe deutlich konzentrierten (für diese Entwicklung seit den 1890er Jahren vgl. VIERTES KAPITEL, S. 238–251).

Referendare und Assessoren

Anfang der 1880er Jahre nahm, den steigenden Studentenzahlen an den juristischen Fakultäten, dem allgemeinen Wachstumstrend im Justizbereich und der neuen Situation in der Advokatur entsprechend, die Zahl der Referendare im juristischen Vorbereitungsdienst weiter zu. Im Justizdienst wurde seit 1879 infolge der fortgesetzt wachsenden Zahl von Juraabsolventen etwa ein Jahrzehnt lang ein starker Anstieg der Referendar- und Assessoren-Zahlen bei fast gleichbleibenden Stellenzahlen im beamteten Justizdienst festgestellt.[37]

In seinem Generalbericht über die Referendarien für die Jahre 1881/82 an das Justizministerium klagte das Berliner Kammergericht heftig über die Freigabe der Rechtsanwaltschaft, mit der der einst so hochangesehene und niveauvolle juristische Vorbereitungsdienst „zu einem bloßen Lehrkursus für die Gewerbetätigkeit der Advokatur" geworden sei. Die Qualität der Ausbildung, das preußische Beamtenideal und nicht zuletzt die sorgfältig gehütete soziale Homogenität ihrer Eleven sah das Präsidium der hohen Gerichtsbehörde durch das Hineindrängen zahlreicher „Elemente ... welche nach Erziehung, Familie und Vermögen diesen hohen Anforderungen nicht genügen", stark geschmälert oder zumindest für die Zukunft in Gefahr. Gewissenhafte Pflichterfüllung und „Mehrung der Ehre der amtlichen Stellung", so bekräftigte das Kammergericht, würden durch diese Elemente in Frage gestellt und dadurch werde der Vorbereitungsdienst zunehmend geschädigt.[38]

Wurde hier die dem elitären Anspruch beziehungsweise einem Standesdünkel entsprungene Besorgnis der Justizverwaltung über das verstärkte Einströmen von Kandidaten kleinbürgerlicher Herkunft unverhüllt ausgesprochen und damit eine drohende Abwertung des gesellschaftlichen Stellenwertes von „Bildung" und Amt befürchtet, konkretisierte der Bericht daraufhin seine Bedenken hinsichtlich des unliebsamen beruflichen Nachwuches: „Es trifft zu, daß diese Elemente überwiegend auf die Referendare jüdischer Konfes-

[37] Vgl. T. Kolbeck, *Juristenschwemmen...*, S. 83 ff., ferner N. Kampe, *Studenten und „Judenfrage"...*, S. 57 ff. und D. K. Müller (u. a.), *Modellentwicklung zur Analyse von Krisenphasen im Verhältnis von Schulsystem und und staatlichem Beschäftigungssystem*, in: *Zeitschrift für Pädagogik*, Beih. 14 (1977), bes. S. 47 ff.

[38] GStAPK, 2.5.1., Nr. 3153, Bl. 1–9.

sion entfallen, und daß ohnehin die ganz unverhältnismäßig hohe Zahl der letzteren schon ungünstig eingewirkt hat. Sie hat in den letzten Jahren stets mehr als ein Fünftel aller Referendare betragen ... und wiegt umso schwerer, als sie ***keinen Abfluß in andere Zweige des Staatsdienstes findet.***" Ihre dadurch noch stärkere Präsenz unter den Bewerbern für eine richterliche Laufbahn mache es auch erklärlich, daß die „ohnehin vielfach vorkommende und noch nicht überwundene ... Antipathie gegen sie sich erhält und nicht selten auch im Vorbereitungsdienste in nachtheiliger Weise sich geltend macht".[39] Damit wies das Kammergericht vermutlich erstmals der Regierung gegenüber auf eine sich im Justizwesen abzeichnende antisemitische Tendenz hin, die in den 1890er Jahren als „Referendariats-Antisemitismus" zum Schlagwort wurde.

Die nichtjüdischen Referendare reagierten wohl am empfindlichsten auf eine mögliche Gefährdung ihres erstrebten sozialen Aufstiegs durch jüdische Konkurrenten und waren am anfälligsten für judenfeindliche Ideologie, hatten sie doch den aggressiven antisemitischen Ton studentischer Korporationen noch am besten im Ohr oder waren durch frühere antisemitische Aktivitäten an den Universitäten in dieser Hinsicht bereits „geschult" (zum „Referendariats-Antisemitismus" seit den 1890er Jahren vgl. VIERTES KAPITEL, S. 252–271).

Während das Kammergericht den Anteil der jüdischen Referendare für den Berichtszeitraum 1881/82 nur ungefähr angegeben hatte – etwa ein Fünftel –, erwähnte das Oberlandesgericht Breslau in seinem Generalbericht unter Hinweis auf einen „übermäßigen Prozentsatz jüdischer Glaubensgenossen" in bezug auf die eigene Behörde (in der Stadt Breslau) für die Jahre 1880 22,2% (24), 1882 28,0% (21) und 1883 30,9% (22) jüdische Referendare.

Das Oberlandesgericht Posen gab seinen Personalbestand an Referendaren für 1882 mit insgesamt 167 an, davon 53 (31,7%) Juden. Auch von dieser Gerichtsbehörde wurde die starke Zunahme kleinbürgerlicher Elemente im juristischen Vorbereitungsdienst ausdrücklich hervorgehoben; es würden sich allgemein die Fälle mehren, in denen Söhne von kleinen Beamten sich dem Jurastudium widmeten, um dann wegen finanzieller Überlastung oder dem Tod des Vaters Schulden zu machen und ein schlechtes Licht auf den Juristenstand zu werfen. Nach diesem Bericht befanden sich vor allem die Eltern

[39] *A. a. O.*, Bl. 8. – Hervorhebung von B. S.

der jüdischen Referendare „meist nicht in derjenigen sozialen Stellung, welche dem Sohne standesgemäßes Auftreten an demselben Wohnort ermöglichen könnte".[40]

Diese Aussage weist auf die Spezifik der jüdischen Emanzipation in den östlichen Provinzen der Monarchie, besonders in Posen, hin (auch wenn man berücksichtigt, daß die geschilderte Lage von den Berichterstattern möglicherweise bewußt überzeichnet wurde, um die jüdischen Justizbewerber als „Problem" herauszuheben); ein rascher sozialer Aufstieg der ersten jüdischen Generation des Emanzipationszeitalters wurde hier durch länger als in Altpreußen weiterbestehende rechtliche Restriktionen verzögert. Jüdische Jurastudenten waren ihrer sozialen Herkunft nach vermutlich zu einem großen Teil im kleinbürgerlich-kaufmännischen Milieu angesiedelt. Auch insgesamt war für Juden eine Herkunft aus Beamtenfamilien, wie sie unter ihren nichtjüdischen Kommilitonen häufig war, nicht zu erwarten.[41]

Im Generalbericht für die Folgejahre 1883/84 teilt das Kammergericht Berlin für Dezember 1882 eine Zahl von 172 jüdischen Referendaren mit, das entsprach einem Anteil an allen Referendarsstellen des Gerichtsbezirks von etwa 21%; für das Jahr 1884 wird eine Zahl von 144 (19%) angegeben.[42]

Die drei hier erwähnten Oberlandesgerichte Breslau, Posen und das Kammergericht gehörten zu denen, die mit Abstand die höchsten Anteile jüdischer Aspiranten im juristischen Vorbereitungsdienst aufzuweisen hatten; ihre Angaben sind deshalb nicht repräsentativ für die Lage im preußischen Justizdienst, kennzeichnen jedoch die

[40] *A. a. O.*, Bl. 103–116.

[41] Zur sozialen Herkunft nichtjüdischer Juristen vgl. A. Hess, *Das Parlament...*, S. 64 ff.; Ralph Angermund, *Deutsche Richterschaft 1919–1945*, Frankfurt/M. 1990, S. 20 ff. Zur sozialen Herkunft jüdischer Jurastudenten standen mir keine Daten zur Verfügung. Die Vermutung eines großen Anteils aus kleinbürgerlich-kaufmännischem Milieu ergibt sich aus meiner Kenntnis von biographischen Angaben über einzelne jüdische Juristen und den Schlüssen, die man aus Siedlungsweise, Berufsstruktur und Ausbildung der jüdischen Minorität im 19. Jahrhundert ziehen kann. Auch angesichts des bekannten, allgemein wachsenden Anteils von jüdischen Studenten aus den östlichen Provinzen Preußens kann man einen noch höheren Anteil von Handel- und Gewerbetreibenden unter den Väterberufen annehmen, als dies in bezug auf die soziale Zusammensetzung aller Jurastudenten für den Anfang des 20. Jahrhunderts festgestellt worden ist. Bei den nichtjüdischen Studenten, die in ihrer Mehrheit der gehobenen bürgerlichen Mittelschicht zuzurechnen waren, kam daneben noch ein erheblicher Anteil von Söhnen höherer Beamter hinzu (*a. a. O.*, S. 22). Vgl. auch Anm. 43.

[42] GStAPK, 2.5.1., Nr. 3153, Bl. 129–137.

Situation in diesen Territorien beziehungsweise Städten, die wesentlichen Einfluß auf das Gesamtbild und die öffentliche Meinung auszuüben vermochten.

Aus dem relativ hohen jüdischen Bevölkerungsanteil in den östlichen Provinzen der Monarchie rekrutierte sich ein nicht unerheblicher Teil der bürgerlichen und – wie von den Justizbehörden so heftig beklagt – vor allem kleinbürgerlichen Bildungsschicht, die in den 1880er und 1890er Jahren verstärkt in die Provinzhauptstädte, vor allem aber an die Berliner Universität strömte. In den späten 1880er Jahren kam sogar fast die Hälfte aller jüdischen Studenten an preußischen Universitäten allein aus den Provinzen Posen und Schlesien, ein Umstand, an dem sich nach den Untersuchungen von Norbert Kampe die größere Studienmotivation der Juden in den preußischen Ostprovinzen eindeutig quantifizieren läßt. Aus diesen Provinzen stammte auch der überwiegende Teil armer Studenten. Dieser neuartige Zustrom von Juden klein- und unterbürgerlicher Herkunft zum Universitätsstudium und in die akademischen Berufe war durch den Nachholbedarf an sozialem Aufstieg motiviert. Die jüdischen kleinbürgerlichen Schichten nahmen den Weg des sozialen Aufstiegs über das Studium mit mehrjährigem Vorsprung vor dem Kleinbürgertum insgesamt; im Durchschnitt wurde dieses erst nach der Jahrhundertwende zur anteilmäßig führenden sozialen Schicht innerhalb der Studentenschaft.[43] Auch im Justizbereich waren es wohl anfangs zu einem großen Teil Juden, die als erste den kleinbürgerlichen Zustrom in das Bildungsbürgertum bildeten, während sich dies als allgemeine Tendenz erst ein bis zwei Jahrzehnte später voll ausgeprägt hatte.[44]

[43] Vgl. N. Kampe, *Studenten und „Judenfrage"...*, S. 86 f.

[44] Eine qualitative und quantitative Analyse des jüdischen Bildungsbürgertums bzw. des Anteils neu hinzutretender jüdischer Bildungswilliger aus kleinbürgerlichen Verhältnissen sowie deren Anteil an den Justizaspiranten und vor allem den Rechtsanwälten (dieses Berufsziel wurde in der Regel angestrebt) steht noch aus. In diesem Zusammenhang wäre der Frage nachzugehen, ob der Justizdienst hinsichtlich der Nachwuchsrekrutierung tatsächlich elitärer war als andere akademische Fächer, wie N. Kampe in seiner Monographie annimmt (*a. a. O.*, S. 59). Daran schließt sich ferner die Überlegung an, daß bei fachlich nicht sehr festgelegten Studierwilligen aus dem Kleinbürgertum die Höhe der aufzubringenden Studienkosten keine unerhebliche Rolle gespielt haben dürfte; die juristische Fakultät lag in dieser Hinsicht wesentlich günstiger als die medizinische Fakultät und relativ günstig vor der philosophischen Fakultät, an das Studium anschließend war allerdings noch ein in der Regel vierjähriges Referendariat abzuleisten (gleich nach der Assessor-Prüfung konnte der Antrag auf Zulassung zur Rechtsanwaltschaft gestellt werden).

Kleinbürgerliche jüdische Bewerber wurden in doppeltem Sinne zurückgesetzt – hinsichtlich ihrer sozialen Herkunft und ihres religiösen Bekenntnisses. Die Klassifizierung der „ungeeigneten Elemente", die in den Justizdienst „eindrangen", sowohl als „kleinbürgerlich" als auch als „jüdisch" führte in der Folgezeit zu einer gewissen Identifikation dieser beiden Kategorien in der zeitgenössischen Polemik hinsichtlich der Lage in der Justizverwaltung, wobei „kleinbürgerlich" die Klassifizierung „jüdisch" gedanklich einbezog, während „jüdisch" von vornherein einen abwertenden Charakter hatte. Seit den neunziger Jahren war der Verweis auf „ungeeignete Elemente" im Justizdienst zu einem Synonym für „jüdische Juristen" geworden.

Durch den nicht nur in Juristenkreisen bekannten hohen Anteil jüdischer Referendare in einigen Gerichtsbezirken beunruhigt, erging schon im November 1880 eine vertrauliche Rundverfügung von Justizminister Heinrich von Friedberg an alle preußischen Oberlandesgerichte, die Anzahl der dort beschäftigten Referendare jüdischen Glaubensbekenntnisses mitzuteilen; im Januar 1883 wird erneut „so schnell als möglich" ein entsprechender Nachweis gefordert – als Grundlage für die internen Erörterungen der konfessionellen Verhältnisse der Justizbeamten und vermutlich das Regulativ vom 1. Mai 1883 vorbereitend, mit dem die preußische Justizverwaltung auf den allgemein erhöhten Andrang von Bewerbern reagierte.[45]

Die obersten Gerichtsbehörden übermittelten dem Ministerium folgende Zahlen:

[45] Im Jahre 1883, als sich die preußische Justizverwaltung mit insgesamt über 4000 Referendaren, die der Assessorprüfung zustrebten, und 200 unbesoldeten Assessoren konfrontiert sah, reagierte sie mit dem Regulativ vom 1. Mai 1883, das versuchte, geeignete Maßnahmen gegen ein weiteres Ansteigen der Zahl der Justizbewerber anzubieten bzw. ein Mittel der Steuerung der sozialen Zusammensetzung des Richter- und Rechtsanwaltsstandes bereitzustellen; so erklärte die Verordnung die Oberlandesgerichtspräsidenten für berechtigt, von dem sich zum Referendar-Examen Meldenden den überzeugenden Nachweis zu fordern, daß dieser die erforderlichen Mittel besitze, sich auf die Dauer von fünf Jahren „standesgemäß" zu unterhalten; weiterhin konnte der Präsident Bewerber zum Referendariat ablehnen, wenn sie der Zulassung zum höheren Justizdienst „unwürdig" erschienen. Damit waren der Justizverwaltung bessere Möglichkeiten der sozialen Auslese an die Hand gegeben; das Regulativ vermochte es aber nicht, den Andrang zum höheren Justizdienst aufzuhalten (vgl. T. Kolbeck, *Juristenschwemmen...*, S. 83 ff.; *JMBl.* [1883], S. 131).

TABELLE 4

Der jüdische Anteil unter den Referendaren in Preußen (Stand Januar 1883)[46]

Oberlandesbezirk	Jahr (jeweils:)	Gesamtzahl der Referendare	davon Juden absolut	davon Juden %
Kammergericht	Ende 1880	772	164	21,2
	Anfang 1883	825	172	20,9
Breslau	1880	609	144	23,7
	1883	561	141	25,1
Kassel	1880	99	3	3,0
	1883	108	–	0,0
Celle	1880	283	11	3,9
	1883	312	16	5,1
Köln	1880	338	11	3,3
	1883	421	13	3,1
Frankfurt/M.	1880	148	19	12,8
	1883	217	45	20,7
Hamm	1880	327	8	2,5
	1883	335	16	4,8
Kiel	1880	71	3	4,2
	1883	97	4	4,1
Königsberg	1880	267	25	9,4
	1883	267	35	13,1
Marienwerder	1880	132	23	17,4
	1883	158	20	12,7
Naumburg	1880	378	4	1,1
	1883	384	10	2,6
Posen	1880	183	49	26,8
	1883	168	54	32,1
Stettin	1880	198	18	9,1
	1883	225	20	8,9
insgesamt	Ende 1880	3805	482	12,7
	Anfang 1883	4078	546	13,4

Nach diesen Angaben ist der Anteil jüdischer Referendare im Justizvorbereitungsdienst in den Jahren 1881 und 1882 bei den Oberlandesgerichtsbezirken Posen und Breslau am höchsten und (soweit sich für einen so kurzen Zeitraum Aussagen treffen lassen) tenden-

[46] Zusammengestellt bzw. errechnet aus Angaben in: GStAPK, Rep. 84a, Nr. 11944, Bl. 5–22, Bl. 27 ff.

ziell steigend, gefolgt vom Kammergerichtsbezirk Berlin, der nach seinem prozentualen Anteil an jüdischen Referendaren an dritter Stelle steht, absolut aber die höchste Zahl aufweist.

Die meisten der preußischen Gerichtsbezirke verzeichnen neben einer allgemein steigenden Zahl von Referendaren eine Erhöhung des jüdischen Anteils. Eine Zunahme jüdischer Justizbewerber ist in diesen Jahren vor allem in Frankfurt am Main spürbar, wo sich zwar auch die Gesamtzahl der Referendare merklich erhöhte, der jüdische Anteil jedoch von 12,8% auf 20,7% stark anstieg. Eine Sonderstellung nimmt auch der Oberlandesgerichtsbezirk Posen insofern ein, als sich die Gesamtzahl der Referendarien verringerte, während die Zahl jüdischer Referendare im gleichen Zeitraum in dieser Provinz stieg. Auffällig gering ist dagegen die Zahl jüdischer Referendare im Bereich des Oberlandesgerichts Naumburg, das neben Berlin, Breslau und Köln die meisten Justizaspiranten in der ersten Stufe des Vorbereitungsdienstes betreute, aber nur etwa 1% beziehungsweise 2,6% davon waren Juden. Einen geringen Anteil von Juden in dieser Kategorie der Justizangestellten hatten ferner die Justizbehörden von Kassel, Hamm, Kiel und Köln aufzuweisen. Mit einem Anteil von 12,7% beziehungsweise 13,4% (also durchschnittlich etwa 13% im Zeitraum der beiden Jahre 1881 und 1882) unter allen preußischen Referendaren hatten die Juden eine Präsenz im Justizvorbereitungsdienst erreicht, die auf ihre zukünftige Konzentration in der Berufsgruppe der Juristen, vor allem der Rechtsanwälte, seit den 1880er Jahren hinweist.

Eine weiterhin von der „Norm" und ihrem Anteil an der Gesamtbevölkerung proportional abweichende soziale und berufliche Stellung der Juden wurde damit im Justizbereich zu einer konkret faßbaren Tatsache. Die in diesem Sinne hier „überrepräsentierten" Juden nahmen so eine Sonderstellung ein, die privilegiert schien. Diese war vor allem darauf zurückzuführen, daß, wie bereits dargestellt, den preußischen Juden trotz der rechtlichen Emanzipation eine Chance zur Integration innerhalb der Berufsgruppe und zur gleichmäßigen Aufgliederung auf alle ihre Tätigkeitsfelder und Beamtenkategorien fast von Anfang an nicht zugestanden worden war.

Die sichtbare starke Repräsentanz im Justizbereich bot antisemitischen Reaktionen seit dem Ende der 1870er Jahre ein Thema und einen Vorwand für judenfeindliche Betätigung. Das „Eindringen der Juden in die Justiz" wurde zu einer festen verbalen demagogischen Größe innerhalb der antisemitischen Agitation der folgenden Jahrzehnte (vgl. unten, S. 189–212 und VIERTES KAPITEL).

Jüdische Studenten und Dozenten in akademischen Lehrämtern an den juristischen Fakultäten

Die allgemein starke Zunahme der Studentenschaft, besonders des Anteils kleinbürgerlicher Schichten in den 1870/80er Jahren, wurde von jüdischen Bildungswilligen in großem Maße mitgetragen und ging, gemessen an ihrem Anteil an der Gesamtbevölkerung, weit darüber hinaus. Der vornehmlich durch die traditionell hoch bewerteten Bildungsmöglichkeiten, den relativen Wohlstand und den Grad der Verstädterung der preußischen Juden sowie das kompensative Streben nach Bildung als Mittel sozialer Anerkennung oder bürgerlicher Gleichwertigkeit begründete Anteil von jüdischen Schülern und Studenten an höheren Bildungsanstalten schon seit den 1850/60er Jahren ist bekannt. Verglichen mit der Gesamtbevölkerung besaßen die Ju-den bereits vor Abschluß des Emanzipationsprozesses einen durchschnittlich höheren Bildungsgrad.[47]

Innerhalb der allgemein starken Expansion des Lehrbetriebs während des letzten Drittels des 19. Jahrhunderts nahm die Zahl jüdischer Studenten erheblich zu. Ihr Anteil an preußischen Universitäten (innerhalb aller Studierenden mit preußischer Staatsangehörigkeit) lag im Studienjahr 1886/87 bei etwa 9,5% (beziehungsweise 9,6% aller Studierenden an preußischen Universitäten). Er ging in den Jahren 1892/93 mit 9,3% (10,1%) und 1899/1900 mit 8,3% (9,2%) – unter den Bedingungen absolut wachsender Studentenzahlen – leicht zurück.[48]

[47] Zur Frühgeschichte des Akademisierungsprozesses der Juden in Deutschland und zur Entwicklung der jüdischen Schüler- und Studentenzahlen in der ersten Hälfte des 19. Jahrhunderts siehe M. Richarz, *Der Eintritt* ...; für die 1850/60er Jahre vgl. J. Toury, *Soziale und Politische Geschichte*..., S. 172 ff., der Anteil jüdischer Schüler an den höheren Schulen Preußens lag im Jahr 1857 bei 5,9%, 1869 bei 8,6% aller Schüler und damit sechs- bis siebenmal höher, als es der Bevölkerungsquote von höchstens 1,34% entsprochen hätte; für die Zeit nach der Reichsgründung vgl. N. Kampe, *Studenten und „Judenfrage"*..., bes. S. 77 ff. – Um 1870 wies die jüdische Bevölkerung in Deutschland einen wesentlich höheren Sozialstatus auf als die Gesamtbevölkerung und befand sich schätzungsweise zu 60% im mittleren und oberen Bürgertum und zu etwa einem Viertel im Kleinbürgertum, M. Richarz (Hrsg.), *Jüdisches Leben*..., Bd. 2, S. 24.

[48] *Der Anteil der Juden am Unterrichtswesen in Preußen.* Veröffentlichung des Bureaus für Statistik der Juden, Berlin 1905, S. 41 f.; vgl. M. Richarz, *Der Eintritt*..., S. 98, im Studienjahr 1886/87 studierten bereits 70% aller jüdischen Studenten Preußens in Berlin und 15% in Breslau.

Für ein Universitätsstudium bevorzugten die jüdischen Studenten, wie schon vor 1871, weiterhin deutlich die Universitäten in Berlin und Breslau (ca. 85% aller jüdischen Studenten an deutschen Universitäten studierten an diesen Studienorten), ein Umstand, der nicht allein durch den höheren jüdischen Bevölkerungsanteil in den beiden Städten beziehungsweise Regionen zu erklären ist; für die Anziehungskraft vor allem Berlins dürften (neben seiner aus der Perspektive ostpreußischer Gebiete günstigen geographischen Lage) zum einen die wirtschaftliche und kulturelle Ausstrahlung der Metropole, die interkonfessionelle Tradition der Universität und damit eine breitere Auswahl an Möglichkeiten (mehr Stellen und berufliche Optionen sowie bessere technische Bedingungen) von Bedeutung gewesen sein; zum anderen ein mehr urban-„kosmopolitisches" gesellschaftliches Klima, das eine mögliche Diskriminierung weniger spürbar und antisemitische Reaktionen in der Anonymität der Großstadt weniger persönlich erscheinen ließ.[49]

Die juristische Fakultät Berlin wies im Vergleich zu anderen Universitäten den höchsten Anteil an jüdischen Jurastudenten auf, der von 14,6% im Studienjahr 1886/87 auf über 20% im Studienjahr 1911/12 stieg. Das an zweiter Stelle stehende schlesische Breslau hatte wesentliche geringere absolute Studentenzahlen aufzuweisen, kam aber auf ca. 10–16% Juden im Rechtsfach. Die in der Rangfolge an dritter Stelle stehende Königsberger Fakultät fällt dagegen bereits deutlich ab:[50]

TABELLE 5

Zahl bzw. Anteil der reichsinländischen jüdischen Studenten an der juristischen Fakultät in den Studienjahren 1886 bis 1912

	1886/87		1899/1900		1911/12	
	absolut	%	absolut	%	absolut	%
Berlin	159	14,60	290	13,84	390	20,24
Breslau	22	10,33	66	13,31	95	16,49
Königsberg	3	2,68	15	5,79	24	10,07

[49] Vgl. David Lawrence Preston, *Science, Society and the German Jews 1870–1933*, phil. Diss., Urbana 1971, S. 118.

[50] Zusammengestellt aus: N. Kampe, *Studenten und „Judenfrage"*..., Tab. 5, S. 85.

Die Chance, einen „freien“ Beruf ergreifen zu können, bestimmte auch die Wahl des Studienfachs. Die Berufe Arzt und Rechtsanwalt standen auf der Wunschliste jüdischer Studenten ganz oben. In der Rangfolge der von ihnen bevorzugten Fakultäten befand sich die medizinische bis zum Ende des Untersuchungszeitraums an erster Stelle, gefolgt von der philosophischen und juristischen Fakultät, von denen die letztere zeitweilig auf die zweite Position gelangte.

Die beiden folgenden Tabellen lassen einen Rückgang jüdischer Studenten an der medizinischen und philosophischen Fakultät im Verhältnis zur Gesamtzahl aller jüdischen Studierenden erkennen. Diese Tendenz kann man dahingehend interpretieren, daß die Juden seit 1886 der Medizin in starkem Maße den Rücken kehrten und sich dafür der Jurisprudenz zuwandten. Dies geht daraus hervor, daß von 100 deutsch-jüdischen Studenten im Durchschnitt des Studienjahres 1886/87 noch 58,78% Medizin und 15,63% Jura studierten, im Vergleichszeitraum 1899/1900 dagegen nur noch 37,75% Medizin und 31,92% Jura. Daß trotz dieser Hinwendung der Juden zur Rechtswissenschaft ihr Anteil unter den Studenten der juristischen Fakultäten überhaupt nicht gestiegen, sondern im genannten Zeitraum sogar von 8,87% auf 8,67% leicht gesunken ist, kann damit erklärt werden, daß sich die Zahl der nichtjüdischen Jurastudenten so enorm vergrößert hatte, daß selbst der starke Zustrom der Juden damit nicht Schritt hielt.

Vergleicht man den Anteil der Juden in den einzelnen Fakultäten an allen jüdischen Studenten, ergibt sich folgendes interessante Bild:[51]

TABELLE 6

Verteilung innerhalb der jüdischen reichsinländischen Studenten aller deutschen Universitäten in Prozent (1886–1900)

Jahr	1886/87	1889/90	1892/93	1895/96	1899/1900
juristische Fakultäten	15,63	16,95	24,47	26,46	31,92
medizinische Fakultäten	58,78	56,88	51,92	48,66	37,75
philosophische Fakultäten	25,59	26,17	23,61	24,88	30,33

[51] *Der Anteil der Juden am Unterrichtswesen...*, S. 44.

TABELLE 7

Anteil der studierenden reichsinländischen Juden an allen Studenten im Deutschen Reich in Prozent (1886–1900)

Jahr	1886/87	1889/90	1892/93	1895/96	1899/1900
juristische Fakultäten	8,87	7,83	9,80	8,60	8,67
medizinische Fakultäten	9,59	18,46	17,14	16,95	14,92
philosophische Fakultäten	7,45	8,24	8,19	7,77	7,16

Im Wintersemester 1911/12 hatte der Zustrom jüdischer Gymnasiasten zum Jurastudium einen Höhepunkt erreicht: Während der Anteil der Juden an der gesamten reichsdeutschen Studentenschaft von ca. 9% im Jahresdurchschnitt 1886/87 bis 1891 auf 5,6% in den Jahren 1911/12 gesunken war, stieg der Prozentsatz der Jurastudenten jüdischen Glaubens im gleichen Zeitraum von 8,87% auf 10,2%. Von sämtlichen preußischen Studenten waren 1911/12 knapp ein Viertel an der juristischen Fakultät immatrikuliert, von den jüdischen Studenten jedoch 41%.[52]

Die Zurücksetzung jüdischer Akademiker war die wesentliche Ursache für ihre Konzentration in bestimmten Berufen beziehungsweise Fächern. Die fehlenden Möglichkeiten für eine breitere Teilnahme an den allgemeinen wissenschaftlichen und beruflichen Karrieren in den vergangenen Jahrzehnten hatten jüdische Universitätsabsolventen oftmals in die sogenannten freien Berufe (Arzt, Rechtsanwalt, Journalist) gelenkt. Diese Berufsorientierung bildete nach 1871 auch das hauptsächliche Motiv für den Eintritt jüdischer Studenten in die Universität.

Die unbestrittene Vorrangstellung der Medizin bei der Studienwahl jüdischer Studenten hing sowohl mit den für Juden bis zum Abschluß der rechtlichen Emanzipation stark eingeschränkten Tätigkeitsfeldern als auch mit dem Arztberuf als historisch ältestem akademischem Beruf der Juden in Deutschland zusammen; die jahrhundertelang begrenzten Berufsmöglichkeiten hatten sich dabei mit einer spezifischen Affinität jüdischer Studenten zu bestimmten Berufszweigen durch eine „Tradierung" beruflicher Vorstellungen verbunden.[53] Unter den Bedingungen der informellen Zurücksetzungen in der akademischen Laufbahn nach der Reichsgründung, die

[52] Vgl. N. Kampe, *Studenten und „Judenfrage"...*, S. 79; T. Krach, *Jüdische Rechtsanwälte...*, S. 36.

[53] Vgl. D. L. Preston, *Science, Society and the German Jews...*, S. 217.

seit Ende der 1880er Jahre an den Universitäten besonders spürbar waren, bot das Fach Medizin zudem die besten Voraussetzungen dafür, auch nach einer fehlgeschlagenen akademischen Karriere noch eine auskömmliche Tätigkeit im „freien" Beruf des Arztes zu finden. Dies gilt seit 1879 in gleicher Weise für den disponiblen Rechtsanwaltsberuf; hier können die Behinderungen bei der Beamtenkarriere als primäre Ursache für die Berufswahl angesehen werden.

Die Universitäten und Hochschulen spielten in Deutschland eine zentrale Rolle bei der Kontrolle des Zugangs zum Wissen und wiesen den Absolventen die Chancen in der Gesellschaft zu. Die Universitätsprofessoren, eng eingebunden in den Rahmen einer institutionalisierten Universitätslaufbahn, bekamen damit den Status von Staatsdienern und starken Einfluß auf die Sozialisation des akademischen Nachwuchses.[54] Der hohe Stellenwert von Wissen bei der Erlangung einer günstigen sozialen Position und die Schlüsselrolle des Universitätspersonals bei der Vermittlung auch von politischen und kulturellen Wertvorstellungen waren wesentliche Gründe für die staatlichen Benachteiligungen von Juden in diesem Bereich, ergänzt durch von Konkurrenzangst und Kollegenneid motivierte Beeinträchtigungen innerhalb der Fakultäten. Eine Zurücksetzung im Wissenschaftsbereich – der, insgesamt gesehen, einen relativ hohen Anteil an Juden aufwies – erfolgte unter anderem dadurch, daß jüdische Akademiker in bezug auf die stärker gewünschten, etablierten und prestigeträchtigen Fächern und Positionen in der Wissenschaft benachteiligt wurden. Dies führte sie verstärkt in neu entstehende oder noch wenig etablierte, unterentwickelte oder wenig angesehene Wissenschaftsgebiete.[55] Sie waren damit in den von gesellschaftlichen Traditionen weniger belasteten Naturwissenschaften häufiger zu finden als in den geisteswissenschaftlichen Karrieren. Für die Rechtswissenschaft ist augenfällig, daß die (wenigen) jüdischen Angehörigen des Lehrkörpers eher das relativ neue Handels- und Wirtschaftsrecht als die traditionell-etablierten Bereiche der Rechts-

[54] Vgl. Hannes Siegrist, *Bürgerliche Berufe. Die Professionen und das Bürgertum*, in: ders. (Hrsg.), *Bürgerliche Berufe*, Göttingen 1988, S. 11–48.

[55] Vgl. auch Shulamit Volkov, *Soziale Ursachen des jüdischen Erfolges in der Wissenschaft*, in: dies., *Jüdisches Leben und Antisemitismus im 19. und 20. Jahrhundert*, München 1990, S. 146–165. Für die Medizin bedeutete die Tendenz der Abwanderung in neu entstehende oder weniger angesehene Fächer zum Beispiel eine Spezialisierung in Dermatologie im Gegensatz zu der höher angesehenen Qualifikation des Chirurgen (vgl. D. L. Preston, *Science, Society and the German Jews*..., S. 217).

geschichte und des Staatsrechts lehrten und wissenschaftlich bearbeiteten.[56] In der akademischen Hierarchie befanden sie sich eher in den unteren Rängen. Eine Berufung zum Ordinarius blieb eine Ausnahme, auf die jüdische Anwärter darüber hinaus länger warten mußten als nichtjüdische Bewerber gleicher wissenschaftlicher Qualifikation. Es galt weiterhin, daß jüdische Bewerber der christlichen Konkurrenz weit überlegen sein mußten, um den „Mangel falschen Glaubens“ zu kompensieren. Mit der Titularprofessur des „Honorar-Professors“ wurden langjährig nicht berücksichtigte Gelehrte „abgefunden“.[57]

Besonders an der juristischen Fakultät war es ohne Taufe fast unmöglich, ein Extraordinariat oder Ordinariat zu erlangen. Hingegen konnte eine ganze Reihe sogenannter getaufter Juden solche Positionen erreichen. Für die Nichtzulassung zum Ordinariat waren nicht nur der Kultusminister, sondern auch die Fakultätskollegen mitverantwortlich, die es vermieden, jüdische Kandidaten aufzustellen. Der Antisemitismus war im akademischen Milieu seit den 1880er Jahren stark verbreitet.

An den Universitäten – seit den 1880er Jahren mit „deutsch-nationalem“ beziehungsweise antisemitischem Gedankengut durchsetzt – hatte ungeachtet dessen die Behauptung eines angeblich gerade dort

[56] Der jüdische Professor des Staats- und Verwaltungsrechts Heinrich Rosin (1855–1927), seit 1886 in Freiburg/Br. blieb eine Ausnahme. Da F. J. Behrend bereits im Studienjahr 1882/83 Rektor der Universität Greifswald geworden war, ist Rosin nicht, wie E. Hamburger (*Juden im öffentlichen Leben*..., S. 56) angenommen hat, der erste jüdische Rektor (bzw. Prorektor) einer deutschen Universität; zu Rosin vgl. Alexander Hollerbach, *Heinrich Rosin (1855–1927). Pionier des allgemeinen Verwaltungs- und Sozialversicherungsrechts*, in: H. Heinrichs u. a. (Hrsg.), *Deutsche Juristen jüdischer Herkunft*..., S. 369–384. Zu Juden in der Rechtswissenschaft vgl. ferner Hans-Peter Benöhr, *Jüdische Rechtsgelehrte in der deutschen Rechtswissenschaft*, in: Karl E. Grözinger (Hrsg.), *Judentum im deutschen Sprachraum*, Frankfurt/M. 1991, S. 293 ff.

[57] Vgl. Norbert Kampe, *Jüdische Professoren im Kaiserreich. Zu einer vergessenen Enquete Bernhard Breslauers*, in: Rainer Erb/Michael Schmidt (Hrsg.), *Antisemitismus und jüdische Geschichte*, Berlin 1987, S. 188 ff. – Jüdische Juristen, die Honorarprofessor wurden, waren u. a. Heinrich Harburger an der Universität Berlin (zu Harburger vgl. FÜNFTES KAPITEL, S. 330), Albert Mosse in Berlin (zu Mosse vgl. VIERTES KAPITEL, S. 230 ff.), der Berliner Rechtsanwalt, Notar und Berater der preußischen Krone William Loewenfeld (1851–1931, zu Loewenfeld vgl. Berhard Breslauer, *Die Zurücksetzung an den Universitäten*, Berlin 1911, S. 7; E. G. Loewenthal, *Juden in Preußen*..., S. 142) und Justizrat Dr. Jacob Riesser in Berlin (vgl. B. Breslauer, *Die Zurücksetzung der Juden an den Universitäten*..., S. 7).

besonders starken „jüdischen Einflusses“ wachsende Zustimmung in überwiegend bildungsbürgerlichen Schichten gefunden. Diese Vorstellung wurde im Jahre 1911 von Bernhard Breslauer durch Ergebnisse einer aufwendigen Enquete widerlegt, die die anhaltende Zurücksetzung der Juden an deutschen Universitäten und die Diskriminierung jüdischer Anwärter bei der Berücksichtigung für ein Lehramt nachwies.[58] Die Untersuchung über die konfessionelle Gliederung der Dozenten an deutschen Hochschulen belegt, daß das jüdische Religionsbekenntnis einer akademischen Laufbahn häufig hinderlich entgegenstand und die christliche Taufe deshalb oftmals eine Karrierevoraussetzung war.

Wie die Breslauersche Statistik bestätigt, wurde vor allem die Ordinariatsberufung in vielen Fällen an die Bedingung der christlichen Religion geknüpft. Die Zahl „getaufter“ Ordinarien war etwa doppelt so hoch wie die Zahl der jüdischen ordentlichen Professoren. Auch alle anderen Bewerber für ein akademisches Lehramt unterlagen einem Taufdruck in diesem Sinne, so daß deren Taufquote weit über der der jüdischen Bevölkerung insgesamt lag.[59] Wie man aus den veröffentlichten Zahlen schließen kann, verstärkte sich dieser Druck beziehungsweise die Versuchung, auf diese Weise die Karriereschranken zu umgehen, bis zum Ordinariat. Die Zugangschancen zur akademischen Laufbahn und damit die beruflichen Aussichten an der Universität hatten sich nach 1890 im Vergleich zum ersten Jahrzehnt der Reichsgründung für Juden verschlechtert; ihr prozentualer Anteil am akademischen Lehrkörper sank.

Breslauers Erhebung reflektiert ferner die bekannte Tatsache, daß jüdische Professoren durchschnittlich älter als ihre christlichen Kollegen waren, weil sie ihr Amt später erlangten.[60]

Der Anteil jüdischer Ordinarien – als der sensibelste Indikator für die staatliche Anerkennung im Universitätsbereich – blieb gering und ging seit etwa 1890, dem Ende der Bismarck-Ära, noch zurück. Die Mehrzahl der jüdischen Lehrkräfte verblieb in der unbesoldeten Privatdozentur, in der ihr Anteil relativ hoch war. Es gab im Jahre 1910 in ganz Deutschland etwa 25 jüdische ordentliche Professoren, 53 außerordentliche Professoren und 121 Privatdozenten. 14 hatten den Titel eines Honorarprofessors. Mehr als die Hälfte aller jüdischen Hochschullehrer

[58] B. Breslauer, *Die Zurücksetzung*...

[59] Vgl. N. Kampe, *Jüdische Professoren*..., S. 193.

[60] *A. a. O.*, S. 207, Tab. 7.

(56,8%) befand sich damit in der untersten Stellung der Universitätshierarchie (während die Vergleichsdaten für Universitätslehrer christlicher Religion 34,9% und für „getaufte Juden" 44,3% betrugen).[61]

TABELLE 8

Jüdische Hochschullehrer im Deutschen Reich (1874–1910)

Jahr	Ordinarien		Extraordinarien		Privatdozenten	
	absolut	%	absolut	%	absolut	%
1874/75	10	1,4	24	8,9	38	13,5
1889/90	22	2,8	42	11,0	67	12,5
1909/10	25	2,5	53	8,9	121	12,0

In Preußen lagen die Vergleichsdaten prozentual etwas höher:

TABELLE 9

Jüdische Hochschullehrer in Preußen (1874–1910)

Jahr	Ordinarien		Extraordinarien		Privatdozenten	
	absolut	%	absolut	%	absolut	%
1874/75	6	1,7	15	9,1	31	18,0
1889/90	13	3,2	31	13,1	55	17,5
1909/10	14	2,6	34	11,6	98	14,5

Der größte Teil der jüdischen Hochschulehrer gehörte in den Jahren 1909/10 der medizinischen und der philosophischen Fakultät an (92,5%). Infolge des Hinausdrängens der jüdischen Ordinarien aus den juristischen und medizinischen Fakultäten befand sich ihre Mehrzahl im Jahre 1910 an der philosophischen Fakultät.[62] Die juristischen Fakultäten Preußens kamen (mit sehr niedrigen absoluten Zahlen) auf den geringen Anteil von 8,5%.[63] Für die jüdischen Hochschullehrer an den juristischen Fakultäten liegen für diesen Zeitraum nur Angaben für das gesamte deutsche Reich vor.[64]

[61] Die Breslauerschen Daten im folgenden zitiert nach: *a. a. O.*, S. 201, Tab. 1.
[62] *Ebda.*
[63] *A. a. O.*, S. 205, Tab. 5.
[64] *A. a. O.*, S. 203, Tab. 3. – 1909/10 hatte die Berliner Universität keinen einzigen jüdischen Ordinarius.

TABELLE 10

Jüdische Hochschullehrer an den juristischen Fakultäten Deutschlands (1874–1910)

Jahr	Ordinarien		Extraordinarien		Privatdozenten	
	absolut	%	absolut	%	absolut	%
1874/75	1	0,8	2	9,1	3	16,7
1889/90	5	3,9	4	20,0	6	26,1
1909/10	4	2,6	4	9,5	4	7,6

Von den insgesamt vier jüdischen Ordinarien an den juristischen Fakultäten Deutschlands im Jahre 1909/10 waren nur zwei an preußischen Universitäten tätig. Einige besonders befähigte und anerkannte Fachleute unter den jüdischen Juristen sahen sich an die Handelshochschule verwiesen.[65] Dagegen fiel die zunehmende Zahl der „Getauften" im juristischen Ordinariat besonders auf.[66]

[65] B. Breslauer, *Die Zurücksetzung der Juden an den Universitäten...*, S. 7. An der juristischen Fakultät Berlin waren in den 1870er Jahren drei Ernennungen zum Extraordinarius bzw. Ordinarius erfolgt: Nach der Beförderung von Jacob Friedrich Behrend zum außerordentlichen Professor im Sommer 1870 und der Berufung Levin Goldschmidts an die Universität als Ordinarius im Jahre 1875 war Stadtgerichtsrat Ernst Rubo im März 1876 ein Extraordinariat übertragen worden. Im Jahre 1888 wurde Max Pappenheim (1866–1934) Ordinarius für Rechtsgeschichte an der Universität Kiel (zu Goldschmidt und Behrend vgl. ZWEITES KAPITEL, Exkurs und ZWEITES KAPITEL, S. 132 f., sowie DRITTES KAPITEL, S. 151–160; zu Rubo *ebda.* und Archiv der Humboldt-Universität zu Berlin, Professoren der juristischen Fakultät, Nr. 493, Bl. 179 sowie Personalakte Rubo, Nr. 248, Bl. 1; zu Max Pappenheim vgl. Ernst J. Cohn, *Three Jewish Lawyers of Germany,* in: *LBI-YB,* XVII (1972), S. 155–178; ferner E. G. Loewenthal, *Juden in Preußen...*, S. 178. 1888 wurde Julius Baron (1834–1898), der in Berlin und Breslau studiert hatte, erster jüdischer Ordinarius der juristischen Fakultät in Bonn (vgl. *Jüdisches Geistesleben in Bonn 1786–1945*, bearb. von H. Fremerey-Dohna und R. Schöne, Bonn 1985, S. 9–10).

[66] N. Kampe, *Jüdische Professoren...*, S. 195, bzw. 203, Tab. 3 bzw. B. Breslauer, *Die Zurücksetzung der Juden an den Universitäten...*, S. 8. – Zahl und Anteil der getauften Ordinarien in der Rechtswissenschaft expandierten derart, daß sie bezüglich der Verteilung der Statusgruppen (Juden, Getaufte, Christen) im Verlauf des Kaiserreiches sogar ein günstigeres Verhältnis als die ordentlichen Professoren christlichen Religionsbekenntnisses erreichten (vgl. N. Kampe, *Jüdische Professoren...*, S. 204, Tab. 4).

Tabelle 11
„Getaufte" Hochschullehrer an den juristischen Fakultäten Deutschlands (1874–1910)

Jahr	Ordinarien		Extraordinarien		Privatdozenten	
	absolut	%	absolut	%	absolut	%
1874/75	5	4,0	1	4,6	1	5,6
1889/90	10	7,6	2	10,0	1	4,4
1909/10	16	10,7	5	11,9	2	3,8

Wie Breslauer in seiner Denkschrift hervorhebt, waren diese den „christlichen" Juristen im Avancement völlig gleichgestellt. Auf die Tatsache eingehend, daß sich nur eine geringe Anzahl von (ungetauften) jüdischen Akademikern überhaupt der juristischen Fakultät zugewandt hatte, meint er: „Die jüdischen Rechtsgelehrten wußten, daß das Erlangen eines Ordinariats zu den äußersten Seltenheiten gehörte. Sie wollten sich nicht der Ablehnung aussetzen."[67]

Insbesondere unter den Ordinarien der Rechtswissenschaft war die Zahl „ungetaufter Juden" sehr gering. Dieser Umstand hat in verschiedenen Zusammenstellungen und literarischen Würdigungen bekannter jüdischer Juristen dazu beigetragen, sozusagen „aus der Not eine Tugend" zu machen, indem in den entsprechenden Publikationen, vor allem im Universitätsbereich, fast ausschließlich (!) Getaufte genannt werden. Dabei wurden zum Teil – in wohlmeinender Würdigung des „jüdischen Beitrags" zur deutschen Kultur und Wissenschaft oder unter dem Eindruck späterer nationalsozialistischer Verfolgung der Juden – auch Persönlichkeiten einbezogen, deren Taufe nicht nur in früher Kindheit oder Jugend, sondern mitunter sogar bereits in der Elterngeneration erfolgte und deren Leben und Wirken zum Teil weit vor die Zeit der nationalsozialistischen Herrschaft fiel (wie zum Beispiel bei dem Theoretiker des „christlichen Staates", Friedrich Julius Stahl, oder dem zeitweiligen preußischen Justizminister Heinrich von Friedberg).[68] Diese undifferenzierte Sicht mit Nähe zu einer nach ras-

[67] B. Breslauer, *Die Zurücksetzung der Juden an den Universitäten...*, S. 7 f.

[68] Friedrich Julius Stahl (1802–1861), Jurist jüdischer Herkunft (1819 offenbar aus religiöser Motivation evangelisch getauft), der auch in der neueren wissenschaftlichen Literatur in dem genannten Zusammenhang immer wieder auftaucht, erscheint dabei besonders problematisch. Angesichts der Unmöglichkeit für Juden in den 1840er/50er Jahren, einen juristischen Beruf auszuüben und der beruflichen Zurücksetzung der (ihrer religiösen Zugehörigkeit nach) jüdischen Justizaspiranten in späteren Jahren scheint es zumindest absurd, den ultrareaktionären und christlich-

senideologischen Prämissen erfolgten Personenauswahl hat zu einer erheblichen Verschwommenheit des Bildes über den Anteil der Juden in der Justiz, besonders im universitären Bereich, geführt.[69]

frömmelnden Stahl, der in dieser Zeit seine größte Wirksamkeit im Kreise der Kamarilla um Friedrich Wilhelm IV. entfaltete, immer wieder als Exponenten jüdischer Juristen dieser Zeit herauszustellen. (Stahl selbst war übrigens gegen die volle rechtliche Emanzipation der Juden im öffentlichen Dienst.) So argumentierte auch der freisinnige Abgeordnete Heinrich Rickert wenig glücklich, als er in einer Abgeordnetenhausdebatte in der Absicht, für die Juden zu sprechen, darauf hinwies, daß auch der berühmte Stahl Jude gewesen sei (vgl. *Die Judendebatte im Preußischen Abgeordnetenhaus am 20. und 21. März 1890*, Berlin 1890, S. 15). Plausibel erscheint hingegen seine Aufnahme in den wissenschaftsgeschichtlich angelegten Sammelband *Deutsche Juristen jüdischer Herkunft*, hrsg. u. a. von H. Heinrichs, München 1993; vgl. den Beitrag von Christoph Link, *Friedrich Julius Stahl (1802–1861). Christlicher Staat und Partei der Legitimität*, in: *a. a. O.*, S. 59–83 (dort auch die umfangreiche weitere Literatur über Stahl). Heinrich von Friedberg (1813–1895) wurde bereits als Kind getauft. Seit 1845 in der Justizverwaltung, war er von 1879 bis 1889 preußischer Justizminister.

[69] Eine undifferenzierte Darstellung findet sich u.a. auch bei H.-P. Benöhr, *Jüdische Rechtsgelehrte...*, in: K. E. Grözinger (Hrsg.), *Judentum im deutschen Sprachraum...*, S. 280–308. Auch von jüdischer Seite wurde in apologetischer Absicht oder aus zionistischer Perspektive in der oben kritisierten Weise verfahren, vgl. beispielsweise J. Rothholz, *Die deutschen Juden in Zahl und Bild*, Berlin 1925. – Gerade in dem staatsnahen und eher konformistischen Bereich der Justiz (mit Ausnahme der Rechtsanwaltschaft) hatten sich jedoch keineswegs alle der so Vereinnahmten eine Bindung zum Judentum bewahren wollen und in ihrem Selbstverständnis noch Platz für jüdische Belange. Ein Beispiel dafür ist der bekannte Staatsrechtler Paul Laband (1838–1918). Der „von Kaiser und Reich mit Orden dekorierte und mit Ehrenbezeigungen verwöhnte" Laband hielt in seiner umfangreichen Autobiographie, in der Kindheit und Jugend ein großer Raum gewidmet ist, den Umstand seiner jüdischen Herkunft und seiner Konversion im Alter von 19 Jahren nicht für erwähnenswert (vgl. Paul Laband, *Lebenserinnerungen*, hrsg. von Wilhelm Bruck, Berlin 1918; Walter Pauly, *Paul Laband (1838–1918). Staatsrechtslehre als Wissenschaft*, in: H. Heinrichs u. a. (Hrsg.), *Deutsche Juristen jüdischer Herkunft...*, S. 301–319, Zitat 306). Ein ähnlicher Fall ist der oftmals als jüdischer Jurist zitierte Heinrich Dernburg (1829–1907), Juraprofessor in Berlin, Mitglied des Herrenhauses und Günstling Bismarcks. Bei Emil Friedberg (1837–1910), Kirchenrechtler der historischen Rechtsschule und „Staatskanonist", waren bereits die Eltern frühzeitig getauft worden; in allen Kritiken oder Würdigungen wurde nie auf seine jüdische Herkunft angespielt (beide sind aufgenommen in dem von H. Heinrich u. a. hrsg. Sammelband, *a. a. O.* Vgl. den Beitrag von Christoph Link, *Emil Friedberg (1837–1910). Kirchenrechtler der historischen Rechtsschule, „Staatskanonist" und Mitstreiter im Kulturkampf*, in: *a. a. O.*, S. 283–300; Klaus Luig, *Heinrich Dernburg (1829–1907). Ein „Fürst" der Spätpandektistik und des preußischen Privatrechts*, in: *a. a. O.*, S. 231–247).

Ingesamt belegen die Daten zweifellos eine Benachteiligung der Juden in der Berufslaufbahn als Hochschullehrer vor allem im Rechtsfach. Sie untermauern zudem die Annahme, daß in den Fakultäten und Ministerien eine Tendenz zur Verengung des bis dahin erreichten Öffnungsgrades der beamteten Hochschulehrerstellen für Juden wirksam wurde. Die Universitäten setzten ihr exklusives Verhalten gegenüber jüdischen Lehrkräften bis zum Ende der Monarchie fort.

Die „moderne" antisemitische Agitation gegen jüdische Juristen seit 1878/79

Noch im Jahrzehnt der Reichsgründung kam es zu einer Neuorientierung in der Innenpolitik Bismarcks. Die Jahre 1878/79 brachten das Ende der liberaleren Phase des Kaiserreiches. Mit dem politischen Kurswechsel gab Bismarck die Freihandelspolitik auf und schlug einen konservativen Kurs der Schutzzollpolitik und der allgemeinen Abkehr von liberalen Prinzipien in Politik und Wirtschaft ein. Der Reichskanzler suchte nun bei politischen Gruppierungen Unterstützung, die in ihrer Opposition gegen den Liberalismus den Antisemitismus toleriert oder sogar zur Gewinnung einer politischen Massenbasis gefördert hatten.[70] Mit der Aufkündigung seines Bündnisses mit den Nationalliberalen war auch die liberal-rechtsstaatliche Forderung der Gleichbehandlung aller Staatsbürger vor dem Gesetz in ihrer praktischen Umsetzung wieder unsicher geworden.

Mit der Ernennung Robert von Puttkamers zum Innenminister im Jahre 1881, der sogleich daran ging, durch administrative Maßnahmen alle liberalen Elemente aus der Verwaltung zu entfernen, wurde eine „Refeudalisierung" der preußischen Bürokratie eingeleitet. Christentum und Kirche wurden als „geistige Stütze" für den Machtstaat wieder stärker amtlich gefördert. Puttkamer wollte dabei nicht die schlichte Frömmigkeit als solche restituieren, sondern eine rein äußerliche, formal-bürokratische Religiosität, die vom Staat beherrscht blieb. Die christliche Religion wurde so zu einem „inner-

[70] Werner Jochmann, *Gesellschaftskrise und Judenfeindschaft in Deutschland 1870–1945*, Hamburg 1988, S. 44.

weltlichen Kampfmittel der herrschenden Ordnung des Kaiserreichs gegen Demokratie und Sozialismus" (E. Kehr).[71]

Der konsequente Ausbau Preußens zu einem Hort der politischen Reaktion in den achtziger Jahren ging mit einer entsprechenden Profilierung beziehungsweise sozialen Umschichtung des gesamten Behördenapparats der Innen-, Justiz- und Heeresverwaltung einher und zeigte nicht zuletzt Auswirkungen im höheren Bildungswesen. Eine entsprechende Personal- und Patronagepolitik bewirkte eine Transformation des Beamtentums in eine Bastion des Konservatismus; in den 1880er Jahren begann damit eine Politik der Ausschließung oder Zurücksetzung durch Nicht-Beförderung von Staatsdienstbewerbern, deren politische Fügsamkeit und soziale Herkunft gegenüber der fachlichen Qualifikation nun noch schwerer wogen als bisher. Die restriktive Anstellungspraxis in der Bürokratie des Kaiserreiches prägte sich in den 1890er Jahren schärfer aus.

Eines der „Nebenprodukte" dieser Personalpolitik war eine merkliche Verringerung des Anteils der Juden in der preußischen Beamtenschaft. Die politische Wende bedeutete deshalb auch eine Abkehr von der konsequenten Durchführung der politischen und gesellschaftlichen Gleichberechtigung von Juden. Das Justizressort war von dieser Entwicklung erst einige Jahre später und in abgeschwächtem Maße betroffen; zum einen, weil der kanzlertreue Justizminister Heinrich Friedberg (Amtszeit von 1879 bis 1889) „der einzige Minister mit liberaler Vergangenheit war, der aus dem Strudel wieder auftauchte";[72] zum anderen, weil sich der reaktionär-konservative Trend hier durch den langjährigen juristischen Vorbereitungsdienst verzögerte, der seine Absolventen erst relativ spät in den höheren Staatsdienst entließ.

Vor diesem Hintergrund und im Zusammenhang mit den in der Reichsgründungszeit aktualisierten judenfeindlichen Strömungen formierte sich die erste Phalanx eines neuen, säkularisierten, sogenannten modernen Antisemitismus. Dieser definierte unter der Losung der „Emanzipation der Christen von den Juden" die im Prozeß der verstärkten Industrialisierung entstandenen ökonomischen

[71] E. Kehr, *Der Primat der Innenpolitik...*, S. 67. Eine kaiserliche Botschaft vom 17. November 1880 hatte zum ersten Male feierlich betont, daß das Christenum eine Grundlage der inneren Reichpolitik bilde (vgl. L. Auerbach, *Das Judentum und seine Bekenner...*, S. 116).

[72] E. Hamburger, *Juden im öffentlichen Leben...*, S. 74.

Probleme und sozialen Konflikte als wesentlich von den Juden verursacht oder initiiert. In einer allgemeinen Krisensituation artikulierte sich damit eine Opposition gegen den Liberalismus und die Ohnmacht bestimmter Bevölkerungsschichten, denen bewußt wurde, daß sie den Anschluß an die große soziale und ökonomische Entwicklung verloren hatten.[73] Der quantitativ und qualitativ neue Antisemitismus in Deutschland wurde zu einer Ideologie der Unzufriedenheit mit der modernen Gesellschaft, dessen soziale Träger sich durch das liberal-kapitalistische System benachteiligt fühlten: Handwerker, Kleinhändler und ein zunächst noch geringer Teil der Landwirte sowie Angehörige der alten Führungs- und Bildungsschichten. Diese sahen Nation, Kultur, monarchische Verfassung und die traditionelle Sozialordnung, die ihnen ihren gesellschaftlichen Status sicherte, durch die gesellschaftliche und wirtschaftliche Entwicklung in Gefahr.

Der moderne Antisemitismus als eine postemanzipatorische und antiliberale Bewegung verstand sich als Reaktion auf die vollzogene rechtliche Emanzipation der Juden. Der Kampf gegen die „Judenherrschaft" und den „jüdischen Geist" war es, in dem sich die – ansonsten sehr uneinigen – Antisemiten aller Richtungen einig waren.[74]

Bereits zu Beginn der wirtschaftlichen Depression waren von Wilhelm Marr und Otto Glagau einige frühe publizistische Attacken gegen die Juden an die Öffentlichkeit gelangt. Im Jahre 1875, noch in der „liberalen Ära", hatten die konservative *Kreuzzeitung* und ihr katholisches Pendant, die *Germania*, unter dem Eindruck der Wirtschaftskrise von 1873/74 mit der Publikation einer Artikelserie mit unüberhörbar antijüdischen Tönen begonnen und die liberal-freihändlerische Politik des Reiches als „Judenpolitik" bezeichnet.

Diese Schriften stellten zu dieser Zeit noch kein wesentliches und bleibendes Element einer Weltanschauung oder der herrschenden politischen Kultur des Kaiserreichs dar. Der Zeitgenosse Leopold Auerbach bewertete die Wirkung der judenfeindlichen Schriften der Jahre 1873 bis 1878 im Rückblick aus dem Jahr 1890 folgendermaßen: „Einen Einfluß auf die große Menge übten diese Schmähschriften nicht aus, da sie keine große Verbreitung fanden … wohl aber

[73] Vgl. W. Jochmann, *Gesellschaftskrise und Judenfeindschaft…*, S. 99 ff.

[74] Th. Nipperdey/R. Rürup, *Antisemitismus…*, in: Th. Nipperdey, *Gesellschaft, Kultur, Theorie…*, S. 123.

bildete sich dadurch ein Kreis von gebildeten und halbgebildeten Personen, welche eine Erörterung der sogenannten ‚Judenfrage' für opportun hielten. Auch diese Erörterungen übten auf das gesellschaftliche Leben keinen Einfluß aus, sie hatten nur insofern eine die Judenhetze vorbereitende Bedeutung, als Personen aus den betreffenden Ständen demzufolge es nicht für verwerflich oder auch nur für unpassend hielten, sich mit der ‚Judenfrage' zu beschäftigen und ihre Meinung über die für oder gegen die volle Judenemanzipation aufgeworfenen Gesichtspunkte auszusprechen."[75]

Im Zuge des Wandels in der Innenpolitik des Kaiserreiches und der wirtschaftlichen und sozialen Situation konnten sich jedoch einzelne bisher kaum an die Öffentlichkeit getretene politische Strömungen und Gruppierungen mit judenfeindlichen Parolen verdichten und vereinigen. Der antiliberal-konservative Regierungskurs wurde damit von einem um 1878 offen einsetzenden Antisemitismus begleitet. Dieser unterschied sich qualitiativ von den „traditionellen" judenfeindlichen Äußerungen mit anti-emanzipatorischer Zielrichtung vor der Reichsgründung – er wurde ideologisiert und politisch instrumentalisiert, wurde zu einer Weltanschauung, deren Agitatoren in der „Judenfrage" das zentrale gesellschaftliche Problem und in den Juden ein Symbol für die bedrohlichen politischen, wirtschaftlichen und sozialen Konflikte sahen. Im Jahre 1879 wurde in Berlin der Begriff „Antisemitismus" geprägt und entwickelte sich seit 1880 zum politischen Schlagwort.[76]

Erste Versuche, die parteipolitisch bislang heimatlosen antisemitischen Kräfte in einer Partei zu organisieren, schlugen zunächst fehl. Adolf Stoecker, der sich als Prominenter mit seiner Christlich-Sozialen Arbeiter-Partei öffentlich Gehör verschaffen konnte, scheiterte

[75] L. Auerbach, *Das Judentum und seine Bekenner...*, S. 9.

[76] Reinhard Rürup, *Emanzipation und Antisemitismus. Historische Verbindungslinien*, in: N. Kampe/H. A. Strauss (Hrsg.) *Antisemitismus...*, S. 94. – Zu den Hintergründen, den Anfängen und der Entwicklung des modernen Antisemitismus liegt eine Reihe fundierter wissenschaftlicher Studien vor; hier seien nur genannt: Hermann Greive, *Geschichte des modernen Antisemitismus in Deutschland*, Darmstadt 1980; Werner Jochmann, *Gesellschaftskrise und Judenfeindschaft in Deutschland 1870–1945*, Hamburg 1988; Reinhard Rürup, *Emanzipation und Antisemitismus*, Göttingen 1975; Th. Nipperdey/R. Rürup, *Antisemitismus...*, in: Th. Nipperdey, *Gesellschaft, Kultur, Theorie...*, S. 113–132; R. Erb/M. Schmidt (Hrsg.), *Antisemitismus und jüdische Geschichte...*, Berlin 1987; N. Kampe, *Antisemitismus und „Judenfrage"...*, Sh. Volkov, *Jüdisches Leben und Antisemitismus...*

mit seiner ursprünglichen Absicht, die Arbeiterschaft durch christlich-antisozialistische Propaganda von der erstarkenden Sozialdemokratie abzuziehen. Er wandte sich anschließend verstärkt der Mobilisierung des Mittelstandes und des akademischen Nachwuchses zu, die seiner Agitation zugänglicher waren. Im September 1878 begann Stoeckers Partei, antisemitische Phrasen in ihre Propaganda aufzunehmen, 1881 kürzte sie die Parteibezeichnung auf Christlich-Soziale Partei. Die Partei, in der Stoecker dank seiner demagogischen Fähigkeiten unangefochten an der Spitze stand, bildete den Ausgangspunkt der antisemitischen „Berliner Bewegung", die mit ihren Ideen mehr und mehr Anklang in der konservativen Aristokratie, am Hofe, unter Offizieren sowie in der Beamten- und Studentenschaft fand, ihre wahlpolitischen Erfolge allerdings stärker außerhalb der Stadt Berlin erzielte.

Noch 1879 erschien Wilhelm Marrs Schrift *Der Sieg des Judentums über das Germanentum*, neben den Publikationen des Stadtgerichtsrats (! – B. S.) C. Wilmanns und des Theologen E. Rohling eine der wirkungsvollsten Schriften des aufkommenden modernen Antisemitismus.[77]

Damit war nur wenige Jahre nach dem Abschluß der Emanzipationsgesetzgebung in Deutschland eine neue, antisemitische „Judenfrage" gestellt und propagiert worden, die auf eine erneute Diskriminierung und Ausgrenzung der jüdischen Bevölkerung aus wichtigen Bereichen des öffentlichen Lebens zielte. Ihre Verfechter versuchten, alle von ihnen bekämpften negativen gesellschaftlichen Einzelerscheinungen (wie „Kapitalismus", „Sozialismus", Demokratie, „Kosmopolitismus", Atheismus) als „jüdisch" zu charakterisieren und so die Juden als Urheber zu diffamieren. Sie forderten, den jüdischen Einfluß im öffentlichen Leben zurückzudrängen, indem die Emanzipation der Juden wieder eingeschränkt oder rückgängig gemacht werde.

Der Forderung nach ihrem erneutem Ausschluß vom Staatsdienst kam dabei zentrale Bedeutung zu. Im Gegensatz zur preußischen Bürokratie, die die von ihr erwünschte völlige Assimilation und „Los-

[77] Wilhelm Marr, *Der Sieg des Judentums über das Germanentum*, Bern 1879; C. Wilmanns, *Die goldene Internationale*, Berlin 1876; A. Rohling, *Der Talmud-Jude*, Münster 1872. – Unter den Antisemiten befand sich auch eine größere Anzahl Juristen, die schon seit Beginn des Jahrhunderts zu den Autoren entsprechender Schmähschriften zählten.

sagung" vom Judentum wenigstens für den einzelnen Staatsamts-Bewerber durch die christliche Taufe für möglich hielt, ließ die antisemitische, völkisch-rassistische Ideologie prinzipiell keine Integration der Juden mehr zu. Die Rassenideolgie führte die als spezifisch empfundenen Gruppenmerkmale der Juden nicht mehr primär auf religiöse Unterschiede zurück, sondern leitete sie aus nicht mehr „korrigierbaren", weil vom Willen unabhängigen Einflüssen wie „Blut", „Rasse" und „Abstammung" ab. Damit wurde eine schicksalhafte und unüberbrückbare immanente Wesensverschiedenheit der Juden konstruiert.

In der sich formierenden antisemitischen Bewegung spielte die Behauptung, daß durch einen übermäßigen Zustrom des „jüdischen Elements" zur höheren Bildung und namentlich zum Justizdienst der „deutsche Richter- und Anwaltsstand verjudet", sprich verdorben werde, eine nicht unbedeutende Rolle. Die antisemitische Propaganda prägte ein Klischee vom „jüdischen Advokaten" als negatives Gegenbild zum „deutschen Rechtsanwalt" und vom jüdischen Richter, dem sein Judentum oder seine Glaubensgenossen „instinktiv" näherstünden als das von ihm zu vertretende Recht. Als plastischer Hintergrund für die Rezipienten dieser Propaganda diente die Tatsache, daß vor allem seit den 1880er Jahren ein deutlich sichtbarer, gemessen am Anteil der Juden an der preußischen Gesamtbevölkerung überproportionaler Zustrom von Juden zum Jurastudium und dem juristischen Vorbereitungsdienst zu verzeichnen war und sich eine starke Präsenz jüdischer Rechtsanwälte in Berlin abzeichnete. Während die preußische Ministerialbürokratie seit den 1880er Jahren Neuzulassungen von Juden zum Richteramt oder Beförderungen im Justizdienst zu behindern suchte, indem jüdische Bewerber trotz offensichtlicher Eignung, Referenzen und Beförderungsalter zurückgestellt wurden, forderten die Antisemiten den Ausschluß von Juden aus dem höheren Staatsdienst überhaupt.

Den Auftakt zu einer Reihe antisemitischer Presseäußerungen und Hetzkampagnen zum Thema jüdische Juristen gab im Juli 1878 die „ultramontan"-konservative *Schlesische Volkszeitung* mit dem Artikel *Der jüdische Referendarius*, der bald darauf von einigen anderen Blättern, darunter dem Zentralorgan der katholischen Zentrumspartei in Berlin, *Germania*, nachgedruckt wurde.[78] In primitiv-

[78] *Schlesische Volkszeitung*, Nr. 164 vom 21. Juli 1887, zit. nach: GStAPK, Rep. 84a, Nr. 11949, Bl. 1.

ausfallender Form empört sich der antisemitische Berliner Anonymus, der mit großer Wahrscheinlichkeit ein höherer Justizbeamter war,[79] über das „stromweise Eindringen" dieser Berufsgruppe in die Justizkarriere. Der Autor, der „im Namen aller christlichen Juristen Preußens ... (und) im Namen von Millionen christlicher Einwohner" zu sprechen vorgibt, trägt alle denkbaren abstoßenden Eigenschaften, voran die bekannten antijüdischen Stereotype (wie unverschämt, schmierig, aufdringlich, hochmütig, plattfüßig) zusammen, um sie den jüdischen Referendaren zu verleihen und dann auszurufen: „Das kommt davon! ... Das Gesetz [vom 3. Juli 1869 – B. S.] ist in einer Zeit entstanden, als der ‚Liberalismus' gar sehr auf dem Damm war ... Waren die Volksvertreter damals so wenig Judenkenner, daß sie die Überschwemmung durch das ausgewählte Volk nicht voraussehen konnten?" Der Artikel fordert ein neues restriktives Judengesetz, verlangt aber mindestens eine Suspension des Gleichstellungsgesetzes von 1869, um eine „Gefahr für die Nation" abzuwenden.[80]

Die (nach Mitteilung der Zeitung gefragten) Nachbestellungen für die Veröffentlichung konnten jedoch wegen der staatlichen Konfiskation des Artikels im August 1878 nicht mehr ausgeliefert werden, da die jüdischen Referendare des Breslauer Appellationsgerichts wegen Beleidigung Strafantrag gegen den zuständigen Redakteur gestellt hatten.[81] Dieser wurde daraufhin vom Stadtgericht zu einer Geldstrafe verurteilt. Im Gerichtsaal waren Sympatien für den Angeklagten jedoch unüberhörbar gewesen: Ausgerechnet der Staatsanwalt konnte bei der Verhandlung nicht umhin zu bekennen, daß er selbst die Schmähungen des Artikels für den „Hauptteil" der jüdischen Referendare für richtig halte; es hätte lediglich im Beitrag dar-

[79] Nach Kenntnis Ismar Freunds handelte sich bei dem Autor des Artikels um den späteren Oberlandesgerichts-Präsidenten von Schlesien, von Kunowski, der zu dieser Zeit bereits Präsident des Appellationsgerichts Posen war (Hinweis darauf im Ismar-Freund-Nachlaß, in: CAHJP Jerusalem, P 1/Me 7, Bl. 52).

[80] GStAPK, Rep. 84a, Nr. 11949, Bl. 1.

[81] *A. a. O.*, Bl. 3; vgl. Ludwig Stern, *Die Lehrsätze des neugermanischen Judenhasses*, Würzburg 1979, der von sieben vergriffenen Auflagen des Artikels vor der staatlichen Konfiskation spricht (S. 38). Unmittelbaren Bezug auf den Artikel nimmt u. a. auch die antisemitische Schrift von R. A. C. von Wedell, *Vorurteil oder berechtigter Hass?*, Berlin 1880, S. 15, die in diesem Zusammenhang auf eine „bedrohliche" Zahl von Juden in untergeordneten Stellen der Rechtsverwaltung verweist.

auf aufmerksam gemacht werden müssen, daß ein geringer Teil der Angesprochenen die gerügten Fehler nicht besitze![82]

In der Berichterstattung über den Prozeß zielte die *Schlesische Volkszeitung* noch einmal auf einen Teilaspekt des Problems von Juden im Justizdienst ab, der einige Jahre später von den Antisemiten zu einer kleinen, aber spektakulären Aktion benutzt wurde: die alte Frage nach der Zulässigkeit der Abnahme eines „christlichen" Eides durch einen jüdischen Richter[83] (zum angesprochenen Fall siehe unten).

Durch den Nachdruck des Artikels und die Kommentare zum Beleidigungsprozeß (einschließlich der breit angelegten Verurteilung der antisemitischen Hetze durch die liberale Presse) erlangte der publizistische Angriff breitere öffentliche Aufmerksamkeit. Ihm sollten in den folgenden Jahren, begünstigt durch den Aufschwung der antisemitischen Bewegung, zahlreiche weitere folgen. Im Jahre 1880 setzten die – bis auf die Stoecker-Partei – noch wenig organisierten antisemitischen Gruppierungen dann zur ersten großen Aktion an, um eine möglichst breite Öffentlichkeit für ihre Zwecke zu mobilisieren. Der sogenannte Berliner Antisemitismus-Streit, ausgelöst durch den bekannten Geschichtsprofessor an der Berliner Universität und nationalliberalen Reichstagsabgeordneten Heinrich von Treitschke, wurde Ausgangspunkt für die antisemitische Vergiftung akademischer Kreise in Deutschland. Er bildete auch den Hintergrund der „Antisemiten-Petition" und verlieh ihr starke Resonanz.

Die von führenden Antisemiten verfaßte Petition an die Regierung, für die im ganzen Lande Unterschriften gesammelt wurden, enthielt unter anderem folgenden Passus:

„Die Gefahr für unser Volksthum muß sich naturgemäß in demselben Maße steigern, in welchem es den Juden gelingt ... in Staatsämter zu gelangen, deren Trägern es obliegt, über die idealen Güter unseres Volkes zu wachen. Wir denken dabei vor allem an die Berufsstellungen der Lehrer und Richter; beide waren den Juden bis in die jüngste Zeit unzugänglich und müssen ihnen wiederum verschlossen werden, wenn nicht die Autoritätsbegriffe des Volkes verwirrt und sein Rechts- und Vaterlandsgefühl erschüttert werden sollen."

[82] CAHJP Jerusalem, M 1/J 8, Bl. 2.
[83] GStAPK, Rep. 84a, Nr. 11949, Bl. 5.

Eine zweite programmatische Forderung der Petition verlangte demzufolge, „daß die Juden von allen obrigkeitlichen (autoritativen) Stellungen ausgeschlossen werden und daß ihre Verwendung im Justizdienste – namentlich als Einzelrichter – eine angemessene Beschränkung erfahre".[84] Die drei anderen Forderungen der Petition lauteten auf Verhinderung oder wenigstens Einschränkung der Einwanderung ausländischer Juden und die Erhaltung des „christlichen Charakters" der Volksschulen durch ausschließliche Verwendung christlicher Lehrer.

Die Petition wies schließlich mehr als 250 000 Unterschriften auf, viele aus Kreisen der Studentenschaft. Die studentischen Komitees zur Verbreitung der Petition wurden dabei bezeichnenderweise von Jurastudenten des Akademischen Rechtswissenschaftlichen Vereins initiiert.[85]

Die Akzeptanz des zu Beginn der 1880er Jahre neu auflebenden „modernen" Antisemitismus durch Teile des Bildungsbürgertums und der Studentenschaft – und damit von den zukünftigen Staatsdienern – wurde durch dieses Votum erstmals offensichtlich. Das antiliberale politische Klima schlug sich besonders in den Universitäten nieder, die seit dieser Zeit von einer antisemitischen Atmosphäre beherrscht wurden, die ihresgleichen in anderen Teilen des öffentlichen Lebens nicht fand, und deren Auswirkungen über Jahrzehnte das Verhalten ihrer Absolventen bestimmt haben.[86]

In einer Interpellation im preußischen Abgeordnetenhaus vom 13. November 1880 forderte der Vertreter der Fortschrittspartei, Dr. Hänel, die Staatsregierung, die sich bisher in Schweigen gehüllt hatte, zu einer Stellungnahme zu dieser Petition und zur antisemitischen Propaganda der letzten Monate auf.[87] In der im preußischen Abgeordnetenhaus vom 20. bis 22. November 1880 über diesen Gegen-

[84] Die Petition befindet sich u. a. in: BA Potsdam, 07. 01., Nr. 679, Bl. 173–177. Zur Antisemitenpetition vgl. u. a. R. S. Levy, *The Downfall...*, S. 23 ff.; N. Kampe, *Studenten und „Judenfrage"...*, S. 23 ff., W. Boehlich (Hrsg.), *Der Berliner Antisemitismus-Streit*, Frankfurt/M. 1965.

[85] Vgl. N. Kampe, *Studenten und „Judenfrage"...*, S. 23 f.

[86] Vgl. dazu ausführlich *a. a. O.*, passim.

[87] *Interpellation, betreffend die Aktion gegen die jüdischen Mitbürger*, Text am Anfang der entsprechenden *StBPrA;* Separatabdruck der Verhandlungen in: *Die Judenfrage – Verhandlungen des Preußischen Abgeordnetenhaus...*, Berlin 1880; siehe auch die Notabeln-Erklärung gegen die Antisemiten-Petition vom 12. November 1880.

stand geführten Debatte kam der Abgeordnete Hänel zu der Schlußfolgerung, daß die scheinbare Zurückhaltung und vermeintliche Unparteilichkeit der Regierung gegenüber den Antisemiten unter den gegebenen Umständen als Zustimmung ausgelegt werden könne. Die Petition sei nur ein äußeres Beweisstück für das außerordentlich aktive Agieren der Antisemiten und die zunehmende Verbreitung ihrer Ansichten; eine Erklärung der Regierung, daß sie es niemals zulassen werde, den verfassungsmäßigen Grundsatz der jüdischen Gleichberechtigung anzutasten, wäre angesichts der antisemitischen Angriffe von großer Bedeutung für den inneren und äußeren Frieden und die Sicherheit der jüdischen Mitbürger.

Die Regierung, vertreten durch den Vizepräsidenten des Staatsministeriums, Otto Graf zu Stolberg-Wernigerode, vermied jedoch eine solche klare Stellungnahme. Kühl erklärte Stolberg-Wernigerode lediglich, daß keine Änderung des bestehenden Rechtszustands in dieser Frage beabsichtigt sei. Auf eine über diese lakonische prinzipielle Erklärung – die theoretisch den Standpunkt der Gleichberechtigung wahrte – hinausgehende öffentliche Meinungsäußerung ließ er sich nicht ein. Wohlweislich berührte er die Frage der praktischen Umsetzung der verfassungsrechtlichen Normen nicht. Er wußte sich vermutlich in Übereinstimmung mit der Haltung seines Königs, Wilhelms I., der am Vortag in einem Brief bezüglich der bevorstehenden Debatte geäußert hatte: „Meine Regierung kann sich nur auf den Rechtsboden stellen, der den Juden (viel zu viele!) Rechte eingeräumt hat, aber er besteht nun einmal."[88] Stolbergs unbefriedigende Reaktion war jedoch wohl mehr der politischen Opposition, den Freisinnigen, geschuldet, denen er keinerlei Zugeständnisse machen wollte, als eine Sympathiekundgebung für die Antisemiten. Die Gefahr von links dürfte dem Regierungsvertreter weit gefährlicher als die von rechts erschienen sein.[89]

Sieht man von den Rednern aus dem liberal-fortschrittlichen Lager ab, war der Grundtenor der Debatte deutlich durch Äußerungen mit mehr oder weniger starken judenfeindlichen Ressentiments geprägt. Einige der wenigen konsequent für die Interpellation Hänels votierenden Stimmen kam von Rudolf Virchow, einem der Mitunterzeich-

[88] Rosemarie Leuschen-Seppel, *Sozialdemokratie und Antisemitismus im Kaiserreich*, Bonn 1978, S. 65; vgl. *Die Judenfrage – Verhandlungen des preußischen Abgeordnetenhauses...*, S. 18.

[89] Vgl. R. S. Levy, *The Downfall...*, S. 132.

ner der Protestresolution einer Gruppe hervorragender Vertreter der Berliner Gesellschaft (darunter auch Mommsen, Gneist, Forckenbeck und Droysen) gegen die Antisemitenpetition. In seiner Rede im Abgeordnetenhaus unterstrich er unter anderem, daß es sich nicht bloß um die Rechte handele, welche durch die Verfassung erworben wurden, sondern hinsichtlich der Staatsanstellung gegenwärtig auch schon darum, daß man die Rechte des Emanzipationsedikts von 1812 in Frage stelle. Als Anwort auf die in der Debatte mehrfach geäußerte, für konservative Kreise charakteristische Haltung einer erwarteten „Dankbarkeit" der Juden für die gewährten Rechte und mehr „Mäßigung und Bescheidenheit" bei deren Inanspruchnahme hielt Virchow fest: „Wer Rechte erhält, von dem erwarten wir, daß er sie in dem Augenblick, wo sie ihm erteilt sind, auch voll benutzen werde." Hinter allem Gerede von Religion und Rasse stehe seiner Meinung nach in erster Linie der Neid auf jüdische Bildungserfolge und jüdischen Besitz.[90]

Die katholische Zentrumspartei tat sich (bis auf ihren Vorsitzenden Windthorst, der etwas moderatere Töne anschlug) in der Debatte mehrfach mit antijüdischen Argumentationen hervor. So glaubte der Abgeordnete Bachem eher von einem „fortschrittlich-jüdischen Terrorismus" als von einer sogenannten antisemitischen Bewegung sprechen zu können.[91] Eine Ausnahmegesetzgebung wollte jedoch auch das Zentrum nicht. Ein Teil der Abgeordneten hielt die Interpellation als solche für unklug oder überflüssig, weil eine konkrete Veranlassung nicht vorliege und so die antijüdische Agitation eher geschürt werde. Der Abgeordnete Richter, ein Parteifreund Hänels und Befürworter der Interpellation, wies demgegenüber darauf hin, daß, wenn auch eine Verbindung der Regierung mit den Antisemiten nicht behauptet werden könne, so doch bis in höchste Kreise hinein Personen aus dem antisemitischen Umfeld anzutreffen seien – um so notwendiger sei ein klares Signal, daß die Staatsführung mit der antisemitischen Bewegung nichts zu tun habe.[92]

[90] *Die Judenfrage – Verhandlungen des preußischen Abgeordnetenhauses...*, S. 42 ff.

[91] Seine Bemerkung bezog sich wohl vornehmlich auf die liberale bzw. fortschrittliche „Judenpresse", die in der Zeit des Kulturkampfes auf der Gegnerseite (d. h. auf Regierungsseite) stand; siehe auch die Rede des Abgeordneten Reichensperger, *a. a. O.*, S. 19 ff.

[92] *A. a. O.*, S. 96 ff.

Die letzte der umfangreicheren Reden während der zweitägigen Verhandlungen hielt Adolf Stoecker, als einer der Verfasser und Mitunterzeichner der Petition und als Hofprediger mit angesprochen, wenn es um die Nähe der Antisemiten zur Regierung ging. Der „christlich-soziale" Parteiführer äußerte sich, wohl um seinen derzeitigen mangelnden Rückhalt beim Kanzler wissend, verhältnismäßig verhalten zum Thema.[93] Es scheine wohl doch, so versucht er Zustimmung zu erheischen, dem Volkswohl nicht sehr förderlich, daß Juden, vor allem als Einzelrichter, mit Macht in die Justiz eindrängen. Das Richteramt ruhe auf dem Vertrauen des Volkes, und Christen wollten nicht vor einem jüdischen Richter schwören. Stoecker klagte: „Es ist besonders unerträglich, wenn in kleinen Orten Richter und Advokaten zugleich Juden sind, so daß es gar nicht möglich ist, zum Beispiel in Testamentssachen, wo doch oft das sittlich-religiöse Moment zur Geltung komme, einen Rechtskundigen zu finden, mit dem man sich vertraulich beraten kann." Auch von der „alten konservativen Forderung", daß Juden nicht Lehrer an öffentlichen Schulen werden dürften, könnten die Petenten im Interesse diese Volkswohls nicht abgehen.[94]

Das passive Verhalten der Staatsadministration gegenüber dem von den Antisemiten beabsichtigten, wenn auch in dieser Form nicht erreichten „Plebiszits des deutschen Volkes zur Judenfrage" und der antiliberale Regierungskurs förderten ein politisches Klima, in dem die antisemitische „Berliner Bewegung" gedieh. Die preußische Regierung unterstützte die Antisemiten nicht offen, wohl aber ließ sie wenig konsequentes Bemühen erkennen, antisemitische Aktionen zu verurteilen oder zu verhindern. Tatsächlich verband sie geäu-

[93] Vgl. BA Potsdam, 07. 01. (Reichskanzlei), Bl. 61 ff. (so unter anderem das Telegramm Bismarcks an das Auswärtige Amt vom 18. 11. 1880: Bitte, dahin zu wirken, daß bei der Diskussion über die Interpellation Hänel, „nicht etwa, auch nicht in der allgemeinsten Form", für Stoecker eingetreten wird; ferner *a. a. O.*, Bl. 61.)

[94] *Die Judenfrage – Verhandlungen des preußischen Abgeordnetenhauses...*, S. 114 ff. – Stoecker wiederholte hier nur allgemeiner, was er schon in seiner Parteirede vom 19. September 1879 („Unsere Forderungen an das moderne Judentum") verlangt hatte: eine Einschränkung der Anstellung jüdischer Richter auf das Verhältnis von Juden und Gesamtbevölkerung und die Entfernung jüdischer Lehrer aus den Volksschulen; er kommt in späteren Reden wiederholt darauf zurück (vgl. Adolf Stoecker, *Christlich und Sozial. Reden und Aufsätze*, 2. Aufl., Berlin 1890, S. 359 ff.).

ßerte Distanz oder Geringschätzung gegenüber den Antisemiten niemals explizit mit Äußerungen von Verständnis oder Sympathie für die betroffenen Juden. In einigen Fällen erfreute sich die antisemitische Bewegung einer faktischen indirekten Unterstützung der Bürokratie, besonders wenn dies gegen die linksliberale und sozialdemokratische Opposition gerichtet werden konnte. Bismarck hatte sich als Kanzler – anders als sein Amtsnachfolger – niemals offiziell gegen die Antisemiten ausgesprochen. Seine Position blieb auch in dieser Frage pragmatisch: Juden von Autorität auszuschließen, hieße, wie er meinte, die Angelegenheit nur noch schlimmer machen, weil diese sich dann im Handel und anderen von ihnen bereits bevorzugten Berufen noch stärker ausbreiten würden. Bismarck hat Stoecker niemals empfangen oder geschrieben – im Gegensatz zu Wilhelm I., der seinem Hofprediger 1882 eine Audienz gewährte. Aber auch der Monarch blieb soweit realistisch, daß er es zwar für wünschenswert, aber nicht mehr für möglich hielt, die Judenemanzipation rückgängig zu machen.[95]

Die Antisemiten wandten sich in der Folgezeit häufiger dem Thema jüdische Juristen zu. Wenige Wochen nach der Debatte über die Antisemitenpetition, im Februar 1882, nahm Stoecker die Beratung des Staatshaushalts im Abgeordetenhaus erneut zum Anlaß, auf das „Hineindringen des Judentums in die Justiz" hinzuweisen, wobei ihm die Besetzung von Richterstellen durch Juden nicht minder bedenklich als die vielen jüdischen Referendare und Rechtsanwälte erschien. Vorsicht sei geboten und Wachsamkeit gegenüber dem „Überwuchern" des jüdischen Einflusses, das eine Herrschaft des Judentums ankündige. Noch könne man Forderungen zur Einschränkung der Emanzipation der Juden nicht erfolgreich durchsetzen. Ein wünschenswerter baldiger Ausschluß von Juden aus Justiz und Schuldienst sowie ihre Beschränkung im öffentlichen Leben, in der Presse und bei den Wahlen stehe damit aber nicht im Widerspruch. Vornehmlich ging es Stoecker in dieser Rede allerdings um eine Polemik gegen die Fortschrittspartei. Deren Inschutznehmen der Juden sei „das Übelste an dieser Angelegenheit".[96]

[95] R. S. Levy, *The Downfall...*, S. 136; zur Haltung Bismarcks gegenüber den Antisemiten vgl. *a. a. O.*, S. 132 ff.; ferner u. a. Amine Haase, *Katholische Presse und Judenfrage*, Pullach 1975, S. 24; L. Auerbach, *Das Judentum und seine Bekenner...*, S. 114 ff.; R. Leuschen-Seppel, *Sozialdemokratie und Antisemitismus...*, S. 63 ff.

[96] *StBPrA*, 20. Sitzung am 25. Februar 1882, S. 485 ff.

Neben dem seit den 1850er Jahren üblichen, in zahlreichen Landtagsdebatten, Broschüren und Zeitungsartikeln schon oft widerlegten (und mit dem mittlerweile eingeführten nichtkonfessionellen Zeugeneid als juristisch endgültig irrelevant anzusehenden) Argument der Nichteignung jüdischer Juristen wegen der vermeintlichen Unfähigkeit, „christliche" Eide abzunehmen, wurde jüdischen Juristen von antisemitischer Seite jetzt immer nachdrücklicher und aggressiver ein mangelndes Berufsethos unterstellt, das man aus bewährten antijüdischen Stereotypen herleitete; jüdischen Rechtsanwälten, denen der eigene „Stamm" immer näherstehe als das Recht, das es zu verteidigen gelte, wurde auf diese Weise „typisch jüdischer Händlergeist", „mangelndes Ehrgefühl" und „schmieriges" Auftreten bescheinigt. Der antisemitische Slogan der „Verjudung der Justiz" tauchte seit den 1880er Jahren verstärkt auf und wurde in der einschlägigen Tagespresse zum Schlagwort gemacht.

Nach der *Schlesischen Volkszeitung* holte das Stoecker-Blatt *Der Reichsbote* noch im Jahr 1882 mit einem umfangreichen zweiteiligen Leitartikel unter der Überschrift *Jüdische Richter* zum zweiten Schlag antisemitischer Pressepropaganda auf dieser Ebene aus: Die „Überflutung unseres Richterstandes durch jüdische Elemente" sei besorgniserregend; die Richtlinien, die bei der Ergänzung des aktiven Offizierskorps noch immer maßgebend waren – und zu einer schroff exklusiven Praxis geführt hatten, die Juden fast völlig ausschloß –, solle für das Justizwesen, einem Gebiet, welches für die „gesunde Kraft" des Staates ebenso bedeutungsvoll sei, endlich wieder Maßstab des Handels der verantwortlichen Stellen werden; so erscheine „jeder jüdische Richter vom Standpunkt des Christen und des Deutschen als eine ernste Gefahr und eine unzweifelhafte Kalamität", denn die jüdische „Invasion" verdränge die „Blüte unseres eigenen Volkes". Die Juden hätten unter Verzicht auf alle Moral- und Anstandsbegriffe ein Vermögen angehäuft, um die „Herrschaft des Judentums" auf allen Gebieten zu begründen. Das Blatt zog das Fazit: „Wir halten nach all dem dafür, daß es für die konservative Partei hohe Zeit ist, mit Nachdruck und Festigkeit Stellung zu der Frage zu nehmen, die für unser Volk eine Lebensfrage ist…"; Deutsche dürften nicht „vom Gebiet der nationalen Rechtspflege verdrängt" und von Juden beherrscht werden.[97]

[97] *Der Reichsbote* vom 9. und 10. Dezember 1882, zit. nach: GStAPK, Rep. 84a, Nr. 11949, Bl. 9 ff.

Das antisemitische *Deutsche Tageblatt* setzte die Kampagne im April 1883 fort, indem es sich dem postulierten verderblichen Einfluß jüdischer Anwälte auf Politik, Kultur und Gesellschaft widmete. Alle wesentlichen antijüdischen Stereotype wurden angehäuft, um jüdische Juristen als heuchlerisch, anmaßend, betrügerisch, oberflächlich-gewandt, berechnend, gewinnsüchtig und nicht zuletzt als unpatriotisch darzustellen.[98]

Nachdem die tagespolitische Attraktion des Antisemitismus 1882/83 vorübergehend etwas nachgelassen beziehungsweise sich stärker in außerpreußische Gebiete verlagert hatte, mußte das Interesse in der Öffentlichkeit auf neue Weise wachgehalten werden. Ein von dem bekannten Berliner Antisemiten Liebermann von Sonnenberg im Jahre 1883 in einem der zahlreichen Presse-Beleidigungsprozesse inszenierter Zwischenfall, bei dem der in christlich-sozialen Kreisen ebenfalls nicht unbekannt gebliebene Pfarrer Hapke den Zeugeneid vor Gericht verweigerte, weil sein „christliches Gewissen" ihm diese Handlung vor einem jüdischen Richter unmöglich mache, zielte in diese Richtung.[99] Karl H. E. Hapke – er gehörte auch zu den Erstunterzeichnern der Antisemitenpetition von 1880 und war bereits als Teilnehmer des antisemitischen studentischen Kyffhäuser-Festes im August 1881 durch aktive Beteiligung aufgefallen –[100] war Pfarrer der reformieren Bethlehem-Kirche in Berlin.

Am 8. Januar 1883 verlangt der als Zeuge in der Verhandlung der Privatklage Liebermanns von Sonnenberg gegen einige Redakteure liberaler Zeitungen geladene Hapke vor dem Schöffengericht des Berliner Amtsgerichts I demonstrativ und heuchlerisch Gewißheit darüber, daß er den erforderlichen Eid vor einem christlichen Richter schwören werde. Als er darüber keine Auskunft erhält, verweigert er die Eidesleistung wegen seines „christlichen Gefühls". Er wird daraufhin wegen Auflehnung gegen die bestehende Rechtsordnung zu

[98] *Deutsches Tageblatt* vom 3. April 1883, Artikel *Jüdische Anwälte*, zit. nach: GStAPK, 2.5.1., Nr. 880, Bl. 90 f.

[99] Die Angelegenheit war insofern neu, als Fälle, in denen wegen Zeugnisverweigerung verhängte Strafen im Prozeßwege erlassen wurden, in Preußen noch nicht vorgekommen waren. Der Fall Hapke ist dokumentiert in: GStAPK, Rep. 84a, Nr. 31465, den Hinweis auf diese Akte verdanke ich Prof. Toury. Alle auf diesen Fall bezogenen Zeitungsausschnitte werden im folgenden nach dieser Quelle zitiert.

[100] N. Kampe, *Studenten und „Judenfrage"*..., S. 47.

300 Mark Geldstrafe (höchstes Strafmaß in einem solchen Falle) und der Zahlung der Gerichtskosten verurteilt.[101]

Augenblicklich feierte man ihn in der konservativen und antisemitischen Presse als „Märtyrer“ wegen seines christlichen Gefühls, das er um keinen Preis habe verletzen wollen.[102] Am gleichen Tag deckte die *Magdeburger Zeitung* die Eidesverweigerung als offenkundig geplant auf; nicht religiöse Gründe waren es, die Hapke (der wußte, daß ein jüdischer Amtsrichter an diesem Tag Vorsitzender des Schöffengerichts sein würde) motivierten; vielmehr hatte es sich eindeutig um eine antisemitische Demonstration gehandelt.[103] Das Blatt wies in diesem Zusammenhang auf die Unsinnigkeit des religiösen Vorbehalts seit Einführung des interkonfessionellen Eides (1879) hin. Während die Zentrums-Zeitung den „Gewissenszwang“ Hapkes beklagte, bezeichnete die liberal-freisinnige Presse das „christliche Gewissen“ Hapkes als „ideale spanische Wand, hinter der sich sehr weltliche Realitäten verbergen“.[104] Auch die liberale *Berliner Zeitung* verwies ironisch auf die Tatsache, daß Hapke weniger als Verkünder des Wortes Gottes denn als Agitator der Christlich-Sozialen Partei bekannt sei. Der Stoeckersche *Reichsbote* hatte dagegen endlich wieder einen Anlaß, über den „unerträglichen Notstand“ der Eidesverhältnisse zu lamentieren, und begrüßte die Haltung Hapkes: „Das christliche Bewußtsein erträgt es nicht, vor einem jüdischen Richter einen Eid ablegen zu sollen.“[105] In einer kurz danach stattfindenden „Eiskeller“-Versammlung der Christlich-Sozialen Partei in Berlin, bei der Hapke anwesend war, streifte Stoecker den Vorfall als einen „für das christlich-deutsche Bewußtsein … berechtigte[n] Ausdruck einer Gewissensnot, welche gegen die obrigkeitliche Stellung der Juden protestiert“.[106]

Obwohl allgemein durchsichtig war, daß die Aktion als Vorwand benutzt wurde, „um ein bißchen Antisemitismus in Szene zu setzen“ (*Berliner Tageblatt*), rissen die lebhaften Erörterungen dazu in der Presse nicht ab. Die Presseäußerungen wurden nach einigen Tagen jedoch allgemeiner und konzentrierten sich auf „grundsätzliche“

[101] GStAPK, Rep. 84a, Nr. 31465.

[102] So u. a. selbst in der freikonservativen *Post* vom 11. Januar 1883.

[103] *Magdeburger Zeitung* vom 11. Januar 1883.

[104] *Germania* vom 10. Januar 1883; *Vossische Zeitung* vom 9. Januar 1883.

[105] *Der Reichsbote* vom 10. Januar 1883.

[106] *National-Zeitung* vom 13. Januar 1883.

Fragen; so zeigte sich das *Deutsche Tageblatt* erleichtert, daß den „Versuchen der Juden, sich in die Staatsanwaltschaft zu drängen", bisher von seiten der Justizverwaltung erfolgreicher Widerstand entgegengesetzt wurde.[107] *Der Reichsbote* bemerkte – im Kontext mit antisemitisch präparierten Talmud-„Zitaten" über betrügerische Juden –, daß Religionsverschiedenheit und „Rasse-Eigenthümlichkeiten" zu Antipathie gegenüber jüdischen Richtern führen müsse.[108]

Die deutschkonservative Fraktion im Reichstag nutzte die Gelegenheit, die Frage der Eidesleistung auf Reichsebene zu behandeln, indem sie einen Antrag auf Abänderung der Reichsjustizgesetze einbrachte, durch welche Angehörige der christlichen Religion verlangen können sollten, daß ihnen der Eid von einem Religionsgenossen abgenommen werde. Damit sollte die Anstellung jüdischer Richter – wie in den 1850er und 1860er Jahren – auf indirektem Wege unmöglich gemacht werden. Der Antrag wurde am 22. Januar 1883 – kurze Zeit nach der Hapke-Affäre – durch von Maltzahn-Gültz eingebracht. Er wurde jedoch nur von 27 der 48 Fraktionsmitglieder unterstützt, und es war deshalb von vornherein kaum zu erwarten, daß er eine Mehrheit im Reichstag finden würde.

Damit war der Fall Hapke jedoch noch nicht beendet. Hapke hatte Revision gegen sein Urteil eingelegt (seine Geldstrafe war daraufhin auf 150 Mark und 10 Tage Haft abgeändert worden). Nachdem die Sache im Justizministerium bekannt geworden war, wurde der Präsident des nun zuständigen Landgerichts kurze Zeit später angewiesen, die Vollstreckung des Urteils gegen Hapke bis auf weiteres auszusetzen.[109] Hapke selbst meldete sich mit einer Veröffentlichung im *Deutschen Tageblatt* zu Wort, wo er unter anderem von sich gab: „Unser christlich-deutsches Volk darf es nicht zugeben, daß sein Glauben und seine Heiligtümer im öffentlichen Leben nur noch kümmerlich geduldet erscheinen und daß so heilige Akte, wie der Eid, aus Rücksicht auf das Judentum ihrer christlichen Gestalt entkleidet werden."[110] Er rief die Bevölkerung auf, mit Dankschreiben an die konservative Partei im Reichstag und mit Petitionen an den

107 *Deutsches Tageblatt* vom 16. Januar 1883.

108 *Der Reichsbote* vom 20. Januar 1883.

109 Aufforderung des Geheimen Justizrats Löwe an den Präsidenten des Landgerichts Berlin vom 3. Februar 1883, in: GStAPK, Rep. 84a, Nr. 31465, Bl. 61.

110 *Norddeutsche Allgemeine Zeitung* vom 25. Februar 1883.

Evangelischen Oberkirchenrat (EOK) dieses Anliegen zu unterstützen. Noch am selben Tag trieb er die Angelegenheit mit einer Immediateingabe an den König zwecks Aufhebung seiner Strafe und der Forderung nach einem christlichen Richter für seine noch ausstehende Eidesleistung auf die Spitze.

Daraufhin mußte der Präsident des Landgerichts Justizminister Friedberg ausführlich über den Fall unterrichten. Auch der Landgerichtspräsident konnte „die Vermutung nicht unterdrücken", daß andere als konfessionelle Gründe Hapke zu seinem Handeln motiviert hätten, zumal dieser bekanntlich „notorisch zu den lebhaftesten Vorkämpfern der Bestrebungen der sogenannten antisemitischen Partei" gehöre; außerdem habe er wissentlich die Unwahrheit vorgetragen, als er behauptete, daß ihm Name und Religion des zuständigen Richters Lion unbekannt gewesen seien.[111] Hapkes Eingabe wird daraufhin abschlägig beschieden und das Urteil gegen ihn rechtskräftig. Damit war er seiner Pflicht zur Eidesleistung nicht entbunden; der Gerichtstermin wurde von antisemitischer Seite durch verschiedene Einwände immer weiter hinausgeschoben, um einer nun zwingenden prinzipiellen Entscheidung zu entgehen. Erst im November 1883, also fast ein Jahr nach der Erstverhandlung, konnte Hapke der Zeugenschaft nicht mehr ausweichen und legte den Eid vor demselben Richter ab, vor dem er ihn zuvor verweigert hatte. Die antisemitische Partei hatte in dieser Sache eine peinliche Niederlage erlitten.

Die Aktion hatte in konservativ-antisemitischen Kreisen, wie die geringe Unterstützung des Reichstagsantrags Maltzahn-Gültz' gezeigt hatte, eher Desinteresse oder Unverständnis, aber wenig Integrationskraft bewiesen.[112] Im antisemitischen Lager ließ man jedoch das Thema jüdische Richter nicht ruhen und schlug nun neue, aggressivere und prononcierter rassistische Töne an. Die 1882 gegründete antisemitische *Neue Deutsche Volks-Zeitung* wählte am 4. Juli 1883 den Leitartikel *Zur Frage der jüdischen Richter.* Hier gab man sich überzeugt, daß es „ein unveräußerliches Grund- und Naturrecht jedes Deutschen ist, von Stammes- und Volksgenossen gerichtet zu werden"; die gesetzlichen Bestimmungen seien daher naturwidrig und unmoralisch. Als „Arier" sei es „heilige Pflicht jedes deutsch fühlenden Menschen", Juden wieder vom Richterstand, von obrigkeitli-

[111] GStAPK, Rep. 84a, Nr. 31465, Bl. 73–87 (!).

[112] Vgl. die selbstkritische Aussage im Artikel *Zur Frage der jüdischen Richter* in der antisemitischen *Neuen Deutschen Volks-Zeitung* vom 4. Juli 1883.

chen Ämtern und vom Lehrerberuf gesetzlich auszuschließen. Die „arische Empfindungsweise" gegenüber dem „unedelsten Typus der Semiten – de[n] Juden" werde von den bestehenden Zuständen auf das empfindlichste verletzt.[113]

Insgesamt gesehen war es für die antisemitischen „sozialen" Parteien angesichts des sozialen Profils ihrer Anhängerschaft vermutlich relativ schwer, aus der Situation im Justizbereich bzw. gezielter Pressepropaganda gegen die „Verjudung der Justiz" wahltaktisches oder demagogisches Kapital zu schlagen. Dafür boten sich eher konkrete ökonomische Gegebenheiten an, mit der ein großer Teil seiner kleinbürgerlich-bäuerlichen Klientel unmittelbare negative Erfahrungen ge-macht hatte.

Trotz einer Reihe von Parteigründungen in der organisatorischen Phase der antisemitischen Bewegung in Preußen (bis 1887) schlugen alle Versuche einer dauerhaften Integration der antisemitischen Splitterparteien durch einen programmatischen Kompromiß fehl. Die Parteien blieben zersplittert und untereinander uneins. Nur selten gelang es den parteipolitischen Antisemiten, ihre Agitation in der breiten Öffentlichkeit wirksam anzubringen und sich einen größeren Anhang zu verschaffen.[114] Erfolglos blieb bis dahin auch der Versuch, offizielle Stellungnahmen von obersten Regierungsvertretern und Ministern in ihrem Sinne zu provozieren. Obwohl damit zugleich die Zielsetzung der Antisemiten scheiterte, die Verunsicherung breiter gesellschaftlicher Schichten durch die kapitalistische Industrialisierung in ideologisch-agitatorisches politisches Kapital umzumünzen und gesetzliche Errungenschaften der Judenemanzipation zu schmälern, blieb ihre publizistische antisemitische Agitation – der sich auch renommierte (rechts-)konservative Blätter, insbesondere die *Kreuz-Zeitung*, immer häufiger bedienten – hinsichtlich einer politischen Meinungsbildung größerer Bevölkerungskreise nicht wirkungslos.

Größere und direktere Wirkung als die parteiantisemitische Presse hatten die antisemitischen Artikel konservativer Blätter und Meinungsäußerungen angesehener Persönlichkeiten, die durch gesellschaftliches und wissenschaftliches Renommee über den Verdacht „primitiver" Beweggründe oder politisch radikaler Motivation erhaben schienen und weite Kreise des Bildungsbürgertums erreichten.

113 *Ebda.*

114 Vgl. R. S. Levy, *The Downfall...*

In die erste Phase des modernen Antisemitismus gehört unter anderen der Berliner Gelehrte Eduard von Hartmann mit seiner Schrift *Das Judentum in Gegenwart und Zukunft* aus dem Jahre 1885.[115] Diese enthält, verglichen mit anderen zeitgenössischen antisemitischen Publikationen (die hier nicht im einzelnen analysiert werden sollen), inhaltlich kaum Neues; sie beansprucht an dieser Stelle vor allem deshalb unser Interesse, weil sie für eine Haltung und Argumentation, wie sie in bildungsbürgerlichen Kreisen von stärkerem Einfluß war, exemplarisch scheint. Die Schrift verweist auf einen wesentlichen Punkt, der als Ansatz zum Verständnis der inneren Logik des geforderten Ausschlusses der Juden aus „obrigkeitlichen" Ämtern bzw. der Taufforderung verstanden werden kann: die formelle Lossagung vom Judentum als Beweis, innerlich mit dem „jüdischen Stammesgefühl" gebrochen zu haben. Hartmann, der als Philosoph eine unvoreingenommene, „objektive" Sicht auf die Dinge für sich beanspruchte, sprach der antisemitischen Bewegung eine „gewisse historische Berechtigung" nicht ab, um dann aus seinen eigenen antisemitischen Neigungen keinen weiteren Hehl zu machen. Diese seien bei ihm wie bei der übrigen Bevölkerung auch nur folgerichtig, denn die Juden hätten durch ihren „Hang zur Überhebung" und ihre anderen negativen Eigenheiten die „Judenfrage" erst entstehen lassen. Es bestehe weiterhin die Gefahr, unter die Herrschaft einer „jüdischen Aristokratie" zu geraten. Der Gelehrte verachtete den kleinbürgerlichen „Radau-Antisemitismus", der die antisemitische Bewegung durch gehässige Hetze und Verzerrung der wahren Mißstände diskreditiert habe. Hartmann wollte demgegenüber den „besseren Kreisen" eine Art „respektablen" Antisemitismus anbieten. Beschwerden der Juden über ihre in der Praxis unvollendet gebliebene Gleichberechtigung, so der Autor, seien völlig unberechtigt. So lange das fortbestehende „jüdische Stammesgefühl" dem deutschen Nationalgefühl zu wenig Raum lasse, so lange sei es unmöglich, Juden „Vertrauensstellungen im nationalen Leben" einzuräumen.[116] Er schlug eine säkular abgewandelte Form der bisherigen Taufforderung als Vorbedingung für den Eintritt der Juden ins „nationale Leben" vor: Diese seien erst vertrauenswürdig, wenn sie „durch formelle [! – B. S.] Lossagung vom Judentum der Präsumption Raum

[115] Eduard Hartmann, *Das Judentum in Gegenwart und Zukunft*, Leipzig-Berlin 1885.
[116] *A. a. O.*, S. 68.

gegeben haben, daß sie auch innerlich mit dem jüdischen Stammesgefühl gebrochen haben".[117]

Die Forderung nach einem anschließenden Übertritt zum Christentum hielt Hartmann für unsinnig, da mit diesem meist formalen Schritt ohne innere Bekehrung nichts gewonnen sei. Er verband seine Forderung sofort mit der Behauptung, daß das notwendige „Nationalgefühl" von Juden jedoch bisher in keinem Falle aufgebracht werden konnte. Dennoch enthielt dieser Anspruch an jüdische Bewerber für höhere Staatsämter den Schlüssel zum Verständnis der staatlichen Taufforderung: Diese, so Hartmann, müßten mit dem immer unter dem Verdacht einer gewissen Illoyalität stehenden „jüdischen Stammesgefühl" auch „innerlich" brechen – und welchen anderen äußeren „Beweis" für diese schwer nachzuprüfende radikale Lossagung vom Judentum könnte der Staat erwarten? Schließlich ging es nicht um irgendwelche Posten im Bildungs- oder Justizwesen, sondern um staatliche „Vertrauensstellungen", die von Hartmann durch die Beigabe des Attributs „national" in höchstmöglicher Weise aufgewertet wurden.

An den aktuellen Zuständen mißbilligte Hartmann vor allem, daß es den Staatsbehörden unter dem Druck einer irregeleiteten öffentlichen Meinung an Mut fehle, „die Ausschließung jüdischer Bewerber von den ein uneingeschränktes Nationalgefühl erfordernden Stellungen (z. B. derjenigen des Reserveofficiers) offen und ehrlich zu proklamieren und zu handhaben", anstatt sie, wie bisher, gesetzwidrig und unter Ausnutzung des breiten Spielraums der Examinations-Willkür [!] von diesen Ämtern fernzuhalten;[118] eine solche Sanktionierung einer unter den bisherigen Umständen gesetzwidrigen Verwaltungspraxis würde für alle Beteiligten größere „Klarheit" bewirken.

Der Erziehungsgedanke blieb bei Hartmann die Leitidee, die Emanzipation ein „Gnadenakt" des Staates. Eine bedingungslose Zulassung von Juden zur Staatsverwaltung sei historisch erst möglich, wenn ihr „Stammesgefühl" deutlich zurückgedrängt sei. Die sofortige oder baldige Zulassung könnte die Juden hingegen verlocken, ihren Drang nach Macht und „Weltherrschaft" zu realisieren, was eine gesellschaftliche Katastrophe zur Folge hätte; so liege es auch im eigenen Interesse der Juden, wenn ihnen diese „Versuchung" erspart bleibe. Aus diesen Gründen solle es den Behörden weiterhin über-

[117] *Ebda.*
[118] *A. a. O.*, S. 70.

lassen bleiben – gegenüber abstrakten gesetzlichen Normen und einer fehlgeleiteten Öffentlichkeit – Entscheidungen über Zulassung beziehungsweise Nichtzulassung von Juden zu treffen. Die Juden, die allein für die Abneigung der christlichen Bevölkerung ihnen gegenüber verantwortlich seien, müßten sich bewußt bleiben, daß sie „als ungebetene Gäste an dem Tisch unseres Landes und Staates sitzen".[119] Ihre unangenehmen „Stammes-Eigenschaften" könnten nur durch Geduld und Nachsicht der deutschen Nation und der Juden selbst überwunden werden. Insgesamt habe eher die nichtjüdische Bevölkerung Grund, über eine „Zurückdrängung durch das sich vordrängende Judentum" zu klagen; jüdische Beschwerden über eine Zurücksetzung, so wiederholt der Autor, entbehrten jeder Berechtigung; Demut, Einsicht, Lernwilligkeit und „productive Arbeit" seien statt dessen Grundvoraussetzungen für ihre volle Teilnahme an der nationalen Politik und Kultur.[120]

So äußerte sich Hartmann – durch einen fehlenden realen Bezug keineswegs irritiert – zum Justizdienst: „Jeder besonnene Jude wird einräumen, daß beispielsweise die Erfahrungen, welche man mit der Eröffnung der Justizkarriere gemacht hat, so wenig schmeichelhaft für das Judentum sind wie nur möglich, und daß das Ansehen desselben beim deutschen Volke nur hätte gewinnen können, wenn dem Judentum diese Probe auf seine inzwischen erreichte Erziehungsstufe noch um ein Menschenalter hinausgeschoben worden wäre."[121]

Der von Eduard von Hartmann und einigen seiner akademischen Zeitgenossen, wie Heinrich von Treitschke, in Distanz zum lärmenden „Radau-Antisemitismus" verschiedener antisemitischer Splitterparteien und kleiner radikaler Zirkel mit geringem politischen Gewicht entwickelte „salonfähige" Antisemitismus bildungsbürgerlicher Provenienz wurde zum Bestandteil einer neuen antiliberalen und seit Ende der 1880er Jahre imperialistischen politischen Kultur im wilhelminischen Deutschland. Als Folge dieser Entwicklung setzte sich in diesen Kreisen die Vorstellung durch, Juden seien ungeachtet ihrer gesetzlichen Gleichberechtigung und gleicher beruflicher Qualifikation nicht „gleichwertig". In Richterkollegien, Universitätsfakultäten, studentischen Korporationen, Vereinen und Berufsverbän-

[119] *A. a. O.*, S. 87.
[120] *A. a. O.*, S. 190.
[121] *A. a. O.*, S. 73 f.

den wurden jüdische Mitglieder seit den 1890er Jahren als Gefährdung des eigenen Sozialprestiges empfunden.[122] Die seit Jahrhunderten bzw. Jahrzehnten verbreiteten antijüdischen Stereotype von der Unfähigkeit jüdischer Bewerber, staatliche Ämter zu bekleiden, waren wiederbelebt worden. Einer Anstellung im Staatsdienst stand hier besonders das Vorurteil entgegen, Juden seien als Vertreter von „Liberalismus" und „Kosmopolitismus" nicht genügend patriotisch und loyal gegenüber Staat und Monarchie sowie moralisch minderwertig, „umstützlerisch" oder „zersetzend". Diese in weiten Kreisen der nichtjüdischen Bevölkerung durch eine latent weiterwirkende historische Judenfeindschaft gut abgestützten Unterstellungen, gemeinsam mit der propagandistischen Gleichsetzung von Nonkonformismus und Illoyalität, diskriminierte Juden in ihren gesellschaftlichen und beruflichen Möglichkeiten, besonders in den von Hartmann als „nationale Vertrauensstellungen" hervorgehobenen staatlichen Führungspositionen – in der höheren militärischen und Beamtenlaufbahn sowie in der Universitätskarriere.

Mit dem Einsetzen der „modernen" antisemitischen Agitation gegen jüdische Juristen seit 1878 belebten sich insbesondere in weiten Kreisen des Bildungsbürgertums judenfeindliche Haltungen. Damit und durch eine fortgesetzt diskriminierende Politik und Verwaltungspraxis gegenüber Bewerbern um Anstellung im Staatsdienst wurden auch die Ansätze eines selbstverständlichen, gleichberechtigten Umgangs der „christlichen" und „jüdischen" akademischen Elite in Deutschland verspielt und die Integration jüdischer Juristen in die Berufsgruppe erschwert.[123]

Die exklusive, auf Homogenität und Statuserhalt ihrer Beamtenschaft bedachte Anstellungspolitik der preußischen Bürokratie hatte, vor allem seit der „Refeudalisierung" der Verwaltung ab 1881/82, die Möglichkeiten jüdischer Bewerber, in höhere Staatsämter zu gelangen, trotz vollständiger juristischer Gleichstellung von vornherein beschränkt. Die informellen Zurücksetzungen von jüdischen Bewerbern um Anstellungen in Staatsämtern waren in den Bereichen der Ministerialbürokratie und im diplomatischen Dienst am konsequentesten und damit am auffälligsten. In diese Karrieren gelangten jüdische Beamtenanwärter prinzipiell nicht (zu den punktuellen Ausnah-

[122] N. Kampe, *Jüdische Professoren…*, in: R. Erb/M. Schmidt, *Antisemitismus…*, S. 189.

[123] Für die Situation an den Universitäten vgl. *a. a. O.*

men vgl. VIERTES KAPITEL, S. 213–237). Die militärische Karriere endete gewöhnlich mit dem Rang eines Unteroffiziers. Reserveoffizier wurde in Preußen nach 1885 kein Jude mehr, geschweige denn aktiver Offizier im Heeresdienst (zur Zurücksetzung im Heer vgl. FÜNFTES KAPITEL, S. 296–323).

Die Lage der Juden im Justizdienst erschien im Gegensatz zu diesen scharfen Restriktionen eher günstig. Außer dem Lehramt in geringerem Umfang und einigen Stellen in der Medizinal- und Eisenbahnverwaltung war Juden, die sich der höheren Beamtenlaufbahn widmen wollten, nur die Justizkarriere so weit offengeblieben, daß sie wenigstens ein Richteramt erhielten. Eine berufliche Benachteiligung von jüdischen Juristen trat erst seit den 1890er Jahren deutlich zutage. Etatmäßige jüdische Richter waren in Preußen erst seit 1870/71, in größerer Zahl erst seit Mitte des Jahrzehnts, ins Amt gelangt, so daß sich im Laufe der 1880er Jahre erweisen mußte, in welchem Maße diese an den üblichen Beförderungen beteiligt wurden (in den ersten zehn Dienstjahren eines preußischen Richters war eine Beförderung generell unwahrscheinlich).

Unter den Bedingungen einer zunehmenden Intensität antisemitischer Agitation und durch die rechtlichen Interventionen des 1893 gegründeten Central-Vereins deutscher Staatsbürger jüdischen Glaubens wurden derartige Zurücksetzungen in den neunziger Jahren in breiterem Rahmen in der Öffentlichkeit diskutiert und wieder in die parlamentarischen Debatten einbezogen.

VIERTES KAPITEL

Die informelle Zurücksetzung jüdischer Juristen und die zweite Phase des Antisemitismus seit den 1890er Jahren

Öffentliche Meinung und parlamentarische Auseinandersetzungen

Mit dem Ende des ansatzweise liberalen deutschen Nationalismus der Reichsgründungszeit hatte im wilhelminischen Deutschland ein neuer, „völkischer" Nationalismus auf konservativer Grundlage um sich greifen können, der seit den 1890er Jahren in der Öffentlichkeit zu dominieren begann. Dieser ging mit erneuten, stärkeren Wellen einer antisemitischen Propaganda einher, die in den folgenden Jahren bisher ungekannte Ausmaße annehmen sollte.[1]

Der Antisemitismus wurde durch christlich-konservative und imperialistische Gruppen instrumentalisiert. Zu ihm bekannten sich seit etwa 1892/93 alle Gruppierungen und Verbände, die militanten Nationalismus, territoriale Expansion des Reiches, Rassismus, Militarismus und Unterstützung einer starken, autoritären Regierung predigten. Die „Legierung von Antisemitismus und Nationalismus" (F. Meinecke) formte das deutsche Staats- und Nationalbewußtsein grundlegend und konnte unter Ausnutzung der überlieferten christlichen Judenfeindschaft große Teile der Bevölkerung beeinflussen. Ein Großteil der neuen Generation der neunziger Jahre, die die Reichsgründung nicht bewußt erlebt hatte, wollte nicht mehr national-liberal, national-konservativ oder christlich-sozial, sondern ausschließlich „deutsch-national" sein.

Bis zur Jahrhundertwende war der Antisemitismus in nahzu alle Schichten der Bevölkerung eingedrungen. Nationalistische, kulturkritische und antiliberale ideologische Tendenzen verbanden sich stärker mit rassentheoretischen Gedanken und förderten eine den Antisemitismus begünstigende oder tolerierende Haltung. Er war

[1] Vgl. Hermann Greive, *Geschichte des modernen Antisemitismus in Deutschland*, Darmstadt 1983, S. 71.

eine mögliche und mit anderen Positionen kombinierbare „weltanschauliche“ Position geworden.[2] Shulamit Volkov bemerkte in einem ihrer grundlegenden Aufsätze dazu: „Der nationalistische, staatstragende Patriot konnte es sich schwerlich leisten, in der Judenfrage neutral zu bleiben.“[3]

Eine Unterscheidung zwischen „echtem“, emotionalem und „taktischem“, opportunistischem Antisemitismus war nicht zu treffen; verschiedene antisemitische Haltungen und Ressentiments waren im Prozeß seiner Instrumentalisierung ineinander übergegangen und hatten sich seit den 1890er Jahren zu einem integrierenden Bestandteil einer neuen, imperialistischen, radikal antimodernen Tendenz in der deutschen Gesellschaft verdichtet – einer anti-emanzipatorischen Kultur. Der Antisemitismus war als „kultureller Code“, als Signum einer kulturellen Identität, als gemeinsames Grundmuster von Werten und Normen prägend für eine Gesellschaft geworden, die sich durch einen zunehmend militanten Nationalismus, Antisozialismus, Militarismus und eine konservative autoritäre Regierung auszeichnete und darüber hinaus strukturelle Defizite an Demokratie und „Bürgerlichkeit“ aufwies.[4] Als Bestandteil der herrschenden Kultur war er, verknüpft mit der Ideologie des deutschen Nationalismus und Anti-Modernismus, zu einer Selbstverständlichkeit und einem untrennbaren Aspekt dieser umfassenden Weltanschauung geworden.[5]

Vor allem auf die Beamtenschaft konnte der in den 1880er Jahren geprägte „stille“ Antisemitismus zählen. Die Antisemiten, die parteipolitisch wenig erfolgreich gewesen waren und in den Großstädten nie besonders großen Zulauf gehabt hatten, ernteten in dieser Zeit die Früchte der antisemitischen Infiltration in den Universitäten, deren Absolventen, nun oftmals in höheren Verwaltungspositionen tätig, behördliche Willkür gegen jüdische Staatsdienstbewerber übten oder duldeten und diese damit informell beziehungsweise in still-

[2] Th. Nipperdey/R. Rürup, *Antisemitismus...*, in: Th. Nipperdey, *Gesellschaft, Kultur, Theorie...*, S. 129.

[3] Shulamit Volkov, *Antisemitismus als kultureller Code*, in: dies., *Jüdisches Leben und Antisemitismus im 19. Jahrhundert. Zehn Essays*, München 1990, S. 35.

[4] Zur Diskussion über Hypothese und Begriff des „deutschen Sonderwegs“ und des Defizits von „Bürgerlichkeit“ vgl. grundlegend: J. Kocka (Hrsg.), *Bürger und Bürgerlichkeit...*

[5] Vgl. Sh. Volkov, *Antisemitismus als kultureller Code*, in: dies., *Jüdisches Leben...*, S. 16 ff.

schweigendem Einverständnis von wichtigen Bereichen der Exekutive fernhielten.[6]

Jüdische Beamtenanwärter hatten jetzt in der Anstellungspraxis der Justizverwaltung wieder mit stärkeren Benachteiligungen zu rechnen, insbesondere seit dem Amtsantritt des neuen Justizministers Karl Heinrich von Schönstedt im November 1894. Im Wirtschaftsleben und in den freien Berufen konnten sich Juden dagegen trotz dieser bedrohlichen Entwicklung im politischen Leben des kaiserlichen Deutschlands relativ ungehindert entfalten.[7]

Im politischen Leben zeichneten sich signifikante Entwicklungen ab. Bald nachdem Leo von Caprivi Reichskanzler geworden war (Amtszeit 1890–1894), vereinigten sich verschiedene, scharf konservative Kräfte gegen ihn. Ein gemeinsamer Nenner dieser politischen Gruppierungen, die Forderung nach „christlicher Autorität für christliche Kinder", wurde von den Konservativen auf dem Tivoli-Parteitag im Jahre 1892 als antisemitischer Zusatz zu Artikel 1 ihres Programms aufgenommen und bedeutete eine Radikalisierung ihrer Position zugunsten eines antisemitisch eingestellten Wählerpotentials. Angesichts der beherrschenden Rolle der Konservativen in der Staatspolitik kann dieses Ereignis als das wichtigste der wilhelminischen Zeit in der Agitation gegen die staatsbürgerliche Gleichberechtigung der Juden gelten.[8] Im Laufe der neunziger Jahre zeigte sich, daß die nun offizielle Übernahme antisemitischer Vorurteile und Ideologeme durch die einflußreiche konservative Partei und die mit ihr verbundenen Kräfte, insbesondere die 1893 gegründeten Organisationen *Bund der Landwirte* und *Deutschnationaler Handlungsgehilfenverband*, sich weit nachteiliger auswirkte als die relativ kurzen spektakulären Erfolge der antisemitischen Parteien, die sich untereinander weiter heftig befehdeten. Das antisemitische Parteiwesen selbst entwickelte sich insgesamt rückläufig.[9]

Ein unübersehbares Indiz für die veränderte gesellschaftliche und politische Lage bildete jedoch auch die parteipolitische Konstellation

[6] Werner Jochmann, *Akademische Führungsschichten und Judenfeindschaft*, in: ders., *Gesellschaftskrise und Judenfeindschaft in Deutschland 1870–1945*, Hamburg 1988, S. 26 ff.

[7] *A. a. O.*, S. 60

[8] Vgl. E. Hamburger, *Juden im öffentlichen Leben Deutschlands...*, S. 37.

[9] Th. Nipperdey/R. Rürup, *Antisemitismus...*, in: Th. Nipperdey, *Gesellschaft, Kultur, Theorie...*, S. 127; vgl. R. S. Levy, *The Downfall...*

nach der Reichstagswahl von 1893, in der die Antisemiten ihre Mandate von 5 (im Jahre 1890) auf 16 (= 2,9% der Stimmen) erhöhen konnten, während die linken, „freisinnigen" Parteien deutliche Einbußen zu verzeichnen hatten.

Der Einwirkung des Antisemitismus entzogen sich Regierung und Verwaltung nicht völlig. Gerade die antidemokratischen Intentionen der Führungsschicht im Kaiserreich waren es paradoxerweise jedoch auch, die die Gefahren bannten, die Staat und Gesellschaft vom antisemitischen Radikalismus drohten; obgleich die Regierung durch eine diskriminierende Anstellungspolitik am gesellschaftlichen Antisemitismus beteiligt war, wollte sie mit Rücksicht auf eigene politische und wirtschaftliche Interessen einer entsprechenden „Volks-Bewegung" keinen Raum geben.[10]

War die Wirksamkeit der antisemitischen Splittergruppen als politische Kraft auch vielfach beschränkt, konnten sie doch durch eine rege publizistische Tätigkeit eine entsprechende Manipulation der national bis völkisch ausgerichteten Wählerschaft beschleunigen. Eine neue Welle antisemitischer Propaganda, die, verglichen mit den Äußerungen gegen jüdische Juristen in den 1870er/80er Jahren, erhebliche Ausmaße annahm, breitete sich aus. Nach den für die Antisemiten vor allem in Nord-Hessen erfolgreichen Reichstagswahlen von 1890 verstand es der Berliner Hermann Ahlwardt, „einer der ersten postemanzipatorischen Antisemiten" (J. Toury), mit seiner Schrift *Der Verzweiflungskampf der arischen Völker mit dem Judentum* (Berlin 1890) von sich reden zu machen. Er propagierte den Ausschluß der Juden aus dem öffentlichen Leben Deutschlands durch Aufhebung der Judenemanzipation in elf Programmpunkten, deren erster lautet: „Beseitigung der Juden aus allen amtlichen Stellungen, sowohl des Staats als der Kommunen, besonders auch aus dem Richter- und Rechtsanwaltsstande"; der letzte fordert die „Wiederherstellung des religiösen Eides".[11] Die Eidesfrage wurde in der antisemitischen Agitation auch in den folgenden Jahren immer wieder aufgeworfen, weil man sich mit diesem Thema politische Mehrheiten auf parlamentarischer Ebene erhoffte. Tatsächlich erzielte die

[10] *Ebda.*

[11] Hermann Ahlwardt, *Der Verzweiflungskampf der arischen Völker mit dem Judentum*, Berlin 1890, S. 237 ff., bes. 241; vgl. Jacob Toury, *Die bangen Jahre*, in: Peter Freimark/Alice Jankowski/Ina S. Lorenz (Hrsg.), *Juden in Deutschland. Emanzipation, Integration, Verfolgung und Vernichtung*, Hamburg 1991, S. 177.

antisemitische Fraktion im Jahre 1897 damit einen ihrer wenigen politischen Erfolge im Reichstag (vergleiche dazu unten). Ahlwardt, seit 1892 Reichstagsmitglied, widmete „dem Juden in der Justiz" in seiner Schrift einen eigenen Abschnitt, in welchem er den von ihm behaupteten überhandnehmenden jüdischen Einfluß wortreich beschrieb, ohne allerdings wesentlich neue Argumente beizusteuern; er wollte mit ihr den rettenden „Weg zur Selbstbefreiung", die „Lösung der Judenfrage" aufzeigen, die die „Judenmacht" brechen könne.[12] Im zweiten Teil mit dem Untertitel *Der Eid eines Juden* proklamierte er zwei Jahre später noch einmal sein Kampfziel: „Hinaus mit den Juden aus der Justiz!"[13] Die antisemitische Presse nahm die Schlagzeile dankbar auf. Das Motto „Fort mit den Juden aus der Justiz" sah das neue Organ der Christlich-Sozialen Partei, *Das Volk*, am Jahresende 1891 sogar als „nächstes praktisches Ziel des Antisemitismus" an.[14]

Seit dieser Zeit wird das Thema häufig in der konservativen und parteiantisemitischen Presse behandelt. Im Jahre 1891 hatte die Propagierung der berüchtigten „Ritualmord"-Beschuldigung von Xanten der antisemitischen Hetze im gesamten Reich neuen Auftrieb gegeben.

Bei der Erörterung des Blutbeschuldigungs-Prozesses von Xanten im Abgeordnetenhaus ließ sich Stoecker die Gelegenheit nicht entgehen, diesen in eigentümlicher Logik mit dem Hinweis auf ein angebliches Übermaß jüdischer Juristen zu verknüpfen. Das Ministerium Schelling, so führte er aus, werde in der Geschichte als ein Ministerium bezeichnet werden, unter welchem die Juden „im Widerspruch mit dem aufwachenden Gefühl des Volkes" höhere Stufen der Justizkarriere beschritten hätten als je zuvor.[15]

Die konservative *Kreuzzeitung*, die sonst häufig und laut vom „christlichen Staat" und von „christlicher Obrigkeit" sprach, dehnte ihre Judenhetze jetzt öfter auf einen Rassenantisemitismus aus, der sie in die geistige Nähe Ahlwardts rückte. Am 27. April 1893 versprach das Blatt *Ein letztes Wort über das Judentum in der Rechtspfle-*

[12] H. Ahlwardt, *Der Verzweiflungskampf...*, S. 187 ff.

[13] Hermann Ahlwardt, *Der Eid eines Juden*, Berlin 1892, S. 45.

[14] *Das Volk* vom 11. Dezember 1891, in: GStAPK, Rep. 84a, Nr. 11949, Bl. 33 (vgl. bereits den Artikel in derselben Zeitung vom 27. April 1889 unter dem Titel *Das Eindringen der Juden in die Gerichte*, in: *a. a.* O., Bl. 27).

[15] *StBPrA*, 14. Sitzung am 9. Februar 1892, S. 366 ff. – Stoecker bezog sich hier vor allem auf die gerade erfolgte Beförderung zweier jüdischer Richter zu Oberlandesgerichtsräten (vgl. unten).

ge, nachdem es sich bereits am Vortage der „Verjüdelung" der Berliner Justiz gewidmet hatte. Hier wurden Gefahren beschworen, welche die – durch das angeblich immer mehr zur Herrschaft gelangende Judentum – erregten „Selbsterhaltungsinstinkte der deutschen Rasse" für die gesamte Entwicklung mit sich bringen würden. Eine noch diffuse, aber schon unüberhörbare Drohung des „Zurückschlagens" aufgewühlter „deutscher Instinkte" gegen die Juden setzte neue, aggressive Akzente in der publizistischen Diskussion um Juden im Justizdienst. Die Regierung wurde aufgefordert, es nicht länger zuzulassen, „dem eigenen Stamme entartete Reiser einer fremden Wucherpflanze aufpfropfen zu wollen". Eine „akute Vergrößerung des jüdischen Elements in der Rechtspflege" verlange einen „Schutz vor der Vergewaltigung und Umbildung des höchsten Gutes des Volkes, seines Rechts, durch eine Überzahl jüdischer Juristen".[16] Um die öffentliche Stimmung anzuheizen, begann das Blatt jetzt (in Ermangelung einer in antisemitischen Kreisen wiederholt geforderten „Juden-Statistik") unhaltbare Zahlenangaben über jüdische Rechtsanwälte zu veröffentlichen, die ein „Überwuchern" durch jüdische Anwälte illustrieren sollten.[17]

Während *Das Volk* im Chor mit der konservativen *Kreuzzeitung*, der *Staatsbürgerzeitung* sowie weiteren antisemitischen Publikationsorganen unablässig über eine zunehmende „Macht des Judentums" in der Justiz klagte, hatte in der Realität mit Beginn der 1890er Jahre bereits eine neue Phase systematischer Zurückdrängung jüdischer Juristen eingesetzt. Die antisemitische Agitation gegen einen angeblich in der Justiz besonders starken „jüdischen Einfluß" hatte seitdem wachsende Zustimmung in bildungsbürgerlichen Schichten gefunden. Die Justizverwaltung nahm jetzt in ihrer Anstellungspraxis durch Maßnahmen stillschweigender administrativer Beschränkung gegenüber jüdischen Bewerbern für höhere Ämter verstärkt auf antiliberale und antisemitische Tendenzen in der Bevölkerung Rücksicht.

Nur am Rande sei hier bemerkt, daß sich dies auch in der Rechtsprechung zeigte, die nicht immer so unparteiisch und unabhängig entschied, wie die beteiligten Organe vorgaben. Gerichtliche Entscheidungen interpretierten die Gesetzesparagraphen zu den Straftatbeständen „Beleidigung" und „Beschimpfung einer Religions-

[16] *Kreuzzeitung* vom 26. bzw. 27. April 1893, in: BA Potsdam, Reichjustizamt 30.01., Nr. 4152, Bl. 2 f.

[17] *Ebda.*

gesellschaft" in auffällig unterschiedlicher und unwägbarer Weise – je nachdem, ob es sich um jüdische oder nichtjüdische Kläger beziehungsweise Angeklagte handelte. Aber auch in inhaltlich sehr ähnlich gelagerten krassen Fällen antisemitischer Agitation und Propaganda, die zur Anzeige gelangten, wurde höchst unterschiedlich entschieden, so daß es fraglich erschien, ob Juden und Judentum derselbe Strafschutz gewährt wurde wie den übrigen Staatsbürgern und kirchlichen Korporationen. Dies zeigte sich auch in den Gerichtsprozessen um die „Ritualmord"-Beschuldigungen. Die Rechtsprechung bewegte sich zunehmend auf einer Linie, die durch Nichtanwendung der Strafgesetze in einigen Fällen zu einem „strafrechtlichen Privileg" (M. Parmod) der Antisemiten wurde.[18]

Zum Jahresbeginn 1890 wurden zwei spektakuläre Fälle judenfeindlichen Verhaltens von höheren Justizbeamten durch die Presse und ihre Erwähnung im preußischen Abgeordnetenhaus bekannt, die schließlich bis ins königliche Kabinett drangen. Einer der höchsten Justizbeamten im preußischen Staat – der Präsident des Oberlandesgerichts der Provinz Schlesien von Kunowski – hatte im April 1889 eine Rundverfügung an alle Landesgerichtspräsidenten seines Bezirks erlassen, die dazu aufforderte, im Interesse der Rechtspflege „ungeeignete jüdische Elemente" von den Geschworenenlisten auszuschließen, da jene „nach den gemachten Erfahrungen sich häufig zu den bezeichneten Ämtern wegen mangelnder Entschlossenheit und Festigkeit als nicht brauchbar erwiesen" hätten. Die Ausschließung solle selbstverständlich ohne eine grundsätzliche Zurückweisung der Juden erfolgen.[19] Diese letzte Klausel war offensichtlich nur eine formale Verbeugung vor dem Gesetz; die Behauptung einer Unzuverlässigkeit jüdischer Geschworener, die die oben genannte Maßnahme rechtfertigen sollte, war rein rhetorisch und nirgends

[18] Vgl. ausführlich dazu mit vielen Fallbeispielen: Maximilian Parmod, *Antisemitismus und Strafrechtspflege,* Berlin 1894. Parmod will letztlich jedoch nur von einer Jurisprudenz auf „rechtsirrtümlichen Grundlagen" sprechen und kommt unter dieser Voraussetzung zu dem Schluß, daß lediglich eine unrichtige Praxis in der Handhabung der Gesetze den Grund für die von ihm herausgearbeiteten Mißstände bilde, nicht eine Parteilichkeit der Gerichtsbehörden.

[19] Bericht von Schelling an den König vom 27. Mai 1891, GStAPK, 2.2.1., Nr. 23684, Bl. 206–218; Abschrift der Verfügung des schlesischen OLG-Präsidenten von Kunowski in: *a. a. O.*, Bl. 219. Kunowski war bereits als mutmaßlicher Autor des antisemitischen Artikels *Der jüdische Referendarius* aus dem Jahre 1879 bekannt geworden (vgl. DRITTES KAPITEL, S. 189–212).

belegt oder nachgewiesen worden. Im Grunde sollte der Erlaß die völlige Entfernung der schlesischen Juden aus dem Geschworenendienst bewirken.

Das Rundschreiben war erst spät, möglicherweise erst durch eine Wiederholung desselben, in die Öffentlichkeit gelangt und veranlaßte freisinnige Abgeordnete im preußischen Landtag, Justizminister Hermann von Schelling zu einer Stellungnahme über das eigenmächtigen Vorgehen eines seiner ihm unmittelbar unterstellten hohen Justizverwaltungsbeamten aufzufordern. Nachdem von Schelling (Amtszeit 1889–1894) dem Hause auf eine entsprechende Anfrage am 3. März 1890 noch erklärt hatte, daß ihm diese Verfügung nicht bekannt sei und er sich auch nicht denken könne, daß sie erlassen worden sei, mußte sein Vertreter in der Verhandlung vom 30. April 1891 zugeben, daß eine solche Anweisung tatsächlich existierte. Diese würde aber, so der Sprecher des Justizministeriums, nicht eine generelle Ausschließung, sondern nur eine Fernhaltung ungeeigneter jüdischer Elemente erstreben – deshalb könne man sie inhaltlich nicht beanstanden. Vielmehr sei die Verfügung keineswegs – wie vom freisinnigen Abgeordneten Rickert behauptet – ungesetzlich, sondern vom Oberlandesgerichtspräsidenten wahrscheinlich „in bester Absicht" erlassen worden; lediglich ihre Formulierung sei unangebracht gewesen. Aus diesem Grunde, so stellte sich nun heraus, hatte der Justizminister diesem am 24. März 1890 mitgeteilt, daß er dessen Handlungsweise nicht billigen könne und von der Weisung abzusehen sei. Daraufhin war sie zurückgenommen worden.[20] Auf disziplinarische Maßnahmen gegen den Gerichtspräsidenten wurde verzichtet. Martin Philippson kommentierte in seiner (zwei Jahrzehnte später erscheinenden) Geschichte der Juden den Abschluß der Affäre bitter: „Allein die richterlichen Organe Schlesiens, deren Beförderung vom Oberlandesgerichtspräsidenten abhängt, wußten doch, in welcher Weise sie zu verfahren hatten, um seine Gunst nicht einzubüßen."[21]

[20] *StBPrA*, 19. Sitzung am 3. März 1890 und 78. Sitzung am 30. April 1891, S. 440 f. bzw. 2034 ff. – Diese Verhandlungen nutzte Stoecker zu weiteren antisemitischen Auslassungen über das „Eindringen der Juden in die Justiz" und damit verbundene „allerschwerste Nachteile" für die Rechtspflege.

[21] M. Philippson, *Neueste Geschichte der Juden...*, Bd. 2, S. 46 (Datum des Berichts des Justizministers bei Philippson unrichtig angegeben).

In der Abgeordnetenhausdebatte vom 30. April 1891 war ein weiterer Fall publik geworden, der am folgenden Verhandlungstag ausführlicher zur Sprache kam.[22] Dieser Vorfall, bei dem ebenfalls das Eingreifen des Justizministers erforderlich wurde, bezog sich auf die gesellschaftliche Diskriminierung des jüdischen Referendars Benfey in Hildesheim (Hannover). Benfey war von seinen Juristenkollegen die Teilnahme am traditionellen juristischen Mittagstisch verweigert worden, ohne daß man ihm eine Begründung für diese die Würde des Betroffenen verletzende gesellschaftliche Ächtung angegeben hatte. Als der Justizaspirant daraufhin beim Oberlandesgericht Celle um seine Versetzung bat, wurde die Sachlage untersucht. Entgegen dem nachträglichen Versuch der an der Ausschlußentscheidung beteiligten Juristen, die Ächtung ihres Kollegen als rein persönliche Abneigung gegen eben diesen darzustellen, bestätigten Vertreter der Stadt Hildesheim die antisemitischen Motive des Vorfalls. Die Affäre hatte durch ihre wiederholte Erwähnung im Landtag eine Bedeutung angenommen, die Wilhelm II. veranlaßte, den Justizminister zur Stellungnahme dazu aufzufordern.

Schelling mußte in seinem Bericht an den Monarchen bekennen, daß angesichts der Fakten nicht zu leugnen sei, daß der jüdische Referendar von der Tischgesellschaft nicht wegen seiner Persönlichkeit, sondern wegen seiner Religion zurückgewiesen worden war. Der Entschluß des zuständigen Oberlandesgerichtspräsidenten von Celle, nicht mit der beantragten Versetzung Benfeys, sondern mit einer Strafversetzung der an dem Vorfall beteiligen Referendare zu reagieren, war von Schelling mit Einschränkungen, aber prinzipiell gebilligt worden. Mit Rücksicht darauf, daß gleichartige antisemitische Tendenzen in den Kreisen der in Celle beschäftigten Referendare auf fruchtbaren Boden gefallen waren, schien dem Justizminister ein energisches Eingreifen geboten – nicht nur als Strafe für die unmittelbar Beteiligten, sondern, wie er in seiner Erklärung betonte, insbesondere „im allgemeinen dienstlichen Interesse" und um den jüngeren Juristen zu Bewußtsein zu bringen, daß eine Betätigung judenfeindlicher Gesinnungen gegenüber einem Berufsgenossen nicht geduldet werden könne, da sie sich damit gegen staatliche Einrichtungen und gesetzliche Anordnungen wenden würden.[23]

[22] *StBPrA*, 79. Sitzung am 1. Mai 1891.
[23] GStAPK, 2.2.1., Nr. 23684, Bl. 212 ff.

Die Autorität des Amtes – und damit einer Säule, auf dem das Staatswesen beziehungsweise die preußische Bürokratie in starkem Maße ruhte – konnte nur gewahrt werden, wenn auch die Amtsträger diese verkörperten. Jüdischen Justizbeamten, die sich einmal im öffentlichen Dienst befanden, hatte deshalb nach staatlichen Vorstellungen wenigstens formal der gleiche Respekt entgegengebracht zu werden wie ihren christlichen Kollegen. Die Wirkung der antisemitischen Hetze erreichte die Justiz damit nur indirekt, weil sie durch die Handlungsimperative der Bürokratie gebrochen wurde. Die obrigkeitsstaatlichen Machtstrukturen zu erhalten, war dabei oberstes Prinzip der Regierung.

Es ist jedoch bezeichnend für die Situation im preußischen Justizwesen hinsichtlich der Stellung jüdischer Beamtenanwärter, daß sich Schelling – noch im Jahre 1891! – in seinem Bericht „trotz aller Bedenken" betont grundsätzlich für die Zulassung jüdischer Assessoren zu Richtern aussprechen mußte. Seine defensive Position in dieser Frage verband er mit der Bestätigung der Tatsache, daß die anderen Ressorts der Staatsverwaltung jüdische Bewerber „mit verschwindenen Ausnahmen unberücksichtigt" ließen.[24]

In der Abgeordnetenhausdebatte sah sich Schelling gegenüber Angriffen Stoeckers, er habe in der Hildesheimer Angelegenheit ungerecht gehandelt, zu einer Verteidigung seiner Ansichten veranlaßt und sprach dabei aus, was innerhalb des judenfeindlichen Klimas in der Verwaltung als eine noch „gemäßigte" Haltung gelten mußte: „Ich habe nicht daran gedacht, die [nichtjüdischen – B. S.] Referendare in der Wahl ihres freundschaftlichen Verkehrs zu beschränken; ich glaube aber verlangen zu können, daß sie ihre jüdischen Kollegen nicht in demonstrativer Weise von dem unter ihnen üblichen äußerlichen Verkehr ausschließen. Die nicht geringe Zahl jüdischer Referendare und Assessoren in der Justiz bildet ein für die Führung der Verwaltung, wie ich nicht verhehlen kann, *unbequemes Element*. Diese Schwierigkeiten würden sich noch steigern, wenn es unter den Referendaren christlichen Glaubens in der einen oder anderen Provinz Sitte werden sollte, sich ihrer jüdischen Kollegen durch ostentative Geringschätzung zu entledigen."

Eine Anstellung von jüdischen Assessoren als Richter, so fuhr Schelling fort, müsse „trotz aller Bedenken" auch weiterhin möglich

[24] *A. a. O.*, Bl. 217.

sein, wobei in der Auswahl des Arbeitsortes nach den lokalen Verhältnissen so verfahren werden müsse, daß diese Ämter „ohne besondere Nachteile für die Rechtspflege" versehen werden könnten.[25]

Daß jüdische Justizbewerber ein „unbequemes Element" bilden würden, mit dem man – je nach persönlicher politischer Neigung oder Sentiment – wohl oder übel umgehen müsse, bildete seit den 1890er Jahren wohl den kleinsten gemeinsamen Nenner unter den Anschauungen der höheren Justizbeamten zu dieser Problematik. Feste Bezugspunkte für diese Haltung waren der konservative Geist in der Justizverwaltung und die den jungen Justizaspiranten bedrohlich erscheinende Konkurrenz jüdischer Kollegen für den geplanten sozialen Aufstieg in einer „überfüllten" Berufsausbildung. Unter der Richterschaft verbreitete sich in diesen Jahren außerdem zunehmend, besonders im Vergleich mit den nach Gehalt und gesellschaftlicher Position (noch) besser gestellten Verwaltungsjuristen, eine allgemeine Angst vor Statusverlust, die durch das „Eindringen" von Angehörigen vermeintlich sozial minderwertiger Bevölkerungsgruppen in diesen Beruf verstärkt wurde.[26]

Für eine konsequente Fortsetzung solcher durchgreifenden behördlichen Maßnahmen beim Auftreten antisemitischer Diskriminierungen, wie sie im Falle der Hildesheimer Referendare angewendet worden waren – hier jedoch eher als eine Disziplinierung unbotmäßiger staatlicher Beamtenanwärter im Interesse eines reibungslosen Funktionierens des Verwaltungsapparates –, findet sich für die späteren Jahre kein Beleg mehr.[27] Es blieb Prinzip der Regierung, die

[25] *Ebda.; StBPrA*, 79. Sitzung vom 1. Mai 1891. – Hervorhebung von B. S.

[26] Mehr dazu weiter unten, S. 272–282. – Die zahlreiche zeitgenössische Literatur zu dieser Statusdiskussion und zur Einkommenssituation der Richter vgl. bei Rainer Schröder, *Die Richterschaft am Ende des zweiten Kaiserreiches unter dem Druck polarer sozialer und politischer Anforderungen*, in: *Festschrift für Rudolf Gmür zum 70. Geburtstag*, Bielefeld, 1983, S. 236 ff.

[27] Vgl. dazu J. Toury, *Die bangen Jahre...*, S. 28. – Wie die antisemitische *Deutsche Tageszeitung*, Nr. 145 vom 27. März 1901 berichtet, mußte vermutlich derselbe Benfey noch zehn Jahre später als Assessor erneut antisemitische Erfahrungen machen, als er an ein kleineres Amtsgericht in der Provinz Hannover, offenbar als (Hilfs-?) Richter, versetzt wurde: Gegen seine Berufung wurden Unterschriften zu einem Protestschreiben an den OLG-Präsidenten in Celle beigebracht, in dem ausgeführt worden sein soll, daß es einem großen Teil der Einwohnerschaft widerstrebe, vor einem jüdischen Richter einen Eid abzulegen, BA Potsdam, Bund der Landwirte – Pressearchiv, Nr. 1471, Bl. 23.

Zahl jüdischer Beamter in hohen Positionen der Staatsverwaltung möglichst gering zu halten, dabei aber einen allzu deutlich bemerkbaren Verfassungsbruch zu vermeiden.

Die antisemitische *Staatsbürger-Zeitung*, die im Zusammenhang mit den eigenmächtigen Weisungen des schlesischen Oberlandesgerichtspräsidenten erneut Anlaß fand, sich dem Thema Jüdische Richter zu widmen, lobte die zurückgenommene Verfügung als „durchaus zeitgemäß". Der „Verjudungsprozeß" in der Justiz schreite fort, und nur „Ausnahmejuden" gelinge es, jüdische Eigenart in sich auszurotten; tief in der deutschen Volksseele verwurzelt sei hingegen die Forderung nach „deutschem Recht mit deutschen Richtern".[28]

Neben den linksliberalen Parteien, die sich bereits in den vergangenen Jahren auf die Seite der Juden gestellt hatten, setzten sich seit den 1890er Jahren spezielle Organisationen zur Interessenvertretung der Juden gegen antisemitische und behördliche Diskriminierung zur Wehr. Die Juden hatten in dem Bedenken, daß gerade eine hervorgehobene jüdische Eigentümlichkeit und aktive Abwehrmaßnahmen antisemitische Reaktionen auslösen könnten, die vereinspolitisch organisierte Verteidigung ihrer Rechte zunächst dem Ende 1890 gegründeten interkonfessionellen *Verein zur Abwehr des Antisemitismus* überlassen, an dessen Spitze der bekannte (nichtjüdische) Jurist Rudolf von Gneist und der Führer der freisinnigen Reichstagsopposition, Heinrich Rickert, standen. Der Abwehrverein unterschätzte die Stoßkraft des Antisemitismus, als er meinte, durch „Aufklärung" der Bevölkerung die Prinzipien des liberalen Rechtsstaates erhalten zu können; so reagierte er beispielsweise auf die antisemitischen Verleumdungen Stoeckers in den Abgeordnetenhausdebatten über die Juden im Justizdienst anläßlich der Verfügung des schlesischen Oberlandesgerichtspräsidenten und der Hildesheimer Referendare mit einem Flugblatt, das lediglich die entsprechenden stenographischen Berichte der Verhandlungen vom 30. April und 1. Mai 1891 in indirekter Rede kommentarlos wiedergibt. Zwei spätere Gegendarstellungen des Vereins, die einschlägige antisemitische Argumente gegen Juden in der Justiz zu widerlegen suchten, verwiesen jedoch auch auf die historischen, sozialen und politischen Ursachen für den in den antisemitischen Blättern jetzt häufiger bemühten „starken jüdischen Andrang zur Rechtsanwaltschaft", vor allem in Berlin. Obwohl

[28] *Staatsbürger-Zeitung* vom 9. Mai 1891, in: GStAPK, Rep. 84a, Nr.11949, Bl. 29.

die Jurisprudenz, so das Organ des Abwehr-Vereins, von allen Sphären im Staatsdienst diejenige sei, in welcher sich Juden noch die meisten Möglichkeiten zu beruflichem Erfolg biete, sei die durchschnittliche Dienstzeit jüdischer Assessoren oft nicht nur länger als die ihrer christlichen Kollegen, sondern werde auch in deutlich geringerem Maße mit besoldeten Aushilfstätigkeiten bedacht, die dem Assessor wenigstens ein geringes finanzielles Einkommen ermöglichten. So könne man es den jüdischen Gerichtsassessoren nicht verdenken, daß ihnen die Lust zur Richterlaufbahn vergeht, wenn ihnen die Aussicht bevorstehe, sich noch länger als ihre Kollegen auf den Amtsrichter vorbereiten zu müssen. Angesichts der Tatsache, daß ihnen auch die höhere Verwaltung und die Staatsanwaltschaft verschlossen seien, bleibe als letzte Zuflucht die freie Anwaltschaft, die freilich gerade in der Reichshauptstadt bessere Aussichten auf beruflichen Erfolg biete als in der Provinz. Hinzu komme, daß nicht wenige jüdische Rechtsanwälte auch deshalb davor zurückschreckten, in kleinere Orte zu gehen, weil sie sich den antisemitischen Roheiten nicht unvermittelt aussetzen wollten.[29] Damit wies die Organisation auf wesentliche Aspekte der Frage hin. Der Abwehrverein blieb bis 1933 Anwalt der deutschen Juden.

Daneben signalisierte die Gründung des Central-Vereins deutscher Staatsbürger jüdischen Glaubens (CV) im Jahre 1893 eine neue, entschlossene Haltung unter den deutschen Juden, ihr Recht auf eine bedingungslose Aufnahme in die Gesellschaft ohne Aufgabe ihrer jüdischen Identität zu verteidigen und sich gegen antisemitische Propaganda zur Wehr zu setzen. Die Organisation setzte sich bei der Regierung für jüdische Belange ein und verklagte beispielsweise Redakteure und Verfasser antisemitischer Schriften wegen Beleidigung. Sie handelte in der Erkenntnis, daß die Juden in einem organisierten Zusammengehen aus eigener Kraft ihre Stellung als preußische Staatsbürger im deutschen Vaterland wahren könnten und müßten. Nicht Sonderrecht und Sonderstellung wollte man erringen,

[29] *Die Verhandlungen des Reichstags über den Wucher und des preußischen Abgeordnetenhauses über die Juden als Geschworene und Richter* (Flugblatt Nr. 5 [1891]), hrsg. vom Verein zur Abwehr des Antisemitismus; Gegenartikel des Abwehrvereins: *Jüdische Deutsche in der Berliner Justiz und die ‚Kreuz-Zeitung'* sowie (gegen die *Staatsbürger-Zeitung*) *Das Judentum in der Justiz*, in: *Mitteilungen aus dem Verein zur Abwehr des Antisemitismus*, Berlin, 3. Jg., Nr. 19 vom 7. April 1893, S. 199 ff. bzw. vom 26. November 1893, S. 432–433 und 442–443.

sondern nur das verteidigen, was Gesetz und Verfassung verbrieften. Der CV sollte unabhängig von politischen und religiösen Orientierungen seiner Mitglieder sein.[30]

Wiederholte Meldungen über Benachteiligungen jüdischer Juristen und Geschworener in einigen Gerichtsbezirken in der jüdischen und linksliberalen Presse, Behauptungen in antisemitischen Blättern über die vermeintliche Überzahl und den Einfluß jüdischer Justizbeamter sowie die mit konfessioneller Gleichberechtigung argumentierende „Paritäts"-Forderung des katholischen Zentrums (vergleiche dazu unten) wurden Anlaß für detaillierte interne Berichte und Korrespondenzen zu dieser Frage auf Regierungsebene.

Das preußische Justizministerium hatte bereits seit 1857 unregelmäßig interne Erhebungen über die Konfession seiner Beamten vorgenommen – seit der Reichsgründung vornehmlich auf Druck des katholischen Zentrums und dessen immer wieder öffentlich vorgebrachter Forderung nach konfessioneller „Parität" bei der Besetzung von staatlichen Ämtern, später gelegentlich vor dem Hintergrund des von den Juden oder ihren Fürsprechern wiederholt geltend gemachten Gleichstellungsanspruches; mitunter vermutlich auch einfach aus einer allgemeinen konservativen Furcht heraus, das Ausmaß des „jüdischen Einflusses" könnte traditionelle Werte und Strukturen im Staatswesen „zersetzen". In den Reichsbehörden und dem Staatsministerium nahm man – da durch Presse oder Parlament häufig zu irgendeiner Stellungnahme genötigt – im allgemeinen aufmerksam wahr, was in den einzelnen deutschen Territorien hinsichtlich der (im wesentlichen den Landesministerien unterliegenden) Anstellung von Juden im Staatsdienst vor sich ging. Als die Sozialdemokratie mit August Bebel an der Spitze am 13. März 1890 mit einer Interpellation in der II. Sächsischen Kammer wegen der gesetzwidrigen Ausschließung aller jüdischen Referendare vom

[30] Vgl. u. a. den Bericht der Rechtsschutzkommission des CV vom 16. April 1894 von Eugen Fuchs, in: ders., *Um Deutschtum und Judentum. Gesammelte Reden und Aufsätze*, Frankfurt/M. 1919, S. 3 ff. – Eine wichtige Anregung zur Auseinandersetzung über die Frage der Organisation der deutschen Juden gegen die sich verstärkenden antisemitischen Tendenzen hatte die (anonym erschienene) Schrift Raphael Loewenfelds *Schutzjuden oder Staatsbürger* (Berlin 1893) gegeben. Loewenfelds begründete das Prinzip der Selbstverteidigung u. a. damit, daß das Aufgreifen aller antisemitischen Presseäußerungen durch die liberal-freisinnige Presse die Verbreitung antisemitischen Gedankenguts eher gefördert als verhindert habe und dem Judentum deshalb damit kein guter Dienst erwiesen werde.

Richtereid (zum Teil trotz der Befürwortung durch die zuständigen Gerichtsbehörden) und von der Jahresremuneration Aufsehen erregte, ließ sich das Reichsinnenministerium vom königlich-preußischen Gesandten Bericht erstatten.[31] Anlaß der sozialdemokratischen Interpellation war die Beschwerde einer Gruppe jüdischer Referendare in Sachsen, nicht zur Eidesabnahme zugelassen zu werden, so daß ihnen die Richterlaufbahn praktisch verschlossen blieb. August Bebel, der sich zum Sprecher der Beschwerde machte, mußte feststellen, daß in Sachsen, wo die Angelegenheit besonders stringent gehandhabt wurde, seit 1879 kein jüdischer Richter mehr ernannt worden war.[32]

Auch die preußische Regierung wünschte Kenntnis davon zu erhalten, wie sich die Anstellungspraxis in anderen deutschen Justizverwaltungen nach Anwendung des Bundes- beziehungsweise Reichsgesetzes von 1869/70 gestaltet hatte. In diesem Sinne wurde Ende 1892 der kaiserliche Statthalter in Elsaß-Lothringen um Auskünfte gebeten und das Reichsjustizamt über mögliche jüdische Mitglieder des Reichsgerichts befragt. Die Antwort aus Elsaß-Lothringen, wo zum damaligen Zeitpunkt fünf jüdische Richter tätig waren, betonte, daß man jederzeit darauf bedacht sei, die Besetzung von Einzelrichterstellen durch Juden „thunlichst zu vermeiden".[33]

Die linksliberale Presse stärkte unter anderem durch ihr fortgesetztes Engagement für die Sache der verfassungsmäßig garantierten Gleichheit aller vor dem Gesetz, in deren Rahmen sie auch Diskriminierungen jüdischer Staatsbürger öffentlich machte, unter ihren konservativ-antisemitischen Gegnern ihren Ruf als „Judenpresse". Vermutlich um endlich einmal die gesetzwidrige Anstellungspraxis im Staatsdienst aufzudecken und eine offizielle Stellungnahme der Regierung zu erreichen, lancierte das freisinnigen politischen Kreisen nahestehende *Kleine Journal* im Juli 1893 die Meldung, Justizminister

[31] Dönhoff berichtete, wie der sächsische Justizminister eine Beantwortung der Interpellation mit dem lapidaren Hinweis ablehnte, daß die Frage allein im Ermessen der Anstellungsbehörde liege (vgl. den Bericht des Gesandten aus Dresden vom 25. März 1890, in: BA Potsdam, 15.01., Nr. 16792, Bl. 29 f.).

[32] Der 1879 bestallte Selig Ornstein blieb der einzige jüdische Richter in Sachsen bis mindestens 1907, vgl. Peter Pulzer, *Religion and Judicial Appointments in Germany 1869–1918*, in: *LBI-YB*, XXVIII (1983), S. 196. Bebel setzte sich später auch im Reichstag für die Rechte der deutschen Juden ein; so schnitt er im Februar 1898 die Frage der Nichtzulassung jüdischer Militärärzte an.

[33] GStAPK, Rep. 84a, Nr. 11948, Bl. 99 ff.

Schelling habe einem jüdischen Assessor, der sich um eine Amtsrichterstelle beworben hatte, in einer persönlichen Audienz erklärt, daß er „vorläufig nicht in der Lage sei, einen Juden als Richter anzustellen"; als Begründung habe er angegeben, daß man „augenblicklichen Strömungen nachzugeben gezwungen" sei. In derselben Weise sollte sich der Kammergerichtspräsident Drenckmann ausgesprochen haben. Die Nachricht wurde von fast allen größeren Zeitungen Berlins übernommen und alsbald von der als Sprachrohr der Regierung geltenden *Norddeutschen Zeitung* dementiert.[34] Das *Kleine Journal* reagierte darauf drei Tage später mit der ergänzenden Meldung, daß auf Grund zuverlässiger Informationen „seit mehreren Wochen im Kammergericht das Prinzip durchgeführt ist, keine jüdischen Richter mehr anzustellen".[35]

Schelling ließ – ungeachtet der Entrüstung in der liberal-freisinnigen Presse und der Zustimmung in antisemitischen Blättern – kein offizielles Dementi aus seiner Behörde vernehmen. Durch sein defensives Verhalten in den bereits erwähnten kleineren politischen Affären um jüdische Amtsbewerber einerseits und die heftigen Attakken der Antisemiten auf seine Person aus Anlaß der Untersuchungs- und Prozeßführung im „Ritualmord"-Fall von Xanten („Fall Buschhoff", 1891/92) andererseits geriet der Minister stärker unter den Druck der Öffentlichkeit. In einem Bericht an den König gestand er wenig später den Vorsatz ein, eine Zunahme jüdischer Richter in Berlin möglichst unterbinden zu wollen. Dieses Bekenntnis hatte folgenden Hintergrund: Wie bekannt geworden war, standen für das Etatjahr 1893/94 insgesamt 55 neue Richterplanstellen für die Berliner Gerichtsbehörden zur Verfügung. Die *Kreuzzeitung* hatte an diese Mitteilung die Bemerkung geknüpft, daß man unter den dazu berufenen Richtern einer „unverhältnismäßig hohen Zahl jüdischer Namen" begegne. In antisemitischen Kreisen rückte man nun immer stärker davon ab, zwischen Juden und Nichtjuden nach konfessionellen beziehungsweise religiösen Gesichtspunkten zu unterscheiden. In der antisemitischen Namenspolemik schloß man aus tatsächlichen oder vermeintlichen „jüdischen Namen" bewußt eindeutig und demagogisch auf eine unlösbare Verbindung ihrer Träger mit dem Judentum und schob damit den „rassischen" Aspekt langsam in den Vordergrund, nach dem man nun „Juden" (einschließlich der

[34] GStAPK, Rep. 84a, Nr. 11949, Bl. 69 ff.

[35] *A. a. O.*, Bl. 91 ff.

„Judenstämmlinge") und „Deutsche" unterschied. Die *Kreuzzeitung* wollte mit ihrer „Recherche", die im Aufspüren solcher Namen in den Listen der preußischen Justizbeamten bestand, ihre Leser in diesem Fall glauben machen, daß die erwähnten Richterstellen von Juden „okkupiert" worden seien.[36] Im Anschluß an diese scheinbare Aufdeckung der „Machtverhältnisse" in der Justiz versäumte das Blatt nicht, auf die Gefahr hinzuweisen, die dadurch entstanden sei, daß in einigen größeren Städten die Rechtsanwaltschaft schon „mit wenigen Ausnahmen in jüdischen Händen" sei; in Gerichtsverhandlungen seien oft nur noch Angeklagter und Gerichtsdiener „deutscher Abstammung". Die Zeitung rief abermals nach einer amtlichen und öffentlichen Statistik über die „aus den Kreisen des Judentums hervorgegangenen" Berliner Richter und Rechtsanwälte, um die „Verjudung der Justiz" zu belegen.[37]

Diese Presseäußerungen waren auch ins kaiserliche Kabinett (wo vermutlich zahlreiche regelmäßige Leser der *Kreuzzeitung* saßen) gedrungen, das die Justizverwaltung daraufhin aufforderte, über den Vorgang zu berichten. Wie sich herausstellte, waren von den 53 neuen Richterstellen nur zwei mit jüdischen Richtern besetzt worden. Der Entwurf zum entsprechenden Bericht des Justizministers an Kabinettsrat von Lucanus enthält dazu aufschlußreiche Fakten. Schelling gibt hier zu: „Der Präsident des Kammergerichts hatte von den jüdischen Bewerbern außer jenen beiden noch andere, gleichfalls mit Rücksicht auf ihre Tüchtigkeit zur Versetzung nach Berlin in Vorschlag gebracht. Da ich jedoch eine Vermehrung des jüdischen Elements unter den hiesigen Richtern im Interesse der Rechtspflege für bedenklich erachte, so habe ich geglaubt, den Gesuchen jüdischer Richter um Versetzung nach Berlin nur in ganz beschränktem Maße Folge geben zu sollen."[38]

Offenbar in unmittelbarem Zusammenhang mit diesem Bericht und der anhaltenden Debatte über jüdische Richter legte der Justiz-

[36] Zum antisemitischen Vorurteil mit der sprachlichen Kategorie „jüdische Namen" bzw. der Markierung von Namen mit dem Ziel antisemitischer Namenpolemik vgl. ausführlich Dietz Bering, *Der Name als Stigma*, Stuttgart 1987, bes. S. 286 f.

[37] *Kreuz-Zeitung* vom 19. April 1893, in: GStAPK, Rep. 84a, Nr. 11948, Bl. 109. – Namentliche Listen aller höheren Justizbeamten ohne Unterscheidung nach konfessioneller bzw. religiöser Zugehörigkeit (und ohne Vornamen) wurden jährlich im *Terminkalender für Preußische Justizbeamte* veröffentlicht.

[38] GStAPK, Rep. 84a, Nr. 11949, Bl. 106 f., Datierung vermutlich 26. April 1893 (vgl. S. Lorenzen, *Das Eindringen der Juden...*, in: *Deutsche Justiz...*, S. 960).

minister 1893 eine umfangreiche Denkschrift zur *Aufnahme der Juden in den Preußischen Richterdienst* vor.[39] Diese stellt einen Höhepunkt in der Diskussion um jüdische Bewerber für den höheren Justizdienst seit der Reichsgründung dar, denn bis dahin hatten Anstellungen von Juden als Richter keine expliziten regierungsinternen Stellungnahmen im Justizministerium, im Staatsministerium oder im Kabinett hervorgerufen. Jetzt machte der Justizminister diese Frage zum Thema einer dreißigseitigen Vorlage. In dem längeren historischen Abriß, der ihren Hauptgegenstand ausmachte, repetierte Schelling die wichtigsten Ereignisse und Daten und zeigt sich über die einzelnen Etappen des Zugangs von Juden zu Justizämtern seit 1812 gut informiert. Abschließend gab er einen Überblick über die Zahl jüdischer Richter, die seit 1871 von 3 auf 169 gewachsen war (ausführliche Zahlenangaben siehe unten).[40]

Die Denkschrift als solche und die Tatsache, daß sie in Auftrag gegeben wurde, machen ihre historische Bedeutung aus. Inhaltlich dagegen war sie wenig aussagekräftig; der Minister verzichtete völlig auf wertende Äußerungen und beschränkte sich in einer in der Justizverwaltung üblichen positivistisch-formalistischen Weise, die sich von politischen und sozialen Werturteilen freihalten wollte, auf die Darstellung der Fakten.

In der Amtszeit Schellings war es zu punktuellen Neuerungen gekommen. Unter den 169 jüdischen Richtern (die damit etwa 4,5% aller zu diesem Zeitpunkt in Preußen amtierenden Richter ausmachten), befanden sich seit 1890/91 erstmals zwei Oberlandesgerichtsräte. Der erste jüdische Richter in einem solchen hohen Rang war Albert Mosse (1846–1925).

Mosse hatte in Berlin Jura studiert und anschließend als Freiwilliger im deutsch-französischen Krieg gekämpft. 1876 war er als Kreisrichter in Spandau, dann als Stadtrichter in Berlin angestellt worden. Im Jahre 1885, im relativ jungen Alter von 39 Jahren, zum Landrichter ernannt, nahm sein Lebenslauf kurz darauf eine ungewöhnliche Wendung; seine Kompetenz auf dem Gebiet des Verfassungsrechts und eine Empfehlung des bekannten Rechtslehrers Rudolf von Gneist ließen ihn von 1886 bis 1890 zum juristischen Berater der japanischen Regierung in Verfassungsfragen avancieren. Diese besonderen Umstände ermöglichten es, daß er nach seiner Rückkehr aus Japan in Anerkennung

[39] GStAPK, Rep. 84a, Nr. 11948, Bl. 117–147, Entwurf (o. O., o. J.).
[40] *A. a. O.*, Bl. 147.

seiner Verdienste zum Oberlandesgerichtsrat in Königsberg befördert wurde. Seit 1904 lehrte er daneben als Honorarprofessor an der Königsberger Universität. Alle weiteren Vorschläge einer Beförderung zum Reichsgerichts-, Oberverwaltungsgerichts- oder Kammergerichtsrat blieben seitdem ungehört.[41] Mosse quittierte freiwillig den Staatsdienst, in dem ihm kein weiteres Fortkommen möglich war, und wurde ehrenamtlich Stadtrat in Berlin, eine Tätigkeit, die er bis 1920 ausübte. Als Liberaler war er sein ganzes Leben hindurch in jüdischen Gemeindeangelegenheiten aktiv und machte sich insbesondere als Vorstandsmitglied der jüdischen Gemeinde, Kuratoriumsvorsitzender der Hochschule für die Wissenschaft des Judentums und als Vizepräsident des Verbandes der Deutschen Juden einen Namen.[42]

Die Karriere von Albert Mosse im preußischen Justizdienst, die unter seinen Glaubens- und Generationsgenossen nur mit der Jacob Friedrich Behrends und Levin Goldschmidts vergleichbar ist, weist zwei charakteristische Merkmale der Berufslaufbahn von Juden im Justizwesen nach der Reichsgründung auf: In den niedrigeren Rängen, vor allem als Richter an den unteren Instanzen, waren die Möglichkeiten für befähigte jüdische Anwärter vergleichsweise schlechter als für gleich befähigte nichtjüdische Bewerber, aber insgesamt passabel. Angesichts der diskriminierenden Anstellungs- und Beförderungspraxis, die auf eine völlige Blockierung jeglicher Beförderungen hinauslief, war es jedoch fast unmöglich, in höhere Ränge des juristischen Staatsdienstes zu gelangen. Selbst Empfehlungen liberal gesinnter Vorgesetzter und herausragende Verdienste waren hier von geringem Nutzen. Dies wurde nicht nur von den unmittelbar Betroffenen als bitter empfunden, sondern war auch für die Gesamtheit der preußischen Juden in ihrem gesellschaftlichen Ansehen als gleichberechtigte Staatsbürger und damit für einen volle gesellschaftliche Integration von Nachteil.[43] Solange kein jüdischer Beamter für

[41] Eine Facette des Themas zeigt Werner E. Mosse in seinem Artikel *Albert Mosse: A Jewish Judge in Imperial Germany*, in: *LBI-YB*, XXVIII (1983), S. 176. – Als der japanische Minister in Berlin die Frage aufgriff, soll die Gattin des Justizministers kurz erwidert haben: „Wir müssen das Kammergericht rein halten."

[42] Zu Albert Mosse vgl. u. a.: *a. a. O.*, S. 169–184; E. Hamburger, *Juden im öffentlichen Leben...*, S. 45 ff.; Siegmund Kaznelson (Hrsg.), *Juden im deutschen Kulturbereich*, 2. Aufl., Berlin 1959, S. 652 f.; *AZJ*, 80. Jg. (1916), S. 475 f.

[43] Der zweite ernannte jüdische Oberlandesgerichtsrat konnte nicht eindeutig identifiziert werden, es bleibt fraglich, ob es ihn überhaupt gab, möglicherweise war es Julius Litten; vgl. T. Krach, *Jüdische Rechtsanwälte...*, S. 15, Anm. 5.

„würdig" befunden wurde, höhere Stellen in der preußischen Bürokratie zu besetzen – als prinzipielle Entscheidung und offenkundig systematischer Ausschluß – blieben die Juden in Preußen Staatsbürger „zweiter Klasse".

In der höheren preußischen Staatsverwaltung und im Reichsdienst waren jüdische Beamte – bis auf drei Ausnahmen – nach wie vor überhaupt nicht zu finden. Eine dieser „Ausnahmen" war der Jurist Georg Eger (1848–1914); spezialisiert auf Eisenbahn- und Postrecht, wurde er 1876 Mitarbeiter im preußischen Ministerium für öffentliche Arbeiten und war in den Jahren 1880 bis 1895 als Regierungsrat und Justitiar bei der Eisenbahndirektion Breslau, später in Berlin und Breslau als Universitätsdozent für sein Spezialgebiet tätig.[44]

Auch die beiden anderen jüdischen Beamten in der höheren Staatsverwaltung waren promovierte Juristen: Der Berliner Paul Meyer (1844–1925) war seit 1874 als Regierungs-, später als Oberregierungsrat in den Eisenbahndirektionen in Kassel, Köln und Elberfeld angestellt. In den Jahren 1901 bis 1907 erreichte er als stellvertretender Präsident der Eisenbahndirektion von Frankfurt/Oder einen Rang im preußischen Staatsdienst, zu dem vor ihm noch niemand aus dem Kreise der preußisch-jüdischen Beamten gelangt war.[45]

Der einzige Jude, der bis zur Jahrhundertwende im Reichsdienst auf Ministerialebene tätig war, war (der Nicht-Preuße) Wilhelm Cahn (1839–1920). Vor 1870 im bayerischen diplomatischen Dienst, wurde er 1874 unter Bismarck „Hilfsarbeiter" im Auswärtigen Amt und schied im Jahre 1900 mit dem Titel eines Geheimen Legationsrates aus dem Amt.[46]

[44] Zu Georg Eger vgl. E. Hamburger, *Juden im öffentlichen Leben...*, S. 64; ferner Ernst G. Lowenthal, *Juden in Preußen. Ein biographisches Verzeichnis*, Berlin 1982, S. 52; siehe auch Brief Egers an Bismarck (Breslau, 15. März 1887), in dem er angesichts der antisemitischen Hetze, vor allem gegen den Vorwurf aus dieser Richtung, Juden hätten einen „angeborenen Hang" zur politischen Opposition, als preußischer Beamter eine Treue- und Loyalitätsversicherung an Regierung, Kaiser und Reich abgibt – offensichtlich unter dem Eindruck der gerade als Broschüre erschienenen Rede von Moritz Lazarus *An die Deutschen Juden*, Leipzig 1887.

[45] Zu Paul Meyer vgl. E. Hamburger, *Juden im öffentlichen Leben...*, S. 64; ferner E. G. Lowenthal, *Juden in Preußen...*, S. 159.

[46] Zu Wilhelm Cahn vgl. E. Hamburger, *Juden im öffentlichen Leben...*, S. 36; J. Toury, *Die politischen Orientierungen...*, S. 126; *IDR*, 4 (1900), S. 593.

Mit dem Amtsantritt des neuen Justizministers Karl Schönstedt im November 1894 verschlechterten sich die Aussichten für jüdische Juristen weiter. Der erzkonservative Schönstedt, der für die nächsten elf Jahre die preußische Justizverwaltung durch eine „harte Linie" prägte, schien antisemitische Kreise zu neuen parlamentarischen Vorstößen wegen legislativer Restriktionen für jüdische Beamtenanwärter geradezu zu ermutigen.

So regte der Abgeordnete Klasing (derjenige, der auf dem Tivoli-Parteitag der Konservativen von 1892 den Antrag gestellt hatte, den sogenannten Antisemiten-Paragraphen in das Parteiprogramm aufzunehmen) im Februar 1895 im Auftrage seiner politischen Freunde im preußischen Abgeordnetenhaus eine Debatte über die Zusammensetzung des Richterstandes an. Es sei, so Klasing, ein starker Zudrang zu den akademischen Berufen, besonders zum Richteramt zu verzeichnen; mehr und mehr würden sich „gewisse Elemente" in die Justizverwaltung hineindrängen, welche aus einem „wohlverstandenen Interesse des preußischen Staates" vom Richteramt ferngehalten werden müßten, wenn man der Unabhängigkeit und dem Ansehen des Berufs nicht schaden wolle. Das Wort „Jude" fiel in seiner Rede nicht. Es besteht jedoch kein Zweifel darüber, daß sich Redner und Auditorium verstanden hatten. Die beredte Nichterwähnung der jüdischen Juristen, die doch offensichtlich gemeint waren, war hier nicht mehr, wie noch gelegentlich in den 1870er Jahren, einer „vornehmen Zurückhaltung" in den gebildeten Kreisen geschuldet, diese Haltung war vielmehr zu einem Gemeinverständnis geworden, einer „selbstverständlichen" Aversion, die keiner näheren Beschreibung mehr bedurfte. Sie wurde zum Erkennungssignal für den gesellschaftlichen Antisemitismus. Um jedes Mißverständnis auszuschließen, schlug Klasing zur Abhilfe der von ihm beschriebenen Mißverhältnisse unter anderem vor, eine der diskriminierenden Verordnung vom 9. September 1851 (!) „ähnliche" Regelung, die die Juden vom Richteramt ausschließt, einzuführen.[47]

Schönstedt erwiderte an dieser Stelle zunächst nur, der durch „Überfüllung" der Ausbildungsgänge hervorgerufenen allgemein schwierigen Situation im Justizwesen noch ohne wirksame Abhilfemöglichkeiten gegenüberzustehen, und überhörte die antisemitischen Anspielungen des Abgeordneten. Die nachfolgenden Redner

[47] *StBPrA*, 19. Sitzung vom 13. Februar 1895, S. 579 ff.

aus dem konservativen Lager waren in ihren Formulierungen weniger zurückhaltend. So hielt der Abgeordnete von Schalscha die von Klasing angeregten Maßnahmen für dringend notwendig, denn es müsse endlich wieder eine Auslese nach dem Prinzip der „Rechtschaffenheit und Moralität" erfolgen: „Meine Herren, denken sie mal, wenn ein junger Assessor einer Familie entstammt, wo nicht bloß in der Familie, sondern auch schon bei den Großeltern intensiv gewuchert worden ist!"[48]

Die *Kreuzzeitung* berichtete im April 1895 über diese Landtagsdebatte und ergänzte sie mit der Bemerkung, daß „die Zulassung jüdischer Juristen in größerer Zahl das Vertrauen der Bevölkerung zur Rechtssprechung wie das Ansehen des Richterstandes überhaupt herabdrücken muß". Der übliche Kontext – eine Anspielung auf die Gefahr der „internationalen jüdischen Hochfinanz" und deren Kooperation mit liberal-freisinnigen und sozialdemokratischen Kräften – fehlte auch diesmal nicht.[49]

Die wiederkehrende, stereotype Behauptung der starken Zunahme der Zahl jüdischer Richter war dabei völlig aus der Luft gegriffen, konnte aber von anderer Seite wegen fehlender beziehungsweise unzugänglicher Statistiken nicht ohne weiteres widerlegt werden. Die internen Statistiken der Justizverwaltung weisen demgegenüber nach, daß der Anteil der Juden an der preußischen Richterschaft in diesen Jahren fast konstant geblieben war (vgl. unten).

Immer stärker wurde in der antisemitischen Pressepropaganda betont, daß es nicht mehr um konfessionelle Verschiedenheiten von „Judentum" und „Deutschtum", sondern um tief im Volke wurzelnde „Religions-, Rassen-, Stammes-, Anschauungsgegensätze" gehe. Wie das Organ des Bundes der Landwirte, die *Deutsche Tageszeitung*, postulierte, könnten staats- und verfassungsrechtliche Bedenken hinsichtlich zukünftig notwendiger, den Zugang von Juden zu Staatsämtern verengender Maßnahmen nicht aufkommen, da die „nationale Frage" Vorrang habe.[50] Auch die *Staatsbürger-Zeitung* nahm sich des Themas mit Verweis auf die erwähnte parlamentarische Debatte wenig später erneut ausführlich an: Leichter als die Durchführung der anstehenden sachlichen Reformen für die Justizverwaltung lie-

[48] Abgeordneter von Schalscha, *a. a. O.*, S. 586 f.

[49] *Kreuz-Zeitung* vom 12. April 1895, unter dem Titel *Konservativ sein!*, in: GStAPK, Rep. 84a, Nr. 11948, Bl. 159 ff.

[50] *Deutsche Tageszeitung* vom 9. Juni 1896, in: GStAPK, Rep. 84a, Nr. 11949, Bl. 145.

ßen sich geeignete „Abwehrmaßnahmen" gegen das Eindringen ungeeigneter Elemente in den Richterstand finden. Es liege auf der Hand, daß es sich dabei wesentlich nur um jüdische Elemente handeln könne; es sei „vom nationalen Standpunkte aus bedenklich, wenn ein Jude im Namen des Königs Recht sprechen darf ... Ein derartiges Hervortreten der Juden in die Richterstellen ist um so unerträglicher, als mit dem Eindringen der Juden in die Richterstellen eine noch viel stärkere Verjudung des Anwaltsstandes Hand in Hand gegangen ist." Die „Verjudung des deutschen Rechtslebens" stelle eine nicht zu unterschätzende Gefahr für das ganze deutsche Volk dar. Ein jüdischer Richter solle nur befugt sein, über Rechtsfälle zu urteilen, bei denen beide Parteien Juden sind, und „kein deutscher Mann sollte genötigt werden dürfen, vor einem jüdischen Richter sein Recht zu suchen". Die zunehmende Zahl jüdischer Richter sei die entscheidende Ursache für die „Entfremdung der Rechtssprechung von dem im Volke lebenden Rechtsgefühl".[51]

Die *Kreuzzeitung* widmete sich im April 1895 in ihrem Artikel *Das Judentum und die gelehrten Berufsarten* darüber hinaus der Zunahme jüdischer Studenten an den juristischen und medizinischen Fakultäten der preußischen Universitäten und bezweifelt in diesem Kontext die „sittliche Qualifikation" der Juden zu staatlichen Ämtern überhaupt. Das einfachste Mittel gegen die „jüdische Gefahr" sei die Wiederaufhebung der Judenemanzipation und eine Rückkehr zu dem „System des christlichen Staates"; erscheine dieses Mittel einigen zarten Gemütern zu radikal, solle man wenigstens den konfessionellen Eid wieder einführen und damit die Vorschrift, daß Christen nur von christlichen Richtern vereidigt werden können. Die „Lösung der Judenfrage" sei stärker denn je unter dem Aspekt der „Erhaltung unserer nationalen Eigenart" bald in Angriff zu nehmen, bevor das Judentum übermächtig werde.[52]

Auch die seit 1887 von Theodor Fritsch, später von Liebermann von Sonnenberg herausgegebenen *Deutsch-sozialen Blätter* beschäftigten sich wiederholt mit der Thematik, stellten sie jedoch nicht in den Vordergrund ihrer Propaganda. Schon 1894 hatten das Blatt um der „Rechtssicherheit" willen, eine „möglichst schnelle Säuberung der Gerichtshöfe von diesen [jüdischen – B. S.] Elementen" als „abso-

[51] *Staatsbürger-Zeitung* vom 13. Juni 1895, unter dem Titel *Jüdische Richter in Deutschland*, in: BA Potsdam, 30.01., Nr. 4152, Bl. 5 f.

[52] *Kreuz-Zeitung* vom 22. April 1895, in: GStAPK, Rep. 84a, Nr. 11949, Bl. 121.

lute Notwendigkeit" gefordert.[53] 1896 brachte es zwei Beiträge unter den Titeln *Das Judentum in der Rechtsanwaltschaft* und *Der Untergang des Anwaltsstandes*, in denen die Forderung nach einem gesetzlichen Ausschluß der Juden aus dem Rechtsanwaltsberuf und allen Staats- und Gemeindeämtern unterstrichen wurde.[54]

In den 1890er Jahren versuchte man seitens der Antisemiten ferner wiederholt, jüdische beziehungsweise vermeintlich jüdische Richter in Gerichtsprozessen wegen „Befangenheit" abzulehnen. 1897 wurde erstmals ein derartiger Fall vor dem Reichsgericht öffentlichkeitswirksam, als ein nichtjüdischer („als Christ geborener") Senatspräsident wegen seiner „jüdischen Abstammung" vom Rechtsanwalt des Beklagten (ohne Erfolg) als „befangen" abgelehnt wurde.[55]

Liebermann von Sonnenbergs „Lieblingsprojekt" (R. S. Levy) dagegen, die Wiedereinführung des religiösen Eides für Zeugen in Gerichtsprozessen, wurde im April 1897 mit den Stimmen der Konservativen und des Zentrums zum einzigen Vorschlag der Antisemiten, der im wilhelminischen Reichstag angenommen und zum Gesetz erhoben wurde.[56] Sonnenberg sprach aus diesem Anlaß im Reichstag dramatisch von einer „Notlage" der christlichen Bevölkerung, die sich in ihrem Gewissen beschwert fühlen müsse, wenn sie vor jüdischen Richtern den Eid ableisten soll.[57]

Im Jahre 1896 versuchte die *Freisinnige Zeitung* noch einmal, den Justizminister zu einer Stellungnahme über seine Anstellungspraxis zu nötigen, indem sie meldete, jener solle einem jüdischen Assessor gegenüber den Grundsatz geäußert haben, „die Strömung verlange es", nur so viele jüdische Richter anzustellen, wie sich aus dem Verhältnis der christlichen zur jüdischen Bevölkerung ergebe (der jüdische Bevölkerungsanteil in Preußen lag in diesen Jahren bei etwa 1,2%).[58] Eine

[53] *Deutsch-Soziale Blätter*, 9. Jg. (1894), Nr. 328, Leitartikel *Deutsche und jüdische Juristen*, S. 377 f.

[54] *Deutsch-Soziale Blätter*, 11. Jg. (1896), Nr. 397, S. 103 ff. sowie Nr. 407, S. 189; vgl. ferner die *Grundsätze und Forderungen der Antisemitischen Partei* auf dem Erfurter Parteitag am 6. –7. Juli 1890 (Flugblatt), in: BA Potsdam, 7.01. Nr. 681, Bl. 29.

[55] *IDR*, 3 (1897), S. 86.

[56] R. S. Levy, *The Downfall...*, S. 68.

[57] *AZJ*, 61. Jg., 5. April 1897, S. 171.

[58] *Freisinnige Zeitung* vom 10. Juni 1896 (von vielen Tageszeitungen übernommen – vgl. GStAPK, Rep. 84a, Nr. 11948, Bl. 163 ff. sowie Nr. 11949, Bl. 127 ff.); zur Statistik der jüdischen Bevölkerung vgl. Heinrich Silbergleit, *Die Bevölkerungs- und Berufsverhältnisse der Juden im Deutschen Reich*, Bd. 1: *Preußen*, Berlin 1930, S. 20.

solche Quotierung nach dem Bevölkerungsanteil war in den vergangenen Jahren – nicht ohne den Einfluß der Paritäts-Forderung des katholischen Zentrums – mehrfach von konservativen und antisemitischen Kreisen vorgeschlagen worden. Daß sich der Justizminister einem jüdischen Bewerber gegenüber dafür aussprach, ist eher unwahrscheinlich – ein offizielles Dementi oder eine Erklärung von seiten der Regierung verlautete jedoch auch diesmal nicht. Die vom CV seit 1895 herausgegebene Monatsschrift *Im Deutschen Reich* meinte dazu: „Hoffentlich beweist der Justizminister die Unrichtigkeit jener bereits von den Antisemiten bejubelten Mitteilung dadurch, daß er mehr jüdische Richter als bisher anstellt."[59] Die *Freisinnige Zeitung* berichtigte sich schließlich dahingehend, daß die fragliche Äußerung nicht vom Justizminister selbst, sondern von einem seiner Ministerialdirektoren gekommen sei.

Offenkundige Zurücksetzungen fanden sich in Preußen auch gegenüber jüdischen Anwälten hinsichtlich der staatlichen Verleihung des Notariats. Entgegen wiederholter offiziöser Dementi der Behauptung, die Justizverwaltung habe die Konfession der Bewerber zu einem besonderen Anhaltspunkt bei der Berücksichtigung der Notar-Anwärter gemacht, vermeldete das CV-Organ, ihrem Berichterstatter sei auf private Vorstellung im Justizministerium bestätigt worden, daß eine solche Unterscheidung tatsächlich gemacht werde.[60] Ferner lagen Pressemeldungen aus dem Reich vor, die Beispiele dafür brachten, daß derartige Erwägungen eine bestimmte Rolle gespielt haben mußten. So waren in Wiesbaden bei der Besetzung einer Notariatsstelle zwei nach dem Dienstalter ältere jüdische Rechtsanwälte zugunsten eines christlichen Kollegen übergangen worden, ohne daß andere besondere sachliche oder persönliche Gründe geltend gemacht werden konnten.[61] Am Reichsgericht waren, von einem Ausnahmefall abgesehen, seit dessen Bestehen jüdische Anwälte niemals zugelassen worden.[62] Der CV mußte Anfang 1896 daneben konstatieren, daß Juden in Preußen nicht mehr wie früher in gleicher Weise wie andere Bürger zum Schöffen und in das Geschworenenamt berufen wurden (vergleiche dazu auch das FÜNFTE KAPITEL).

[59] *IDR*, 2 (1896), S. 324.
[60] *IDR*, 3 (1897), S. 95.
[61] GStAPK, Rep. 84a, Nr. 11949, Bl. 165.
[62] T. Krach, *Jüdische Rechtsanwälte...*, S. 59.

Der Anteil jüdischer Juristen im höheren preußischen Justizdienst und der Anwaltschaft in den 1890er Jahren (bis 1904)

Nicht alle in den Justizministerialakten vorliegenden Generalberichte der obersten preußischen Gerichtsbehörden geben gesonderte Auskünfte über ihre jüdischen Aspiranten, und nur einige gliedern ihre Zahlenangaben konfessionell auf. Im Generalbericht für die Jahre 1889 bis 1891 beklagte das Berliner Kammergericht, wie schon in den Vorjahren, „ungeeignete Elemente" hätten Eingang in den Vorbereitungsdienst gefunden, wobei es „einzelnen, besonders jüdischen Referendaren schwer werde, den gesellschaftlichen Anforderungen ihrer Lebensstellung zu genügen".[63] Auch im Bericht für die Folgejahre 1892 bis 1894 verwies das Kammergericht auf seiner Meinung nach völlig ungeeignete Elemente für das Richteramt und deren hervorstechenden „Mangel an gesellschaftlichem Takt". Die Ursache sei vornehmlich, daß das Referendariat sich „zu einem immer größeren Theile aus den unteren, namentlich auch jüdischen Schichten ergänzt, wo die Lebensanschauungen ganz andere sind". Nach Auffassung des Kammergerichts sollten sehr bald Maßnahmen zur „Auswahl der geeigneten Persönlichkeiten" für den Richterstand eingeleitet werden, die über das einzige Auswahlkriterium der bestandenen Prüfungen allein nicht erreicht werde.[64]

Für den Berichtszeitraum 1889/91 äußerte sich neben dem Kammergericht nur die oberste Gerichtsinstanz von Frankfurt am Main ausführlicher über ihre jüdischen Referendare. Nach der Feststellung, daß bei der Prüfung der Aufnahme eines Kandidaten keinerlei Glaubensunterschiede gemacht werden dürften und im Gerichtsbezirk evangelische, katholische und jüdische Referendarien auch tatsächlich gleich behandelt würden, wies das Präsidium auf die besonderen Verhältnisse in seinem Bezirk hin: Die einheimische jüdische Bevölkerung, vor allem die relativ starken und wohlhabenden jüdischen Kreise der Stadt Frankfurt am Main, ließen ihre Söhne „mit Vorliebe" die juristische Laufbahn ergreifen. Dies habe zu einem steigenden Zuwachs an jüdischen Referendaren geführt. Allerdings sei „trotzdem und trotz des leider auch hierher getragenen Antisemitis-

[63] GStAPK, 2.5.1., Nr. 3155, Generalberichte der Justizbehörden, betr. die Referendare 1889–1894, Bl. 1 ff.

[64] *A. a. O.*, Bl. 235 ff.

mus ... bisher das Verhältnis unter den Referendaren und Juristen der verschiedenen Religionsbekenntnisse erfreulicherweise ein Gutes gewesen und so solle es auch bleiben"; doch ließe sich andererseits die Befürchtung nicht von der Hand weisen, daß bei zu starker Zunahme des „jüdischen Elements", vor allem auswärtiger Bewerber aus den östlichen Provinzen, dieses günstige Verhältnis eine Trübung erfahren könnte.[65]

Der allgemeinen Tendenz der Generalberichte entsprechend, stellte das Gerichtspräsidium von Königsberg die Tatsache, daß die Zahl der im Vorbereitungsdienst befindlichen Juden sich dort fortwährend vermindert hatte, als erfreulich heraus;[66] in Königsberg hatte nicht nur die Gesamtzahl der Referendare bis etwa 1890 ständig abgenommen, auch der Anteil jüdischer Referendare war von ca. 14% im Jahre 1885 drastisch um mehr als die Hälfte auf ca. 6,6% im Jahre 1891 gesunken. Eine gewünschte Verminderung des „jüdischen Elements" verzeichnete ausdrücklich auch das Oberlandesgericht Posen, wo der jüdische Anteil in diesem Zeitraum um etwa ein Viertel zurückgegangen war.[67]

Der Grundtenor aller Berichte unterschied sich kaum von dem der Vorjahre. Die juristische Ausbildung, so meinten die Gerichtskollegien, sinke vor allem wegen der familiären Herkunft und sozialen Stellung des Nachwuchses auf ein niedrigeres Niveau; Söhne aus sozial und finanziell bessergestellten Familien gingen der Justiz verloren, weil sie nach der Assessoren-Prüfung in die gesellschaftlich höher angesehene, besser besoldete und mit wesentlich günstigeren Beförderungsaussichten ausgestattete Verwaltung überwechselten. Die Stellung der Justiz, die gegenüber der Staatsverwaltung als weniger exklusiv galt, verliere durch diese Umstände zunehmend an Ansehen. Erneut klingt hier die Furcht vor einem verstärkten Eindringen kleinbürgerlicher Elemente in die Kreise der höheren Beamtenschaft an, das die gehütete Exklusivität und Homogenität der preußischen Bürokratie aufzuweichen drohe. Die behauptete kausale Verbindung zwischen dem gesunkenen „Ansehen" der Justiz und den in ihr augenscheinlich zahlreich vertretenen Juden wurde dabei von den Gerichtsbehörden als Tatsache behandelt, die keines

65 *A. a. O.*, Bl. 61 ff.
66 *A. a. O.*, Bl. 113 ff.
67 *Ebda.*

weiteren Nachweises zu bedürfen schien. Es war hingegen eine Tatsache, daß alle jüdischen Beamtenanwärter im Justizdienst verblieben, weil ihnen der Eintritt in den höheren Verwaltungsdienst generell verwehrt war.

Im Königsberger Bericht für 1892/94 wurde diese Frage nochmals aufgegriffen und – erstaunlich freimütig – auf eine bis dahin von einer preußischen Gerichtsbehörde unbekannte Weise behandelt. Im Zusammenhang mit dem vieldiskutierten „Sinken der Achtung des Richterstandes“ – gemeint war vornehmlich seiner relativen Exklusivität – wollte man diesmal ausdrücklich auf den negativen Aspekt der restriktiven Anstellungspraxis für Juden in der Staatsverwaltung hinweisen: Die Justiz befinde sich gerade dadurch im Nachteil, daß sie jüdische Bewerber zulasse, während andere Ressorts sich weigerten. An die Auffassung, daß sich die Benachteiligung der Juden auf diesem Gebiet letztlich auch zu einem Nachteil für die Justizbehörden gestalte, knüpfte das Gerichtspräsidium die Schlußfolgerung, daß diesem Mißstand nur durch Zulassung der Juden auch zu den anderen Verwaltungen abgeholfen werden könne. Diese Ausführungen der obersten Gerichtsbehörde der Provinz Ostpreußen (die in diesen Jahren einen der höchsten Anteile jüdischer Richter in Preußen hatte),[68] verdienen unsere Aufmerksamkeit, weil hier – ähnlich wie bei der Vorstellung der Berliner Universität beim Kultusministerum im Jahre 1847 wegen Öffnung der Fakultäten für jüdische Lehrkräfte – nachdrücklich für die Aufnahme jüdischer Beamtenanwärter in andere staatliche Verwaltungen plädiert wurde. Diese Meinung resultierte allerdings weniger aus einem Gerechtigkeitsempfinden oder einem liberalen Rechtsbewußtsein als vielmehr vornehmlich aus Eigeninteressen des Justizwesens und seiner Exponenten (etwa nach dem Motto: „Geteiltes Leid ist halbes Leid“ – für die Behörden). Der Vorstand des Königsberger Gerichts, das in seinem vorangegangenen Bericht noch von einem „erfreulichen“ anteilmäßigen Rückgang seiner jüdischen Referendare um mehr als die Hälfte berichtet hatte, sprach nun, einigermaßen kühn – immerhin wird das Verhalten der Staatsverwaltung als gesetzwidrig be-

[68] Vgl. TABELLE 14 im vorliegenden Kapitel (unten) bzw. GStAPK, Rep. 84a, Nr. 11944, Bl. 173. Danach hatte Königsberg in den Jahren 1898–1905 durchschnittlich 7,8% (1898: 7,22%) jüdische Richter und damit im Vergleich mit den anderen Gerichtsbezirken nach Westpreußen den prozentual zweithöchsten Anteil.

zeichnet! – über den oben bezeichneten Mißstand. Das Gremium verzichtete dabei nicht völlig auf antijüdische Ressentiments; die anerkannte Rücksicht auf die „Empfindungen der christlichen Bevölkerung", wegen der jüdische Richter als generell bedenklich für die Justizverwaltung und Rechtsprechung erschienen, stellt die positiven Aspekte des Vorschlages wieder in Frage. Es wird jedoch unmißverständlich auf den gegenemanzipatorisch-diskriminierenden und statusmindernden Effekt der staatlichen Ausschließungspraxis gegenüber Juden für die Sphäre der allgemeinen Staatsverwaltung hingewiesen, die nicht nur Juden „unwürdig" erscheinen lasse, sondern – als Folge davon – schließlich auch dem Ansehen der Behörden, die Juden als Beamte aufnehmen, schade. Durch das „Abfließen" eines Teils der jüdischen Anwärter auf höhere Beamtenstellen in andere Bereiche der Staatsverwaltung würde sich das Ansehen des Justizwesens verbessern. Die Königsberger Justizbeamten hatten folgendes betont:

> „Wir wissen uns frei von antisemitischen Anschauungen und verkennen nicht, daß auch manche recht tüchtige Richter jüdischer Abstammung sind, und volles Vertrauen verdienen. Allein ein großer Theil der Bevölkerung empfindet anders, und bringt dem jüdischen Richter ein solches Vertrauen nicht leicht entgegen. Das Ansehen der Gerichte wächst unzweifelhaft nicht durch eine Zunahme jüdischer Richter. Diesen Empfindungen eines großen Theils des Publikums wird doch einige Rechnung getragen werden müssen, und können auch wir es nicht gerade als einen Gewinn betrachten, wenn die Zahl der Juden im Richterstande noch weiter zunehmen sollte. Aber wir vermögen nicht zu verstehen, weßhalb, nachdem das Gesetz die Juden emanzipiert hat, von den Staatsämtern dasjenige des Richterstandes *allein* den Juden zugänglich bleiben soll. Nach dem Gesetz vom 3. Juli 1869 … sind alle …[Juden – B. S.] hiernach unzweifelhaft berechtigt, ihre Zulassung zu allen Staatsämtern zu erlangen, sobald sie die hierzu erforderliche Qualifikation erworben und nachgewiesen haben. Die Verwaltungsbehörden sind aber auch zu den gleichen Voraussetzungen zu deren Annahme verpflichtet … Diese klaren, unzweideutigen Vorschriften werden von den Verwaltungsbehörden einfach ignoriert … Wenn sich heute kein Jude mehr um Aufnahme in den Verwaltungsdienst bewirbt, so kommt das nur daher, weil der Jude von der völligen Aussichtslosigkeit einer solchen Meldung von vornherein überzeugt ist [! – B. S.] … Es dürfte nicht zweifelhaft sein, daß ein solches Verhalten dieser Behörde

ein geradezu gesetzwidriges ist. Die Folge davon ist aber, daß alle Juden, die in den Justizvorbereitungsdienst eintreten, welcher zur Zeit die alleinige Pflanzschule für die gesamte Verwaltung mit bildet, stets im Justizdienst bleiben. Der Schluß für das große Publikum liegt dann nahe, daß, wenn der Jude nicht zur Verwaltung zugelassen wird, und nur gut genug erscheint, im Justizdienst verwendet zu werden, von den Letzteren als ein Staatsdienst minderer Ordnung betrachtet werden, und in der öffentlichen Achtung tiefer gestellt werden müsse, als andere Zweige des öffentlichen Dienstes, zumal der Jude, auch wenn er übrigens noch so tüchtig und brauchbar ist, doch als Beamter, namentlich als Richter, nur schwer bei dem großen Publikum das gleiche Vertrauen, die gleiche Anerkennung und Wertschätzung findet, wie ein nicht besser befähigter Richter christlichen Glaubens. Wir sind überzeugt, daß gerade in dieser Fernhaltung der Juden von allen anderen Zweigen der Staatsverwaltung außer der Justiz ein wesentlicher Grund des nicht zu leugnenden Sinkens des Ansehens der Letzteren erblickt werden müsse. Die Sache würde sich alsbald ändern, wenn es gelänge, die Verwaltungsbehörden zum Aufgeben des gegenwärtigen, wie es uns scheint, gesetzwidrigen Standpunktes zu veranlassen."[69]

Richter/Juristen insgesamt

Der Anteil jüdischer Juristen im höheren Staatsdienst und in der Rechtsanwaltschaft der Monarchie im Vergleich der Jahre 1883 und 1893 (beziehungsweise 1886/87, wenn keine anderen Daten verfügbar waren) zeigt folgende Entwicklung:[70]

[69] GStAPK, 2.5.1., Nr. 3155, Bl. 171 f.

[70] GStAPK, Rep. 84a, Nr. 11944 (interne Statistik des Justizministeriums), Bl. 53–54.

TABELLE 12

Anteil jüdischer Juristen im höheren Staatsdienst und in der Rechtsanwaltschaft 1883 und 1893

	Jahr*	Gesamtzahl	davon Juden	
			absolut	%
Etatmäßig angestellte höhere Justizbeamte überhaupt	1883	4162	132	3,2
	1893	4465	170	3,8
darunter: Beamte der V. Rangklasse (Amts-, Landrichter, Staatsanwälte)	1883	3497	132	3,8
	1893	3748	168	4,5
darunter: Beamte der IV. Rangklasse (LG-Direktoren, OLG-Räte, Erste Staatsanwälte)	1883	500	–	–
	1893	543	2	0,4
Gerichtsassessoren	1886*	1366	112	8,2
	1893	1806	137	7,6
Referendare	1883	4077	546	13,4
	1893	3060	290	9,5
Rechtsanwälte	1887*	2870	586	20,4
	1893	3491	885	25,4

* Jahresende

Unter den hier nicht aufgeführten Beamten der I. bis III. Rangklasse (wie Oberlandesgerichtspräsidenten, Senatspräsidenten, Oberstaatsanwälte) befanden sich keine Juden; es gab auch keinen jüdischen Landgerichtsdirektor.[71] Zu Staatsanwälten wurden jüdische Juristen in Preußen generell nicht ernannt. Die Statistik zeigt neben der für diesen Zeitraum eher geringen Erhöhung der Stellenanzahl für höhere Justizbeamte einen erwarteten starken Anstieg der Rechtsanwälte (durch die Daten von Ende 1887 nicht in aller Deutlichkeit erkennbar) und einen deutlichen Rückgang der Gesamtzahl der Referendare; dieser wurde von dem anteilmäßigen Rückgang der Referendare jüdischer Konfession noch erheblich übertroffen.

Seit 1893 nahm die Gesamtzahl der Referendare wieder schnell zu, erreichte aber erst nach der Jahrhundertwende das Niveau von 1883. Der Anteil der jüdischen Referendare lag dagegen in diesem Zeitraum (1893–1904) durchschnittlich bei ca. 9,8%, stieg also nicht (vergleiche TABELLE 5).

Seit 1883 war die Zahl jüdischer Richter in Preußen von 132 auf 170 im Jahr 1893 angestiegen, unter ihnen die zwei in den Jahren

[71] Zu dieser Zeit gab es in Preußen 13 Oberlandesgerichte.

1890/91 ernannten Oberlandesgerichtsräte. Ende 1893 war die Zahl jüdischer Richter erstmals leicht rückläufig, um seit etwa der Jahrhundertwende zu stagnieren. Bei einer leicht steigenden Zahl etatmäßiger Richterstellen nahm deren Anteil relativ und absolut leicht ab. Eine von preußischen Justizministerium erstellte Statistik setzte die Zählung der Amts- und Landrichter sowie Staatsanwälte (Beamte der V. Rangklasse) ab 1893 fort.[72]

TABELLE 13

Anteil der Juden unter Beamten der V. Rangklasse (Richter und Staatsanwälte) 1893 bis 1904 (jeweils Jahresende)

Jahr	Preußische Justizbeamte der V. Rangklasse	davon Juden	
		absolut	%
1893	3748	168	4,5
1894	3794	168	4,4
1895	3871	173	4,5
1896	3957	176	4,4
1897	4001	182	4,5
1898	4054	185	4,6
1899	4083	190	4,7
1900	4184	188	4,5
1901	4273	189	4,4
1902	4344	186	4,3
1903	4447	190	4,3
1904	4545	190	4,2

Damit betrug der prozentuale Anteil der Juden unter allen preußischen Richtern (und Staatsanwälten) in den Jahren 1893 bis 1904 durchschnittlich 4,44%, wobei er seit der Jahrhundertwende leicht abnahm. Bei einer Zählung der Beamten dieser Rangklasse ohne Staatsanwälte – eine Position, in die Juden bekanntlich niemals im Untersuchungszeitraum gelangten – lag ihr prozentualer Anteil geringfügig höher (1898: 4,85%; 1900: 4,98%; 1902: 4,77%; 1904: 4,62%), nahm aber in den Jahren 1898 bis 1905 kontinuierlich leicht ab (von 4,85% auf 4,52%).

Die Meldung, die in den 1890er Jahren über die Presse in die Öffentlichkeit gelangte, unter den ca. 4000 preußischen Richtern

[72] GStAPK, Rep. 84a, Nr. 11944, Bl. 171.

seien etwa 200 jüdischer Konfession, stellte damit eine nahezu zutreffende Angabe dar. Wie die aus den Erhebungen des preußischen Justizministeriums zur konfessionellen Zugehörigkeit der höheren Justizbeamten hier erstellte Statistik ferner nahelegt, waren die von jüdischen Organisationen zu dieser Zeit angegebenen Daten, die die (vorhandene) Diskriminierung belegen sollten, nicht real, sondern hatten mehr apologetischen Charakter.[73] Aufgeschlüsselt auf die einzelnen Oberlandesgerichte zeigten sich starke Unterschiede in den einzelnen Gerichtsbezirken.

TABELLE 14

Anteil jüdischer Amts- und Landrichter in den preußischen Oberlandesgerichtsbezirken (Durchschnittswerte 1898–1905)[74]

Oberlandesgerichts-Bezirk	Jüdische Amts- und Landrichter	
	absolut	%
Berlin	39,6	6,3
Breslau	38,8	7,2
Kassel	1,3	1,1
Celle	1,3	0,4
Köln	17,5	3,7
Frankfurt/M.	9,6	5,3
Hamm	11,4	2,7
Kiel	3,8	2,3
Königsberg	20,9	7,8
Marienwerder	20,8	11,4
Naumburg	4,9	1,5
Posen	13,8	5,2
Stettin	5,5	3,2
Preußen insgesamt	188,9	4,4

[73] Jüdische Stellen gaben in vermeintlicher Berichtigung dieser Zahlen an, daß in ganz Deutschland lediglich 118 jüdische Juristen im Staatsdienst stünden, von denen in Preußen nur 89 (2,2%) bestallt seien. Diese Angaben wurden gelegentlich in neuere wissenschaftliche Publikationen übernommen, so z. B. von Ismar Elbogen/Eleonore Sterling, *Geschichte der Juden in Deutschland*, Frankfurt/M. 1966, S. 250; vgl. Jacob Toury, *Die bangen Jahre (1889–1891)*, in: P. Freimark/A. Jankowski/I. S. Lorenz (Hrsg.), *Juden in Deutschland*..., S. 177, der die Frage, ob die Zahlen korrekt sind, offenläßt (Toury zitiert nach: *AZJ-Gemeindebote*, [1890]). Uriel Tal kommt dagegen ebenfalls zu dem Schluß, daß die jüdischen Angaben nicht richtig sind (*Christians and Jews in Germany*..., S. 141).

[74] Durchschnittswerte errechnet aus: GStAPK, Rep. 84a, Nr. 11944, Bl. 173.

Zahlenmäßig am stärksten vertreten waren jüdische Richter der beiden unteren Instanzen danach in den zwei größten Gerichtsbezirken Berlin und Breslau (die Gesamtzahl aller angestellten Richter betrug im Kammergerichtsbezirk zwischen ca. 520 und 670, darunter befanden sich 36 bis 42 Juden, das heißt ca. 6–7%).

Hinsichtlich des prozentualen Verhältnisses lag der Gerichtsbezirk Marienwerder (Westpreußen) mit durchschnittlich 11,37% (absolut rund 20) jüdischen Richtern an der Spitze, gefolgt von Königsberg und Breslau. Worin die Ursachen für diese Verteilung liegen, ließe sich nur mit Hilfe spezieller regionaler sozialgeschichtlicher Daten und Studien, die nicht Gegenstand der vorliegenen Arbeit sind, untersuchen. Es kann vermutet werden, daß man in Gegenden mit hohem (polnisch-)katholischen Bevölkerungsanteil in der Zeit des „Kulturkampfes" jüdische Richter als „Nicht-Katholiken" unter Umständen bewußt in höherem Maße als üblich eingesetzt hatte, zumal polnische Kandidaten praktisch nicht in Frage kamen. Für Schlesien wirkte sich zudem der hohe jüdische Bevölkerungs- und Studentenanteil sowie die Bedürfnisse der in dieser Provinz befindlichen wirtschaftlich-industriellen Zentren Oberschlesiens, vor allem des Verwaltungszentrums der Provinzhauptstadt Breslau mit seinem großen Justizapparat aus. Am niedrigsten war die Zahl jüdischer Amts- und Landrichter in den ländlich geprägten Territorien der OLG-Bezirke Celle und Kassel.

Referendare

Den verhältnismäßig größten Anteil innerhalb der jüdischen Aspiranten im juristischen Vorbereitungsdienst stellten die Referendare. Einige fragmentarische Daten enthalten die Generalberichte der preußischen Gerichtsbehörden für die Jahre 1891 bis 1894 (für deren Berichterstattung es offenbar keine verbindlichen Themen-Vorgaben vom Ministerium gab). Da es vor allem die Gerichtsbezirke mit relativ vielen jüdischen Referendaren für notwendig erachteten, sich zum Thema zu äußern und differenzierte Zahlen zur Konfession ihrer Justizaspiranten mitzuteilen (die Gerichtsbezirke Berlin, Posen, Marienwerder und Frankfurt am Main), ergibt sich kein repräsentatives Bild. Zeitweise besonders hoch war der jüdische Anteil im Oberlandesgerichtsbezirk Posen mit 30% bis fast 40%. Bis etwa 1890 war ein rückläufiger Trend bei der Gesamtzahl der Referendare in Preußen festzustellen. Dies dürfte sich primär aus den Folgen der öffentlichen Überfüllungsdiskussion erklären, die insgesamt einschüchternd und demotivierend wirkte und zeitweilig eine Drosselung der Zuwachsraten bei Jurastudenten und Justizaspiranten erkennen ließ (vergleiche dazu unten). Sofern Vergleichszahlen vorliegen, ist (außer für Frankfurt am Main) ein sinkender Anteil jüdischer Referendare erkennbar.[75]

TABELLE 15

Anteil jüdischer Referendare in ausgewählten Oberlandesgerichtsbezirken (1891–1894)

OLG-Bezirk	Jahr	Referendare insgesamt	davon Juden	
			absolut	%
Kammergericht Berlin	Dez. 1891	635	102	16,1
	Dez. 1894	694	100	14,4
Hamm	Dez. 1891	250	12	4,8
	Dez. 1894	279	10	3,6
Königsberg	1885	293	41	14,0
	Dez. 1891	210	14	6,7
	Dez. 1894	209	14	6,7
Posen	Anf. 1885	140	55	39,3
	Dez. 1891	87	26	29,9
	Dez. 1894	150	26	17,3
Marienwerder	Dez. 1892	111	19	17,1
	Dez. 1893	128	19	14,8
	Dez. 1894	133	17	12,8
Frankfurt/M.	1892	156	29	18,6
	1893	160	30	18,8
	1894	170	34	20,0

Seit etwa 1893 hatte die Gesamtzahl der im Justizvorbereitungsdienst befindlichen Referendare wieder schnell zugenommen, so daß sie sich in nur zehn Jahren fast verdoppelte. Der Anteil jüdischer Referendare hielt mit dieser Entwicklung Schritt, war jedoch in der

[75] Zusammengestellt bzw. errechnet aus: GStAPK, 2.5.1., Nr. 3155, Bl. 1 ff.

Dekade zuvor (1883–1893) stark zurückgegangen; die Vergleichszahlen von 1883 zeigen, daß dieses Niveau nicht mehr erreicht werden konnte.[76]

TABELLE 16

Anteil jüdischer Referendare in Preußen (1893–1904)

Jahr	Gesamtzahl der Referendare	davon Juden	
		absolut	%
(Vergleichszahlen von Juli 1883)	(4077)	(546)	(13,4)
Juli 1893	3060	290	9,5
Juli 1894	3230	302	9,3
Juli 1895	3315	307	9,3
Juli 1896	3506	332	9,5
Aug. 1897	3767	385	10,2
Juli 1898	4062	408	10,0
Juli 1899	4314	436	10,1
Juli 1900	4602	458	10,0
Juli 1901	4954	503	10,2
Juli 1902	5319	517	9,7
Juli 1903	5718	555	9,7
Juli 1904	6154	607	9,9

Gerichtsassessoren

Der Anteil jüdischer Aspiranten an der Zahl der Gerichtsassessoren in Preußen lag relativ hoch, nahm jedoch tendenziell ab; die Zahl jüdischer Gerichtsassessoren schwankte auch absolut: Waren Ende des Jahre 1893 noch 7,6% (137) aller preußischen Gerichtsassessoren Juden, waren es fünf Jahre später nur noch 5% (96), Ende 1903 wieder 6,1% (126); Ende 1904 sank der Anteil erneut auf 5,3% (117).[77]

76 GStAPK, Rep. 84a, Nr. 11944, Bl. 171–172.
77 *Ebda.*

TABELLE 17

Jüdischer Anteil an preußischen Gerichtsassessoren (1893–1904)

Jahr	Gesamtzahl der Assessoren	davon Juden	
		absolut	%
(Vergleichszahlen von 1886)	(1366)	(112)	(8,2)
1893	1806	137	7,6
1894	1749	120	6,9
1895	1747	122	7,0
1896	1763	109	6,2
1897	1866	100	5,4
1898	1934	96	5,0
1899	1778	102	5,7
1900	1785	101	5,7
1901	1870	111	5,9
1902	2031	126	6,2
1903	2084	126	6,1
1904	2225	117	5,3

Rechtsanwälte

Insgesamt läßt sich ein weiterer kontinuierlicher Anstieg der Zahl der Rechtsanwälte in Preußen seit den 1890er Jahren erkennen, der um die Jahrhundertwende die 4000-Marke überschreitet. Die Zahl jüdischer Anwälte nahm dabei in stärkerem Maße zu, so daß sich ihr Anteil an der Berufsgruppe von 20,4% im Jahre 1887 auf 27,4% im Jahr 1904 erhöhte, während die Neigung nichtjüdischer Gerichtsassessoren, zur Anwaltschaft überzugehen, seit den 1890er Jahren eher geringer geworden war.[78]

[78] Vgl. Th. Kolbeck, *Juristenschwemmen...*, S. 89 f.

TABELLE 18

Jüdischer Anteil an preußischen Rechtsanwälten (1893–1904)*[79]

Jahr	Gesamtzahl der Rechtsanwälte	davon Juden	
		absolut	%
(Vergleichszahlen von 1887)	(2870)	(586)	(20,4)
1893	3491	885	25,4
1894	3554	923	26,0
1895	3631	946	26,1
1896	3700	978	26,4
1897	3780	1031	27,3
1898	3848	1057	27,5
1899	4084	1082	26,5
1900	4158	1115	26,8
1901	4243	1138	26,8
1902	4380	1191	27,2
1903	4542	1243	27,4
1904	4705	1287	27,4

* Jeweils Jahresende.

Nach einer in den *Grenzboten* veröffentlichten differenzierten Statistik der preußischen Rechtsanwälte für das Jahresende 1895 (die bei vergleichbaren Werten nur leicht von den Angaben des Justizministeriums abweicht) ist der Anteil jüdischer Rechtsanwälte innerhalb der Berufsgruppe mit durchschnittlich 23% sehr hoch. In den Oberlandesgerichts-Bezirken Berlin, Breslau und Frankfurt am Main sind die absoluten und relativen Zahlen jüdischer Rechtsanwälte am höchsten, wobei diese in Berlin mit 54% mehr als die Hälfte aller Rechtsanwälte stellten.[80]

[79] GStAPK, Rep. 84a, Nr. 11944, Bl. 171–172. Die Zahl aller Rechtsanwälte in Preußen wuchs dabei ständig, verdoppelte sich etwa zwischen 1880 und 1901 und nahm danach noch schneller zu (1880: 2156; 1901: 4217; 1906: 5047), vgl. *JMBl.*, 69. Jg., Nr. 38, S. 540 (hier auch eine allgemeine Übersicht über die Zahl der Studierenden der Rechte und den Personalbestand im preußischen Justizwesen 1880–1906/07).

[80] Vgl. *Richter und Anwalt* (Autor vermutlich Justus Clemens), in: *Die Grenzboten*, 55. Jg. (1896), 12. April 1896, S. 517 f.

TABELLE 19

Jüdischer Anteil an preußischen Rechtsanwälten (Stand Ende 1895)

OLG-Bezirk	Rechtsanwälte insgesamt	davon Juden	
		absolut	%
Berlin	655	354	54,0
Breslau	382	137	35,9
Kassel	78	12	15,4
Celle	252	39	15,5
Köln	586	42	7,2
Frankfurt am Main	201	54	26,9
Hamm	298	17	5,7
Kiel	130	16	12,3
Königsberg	177	23	13,0
Marienwerder	135	27	20,0
Naumburg	279	22	7,9
Posen	172	43	25,0
Stettin	154	18	11,7
insgesamt	3499	804	23,0

Andere Daten bestätigen die angegebenen Größenordnungen. Bernhard Breslauer gibt für das Jahr 1906 die Zahl jüdischer Rechtsanwälte im gesamten Deutschen Reich mit 1791 (von 7927) an, ihr Prozentsatz von allen deutschen Anwälten belief sich also auf 22,6%. Mehr als die Hälfte von ihnen war in den Oberlandesgerichts-Bezirken Berlin, Breslau, Karlsruhe und Frankfurt am Main tätig. Der Kammergerichtsbezirk Berlin stand dabei mit 655 von 1241 Anwälten (52,8%) unangefochten an der Spitze. In der Stadt Berlin lag das Verhältnis der Anwälte jüdischer und christlicher Religion bei ca. 60 : 40.[81]

Bereits im Jahr 1901 waren unter den insgesamt 851 in Berlin ansässigen Rechtsanwälten 526 (61,8%) jüdisch (vergleiche dazu das FÜNFTE KAPITEL).[82]

[81] B. Breslauer, *Die gesellschaftliche Stellung der Juden...*, in: *IDR*, 12 (1906), S. 290. – Vgl. hier auch Ausführungen zum Verhältnis der jüdischen Rechtsanwälte ihren Glaubensgenossen gegenüber.

[82] Vgl. das FÜNFTE KAPITEL, Anm. 5. – Zu den bekanntesten jüdischen Rechtsanwälten Berlins der ersten Generation gehörten neben dem bereits erwähnten Wilhelm S. Freund u. a. die drei später im CV stark engagierten Juristen Eugen Fuchs (1856–

„Überfüllung" im preußischen Justizdienst und „Assessoren-Paragraph" – Die Diskussion um die Lage im Justizwesen und der „Referendariats-Antisemitismus"

Spätestens seit Anfang der 1890er Jahre wurde in der Justizverwaltung offenkundig, was sich bereits in der vorangegangenen Dekade abgezeichnet hatte: Das preußische Justizwesen befand sich in einer schwierigen Lage. Angesichts des Mißverhältnisses zwischen der Zahl der im Justizwesen vorhandenen Stellen und der Zahl der in die juristische Ausbildung strömenden Studenten konnte seit den 1880er Jahren von einer tatsächlichen Überfüllung der Ausbildungsgänge gesprochen werden. Die allgemein stark steigende Zahl Bildungswilliger an höheren Schulen, Hochschulen und in den Ausbildungsgängen für Akademiker im Staatsdienst hatte vielfältige Ursachen, war aber vor allem auf ein verstärktes Interesse kleinbürgerlicher Schichten an Bildungs- und Aufstiegschancen unter den veränderten sozialen und wirtschaftlichen Bedingungen zurückzuführen.[83]

Die im preußischen Justizwesen seit Jahrzehnten übliche Praxis, daß in der Regel jeder Bewerber, der die erste juristische Prüfung bestanden hatte, in den Vorbereitungsdienst aufgenommen wurde und damit zwar kein subjektives gesetzliches Recht, aber eine Anwartschaft auf die spätere Anstellung (nach Maßgabe des Dienstalters als Assessor) geltend machen konnte, hatte zu einer großen Zahl von Justizaspiranten geführt. Assessoren konnten (wie alle richterlichen Beamten) nur auf dem Wege eines Disziplinarverfahrens aus dem Justizdienst entlassen werden. Der Titel eines Gerichtsassessors befähigte prinzipiell zur Übernahme aller Verwaltungsstellen.

1923), Oskar Cassel (1849–1923) und Hugo Sonnenfels (1863–1927, vgl. das FÜNFTE KAPITEL, S. 296–323) sowie Bernhard Breslauer (1851–1928), seit 1880 Anwalt (vgl. das FÜNFTE KAPITEL, S. 323–330); Oskar Cohn (1869–1934), seit 1897 Anwalt; Julius Magnus (1867–1944), seit 1898 Anwalt und Albert Pinner (1857–1933). Vgl. T. Krach, *Jüdische Rechtsanwälte*..., S. 429 ff.

[83] Auf den Aspekt der subjektiv wahrgenommenen bzw. bewußt staatlich provozierten „Überfüllung" zur Erhaltung des Bildungsprivilegs wird an dieser Stelle nicht eingegangen; die „Qualifikationskrise" ließ sich hervorragend als Instrument der politischen Disziplinierung des Bildungsbürgertums und zur Erhaltung des Bildungsprivilegs benutzen, vgl. dazu N. Kampe, *Studenten und „Judenfrage"*..., S. 72; D. K. Müller u. a., *Modellentwicklung zur Analyse von Krisenphasen im Verhältnis von Schulsystem und staatlichem Beschäftigungssystem*, in: *Zeitschrift für Pädagogik*, Beih. 14, (1977), bes. S. 48 ff.

Jeder Rechtskandidat, der in irgendeinem Zweig des Staatsdienstes eine Anstellung zu finden hoffte und seine Befähigung zum höheren Justizdienst durch Absolvierung der Referendarprüfung bewiesen hatte, konnte diesen Weg gehen. Ein Regulativ vom 1. Mai 1883, das den Oberlandesgerichtspräsidenten die Möglichkeit gegeben hatte, Bewerber aus fremden Gerichtsbezirken wegen „Überfüllung" und mangelnder persönlicher Eignung („Unwürdigkeit") abzuweisen sowie der obligatorische Nachweis des standesgemäßen Unterhalts für fünf Jahre hatten wenig bewirkt.[84] Die Justiz war seit der Reichsgründung das Sammelbecken für alle angehenden mittelbaren und unmittelbaren höheren Staatsbeamten geworden, aus dem fast alle Verwaltungen ihren Bedarf an juristisch vorgebildeten Beamten rekrutierten.[85]

Durch diese Verfahrensweise, deren quantitativ und qualitativ gesteuerte Regulierung im wesentlichen nur durch die Referendarprüfungen erfolgte, war die Zahl der Anwärter für Ämter in Justiz und Verwaltung stetig gewachsen und stand bald in einem disproportionalen Verhältnis zu den vorhandenen Stellen, die nur langsam aufgestockt wurden.[86] Der starke Andrang zum Justizdienst beziehungsweise bereits zum juristischen Studium, vor allem ein „Stau"

[84] Regulativ vom 1. Mai 1883, in: *JMBl*, Berlin 1883, S. 131 ff. (§§ 14–15), vgl. DRITTES KAPITEL, Anm. 44.

[85] Die Verpflichtung der Justizbehörden, jeden Bewerber nach Ablegung der vorgeschriebenen Examina in die betreffende Vorbereitungsstufe aufzunehmen, galt bis 1869 für die Aufnahme in das Regierungsreferendariat (in den Verwaltungsdienst) nicht. Hier lag eine Auslese nach politischen und sozialen Gesichtspunkten im freien Ermessen der Behörden. Danach gingen sämtliche höhere Beamten der allgemeinen Staatsverwaltung aus der Justiz hervor, in der sie vor ihrer Übernahme als Regierungsreferendar zwei Jahre lang im Vorbereitungsdienst beschäftigt waren, vgl. W. Bleek, *Von der Kameralausbildung...*, S. 124.

[86] Die Dienstzeit als Assessor, bevor eine feste Anstellung zu erwarten war, dauerte nach den Angaben der *Deutschen Juristen-Zeitung* im Jahre 1896 statistisch etwa 7 bis 8 Jahre (*DJZ* vom 1. April 1896, 1. Jg., Nr. 7, S. 1). Sie konnte in dieser Zeit im Einzelfall zwischen zwei Jahren und einigen Monaten und bis zu über 13 Jahren liegen. Die Länge der Assessorenzeit wurde wesentlich durch das Prüfungsprädikat und die Beurteilung durch den Vorgesetzten bestimmt (vgl. R. Schröder, *Die Richterschaft am Ende des Zweiten Kaiserreiches...*, S. 234 f.). Dabei reduzierten die Referendarprüfungen die Bewerber bereits erheblich; Paul Mühsam, der im Jahre 1900 die Examina ablegte, berichtet in seinen Lebenserinnerungen, daß zu dieser Zeit in Berlin durchschnittlich 75% der Kandidaten durch die Prüfung fielen, während in der Provinz dieses Verhältnis bei 50:50 lag (vgl. Paul Mühsam, *Ich bin ein Mensch gewesen. Lebenserinnerungen*, Gerlingen 1989, S. 88).

bei den Gerichtsassessoren und das Abfließen der besten (der nichtjüdischen) Kräfte in die sozial höher bewertete allgemeine Staatsverwaltung, hatten zu einer Situation geführt, die von zahlreichen Justizbeamten als krisenhaft empfunden wurde. Es war in Regierungs- und Juristenkreisen zunehmend von einem sinkenden Ausbildungsniveau und Ansehen der preußischen Richter im Vergleich zu anderen Staatsbeamten die Rede. Diese Umstände gewannen erst im konkreten historischen Kontext Brisanz und politische Bedeutung.

Die in sich reformerisch gebenden Justizkreisen geforderte „Hebung der Qualität des Richterstandes" meinte, entgegen dem ersten Anschein, weniger eine Verbesserung der Rechtspflege, vielmehr sollte damit nichts anderes zum Ausdruck gebracht werden als der Hinweis auf das ständige Absinken des Sozialprestiges der Richterschaft, die, gemessen an Ehrungen, Besoldungsverhältnissen, Arbeitslast und sozialer Zusammensetzung deutlich unter den Verwaltungsbeamten stand. Das hatte zur Folge gehabt, daß sich die „besten Kreise" von den Richterstellen fernhielten und eine Militär- oder Verwaltungslaufbahn einschlugen, während das mittlere und kleine Bürgertum, zusammen mit den Juden, denen jene Laufbahn verschlossen war, in die Richterstellen nachrückte.[87] Über einen Verfall sozialer Geltung des Richtertums klagten demzufolge besonders jene Beamten, die wegen der zunehmenden Rekrutierung des juristischen Personals aus dem Kleinbürgertum die soziale Exklusivität und das „quasi-aristokratische", politisch konservative Bewußtsein der preußischen Beamtenschaft mit ihrer früheren ständischen Verwurzelung schwinden sahen.[88]

Die „Inflationierung" der Bildung bedrohte sowohl den sozialen Status und die ökonomische Basis des Bildungsbürgertums als auch den Nachwuchs der feudalen Elite, die sich mit Hilfe von Bildung und Protektion in den Pfründen der Exekutive eingerichtet hatte und eine Teilhabe bürgerlicher Aufsteiger an der staatlichen Machtausübung befürchtete.[89] Diese Situation löste umfangreiche Diskussionen um „Überfüllung" und Reformierung des Justizbereiches unter den Bedingungen der allgemeinen Krise auf dem akademischen Arbeitsmarkt aus.

[87] Vgl. Dieter Simon, *Die Unabhängigkeit des Richters*, Darmstadt 1975, S. 44 ff.
[88] Vgl. W. Bleek, *Von der Kameralausbildung...*, S. 125.
[89] N. Kampe, *Studenten und „Judenfrage"...*, S. 71.

Die Justizverwaltung strebte eine Lösung des Problems an, in der ohne offensichtlichen Verfassungsbruch gesellschaftliche Spitzenpositionen für die Söhne der oberen Gesellschaftsschichten zu reservieren waren. Eine Exklusivität, wie sie hinsichtlich des Ausschlusses von Juden und kleinbürgerlichen Bewerbern in der allgemeinen Staatsverwaltung und dem diplomatischen Korps praktiziert wurde, war für den Justizbereich allerdings nicht mehr realisierbar.

Die konkrete Lage war bekannt: Schon die Wartezeiten preußischer Referendare (nach zumeist vierjähriger Referendarszeit) auf eine Assessorenstelle betrug um 1888 durchschnittlich sechs Jahre. Wer dann zum Gerichtsassessor gelangt war, wartete in Preußen 1895 noch einmal ca. fünf bis sechs Jahre auf seine feste Anstellung. Von den Anfang 1896 auf eine Anstellung im höheren Justizdienst wartenden 1747 preußischen Gerichtsasssessoren konnte sich mehr als die Hälfte (54%) nicht von ihrem Beruf ernähren. Darunter waren 728 (42%), die unbesoldet bei den Justizbehörden beschäftigt waren, also keines der begehrten besoldeten Kommissorien bekommen hatten und völlig von eigenem oder väterlichem Vermögen leben mußten.[90] Bei ca. 459 Anstellungen (im höheren Justiz- und Verwaltungsdienst beziehungsweise durch Approbation als Rechtsanwalt) auf 1809 Assessoren (aller Dienstjahre) im Jahr 1890 sanken die Chancen einer baldigen etatmäßigen Anstellung mit der Folge, daß der Konkurrenzdruck im Justizbereich zunahm. Wie ein Sprecher des Justizministeriums bei Erörterung dieser Frage im Abgeordnetenhaus im März 1890 mitteilte, würden in Preußen jährlich ca. 600 Referendare zu Gerichtsassessoren ernannt, im unmittelbaren Justizdienst (als Richter und Staatsanwalt) seien aber nur 120 bis 130 Assessoren zu beschäftigen. Trotz der Hinwendung vieler Aspiranten zur Kommunalverwaltung und der Rechtsanwaltschaft steige der Überschuß an Assessoren Jahr für Jahr.[91]

Vor diesem Hintergrund erschien die Zahl der Justizbewerber jüdischer Konfession ihren Gegnern als besonders groß und „bedrohlich", und es fehlte nicht an Stimmen, die mit Hilfe antisemitischer Andeutungen die Ursache des scheinbaren „Niederganges der Justiz" oder tatsächlicher Mißstände an dieser Stelle suchten. In der Tat war die Zahl der jüdischen unbesoldeten Assessoren im Verhältnis zu ihren christlichen Kollegen relativ hoch, auch höher als nach der

[90] *A. a. O.*, S. 67 f.

[91] *StBPrA*, 19. Sitzung am 3. März 1890, S. 431.

Zahl der nachrückenden Referendare zu erwarten gewesen wäre, eben weil jene bei der Anwartschaft auf eine vakante Richterstelle deutlich benachteiligt wurden und nicht in die Verwaltung übertreten konnten; sie hatten demzufolge ein höheres Dienstalter aufzuweisen und wurden, wollten sie im beamteten Justizdienst verbleiben, unter Umständen zum „ewigen Assessor". So wurde die Wahl beruflicher Unabhängigkeit durch die im öffentlichen Dienst fortbestehenden informellen Zurücksetzungs- und Ausschließungspraktiken verstärkt oder erst hervorgebracht.

Diejenigen Justizaspiranten, die keine finanziellen Mittel für einen jahrelangen unbesoldeten Justizdienst hatten, wandten sich direkt, nachdem sie die Assessorprüfungen bestanden hatten, der Anwaltslaufbahn zu, um der kostspieligen und immer länger währenden Zeit des zumeist unbesoldeten Assessorentums zu entgehen. Für jüdische Justizbewerber war dieser Weg in den freien Beruf des Rechtsanwalts noch naheliegender, da sie von der allgemeinen Staatsverwaltung überhaupt nicht, von der Kommunalverwaltung kaum und von der Justizverwaltung noch schleppender aufgenommen wurden als christliche Bewerber. Die Mehrzahl jüdischer Juristen war damit im Anwaltsberuf tätig.

Als „Ausweichkarriere" kam die Möglichkeit, sich als Anwalt niederzulassen (und relativ schnell Geld zu verdienen), jedoch auch nur bedingt in Frage. Bei der hohen Zahl der Anwälte in den großen Städten war die Einkommens- und Niederlassungssituation nicht problemlos, wenn auch im Vergleich zu anderen Berufen zumindest in wilhelminischer Zeit noch immer sehr günstig. Als Freiberufliche waren Rechtsanwälte dem Arbeitsmarkt-Mechanismus voll ausgesetzt, während dieser für Bewerber im öffentlichen Dienst nur bis zur definitiven Amtsanstellung eine existentielle Bedeutung hatte.[92] Historisch-„traditionell" mit sozialer Unsicherheit und permanenter Konkurrenz länger vertraut, waren Juden beziehungsweise jüdische Rechtspraktikanten möglicherweise auch eher bereit, das damit verbundene Risiko sozialer und finanzieller Unsicherheit einzugehen. Auch aus den bereits erwähnten religiösen Gründen wählte ein großer Teil der jüdischen Justizkandidaten von vornherein den Anwaltsberuf, ohne diese Entscheidung selbst als „Flucht" zu verstehen. Juden kleinbürgerlicher Herkunft, die mit knappen finanziellen Mit-

[92] Vgl. N. Kampe, *Studenten und „Judenfrage"*..., S. 61.

teln schnell den ersten beruflichen Erfolg realisieren wollten, wurden ebenfalls Rechtsanwalt. Die homogene soziale Selektion und zuverlässige politische Kontrolle des Staates, schließlich ein auf allen Sozialisationsstufen des „königlichen Beamten" konsequent gepflegter Kastengeist dürfte den Wunsch zahlreicher jüdischer Justizaspiranten nach einem Richteramt zudem nicht verstärkt haben.

Daß jüdische Rechtsanwälte in ihrem Berufsstand nicht nur zahlenmäßig stark vertreten waren, sondern auch nach der Jahrhundertwende – vor allem in der Zeit der Weimarer Republik – eine „gewisse Elite" (Paul Mühsam) bildeten, lag auch daran, daß ihre christlichen Kollegen mit den besten Prüfungsergebnissen in der Referendarsprüfung fast regelmäßig in den Staatsdienst eintraten (wo sich ihnen bekanntlich Existenzsicherheit, Karrieremöglichkeiten und hohes Ansehen boten), während die eher minder Begabten unter jenen den Anwaltsberuf ergriffen; bei den Juden dagegen wandten sich auch die Befähigsten dem Rechtsanwaltsberuf zu.[93] Auf Grundlage der Tatsache, daß einerseits die Mehrzahl der nichtjüdischen Justizaspiranten trotz der angespannten Arbeitsmarktlage nach wie vor eine Staatsanstellung der freien Rechtsanwaltschaft vorzog, andererseits denjenigen unter ihnen, die ihr Examen nur schlecht bestanden hatten (und damit geringe Chancen hatten, in attraktivere Staatsanstellungen zu gelangen) der Anwaltsberuf als Möglichkeit offenblieb,[94] läßt sich vermuten, daß die nichtjüdischen Rechtsanwälte, deren Mitglieder unter diesem Blickwinkel zum Teil eher eine „Negativ-Auslese" aus den Juristen darstellten, den jüdischen Berufskollegen, deren beste Kräfte (ohne echte Alternative) in diesen Beruf strömten, in ihrer Gesamtheit vergleichsweise tatsächlich fachlich unterlegen waren. Eine Konkurrenz durch jüdische Anwälte bestand damit möglicherweise – wenigstens in einigen größeren Städten – also nicht nur quantitativ, sondern auch qualitativ.

Die Bevorzugung der Justizbeamtenbewerber mit den besten Prüfungsergebnissen bei der Stellenvergabe traf für jüdische Bewerber nur sehr bedingt zu. Im allgemeinen wurden Kandidaten mit dem Referendarprüfungs-Prädikat „gut" (ca. 10% aller Prädikate) und „vorzüglich" (ca. 1%) rascher befördert und bei der Auswahl der zu besetzenden Stellen bevorzugt, vorausgesetzt, die Beurteilung seines Vorgesetzen fiel nicht ungünstig aus. Wenn jedoch ein Jude diese

[93] Vgl. P. Mühsam, *Ich bin ein Mensch gewesen...*, S. 226.
[94] Vgl. T. Kolbeck, *Juristenschwemmen...*, S. 89 f. und 98 f.

Voraussetzung erfüllte und ein „vorzüglich" erhielt, wurde er zunächst vor den Personaldezernenten im Justizministerium vorgeladen. Für den Fall, daß er sich taufen ließ, wurde ihm eine sofortige feste Anstellung als Amtsrichter mit raschester Beförderung in Aussicht gestellt![95]

Einige wenige Berufsmöglichkeiten boten sich ausgebildeten Juristen bei den obersten Verwaltungsbehörden, in der Kommunalverwaltung oder in Industrie und Wirtschaft. Sie konnten jedoch wegen der noch relativ geringen Anzahl von Stellenangeboten nicht stärker genutzt werden. Der Prozentsatz der preußischen Gerichtsassessoren, die eine Anstellung außerhalb des Staatsdienstes in Industrie und Handel fanden, lag im Jahre 1888 lediglich bei ca. 5%.[96] Die exklusiven Laufbahnen des Regierungsdienstes in der inneren Verwaltung oder dem Auswärtigen Amt wurden erheblich durch Ämterpatronage und „Vetternwirtschaft" bestimmt, die den elitären Charakter dieser Bereiche sichern halfen. Von den Regierungsreferendaren in Preußen waren noch 1881 30,5% adlig; der Anteil der adligen Verwaltungsaspiranten stieg sogar bis 1899 auf 43% an.[97] Jüdische Bewerber hatten hier keine Chance; hingegen nutzte eine unbekannte Zahl jüdischer Juristen die Möglichkeit einer Tätigkeit in Banken und größeren Industrieunternehmen oder bei wirtschaftlichen Verbänden und politischen Vereinigungen.

Neben den jüdische Juristen, die in justizfremde Bereiche wie das Industrie- und Bankwesen sowie in die Publizistik gingen,[98] wirkte

[95] *A. a. O.*, S. 109.

[96] *A. a. O.*, S. 36.

[97] N. Kampe, *Studenten und „Judenfrage"...*, S. 68.

[98] Nur zwei Beispiele seien hier angeführt: Die beiden durch ihr politisches Engagement bekannt gewordenen Juristen Eduard Lachmann und Leopold Levy waren finanziell unabhängig und konnten nach Abschluß der Ausbildung in das im Familienbesitz befindliche Unternehmen eintreten. Dr. jur. Eduard Lachmann (1853–1909) hatte im Jahre 1882 das Assessorexamen abgelegt und sechs Monate lang eine kommissarische Richterstelle in Berlin verwaltet. Das 1884 erlangte Anwalts-Patent nutzte er nicht praktisch, sondern übernahm gemeinsam mit seinem Bruder die Messingwerke W. Borchardt jun. Während dieser Zeit widmete sich Lachmann publizistisch unter anderem der Arbeiterfrage. 1890 wurde er zum stellvertretenden Vorsitzenden der Berliner jüdischen Gemeinde gewählt und war später im Vorsitz des Verbandes der Deutschen Juden tätig (vgl. *Korrespondenz-Blatt* des VdDJ, Nr. 3, Januar 1909). – Dr. jur. Leopold Levy (1870–1939) wurde 1897 Assessor und war im Jahre 1900 als Hilfsrichter beim Landgericht Bromberg tätig. Nach dem Tode seines Vaters übernahm er das Familienunternehmen und wurde Industrieller. Jahrelang als Stadtverord-

eine Reihe von ihnen an exponierten Stellen des öffentlichen Lebens, insbesondere als Parlamentarier. Diesen wurde bereits in mehreren wissenschaftlichen Veröffentlichungen Aufmerksamkeit zuteil, deshalb soll an dieser Stelle ein kurzer Hinweis auf den relativ hohen Anteil von (praktizierenden) Juristen unter den jüdischen Mitgliedern des preußischen Abgeordnetenhauses (zum Teil daneben auch des Reichstages) genügen. Zu ihnen gehörten für den Untersuchungszeitraum neben dem wohl bekanntesten, dem nationalliberalen „Berufspolitiker" Eduard Lasker (1829–1884), die Rechtsanwälte Moritz Baerwald (1860–1919), Oskar Cassel (1849–1923), Wilhelm Cohn (1828–1891), Wilhelm S. Freund (1831–1915), Ludwig Heilbrunn (1870–1951), Max Lichtenstein (1860–1942), Felix Waldstein (1865–1943), Moritz Warburg (1810–1886) und Eduard Wolff (1852–1914) sowie die Richter Paul Liepmann (1856–1932) und Martin Peltasohn (1849–1912).[99]

Die starke Präsenz jüdischer Anwälte in einigen größeren Städten, namentlich in Berlin, und der hohe Anteil jüdischer Aspiranten im Justizvorbereitungsdienst verstärkten eine Konkurrenzsituation, die von den Antisemiten zum Schüren einer judenfeindlichen Stimmung benutzt wurde. Entsprechende Haltungen unter Teilen der Rechtspraktikanten und Justizbeamten schlugen sich in vielerlei Gestalt nieder, die von Ignoranz bis zur unverhüllten antisemitischen Agitation reichte. Etliche der antisemitisch eingestellten Juristen verfaßten (außerhalb der juristischen Fachpublikationen!)[100] Zeitungsartikel und

neter seiner Heimatstadt Inowrazlaw und in der jüdischen Gemeinde tätig, war er in den Jahren 1911–1918 nationalliberales Mitglied des preußischen Abgeordnetenhauses (vgl. E. Hamburger, *Juden im öffentlichen Leben*..., S. 374 f.; E. G. Lowenthal, *Juden in Preußen*..., S. 135).

[99] Zu den einzelnen Juristen-Persönlichkeiten vgl. u. a. E. Hamburger, *Juden im öffentlichen Leben*...; J. Toury, *Die politischen Orientierungen*... (hier auch Liste der jüdischen Reichstagsmitglieder 1893–1914, S. 229 f.). Zu E. Lasker vgl. vorliegende Arbeit, S. 91 und S. 158, zu Oskar Cassel vgl. S. 296 ff. und zu Martin Peltasohn siehe S. 287 ff. u. 297 f.

[100] Innerhalb der Berufsverbände selbst (Deutscher Anwaltsverein, Deutscher Richterbund, Juristische Gesellschaft Berlin u. a.), die im Rahmen der vorliegenden Arbeit keiner speziellen Analyse unterzogen wurden, läßt sich bisher ein explizit antisemitisches Verhalten (anhand von Publikationsorganen) nicht nachweisen. Die einschlägigen Juristenzeitungen widmeten sich der Thematik, wie Stichproben ergaben, offenbar nicht. Der wissenschaftstheoretische Anspruch der Rechtswissenschaft, sich von sozialen und politischen Werturteilen freihalten zu wollen, zeigt sich hier sehr deutlich und ließ auch diese Frage aus dem Blickfeld. – Andreas Fijals Arbeit,

Broschüren. Die beruflichen Beziehungen zwischen jüdischen und nichtjüdischen Rechtsanwälten schienen davon, ungeachtet des wachsenden Wettbewerbs, weniger betroffen und blieben gewöhnlich korrekt.[101]

Nicht wenige dieser Stellungnahmen zur aktuellen Lage im Justizbereich in den 1890er Jahren sahen im „übermäßigen Hindrängen der Juden zur Justizkarriere" die wesentliche Ursache für die entstandene, oben beschriebene Situation und damit ein dringend zu beseitigendes Übel. Der Landrichter und Mitbegründer des Deutschen Richtervereins, Carl Kade, der mehrfach mit Publikationen an die Öffentlichkeit trat, dürfte mit seinem Artikel für die *Preußischen Jahrbücher* von 1894 den Ton jenes informellen Konsenses in der Justizverwaltung getroffen haben, der die geistig-ideologische Basis für die Zurücksetzung der Juden im höheren Staatsdienst bildete. Zahlreiche seiner Kollegen und Vorgesetzten hatten sich in diesen und in den folgenden Jahren zunehmend bewußt neues antisemitisches Gedankengut angeeignet. Kade klagte: „Während fast alle Staats-, Kommunal- und Verwaltungsbehörden – mit Ausnahme der Stadtverwaltungen – bisher trotz des Gesetzes vom 3. Juli 1869 es verstanden haben, bei der Auswahl ihrer Beamten von Juden gänzlich abzusehen, steht Letzteren der Eintritt in die Justizkarriere völlig offen ... Daß dies den Juristenstand besonders zu heben geeignet ist, wird selbst ein Jude, der einigermaßen einsichtig ist, nicht behaupten können."[102]

Der Autor, der sich wohl keineswegs zu den Antisemiten zählte, ließ gerade deshalb um so eher eine Haltung deutlich werden, die bei vielen höheren Beamten anzutreffen gewesen sein dürfte; er be-

die die Berichte der Juristischen Gesellschaft Berlin, der relativ viele jüdische Juristen angehört haben, systematisch ausgewertet hat, gibt keinerlei Hinweis auf mögliche antisemitische Gesinnungen unter deren Mitgliedern im Untersuchungszeitraum, die sich verbandspolitisch ausgewirkt hätten; vgl. Andreas Fijal, *Die Geschichte der Juristischen Gesellschaft zu Berlin in den Jahren 1859 bis 1933*, Berlin-New York 1991. Fijal erwähnt jüdische Mitglieder der Gesellschaft bis 1918 nicht explizit.

[101] Konrad Jarausch, *Jewisch Lawyers in Germany*, in: *LBI-YB*, XXXVI (1991), S. 175; diesen Eindruck bestätigt auch T. Krach, *Jüdische Rechtsanwälte...*

[102] Carl Kade, *Der preußische Juristenstand*, in: *Preußische Jahrbücher*, Bd. 75 (1894), S. 242; Carl Kade ist u. a. auch Autor der Schrift von 1904 *Der deutsche Richter*, 2. Aufl. 1910, wo erneut zur Verhinderung des „Hindrängens der Juden in die Justizverwaltung" aufgerufen wird.

gnügte sich in seiner Argumentation mit dem Mythos vom „innersten germanischen Volksgeist" und „deutschen Volkscharakter", dem die Personalzusammensetzung einer Behörde entsprechen müsse. Juden seien mehrheitlich noch immer ein „fremdes Element unter den Deutschen". Nur wer dem Volke, in dem er Richter sei, vollständig angehöre, könne das Recht dieses Volkes ganz verstehen und anwenden. Als Tribut an die realen Verhältnisse gestand Kade schließlich noch zu, daß daraus eine generelle Unfähigkeit jüdischer Richter zur Ausübung ihres Amtes nicht gefolgert werden müsse.

Eine Replik, verfaßt von dem uns bereits bekannten Justizrat Meyer Levy, erschien kurz darauf in Theodor Barths Wochenschrift. Levy, dem ebenso wie seinen Kollegen die Pressemeldung über eine von der Regierung beabsichtige Einführung eines Numerus clausus für alle Referendare bekannt geworden war, versuchte, die auf eine Umgehung des Gesetzes hinauslaufenden Vorschläge Kades zu entkräften. Nachdrücklich hob er hervor, daß die erwogene Maßnahme beabsichtige, Juden „unter der Maske einer ganz neutralen, allgemeinen Regel" auszuschließen. Die Unterstützung der in Aussicht genommenen neuen Regelung – als „Schutzzoll für die nationale Arbeit der christlich-germanischen Juristen", wie Levy ironisch formulierte – sei primär durch Konkurrenzangst motiviert.[103]

Das Gerücht um den Numerus clausus im Referendariat bestätigte sich zunächst nicht. Der allgemein angespannten Situation im Justizwesen versuchte das preußische Justizministerium schließlich zwei Jahre später, im Jahre 1896, durch einen ähnlichen Gesetzentwurf beizukommen, der die Assessorenernennung, entgegen der bisherigen Praxis der Beförderung nach Dienstalter, nur noch nach Maßgabe des für den höheren Justizdienst bestehenden Personalbedarfs zuließ und die Zahl der für das Richteramt in Betracht kommenden Anwärter so beschränkte, daß eine definitive Anstellung ausgewählter Assessoren nach vier Jahren hätte erfolgen können. Dieser Vorschlag zur Kontingentierung sollte der Justizverwaltung bei der Annahme der Aspiranten für die Richterlaufbahn noch weitergehende Vollmachten gewähren, als sie schon hatte. Hier lag der ent-

[103] Meyer Levy, *Gesetz oder Willkür?*, in: *Die Nation*, 11. Jg. (1893/94), S. 347–350.

scheidende Haken: Sogar über die Frage, wer unter den vorhandenen geprüften Referendaren zum Gerichtsassessor ernannt werden sollte, hätte dann allein das Ermessen der Justizverwaltung, also staatliche Willkür ohne nachprüfbare und gegebenenfalls einklagbare Kriterien, bestimmt.

Die von der liberalen Tagespresse und im preußischen Abgeordnetenhaus seit Mitte der 1890er Jahre mehrfach geäußerte Befürchtung, daß dieser angestrebte „Assessorenparagraph" der ministeriellen Willkür Tür und Tor öffnen und vor allem zur Fernhaltung politisch mißliebiger Personen benutzt werden könnte, war nicht unberechtigt. Die Verlautbarungen von Regierungsbevollmächtigten, gemeinsam mit Äußerungen des Justizministers im Abgeordnetenhaus, ließen ahnen, daß bei der geplanten frühen Auslese der Justizbeamten eher nach „moralischer" und „sozialer" als nach fachlicher Qualifikation entschieden werden sollte. Spätestens beim Stichwort „moralische Qualifikation" mußte allen mit der preußischen Verwaltungspraxis der letzten Jahrzehnte Vertrauten klar werden, daß ganz besonders jüdische Bewerber durch das Auslesesieb – nach dem Maßstab erwünschter preußischer Untertanen-Beamten mit „christlich-deutscher Gesinnung" – fallen konnten und sollten. Mit der Durchsetzung der Vorlage wäre eine neue Variante in der Zurücksetzung jüdischer Anwärter auf Staatsstellungen durch die Verwaltung geschaffen worden, indem die informelle Benachteiligung durch eine allgemeine verwaltungsrechtliche Regelung ergänzt und damit erleichert worden wäre. Zulassungsbeschränkungen war in einer von zumindest latentem Antisemitismus geprägten christlichen Mehrheitsgesellschaft antisemitischer Mißbrauch immanent.

Der Entwurfs-Paragraph, der die bisherige Praxis auf dem Verwaltungswege gesetzlich sanktionieren und verschärfen sollte, wurde vom preußischen Herrenhaus wohlwollend angenommen, vom Abgeordnetenhaus jedoch mit den Stimmen der Liberalen und des Zentrums – das seine eigenen politischen Interessen in Gefahr sah – abgelehnt. Die katholischen Abgeordneten befürchteten, daß die ins Auge gefaßten Restriktionen oder ähnliche Maßnahmen in späterer Zeit auch auf die katholische Minderheit angewandt werden könnten.

Wenn die Vorlage auch scheiterte und der „Assessoren-Paragraph" nicht Gesetz wurde, so hatte er doch symptomatische Bedeutung für die innenpolitische Lage Preußens am Ende des 19. Jahrhunderts.[104] Die verschärfte soziale Kontrolle der Staatsdienstanwärter, die dazu gedacht und geeignet war, deren permanente politische Willfährigkeit zu garantieren, begünstigte administrative Willkürakte. Nach Ablehnung der Gesetzesvorlage wurde die Auswahl der Justizbeamten durch ein „Sitzenlassen" der unerwünschten Assessoren besorgt, womit ebenfalls ein zu starkes Eindringen des „jüdischen Elements" in die Justiz verhindert wurde.[105]

Die Thematik provozierte zahlreiche publizistische Äußerungen. Ein anonym bleibender „deutscher Rechtslehrer" vertrat mit der Verteidigung eines klaren Vorranges der wissenschaftlichen Qualifikation für den Eintritt ins preußische Justizbeamtentum vermutlich die Stimme einer Minderheit, als er unter anderem meinte, daß er – im Falle eines Falles – eher eine rein jüdische Kammer mit gründlicher Fachkenntnis als eine „rein christliche, die ausnahmslos über bon sens und die erdenklichsten sozialen Vorzüge, aber über eine gute Jurisprudenz nicht verfügt..." wählen würde.[106] Neben der Kritik am Assessoren-Paragraphen und dessen vielfältigen Nachteilen im allgemeinen bemerkte der Autor: „Es gibt sonderbare Schwärmer, welche glauben, das wissenschaftliche Können stehe beim Richter erst in zweiter Reihe, die Hauptsache sei für ihn das soziale Übergewicht; hätten wir daher erst die Juden wieder heraus und nur solche Leute auf dem Richterstuhl, die entweder das Corpsband oder doch mindestens die Epaulette des Reserveoffiziers legitimiert, so brauche man sich um die wissenschaftliche Qualifizierung nicht weiter zu sorgen."[107]

Ein anderer preußischer Richter, der sich in diesem Zusammenhang äußerte, sprach sich dagegen für einen Numerus clausus bei

104 Ein ähnlicher Versuch, politisch mißliebige Personen ohne größere Schwierigkeiten aus dem öffentlichen Amt zu verbannen, war mit dem Gesetzentwurf über die Privatdozenten im Jahre 1898 gemacht worden, der als sogenannte Lex Arons (so benannt nach dem sozialdemokratischen Privatdozenten der philosophischen Fakultät Berlin, Leo Arons) gültig wurde. Diese Maßnahme war im wesentlichen darauf ausgerichtet, den einmal zugelassenen Dozenten, denen in Berlin bis dahin nur mit Zustimmung der Fakultät die Lehrtätigkeit untersagt werden konnte, die venia legendi zu nehmen. – Zur weiter vorgebrachten Forderung eines Numerus clausus für Rechtsanwälte vgl. T. Krach, *Jüdische Rechtsanwälte...*, S. 57 f.

105 Vgl. D. Simon, *Die Unabhängigkeit des Richters...*, S. 43.

106 *Der Assessorenparagraph und die Reform des preußischen Richtertums.* Von einem deutschen Rechtslehrer, Greifswald 1896, S. 9.

107 *A. a. O.*, S. 8.

der Zulassung zur Assessorprüfung aus, um ein „gefährliches" Anwachsen jüdischer Anwälte zu unterbinden; die „Schattenseiten der jüdischen Natur", wie Erwerbssinn und Rücksichtslosigkeit, würden sich gerade in diesem Beruf stark bemerkbar machen. Allerdings gäbe es außer in Berlin im allgemeinen noch kein „Überwuchern" des jüdischen Teils der Anwaltschaft.[108] Er erwähnte jedoch noch eine andere Entwicklung, vor der kaum noch jemand im Umfeld des Justizwesens die Augen verschließen konnte: Seit dem Auftreten der „deutsch-nationalen" Bewegung an den deutschen Universitäten war der Antisemitismus mit den ehemaligen Jurastudenten auch in Richterkreise eingedrungen. Der Autor beschreibt die Lage folgendermaßen: „Unter Assessoren und Referendaren begegnet der jüdische Kollege jetzt immer im besten Fall kalter Höflichkeit, wird aber sonst *gesellschaftlich boykottiert*. Dem älteren Geschlecht, das der Ansicht ist, daß gleichen Pflichten auch gleiche Rechte gebühren, will solch unkollegialisches Treiben nicht recht erscheinen; aber gegen den Zug der Zeit ist auch hier schwer anzukämpfen. So kommt es, daß die jüdischen Referendare und Assessoren nach größeren Städten ziehen, wo ihre gesellschaftliche Isolierung weniger fühlbar wird, und immer weniger von ihnen auf eine Anstellung als Richter warten."[109]

Hier wird auf einen „Referendariats-Antisemitismus" hingewiesen, der in den 1890er Jahren offenbar die prägende Variante judenfeindlicher Äußerungen innerhalb des Justizwesens darstellte. Es ist zunächst schwer einzuschätzen, ob das hier gegebene Bild einer gesellschaftlichen Isolierung jüdischer Justizaspiranten die Situation eher überzeichnet, um die dem Verfasser des Artikels dringend angeraten erscheinende Reduzierung jüdischer Aspiranten dadurch zu rechtfertigen (denn Spannungen solcher Art könnten die Mißstände im Justizwesen weiter vermehren) oder ob allgemein herrschende Zustände realitätsgetreu geschildert worden sind. Vergleichbare Äußerungen der Betroffenen liegen dazu in Selbstzeugnissen nur spärlich vor. Die wenigen, aber äußerst eindrucksvollen Zeugnisse aus Preußen stammen von der jüngeren Generation jüdischer Juri-

108 [Anonym,] *Richter und Anwalt*, in (dem ehemals Bismarck-nahen Blatt): *Die Grenzboten*, 55. Jg. (1896), S. 516 ff. – Auffällige Ähnlichkeiten bzw. eine teilweise Identität des Textes mit der unter dem Namen Justus Clemens 1898 erschienenen Broschüre Strafrecht und Politik lassen den gleichen Autor vermuten.

109 *A. a. O.*, S. 516; sinngemäß so auch in der Broschüre von 1898, *a. a. O.*, S. 22. Hervorhebung von B. S.

sten, die um die Jahrhundertwende ihre Referendariatszeit absolvierte und deren beruflicher Karriereschwerpunkt erst am Vorabend des Ersten Weltkriegs und in der Zeit der Weimarer Republik lag.

Die Memoiren Arthur Ruppins (1876–1943) – durch seine Publikation zur Soziologie der Juden und später als einer der bedeutendsten Repräsentanten des deutschen Zionismus bekannt geworden – geben anschaulich Auskunft über die Lage eines jüdischen Referendars in Preußen zu dieser Zeit.[110] Arthur Ruppin hatte seit 1899 in Berlin und Halle Jurisprudenz und Nationalökonomie studiert und 1902 sein Referendarexamen bestanden. Er wählte das Studienfach weniger aus „Berufung", eher als ein „Brotstudium". Seine Vorstellung in dem ihm als erste Station der Ausbildung zugewiesenen kleinen Amtsgericht in Klötze (Regierungsbezirk Magdeburg) wird von ihm sehr lebendig geschildert.

Mehrere Aspekte der Problematik werden in Ruppins Darstellung deutlich; wenn es um die Besetzung einer Richterstelle in kleineren Orten der Monarchie ging, war es wohl weniger zarte Rücksicht auf die Gefühle oder Interessen der „christlichen Bevölkerung", wie man von amtlicher Seite vorgab, wenn man jüdische Bewerber nicht berücksichtigte. Den Hintergrund für die Bedenken, diese in bestimmten Regionen der Monarchie anzustellen, bildete ganz offensichtlich vielmehr das Verhalten der konservativen Honoratioren in der Provinz, die antisemitische Vorbehalte hatten und gelegentlich (zumindest im Stillen) opponierten, wenn ihnen ein Jude als gesellschaftlich gleichwertig zur Seite gestellt werden sollte. Die höchste Justizverwaltung sah damit wiederum einen reibungslos funktionierenden Dienst in Frage gestellt.

Es treten in Ruppins Bericht noch andere interessante Details zutage: So handelte es sich mit Klötze um einen Ort, in dem es keine Juden gab; ferner „versöhnte" die anwesenden Herren Beamten der von Ruppin bewußt zur Schau gestellte vertraute Umgang mit dem Bier und der Waffe – die wichtigsten Elemente der studentischen „schlagenden Verbindungen" und ein Ausdruck des militaristisch-national geprägten Weltbildes der anwesenden Staatsdiener und Reserveoffiziere – mit der Tatsache, daß Ruppin Jude war. Nicht zuletzt ist es die Reflexion des „Referendariats-Antisemitismus" bei

110 Arthur Ruppin, *Tagebücher, Briefe und Erinnerungen*, Königstein/Ts. 1985.

Ruppin selbst, der ihn – in vorheriger Kenntnis judenfeindlicher Stimmungen im Justizwesen – betont selbstbewußt auftreten läßt:

„Der Amtsrichter Grunert empfing mich mit unerwarteter Herzlichkeit. Es war das erste Mal, daß er einen Referendar zugeteilt erhalten hatte ... ‚Da wollen wir gleich mal zum Frühschoppen gehen.' Am Stammtisch wurde ich den Honoratioren vorgestellt, dem Bürgermeister, dem Arzte, dem Notar Wendland, dem Apotheker, dem Forstmeister und seinem Adjunkten, dem Pfarrer, dem Schuldirektor und einem reichen Fabrikantensohn Krause aus Berlin. Alle empfingen mich sehr freundlich und waren anscheinend mit meinem Bierkomment (ich hatte ihn in Halle gelernt) zufrieden. Ich trank 5–6 Glas Bier, um allen ‚vorzukommen', ‚nachzukommen' und ‚über Kreuz' zu trinken. Nachher mußte ich zum Mittagbrot im Hotel noch Wein trinken, und als ich mich um 5 Uhr nachmittags ... zur Eidesleistung ins Gericht begab, hatte ich schon einen schweren Kopf. Der Amtsrichter und der Gerichtsschreiber erwarteten mich und schritten zur Aufnahme meiner Personalien ‚Ihre Religion?' – ‚Jude'. Es traf den Amtsrichter wie ein Blitz. Darauf war er nicht vorbereitet. Sein Referendar – Jude! Ich sah, wie er sich bemühte, seine Fassung nicht zu verlieren. ‚Also', zum Gerichtsschreiber sich wendend, ‚Religion – mosaisch'. Und dann leistete ich den Eid ... Ich hatte absichtlich ‚Jude' gesagt, denn ich hatte in den Zeitungen viel über den Antisemitismus gelesen, unter dem die Referendare in kleinen Städten zu leiden hatten und wollte gerade deshalb mein Judentum unterstreichen...

Als ich zum Dämmerschoppen am Stammtisch erschien, merkte ich sofort, daß die Stimmung umgeschlagen war. Es war bekannt geworden, daß ich Jude war. Man benahm sich zu mir eisig-höflich. Ich tat, als merkte ich nichts und trank wieder vorschriftsmäßig ... und beschloß, lieber zu platzen als mich unterkriegen zu lassen. Um 1 Uhr nachts verließ der Amtsrichter das Lokal, anscheinend etwas versöhnt mit ‚seinem' trinkfesten Referendar (er war ein guter, anständiger Mensch und wir kamen später sehr gut miteinander aus). Ich ... saß schließlich allein mit dem Notar Wendland zusammen, der ... schon ziemlich betrunken war. Es entspann sich folgendes Gespräch:

W: Na ja, na ja, Herr Kollege, Sie werden es wohl schwer haben.

Ich: Warum denn, Herr Rechtsanwalt?

W: Na, Sie wissen doch. –

Ich: Was meinen Sie?
W: Na – – wegen ihrer Religion.
Ich: Was hat das zu bedeuten? Ich bin vom Oberlandesgerichtspräsidenten hierher geschickt und werde meine Pflicht tun.
W: Gewiß, gewiß – – ich meine es ja nur gut – – wenn Sie mal Unannehmlichkeiten haben, will ich ihnen gerne helfen.
Ich: Ich danke Ihnen sehr, Herr Rechtsanwalt; aber ich denke, ich werde mir schon selbst helfen können; ich bin ein guter Pistolenschütze.
... Meine Worte hatten ... eine ungeahnte Wirkung. W. schien mit einem Schlage nüchtern geworden zu sein, entschuldigte sich, daß er mir in keiner Weise zu nahe treten wolle, wurde fast furchtsam, als ob ich schon die Pistole auf ihn richte, und verließ nach kurzer Zeit das Lokal...
Am nächsten Tage, beim Frühschoppen, wieder veränderte Stimmung. Neben vollendeter Höflichkeit schon wieder ein Anflug von Freundlichkeit. Der Referendar ist ein erstklassiger Pistolenschütze – war von W. verbreitet worden. Das Eis schmolz, und nach wenigen Wochen war ich ein beliebtes Mitglied des Stammtisches geworden, spielte mit den Honoratioren Skat und Kegel, wurde zu allen gesellschaftlichen Feiern eingeladen und verlebte in Klötze wunderbare 9 Monate.«[111]

Nachdem Ruppin im Sommer 1903 an das größere Landgericht in Magdeburg versetzt worden war, wurde er, wie er berichtet, von den dortigen Richtern mit Wohlwollen ob seiner guten Zeugnisse und Fähigkeiten empfangen, von seinen christlichen Referendar-Kollegen hingegen geschnitten: „Sogar wenn sie [die Richter – B. S.] innerlich Antisemiten waren – und nicht alle waren es –, waren sie im Verkehr mit mir höflich und oft sogar liebenswürdig. Anders war es mit den Referendaren. Diese waren in viel höherem Maße antisemitisch als die älteren Herren, und ein sozialer Verkehr mit ihnen war außerhalb des Gerichts unerquicklich oder unmöglich. Wir sechs jüdischen Referendare ... bildeten deshalb einen jüdischen Referendar-Stammtisch...«[112]

Zur weiteren Ausbildung an das Oberlandesgericht Naumburg versetzt, mußte Ruppin die Isolierung der jüdischen Referendare noch stärker spüren; hier hatten offensichtlich auch die Richter

[111] *A. a. O.*, S. 105 ff.
[112] *A. a. O.*, S. 110.

starke Vorbehalte: „...in Naumburg hörte aber der gesellige Verkehr mit den christlichen Referendaren und Vorgesetzten ganz auf. In dem Hotel in Naumburg, in dem ich mein Mittagbrot aß, saß ich zusammen mit Heilbrunn, dem zweiten jüdischen Referendar, an einem Tisch zusammen, getrennt von all den anderen Referendaren."[113]

Der Rechtsanwalt Paul Mühsam (1876–1960), der später vor allem durch seine schriftstellerische Tätigkeit bekannt wurde, zeichnet in seinen Lebenserinnerungen ein den Schilderungen von Ruppin ähnliches Sittenbild eines preußischen Provinz-Honoratiorenvereins, hatte aber im Gegensatz zu seiner Studentenzeit im Justizvorbereitungsdienst keinerlei schlechte Erfahrungen gemacht. Mühsam war am 1. Dezember 1900 zum Referendar ernannt und an das Amtsgericht Mittenwalde (Kammergerichtsbezirk Berlin) überwiesen worden; er berichtet:

„Am gemeinsamen Mittagstisch nahmen nur wir Juristen teil. Zum abendlichen Stammtisch der Honoratioren gehörte dagegen noch der jugendliche Arzt Dr. Schönberg, auch der trinkfeste Volksschulrektor Böhm, der wohlbeleibte Bürgermeister Daun und der Besitzer der Abdeckerei, Herr Klager, genossen die Ehre, zugelassen zu sein. Ich fühlte mich von Anfang an in diesem Kreis, in dem ich mich mit Herzlichkeit aufgenommen sah, äußerst wohl und empfand nach mancherlei trüben Erfahrungen der Studentenzeit bewußt das Glück, als völlig gleichberechtigt und gleichwertig angesehen zu werden. Ich habe während all der Monate meines Dortseins auch nicht die leiseste Spur antisemitischer Gesinnung im Verkehr wahrgenommen. Die Menschen unseres Kreises waren ausnahmslos von anständiger und vorurteilsloser Denkart."[114]

Eine weitere Parallele zu Arthur Ruppins und Paul Mühsams Erfahrungen während der Referendarszeit um die Jahrhundertwende ergibt sich aus den biographischen Schilderungen von Oscar Meyer (1876–1961), der als Rechtsanwalt (Syndikus) bei der preußischen Handelskammer in Berlin, Mitglied der Freisinnigen Volkspartei und in den 1920er Jahren als Politiker und Abgeordneter der Deutschen Demokratischen Partei im Reichstag bekannt wurde.[115] Oscar Meyer,

[113] *A. a. O.*, S. 117.

[114] P. Mühsam, *Ich bin ein Mensch gewesen...*, S. 92.

[115] Oscar Meyer, *Von Bismarck zu Hitler. Erinnerungen und Betrachtungen*, 2. Aufl., Offenbach 1948.

der in Berlin geboren und in Breslau aufgewachsen war, hatte in Breslau, Freiburg und Berlin Rechtswissenschaft studiert. Nachdem er im Januar 1898 sein Referendarsexamen bestanden hatte, wurde er zunächst an das kleine Amtsgericht in Schmiedeberg (Schlesien) zur Beschäftigung überwiesen. An die dort absolvierte Ausbildungszeit knüpften sich auch bei Meyer nur angenehme Erinnerungen. Ganz anders sah es dagegen beim zweiten Ausbildungsgang an einem größeren Gericht der nächsten Instanz, dem Landgericht von Schweidnitz, aus. Meyer fühlte sich dort von der judenfeindlichen Haltung ebenso abgestoßen wie von der allgemein vorherrschenden politisch erzkonservativen Haltung seiner Beamtenkollegen und Vorgesetzten: „...das dortige Leben wies alle Schattenseiten eines deutschen Mittelstadtmilieus auf. In diesem Milieu gedieh der Kastengeist durch Geburt, Amt oder Reichtum privilegierter Kreise in Reinkultur. Natürlich war alles, was sich zur ‚Gesellschaft' rechnete, stockkonservativ und mehr oder weniger antisemitisch. Ich verzichtete von vornherein auf jeden Versuch, in die Gesellschaft einzudringen...«[116]

Als Meyer beim anschließenden Einjährig-Freiwilligen Militärdienst in Breslau als Jude wie alle seine Glaubensgenossen fast wie selbstverständlich vom Offiziersunterricht ausgeschlossen wurde, trat er, religiös weitgehend indifferent, am Ende des Dienstjahres zum protestantischen Glauben über, um vor weiteren persönlichen Benachteiligungen gefeit zu sein.[117]

Ein letztes Beispiel aus Posen ergänzt das Bild. Der spätere Rechtsanwalt in Berlin, Adolph Asch (1881–1972), der seine Referendarzeit von 1903 bis 1907 in der Stadt Posen verbrachte, konstatierte zunächst allgemein: „Mein gesellschaftlicher Verkehr in Posen war von vornherein im wesentlichen auf jüdische Familien und jüdische Kollegen und sonstige jüdische Akademiker ... beschränkt. Es gab zwar in der Stadt Posen wenig ausgesprochenen Antisemitismus, wohl aber einen gesellschaftlichen Antisemitismus. Abgesehen von einzelnen Ausnahmeerscheinungen bildeten die Angehörigen der christlichen und jüdischen Bevölkerungsschichten ‚Kreise', die einander schnitten, ohne sich zu berühren.«[118]

116 *A. a. O.*, S. 33.
117 *A. a. O.*, S. 34 f.
118 Auszug der Memoiren Adolph Aschs in: M. Richarz, *Jüdisches Leben in Deutschland...*, Bd. 2, S. 221 ff.

Für einige Monate zur Ausbildung nach Schneidemühl versetzt, wurde auch hier wieder der Stammtisch zum zentralen Ort der Auseinandersetzung. Von diesem schien ihm bei seinen ersten Besuchen eine „unfreundliche Kühle" entgegenzuschlagen. Eine judenfeindliche Bemerkung eines Referendars am Stammtisch der Juristen und der meisten anderen Akademiker der Stadt veranlaßte Asch, der Mitglied einer jüdischen „schlagenden Verbindung" war, diesen zum Duell zu fordern. In letzter Minute nahm der Betreffende jedoch seine Äußerung zurück, und das bereits eingeschaltete Ehrengericht teilte daraufhin mit, daß die Bemerkung nicht auf Asch gezielt hätte und dieser zu der Annahme berechtigt gewesen sei, am Stammtisch willkommen zu sein. Aschs Ansehen unter seinen nichtjüdischen Kollegen stieg, wie er berichtete, anschließend merklich.

Es zeigt sich, daß Ruppin, Meyer und Asch besonders feindselige Haltungen weniger in den kleinen Amtsgerichten entgegentraten, wo der Nimbus eines preußischen Beamten (und als solche galten die Referendare bereits) offenbar immer noch stärker war als Vorbehalte gegen Juden. So konnte die Möglichkeit engen persönlichen Kontaktes bestehende Vorurteile zumindest im konkreten Fall dämpfen oder beseitigen. Stärker wurden antisemitische Attitüden an den (größeren) Landgerichten in Mittelstädten der preußischen Provinzen bemerkbar, wo die Kontakte weder so persönlich und direkt wie in den kleinen Orten, die jüdischen Referendare zahlreicher, aber nicht so relativ anonym wie in den Großstädten waren. Dort war auch die Honoratiorenschaft umfangreicher und ausgeprägter sowie konservativen, „deutsch-nationalen" politischen Einflüssen stark zugänglich.

Die Dominanz des „Referendariats-Antisemitismus" innerhalb des Justizbereichs und die Schärfe von dessen antisemitischer Reaktion ergab sich vornehmlich aus der unsicheren sozialen Stellung der Justizaspiranten der ersten Ausbildungsstufe. Jüdische Bewerber wurden stärker als bedrohliche Konkurrenten empfunden, ihre beruflichen Fähigkeiten oder ihr relativer wirtschaftlicher Wohlstand erweckten Sozialneid und Konkurrenzangst. Die aus mittleren und kleinbürgerlichen sozialen Schichten aufgestiegenen Akademiker, Angestellte in gehobenen Positionen in der Industrie und Beamtenanwärter stellten ihren Antisemitismus demonstrativ zur Schau, um ihrerseits eine gesellschaftliche Superiorität zu erlangen, die sie in die geistig-kulturelle Nähe derjenigen höheren Gesellschaftsschichten zu rücken schien, zu denen aufzusteigen sie erstrebten. Den Boden für diese antisemitische Bereitschaft hatte ihre Studentenzeit in den 1880/90er Jahren bereitet, Jahrzehnte, in denen die Aktivitäten des studentischen Antisemitismus einen Höhepunkt erreicht hatten. Sie führten damit im Justizvorbereitungsdienst häufig nur weiter, was schon in studentischer Zeit Bestandteil ihres konservativ-nationalistischen Weltbildes geworden war.

Die Staatsdiener des höheren Justizapparates, wie die Richter an den Gerichten erster bis dritter Instanz, mußten als Beamte eine „jüdische Konkurrenz" weit weniger befürchten, zumal Beförderungen jüdischer Richter gemäß jahrzehntelanger Verwaltungspraxis kaum auf der Tagesordnung standen (seit der Amtszeit Schönstedts war überhaupt kein jüdischer Richter mehr in eine höhere Position befördert worden). Einige der älteren Justizbeamten mochten ihre Studien- und Ausbildungszeit noch in liberalerer Zeit absolviert und die antiliberale Phase in der preußisch-deutschen Politik an kleineren Amtsgerichten überdauert haben. Diejenigen höheren Justizbeamten dagegen, die sich hinsichtlich ihrer sozialen Zugehörigkeit dem alteingesessenen Bürgertum zurechneten (sowie der relativ schwach vertretene Adel) legten im allgemeinen keinen prononcierten Antisemitismus an den Tag, sondern eher eine subtile Form, die sich passiv und reserviert gab und „im Dienst" zurückgehalten wurde (während man sich als „Privatmann" freizügiger äußerte). Die Antipathie gegen jüdische Kollegen, die in ihren Augen nie wirklich zur „guten Gesellschaft" gehören konnten, war ein „Antisemitismus des Grandseigneurs", der gelegentlich bereit ist, zugunsten einzelner Juden Ausnahmen zu machen, und sich nicht fürchtet, sich durch den Verkehr mit ihnen sozial zu kompromittieren.[119]

[119] Vgl. A. Ruppin, *Tagebücher, Briefe und Erinnerungen...*, S. 285. – Ein außerpreußisches Beispiel: Für Baden liegen die Lebenserinnerungen von Max Hachenburg (1860–1951) vor, der seinen Vorbereitungsdienst in den 1880er Jahren leistete und seit 1885 als Rechtsanwalt beim Landgericht Mannheim tätig war; sie enthalten in der Retrospektive eines sehr erfolgreichen Berufslebens kaum eine Erwähnung spezifisch jüdischer Belange, nur den knappen Hinweis, für ihn sei der Antisemitismus ein geschichtlicher Vorgang, und er sei vom „gesellschaftlichen Boykott" allgemein schmerzlich berührt, habe ihn jedoch am eigenen Leibe nie gespürt (Max Hachenburg, *Lebenserinnerungen eines Rechtsanwalts*, Düsseldorf 1927, S. 141). Zu Hachenburg vgl. ferner Ernst J. Cohn, *Three Jewish Lawyers of Germany*, in: *LBI-YB*, XVII (1972), S. 155–178, sowie Karl Otto Scherner, *Max Hachenburg (1860–1951). Recht des Handels als geordnetes Leben der Wirtschaft*, in: H. Heinrichs u. a. (Hrsg.), *Deutsche Juristen jüdischer Herkunft...*, S. 415–428.

Staatliche Anstellungspolitik und die katholische „Paritäts"- Forderung

In den 1890er Jahren war und blieb die exklusive und restriktive Anstellungspolitik ein unumstößliches Prinzip der preußischen Regierung. Der Prozeß der Auslese und Pflege zuverlässigster Gesinnung wurde in den studentisch-akademischen Korps vollzogen, die nach und nach einen großen Teil der künftigen Beamten stellten. Eine finanzkräftige Herkunft, politische Anpassungsfähigkeit und Reserveoffiziersstatus gewannen für den Staatsdienstbewerber noch an Gewicht. Der preußische Militarismus durchdrang nun alle gesellschaftlichen Bereiche; für die Eingliederung und Bewertung des einzelnen war sein militärischer Rang von großer Bedeutung. Die hohe Bewertung des Offiziers machte das Reserveoffizierspatent zu einem fast unentbehrlichen Standessymbol für alle diejenigen, die eine Laufbahn im Staatsdienst einschlagen wollten, und zu einer Art „Ersatznobilitierung" für das Bürgertum. Wer nicht von einem Offizierskorps zum Reserveoffizier gewählt worden war, dem fehlte das entscheidende Stück des sozialen Ansehens.[120]

Die unteren und mittleren Gruppen der Beamtenschaft setzten sich zu einem erheblichen Teil aus früheren Unteroffizieren zusammen. Besondere Exklusivität wahrten das diplomatische Korps und bestimmte Abteilungen der inneren Staatsverwaltung, in denen adlige Herkunft und Reserveoffiziersstatus Grundvoraussetzung für eine Aufnahme blieben. Der Einfluß einer Korps- und Vetternwirtschaft machte sich hier stark bemerkbar. In Botschaften, Gesandtschaften und Generalkonsulaten wurden nur Adlige beschäftigt.[121] Die Spitzen der Provinzialverwaltungen und das Amt des Oberpräsidenten blieben ebenfalls der adligen Geburt reserviert. So war der überwie-

[120] E. Kehr, *Der Primat der Innenpolitik*..., S. 62; vgl. ferner Karl Erich Born, *Von der Reichsgründung bis zum Ersten Weltkrieg*, München 1975, S. 45.

[121] Vgl. E. Hamburger, *Juden im öffentlichen Leben*..., S. 3. – Nach Hans-Joachim Henning, *Die Deutsche Beamtenschaft im 19. Jahrhundert*, Stuttgart 1984, ist zwar eine karrierefördernde Wirkung des Reserveoffizierspatents – im Sinne einer Ämterpatronage über dieses Patent – bis heute nicht belegt (S. 83 f.), sie ist bei der Komplexität des Phänomens und der engen Verknüpfung mit politischer Gesinnung und einer Herkunft aus den preußischen traditionell-konservativen Eliten wohl aber auch nicht ohne weiteres zu ermitteln. Weit weniger umstritten, als es der Autor darstellt, ist wohl auch der Einfluß der Konfession als karrierefördерndes bzw. -hemmendes Element (S. 86).

gende Teil der hohen Verwaltungsbeamten im wilhelminischen Deutschland noch immer adlig. Im Jahre 1891 waren 62% der Landräte und Oberpräsidenten, 73% der Regierungspräsidenten und 83% der Polizeipräsidenten adlig.[122] Noch 1916 gehörten 57% aller politischen Beamten in Preußen dem Adel an.[123]

Die Provinzbürokratie zeichnete sich durch einen besonders extremen Konservatismus aus. Ein noch aus der liberalen Ära stammender, politisch nicht genehmer Beamter wurde zwar nicht gleich gemaßregelt, verfiel aber kurzerhand der Avancementssperre.[124]

Die preußische Justizbürokratie hatte bereits durch Verminderung der Zahl der Gerichte und Nichtvermehrung der Richterstellen in den 1880er Jahren einen großen Teil der älteren, liberalen Richtergeneration abgebaut. Aufgrund des großen Angebots auf dem juristischen Arbeitsmarkt war ein gründliches politisches Aussieben des Nachwuchses möglich. Wie ein Blick auf die Rekrutierungsbedingungen der nach der formal weiter aufrechterhaltenen Vorstellung des Rechtsstaates „unabhängigen" Richterschaft zeigt, darf auch hier „schwerlich die Heimstätte rebellischer Charaktere gesucht werden" (D. Simon).[125] Der Rang der Richterkollegen richtete sich ebenfalls mehr oder weniger nach ihrem militärischen Rang.[126]

In der seit der politischen Umschichtung des preußischen Beamtentums vom Liberalismus zum Konservatismus vollständig konservativen Bürokratie hatten sich Adel und Bürgertum gegen das Proletariat und die Sozialdemokratie verbündet. Kirche und christliche Religion wurden in die Politik der Bekämpfung des „Sozialismus" einbezogen und dadurch offiziell aufgewertet. Der nach Aufhebung des Sozialistengesetzes im Jahre 1890 verstärkte Kampf der Regierung gegen den wachsenden Einfluß der Sozialdemokratie beeinhaltete eine „Rückbesinnung" auf die bedrohten Werte eines dynastisch-konservativen Patriotismus und eines obrigkeitstreuen, monarchistischen Christentums. In den Richtlinien Kaiser Wilhelms II. von 1890 für die Offiziersauswahl war dieses Prinzip „christlicher Gesinnung"

[122] John C. G. Röhl, *Beamtenpolitik im Wilhelminischen Deutschland*, in: Michael Stürmer (Hrsg.), *Das kaiserliche Deutschland*, Düsseldorf 1970, S. 302.

[123] E. Hamburger, *Juden im öffentlichen Leben...*, S. 3. – Dabei ist jedoch auch die soziale Verflechtung des Neuadels zu beachten, die stark ins Bürgertum reichte.

[124] E. Kehr, *Der Primat der Innenpolitik...*, S. 74.

[125] D. Simon, *Die Unabhängigkeit des Richters...*, S. 42.

[126] Vgl. T. Krach, *Jüdische Rechtsanwälte...*, S. 16.

ausdrücklich ausgesprochen worden.[127] Darüber hinaus wirkte der feudal-traditionell bestimmte Antisemitismus im Offizierskorps über das Institut des Reserveoffiziers besonders auf die jüngere nationalistische Intelligenz und verstärkte die Tendenz zur antisemitischen Ideologie im akademischen Bereich.[128] Unter diesen Voraussetzungen waren Angehörige niederer Bevölkerungsschichten, der politischen Opposition und religiöser oder nationaler Minoritäten fast völlig vom höheren Staatsdienst beziehungsweise hohen Staatsämtern ausgeschlossen. Dies betraf besonders Angehörige des Proletariats (die bereits an der finanziellen Hürde scheiterten), Sozialdemokraten, Juden sowie – in schwächerem Maße – Katholiken.

Peter Pulzer veranschaulichte die komplizierte, nicht immer genau wägbare Situation mit folgenden Überlegungen: Ein Protestant hatte eine bessere Chance, in ein Regierungsamt zu gelangen, als ein Katholik, aber ein observanter Katholik eine viel bessere als ein Atheist. Ein konservativer oder nationalliberaler Protestant hatte eine bessere Chance als ein konservativer Katholik; aber wie groß waren die Chancen eines fortschrittlichen Protestanten, verglichen mit denen eines konservativen Katholiken? Ein Sozialdemokrat – eine zahlenmäßige Minderheit unter den potentiellen Bewerbern bis 1914 – hatte überhaupt keine Chance in den meisten und nur eine minimale in einigen süddeutschen Staaten. Das Proletariat war von höheren Bildungs- und Aufstiegschancen fast generell ausgeschlossen.[129]

Ein wesentlicher Unterschied zu den jüdischen Staatsdienstbewerbern war allerdings unübersehbar. Ein „ungetaufter Jude" (eine für das 19. Jahrhundert symptomatische Wortschöpfung als Gegenstück zum Phänomen des zum Christentum konvertierten, „getauften Juden") hatte vergleichsweise deutlich schlechtere Chancen als Vertreter anerkannter christlicher Konfessionen – ungeachtet seiner möglicherweise regierungsfreundlichen parteipolitischen Neigungen, seiner Demonstrationen staatsbürgerlicher Loyalität und „guter Familie". Für die Juden schloß sich hier der Kreis: Sie wurden bei der

[127] Arnold Vogt, *Volle Gleichstellung nie erreicht...*, in: *Tribüne*, 25. Jg. (1986), H. 99 und 26. Jg. (1987), H. 101, hier H. 99, S. 126.

[128] Th. Nipperdey/R. Rürup, *Antisemitismus...*, in: Th. Nipperdey, *Gesellschaft, Kultur, Theorie...*, S. 128.

[129] P. Pulzer, *Religion and Judicial Appointments...*, in: *LBI-YB*, XXVIII (1983), S. 201.

Zulassung zu höheren Staatsämtern zurückgesetzt, weil sie Mitglieder der jüdischen Religionsgemeinschaft waren, und sie hatten aus demselben Grund in Preußen auch keine Chance, die gesellschaftlich so hoch angesehene, fast unabdingbare Voraussetzung dafür – das Reserveoffizierspatent – zu erwerben. Eine adlige Herkunft war in der Regel nicht vorhanden. Die durch den engen Zusammenhang zwischen der Entwicklung des Liberalismus und der Judenemanzipation sowie der mehrheitlich liberalen politischen Orientierung der preußischen Juden entstandene gedankliche Verquickung von Liberalismus und Judentum ließ jene im Kontext weiterbestehender antijüdischer Ressentiments und forcierter antisemitischer Agitation zudem auch weiterhin als politisch und „moralisch" minderqualifiziert für eine Position im Herrschaftsapparat erscheinen, unabhängig von politischem Anpassungswillen und staatskonformer Gesinnung.[130]

Weite Bereiche des unmittelbaren Staatsdienstes, wie die höheren Ränge der inneren Verwaltung, die Ministerialbürokratie, der Auswärtige Dienst, das Avancement im Heer, die Staatsanwaltschaft und hohe Ränge in der Justiz blieben Juden aus diesen Gründen ungeachtet des Gleichberechtigungsgesetzes von 1869 und der verfassungsrechtlich verankerten Unabhängigkeit der Wahrnehmung staatsbügerlicher Rechte vom religiösen Bekenntnis und der Gleichheit aller vor dem Gesetz verschlossen. Einen jüdischen Landrat oder

[130] Aus der jüdischen Religionsgemeinschaft ausgetretene, religiös indifferente Juden wurden gegebenenfalls als Sozialdemokraten politisch diskriminiert (was zeitweilig sogar den Justizvorbereitungsdienst verschloß). Es soll an dieser Stelle der Rechtsanwalt Hugo Haase (1863–1919) erwähnt werden, der später als sozialdemokratischer Reichtstagsabgeordneter landesweit bekannt wurde. Haase, dem Judentum innerlich entfremdet und auf Grund seiner politischen Haltung religiös indifferent, war als Referendar in die SPD eingetreten; bei seiner Niederlassung als Rechtsanwalt in Königsberg beantragte die Oberstaatsanwaltschaft die Einleitung eines ehrengerichtlichen Verfahrens gegen ihn wegen seiner sozialdemokratischen Aktivitäten mit der Begründung, daß diese mit der Stellung eines Rechtsanwalts nicht vereinbar wären und in erheblicher Weise dessen Berufsehre schädigten. Das Verfahren wurde jedoch von der Anwaltskammer abgelehnt und ging schließlich bis zum Reichsgericht. 1897 kandidierte Haase als Gegenkandidat von Liebermann von Sonnenberg bei der Reichstagswahl in Königberg. Bekannt wurde er vor allem als Verteidiger in vielen politischen Prozessen, u. a. 1907 in einem Hochverratsprozeß gegen Karl Liebknecht. 1913 Fraktionsvorsitzender der SPD und 1916 aus der Partei ausgeschlossen, wurde er 1917 Mitbegründer und Führer der USPD. Vgl. Ernst Haase (Hrsg.), *Hugo Haase. Sein Leben und Wirken*, Berlin 1929, sowie das FÜNFTE KAPITEL, Anm. 120 dieser Studie).

Regierungsrat suchte man im wilhelminischen Preußen vergebens. Den Weg in höchste Beamtenstellen eröffnete nur die Taufe.

Die potentielle Bewerberzahl bei Ämtern im öffentlichen Dienst war dagegen gerade bei den Juden relativ hoch, denn sie waren im Durchschnitt der Bevölkerung am höchsten qualifiziert: Von 100 000 männlichen Angehörigen jeder Konfession besuchten in Preußen 58 Protestanten, 33 Katholiken und 519 Juden die Universität. An den preußischen Universitäten bildeten die Juden im Jahre 1895 ein Zehntel der gesamten Studentenschaft, während sie nur etwas über ein Prozent der Gesamtbevölkerung ausmachten. Sie hätten also insgesamt einen weit höheren Prozentsatz an öffentlichen Ämtern aufweisen müssen, wenn die Einstellungen allein nach dem Leistungs- beziehungsweise Befähigungsprinzip erfolgt wären.[131]

Die öffentlichen und regierungsinternen Diskussionen um die Zulassung von Juden zum Staatsdienst argumentierten dagegen häufig mit der These des (geringen) demographischen Anteils der Juden – diese Vergleichszahl wurde immer wieder in die Auseinandersetzungen eingebracht, ohne auf die große Zahl fachlich befähigter Anwärter für die entsprechenden Staatsämter zu verweisen. Verantwortlich dafür war hauptsächlich die Debatte über die Gleichberechtigung der Konfessionen, wie sie von der katholischen Zentrumspartei seit Mitte der 1890er Jahre geführt wurde. Die katholische Forderung nach „Parität" bei der Einstellung und Beförderung von Beamten beherrschte in der wilhelminischen Ära die öffentlichen Auseinandersetzungen um die Benachteiligung bestimmter Gruppen beim Avancement. Ihre Dominanz beeinflußte damit die Problemsicht in den öffentlichen und regierungsinternen Diskussionen auch in bezug auf den jüdischen Aspekt der Frage erheblich.

Eine „Paritätsfrage" im weiteren Sinne hatte bei der Situation der Katholiken im Preußen des 19. Jahrhunderts eine gewisse Berechtigung, da anti-katholische Tendenzen in der preußischen Beamtenschaft unübersehbar waren. Schon der Umstand, nicht dem staatstragenden evangelischen Glauben anzugehören, galt in den Augen der preußischen Bürokratie unter Umständen als nicht konform mit staatspolitischen Grundwerten und damit als potentiell „subversiv". Demzufolge war in Preußen immer eine große Diskrepanz zwischen dem Anteil der Katholiken an der Gesamtbevölkerung und ihrem

131 Vgl. J. Röhl, *Beamtenpolitik...*, in: M. Stürmer, *Das kaiserliche Deutschland...*, S. 295 f.

Anteil an der Beamtenschaft festzustellen – wenn ihr auch durch den starken politischen Druck der Zentrumspartei seit etwa 1899 eine zunehmend stärkere Beteiligung an der Beamtenschaft zugestanden wurde. Im Verhältnis zu ihrem hohen Anteil an der Gesamtbevölkerung waren Katholiken in höheren Staatsämtern deutlich unterrepräsentiert: Im Jahre 1896 waren ca. 64% der preußische Bevölkerung ihrer Konfessionszugehörigkeit nach evangelisch, 34% katholisch und 1,2% jüdisch, nicht einmal jeder zehnte Beamte in höchster Stellung (preußischer Minister, Reichsstaatssekretär, Oberpräsident, Regierungspräsident, Oberregierungsrat) war am Ende des 19. Jahrhunderts katholisch.[132]

Eine Ursache für das statistische Ungleichgewicht in den höheren Ebenen der Staatsverwaltung und Bildungseinrichtungen war neben der Konzentration der Bevölkerung im katholischen Gebiet (besonders im Rheinland) eine spezifische Sozialstruktur, in der das bäuerlich-agrarische Element einen relativ hohen Anteil hatte. Mit dieser historisch entstandenen sozialen Schichtung und dem Stadt-Land-Gefälle war die Teilnahme an der höheren Bildung geringer und damit die Anzahl der befähigten Beamtenanwärter (als noch eher infrage kommende Vergleichsgröße) im Maßstab der Gesamtmonarchie kleiner.[133] Das Prinzip einer Kontingentierung hätte deshalb dem katholischen Bevölkerungsteil erhebliche Vorteile, der jüdischen Bevölkerung faktische Diskriminierung verschafft.

[132] Vgl. *StBPrA*, 16. Sitzung vom 10. Februar 1896, S. 441; James C. Hunt, *„Die Parität in Preußen" (1899). Ein Aktionsprogramm der Zentrumspartei*, in: *Historisches Jahrbuch*, 102 (1982), S. 418. – Unter den von Andreas Grunenberg im Jahre 1910 gezählten Beamten des Innenministeriums waren nur 5,3% katholisch, alle anderen evangelisch, keiner andersgläubig (vgl. Andreas Grunenberg, *Die Religionsbekenntnisse der höheren Beamten in Preußen*, Bd. 1, Berlin 1914, S. 409). Unter den höheren Justizbeamten befanden sich in Preußen in dieser Zeit 23,5% Katholiken; dieser Anteil nahm in den höchsten Rängen leicht ab; katholische Justizbeamten der IV. Rangklasse: 18,3%, der II. Rangklasse: 22% (vgl. *StBPrA*, 16. Sitzung vom 10. Februar 1896, S. 441). Vergleicht man diese Zahlen mit dem Anteil katholischer Studenten an den juristischen Fakultäten (18,8%), ist im Justizdienst keine Benachteilung der Bewerber katholischer Konfession festzustellen.

[133] Dieses Problem war von einigen der katholischen Wortführer der Paritätsforderung sehr wohl erkannt und mit der Forderung an die eigenen Reihen verbunden worden, die Katholiken zu mobilisieren, um das „höchst ungünstige Angebot" von katholischen Bewerbern möglichst zu vergrößern; man müsse den katholischen Studenten sagen, es sei ihre Pflicht, nach Verwaltungsposten zu streben (J. C. Hunt, *„Die Parität in Preußen"*..., S. 426). Das Aktionsprogramm der Zentrumspartei zur Parität ist im

Für das katholische Zentrum wurde die Frage der konfessionell begründeten Zurücksetzungen im öffentlichen Dienst als „Paritätsfrage" zu einem politischen Dauerthema in parlamentarischen Auseinandersetzungen, die bis 1933 nicht völlig verstummten, obgleich mit der Jahrhundertwende, insbesondere beim Anteil an der neuen Schicht der technischen Intelligenz, Erfolge zu verzeichnen waren.[134] Die Paritätsforderung als katholische Interpretation der Gleichberechtigung war jedoch nichts weniger als der Schlüssel dazu. Sie widersprach klar dem Gesetz vom 3. Juli 1869, das fixiert hatte, daß die Ausübung bürgerlicher und staatsbürgerlicher Rechte eben nicht abhängig vom religiösen Bekenntnis sein solle. Parität wollte in diametralem Gegensatz dazu die religiöse Zugehörigkeit zum grundlegenden Kriterium von Anstellungen im Staatsdienst machen. Das Zentrum strebte kein säkulares Recht an, sondern einen kirchlichen Pluralismus, eine Gleichheit der Rechte nicht für Individuen, sondern für religiöse Korporationen, deren gleichberechtigter Anteil an den staatlichen Ämtern auf einem nach konfessionellen Gesichtspunkten ermittelten Bevölkerungsanteil basieren sollte. Während mit dem allgemeinen Ruf nach Gleichberechtigung aller Staatsbürger eine offene Berufslaufbahn für alle dazu befähigten Individuen gemeint war, wofür das Religionsbekenntnis irrelevant sein sollte, definierten sie die Katholiken als eine Karriere mit Quotierung für konfessionelle Gruppen.[135]

Zusammenhang mit ihrem in den 1890er Jahren einsetzenden lautstarken Bekenntnis zu den Errungenschaften des modernen Industriestaates als Grundlage moderner Existenzbehauptung zu sehen, gemeinsam mit einer nun offenen Kritik an der bisherigen „Rückwärtsgewandtheit" des Katholizismus. Vgl. dazu W. Loth, *Katholiken im Kaiserreich*..., S. 75 ff.

[134] *A. a. O.*, S. 76. Eine „Paritätsforderung" im weiteren Sinne (insbesondere hinsichtlich Finanzzuweisungen des Staates an die Kirchen, Zulassung christlich-sozialer Werke und Errichtung von Konfessionsschulen in gleichem Umfange wie für die evangelische Kirche) hatte die katholische Fraktion im preußischen Abgeordnetenhaus bereits vor 1871 gestellt; während der „Kulturkampf"-Zeit wurde die Frage der Parität im öffentlichen Dienst zunächst in den Hintergrund gedrängt. Vgl. J. C. Hunt, *„Die Parität in Preußen"*..., S. 418 ff.; die „Paritäts-Rede" des Abgeordneten Bachem im preußischen Abgeordnetenhaus vom 6. März 1994 sowie die Denkschrift von Julius Bachem *Die Parität in Preußen*, 1. Aufl. 1897 (anonym erschienen), 2. Aufl. 1899. Der Einsatz des Zentrums brachte schließlich manche Katholiken in höchste Stellungen, besonders zwischen 1899 und 1906 waren in dieser Hinsicht Erfolge zu verzeichnen (vgl. J. C. Hunt, *„Die Parität in Preußen"*..., S. 418 ff.).

[135] Vgl. P. Pulzer, *Religion and Judicial Appointments*..., in: *LBI-YB*, XXVIII (1983), S. 200 f.

Die mechanische Paritätsforderung, nach der jedes Religionsbekenntnis einen Anspruch darauf hat, mit einem gewissen Prozentsatz in einer Beamtenklasse vertreten zu sein, stellte das Gleichberechtigungsproblem direkt auf den Kopf, indem sie die Besetzung von Ämtern wieder vom Religionsbekenntnis abhängig machen wollte. Sie widersprach strikt dem Rechtsgrundsatz der Gleichberechtigung und konnte bei der Frage der Anstellung der Juden im höheren Staatsdienst so nicht gestellt werden. Durch die stete Präsenz der Thematik in der Öffentlichkeit wurde sie jedoch gern und häufig von politisch konservativen Gruppierungen als scheinbar objektives Argument und „gerechte" Maßnahme gepriesen. Diese rückten sich damit in die Nähe der antisemitischen Forderung, die erlaubte Höchstzahl jüdischer Juristen auf einen Prozentsatz zu beschränken, der dem Anteil der Juden an der Gesamtbevölkerung entsprach; dieser Schritt zu einer Ausgrenzung aus dem „christlich-germanischen" beziehungsweise „deutsch-nationalen" Staatswesen wurde durch den noch weitergehenden Vorschlag ergänzt, die Kompetenz der verbleibenden jüdischen Beamten dann ausschließlich auf Verwaltung und Rechtsprechung für den jüdischen Bevölkerungsteil zu begrenzen.[136]

Die Forderungen der Zentrumpartei selbst beschränkten sich auf eine Gleichberechtigung für die eigenen Konfessionsangehörigen und zeigten weder Interesse noch besondere Sympathien für andere, ebenfalls benachteiligte Gruppen wie Sozialdemokraten, Linksliberale und Juden. Die katholische *Kölner Volkszeitung* ging so weit, Justizminister Schönstedt bei seinen Überlegungen zu einem Numerus clausus für jüdische Rechtsanwälte zu unterstützen. Die linksliberale Presse betrachtete den Kampf um die katholische Parität mit Kritik oder Desinteresse.[137]

Trotz der zunehmenden Betonung des „rassischen" Aspekts in der antisemitischen Agitation fanden derartige Erwägungen in der Verwaltungs- und Regierungspraxis, zumindest in der Anstellungspraxis der Ministerien, ungeachtet der stärkeren antisemitischen Beeinflussung ihrer Beamten keinen Rückhalt. Die christliche Taufe galt im preußischen Staat noch immer als „entrée billet" in den höheren Dienst und die akademische Laufbahn. Getauften, ehemals jüdischen

[136] Vgl. J. Toury, *Die bangen Jahre*, in: P. Freimark/A. Jankowski/I. S. Lorenz (Hrsg.), *Juden in Deutschland*..., S. 178.

[137] J. C. Hunt, *„Die Parität in Preußen"*..., S. 430.

Justizbewerbern traten hierbei wegen ihrer Herkunft prinzipiell keine Hindernisse entgegen.

Zum Abschluß des Kapitels noch ein kurzer Blick auf die Lage der Juden im Justizdienst in anderen Territorien des Deutschen Reichs.

Auch in den letzten Jahren vor der Jahrhundertwende riß die antisemitische Propaganda gegen das „Eindringen" der Juden in Richterämter nicht ab. Häufiger wurde in diesem Kontext jetzt wieder darauf hingewiesen, daß man in einigen Territorien Preußens und in anderen deutschen Ländern eine Besetzung von Richterstellen kaum zugelassen und sich auf Regierungsebene statt dessen auf eine dem angeblich entgegenstehende Volksmeinung berufen hatte. So gab es im Königreich Sachsen nur zwei jüdische Gerichtsräte und keinen einzigen jüdischen Einzelrichter. Noch ungünstiger war die Lage in dem in Ausschließungspraktiken als rigide bekannten Württemberg. Seit Erlaß des Emanzipationsgesetzes von 1869 bis 1918 wurden hier nur drei Juden zu Richtern ernannt, die danach sämtlich unbefördert blieben. In Anhalt waren überhaupt keine jüdischen Richter angestellt.[138] Auch in Hessen als einer der stärksten Bastionen der populären antisemitischen Bewegung war die Situation krass. Die ambivalente Haltung der hessischen Regierung gegenüber dem Antisemitismus war typisch für den staatlichen Umgang mit diesem Problem – sie bekämpfte die Expansion der Antisemiten, weigerte sich aber gleichzeitig hartnäckig, Juden in den höheren Justizdienst aufzunehmen. Noch nie war hier ein Jude Richter geworden. Schlagzeilen im gesamen deutschen Reich machte im Herbst 1899 die *Frankfurter Zeitung*, als diese das hessische Justizministerium öffentlich der Verfassungsverletzung bezichtigte, da es Juden wegen ihrer Religion nicht zu Richterstellen zuließ. Eine Folge davon war, daß der verantwortliche Redakteur Alexander Gießen wegen Beleidigung der hessischen Behörden zu sechs Monaten Gefängnis verurteilt wurde.[139] Die Darmstädter Strafkammer sprach dem Angeklagten im Prozeß die Wahrnehmung berechtigter Interessen mit der ver-

138 Vgl. dazu die Erinnerungen des Rechtsanwalts Robert Hirsch (1857–1939), in: M. Richarz, *Jüdisches Leben in Deutschland*..., Bd. 2, S. 283 ff.; zur Situation in den anderen deutschen Staaten vgl. M. Philippson, *Neueste Geschichte der Juden*..., Bd. 2, S. 201 ff.; E. Hamburger, *Juden im öffentlichen Leben*..., S. 48 ff. sowie die vorliegende Arbeit, S. 323–330.

139 BA Potsdam, 30.01., Nr. 4152, Bl. 10 (Bericht der *Breslauer Zeitung* vom 18. Oktober 1899).

blüffenden Begründung ab, daß ihn als Preußen die Gleichheit der hessischen Staatsbürger nichts anginge.[140]

Wenn sich das Unrecht rechtfertigen muß, kompromittiert es sich. Der im Prozeß um den Zeitungsredakteur als Zeuge vernommene hessische Justizminister Dittmar führte unter anderen aus, daß es nicht wahr sei, daß die Regierung einen grundsätzlichen Beschluß gefaßt hätte, keine Juden als Richter anzustellen, nur sei eine Anstellung jüdischer Assessoren als Amtsrichter auf dem Lande unter den bestehenden (antisemitische beeinflußten) Verhältnissen nicht ohne Bedenken. Antisemit sei er nicht, denn er verweigere Juden die Anstellung nicht deshalb, weil sie Juden seien, sondern weil sie „aus irgendwelchen [anderen – B. S.] Gründen ungeeignet für das Amt" erschienen. Als der Verteidiger des Angeklagten dem Minister vorhielt, geäußert zu haben, andere Länder könnten Hessen um sein „judenfreies" Richtertum beneiden, erwiderte Dittmar, er habe sich einmal außerdienstlich (!) über die Tatsache unterhalten, daß in anderen deutschen Staaten jüdische Richter angestellt würden. Dabei habe er gesagt, andere Staaten beneideten Hessen um seinen judenfreien Richterstand; die Vorurteile gegen die Juden seien weit über die eigentlichen antisemitischen Kreise hinaus verbreitet; er teile dieselben nicht, könne sie aber auch nicht aus der Welt schaffen. In Hessen bestünden wegen der Stimmung der Bevölkerung in bedeutend höherem Maße Schwierigkeiten und Bedenken in der „Placierung" jüdischer Richter als anderswo. Er sei überzeugt, daß viele richterliche Kollegien nicht allein in Hessen, sondern überall sich beschweren würden, wenn man ihnen einen jüdischen Vorsitzenden geben würde.[141]

Auch die Urteilsbegründung des Gerichts war aufschlußreich: Zwar wurde zugestanden, daß der Sinn und Geist der Reichsgesetze von 1869/71 dahin gehe, auch bei Anstellungsverhältnissen konfessionelle Gegensätze auszugleichen, tatsächlich aber habe trotz aller bestehenden Gesetze ein solcher Ausgleich noch nicht stattgefunden; deshalb müsse die vom Ministerium geübte Praxis als richtig angesehen werden, daß unter Rücksicht auf das Amt und die Person nach Ermessen der Behörde von Fall zu Fall entschieden werde. Eine prinzipielle Ausschließung der Juden finde nicht statt. Der

[140] Dieser Vorwurf wurde später vom Reichsgericht entkräftet. Vgl. E. Hamburger, *Juden im öffentlichen Leben...*, S. 51 f.

[141] BA Potsdam, 30.01, Nr. 4152, Bl. 10.

ungeheure Zynismus dieser gerichtlichen Feststellung lag darin, daß in der hessischen Justizverwaltung „von Fall zu Fall“ immer konsequent zuungunsten jüdischer Bewerber entschieden worden war. Diese Fakten und die – man könnte sagen – aktive Tatenlosigkeit des hessischen Justizministers sowie seine kaum verhüllten Sympathien für die Seite der Judengegner ließen die Gerichtsverhandlung zu einer Farce werden, die ein bezeichnendes Licht auf die verfassungswidrigen Praktiken der hessischen Regierung warf.

Dieser Vorfall hatte die Benachteiligung jüdischer Staatsdienstbewerber wieder in das Licht einer breiteren Öffentlichkeit gerückt. Der CV nahm ihn zum Anlaß, die Juden Hessens aufzufordern, aktiv gegen solche offenkundige Verfassungsverletzung und Diskriminierung vorzugehen. Die Zulassung jüdischer Richter in antisemitisch beeinflußten Gegenden habe der Rechtspflege, so stellt das Vereinsblatt entgegen antisemitischen Behauptungen fest, nicht geschadet. Einem eventuellen Mißtrauen gegen jüdische Beamte könne staatlicherseits nur mit der Anstellung, nicht mit einer Ausschließung entsprechender Bewerber geantwortet werden.[142] Die Reaktion der hessischen Juden erfolgte in Form einer Petition an das Landesparlament. Ungeachtet dessen wurde der erste jüdische Amtsrichter Hessens erst unter dem Amtsnachfolger Dittmars im Jahre 1910 bestallt![143]

Auftritte, wie den des hessischen Justizministers, leistete man sich in Preußen bis dahin nicht, verweigerte aber weiterhin die öffentliche Diskussion. Hier beschränkte sich die Rechtswahrung darauf, in von jüdischer Seite angestrengten Beleidigungsprozessen Redakteure antisemitischer Artikel gelegentlich zu den üblichen Geldstrafen zu verurteilen.[144]

[142] Ludwig Fuld, *Die Anstellung jüdischer Richter im Grhzt. Hessen*, in: *IDR*, 5 (1899), Nr. 12, S. 635 ff.

[143] *Frankfurter Zeitung* vom 30. Mai 1910, in: BA Potsdam, 30.01., Nr. 4152, Bl. 89.

[144] Beispielsweise wurde in Frankfurt/M. ein Prozeß wegen Beleidigung der Richter des Frankfurter Landgerichtsbezirks gegen den antisemitischen Abgeordneten Otto Hirschel als verantwortlichen Redakteur des Artikels *Jüdische Richter* geführt, der jüdischen Richtern Parteilichkeit in den gegen ihre „Stammesgenossen“ anhängigen Prozessen unterstellt hatte (Ergebnis nicht bekannt), vgl. *Mitteilungen aus dem Verein zur Abwehr des Antisemitismus*, 8. Jg. (1898), Nr. 22, S. 181.

Exkurs: Ismar Freunds juristisch-theologische Ausbildung

Die Darstellung des sukzessiven Zugangs von Juden zum juristischen Staatsdienst ließ bisher nur einen bestimmten Teil der jüdischen Bevölkerung Preußens ins Zentrum der Betrachtung geraten; dies kann auch kaum verwundern, war doch die Entscheidung für den preußischen Staatsdienst, wie bereits deutlich wurde, allgemein eng mit einem ausgeprägten sozialen Anpassungswillen und politischen Konformitätsstreben gekoppelt und entsprach am ehesten Wünschen von sich dem gehobenen deutsch-jüdischen Bürgertum zugehörig fühlenden, aufstiegsorientierten und einer strengen Glaubensbindung eher entfremdeten Bewerbern. Für jüdische Bewerber zum Richteramt bedeutete dies häufig einen starken Assimilationswunsch, der auch dazu führte, daß diese die Konversion zur „staatstragenden" Religion wesentlich häufiger als andere ihrer Glaubensgenossen für angezeigt hielten. Für Söhne jüdischer Familien aus eher orthodoxem Milieu hingegen, die sich eng an das traditionelle religiöse Judentum gebunden fühlten (oder aus anderen Gründen eine starke Akkulturation oder Assimilation mit der preußisch-deutschen Gesellschaft für sich ablehnten) kam jedoch eine solche berufliche Orientierung nicht in Frage.

So waren es in traditionell-jüdischen Kreisen (insbesondere in den preußischen Ostprovinzen) von den akademischen Berufszielen vor allem drei, unter denen man zu wählen hatte: der Rabbiner-Beruf, der des Arztes und ab 1879 auch der des Rechtsanwalts. Bei allen drei Tätigkeiten war eine Berufsausübung möglich, die die religiösen Gebote des Judentums nicht verletzen mußte, insbesondere die Verpflichtung, den Sabbat zu halten. Auf diesen Aspekt soll hier kurz aufmerksam gemacht werden.

Seit der Reichsgründung waren hinsichtlich der jüdischen Kultusverhältnisse beziehungsweise der staatskirchenrechtlichen Stellung des Judentums bis auf das Austrittsgesetz von 1876 keine wesentlichen neuen Bestimmungen ergangen. Wenn die gewünschte Ausübung religiöser Bräuche in Konfrontation mit der Amtsausübung trat, konnte der Betreffende nur in Form eines individuellen Gesuchs an die Behörde einen Dispens vom Dienst (an jüdischen Feiertagen) erbitten, ohne einen Anspruch darauf zu haben.[145] Eine religiös ver-

[145] Durch interne Verfügungen wurde von seiten der Justizverwaltung gelegentlich versucht, Konflikte, die sich aus religiösen Gebräuchen in Konfrontation mit prakti-

ankerte Affinität der gebildeten Juden zu Recht und Gesetz führte Studenten, die aus jüdisch-orthodoxem Milieu stammten, häufig zum Jurastudium mit dem Berufsziel Rechtsanwalt, obwohl hier der staatliche Vorbereitungsdienst durchlaufen werden mußte.

Ein interessantes Beispiel für eine neue jüdische Juristengeneration am Vorabend des 20. Jahrhunderts ist Ismar Freund (1876–1956), der Verfasser einer noch heute grundlegenden kommentierten Quellenedition zum Emanzipationsedikt von 1812 und spätere leitende Funktionär der jüdischen Gemeinde Berlins, Kulturpolitiker und Organisator der deutschen Juden. Freund wollte zunächst – aus religiöser Überzeugung – Rabbiner werden, glaubte dann jedoch, daß dieser Beruf für viele seiner Glaubensgenossen zum Brotberuf ohne tiefere innere Überzeugung geworden war und wollte sich daraufhin nicht unter diejenigen einreihen, die diese Tätigkeit, wie er meinte, durch eine „Heuchelei" entweihten. Er entschied sich für ein juristisches Studium, nachdem er erfahren hatte, daß es für jüdische Referendare gegebenenfalls möglich war, am Sabbat von der Arbeit freigestellt zu werden – eine ihm wichtige Bedingung zur Berufsausübung ohne Glaubens- oder Gewissenszwang; wie er gehört hatte, „gab es damals einige Fälle, in denen auch jüdische Juristen die Sabbatheiligung durchgeführt hatten. Es war ihnen gelungen, für den Vorbereitungsdienst als Referendarien Dispens vom Dienst am Sabbat oder wenigstens von den schriftlichen Arbeiten zu erwirken. Das

schen staatsbürgerlichen Rechten oder Pflichten ergaben, zu vermeiden. So verlautete in einer Verfügung des Justizministers vom 2. April 1873, daß nach Möglichkeit bei gerichtlichen Verhandlungen mit jüdischen Teilnehmern Rücksicht auf jüdische Feiertage zu nehmen sei, ohne daß letzteren ein Recht darauf erwachse. Später wurden jüdische Zeugen im Einzelfall und auf Beschwerde aus diesem Grunde vom Gerichtstermin freigestellt. Publizität erreichte eine Entscheidung des Amtsgerichts Breslau im Jahre 1899, einen jüdischen Schöffen wegen eines jüdischen Feiertages freizustellen. Ferner erhielt im Jahre 1906 ein jüdischer Orthodoxer nach längerer Diskussion die Erlaubnis, beim Zeugeneid den Hut aufzubehalten, vgl. CAHJP Jerusalem, P 2, St. 16 (bzw. Artikel I. Freunds im *Gemeindeblatt der jüdischen Gemeinde Berlin*, Nov. 1929). Im Sommer 1899 war z. B. dem Gesuch Samuel Gronemanns, eines der bekanntesten deutschen Zionisten, damals Referendar am Amtsgericht Nienburg (Hannover), an Sabbaten vom Schreiben dispensiert zu werden, vom Justizministerium stattgegeben worden, vgl. GStAPK, Nr. 11948, Bl. 193 (Gronemann hatte zunächst 1896 in Halberstadt und Berlin am orthodoxen Rabbinerseminar studiert, ging dann aber – vermutlich unter dem Eindruck des Zionismus – zur Rechtswissenschaft über, um Rechtsanwalt zu werden; die entsprechenden Passagen seiner Erinnerungen dazu sind in M. Richarz' *Selbstzeugnissen* leider nicht publiziert).

war niemals offiziell möglich gewesen, sondern die Betreffenden waren auf amtliche Vorgesetzte, insbesondere auf gläubige Katholiken gestoßen, auf die die gläubige Überzeugungstreue Eindruck gemacht hatte und die sich bereit fanden, ihr Rechnung zu tragen."[146]

Freund studierte daneben noch jüdische Theologie, um „zwei Eisen im Feuer zu haben", und weil er – noch ohne konkrete berufliche Vorstellungen – daran dachte, eventuell das talmudische Recht nach modernen juristischen Grundsätzen wissenschaftlich zu durchforschen, um eine „zeitgemäße Synthese" zwischen Tradition und modernem Denken zu schaffen. Ein solches Doppelstudium und ein Jurastudium aus konkreter, neuer „religiöser" Motivation war in Deutschland zu dieser Zeit (in den 1890er Jahren) noch ungewöhnlich.[147]

Freund wollte seine religiöse Weltanschauung im Studium wissenschaftlich begründen (und blieb auch nach dem Studium religiös). 1896 trat er in die juristische Fakultät der Universität seiner Heimatstadt Breslau ein und besuchte daneben das dortige jüdisch-theologische Seminar (Fraenkelsche Stiftung). Nach dem Staatsexamen fragte er in Berlin wegen Übernahme in den Kammergerichtsbezirk nach, weil er – offensichtlich in naiver Unkenntnis der diskriminierenden Anstellungspraxis gegenüber jüdischen Staatsdienstbewerbern – einen möglichen Eintritt in den diplomatischen Dienst erwog. Im Justizministerium billigte man eine Übernahme als Justizaspirant nach Berlin, wenn sich Freund zuvor in Breslau als Referendar vereidigen lasse. Der Oberlandesgerichtspräsident von Schlesien, der sich bereits mit judenfeindlichen Aktivitäten hervorgetan hatte, verweigerte ihm jedoch den Dispens vom Dienst an jüdischen Feiertagen.[148]

Freund war für seine Person davon überzeugt, sich als Jude in der Ämterfrage zurückhalten zu sollen und nur „bescheidenen" Gebrauch von den rechtlichen Möglichkeiten zu machen, zumindest nicht um jeden Preis um eine Staatskarriere zu kämpfen oder diese zu fordern. Aus diesem Grunde und wegen seiner Erfahrungen mit der Justizverwaltung nahm er von der Zukunftsvision einer diplomatischen Laufbahn als, wie er begründet, „überzeugter Jude", bald

146 CAHJP Jerusalem, P 2, Me 6, unpag.
147 Vgl. *ebda.*
148 CAHJP Jerusalem, Me 7, Bl. 52.

wieder Abstand. Er entschloß sich, insgesamt auf eine juristische Karriere zu verzichten und absolvierte drei weitere Jahre theologischer Studien am Breslauer Seminar. Jedoch gerade wegen seiner doppelten Qualifikation als Jurist und Theologe erhielt er 1901 das attraktive Angebot, in der Verwaltungsleitung der jüdischen Gemeinde Berlins mitzuarbeiten, eine Stellung, in der er sich zum Spezialisten für verwaltungs- und staatskirchenrechtliche Fragen entwickelte und sich der zionistischen Idee näherte.[149]

Das Beispiel Ismar Freunds, wenngleich von individuellen Besonderheiten geprägt, weist auf die Motivation für die Berufswahl vieler religiöser jüdischer Studenten vor allem aus den östlichen Provinzen Preußens hin, die in der akademischen Ausbildung zum Rechtsanwalt eine Möglichkeit fanden, ohne jeglichen Gewissenszwang einen juristischen Beruf auszuüben.

Weitere Aspekte der Studien- und Berufswahl können hier nur angedeutet werden, ohne sie bisher durch spezifische Untersuchungen belegen zu können. So meinte Arthur Ruppin in seinen bereits zitierten Memoiren anläßlich einer Reise durch das österreichische Galizien am Beginn des 20. Jahrhunderts, Jura sei ein bevorzugtes Studium der ärmeren ostjüdischen Studenten, weil es viel eher als die Medizin aus Büchern zu Hause gelernt werden könne.[150] Es kann ferner eine gewisse „Kompatibilität" von Juristen und Rabbinern in der jüdischen Familie vermutet werden, die die Studienwahl jüdischer Bildungswilliger mitbestimmte.[151]

149 *Ebda.*

150 Vgl. A. Ruppin, *Tagebücher, Briefe und Erinnerungen...*, S. 126.

151 Damit ist gemeint, daß Familienangehörige (Töchter und Söhne) von Rabbinern oder Juristen in überwiegend traditionell-jüdischen Kreisen möglicherweise als füreinander gut geeignete „Heiratskandidaten" angesehen wurden bzw. Rabbinerfamilien den Berufswunsch „Jurist" des Sohnes/Schwiegersohnes als eine moderne Form der Aufrechterhaltung der Familientradition und einen sozial adäquaten Beruf billigten.

FÜNFTES KAPITEL

Die Anstellungspraxis gegenüber jüdischen Bewerbern in der höheren Justiz- und Staatsverwaltung zu Beginn des 20. Jahrhunderts

Ein Höhepunkt in der Kontroverse um die Beförderung jüdischer Juristen: Der Justizminister im preußischen Abgeordnetenhaus im Jahre 1901

Mit dem neuen, konservativen Regierungskurs zu Beginn der 1880er Jahre, flankiert von Puttkamers politischer Umschichtung des Beamtentums, die auf alle Verwaltungen übergriff, war im preußischen Staatsdienst eine restriktive Personal- und Nachwuchspolitik wieder an der Tagesordnung. Seitdem waren mehrfach Fälle behördeninterner, informeller Zurücksetzungen jüdischer Justizbewerber bekannt geworden. Vom höheren Verwaltungsdienst und dem diplomatischen Korps blieben die jüdischen Staatsbürger weiterhin fast gänzlich ausgeschlossen. Spätestens seit den 1890er Jahren war offenkundig geworden, daß lokale Behörden – ebenso wie die gesamte Gesellschaft der wilhelminischen Ära – mit dem sich ausbreitenden Antisemitismus infiziert waren. Diese Tatsache wurde jedoch von Regierungsseite nie öffentlich zugegeben oder gerechtfertigt. Die preußische Staatsregierung hatte ein offenes Eingeständnis ihrer diskriminierenden Anstellungspolitik gegenüber jüdischen Bewerbern um Staats- und Ehrenstellen, die immer stärker den Verdacht einer zumindest partiellen Anerkennung antisemitischer Vorurteile nährte, bisher vermieden.

Eine neue Situation enstand mit der Interpellation Martin Peltasohns im preußischen Abgeordnetenhaus im Januar 1901. Die am 31. Januar 1901 und in den folgenden Sitzungen dazu ausgetragenen Debatten und vor allem die ungewohnt freimütigen Äußerungen des Justizministers Schönstedt, die grundsätzliche verfassungsrechtliche Fragen berührten, weiteten sich zu einer öffentlichen Kontroverse mit politischen Folgen aus. Das politische Klima war zu dieser Zeit bereits erheblich von der sogenannten „Ritualmord“-Affäre von Konitz (Westpreußen) antisemitisch vergiftet.[1]

Unter Hinweis auf die seit Jahren bekannte Tatsache, daß mit wenigen Ausnahmen die jüdischen Rechtsanwälte wesentlich später und zögernder als ihre christlichen Kollegen zum Notariat zugelassen wurden, kam es an jenem Tag (gleichzeitig der des 51. Jubiläums der preußischen Verfassung von 1850) im Abgeordnetenhaus zu einer Anfrage des freisinnigen Abgeordneten Peltasohn an den amtierenden Justizminister Schönstedt, nach welchen Grundsätzen die Ernennung zu Notaren erfolge.[2]

Martin Peltasohn, selbst preußischer Justizbeamter und aktiver Verfechter der vollständigen Gleichberechtigung seiner jüdischen Glaubensgenossen, hob in seiner Landtagsrede hervor, was die Erfahrungen der letzten Jahre als Vermutung nahegelegt hatten, nämlich, daß die vom Justizminister ausgehende Ernennung von Notaren „nicht gleichmäßig und doch nach einem bestimmten Prinzip“ erfolgt sei. Es sei vielfach vorgekommen und mit Beispielen zu belegen, daß ältere (gemäß dem Anciennitätsprinzip zur Ernennung zum Notar anstehende) jüdische Rechtsanwälte übergangen worden waren. Ihre

[1] Der Mord an dem Schüler Ernst Winter in der Kreisstadt Konitz im Regierungsbezirk Marienwerder am 11. März 1900 wurde vor allem durch die gezielte und intensiv betriebene Propagandakampagne der Antisemiten (namentlich der Berliner antisemitischen Kreise um die *Staatsbürger-Zeitung*) zu einem der bekanntesten und in seiner Wirkung auf die gesellschaftliche Öffentlichkeit nachhaltigsten Fälle der antisemitischen „Ritualmord“-Beschuldigung gegen Juden, die im ganzen Reich Widerhall fand. Die gerichtlichen Untersuchungen, durch Verschleierung von Tatsachen und begleitende antisemitische Hetze beeinträchtigt und verzögert, kamen zu keinem greifbaren Ergebnis. Dies ließ die immer wieder geschürte Erregung und Beunruhigung unter der in der Gegend ansässigen Bevölkerung nur langsam abklingen und führte zu Ausschreitungen gegen die jüdischen Anwohner. Die fortgesetzte antisemitische Agitation ließ auch an den staatlichen Untersuchungen beteiligte Beamte nicht unbeeinflußt. Da kein Mörder präsentiert werden konnte (vor allem kein jüdischer Mörder, wie die Antisemiten hofften), blieb das Thema Konitz noch Jahre nach dem Ereignis im Gespräch und beanspruchte durch neue Prozesse und Hetzereien antisemitischer Agitatoren in der Presse Aufmerksamkeit. Zum Konitzer Mord vgl. u. a.: GStAPK, Rep. 181, Nr. 3159; Max Aschkewitz, *Zur Geschichte der Juden in Westpreussen*, Marburg 1967, S. 177 ff.; R. S. Levy, *The Downfall...*, S. 206 ff.

[2] Vgl. *StBPrA*, 16. Sitzung am 31. Januar 1901, S. 926 ff. – Die Notariatsverfassung war, im Gegensatz zur Anwaltschaft, 1879 nicht zum Gegenstand einer reichsrechtlichen Regelung gemacht worden. In Preußen gab es also weiterhin den Anwaltsnotar, der seine Notarstellung auf dem Wege der Verleihung durch die Justizverwaltung erhielt, vgl. T. Krach, *Jüdische Rechtsanwälte...*, S. 25.

Wartezeit betrage mit bis zu 18 Jahren wesentlich länger als die ihrer christlichen Kollegen, wo sie bei etwa acht Jahren liege.[3] Besonders kraß trete dieser Mißstand in Berlin zutage, wo etwa ein Drittel der Notare jüdischen Glaubens sei, während die Anzahl jüdischer Rechtsanwälte in der Stadt überwiege. Beförderungen von jüdischen Richtern seien in der Amtszeit des gegenwärtigen Justizministers, also seit über sechs Jahren, nicht vorgekommen. Jüdische Assessoren würden drei bis fünf Jahre später als ihre christlichen Kollegen zu Richtern ernannt. Andere Verwaltungen, die Juristen beschäftigten, legten ihnen noch größere Hindernisse in den Weg. Was, so fragte Peltasohn, bleibe den jüdischen Assessoren anderes übrig, als die freie Bahn, die ihnen eine Advokatur biete, zu wählen und Rechtsanwalt zu werden? Nun sollten sie hier, weil sie Juden waren, erneut zurückgesetzt werden.[4]

Minister Schönstedt lehnte es zu Beginn seiner Ausführungen zwar zunächst ab, die Auswahlkriterien für Notariatsernennungen bekanntzugeben, da es sich um eine ausschließlich der Kompetenz und Verantwortung der Justizverwaltung obliegende Aufgabe handele.[5] Er bestätigte zugleich die von Peltasohn bereits genannten Zahlen jüdischer Rechtsanwälte: Unter den insgesamt 851 in Berlin ansässigen Rechtsanwälten waren 526, also 61,8%, jüdisch. Von den 176 Notaren waren 65 jüdisch, also nur etwa ein Drittel (36,9%).[6]

Speziell auf die Berliner Verhältnisse näher eingehend, plauderte Schönstedt dann aber doch aus, was der Öffentlichkeit zwar schon länger kein Geheimnis mehr war, jedoch noch nie offiziell und an so exponierter Stelle von einem Regierungsmitglied zugegeben worden

[3] Dies war seit Freigabe der Rechtsanwaltschaft übliche Praxis. So wurde z. B. Hermann Staub (1856–1904), einer der gefragtesten und bekanntesten Berliner Anwälte dieser Zeit, erst 1900, nach 18 Jahren, zum Notariat zugelassen, während seinen christlichen Kollegen dieses in der Regel bereits nach 8 Jahren zustand (zu Staub vgl. den Beitrag von Helmut Heinrichs, *Herrmann Staub (1856–1904). Kommentator des Handelsrechts und Entdecker der positiven Rechtsverletzung*, in: ders. u. a. (Hrsg.), *Deutsche Juristen jüdischer Herkunft*..., S. 385–402.

[4] *StBPrA*, 16. Sitzung am 31. Januar 1901, S. 926 ff.; zur Interpellation Peltasohn vgl. auch Peter Pulzer, *Religion and Judicial Appointments in Germany 1869–1918*, in: *LBI-YB*, XXVIII (1983), S. 185–204.

[5] *StBPrA*, 16. Sitzung am 31. Januar 1901, S. 928 ff.

[6] *Ebda.* – Der Justizminister koppelte diese Zahlenangabe wie üblich mit der – für das Problem eben gerade nicht maßgebenden – Angabe des Anteils der Juden an der Berliner Gesamtbevölkerung, der bei 5,14% lag (für ganz Preußen betrug dieser etwa 1,1%).

war: Er erkenne zwar im Prinzip die den Juden verfassungsmäßig garantierte Gleichberechtigung an, sehe sich aber gezwungen, auf die „Interessen der Bevölkerung" Rücksicht zu nehmen. Wegen dieser für ihn maßgebenden Bevölkerungsinteressen könne er es nicht verantworten, jüdische Notare in demselben Umfang wie die christlichen nach Dienstalter zu bestellen. Es würde in „weitesten Kreisen" der christlichen Bevölkerung „ganz entschieden Anstoß erregen, wenn sie ... mehr und mehr dahin gedrängt würden, in denjenigen Geschäften, für die sie des Rates eines Vertrauensmannes bedürfen, mehr oder weniger auf jüdische Notare angewiesen wären". Auch bei der Ernennung von Amts- und Einzelrichtern müsse „mit der allergrößten Vorsicht" vorgegangen werden; dem (von ihm behaupteten) Wunsch weiter Kreise der Bevölkerung, ihre Angelegenheiten durch christliche Beamte behandeln zu lassen, sei eine „innere Berechtigung" nicht abzusprechen.

Schönstedt akzeptierte damit öffentlich die antisemitische Behauptung, ein großer Teil der christlichen Bevölkerung habe Bedenken, Familien- oder andere persönliche Angelegenheiten jüdischen Notaren anzuvertrauen. Von einer Verletzung der Verfassung oder des Gesetzes von 1869 oder gar einem Vorwurf gegen die ehrenwerten Herren jüdische Notare sei dabei – so Schönstedt – keine Rede. Für einen Zustand, wie er in Berlin eintreten könne, wenn es bei der Ernennung der Notare nur nach dem Prozentsatz der Bewerber und dem Dienstalter gehe, könne er die Verantwortung nicht übernehmen. So sei er weder willens noch in der Lage, an dem bestehenden Zustand irgend etwas zu ändern.[7] Statt dessen schien der Justizminister geradezu Dank dafür zu beanspruchen, daß die Justizverwaltung in Preußen überhaupt jüdische Bewerber aufnahm. Er verstehe die Vorwürfe bezüglich der Schwierigkeiten bei der Anstellung jüdischer Assessoren als Richter nicht; schließlich sei die preußische Justizverwaltung die einzige in der Monarchie, in der überhaupt jüdische Assessoren angestellt würden. Ohne ein Wort des Mißbehagens oder auch nur des Bedauerns erklärte er freimütig: „Alle anderen Verwaltungen lehnen es ab, jüdische Herren zu übernehmen."

Neben diesem, heftige Reaktionen auslösenden Eingeständnis – vor Schönstedts Erklärung waren, wie bereits erwähnt, offizielle Gründe für die Zurücksetzung und eine grundsätzliche Bejahung des

[7] *A. a. O.*, S. 930.

verfassungswidrigen Verfahrens nie offen ausgesprochen worden – bediente sich der Minister des von den Gegnern einer vollen Gleichberechtigung der Juden in diesem Kontext oft gebrauchten Vorwands, daß der prinzipiell mögliche Zugang zu einem Amt (durch Artikel 4 der Verfassung) ein Recht auf Anstellung noch nicht begründe, und führte ihn damit als Regierungsgrundsatz bei der Behandlung dieser Frage in die Debatte ein.

Gegen diese Auffassung verwahrten sich daraufhin einige freisinnige Abgeordnete entschieden. Der Vertreter der „Freisinnigen Vereinigung", Theodor Barth, unterstrich in seinen Ausführungen, daß das angebliche „Interesse der Bevölkerung" eine höchst subjektive Auffasssung des Justizministers sei, neben der die Grundsätze der Verfassung und des Gesetzes vom 3. Juli 1869 bedenklich in den Hintergrund gerieten. Barths persönlicher Erfahrung nach seien die von Schönstedt beschworenen Ängste nur eine Frucht von dessen sehr willkürlicher Interpretation des Bevölkerungsinteresses, das mit den Vorurteilen eines geringen Teils dieser Bevölkerung nicht verwechselt werden dürfe.[8] In der Tat handelte es sich hier vielmehr um eine grundsätzliche Frage der Wahrung der verfassungsmäßigen Rechte der jüdischen Staatsbürger und der Rechtsgrundlagen der Verfassung überhaupt.

Die Parlamentsdebatte über diesen Gegenstand wurde am 8. Februar 1901 wieder aufgenommen, nachdem der freisinnige Abgeordnete Crüger den Justizminister noch einmal, unter Präzisierung der von Peltasohn gestellten Frage, um eine Stellungnahme dazu ersucht hatte, welche Bedeutung die Konfession eines Bewerbers für die Ämterbesetzung habe beziehungsweise ob eine bestimmte Konfession einen solchen ungeeignet mache, ein bestimmtes Amt zu übernehmen.[9] Die Einteilung der Bürger in solche erster und zweiter Klasse führe, so Crüger, zu erheblichen gesellschaftlichen Widersprüchen und zur Desorientierung der Bevölkerung über die in der Staatsverwaltung herrschenden Grundsätze.

Der Justizminister, der sich durch die Presseresonanz der vergangenen Tage davon hatte überzeugen können, daß seine Worte von nicht wenigen als eine Unterstützung des Antisemitismus ausgelegt wurden und er damit – von der höchsten Justizbehörde des Staates

[8] *A. a. O.*, S. 934 ff. – Theodor Barth war daneben einer der späteren Präsidenten des Vereins zur Abwehr des Antisemitismus.

[9] *StBPrA*, 21. Sitzung am 8. Februar 1901, S. 1216 ff.

herab – Wasser auf die Mühlen der antisemitischen Agitation geleitet hatte, wies daraufhin den Vorwurf einer antisemitischen Gesinnung als Unterstellung weit von sich und zeigte sich erstaunt über den „Lärm", der sich nach seiner Rede erhoben hatte.[10] Warum die Erwähnung der bekannten Tatsache, daß kein einziger jüdischer Assessor während Schönstedts Amtszeit in eine andere als die Justizverwaltung übernommen worden war, zu „Mißverständnissen" geführt habe, könne er nur schwer nachzuvollziehen. Seine Erwägung, daß es vielleicht daran liege, daß sich die jüdischen Assessoren dort nie gemeldet hätten, weil sie sich in der Justiz am wohlsten fühlten, war an politischer Impertinenz kaum zu überbieten. Im übrigen bestehe, so wiederholte er sich, noch immer das verfassungsmäßige Kronrecht, nach dem der König die ausschließliche Anstellungsbefugnis für sämtliche Staatsdiener habe. Der Angriff auf die Justizverwaltung sei deshalb völlig deplaziert.

Das katholische Zentrum, das seine Wortmeldungen vor allem dazu nutzte, wieder einmal seiner unverhohlenen Abneigung gegen die liberal-freisinnige Fraktion Ausdruck zu verleihen, billigte im wesentlichen den Standpunkt des Justizministers, wenn man auch gern den Anschein einer unabhängigen Meinung aufrechterhalten hätte. Mit der Behauptung, die große Mehrheit der christlichen Bevölkerung hege den „dringenden Wunsch, in einem christlichen Staate zu leben und christlich verwaltet zu werden", schlug die Fraktion ebenso unverbindlich wie mühelos den Bogen zu allen politischen Parteien zu ihrer Rechten.[11]

[10] *A. a. O.*, S. 1224. – Unter den zahlreichen Pressestimmen siehe u. a.: *Danziger Zeitung* vom 1. 2. 1901: *Eine wichtige Verfassungsfrage*; *Berliner Zeitung* vom 2. 2. 1901: *Die Umgehung der Verfassung*; sowie die *National-Zeitung* vom 1. und 9. 2. 1901. Diese und weitere Zeitungsmeldungen zum Ereignis auch in: BA Potsdam, 30. 01., Nr. 4152, Bl. 18 ff. und GStAPK, Rep. 84a, Nr. 3259, Bl. 25 ff.; siehe auch zustimmende Telegramme an Schönstedt, *a. a. O.*, Bl. 83, 106; *AZJ* vom 8. und 15. Februar 1901, S. 61–62 bzw. 73–76 sowie *AZJ* vom 8. März 1901, S. 109–111.

[11] *StBPrA*, 21. Sitzung am 8. Februar 1901, S. 1238 ff. (Abgeordneter Porsch, noch deutlicher bei dem Abgeordneten Goerdeler, S. 1268 ff.) – Einfluß auf die Haltung der Zentrumspartei hatte – neben der konservativen Haltung zum Verhältnis von Staat und Kirche, einschließlich der Interpretation des Art. 14 der Verfassung – die unterrepräsentierte Position der katholischen Bevölkerung in der höheren Bildung und den höheren Rängen in Industrie und Wirtschaft, also eine katholische mindere Beteiligung oder das mangelnde Fortkommen gerade auf Gebieten, auf denen die Juden sehr erfolgreich waren. Hinzu kamen die Kulturkampferfahrungen (das Engagement

Der nationalliberale Abgeordnete Reichardt versuchte dagegen, eine vermittelnde Position einzunehmen, indem er glaubte zugeben zu müssen, daß an einigen Orten der Monarchie „bedauerlicherweise" tatsächlich praktische Verhältnisse herrschten, die eine Anstellung jüdischer Richter als nicht ratsam oder unmöglich erscheinen ließen. Damit meinte er vor allem einige ländliche Gegenden, in denen die antisemitische Agitation besonderen Rückhalt gefunden hatte. Auch sei nicht zu leugnen, so führte Reichardt weiter aus, daß ein recht großer Teil der Bevölkerung es nicht für wünschenswert halte, daß in der Stadt Berlin zwei Drittel der Notare Juden seien. Politisch und rhetorisch kraftlos, zeigte sich der Abgeordnete im Anschluß daran erfreut, nach den letzten Äußerungen des Justizministers annehmen zu können, daß keine grundsätzliche Bestimmung existiere, die Juden aus der preußischen Verwaltung gänzlich ausschließe – im gegenteiligen Falle hätte er natürlich protestieren müssen! Die Nationalliberalen mit ihren „zwischen sogenannter Nationalität und Liberalismus pendelnden Seelen" (Eugen Fuchs) hatten sich mit dieser Rede kein rühmliches Zeugnis ausgestellt.[12]

Worum es bei der anstehenden Frage eigentlich ging, nämlich darum, daß bei der Anstellung von Beamten im Staat die Konfession der Kandidaten nach geltendem Recht gar nicht berücksichtigt werden dürfe, weil dessen Glaube von der Anstellungsentscheidung unabhängig sein sollte, mußte der Abgeordnete Barth den meisten Abgeordneten erst ins Gedächtnis zurückrufen. Dieser Rechtsgrundsatz stand allerdings der realen gesellschaftlichen und politischen Praxis mittlerweile auch so sehr entgegen, daß das Prinzip des „Rechtsstaates" – außer von der linken politischen Opposition – selbst verbal kaum mehr bemüht wurde. Mit den bewährten Versatzstücken des „christlichen Staates" und den Interessen der „christlichen Bevölkerung" versuchte der überwiegende Teil des Hauses, das Abrücken

jüdischer Liberaler und der liberalen Presse für die Gegenseite und die daraus folgende stereotype Gleichsetzung von Judentum und Liberalismus hatten die Juden in den Augen des Zentrums mitunter als Gegner erscheinen lassen). Vor allem jedoch stand das Konzept des Zentrums zum anstehenden Problem – Parität (Quotierung) = Gleichberechtigung – dem jüdischen Anliegen entgegen (vgl. VIERTES KAPITEL, S. 272–282). Zum katholischen Antisemitismus vgl. u. a. Amine Haase, *Katholische Presse und Judenfrage*, Pullach 1975.

12 *StBPrA*, 21. Sitzung am 8. Februar 1901, S. 1239. Zitat von Eugen Fuchs aus seiner Rede auf der Mitgliederversammlung des CV am 28. Februar 1901, in: *IDR*, 7 (1901), S. 121 ff.

von Verfassungsgrundsätzen und Reichsrecht zu rechtfertigen oder zu verschleiern.

Das politische Engagement der Freisinnigen (sozialdemokratische Abgeordnete waren im preußischen Landtag erst ab 1908 wieder vertreten) richtete sich dagegen vornehmlich gegen den allgemeinen, durch die sozialen und gesellschaftlichen Bedingungen und die herrschende Regierungspraxis verursachten Mißstand fortgesetzter Verfassungsverletzungen. Nicht zu Unrecht sahen sie in der Zurücksetzung der Juden ein Symptom einer der Gleichberechtigung aller Bürger von Reich und Staat drohenden Gefahr.

Die Konservativen versuchten demgegenüber, die am Vortage im Reichstag abgehaltene Konitz-Debatte in den Landtag hinüberzuziehen, um die anstehende Frage zusammen mit den Vorgängen in Konitz zu verhandeln; durch die Verquickung dieser zwei voneinander völlig unabhängigen Tagesordnungspunkte, die ihre Übereinstimmung erst durch eine antisemitische Interpretation beider Sachverhalte erhielt, sollten zwei Ziele erreicht werden: Zum einen bot sich so die Gelegenheit, die Unzufriedenheit mit der Tätigkeit der Behörden im Ermittlungsverfahren im Fall des Knabenmords in Konitz mit einem allgemeinen „Verfall“ des Justizwesens durch eine angebliche Überzahl jüdischer Richter und Rechtsanwälte (die in antisemitischer Darstellung ihre Glaubensgenossen auch unter Beugung des Rechts jederzeit in Schutz nehmen würden) zu verbinden; zum anderen sollte die Debatte um die Zulassung von Juden zu staatlichen Ämtern in dieser Verknüpfung eine Haltung unter der Bevölkerung befördern helfen, die sich als „gesellschaftlicher Antisemitismus“ zunehmend ausbreitete.

Den folgenden Verhandlungstag des Landtages zur Interpellation Peltasohn prägte die Rede des freisinnigen Abgeordneten Eugen Richter, der das Problem auf den wesentlichen Punkt brachte, als er unterstrich: „Herr Minister Schönstedt hat gesagt, er sei kein Antisemit ... und doch wird jetzt von antisemitischer Seite niemand so sehr auf den Schild gehoben wie gerade der Justizminister infolge seiner letzten Äußerung. Meine Herren, der Antisemitismus hätte in Preußen niemals die Verbreitung finden können, wenn er nicht gerade bei seinem Entstehen durch eine *wohlwollende Neutralität der Behörden ... begünstigt worden wäre, die auf eine positive Förderung hinauskam.*“[13] Wenn überhaupt ein Zahlenverhältnis entscheidend

[13] *StBPrA*, 22. Sitzung am 9. Februar 1901, S. 1285 f. – Hervorhebung von B. S.

sein könne, so fuhr Richter fort, dann das der Anwärter, der Befähigten für ein Amt. Der tatsächlich vorhandene große Anteil jüdischer Rechtsanwälte sei ein Ergebnis der historischen Ausschließung der Juden aus anderen Berufen und Tätigkeiten.

Wie schon im Jahre 1880 bei der Debatte über die Antisemitenpetition, drang Eugen Richter darauf, daß Regierungvertreter im Parlament bindende Erklärungen zur anstehenden Frage abgeben sollten. Schönstedt ging darauf nicht ein und hatte das auch nicht nötig. Er wußte die große Mehrheit des Abgeordnetenhauses – die Konservativen und Freikonservativen, die Nationalliberalen und das Zentrum – in dieser Frage hinter sich. Diese hatten dem von ihm dargelegten Grundsatz, auf „Interessen der christlichen Bevölkerung" Rücksicht zu nehmen, zugestimmt.

Es war in diesen Verhandlungstagen besonders deutlich geworden, daß preußische Regierungsbeamte und Parlamentarier in ihrem Urteil über jüdische Angelegenheiten nicht „objektiv" oder „neutral" bleiben konnten. Die Vertreter der konservativen Fraktionen teilten größtenteils die Haltung einer, wie Marjorie Lamberti es einmal nannte, „undemagogic variety of antisemitism", die im wilhelminischen Deutschland gesellschaftliche Akzeptanz erlangt hatte.[14] Die „wohlwollende Neutralität" gegenüber antisemitischen Haltungen als quasi tatsächliche Förderung, von der Eugen Richter so treffend sprach, war Bestandteil und Ausdruck jenes „kulturellen Codes" (Shulamit Volkov) in der Gesellschaft, der auch ohne spezielle Instruktionen, juristische Ausführungsbestimmungen oder eine virulente antisemitische Agitation einen informellen Konsens in der Verwaltungs- und Regierungspraxis in dieser Frage erzeugte.[15] Das amtliche Verhalten eines „wohlwollenden" Ministers und die daraus resultierende Praxis konnten in antisemitischem Sinne vorbildhaft und ermutigend auf Teile der Beamtenschaft wirken.

[14] Majorie Lamberti, *The Prussian Government and the Jews – Official Behaviour and Policy-Making in the Wilhelminian Era*, in: *LBI-YB*, XVII (1972), S. 17.

[15] Vgl. Shulamit Volkov, *Antisemitismus als kultureller Code*, in: dies., *Jüdisches Leben und Antisemitismus im 19. Jahrhundert*, München 1990, S. 13–36.

Die Aktivitäten des CV und des VdDJ seit 1901 bis zur Entspannung der Lage im Justizbereich 1906/07

Die Interpellation Peltasohn entfachte die größte Protestbewegung gegen die behördliche Diskriminierung, die die preußischen Juden jemals mobilisiert hatte.[16] Die erste Reaktion, schon nach dem ersten Verhandlungstag im Parlament, waren Eingaben an die Regierung, in denen gegen die Äußerungen des Justizministers protestiert wurde. Insgesamt hatten sich fast 300 jüdische Gemeinden auf diese Weise an den Ministerpräsidenten von Bülow wegen einer Erklärung zur Sache gewandt.[17] Das Schreiben der Berliner Gemeinde erinnerte darin an den Wortlaut der Emanzipationsgesetze für die jüdischen Staatsbürger, damit „ein Präjudiz verhütet und damit die staatsbürgerliche Zurücksetzung, wie sie die Worte ... des preußischen Justizministers Herrn Dr. Schönstedt feststellen, von unseren Glaubensgenossen ferngehalten werde".[18] Die Eingaben blieben unbeantwortet.

Für den 6. Februar 1901 wurde eine Protestdemonstration jüdischer Anwälte Berlins organisiert. Am 10. Februar 1901 veranstaltete der Central-Verein anläßlich des Ereignisses eine Protestversammlung jüdischer Bürger Berlins. Der Stadtverordnete Paul Nathan betonte hier noch einmal, daß es sich bei den ministeriellen Äußerungen nicht um eine bloße Notariats-, sondern um eine prinzipielle Frage der Stellung der Juden in der Staatsverwaltung überhaupt handele. Der Stadtverordnete Oscar Cassel, der nach Nathan das Wort nahm, erinnerte unter anderem daran, daß Ernennungen jüdischer Richter schon seit längerer Zeit ins Stocken geraten seien und daß die anderen Staatsverwaltungen, nach des Ministers Eingeständnis, Juden gänzlich fernhielten. Nachdem der Rechtsanwalt Eugen Fuchs über den juristischen Inhalt der entsprechenden Verfassungsartikel mit der Schlußfolgerung referiert hatte, daß Wort und Geist der Verfassung klar und unzweideutig seien, nahm die Versammlung einstimmig eine Resolution an, die gegen den Verwaltungsgrundsatz, durch den Angehörigen der jüdischen Religion die Gleichberechtigung im Staatsdienst verwehrt wurde, nachdrücklichen Widerspruch

[16] M. Lamberti, *Jewish Activism...*, S. 29.
[17] E. Hamburger, *Juden im öffentlichen Leben...*, S. 47.
[18] *IDR*, 7 (1901), S. 90; GStAPK, Rep. 84a, Nr. 3259, Bl. 91–95.

einlegte.[19] Man war im CV realistisch genug anzunehmen, daß diese Versammlung keine unmittelbare Wirkung zeigen werde. Es war jedoch als wichtig erkannt worden, auf derartige Vorfälle zu reagieren und Rechte nachdrücklich einzufordern.

Auch hier wird wieder augenfällig, was seit Beginn der sukzessiven Öffnung von staatlichen Ämtern für die preußischen Juden seit dem 19. Jahrhundert und dem damit verbundenen Emanzipationskampf galt: Gerade die jüdischen Juristen, durch ihre Tätigkeit oftmals politisch interessiert und engagiert sowie durch die in der rechtswissenschaftlichen Ausbildung erworbene Sachkenntnis dazu besonders geeignet, machten sich zu Anwälten ihrer Glaubensgenossen und standen an vorderster Stelle, wenn es um die Verteidigung und Wahrung der staatsbürgerlichen Rechte und Interessen der deutschen Juden ging.[20] In den Honoratiorenvorständen des Central-Vereins und später auch denen des Verbandes der Deutschen Juden gehörten jüdische Juristen – auch in ihrer Eigenschaft als Repräsentanten des gehobenen Bürgertums – zu den aktivsten Mitgliedern. Etwa ein Drittel bis zur Hälfte der Vorstandsmitglieder des CV und des Verbandes entstammten dieser Berufsgruppe.[21] Sieben von ihnen sollen, stellvertretend für zahlreiche andere, an dieser Stelle kurz vorgestellt werden:

Der schon erwähnte Oskar Cassel (1849–1923), seit 1879 Rechtsanwalt und seit 1892 Notar in Berlin, war seit den 1880er Jahren als Stadtverordneter in der Berliner Kommunalpolitik aktiv und daneben in jüdischen Organisationen führend tätig. Zusammen mit Martin

[19] Eine ähnliche Versammlung wie in Berlin fand u. a. auch in Posen statt. Dort nahmen 700 Personen teil. Es wurde eine Resolution mit gleichem Wortlaut angenommen (*IDR*, 7 [1901], S. 91 f.)

[20] Dies ist auch in Zusammenhang mit der generell vorherrschenden Juristendominanz („Juristenmonopol") in Politik und Verwaltung zu sehen, die hauptsächlich ein Ergebnis des preußischen Ausbildungs- und Rekrutierungssystems für Beamte darstellte.

[21] Vgl. die Listen der Vorstands- und Ausschuß-Mitglieder in den stenographischen Berichten der Hauptversammlungen des Verbandes und im *IDR* bzw. Majorie Lamberti, *The Attempt to Form a Jewish Bloc: Jewish Notables and Politics in Wilhelminian Germany*, in: *Central European History*, 3 (1970), S. 84; vgl. ferner Jehuda Reinharz, *Deutschtum und Judentum*, phil. Diss., Brandeis-Univ. 1972, S. 100 f.; Arnold Paukker spricht in diesem Zusammenhang vom CV als einer „Juristen-Organisation", vgl. Arnold Paucker, *Zur Problematik einer jüdischen Abwehrstrategie in der deutschen Gesellschaft*, in: Werner E. Mosse/Arnold Paucker (Hrsg.), *Die Juden im Wilhelminischen Deutschland 1890–1914*, Tübingen 1976, S. 534.

Peltasohn (1849–1912), der neben seiner Abgeordnetentätigkeit als Amtsrichter angestellt war, galt er (nach 1903) als einer der Hauptsprecher im preußischen Abgeordnetenhaus zu jüdischen Angelegenheiten (mit Mandat der Freisinnigen Volkspartei, später für die Fortschrittliche Volkspartei).[22]

Eugen Fuchs (1856–1923), einer der geistigen Väter des Central-Vereins und nach Maximilian Horwitz dessen zweiter Vorsitzender, stammte ebenfalls aus dieser Generation der ersten jüdischen Juristen. Er war Rechtsanwalt beim Kammergericht Berlin und Vorstandsmitglied der Anwaltsorganisationen in Berlin und auf Reichsebene.[23]

Auch Albert Mosse (1846–1925), der im Jahre 1890 der erste jüdische Oberlandesgerichtsrat Preußens geworden war, engagierte sich in seiner Berliner Zeit als Vorstandsmitglied der jüdischen Gemeinde aktiv im Verband.[24]

Generalsekretär des Verbandes und Hauptvorstandsmitglied des Central-Vereins sowie langjähriger Vorsitzender von dessen Rechtsausschuß war der Rechtsanwalt beim Kammergericht Martin Loevinson (1856–1930) ebenso wie Maximilian Horwitz (1855–1917). Horwitz war zeit seines Lebens als geachteter Rechtsanwalt nicht Notar geworden.

Der Rechtsanwalt Hugo Sonnenfeld (1863–1927) wurde als Verteidiger im „Ritualmord"-Prozeß in Konitz im ganzen Land bekannt. Er war daneben demokratischer Stadtverordneter und im Vorstand jüdischer Organisationen.[25]

[22] Zu Oskar Cassel vgl. u. a.: E. Hamburger, *Juden im öffentlichen Leben*..., S. 368; J. Toury, *Die politischen Orientierungen*..., S. 244; E. G. Lowenthal, *Juden in Preußen*..., S. 42. Zu Martin Peltasohn vgl. u. a.: E. Hamburger, *Juden im öffentlichen Leben*..., S. 371 f.; J. Toury, *Die politischen Orientierungen*..., S. 207 ff., E. G. Lowenthal, *Juden in Preußen*..., S. 178.

[23] Zu Eugen Fuchs vgl. u. a.: E. G. Lowenthal, *Juden in Preußen*..., S. 69; Siegmund Kaznelson (Hrsg.), *Juden im deutschen Kulturbereich*, 2., erw. Aufl., Berlin 1959, S. 642 ff.

[24] Zu Albert Mosse vgl. u. a.: E. Hamburger, *Juden im öffentlichen Leben*..., S. 45 f.; S. Kaznelson (Hrsg.), *Juden im deutschen Kulturbereich*..., S. 652 f.; Werner E. Mosse, *Albert Mosse. A Jewish Judge in Imperial Germany*, in: *LBI-YB*, XXVIII (1983), S. 169–184; *AZJ* (1916), S. 475 f.

[25] Zu Martin Loevinson und Hugo Sonnenfeld vgl. E. G. Lowenthal, *Juden in Preußen*..., S. 142 bzw. 212. Zu Maximilian Horwitz vgl. *a. a.* O., S. 98, und *Ansprachen, gehalten bei der Trauerfeier für Justizrat Dr. Maximilian Horwitz*, Berlin 1907.

Auch die Mitgliederversammlung des CV befaßte sich im Februar 1901 mit den „jüngsten Judendebatten“ im Abgeordnetenhaus. Eugen Fuchs führte hier noch einmal Beispiele dafür an, daß verbrieftes Recht mit wirklichem Recht für die Juden im Alltag nicht zu versöhnen war. Er berichtete dabei unter anderem, daß kein jüdischer Assessor als Hilfsrichter an das Berliner Kammergericht berufen worden war, ebenso wie seit Schönstedts Amtsantritt kein jüdischer Richter in eine höhere Position avancieren konnte. Darüber hinaus seien alle Kommissorien für jüdische Assessoren (das heißt solche Stellen, die es den generell unbesoldeten Assessoren erlaubten, Diäten für eine Aushilfstätigkeit zu beziehen) bis auf eine eingezogen worden; man lasse vakante Stellen durch jüdische Aspiranten so lange unentgeltlich besetzt, bis jüngere christliche Bewerber von außerhalb sie mit Vergütung bekämen. Ein jüdischer Landgerichtsrat erscheine allenfalls geeignet, Vorsitzender einer Handelskammer zu werden, er werde dagegen jedoch nicht für würdig erachtet, einer Zivilkammer zu präsidieren, „es sei denn, daß er den Taufschein überreichte“. Und Fuchs fährt, auf eine Äußerung des Justizministers anspielend, fort: „Wir haben es erlebt, daß mit der Taufe alle Imponderabilien im Nu beseitigt waren.“ Der „Terror der antisemitischen Agitation“ im Lande ließe die Lage nicht besser werden.[26]

Die Gefährlichkeit dieser Regierungpraxis und ihrer Auswirkungen, die denen des sogenannten Radau-Antisemitismus an gesellschaftlicher Breitenwirkung erheblich überlegen waren, hatte der Central-Verein erkannt und schon wiederholt gebrandmarkt, ohne ein Abwehrkonzept für den vor seinen Augen anschwellenden gesellschaftlichen Antisemitismus zu haben.[27]

Ein Jahr später, am 3. März 1902, erwog der CV-Vorstand, freisinnige Abgeordnete erneut um eine Interpellation wegen der Zurücksetzung jüdischer Juristen zu bitten. Der Rechtsanwalt Hugo Sonnenfeld konnte das Gremium jedoch davon überzeugen, dieses Vorhaben fallen zu lassen – möglicherweise in der Annahme, daß ein zu starkes Insistieren gerade für den relativ liberal gehandhabten Justizbereich eher zum Nachteil der Sache ausschlagen könne. Ebenso wurde bereits im November 1901 der Vorschlag verworfen, Peltasohn im

[26] *IDR*, 9 (1903), Nr. 3, S. 121–134.

[27] Die *AZJ* dagegen hatte die Gefahr des gesellschaftlichen Antisemitismus nicht in ihrem Ausmaß erkannt; vgl. u. a. den Artikel *Die jüdischen Notare* vom 8. Februar 1901, S. 61 f.

Abgeordnetenhaus eine Debatte über die (ebenfalls vergleichsweise marginale) Frage der Zurücksetzung jüdischer Geschworener anregen zu lassen.[28] Hier entschied man sich für direkte und nichtöffentliche Kontakte zu den Beteiligten (siehe unten).

Die während der Verhandlungen von zwei Abgeordneten an den Justizminister gerichtete Frage nach der Existenz von verschiedenen Listen von jüdischen, christlichen und – als Konzession an den Rassenantisemitismus – getauften, ehemals jüdischen Rechtsanwälten, eine Frage, die von der Presse in den vergangenen Jahren wiederholt aufgegriffen worden war, blieb im Abgeordnetenhaus unbeantwortet. Daß solche Listen im Ministerium vorlagen, galt, wenn auch nie offiziell bestätigt, als allgemein bekannt und wurde schon seit den 1890er Jahren als offenes Geheimnis behandelt. Tatsächlich wurde in den Berichten der Generalbehörden nach 1848 in den Personallisten der Justizbeamten, wie allgemein üblich, die konfessionelle Zugehörigkeit vermerkt. Daß dies auch für die Rechtsanwaltsunterlagen zutraf, kann man als sicher annehmen und stellt für diese Zeit keinen außergewöhnlichen Sachverhalt dar. Ob es jedoch darüber hinaus eine Differenzierung in den Listen, wie oben angenommen, gab, blieb ein Gerücht.[29]

In den Erinnerungen des jüdischen Rechtsanwalts Adolf Asch (1881–1972) findet sich eine sehr wahrscheinliche Variante, die Paritätsforderungen genügen sollte: In den östlichen Provinzen der Monarchie wurden für die Ernennung von Rechtsanwälten zu Notaren in dieser Zeit drei Listen geführt. Die erste Liste enthielt die deut-

[28] Vgl. M. Lamberti, *Jewish Activism...*, S. 32 f.

[29] Bereits 1896 war in der Presse die Meldung aufgetaucht, daß im Justizministerium schon lange eine „Judenliste" geführt werde, nach der nur fünf Prozent der jüdischen Rechtsanwälte Berlins zum Notariat zugelassen werden würden; dies wurde von der regierungsnahen *Norddeutschen Zeitung* umgehend als falsch bezeichnet (vgl. GStAPK, Rep. 84a, Nr. 11949, Bl. 155 ff.); als Faktum auch bei Martin Philippson, *Neueste Geschichte der Juden*, Bd. 2, Leipzig 1910, S. 198 (ohne Quellennachweis); dieselbe Feststellung bei M. Lamberti bleibt unbewiesen, *Jewish Activism...*, S. 22 (ohne Quellenangabe oder Anmerkung). Der Abgeordnete Barth erwähnte in seiner Rede lediglich, daß es ein „offenes Geheimnis" sei, daß getrennte Listen für Juden und für Christen geführt würden (vgl. *StBPrA*, 16. Sitzung vom 31. 1. 1901, S. 935). In einem Artikel der *AZJ* vom 15. Februar 1901 ist dagegen von den Listen die Rede: „In dem kleinsten Provinznest weiß und erzählt man sich von den Listen, in denen die Anwälte ... nach drei einzelnen Bekenntnissen eingeteilt sind, in Christen, getaufte Juden und Juden" (*a. a. O.*, S. 78).

schen Rechtsanwälte christlichen Glaubens, die zweite die jüdischen Anwälte und die dritte Liste die polnischen Anwälte. Asch erinnert sich: „Der Gesamtheit jeder der drei Listen wurde insoweit eine gewisse Gleichberechtigung zugestanden, als regelmäßig bei jeder Neuernennung ein Anwalt aus der Liste ernannt wurde, die an der Reihe war. Für den einzelnen jüdischen Anwalt aber bedeutete dies eine erhebliche Beeinträchtigung seiner Chancen, weil die Anzahl der jüdischen Rechtsanwälte erheblich größer war als die der deutschen und auch der polnischen Anwälte."[30]

Dem entgegen steht die Äußerung des Vertreters der polnischen Minderheit im Landtag, von Czarlinski, der in der Debatte am 9. Februar 1901 – mit antijüdischer Spitze – darauf hinwies, daß polnische Rechtsanwälte und Notare auch in den stark oder überwiegend polnisch besiedelten preußischen Gebieten gegenüber den deutschen zurückgesetzt würden.[31] Bestehende Benachteiligungen polnischer Juristen in den preußischen Ostprovinzen bestätigte der jüdische Anwalt Ernst Herzfeld (1874–1947), der seine Schul- und Referendarzeit in Posen verbrachte: „Die polnische akademische Jugend wurde zurückgesetzt. Während die Juden, wenn auch in begrenzter Zahl und ohne Aussicht auf Aufstieg, als Richter angestellt wurden, blieb diese Laufbahn den Polen verschlossen."[32]

Von der diskriminierenden Verwaltungspraxis Schönstedts bei der Anstellung jüdischer Richter war weiter bekannt geworden, daß der Justizverwaltung von den Provinzialbehörden nicht nur über die Qualifikation bereits angestellter Richter berichtet werden mußte, sondern auch darüber, ob in dem betreffenden Orte die Anstellung eines jüdischen Richters „möglich" und „genehm" sei, so daß Bewerbungen jüdischer Richter für bestimmte Gerichtsbezirke nach dieser Maßgabe mitunter ohne Erfolg blieben.[33]

Die Debatten im preußischen Abgeordnetenhaus am Jahresbeginn 1901, insbesondere die Äußerungen des Justizministers Schönstedt zur Rechtfertigung seiner Anstellungspolitik, waren auch deshalb

[30] *Adolf Aschs Erinnerungen*, in: M. Richarz (Hrsg.), *Jüdisches Leben in Deutschland...*, Bd. 2, S. 222.

[31] *StBPrA*, 22. Sitzung am 9. Februar 1901, S. 1306.

[32] *Ernst Herzfelds Erinnerungen*, in: M. Richarz (Hrsg.), *Jüdisches Leben in Deutschland...*, Bd. 2, S. 374.

[33] Vgl. *Mitteilungen aus dem Verein zur Abwehr des Antisemitismus*, 27. Jg. (1917), Nr. 17, S. 122.

von großem Gewicht, weil sie durch das Beispiel Preußens reichsweiten Einfluß ausübten. So war es unmittelbare Folge dieses Auftritts, daß im selben Jahr noch in anderen deutschen Parlamenten über die Anstellung von Staatsbürgern jüdischen Glaubens im Staatsdienst der Einzelstaaten debattiert und das Problem der konfessionellen Gliederung innerhalb des Justizwesens lebhaft erörtert wurde.[34]

Eine Diskussion im hessischen Landtag war durch eine Petition von jüdischer Seite angeregt worden. Der hessische Justizminister Dittmar, durch die unrühmliche Gerichtsverhandlung gegen die *Frankfurter Zeitung* zwei Jahre zuvor und die Aufrechterhaltung des restriktiven Status quo in dieser Frage keineswegs wortkarger geworden, versicherte erneut, daß jüdische Bewerber gegenüber anderen Konfessionen bei der Zulassung zu öffentlichen Ämtern nicht benachteiligt würden. So konnte die Versammlung guten Gewissens eine Resolution zugunsten des Prinzips religöser Gleichbehandlung verabschieden. Ansonsten blieb alles beim alten. Eine geringe Zahl jüdischer Notare wurde weiterhin zugelassen, aber es mußten noch neun Jahre vergehen, bis der erste (und bis 1918 einzige) jüdische Richter in Hessen ein Amt erhielt.[35]

In Bayern, wo die diesbezügliche Lage vergleichsweise günstiger war, wurde die Frage verhandelt, als ein Zentrumsvertreter, direkt inspiriert vom preußischen Beispiel, im Landtag den Antrag stellte, die Regierung zur administrativen Einschränkung von jüdischen Anstellungen im Staatsdienst aufzufordern. Ziel des Antrages von Rudolf Heim (Begründer des *Bayerisch-Christlichen-Bauernvereins*) im Finanzausschuß des Hauses war es, die Zahl der jüdischen Justizbeamten an bayrischen Gerichten künftig auf den Anteil zu vermindern, den die Juden unter der bayrischen Gesamtbevölkerung ereichten (also knapp 1%), weil sonst die Interessen der Bevölkerung beeinträchtigt und das Vertrauen in die Rechtspflege erschüttert wer-

[34] Obwohl die Diskriminierung von Juden bei der Zulassung zum öffentlichen Dienst gelegentlich auch im Reichstag zur Sprache gebracht wurde, war die Angelegenheit im wesentlichen Sache der Landesregierungen, in deren Verantwortung der größte Teil der Verwaltung und Gesetzgebung lag. Alle Regierungen waren jedoch (zumindest theoretisch) an das Reichsgesetz vom 3. Juli 1869 gebunden.

[35] Verhandlungen der Zweiten Hessischen Kammer am 20. November 1901; P. Pulzer, *Religion and Judicial Appointments...*, in: *LBI-YB*, XXVIII (1983), S. 198; vgl. auch *Frankfurter Zeitung*, Nr. 147 vom 30. Mai 1901.

den könnte.[36] Heim wurde von der Mehrheit der Zentrums-Abgeordneten, den protestantischen Konservativen und der Bauernschaft im Norden Bayerns unterstützt; bei den Liberalen, den Sozialdemokraten und der gemäßigt liberalen Regierung stieß er jedoch auf Widerstand.

Zur Offenlegung von Zahlen aufgefordert, teilte der bayerische Justizminister Leopold Freiherr von Leonrod mit, daß die etwa 2,1% Juden unter den bayrischen Justizbeamten eine weitaus geringere Zahl darstellten als die etwa 17,8% Rechtsanwälte israelitischer Religion. Außerdem würden Juden weder als Einzelrichter noch in ländlichen Gebieten eingesetzt. Er wolle keine Gesetze verletzen, indem er Juden nur nach einem gewissen Prozentsatz anstelle; ein solcher Numerus clausus könnte außerdem für die Protestanten im Lande negative Auswirkungen haben. Der Antrag wurde in der Beratung des Finanzausschusses abgelehnt, gelangte jedoch am 29. November 1901 ins Plenum des Landtages. Hier trat der Justizminister nicht mehr mit derselben Entschiedenheit auf. Diesmal erklärte er, im Hinblick auf das Reichsgesetz von 1869 zwar nicht die vom Antragsteller geforderte Verpflichtung übernehmen zu können; er erkenne aber an, so formulierte er vorsichtig und mit Betonung des Primats staatlicher Autorität, daß in manchen Bezirken die Amtstätigkeit eines jüdischen Richters durch die Stimmung der Bevölkerung beeinträchtigt werden könne. Deshalb sei er auch schon bisher bestrebt gewesen, eine Anstellung jüdischer Beamter in solchen Bezirken zu vermeiden. Er könne also den Antrag, weil er ungesetzlich ist, nicht befürworten, er sei aber weiterhin bestrebt, der „Tendenz des Antrages, der von der Stimmung der Bevölkerung ausgeht", Rechnung zu tragen.[37] Dies war trotz der formalen Ablehnung nichts anderes als die tatsächliche Anerkennung des von den bayerischen Klerikalen und Agrarien Behaupteten und Gewollten und ein Echo auf das Verhalten seiner hessischen und preußischen Kollegen. Der Antrag wurde

[36] Vgl. Donald L. Niewyk, *Das Selbstverständnis der Juden und ihre Beteiligung am politischen Leben des Kaiserreiches und der Weimarer Republik*, in: *Geschichte und Kultur der Juden in Bayern. Aufsätze*, München 1988, S. 375; vgl. E. Hamburger, *Juden im öffentlichen Leben...*, S. 49: „Ein empfehlender Hinweis auf Preußen war ein ungewöhnliches Vorkommnis im bayerischen Parlament"; zum Antrag Heim vgl. ferner R. S. Levy, *The Downfall...*, S. 187 ff.

[37] Verhandlungen der Kammer der Abgeordneten des bayerischen Landtages vom 29. Nov. 1901, zit. nach: *Die Anstellung von Staatsbürgern jüdischen Glaubens im Staatsdienste* (o. Autor), in: *IDR*, 7 (1901), S. 651 ff.

schließlich im Abgeordnetenhaus unterstützt, vom Oberhaus aber abgelehnt. Die Regierung ließ ihn im Januar 1902 fallen und fuhr fort, Juden in Richterämter zu berufen – im Gegensatz zu Preußen in einigen Fällen auch in höhere und höchste Ränge. Während in anderen Bereichen des öffentlichen Dienstes durch den wachsenden Einfluß des Zentrums eine verminderte Zulassung jüdischer Bewerber zu verzeichnen war, gelangten zwei jüdische Juristen in Bayern in den Rang eines Senatspräsidenten.[38] In dieser Beziehung unterschied sich die bayerische Verwaltungspraxis auch schon vorher positiv von derjenigen Preußens. Die Zahl jüdischer Richter war zwar sowohl absolut als auch anteilmäßig wesentlich geringer als in Preußen, eine völlige Ausschließung aus Beförderungsstellen und der Staatsanwaltschaft bestand jedoch nicht, ebenso wie eine Beförderung zum Reserveoffizier keine unüberwindliche Hürde blieb.[39]

Diese Fakten ließ die *Staatsbürger-Zeitung* unerwähnt, als sie anläßlich der bayerischen Parlamentsverhandlungen von neuem die tiefe Erschütterung des Vertrauens des „christlich-deutschen Volkes" in die Rechtspflege unterstrich, die durch die Besetzung von Richterstellen mit jüdischen Richtern verursacht werde. Der Anspruch darauf, „...von seinen Volksgenossen, von christlichen, von deutschen Richtern gerichtet zu werden", sei, wie nun auch preußische und bayerische Staatsmänner bestätigt hätten, völlig berechtigt.[40]

Nicht nur die antisemitische Presse verfolgte aufmerksam das Geschehen. Auch eine größere Wachsamkeit der liberalen Zeitungen war zu beobachten. So wurden beispielsweise durch die *Frankfurter Zeitung* die Eigenmächtigkeiten des Oberlandesgerichtspräsidenten von Frankfurt am Main, Hagens, im ganzen Lande bekannt gemacht. Dieser hohe Justizbeamte hatte offensichtlich die Verordnung von

[38] P. Pulzer, *Religion and Judicial Appointments...*, in: *LBI-YB*, XXVIII (1983), S. 199.

[39] Die bayerischen Juden waren jedoch von Lehrerstellen an höheren Schulen gänzlich ausgeschlossen und wie in Preußen in der höheren Staatsverwaltung nicht vertreten.

[40] *Staatsbürger-Zeitung* vom 17. 1. 1902, Artikel *Jedem das Seine!* – Hervorzuheben ist auch die negative Ausstrahlung des preußischen Beispiels auf Österreich. So fragte im Februar 1901 der Antisemit Georg Ritter von Schönerer unter Hinweis auf die Haltung des preußischen Justizministers im österreichischen Parlament den Ministerpräsidenten, ob auch er dafür Sorge tragen wolle, daß Juden künftig in allen Zweigen der Staatsverwaltung überhaupt nicht oder nur in Ausnahmefällen angestellt würden, vgl. *IDR*, 7 (1901), S. 102.

1883 dazu mißbraucht, jüdische Rechtskandidaten bei der Bewerbung um eine Referendarsstelle zu benachteiligen. Wegen des von ihm konstatierten „übergroßen Andranges" von Juden, die die Justizlaufbahn einzuschlagen versuchten, wollte er einige Bewerber nur nach der vorherigen schriftlichen Versicherung zulassen, daß sie nicht die Absicht hätten, in den beamteten Justizdienst zu treten. Nach dem Bekanntwerden dieser Fälle mußte Hagens dem Justizminister darüber Bericht erstatten und unterließ zukünftig solche Praktiken.[41]

Aus Anlaß der Erörterungen des preußischen Justizministers im Januar hatten Mitglieder des Berliner Anwaltsvereins inzwischen eine private Umfrage bei Berliner jüdischen Notaren veranlaßt. Das nicht repräsentative, aber doch aufschlußreiche Ergebnis wurde im Central-Verein mitgeteilt: Die befragten 36 (also gut die Hälfte der) jüdischen Notare in Berlin hatten danach 18 600 christliche und 6975 jüdische Mandanten. Es erwies sich darüber hinaus, daß christliche Klienten gerade in den angesprochenen „intimen Familienangelegenheiten" vorzugsweise zu jüdischen Notaren gingen, eben gerade weil diese „meist ihren Gesellschaftskreisen ferner ständen".[42]

Diese Abgrenzung jüdischer und nichtjüdischer „Kreise", die sich weiterhin nur am Rande berührten, war seit dem Niedergang der liberalen Ära, dem aufkommenden Nationalismus und gesellschaftlichen Antisemitismus im wilhelminischen Kaiserreich wieder deutlich bemerkbar. Zum einen durch die im jüdischen Bürgertum, insbesondere bei vielen jüdischen Intellektuellen, zunehmenden Zweifel an der Möglichkeit einer tatsächlichen, vollständigen Gleichbehandlung und Integration in die Mehrheitsgesellschaft angesichts antisemitischer Anfeindungen und Ressentiments von „christlicher" Seite, zum anderen wurde durch ein weiterhin kulturell-traditionell orientiertes Heiratsverhalten (wie die Tendenz zur Binnenheirat) und dadurch geschaffene feste verwandtschaftliche Bindungen auf jüdischer Seite

[41] Nach dem Regulativ von 1883 waren bei der Aufnahme von Referendaren durch den Oberlandesgerichtspräsidenten offiziell zwei Ablehnungsgründe möglich: Nichtzugehörigkeit zum Gerichtsbezirk und „Überfüllung" (vgl. VIERTES KAPITEL, S. 252–271). Das *Berliner Tageblatt* vom 3. September 1901 brachte als erste Tageszeitung eine Meldung über den Vorfall; Hagens, zum Bericht an den Justizminister aufgefordert, rechtfertigte sich mit Schreiben vom 9. September 1901 (GStAPK, Rep. 84a, Nr. 11944, Bl. 138 ff.); *IDR*, 7 (1901), S. 443 ff.; P. Pulzer, *Religion and Judicial Appointments*..., in: *LBI-YB*, XXVIII (1983), S. 194 f.

[42] Rechtsschutzbericht des CV vom 24. Februar 1902, in: *IDR*, 8 (1902), S. 212; auch mitgeteilt in der *Breslauer Zeitung* vom 30. April 1902.

eine solche Abgrenzung vor allem im privat-familiären Bereich befestigt. Andererseits kann angenommen werden, daß die Berufsgruppe der Rechtsanwälte allgemein stärker von sozial-ökonomischer Homogenität beziehungsweise Differenzierung geprägt wurde als von religiöser Gruppenzugehörigkeit. Die Tendenz, daß sich Klienten den Anwalt auswählten, der zu ihrem sozialen Milieu (innerhalb der höchst differenzierten bürgerlichen Schicht der Rechtsanwälte) gehörte, dürfte sowohl hinsichtlich religiöser als auch ökonomischer Aspekte dieser Annahme entsprechen.[43]

Seit nunmehr Jahrzehnten blieben im Widerspruch zu der verfassungsmäßig garantierten Gleichbehandlung befähigte jüdische Bewerber von einer ganzen Reihe höherer Staatsämter vornehmlich ihres Glaubens wegen ausgeschlossen. Trotz der gesetzlich fixierten rechtsstaatlichen Normen und gelegentlicher verbaler Versicherungen ihrer Gültigkeit durch Regierungsrepräsentanten wiederholten sich Jahr für Jahr mit gutem Grund die Klagen darüber, daß eine Gleichberechtigung in der Realität nicht vorhanden sei. Vor allem die Beschwerden über die Zurücksetzung der Juden bei Justizbeförderungen waren nicht geringer geworden, weil hier eine relativ große Zahl jüdischer Beamter (in niedrigeren Rängen) tätig war. Nur einmal – im Jahre 1904 – geschah, was nach der langen Amtszeit des politisch starren Justizministers Schönstedt in Preußen kaum mehr für möglich gehalten wurde: Der Landgerichtsrat Dr. Sommer aus Frankfurt am Main, noch immer ungetauft, wurde zum Oberlandesgerichtsrat in Kassel ernannt. Für die linksliberalen Zeitungen war das ein Anlaß, das baldige Abtreten Schönstedts von der politischen Bühne zu prophezeien – denn wie sonst ließe es sich erklären, wenn ein alter Mann plötzlich ohne erkennbaren Anlaß seine Gewohnheiten ändere?

Siegfried Sommer, 1859 in Rothenburg/Fulda (also außerhalb des damaligen Preußen) geboren und 1925, kurz nach seiner Ernennung zum Senatspräsidenten, in Frankfurt am Main gestorben, war insgesamt der dritte jüdische Justizbeamte im Amt eines Oberlandesgerichtsrates (nach den beiden unter Schelling in den Jahren 1890/91 ernannten Juristen, von denen einer inzwischen ausgeschieden war)

[43] Vgl. Hannes Siegrist, *Die Rechtsanwälte und das Bürgertum. Deutschland, die Schweiz und Italien im 19. Jahrhundert*, in: J. Kocka (Hrsg.) *Bürgertum im 19. Jahrhundert*..., S. 116, sowie Konrad Jarausch, *Jewish Lawyers in Germany*, in: *LBI-YB*, XXXVI (1991), S. 175.

und blieb damit eine Ausnahme von der Regel. Sommer bildete auch noch in einer weiteren Hinsicht eine Ausnahme: Er war auf dem Kasseler Gymnasium ein Schulfreund des Prinzen Wilhelm und nunmehrigen Kaiser Wilhelms II. gewesen. Ihm noch freundschaftlich verbunden, hatte der Monarch persönlich die Beförderung angeregt.[44] Der einzige so unter Schönstedt beförderte jüdische „Ausnahme"-Richter hatte seine Berufung also nicht nur seiner zweifellos vorhandenen fachlichen Befähigung, sondern daneben, wie die *Vossische Zeitung* bissig bemerkte, vornehmlich dem Umstand zu verdanken, daß „seine Eltern in der Wahl der Schule äußerst glücklich waren".[45]

Freisinnige Abgeordnete brachten die Zurücksetzungen jüdischer Juristen im folgenden Jahr erneut zur Sprache. In einer Abgeordnetenhausdebatte zum Justizetat im Januar 1905 wies der Abgeordnete Gyßling auf die ungleiche Behandlung jüdischer Richter gegenüber nichtjüdischen Kollegen bei der Beförderung in höhere Richterstellen, insbesondere zu Oberlandesgerichtsräten, Landgerichtsdirektoren und allen sonstigen hohen Rängen im Justizdienst hin.[46] Bekanntlich waren seit dem Gleichstellungsgesetz von 1869 insgesamt nur drei Beförderungen jüdischer Richter über die unteren Instanzen hinaus erfolgt. Nur zwei, nämlich Albert Mosse in Königsberg und der gerade ernannte Siegfried Sommer in Kassel, waren zu dieser Zeit in einem höheren Rang beschäftigt. In einer derartigen Behandlung der jüdischen Justizbeamten bei gleicher Befähigung, liege, so Gyßling, ein System, das auch bei anderen Verwaltungen Unterstützung finde und den verfassungsrechtlichen Bestimmungen zuwiderlaufe.

[44] Vgl. E. Hamburger, *Juden im öffentlichen Leben...*, S. 44; E. G. Lowenthal, *Juden in Preußen...*, S. 211 f. sowie verschiedene Zeitungsmeldungen, u. a. Artikel *Die Ausnahme*, in: *Vossische Zeitung*, Nr. 53 vom 2. 2. 1904.

[45] *Vossische Zeitung*, Nr. 54 vom 1. Februar 1905 (BA Potsdam, 30. 01., Nr. 4152, Bl. 71).

[46] Anlaß für Gyßlings Auftreten im Abgeordnetenhaus zu diesem Zeitpunkt waren möglicherweise einige vorangegangene Artikel im *Berliner Tageblatt* vom Dezember 1904, in denen über eine Zurücksetzung jüdischer Rechtsanwälte in Posen berichtet wurde, die bei der Notariatsverleihung zugunsten neu zugezogener „christlicher" Anwälte – denen offenbar eine rasche Zulassung zum Notariat bereits vor der Amtsübernahme zugesagt worden war – benachteiligt worden waren (vgl. GStAPK, Rep. 84a, Nr. 11944, Bl. 151 ff.); Artikel *Der Justizminister – ein Hort des Rechts*, in: *IDR*, 11 (1905), S. 66–73.

Schönstedt fand auf diese Feststellung kein Wort der sachlichen Erwiderung. Er lehnte vielmehr jede Auskunft mit der schon bekannten Begründung ab, daß das Ernennungsrecht ein Recht der – im preußischen Staatsverständnis unangreifbaren – Krone sei.[47] Dabei war bekannt, daß nach dem Geschäftsgang der Ernennung die Richterpatente zwar vom König unterzeichnet wurden, die Angelegenheit selbst aber in den Händen des Ministers lag. Schönstedt verschanzte sich so hinter der Krone und entzog sich damit seiner Verantwortung. Der noch immer ausstehende Ausführungsparagraph über die Ministerverantwortlichkeit gegenüber dem Parlament enthob ihn auch diesmal einer Rechtfertigung gegenüber den Abgeordneten, die in ihrer Zusammensetzung allerdings auch jetzt noch keine starke politische Opposition oder besondere Sympathien für den freisinnigen Redner befürchten ließen.

Im Zusammenhang mit Gyßlings Vorstoß war durch die Presse ferner bekannt geworden, daß selbst von einem amtierenden Oberlandesgerichtspräsidenten persönlich angebrachte Gesuche der Beförderung jüdischer Richter seit Jahren vom Justizminister verworfen wurden. Im Ministerium bedeutete man jenen vielmehr unmißverständlich, daß die Voraussetzung für eine Beförderung ein Glaubenswechsel sein müsse.[48] Tatsächlich avancierten nach der Taufe einige Bewerber (vergleiche weiter unten).

Noch ließ man jüdische Assessoren nicht zur Staatsanwaltschaft zu, und auch bei der Vergabe besoldeter Kommissorien wurden sie in gewohnter Weise übergangen. In der Generalversammlung des Abwehrvereins im März 1905 wurde die Frage der Gleichberechtigung von Juden in der Justizverwaltung deshalb Hauptgegenstand der Verhandlungen. Die Organisation stellte fest, daß das „stille und latente Gift" des Antisemitismus weite Bevölkerungsschichten erfaßt habe und vor allem in den akademischen Kreisen, im Offizierskorps und im höheren Beamtentum um sich greife. Es sei schwer, gegen

47 *StBPrA*, 128. Sitzung am 30. Januar 1905, S. 9235 ff. – Die bei eingetretenen Vakanzen eingehenden Bewerbungen wurden durch die untergeordneten Behörden gesichtet und geprüft und schließlich an das Justizministerium mit entsprechenden Vorschlägen weitergeleitet. Im Ministerium wurde dann darüber Beschluß gefaßt, wer dem König zur Ernennung präsentiert werden sollte; zur Ministerverantwortlichkeit siehe auch Wortmeldung von Oskar Cassel, *StBPrA*, 165. Sitzung am 18. März 1905, S. 11892 ff.; Pressestimmen zu dieser Debatte u. a. in: GStAPK, 2.5.1., Nr. 165, Bl. 135 ff.

48 Zwei Beispiele dafür in: *IDR*, 11 (1905), S. 205.

diese „unsichtbare und doch so dienstbare Macht im Dienste der Reaktion" anzukämpfen.[49] Weitere Beispiele dafür, daß bei einem Religionswechsel zum Christentum die Bedenken gegen jüdische Justizbewerber schwanden, konnten zusammengetragen werden. Dieser staatliche Taufdruck wurde als ethischen und moralischen Prinzipien widersprechend kritisiert – man könne zwar dem einzelnen nicht immer einen Vorwurf daraus machen, daß er sich schwächer als die Verhältnisse erweise und nicht den Märtyrer spielen wolle, gegen den Staat sei jedoch hieraus ein Vorwurf zu erheben; es sei empörend, daß die Regierung auf den Glaubenswechsel eine Belohnung aussetze.[50]

Damit nahm der Abwehrverein die gleiche Haltung wie die jüdischen Organisationen, voran der CV, zu dieser Frage ein. Man war entschlossen, den Kampf um die Gleichberechtigung im öffentlichen Dienst konsequent weiterzuführen. Alle Rechte, nicht nur Teilrechte, seien den jüdischen Mitbürgern zu sichern. Dabei kam es – wie immer wieder betont wurde – den jüdischen Organisationen ebenso wie den jüdischen oder nichtjüdischen Abgeordneten, die sich im Parlament in dieser Frage einsetzten, weniger darauf an, ob hier und da in der Verwaltung noch ein Jude (mehr) angestellt werde oder nicht, sondern auf die Beseitigung der generellen Benachteiligung, durch die sich Juden als „Staatsbürger zweiter Klasse" fühlen mußten. Daß es kein justitiables Recht auf eine Staatsanstellung geben könne, wurde dabei zu keinem Zeitpunkt in Frage gestellt. Nur sollte den jüdischen Staatsbürgern das, was Gesetzgebung und Staatsverfassung rechtlich gewährleisten wollten, nicht nur „im Prinzip", sondern auch in Wirklichkeit erreicht werden.

Die Überzeugung, selbst gegen die gesellschaftliche Zurücksetzung und eine Verwaltungspraxis aktiv werden zu müssen, die in der Realität die Juden ihrer vollen Rechte beraubte, ließ die jüdischen Organisationen seit Ende der 1890er Jahre ihre Stimme zunehmend selbstbewußter erheben. Die Hoffnung, daß Wahrheit und Gerechtigkeit sich im Zuge eines letztlich nicht aufzuhaltenden allgemeinen historischen Fortschrittes durchsetzen und daß unermüdlicher Kampf und nie erlahmende Arbeit nicht vergeblich sein würden, motivierte sie. Der Central-Verein formulierte den Willen, als deutsche Juden das Haupt erhoben zu tragen und jede Kränkung, jede Zurückset-

49 *AZJ* vom 10. März 1905, S. 109 ff.; Rede von Justizrat Reinbacher auf dieser Versammlung, *a. a.* O., S. 110.

50 *Ebda.*

zung um des Glaubens willen mit Würde und Nachdruck zurückzuweisen. Er wurde dadurch über seine Abwehrtätigkeit hinaus zu einem Zentrum innerer Wiederbelebung des Judentums. Übertritte zur christlichen Religion wurden innerhalb dieser Entwicklung wieder stärker als „Fahnenflucht" oder „Charakterschwäche" gewertet.

Ein unbeirrtes und konsequentes, vor dem Hintergrund gesellschaftlicher Wirklichkeit und aus heutiger Sicht mitunter etwas realitätsfern oder doch großzügig-optimistisch anmutendes Beharren auf „Recht und Billigkeit" mit ungebrochenem Vertrauen auf die Werte des liberalen Rechtsstaates und die Wirksamkeit einer „Aufklärung" der Bevölkerung lag den Bestrebungen und der entschlossenen Zähigkeit des CV zugrunde. Das Leitmotiv der Verteidigungsaktivitäten war bis 1918 durch ein kompromißloses Eintreten für die Prinzipien des Rechtsstaates gekennzeichnet.[51] Das Denken und Handeln der Organisation war dabei nicht auf eine reformerische Umgestaltung des Staates, sondern auf die Realisierung der geltenden Verfassung gerichtet.

Der schon einmal zitierte Rechtsanwalt Ernst Herzfeld, selbst führend im CV des Rheinlandes und seit 1906 in dessen Hauptvorstand tätig, soll in diesem Zusammenhang noch einmal ausführlicher zu Wort kommen, da er (im Rückblick) wesentliche Aspekte der Problematik eindrucksvoll zusammenfaßt:

„Diese Zurücksetzungen [im Staatsdienst – B. S.] waren für die Betroffenen schmerzlich. Ihre unmittelbare Wirkung auf die jüdische Gesamtheit war dagegen wenig belangvoll ... Klar war indes, daß diese Diskriminierungen einen durch fadenscheinige, verlogene Argumente schlecht verhüllten Bruch der verfassungsmäßig gewährleisteten Gleichberechtigung darstellten. Die Emanzipation war nicht vollendet, solange den Juden der Zugang zu den einflußreichen Verwaltungs-, Justiz- und Dozentenposten gesperrt oder nur unter der Bedingung der Taufe freigegeben war. Wer die wirkliche Gleichberechtigung erkämpfen wollte, mußte daher gegen diese illegale Praxis Sturm laufen. Ein Kampf ums Recht ist nicht nur dann sittliche Pflicht, wenn schwerer Schaden abzuwenden ist. Gewiß wird kein Verständiger um Bagatellen streiten. Stehen aber Rechte von unverkennbar grundsätzlicher Bedeutung auf dem Spiel, so darf ihre Verletzung auch nicht hingenommen werden, wenn die direkte Wir-

[51] Vgl. zum gleichen Ziel des Abwehrvereins: Barbara Suchy, *The Verein zur Abwehr des Antisemitismus (I)*, in: *LBI-YB*, XXVIII (1983), S. 205–239.

kung nicht sonderlich schwerwiegend ist. Jede Rechtsverletzung ist ein Präjudiz für meist nicht voraussehbare Folgen. Wird sie toleriert, dann ist eine schiefe Bahn betreten, auf der es nicht leicht einen Halt gibt."[52]

Seit Jahrzehnten waren die Juden in Deutschland nun formalrechtlich emanzipiert, aber weder damals noch später wurden sie als vollwertige Glieder der Gesellschaft angesehen. Prägnant schildert auch der Rechtsanwalt Paul Mühsam (1876–1960) in seinen Lebenserinnerungen seine Empfindungen dazu, die die weit über eine rechtliche Frage hinausgehende Wirkung dieser Praxis umreißen: „...und wenn es mir auch fernlag, zu solchen Stellungen zu streben, so war doch schon die Unmöglichkeit, zu ihnen zu gelangen, für meinen Gerechtigkeitssinn und mein Selbstgefühl eine drückende Fessel."[53]

Regelmäßig und noch bis zur Wende des ersten Jahrzehnts des neuen Jahrhunderts beschäftigte den CV-Rechtsausschuß ferner die Frage der Heranziehung von jüdischen Kandidaten zum Schöffen- und Geschworenendienst an den Amts- und Landgerichten. Deren Bewertung bot einige Schwierigkeiten, da die Auswahl der ehrenamtlich tätigen, nicht beamteten Schöffen und Geschworenen einem gesetzlich justizunabhängigen Gremium übertragen und daher schwer zu kontrollieren war. Vom Ausschluß oder einer Benachteiligung jüdischer Kandidaten für diese Tätigkeit war in den letzten beiden Jahrzehnten wiederholt in der Presse berichtet worden. Der CV hatte im April 1901 begonnen, Daten über den Ausschluß der Juden vom Geschworenamt zu sammeln, und verzeichnete im Jahre 1902 hinsichtlich einer ausgewogeneren Auswahl der Betreffenden durch „energisches Vorgehen" und „nötige Offenheit" erreichte Erfolge.[54]

1907 begann der Verband der Deutschen Juden, systematisch Fakten über Zurücksetzungen in diesem Bereich zu sammeln. Ausgangspunkt war unter anderem die Information gewesen, daß in einigen Orten des deutschen Reiches, besonders in den östlichen Provinzen der Monarchie, vorübergehend oder dauernd (an manchen Orten

[52] M. Richarz (Hrsg.), *Jüdisches Leben in Deutschland...*, Bd. 2, S. 380. Herzfeld schrieb seine Lebenserinnerungen während der Emigrationszeit in Palästina.

[53] P. Mühsam, *Ich bin ein Mensch gewesen...*, S. 35 f. – Für Mühsam war die Rechtsanwaltschaft (ungeliebter) „Brotberuf"; er ließ sich 1905 in Görlitz nieder, seit 1910 war er daneben schriftstellerisch tätig (vgl. Teilabdruck der Memoiren bereits in: M. Richarz [Hrsg.], *Jüdisches Leben in Deutschland...*, Bd. 2, S. 358).

[54] *IDR*, 8 (1902), S. 214.

seit bis zu dreißig Jahren) den Juden dieses Ehrenrecht verwehrt worden war, indem sie nicht in die entsprechenden Listen aufgenommen oder von den Auswahlgremien nie gewählt worden waren. Aus Posen wurde 1906 beispielsweise bekannt, daß der gewählte Ausschuß (auf unterster Ebene) durchaus vollständige Geschworenenlisten präsentierte. Die „Lücken" wurden erst beim weiteren Sieben in den höheren Behörden gerissen.[55] Auf der vom Verband initiierten Umfrage basierten schließlich mehrere Denk- beziehungsweise Beschwerdeschriften an Regierungen der Einzelstaaten und das Reichsjustizamt, was in Preußen und Sachsen zu Ministerialerlassen in Sinne der Petenten führte.[56]

Noch einmal rückte in diesen Jahren auch der „Referendariats-Antisemitismus" einer breiteren Öffentlichkeit ins Blickfeld, als die *Frankfurter Zeitung* – vierzehn Jahre nach dem Fall des jüdischen Referendars Benfey in Hildesheim – das Thema im Januar 1906 wieder aufgriff, um darauf aufmerksam zu machen, daß ungeachtet der damaligen Maßregelung der christlichen Referendare wegen des Ausschlusses eines jüdischen Kollegen aus der Tischgesellschaft der Antisemitismus unter den Juristen keineswegs eingedämmt worden war; es müsse vielmehr festgestellt werden, daß die Ausschließung jüdischer Kollegen im privaten wie im gesellschaftlichen Umgang vollendete Tatsache sei. Fast in der ganzen Provinz Hannover, besonders am Sitz des Oberlandesgerichtes in Celle, so berichtete die Zeitung, werde nun mit dem „Trick" gearbeitet, daß nichtjuristische Mitglieder in die Referendarsvereinigungen aufgenommen würden, die dann gegen jüdische Mitglieder stimmen konnten, ohne disziplinarisch belangt werden zu können. Das Blatt kommentierte treffend, aus „blasser Angst vor der Sozialdemokratie" unternehme die oberste Justizverwaltung nichts, um diese unheilvolle Cliquenbildung im Justizwesen zu verhindern, und züchte statt dessen gesellschaftliche Exklusivität.[57]

[55] Vgl. *IDR*, 12 (1906), S. 105 f.

[56] Das *Korrespondenz-Blatt* des VdDJ berichtete wiederholt über dieses Thema; zu den hier gemachten Angaben vgl. Nr. 4 (Mai 1909), S. 8; Nr. 6 (Januar 1910), S. 8; Nr. 8 (Oktober 1910), S. 4, sowie *IDR*, 11 (1905), S. 301 f. und 568; *IDR*, 13 (1907), S. 381 und 512 f. Im Jahr 1910 wird eine deutliche Verbesserung der Zustände konstatiert. Vgl. ferner *Mitteilungsblatt* des Abwehrvereins, Nr. 44 und 45, 8. Jg. (1898), S. 349 bzw. 357; *Stenographische Berichte über die zweite Hauptversammlung des Verbandes der Deutschen Juden*, Berlin 1907.

[57] Conrad Marcus, *Juristen erster bis dritter Klasse*, in: *Frankfurter Zeitung* vom 21. 1. 1906, 50. Jg., Nr. 20, S. 1.

Ein weiteres Mal im Jahre 1906 flammte die Diskussion um den „Referendariats-Antisemitismus" auf, als freisinnige Abgeordnete den Justizminister in der Budgetkommission des Abgeordnetenhauses auf einen „Boykott" jüdischer Referendare in Breslau aufmerksam machten, der kein Einzelfall zu sein schien. In verschiedenen größeren und mittleren Städten existierten Vereine oder lose Vereinigungen, die teilweise durch ausdrückliche Statutenbestimmungen den Ausschluß jüdischer Referendare bestimmten. Oftmals, so berichtete der Referent, werde dieses Ziel jedoch auch bloß durch stillschweigende Übereinkunft oder „Tradition" erreicht.[58] Referendarvereine waren auf der Basis der Standesgenossenschaft organisiert, das heißt alle einem bestimmten Berufsstand in einem Orte Angehörenden waren in der Regel ohne weiteres Mitglied. In diesem Fall bedeutete eine gesellschaftliche Boykottierung eine direkte Schmälerung von standesgemäß zustehenden Rechten. Auch der neue Justizminister, Maximilian von Beseler, ließ, zur Stellungnahme und zu genaueren Recherchen in dieser Angelegenheit aufgefordert, eine bedauernde Bemerkung darüber vermissen, daß jüdische Justizaspiranten durch die Verfahrensweise einiger Referendarsvereine gesellschaftlich und beruflich benachteiligt und beleidigt wurden. Er verwies lediglich auf ein Gerichtsurteil gegen den Verein christlicher Breslauer Referendare, die mit einem antisemitischen Gedicht in der Öffentlichkeit gegen ihre jüdischen Kollegen aufgetreten waren.[59]

Wie die Beispiele zeigen, wurden die diskriminierenden Verwaltungsmaßnahmen staatlicher Behörden durch interne Diskriminierungen ergänzt, die der Langzeitwirkung des gesellschaftlichen Antisemitismus in der Beamtenschaft entsprangen und insbesondere bei der jüngeren Generation der preußischen Justizbeamten, die nicht mehr durch die liberalen Traditionen in der preußischen Richterschaft der 1860/70er Jahre geprägt war, Zuspruch fanden. Diese legte nach der „Refeudalisierung" der Verwaltung und dem studenti-

[58] *IDR*, 11 (1905), Nr. 12, S. 644 und *IDR*, 12 (1906), Nr. 2, S. 97; vgl. *Berliner Volkszeitung* vom 31. Januar 1906 und *Kölnische Zeitung* vom 31. Januar 1906.

[59] Der antisemitische Text wurde von einem Landgerichtsrat verfaßt, vgl. T. Krach, *Jüdische Rechtsanwälte...*, S. 23; *StBPrA* vom 17. 2. 1906. Auch die Abwehrtätigkeit des CV, der Beleidigungen und Mißachtung der Juden bzw. des Judentums nachging, reichte in den Justizbereich hinein. So beschwerte sich die Organisation beispielsweise im Jahre 1907 beim OLG-Präsidenten von Marienwerder über einen westpreußischen Amtsrichter, der zwei Konkursverwalter in einem entsprechenden Verfahren ablehnte, nur weil sie wie die Schuldner Juden waren, vgl. *IDR*, 12 (1907), S. 712 f.

schen Antisemitismus seit den 1880er Jahren sowie unter dem Eindruck des sich in den neunziger Jahren verstärkt herausbildenden Nationalismus agressivere Denk- und Verhaltensweisen an den Tag, die sich nicht selten in offen feindseligem Verhalten gegenüber ihren jüdischen Kollegen äußerten. Auf der untersten Stufe des Justizvorbereitungsdienstes, wo die Erinnerung an antisemitische Studentenaktivitäten noch besonders frisch und der Konkurrenzgedanke durch den noch weitgehend ausstehenden sozialen Aufstieg besonders ausgeprägt war, machte sich diese ideologische Prägung am unmittelbarsten bemerkbar.

Schon seit 1904 hatten sich die Gerüchte über einen Rücktritt des reaktionären Justizministers Schönstedt gemehrt. Mit dem Amtswechsel im Justizministerium am Ende des folgenden Jahres, der Schönstedt – nach einer für preußische Justizminister langen Dienstzeit von elf Jahren – endlich von seiner Funktion entband, gab es Anzeichen dafür, daß ein neuer, gemäßigterer Kurs in der Justizverwaltung angesteuert werden sollte. Zumindest war der neue Minister Beseler in seiner langjährigen Verwaltungspraxis als Präsident des Oberlandesgerichts in Breslau als judenfeindlich nicht bekannt geworden.[60]

Tatsächlich bringen die Jahre 1906/07 eine gewisse Wendung zum Besseren. Das Ende der systematischen Diskriminierungen im Justizbereich (ohne daß eine akribische ministerielle Kontrolle über individuelle Anstellungen von Juden aufhörte) konstatierten in dieser Zeit auch zeitgenössische Beobachter. So stellte Martin Philippson in seinem jährlichen Rückblick auf das jüdische Jahr in dem von ihm herausgegebenen *Jahrbuch für jüdische Geschichte und Literatur* für 1906/07 einen „gewissen Umschwung zum Besseren" fest, der sich in Preußen bei der Zulassung von Juden zum öffentlichen Dienst bemerkbar mache. Dies sei um so bemerkenswerter, als sonst den öffentlichen Einrichtungen – und damit meint Philippson wohl vor allem das Schulwesen, wo die Gleichberechtigung des Judentums besonders eindringlich gefordert und ebenso hartnäckig verweigert

[60] Maximilian von Beseler trat das Justizministeramt am 20. November 1905 an (Amtszeit bis 1917). Der politische „Nachruf" des CV auf Schönstedt fiel aus naheliegenden Gründen nicht eben trauernd aus (vgl. *IDR*, 12 [1905], S. 623 ff.). – Zu Beselers Verwaltungspraxis gegenüber Juden vgl. *Mitteilungen aus dem Verein zur Abwehr des Antisemitismus*, 27. Jg., 5. September 1917, S. 122 f.: „Es muß Herrn Beseler zum Ruhme nachgesagt werden, daß er mit diesem (Schönstedtschen) System doch ziemlich deutlich bei Beginn seiner Tätigkeit zu brechen verstanden hat."

wurde – der konfessionelle Charakter immer mehr aufgedrückt werde.[61]

Den lange und nachdrücklich geäußerten Beschwerden der preußischen Juden über die Benachteiligungen bei Beförderungen antwortete Beseler kurz nach seinem Amtsantritt mit der Ernennung zweier jüdischer Oberlandesgerichtsräte für Köln und Hamm sowie erstmalig auch eines jüdischen Kammergerichtsrates im Jahr 1906. Es folgten in den nächsten Jahren weitere Beförderungen einiger jüdischer Richter, unter ihnen Eugen Fuchs; zahlreiche jüdische Assessoren, die unter Schönstedt lange vergeblich auf eine Anstellung gewartet hatten, erhielten nun ein Richteramt.[62] Ebenso milderte sich die bisherige Hintanstellung jüdischer Rechtsanwälte bei der Verleihung des ehrenvollen und einträglichen Notariats. Philippson ergänzte in seinem Resümee des vergangenen Jahres, daß selbst das durchaus reaktionäre Unterrichtsministerium durch den vorherrschenden Mangel an höheren Lehrern nun gezwungen gewesen sei, vereinzelt Juden an Gymnasien, Realgymnasien und Oberrealschulen königlichen Patronats anzustellen.[63]

[61] Martin Philippson, *Rückblick auf das Jahr 5666*, in: *JJGL*, Bd. 10, Berlin 1907, S. 9; vgl. auch Philippsons Rede *Staatsinteresse und Judentum* auf der Jahreshauptversammlung des Verbandes 1907 (*Stenographische Berichte über die zweite Jahreshauptversammlung des Verbandes...*, Berlin 1907, S. 20 ff., bes. 29). Eine Besserung konstatiert ebenfalls B. Breslauer, *Die Zurücksetzung der Juden im Justizdienst...*, S. 8; vgl. auch die Einschätzung des *Abwehrvereins* im Rückblick (Anm. 57). Ein Ende der systematischen Diskriminierungen in dieser Zeit stellt in der neueren wissenschaftlichen Literatur P. Pulzer, *Religion and Judicial Appointments...*, in: *LBI-YB*, XXVIII (1983), S. 195, fest.

[62] Die beiden 1906 ernannten Oberlandesgerichtsräte waren Dr. Rothschild für Hamm und der Richter Wieruszowski für Köln. Alfred Wieruszowski (1857–1945) wurde nach dem Ersten Weltkrieg Senatspräsident am dortigen OLG. Siehe den Beitrag von Hans-Jürgen Becker, *Alfred Ludwig Wieruszowski (1857–1945). Richter, Hochschullehrer, Goethe-Forscher*, in: H. Heinrichs u. a. (Hrsg.), *Deutsche Juristen jüdischer Herkunft...*, S. 403–413; E. G. Lowenthal, *Juden in Preußen...*, S. 241; Andreas Fijal, *Die Geschichte der Juristischen Gesellschaft zu Berlin in den Jahren 1859 bis 1933*, Berlin-New York 1991, S. 161. – Als bisher einziger Fall wurde der jüdische Landgerichtsrat Hammerschlag von Köln nach Berlin als Kammergerichtsrat berufen, GStAPK, Rep. 84a, Nr. 3259, Bl. 217 ff.; *IDR*, 12 (1906), S. 236 (Erwähnung Eugen Fuchs' in: R. S. Levy, *The Downfall...*, S. 164). Über die unter Schönstedt besonders lange Wartezeit für jüdische Assessoren im Vorbereitungsdienst wird im Rückblick in den *Mitteilungen aus dem Verein zur Abwehr des Antisemitismus*, 27. Jg. 5. September 1917, S. 123 und 28. Jg., 22. Mai 1818, S. 44 berichtet. – Zur Ernennung Richter Levis aus Kolmar zum OLG-Rat vgl. *IDR*, 13 (1907), S. 434.

[63] M. Philippson, *Rückblick auf das Jahr 5666*, in: *JJGL*, Bd. 10 (1907), S. 9.

Solche kleinen Siege konnten die jüdischen Organisationen und ihre parlamentarischen Fürsprecher nicht veranlassen, ihre Anstrengungen im Ringen um vollständige Gleichbehandlung zu vermindern. Diese verlagerten sich jedoch in dieser Zeit in andere Bereiche, so gegen den restriktiven Gesetzentwurf zur „Schulunterhaltung", der das Schulwesen wegen des „christlichen Charakters" des Staates noch stärker auf eine konfessionelle Grundlage stellen und jüdische Volksschulen sowie jüdische Lehrer zurückdrängen wollte. Die Diskrepanzen in der schulgesetzlichen Behandlung der jüdischen und christlichen Religion waren flagrant. Durch Aktionen des Verbandes konnten Teilerfolge erzielt werden.[64]

Für die darauffolgenden beiden Jahre bekräftigte Martin Philippson seine Einschätzung der Lage, nach der sich die Verhältnisse in Preußen hinsichtlich der Situation der Juden deutlich gebessert hätten. Die grundsätzliche Ignorierung der jüdischen Religion von seiten des Staates habe aufgehört, was sich vor allem in deren Einbeziehung in das neue Schulgesetz (dessen Entwurf modifiziert wurde) zeige. Die Zurücksetzung bei der Richterernennung und der Notariatsverleihung sei „beträchtlich, man kann eigentlich sagen, im Bereich des Möglichen gemildert" worden.[65]

Das Fazit des Verbandes der Deutschen Juden fällt, verglichen mit Philippsons Einschätzung der Jahre 1906 und 1907, verhaltener aus: Von einer verfassungsmäßigen Gleichberechtigung aller Konfessionen sei noch nichts zu spüren; jüdische Beamte in irgendwie bemerkbarer Zahl kenne überhaupt nur das Eisenbahnwesen, und auch hier avancierten die tüchtigsten und erprobtesten Beamten, wie Beispiele lehrten, nicht über einen gewissen Rang hinaus. Dagegen existiere eine nicht unerhebliche Zahl jüdischer Subalternbeamter (wie Bahnsteigschaffner, Schließer, Postboten, Gerichtsvollzieher).[66]

[64] *A. a. O.*, S. 20; vgl. auch die durch diesen Gegenstand veranlaßte Studie Ismar Freunds, *Die Rechtsstellung der Juden im preußischen Volksschulrecht*, Berlin 1908. – Das *Gesetz, betreffend die Unterhaltung der öffentlichen Volkschulen* wurde am 28. Juli 1906 erlassen.

[65] Martin Philippson, *Rückblick auf das Jahr 5667*, in: *JJGL*, Bd. 12 (1909), S. 4; vgl. E. Hamburger, *Juden im öffentlichen Leben...*, S. 48.

[66] *Korrespondenz-Blatt*, Nr. 2 (Mai 1908), S. 4 ff. – Die vom Verband initiierte Fragebogenaktion, in der landesweit alle Daten über die Berufsentwicklung der Juden, ihre Behandlung beim Militär, auf Gerichten und Ämtern, die Einwanderung ausländischer Juden und Fälle gesellschaftlichen Antisemitismus durch im ganzen Reich eingesetzte Korrespondenten quartalsmäßig erfaßt werden sollten, erwies sich als weit-

Bernhard Breslauer muß hinsichtlich der Situation jüdischer Rechtsanwälte konstatieren, daß diese bei größeren Verwaltungen, sogar in stärkerem Maße als früher, wenn irgend möglich, ferngehalten würden, und deutet an, daß in bestimmten Bereichen der Wirtschaft vor allem Glaubensgenossen beziehungsweise Familienangehörige als Arbeitgeber infrage kamen: „Viele große ... industrielle und Handelsunternehmen beschäftigen jüdische Anwälte nur, wenn ganz persönliche Gründe vorliegen."[67]

Das Bild läßt sich um die bezeichnende Stellung der Juden in Ehrenämtern ergänzen, also solchen Ämtern, die, wie es Bernhard Breslauer umschrieb, „viel Arbeit machen und nichts einbringen" und, wie hinzuzufügen ist, keinerlei exekutive oder autoritäre Macht verliehen. Im Vergleich mit den besoldeten und beamteten öffentlichen Stellungen waren Juden in Ehrenämtern (außer in der besonderen Stellung der Geschworenen im Justizbereich) häufig zu finden, und ihre Bereitschaft, in entsprechenden Gremien politische beziehungsweise gesellschaftliche Verantwortung zu übernehmen, war relativ groß. Diese besondere Bereitschaft bedeutete auch eine gewisse Kompensation für die ihnen versagte öffentliche Wirksamkeit im Staatsdienst. Breslauer hebt hervor: „Dieselben Juden, die man in Deutschland nicht zu besoldeten Eisenbahndirektoren machte, ernennt man zu Mitgliedern des Eisenbahnrats. Zum Fabrikinspektor macht man nur ausnahmsweise Juden, in die Vorstände der Berufsgenossenschaften wählt man sie ... ordentlicher Professor wird ein Jude nur, wenn er ein weißer Rabe ist, zu Mitgliedern der Akademie werden Juden ernannt, in Ehrenämter bei wissenschaftlichen und Kunstinstituten werden sie berufen; die Zahl der unbesoldeten jüdischen Handelsrichter ist bekannt."[68] Analog dazu wurden jahrelang bei der Ernennung zum Notar übergangene jüdische Rechtsanwälte und Privatdozenten oder bekannte praktische Juristen, denen eine Professur versagt bleiben sollte, mit den repräaus

aus schwieriger als angenommen und kam letztlich wohl nicht in gewünschter Vollständigkeit zustande.

[67] Bernhard Breslauer, *Die gesellschaftliche Stellung der Juden in Deutschland*, in: *IDR*, 12 (1906), S. 289. Vgl. ferner die Nichtanstellung jüdischer Ingenieure und Chemiker bei christlichen Patentanwälten und im kaiserlichen Patentamt, wo nur ein jüdischer Hilfsarbeiter angestellt war, *IDR*, 13 (1907), S. 227 ff.

[68] B. Breslauer, *Die gesellschaftliche Stellung der Juden...*, in: *IDR*, 12 (1906), S. 297.

sentativen, aber leeren Ehrentiteln „Justizrat“ und „Honorarprofessor“ bedacht. Obwohl die gesellschaftliche Gleichberechtigung nach und nach auch von jüdischen Staatsbürgern in Staat und Reich erlangt wurde, war die volle Gleichbehandlung der Juden noch nicht erreicht. Anlaß für den Redner Bernhard Breslauer, mit den Worten zu schließen: „Wir stehen noch mitten im Kampfe, wir aber sollen diesen Kampf guten Mutes führen, denn der Erfolg kann nicht ausbleiben.“[69]

Trotz dieses optimistischen Ausblicks und der tatsächlichen partiellen Liberalisierung der staatlichen Anstellungspolitik waren die Auswirkungen des gesellschaftlichen Antisemitismus – das machten die Ereignisse des letzten Jahrzehnts deutlich – in bestimmten Berufssparten nicht mehr zu bannen. Dieser setzte mit anderen Mitteln fort, was früher legislative oder administrative Restriktionen bewirkt hatten.

Ein wirksames Konzept gegen den praktizierten informellen Ausschluß von Juden aus einigen Bereichen der staatlichen Exekutive beziehungsweise ihre Benachteiligung beim Avancement war ohne einen grundlegenden gesellschaftspolitischen Wandel kaum denkbar und erreichbar. Die liberal-konservative „Blockpolitik“, die die Regierung nach der Reichstagsauflösung im Dezember 1906 begonnen hatte, bedeutete für eine generelle Liberalisierung der allgemeinen Staatspolitik relativ wenig, zumal der freisinnig-liberale Teil des Blocks von der Regierung nur als „Legierung“ für die Lösung von Machtfragen geschätzt wurde; um eine Regierungsmehrheit zu bekommen und der „antinationalen“ Opposition von Sozialdemokraten und Zentrum entgegenzutreten, hatte Bülow eine breite Parteienkoalition angestrebt, die zeitweilig ein besseres politisches Manövrieren ermöglichte, ohne eine politische Wende herbeizuführen. Der „Bülow-Block“ veranlaßte die konservative Partei lediglich zur partiellen Berücksichtigung liberaler Forderungen, wobei kleinere Zugeständnisse in politischen beziehungsweise rechtspolitischen Belangen der Juden einkalkuliert werden konnten. Möglicherweise ist die konstatierte Verbesserung in der Justizkarriere unter anderem auch darauf zurückzuführen, daß zu dem Zeitpunkt, als das katholische Zentrum bei der Regierung in Ungnade gefallen war, einige der

69 *A. a. O.*, S. 298.

vakanten Stellen, die sonst zunächst Beamten katholischer Konfession zugedacht worden wären, nun an jüdische Anwärter gingen.

Ganz ausgeschlossen blieben die Juden weiterhin von der höheren, eigentlichen Staatsverwaltung, einschließlich jener leitenden Stellungen in der Justiz, die außer der richterlichen zugleich eine Verwaltungsfunktion und damit erweiterte Machtpositionen einschlossen (wie Oberlandesgerichtsdirektoren und Senatspräsidenten), und dem Offizierskorps. Seit 1885 war in Preußen kein jüdischer Anwärter aus den Reihen der Einjährig-Freiwilligen zum Reserveoffizier befördert worden. Durch das Vorschlagsrecht des Bezirkskommandeurs, die Wahl durch das Offizierskorps und das Ernennungsrecht des Königs war die Fernhaltung unerwünschter Bewerber aus diesem Bereich dreifach gesichert.[70] Mitunter wurden Juden gar nicht erst zur entsprechenden Ausbildung zugelassen oder bestanden aus undurchsichtigen Gründen die Offiziersprüfung nicht. Diese diskriminierende Praxis dauerte bis 1914 an. Die Verweigerung des prestigeträchtigen Titels bedeutete, wie bereits gezeigt, eine erhebliche Herabsetzung in gesellschaftlicher Beziehung und verhinderte oft eine Übernahme in Ämter, bei denen das Reserveoffizierspatent als Voraussetzung für eine Ernennung betrachtet wurde. Die Zurücksetzung beim militärischen Avancement war auch deshalb besonders schmerzlich, weil davon der vergleichsweise größte Personenkreis betroffen war.

Während die Zulassung zur höheren inneren Staatsverwaltung in den Forderungen der jüdischen Organisationen kaum Raum einnahm,[71] unternahmen seit 1903 der CV und später auch der Verband ausgedehnte Kampagnen zur Beseitigung dieser Mißverhältnisse. Im März 1904 begann man, den Gegenstand im Reichstag zu erörtern, im Rahmen einer allgemeinen Debatte über die Abschließung der

[70] Seit den 1860er Jahren waren die ersten Offizierspatente an preußische Juden vergeben worden. In den Jahren 1895 bis 1907 sank die Zahl der jüdischen Heeresbeamten von 38 auf 16; vgl. E. Hamburger, *Juden im öffentlichen Leben...*, S. 37, S. 399; J. Toury, *Soziale und politische Geschiche...*, S. 137.

[71] Dies hebt auch M. Philippson in seinem *Rückblick auf das Jahr 5668* als „merkwürdig" hervor (*JJGL*, Bd. 12 [1909], S. 5/6). Die Tatsache ist vermutlich damit zu erklären, daß sich jüdische Beamtenanwärter dort kaum bewarben, weil jeder Versuch, in die innere Staatsverwaltung einzutreten, für Juden erfahrungsgemäß von vornherein aussichtslos war (letzteres bestätigte Breslauer in seiner Denkschrift von 1907, vgl. Anm. 85); es war wohl auch die Zwecklosigkeit einer dagegen gerichteten jüdischen Kampagne erkennbar (die zudem nur einen recht kleinen Personenkreis unter den jüdischen Beamtenanwärtern konkret interessierte).

Armee gegen Bewerber aus (klein-)bürgerlichen Schichten. Seitdem wurde die Nichternennung jüdischer Reserveoffiziere regelmäßig im Reichstag diskutiert, wenn das Thema militärische Beförderungen auf der Tagesordnung stand (nur in den beiden Jahren 1906 und 1907 gab es darüber keine Reichstagsdebatte, von 1908 bis 1914 dafür jährlich).[72] In diesem Zusammenhang wurde auch wiederholt kritisiert, daß – trotz starken Mangels an Militärärzten – Juden dazu (infolge ihrer generellen Ausschließung von Offiziers- und Reserveoffiziersstellen) nicht befördert wurden. Diese fehlende Qualifikation wirkte sich insbesondere an den von jüdischen Akademikern besonders stark frequentierten medizinischen Fakultäten der Universitäten negativ auf die Chance aus, ein Ordinariat zu erlangen.

Obwohl eine unter parlamentarischem Druck zustande gekommene ministerielle Verfügung vom Mai 1908 noch einmal ausdrücklich eine kaiserliche Anweisung rekapitulierte, nach der auf die Konfession der Aspiranten in bezug auf ein militärisches Avancement keine Rücksicht genommen werden sollte, wurde seitdem weiterhin kein Jude zum Reserve-, geschweige denn zum aktiven Offizier im Offizierskorps gewählt. Auf diese Beeinträchtigungen für jüdische Staatsbürger im Reichstag angesprochen, stellte Kriegsminister Karl von Einem den Sachverhalt nicht in Frage, erwiderte aber stets, daß er auf die Verwerfung jüdischer Kandidaten bei den Offizierswahlen keinen Einfluß habe, da diese intern stattfänden. Sein Amtsnachfolger Josias von Heeringen leugnete dagegen wieder glattweg eine Zurücksetzung aus religiösen Gründen und erklärte gleichzeitig eine mindere persönliche Befähigung jüdischer Offiziere, der aus einem konstitutionellen „Mangel an Autorität" in Teilen der Bevölkerung resultiere, für unzweifelhaft.[73]

[72] Werner Angress, *Prussia's Army and the Jewish Reserve Officer Controversy before World War I*, in: *LBI-YB*, XVII (1972), S. 31 f.

[73] Vgl. dazu ausführlich den zeitgenössischen Quellenkommentar von Max Loewenthal, *Das jüdische Bekenntnis als Hinderungsgrund bei der Beförderung zum preußischen Reserveoffizier*. Im Auftrage des Verbandes der Deutschen Juden, Berlin 1911, S. 7 ff. – Unmittelbar nach Kriegsbeginn 1914 wurde der regierungsamtliche Antisemitismus zeitweilig – der Parole des „Burgfriedens" und der „Not des Krieges" folgend – eingeschränkt, so daß im Verlaufe des Krieges von den ca. 100 000 jüdischen Kriegsteilnehmern über 2000 zu Offizieren und 1200 zu Militärärzten und -beamten befördert wurden. Eine verschärfte Hetze der Antisemiten fand jedoch 1916 mit der obskuren „Judenzählung" im Kriegsministerum erneut Resonanz, vgl. Arnold Vogt, *Volle Gleichstellung nie erreicht: Chancen und Grenzen jüdischer Religion im deutschen Militär bis 1918*, in: *Tribüne*, 25. Jg. (1986), H. 99 und 26. Jg. (1987), H. 101, S. 122.

Wie Schönstedt im Januar 1901, stellte er mit dieser Auffassung von der öffentlichen Tribüne aus und unter Mißachtung staatsbürgerlicher Gleichberechtigung klar, auch künftig angeblichen „Interessen der christlichen Bevölkerung" Rechnung tragen zu wollen.

Oppositionsabgeordnete und jüdische Organisationen, die das Thema immer wieder zur Sprache brachten, konnten inzwischen eine ganze Reihe von Fällen belegen, in denen den jüdischen Offiziersbewerbern ein Glaubenswechsel als Bedingung für eine Beförderung direkt und unmißverständlich nahegelegt worden war. Besondere Erregung im Reichstag verursachte im Jahre 1908 der Fall, in dem ein Oberst einem jüdischen Bewerber aus angesehener Familie, den er selbst in der Truppe als einen tadellos guten Soldaten bezeichnet hatte, unter dem Vorwand abwies, derselbe habe „den Beweis hinreichenden gesellschaftlichen Taktes nicht erbracht".[74] Auch damit war eindeutig die christliche Taufe gemeint, nach deren Vollzug dem Bewerber in diesem Falle wohl kein Hindernis mehr im Weg gestanden hätte. Zahlreiche derjenigen jüdischen Bewerber, die sich zu diesem Schritt entschlossen hatten, avancierten schließlich mühelos.[75] Offensichtlich teilte auch die Armee nicht den Stand-

[74] W. Angress, *Prussia's Army…, in: LBI-YB,* XVII (1972), S. 36 f. – Minister scheuten sich nicht – wider das bessere Wissen des gesamten Auditoriums – im Reichstag auch augenfällig an den Haaren herbeigezogene Begründungen zu liefern, wenn es um die Beantwortung der Frage ging, warum ein jüdischer Bewerber nicht zum Reserveoffizier gewählt werden könne. Für besondere Verblüffung und Erheiterung im Auditorium (weniger bei dem Betroffenen) sorgte der Kriegsminister mit dem Fall von „Arthur Liebers Eiertante" im Jahre 1912, als er die Nichternennung des Bewerbers Arthur Lieber mangels anderer Ausflüchte damit zu begründen suchte, daß dessen Tante früher mit Eiern gehandelt habe und ein Anwärter mit derartig gewöhnlichem familiärem Umfeld einer solchen militärischen Ehre nicht würdig bzw. gewachsen sei (*ebda.*).

[75] Der Abgeordnete Gothein schätzte im Jahr 1910, daß seit 1880 ca. 20 000 bis 25 000 jüdische Einjährig-Freiwillige gedient hatten, von denen keiner Reserveoffizier geworden sei: „…aber in dem Moment, wo einer sich hat taufen lassen … da schadet ihm die Abstammung nicht mehr! Es ist nachzuweisen, daß mindestens 1200 bis 1500 jüdische Einjährige, die sich kurz vorher hatten taufen lassen, die Qualifikation zum Reserveoffizier bekommen haben und auch als solche gewählt worden sind." (Gothein im Reichstag am 10. Februar 1910, zit. nach M. Loewenthal, *Das jüdische Bekenntnis…*, S. 117.) Abweichend dazu vgl. W. Angress, *Prussia's Army…*, S. 33: Von den ca. 1200–1500 getauften, ehemals jüdischen Einjährig-Freiwilligen erhielten etwa 300 das Patent. – Völlig divergierend von diesen Angaben stellte der *VdDJ* das Vorhandensein von lediglich 26 getauften Juden in Reserveoffiziers-Stellung fest; Ernest Hamburger, der die letzte Zahlenangabe zitiert, sieht mit dieser geringfügigen Zahl

punkt der Antisemiten, daß Juden eher aus rassischen als aus religiösen Gründen ausgeschlossen werden sollten.[76] „Getaufte Juden" konnten Reserveoffizier werden. Wesentlich mißtrauischer war man im Heer sogenannten Dissidenten gegenüber, ausdrücklich deshalb, weil sich unter diesem „Deckmantel" Juden, Atheisten und Freigläubige in das Offizierskorps „einschleichen" könnten.[77] „Kasten-Bewußtsein" und religiöse Intoleranz kennzeichneten das preußische Heer bis zum Ende der Monarchie.

Angesichts der für den Justizbereich konstatierten verbesserten Situation verlagerten CV und VdDJ seit 1906/07 die Prioritäten ihrer versuchten politischen Einflußnahme. Hatte man sich bis dahin vornehmlich der Verteidigung der individuellen politischen Rechte jüdischer Staatsbürger gewidmet und besonders für die Gleichbehandlung jüdischer Rechtsanwälte und Justizbeamter sowie die Beförderung zum Reserveoffizier eingesetzt, startete der Verband seit 1907, unterstützt durch fortschrittliche Parlamentsabgeordnete, eine erste große politische Bewegung für die Gleichheit und Würde des Judentums und dessen spezifische Interessen im Staat. Dabei ging es um die Gleichbehandlung der jüdischen Religion und ihrer Institutionen analog der staatlichen Förderung der beiden großen christlichen Religionsgemeinschaften, insbesondere hinsichtlich einer staatlichen Subventionierung der Kultusangelegenheiten – in diesem Falle vor allem eine staatliche finanzielle Unterstützung kleinerer jüdischer

die Tatsache bewiesen, daß auch nach dem Religionswechsel noch eine gründliche Siebung nach der „Herkunft" erfolgt und damit das Vordringen des „völkischen Gesichtspunktes" als Auswahlfaktor zu konstatieren sei (E. Hamburger, *Juden im öffentlichen Leben*..., S. 86 bzw. ders., *One Hundred Years of Emancipation*, in: *LBI-YB*, XIV (1969), S. 19: „The small number of baptist Jews in the officer and reserve officer corps ... proves the impact of the racial point of view on the military establishment." Für die anderen Bereiche des Staatsdienstes verzeichnet Hamburger hingegen einen, im Vergleich zu den im Judentum verbliebenen Beamten, leichteren Zugang getaufter Juden (*ebda.*). – Vgl. demgegenüber Anm. 74.

[76] W. Angress, *Prussia's Army*..., S. 37; E. G. Loewenthal, *Das jüdische Bekenntnis*..., S. 19 f., 34, 107. – Antisemitische Abgeordnete betonten im Reichstag dagegen sogar, daß das Religionsbekenntnis als solches *kein* Grund für die Zurücksetzung sein dürfe; die Begründung für die geforderte Ausschließung der Juden sei allein ihre „fremde Rasse" – „mit Religion hat die Sache absolut nichts zu tun" (Abgeordneter Bindewald am 30. 3. 1908 im Reichstag).

[77] Vgl. Karl Demeter, *Das deutsche Offizierskorps in Gesellschaft und Staat*, 4. Aufl., Frankfurt/M. 1965, S. 218 f.

Gemeinden.[78] Das Engagement für staatskirchenrechtliche Fragen resultierte aus der Erkenntnis, daß die vollständige Emanzipation der Juden erst dann zur Tatsache werden könne, wenn auch das Judentum emanzipiert und als ein völlig gleichberechtigter Faktor neben den christlichen Bekenntnissen angesehen werde.[79]

Die Diskussion um die Verweigerung des Reserveoffiziers-Patents setzte sich daneben bis 1914 fort.

Die Denkschrift Bernhard Breslauers zur Zurücksetzung der Juden im Justizdienst (1907)

Unter dem Eindruck der sich andeutenden Besserung der Lage wuchs der Wunsch des VdDJ, nun auch die letzte Bastion im Justizdienst – die Beförderungs- und Dirigentenstellen – für jüdische Richter zugänglich zu wissen und damit das jahrzehntelange Ringen um diese Sphäre der individuellen Gleichberechtigung beenden zu können. Gleichsam als Resümee der Situation gab die Organisation eine Denkschrift darüber in Auftrag, die der durch seine führende Tätigkeit im Verband bekannte Rechtsanwalt Bernhard Breslauer (1851–1928) im Oktober 1907 vorlegte.[80] Sie sollte dem Ministerpräsidenten von Bülow und anderen Regierungsressorts übergeben werden, um den bekannten Mißständen abzuhelfen.

78 Erstmals ausführlich auf dem Verbandskongress im Oktober 1907 diskutiert infolge des erwähnten Schulgesetzes, vgl. dazu M. Lamberti, *The Jewish Struggle…*, in: *LBI-YB*, XXIII (1978), S. 101 ff.

79 Ismar Freund, der in dieser Frage wohl engagierteste jüdische Gemeindepolitiker, meinte in seiner Schrift *Staat, Kirche und Judentum in Preußen* dazu: „Solange das Judentum … das Aschenbrödel unter den Religionen im Staat ist und als ein den christlichen Religionsbekenntnissen ebenbürtiger Kulturfaktor nicht anerkannt wird, so lange wird auch die Zugehörigkeit zum Judentum im Einzelfall als Mangel angesehen und ensprechend behandelt werden" (*Staat, Kirche und Judentum in Preußen*, in: *JJGL*, 14 [1911], S. 110). Bis 1919 blieb die Frage, ob das Judentum in Preußen „konzessioniert" oder nur „geduldet" sei, in der Schwebe. Vgl. J. Toury, *Die bangen Jahre*, in: P. Freimark/A. Jankowski/I. S. Lorenz (Hrsg.), *Juden in Deutschland…*, S. 179.

80 Berhard Breslauer, *Die Zurücksetzung der Juden im Justizdienst*. Denkschrift im Auftrage des Verbandes der Deutschen Juden, Berlin 1907. Breslauer war seit 1880 Rechtsanwalt in Berlin; daneben war er viele Jahre im Vorstand der jüdischen Gemeinde und des CV tätig und in den Jahren 1906–1917 Vorstandsmitglied im Ver-

Die Spezialstudie mit dem Titel *Die Zurücksetzung der Juden im Justizdienst* dokumentiert und kommentiert erstmalig die Benachteiligung von Justizbeamten jüdischen Bekenntnisses bei der Beförderung in Führungspositionen und demgegenüber eine deutliche Bevorzugung der sogenannten „getauften Juden" auf der Grundlage allgemeinen statistischen Materials und eigener Erhebungen. Bisher lagen solche Daten zur religiösen Zusammensetzung der Justizbeamtenschaft nicht öffentlich vor. Breslauer wollte untersuchen, ob und inwieweit jüdische Juristen gegenüber ihren christlichen Kollegen zurückgesetzt wurden; zugleich sollte ermittelt werden, ob und inwieweit die Taufe von der Zurücksetzung befreite.[81] Er gliederte demzufolge nach konfessionellen Kategorien (Christen, Juden, „Getaufte"), was gleichzeitig der zeitgenössischen Sicht in dieser Frage entsprach. Daraus konnten Erkenntnisse über die Abhängigkeit der Karrierechancen vom jüdischen Religionsbekenntnis beziehungsweise der jüdischen Herkunft gezogen werden. Da es Breslauer um den Nachweis ging, daß die Taufe eine Karrierevoraussetzung war, stellte er durch die Dichotomie Jude – Christ die soziale Realität vereinfacht dar. Es soll deshalb noch einmal daran erinnert werden, daß, wie P. Pulzer dazu formulierte, religiöse Diskriminierung im Deutschen Reich auch immer politische Diskriminierung war, aber es war nicht die einzige Form politischer Diskriminierung.[82]

band. Zur Person Breslauers vgl. J. Toury, *Die politischen Orientierungen*..., S. 278; E. G. Lowenthal, *Juden in Preußen*..., S. 278. Zu Breslauers Denkschrift vgl. P. Pulzer, *Religion and Judicial Appointments*..., in: *LBI-YB*, XVIII (1983), S. 185 ff. Auch der Sohn Bernhard Breslauers, Walter Breslauer (1890–1981), war Rechtsanwalt in Berlin und aktiv im Verband der Deutschen Juden tätig, vgl. dazu Ernst G. Lowenthal, *Erinnerungen an den Berliner Juristen Walter Breslauer*, in: *Mitteilungen des Vereins für die Geschichte Berlins*, 87 (1991), H. 1, S. 366–368.

[81] Wie schwierig eine eindeutige Zuordnung des Betreffenden zu einer der Statusgruppen im Einzelfall ist, wurde von Bernhard Breslauer für seine Erhebung so beschrieben: „...mancher von den hier zu berücksichtigenden Herren hat dies [die Taufe – B. S.] – wohl aus einem gewissen Schamgefühl – außerhalb des Wohnortes getan; mancher hat sich zwar taufen lassen, dies aber der jüdischen Gemeindeverwaltung, zu der er nach Gesetz und Recht gehörte, nicht mitgeteilt, sondern auch dorthin ruhig weiter seine Kultussteuern bezahlt; mancher hat zwar die Taufe genommen, ist aber erst später aus dem Judentum ausgetreten, so daß erst später der Austritt seitens der zuständigen Amtsgerichte den Vorständen der jüdischen Gemeinden mitgeteilt werden konnte; endlich haben auch einzelne jüdische Gemeindeverwaltungen die Austrittsbenachrichtigungen nicht immer aufbewahrt" (ders., *Die Zurücksetzung der Juden im Justizdienst*..., S. 4).

[82] P. Pulzer, *Religion and Judicial Appointments*..., in: *LBI-YB*, XVIII (1983), S. 193.

Die Studie war, verglichen mit seiner späteren Denkschrift zur Zurücksetzung der Juden an den Universitäten (1911), relativ wenig differenziert.[83] So beschränkt sich auch die Interpretation auf nur wenige, wenngleich eindrucksvolle Aussagen. Der aktuell-politische Zweck der Schrift stand bei ihrer Ausarbeitung angesichts der geschilderten Lage eindeutig im Vordergrund. Breslauer untersuchte nur diejenigen jüdischen Juristen, die im Zeitraum von 1875 bis 1895 das Assessorexamen bestanden hatten, abzüglich derer, die danach aus dem Justizdienst ausgeschieden waren (wie beispielsweise jene, die die freie Advokatur gewählt hatten). Veränderungen im Dienstrang wurden bis 1906/07 berücksichtigt. Die Untersuchung legte den Schwerpunkt auf Preußen, das mit Abstand die meisten jüdischen Justizbeamten aufwies, bezog aber auch das übrige Reich ein. Die preußischen Zahlen bestimmten dabei weitgehend den Reichsdurchschnitt.[84]

Die Basis der Statistik, mit der Breslauer operierte, war die Zahl derjenigen 155 Juden, die in den Jahren 1875 bis 1895 Assessor geworden und bis Anfang 1907 im Justizdienst verblieben waren. Sie stellten 4,2% sämtlicher gezählter Justizbeamten. Unter der Gesamtzahl von 3628 Justizbeamten waren 665 (18,3%) in höhere Stellungen befördert worden (höhere Stellungen hier definiert als Direktoren, Oberlandesgerichtsräte und -direktoren – zunächst ohne Staatsanwälte). Von jenen waren 3365 christlicher Konfession mit 631 richterlichen Beamten in höheren Stellen (18,8%), 155 waren jüdischer Religion mit 4 Richtern in solchen Stellen (2,6%).[85] Alle vier jüdischen Richter in höheren Rängen waren Oberlandesgerichtsräte geworden; in die Dirigentenstellen der Justizverwaltungsbehörden (Direktoren und Präsidenten) waren Juden generell nicht berufen worden, während ca. 10% ihrer christlichen Kollegen solche Ämter erreicht hatten.

[83] Siehe B. Breslauer, *Die Zurücksetzung der Juden an den Universitäten...*

[84] Dabei ist im einzelnen nicht klar ersichtlich, wann sich die Angaben auf das gesamte Reich und wann nur auf Preußen beziehen. Die Zahlenangaben selbst stellen sich im Vergleich mit Basisdaten des preußischen Justizministeriums als auf Preußen bezogen heraus (vgl. B. Breslauer, *Die Zurücksetzung der Juden im Justizdienst...*, S. 4 f.). Die anderen Daten lassen sich durch Breslauers relativ kompliziertes Auswahlverfahren kaum zu den in der vorliegenden Arbeit bereits genannten Zahlen in Beziehung setzen.

[85] *A. a. O.*, S. 4. Nicht mehr berücksichtigen konnte Breslauer die erste Ernennung eines Juden zum Landgerichtsdirektor im Mai 1907.

Nachdem damit gezeigt worden war, wieviele Juden zu den höheren juristischen Ämterkategorien gehörten und welche Anteile diese hielten, werden diejenigen, ehemals jüdischen Juristen, die (mehr oder weniger kurze Zeit) nach der Taufe das erstrebte Amt erlangen konnten, in den Vergleich einbezogen. Von den insgesamt 3628 Justizbeamten waren in höhere Stellen befördert worden:

von den 3365 christlichen – 631 (18,8%),
von den 155 jüdischen – 4 (2,6%),
von den 108 getauften – 30 (27,8%).

Breslauer konstatiert nach dieser offensichtlichen erheblichen Bevorzugung der „Getauften" selbst den „Christen" gegenüber das „erschreckende Resultat, daß von der Justizverwaltung geradezu eine Prämie auf die Taufe ausgesetzt worden ist".[86] Besonders krass trat dies in einer gesonderten Statistik zu den Oberlandesgerichtsräten zutage, wo von den christlichen Richtern 8,6% (290 von 3365 Personen), aber von den „Getauften" 20,4% (22 von 108 Personen) befördert worden waren. Wenn die Beförderungen von Juden und „getauften Juden" ins Verhältnis gesetzt werden, ergibt sich zusammengefaßt folgendes Bild:

TABELLE 20

Verhältnis der Beförderungen von Juden und „getauften Juden" in höheren Justizämtern

Justizamt	155 Juden	108 Getaufte
	davon befördert	
höhere Ämter	4 (2,6%)	30 (27,8%)
OLGR	4 (2,6%)	22 (20,4%)
Präsidenten/Direktoren	–	8 (7,4%)
Staatsanwälte	–	3 (2,8%)

Breslauer stellt im Ergebnis dieses Vergleichs mit den Getauften fest, daß Juden in der Justizverwaltung „absichtlich und ... nur wegen ihres Religionsbekenntnisses zurückgedrängt worden sind".[87] Die Daten bestätigten die vermutete Benachteiligung der Juden in

[86] *A. a. O.*, S. 5.
[87] *A. a. O.*, S. 6.

ihren Karrierechancen im Justizdienst ebenso wie die Existenz eines starken „Taufdrucks“ und Breslauers Annahme einer deutlichen und absichtlichen Bevorzugung derjenigen Kandidaten, die sich daraufhin zur Taufe entschlossen hatten. Breslauer ergänzt hinsichtlich des Erfolges der behördlichen „Entmutigungstaktik“ für Juristen jüdischen Glaubens: „Hiernach ist es nicht merkwürdig, daß der Wunsch, in diese Verwaltung einzutreten, von Jahr zu Jahr mehr geschwunden ist. Auf die Dauer haben eben viele den Kampf aufgegeben und sich der Rechtsanwaltschaft oder anderen Berufen zugewandt.“[88] Höhere Stellungen in der praktischen Justiz hatte man Juden, wenigstens in Preußen, anvertraut, nur in die Verwaltungsposten selbst – die „Dirigentenstellen“ – ließ man sie nicht herein.

Bezieht man die Zahlen für die deutschen Länder außerhalb Preußens mit ein, ergibt sich eine wesentlich düsterere Sicht: Danach gab es in Sachsen, Hessen, Bremen, Lübeck und fast allen kleinen Staaten überhaupt keine jüdischen Richter, geschweige denn in Führungspositionen. In Württemberg waren drei, in Hamburg acht, in Baden sechs und in Elsaß-Lothringen zwei jüdische Richter erster (unterster) Instanz angestellt, hinzu kamen in den beiden letztgenannten Territorien noch je zwei Oberlandesgerichtsräte. An das Reichsgericht war nach dem Ausscheiden von Jakob F. Behrend kein jüdischer Richter mehr gelangt.[89] Das einzige neben Preußen in dieser Hinsicht noch zahlenmäßig relevante Land, Bayern, stellte eine Ausnahme dar: Von den im Jahre 1907 beschäftigten 47 jüdischen Justizbeamten waren 39 Richter erster Instanz (von denen acht ehemals als Staatsanwälte tätig gewesen waren), ein Staatsanwalt, ein Amtsanwalt, vier Oberlandesgerichtsräte und ein Rat am Obersten Landgericht. Hier gab es also keine völlige Ausschließung aus der Staatsanwaltschaft, wie sie im übrigen Reich praktiziert wurde.

Breslauer, der für das Jahr 1907 ebenfalls eine „kleine Wendung zum Besseren“ bemerkt hatte, die ihm auf ein „größeres Wohlwollen der gegenwärtigen Leiter dieser Justizverwaltung“ hinzudeuten schien, kann darin noch keine Gewähr für einen generellen

[88] Im Untersuchungszeitraum hatte der Anteil jüdischer Justizbeamter im deutschen Reich deutlich abgenommen. Waren in den Jahren 1875–1880 noch 6,8% (46 Personen) aller neuen Assessoren Juden, waren es im Zeitraum 1891–1895 nur noch 2,9% (29 Personen), *ebda.*

[89] *A. a. O.*, S. 7. Dieser Ländervergleich legt es nahe, das geläufige Urteil über den Liberalismus einzelner deutscher Länder zu prüfen.

Umschwung in der Haltung der Regierung sehen. Er schließt seine Studie mit dem Kommentar:

„Daß in Sachsen, in Hessen und einer ganzen Reihe der kleineren Staaten kein Jude als Richter angestellt ist, dürfte auf die Dauer unerträglich sein ... Und wenn in Staaten, wie Preußen, Bayern, Baden durch die Anstellung von Juden in der Justizverwaltung die Wirksamkeit der bestehenden Gesetze insoweit anerkannt wird, dann ist die grundsätzliche Fernhaltung der jüdischen Juristen von gewissen Ämtern auf dem Verwaltungswege zum mindesten als eine nicht genug zu verurtheilende, kleinliche Maßregel zu erachten, deren baldige Beseitigung mit allen zulässigen Mitteln erstrebt werden muß. Nicht daß es sich um die Erlangung eines Ehrenpostens handelt, obwohl auch hierin für Mitglieder einer Beamtenhierarchie nichts Bedenkliches gefunden werden könnte, nein! Darum handelt es sich, daß den Juden in vollem Umfange das Recht gewährt werde, das ihnen nach Gesetz und Verfassung zusteht ... die ‚Dirigentstellen bei den Verwaltungsbehörden' sind nach dem Gesetz nicht einem Teil der Bevölkerung allein vorbehalten ... Deshalb dürfen die beteiligten Kreise in ihrem Kampfe nicht ermatten, sondern müssen nach wie vor mit allen gesetzlichen Mitteln dahin wirken, daß die bestehenden Gesetze auch den jüdischen Richtern gegenüber zur vollen Durchführung gelangen."[90]

Der Verband hatte die Denkschrift im Oktober 1907 dem Ministerpräsidenten in der Hoffnung auf eine entgegenkommende Erklärung der Regierung in der Öffentlichkeit vorgelegt. Die Publikation veranlaßte einen Vortrag des Justizministers von Beseler beim König über diesen Gegenstand. In diesem bestätigte er die allgemeine Richtigkeit der Zahlenangaben Breslauers.[91] Beseler erwirkte dabei offenbar die Zustimmung Wilhelms II. zur Beförderung einiger weiterer jüdischer Richter zu Oberlandesgerichtsräten. Der Monarch hatte allerdings gleichzeitig deutlich erklärt, er wolle *nicht*, daß diese in „leitende Stellungen" – wie Landgerichtsdirektoren- und Staatsanwaltsposten – gelangten.[92] In einer persönlichen Audienz erklärte

[90] *A. a. O.*, S. 8.

[91] GStAPK, 2.5.1., Nr. 7413, Bl. 188, 193.

[92] GStAPK, 2.5.1., Nr. 7414, Bl. 70–72 (Abschrift des Sitzungsprotokolls des Staatsministeriums vom 3. Oktober 1917, anläßlich einer erneuten Eingabe zu diesem Gegenstand); vgl. S. Lorenzen, *Das Eindringen der Juden...*, in: *Deutsche Justiz* (1939), S. 962.

der Ministerpräsident den anwesenden drei jüdischen Vertretern des Verbandes, daß man an einer öffentlichen Behandlung der Angelegenheit im Parlament oder in der Presse nicht interessiert sei; er hielte es vielmehr für zweckmäßiger, wenn statt dessen spezielle Wünsche geäußert würden, deren Berücksichtigung dann in Erwägung gezogen werden könnte.[93] Eine Grundsatzentscheidung wurde offensichtlich nicht getroffen. Die Denkschrift wurde dadurch nicht Anlaß erneuter parlamentarischer Beratungen. Ähnlich wie bei Breslauers dritter, bedeutendster Denkschrift über die Zurücksetzung an den Universitäten (1911) wird ein Grund für die Haltung der Regierung darin gelegen haben, daß mit einer Landtagsdebatte und der Aufmerksamkeit der Presse in dieser Angelegenheit umfassendere und grundlegende Probleme der Rekrutierung der Beamten, der Organisation des Justizwesens und Verfassungsfragen debattiert worden wären, die sowohl die Regierung als auch die Mehrheit der Abgeordneten nicht erneut öffentlich in Frage gestellt sehen wollten. Die freisinnigen Abgeordneten hingegen, die neben den Sozialdemokraten als einzig politische Gruppierung im Abgeordnetenhaus eine entsprechende Verhandlung dazu überhaupt hätten führen wollen, waren vermutlich von Vertretern des Verbandes über eine erwünschte Zurückhaltung in diesem Punkte unterrichtet worden.

Die Presseresonanz auf die Breslauersche Schrift beschränkte sich im wesentlichen auf ein Referieren der wichtigsten Ergebnisse der Schrift und fast wortgleiche sparsame Kommentare in den liberalfreisinnigen Zeitungen über die vertrauensmindernde Wirkung der Mißachtung der Staatsverfassung. Wichtig war der linksliberalen und jüdischen Presse ebenso wie Breslauer dabei der Hinweis, daß man nicht sagen könne, daß sich Juden zu den besprochenen höchsten Justizämtern nicht *eignen*, da beispielsweise in Hamburg und Elsaß-Lothringen jüdische Landgerichtsdirektoren erfolgreich tätig waren und andere höhere jüdische Justizbeamte oft für längere Zeit vertretungsweise in diesen Positionen amtiert hätten.[94] Damit war der alte,

[93] GStAPK, 2.5.1., Nr. 7414, Bl. 70–72.

[94] Zur Presseresonanz und Rezeption vgl. Artikel *Wo bleibt die Verfassung? Eine Denkschrift als Anklage*, in: *Volks-Zeitung* vom 17. 10. 1907; *Die Zurücksetzung der Juden im Justizdienst*, in: *Frankfurter Zeitung* vom 19. 10. 1907; *Juden im Justizdienst*, in: *Israelitisches Familienblatt* Nr. 43 (Oktober 1907); *Freisinnige Zeitung* vom 18. 10. 1907; GStAPK, 2.5.1., Nr. 7413, Bl. 184 ff. – In der *Deutschen Juristen-Zeitung* findet sich kein Hinweis auf Breslauers Denkschrift; soweit dies überprüft werden konnte, scheint konservativen Blättern das Ereignis keine Meldung wert gewesen zu sein.

stereotype Ausgrenzungsvorwand, Juden könnten (zumindest) höhere Staatsämter aus „Mangel an Autorität" oder unzureichender „Moralität" nicht bekleiden, in der Praxis widerlegt worden.

Bis zum Ende der wilhelminischen Zeit fehlte eine offizielle Statistik über das Religionsbekenntnis der Beamten. Die in den preußischen Ministerien für einzelne Bereiche vorliegenden Erhebungen wurden der Öffentlichkeit nicht zugänglich gemacht; das statistische Material aus der *Preußischen Statistik* war in dieser Hinsicht völlig unzulänglich. Im Jahre 1911 veröffentlichte eine volkswirtschaftlich-statistische Monatsschrift dazu Zahlen für das Jahr 1907, eine umfangreiche Abhandlung lag erst 1914 mit Grunenbergs *Das Religionsbekenntnis der Beamten in Preußen* vor, die auf Zahlen von 1910 beruhte.[95]

Ausblick bis 1918

Von gleichen Beförderungschancen für jüdische Justizbeamte konnte auch in der Endphase der preußischen Monarchie keine Rede sein. Außer der Ernennung einiger jüdischer Landgerichts- und Oberlandesgerichtsräte kam es in Preußen bis 1914 zu keiner Beförderung von Juden zum Staatsanwalt oder in die Dirigentenstellen der Justiz. Die höchste Position, die ein Jude im Justizdienst im Deutschen Reich bis dahin erlangt hatte, war die Berufung des Rates am Obersten Landesgericht Heinrich Harburger (1851–1916) zum Senatspräsidenten am bayerischen Oberlandesgericht München. In Hessen

[95] Andreas Grunenberg, *Die Religionsbekenntnisse der höheren Beamten in Preußen*, Bd. 2, Berlin 1914, sowie der Artikel von A. Petersilie, *Das Religionsbekenntnis der Beamtenschaft im Reich und in Preußen*, in: *Zeitschrift für Verwaltung und Statistik* (1911), H. 12. Beide Publikationen stellen jedoch private Zusammenstellungen dar, die teilweise auf behördlichen Zahlen und Ergebnissen der Volks- und Berufszählung beruhen. Anlaß für diese beiden Veröffentlichungen war vornehmlich die bekannte innenpolitische Tagesfrage der „Parität", also die Frage, ob die Behauptung richtig sei, daß eine der Konfessionen – insbesondere die katholische – bei der Besetzung von staatlichen höheren Beamtenstellen in einem ihrem Bevölkerungsanteil nicht entsprechenden Maße beteiligt werde (vgl. dazu das VIERTE KAPITEL, S. 272–282). Der Schwerpunkt der statistischen Untersuchungen lag demzufolge auf dem Anteil evanglischer und katholischer Beamter. Die hier relevanten Zahlenangaben Grunenbergs (*Die Religionsbekenntnisse...*, S. 430-436) weichen von amtlichen Unterlagen relativ stark ab. Die 1912 publizierte Arbeit Jacob Segalls *Die beruflichen und sozialen Verhältnisse der Juden in Deutschland*, Berlin 1912, enthält für unseren Zusammenhang wenig neues Material.

und Sachsen, den in dieser Hinsicht rückständigsten Bundesstaaten, wurden – mit einer einzigen Ausnahme im Jahre 1910 – Juden weiterhin von der Richterlaufbahn ferngehalten. In Braunschweig hatte sich nie ein Jude zum Staatsdienst gemeldet, weil es aussichtslos erschien, daß er ernannt werden würde.[96] In Württemberg waren seit dem Erlaß des Reichsgesetzes von 1869 bis zum Vorabend des Ersten Weltkrieges nicht mehr als drei jüdische Richter ernannt worden, von denen keiner über die Eingangsstelle als Amtsrichter hinauskam. Diese drei jüdischen Richter waren zudem die einzigen jüdischen Staatsbeamten in Würtemberg überhaupt. Auch die vergleichsweise liberalen Regierungen in Hamburg, Baden und Elsaß-Lothringen übertrugen bis zum Jahresbeginn 1914 keine der höchsten Stellen in der Justizverwaltung an jüdische Richter. In Hamburg und Baden waren in den letzten Jahren des Kaiserreiches zwei jüdische Richter zum Landgerichtsdirektor beziehungsweise zum Landgerichtspräsidenten ernannt worden.[97]

Die von Jacob Segall veröffentlichten (allerdings nur bedingt verläßlichen) statistischen Angaben zum Anteil der Juden unter den höheren Staatsbeamten des Deutschen Reiches für das Jahr 1907 lassen jedoch erkennen, daß der Justizsektor im Vergleich zu den anderen Bereichen der zentralen staatlichen Administration immer noch die besten Aufstiegschancen für jüdische Beamtenanwärter bot: Während der Prozentsatz der Juden unter den höheren Reichs- und Staatsbeamten nur 1,93% betrug, lag er bei der Beamtengruppe der Richter und Staatsanwälte bei 4,28%. Der Anteil der jüdischen Rechtsanwälte betrug zu diesem Zeitpunkt reichsweit etwa 14,67%.[98] Ergänzend soll hier eine Beobachtung angeführt werden, die Bern-

96 E. Hamburger, *Juden im öffentlichen Leben...*, S. 52.

97 *A. a. O.*, S. 53; vgl. GStAPK, Rep. 84a, Nr. 2942, Bl. 31 ff. (Eingabe des VdDJ an den Justizminister vom 31. Mai 1915).

98 J. Segall, *Die beruflichen und sozialen Verhältnisse...*, S. 46 ff. Bei Segalls Angabe zur absoluten Zahl dieser Berufsgruppe (906 Personen) handelt es sich vermutlich um einen Druckfehler – in ganz Preußen gab es insgesamt kaum mehr als 200 dieser jüdischen Beamten, daher kann für das Reich keine solche Größenordnung erreicht worden sein. Die Mehrzahl der höheren jüdischen Beamten im Deutschen Reich war im technischen Dienst (wie Bau- und Eisenbahnverwaltungen, Medizinalverwaltung und der Reichspost) beschäftigt. Unter den mittleren und unteren Reichs- und Staatsbeamten in Deutschland waren Juden nur in geringem Maße vertreten, nur ca. 0,35% (589) in dieser Beamtenkategorie (einschließlich der Justiz) waren Juden. Noch geringer war die absolute Zahl der jüdischen unteren Beamten, sie betrug 49.

hard Breslauer, der sich weiter für die Gleichbehandlung jüdischer Beamtenanwärter in allen Bereichen des öffentlichen Lebens engagierte, 1910 mitteilte. Zwei Berufe höherer Art gäbe es in Preußen, für die der Übertritt zum Christentum ohne Einfluß zu sein scheine: „Für den ersten ist die Taufe offenbar bedeutungslos, weil auch Getaufte nicht avancieren; in dem zweiten scheint eine Benachteiligung der Juden nur selten zu erfolgen und aus diesem Grunde ein Glaubenswechsel ohne Einfluß zu sein. Der erste ist der der Oberlehrer an höheren Schulen, der zweite der der Baubeamten."[99] Während es im Jahre 1909 unter den insgesamt 1320 preußischen Eisenbahnbeamten 44 Juden (3,3%) und nur 7 Getaufte (0,5%) gegeben hatte und unter den sonstigen 1413 Baubeamten 14 Juden (1,0%) und 7 Getaufte (0,4%), waren nur ca. 1,5% der preußischen Oberlehrer jüdisch und nur 0,3% (26 Personen) unter ihnen sogenannte getaufte Juden. Die antijüdischen Einstellungen, der Geist der Unduldsamkeit gegenüber Juden sei, so stellte Breslauer heraus, am ehesten bei der Beamtenschaft zu registrieren und gehe aus ihren Kreisen hervor.[100]

Einen krassen Beleg für die fortdauernde Judenfeindschaft innerhalb der Justizverwaltung bietet der Generalbericht des Breslauer Oberlandesgerichts für die Jahre 1905 bis 1910 an den Justizminister vom 30. April 1911, der keinen Zweifel daran lassen will, daß die „Juden-frage" im wesentlich eine Frage von „Rassengegensätzen" sei, welche eine tiefe Aversion der schlesischen Bevölkerung gegen die Juden bedinge. Eine Einschränkung des weiteren Zuwachses an jüdischen Juristen sei deshalb im Interesse der Rechtspflege, die dadurch mehr und mehr Schaden nehme, dringend erforderlich. Eine schnelle Zunahme jüdischer Beamter sei der Behörde zufolge auch deshalb zu befürchten, weil diese im Vorbereitungsdienst im Durchschnitt deutlich die besseren Noten im Vergleich zu christlichen Aspiranten erzielten. In diesem Zusammenhang wurde auch erwähnt, daß vor kurzem in dem schlesischen Ort Rybnik erst durch das Eingreifen

Dies erklärt sich daraus, daß diese sich zu einem erheblichen Teil aus ausgedienten Militär- und Polizeiangehörigen rekrutierte, unter denen Juden bekanntlich kaum vertreten waren. E. Hamburger vermutet darüber hinaus einen aus sozialen und ökonomischen Gründen geringen Andrang der Juden bei diesen Beamtengruppen (vgl. J. Segall, *Die beruflichen und sozialen Verhältnisse...*, S. 46; E. Hamburger, *Juden im öffentlichen Leben...*, S. 63 f.).

[99] Bernhard Breslauer, *Zwei Berufe*, in: *Korrespondenz-Blatt des Verbandes der Deutschen Juden*, Berlin 1910, Nr. 6, S. 1 f.

[100] *A. a. O.*, S. 4.

des Oberlandesgerichtspräsidenten die Teilnahme eines jüdischen Richters am Juristen-Mittagstisch ermöglicht wurde.[101]

Quantitativ war ein leichter Rückgang des Anteils jüdischer Richter in Preußen festzustellen. Während für die Jahre 1893 bis 1904 ein durchschnittlicher Anteil jüdischer Amts- und Landrichter von ca. 4,4% ermittelt worden war (siehe VIERTES KAPITEL, S. 238–251), lag dieser jetzt bei ca. 4,0% (siehe TABELLE 21). Seit 1910/11 sank die Zahl jüdischer Richter auch absolut. Da die Zahl jüdischer Referendare und Assessoren dagegen weiter stieg, kann man auf eine Verschiebung der quantitativen Relationen zugunsten der Rechtsanwälte schließen.[102] Folgende Zahlen wurden im Jahre 1910 durch das preußische Justizministerium (in Form einer internen Übersicht über das Religionsbekenntnis höherer Justizbeamter) ermittelt:[103]

TABELLE 21

Jüdischer Anteil an höheren preußischen Justizbeamten und Gerichtsassessoren – Stand 1910

Oberlandes-gerichtsbezirk	alle höheren Justizbeamten			nur Amts- und Landrichter		
	gesamt	jüdisch	%	gesamt	jüdisch	%
Berlin	1207	60	5,0	852	59	6,9
Breslau	767	34	4,4	601	34	5,7
Kassel	169	3	1,8	142	2	1,4
Celle	401	2	0,5	319	2	0,6
Köln	543	11	2,0	411	9	2,2
Düsseldorf	416	17	4,1	305	15	4,9
Frankfurt/M.	285	13	4,6	224	13	5,8
Hamm	621	13	2,1	469	12	2,6
Kiel	226	4	1,8	179	4	2,2
Königsberg	353	16	4,5	275	16	5,8
Marienwerder	252	11	4,4	199	11	5,5
Naumburg	444	6	1,4	350	6	1,7
Posen	337	7	2,1	261	7	2,7
Stettin	244	3	1,2	191	3	1,6
ingesamt	6265	200	3,2	4778	193	4.0
		Gerichtsassessoren				
insgesamt	2934	123	4.2			

[101] GStAPK, Rep. 84a, Nr. 2941, Bl. 187–189 (Quelle auch zitiert bei P. Pulzer, *Religion and Judicial Appointments...*, in: *LBI-YB*, XVIII [1983], S. 203 f.).

[102] Vgl. S. Lorenzen, *Das Eindringen der Juden...*, in: *Deutsche Justiz* (1939), S. 961.

[103] GStAPK, Rep. 84a, Nr. 11944, Bl. 184 u. 187; diese Angaben wurden später bei A. Grunenberg, *Die Religionsbekenntnisse...*, S. 296, veröffentlicht.

Ohne eine genaue Analyse auf der Grundlage einer fundierten und regional differenzierten Sozialgeschichte der Juden und präzisere Kenntnisse über die spezifischen Bedingungen im Justizbereich in den einzelnen Gerichtsbezirken ist eine Interpretation der vorliegenden Zahlen nur teilweise möglich. Einige Grundaussagen lassen sich eindeutig treffen: Wie sich aus der Übersicht ergibt, hielt Berlin auch weiterhin die Spitzenposition, nicht nur hinsichtlich des Personalbestandes an höheren Justizbeamten überhaupt, sondern auch in bezug auf den Anteil jüdischer Beamter innerhalb der Justiz. Neben Frankfurt am Main, dem Zentrum des preußischen Süddeutschlands (mit relativ hohem jüdischen Bevölkerungsanteil), sind es vor allem die östlichen Bezirke Preußens, die vergleichsweise höhere Anteile jüdischer Justizbeamter aufweisen, wie die Oberlandesgerichtsbezirke Königsberg, Breslau und Marienwerder. Der Rückgang des Anteils jüdischer Richter in dem in früheren Zeiten stärker frequentierten Gerichtsbezirk Posen könnte mit der stärkeren Abwanderung der Juden aus dieser Provinz zusammenhängen.

Es ist weiter ersichtlich, daß von den insgesamt 200 höheren jüdischen Justizbeamten sieben in Beförderungsstellen über die erste und zweite Instanz hinaus gelangt sein müssen (mit 3,5% Beförderten von allen jüdischen Justizbeamten also sogar etwas mehr, als ihr – bewußt geringgehaltener – Anteil an allen richterlichen Beamten [3,2%] betrug). Es läßt sich aus der Kenntnis der preußischen Zulassungspraxis darüber hinaus folgern, daß diese Beförderungen in den Jahren 1904 bis 1909 vorgenommen worden sein müssen. Mit je zwei jüdischen Richtern in höheren Positionen treten die Zentren des Rheinlandes hervor. In Celle, Frankfurt am Main, Kiel, Königsberg, Marienwerder, Naumburg, Posen und Stettin, also der Mehrzahl der preußischen Oberlandesgerichtsbezirke, finden sich überhaupt keine jüdischen Richter in höheren Instanzen. Der Anteil der Juden an den beiden gezählten Statusgruppen nimmt in derjenigen, die die höheren Positionen im Justizwesen mit einschließt, demzufolge ab.

Wegen der nachfolgenden, allgemein gedrosselten Neuzulassungen zum preußischen Justizdienst und der Tatsache, daß der akademische Antisemitismus und die administrative Diskriminierung jüdische Juristen schon frühzeitig in die einzig frei zugängliche Berufslaufbahn, die Rechtsanwaltschaft, verwiesen hatte, gab es im Jahre 1916 nur noch 2,82% (186) jüdische Richter. Diese Zahl steht im

Kontrast zu der größeren Zahl an jüdischen Referendaren mit 13,34% (787) und Assessoren mit 8,36% (336).[104]

Die Zahl der jüdischen Anwälte nahm weiter zu. Während der 1880er Jahre war sie eindrucksvoll von 7,3% (146) auf 20,4% (586) gestiegen und fuhr fort, auf 23,4% im Jahre 1893 und 27,4% im Jahre 1904 zu wachsen.[105] Im Berliner Kammergerichtsbezirk waren unter insgesamt 1314 Anwälten etwa 57,4% Juden. Die Zahl der „Getauften" unter ihnen blieb mit 2,1% gering.[106] Bernhard Breslauer machte in einer Publikation im CV-Organ aus dem Jahre 1906 folgende Angaben zur Rechtsanwaltschaft an einzelnen Oberlandesgerichten:[107]

TABELLE 22
Jüdischer Anteil an preußischen Rechtsanwälten (Stand 1906)

Oberlandesgerichte	Anzahl der Anwälte insgesamt	darunter Juden	
		absolut	%
Berlin	1241	655	52,8
Breslau	482	184	38,2
Celle	288	34	11,8
Colmar	139	17	12,2
Frankfurt/M.	258	92	35,7
Hamm	455	35	7,7
Kassel	85	11	12,9
Kiel	174	14	8,1
Köln	613	53	8,7
Königsberg	195	36	18,5
Marienwerder	148	33	22,3
Naumburg	318	24	7,6
Posen	200	70	35,0
Stettin	166	26	15,7

104 Vgl. S. Lorenzen, *Das Eindringen der Juden...*, in: *Deutsche Justiz* (1939), S. 961 f.

105 Vgl. K. H. Jarausch, *Jewish Lawyers...*, in: *LBI-YB*, XXXVI (1991), S. 174; P. Pulzer, *Religion and Judicial Appointments...*, in: *LBI-YB*, XVIII (1983), S. 191 f. (bzw. S. Lorenzen, *Das Eindringen der Juden...*, S. 956 ff.).

106 Vgl. Reinhard Bendix, *Von Berlin nach Berkeley*, Frankfurt/M. 1985, S. 47.

107 B. Breslauer, *Die gesellschaftliche Stellung...*, in: *IDR*, 12 (1906), S. 289 f.

In ganz Deutschland stellten Juden im Jahre 1907 (nach den Angaben von Segall) nahezu 15% der Anwälte, ca. 8% der Privatgelehrten, Schriftsteller und Journalisten und etwa 6% der Ärzte. Innerhalb der freien Berufe war der jüdische Anteil an der Anwaltschaft damit am höchsten.[108] Es war nicht das überlegene „Talent", das jüdische Anwälte als eine gewisse Elite in dieser Berufsgruppe in Deutschland, vor allem in der Zeit der Weimarer Republik, erscheinen ließ,[109] sondern vielmehr der Ausschluß aus der Staatsverwaltung, der die befähigsten und meisten jüdischen Justizaspiranten in die freie Advokatur führte, während die Mehrzahl der christlichen Justizanwärter nach wie vor die Karriere im Staatsdienst vorzog.[110] Die obersten Positionen in der preußischen Justizverwaltung – wie Oberlandesgerichtsdirektor, Landgerichtspräsident, Senatspräsident und (Ober-)Staatsanwalt – blieben für jüdische Richter bis zum Ende der wilhelminischen Ära tabu. Für die innere Verwaltung und die Heeresverwaltung waren Fortschritte hinsichtlich der Ämterbesetzung generell nicht zu erkennen.

Auf der politisch-parlamentarischen Ebene trat die Frage der Juden im Justizdienst in den Hintergrund. Der parteipolitische Antisemitismus spielte im Jahrzehnt vor dem Ersten Weltkrieg in der Öffentlichkeit kaum noch eine größere Rolle; die Reichstagswahlen von 1912 brachten ihm weitere Einbußen. Ungeachtet dessen wurde die von den Antisemiten mit Vorliebe aufgeworfene Frage, ob ein jüdischer Richter „unbefangen" Recht sprechen könne, in der einschlägigen Presse und auf antisemitischen Parteitagen weiter erläutert und mit der üblichen demagogischen Argumentation verneint.[111] Im Jahre

[108] Vgl. J. Segall, *Die beruflichen und sozialen Verhältnisse...*, S. 51 ff.

[109] Wie bei Horst Göppinger, *Juristen jüdischer Abstammung im „Dritten Reich"*, 2. Aufl., München 1990, S. 4, behauptet und von Andreas Fijal in seine Dissertation von 1991 bemerkenswert unkritisch übernommen (vgl. A. Fijal, *Die Geschichte der Juristischen Gesellschaft...*, S. 157: „Das Judentum weist nach Göppinger offensichtlich eine besondere Begabung für das juristische Denken und die juristischen Berufe auf und hat deshalb eine verhältnismäßig große Zahl überdurchschnittlich talentierter Juristen hervorgebracht.").

[110] Vgl. K. H. Jarausch, *Jewish Lawyers...*, in: *LBI-YB*, XXXVI (1991), S. 176.

[111] So auf dem Deutsch-Sozialen Parteitag 1907 (vgl. IDR, 13 [1907], S. 631 ff.). Ein Beispiel für Presseäußerungen ist der ganzseitige Artikel *Die jüdische Vormachtstellung in der Rechtspflege und der deutsche Verfall*, in: *Staatsbürger-Zeitung* vom 24. 1. 1913. Der Artikel teilt u. a. mit: „In keinem Zweige des öffentlichen Lebens hat das Judentum in Deutschland so stark an Übergewicht gewonnen wie in der Rechts-

1905 erhob die antisemitische Deutsch-Soziale Partei erstmals ihre Forderung nach einem Numerus clausus für jüdische Anwälte zum Bestandteil eines Parteiprogramms.[112]

Die Freisinnigen engagierten sich weiter für das wenig populäre Anliegen eines gleichberechtigten staatsbürgerlichen Status der Juden in allen Bereichen des öffentlichen Lebens. Im Jahre 1907 forderte die Freisinnige Volkspartei die Festlegung des Grundsatzes, daß Anstellungen und Beförderungen im öffentlichen Dienst allein auf den Fähigkeiten des Bewerbers basieren sollten, als politisches Signal. 1912 publizierten die wiedervereinigten Linksliberalen einen entschiedenen Protest gegen die Beeinträchtigung der verfassungsmäßigen Rechte für jüdische Staatsbürger. Zwischen 1901 und 1914 brachten die Freisinnigen in den Landesparlamenten und dem Reichstag insgesamt neunzehnmal das Thema Diskriminierung der Juden im Staatsdienst zur Sprache. Dabei wurde immer wieder versucht, die Regierung auf die weitreichenderen Konsequenzen einer Verfassungsverletzung aufmerksam zu machen.[113]

Der Verband der deutschen Juden konzentrierte seine Aktivitäten in den Jahren nach 1907 neben der aktuellen verweigerten Reserveoffiziers-Anstellung weiter auf Fragen einer zeitgemäßen Erneuerung der preußischen Gesetzgebung zum jüdischen Kultus und der preußischen Gemeindeordnung.

Frauen – dies bleibt noch nachzutragen – spielten in juristischen Berufen in der wilhelminischen Ära noch so gut wie keine Rolle und konnten bis dahin nicht einmal in den juristischen Vorbereitungsdienst, geschweige denn die Anwaltschaft oder in den Staatsdienst eintreten. Daher gab es am Ende unseres Untersuchungszeitraums zwar vereinzelte Jurastudentinnen, einige darunter promoviert, der Weg in die staatliche Ausbildung und Laufbahn war ihnen jedoch versperrt. Auch in der Zeit der Weimarer Republik blieb ihre Zahl

pflege. Die Juden umlagern in dichten Scharen die Grundpfeiler des Staates, halten das im deutschen Recht ruhende ‚fundamentum regnorum' dicht besetzt. Das Advokatentum ist bei uns vollständig verjudet, d. h. nicht bloß in numerischer Auffassung, sondern in bezug auf die Denkweise und sittliche Artung … heute bilden sie [die Juden – B. S.] eine nationale Gefahr." (*ebda.*)

112 T. Krach, *Jüdische Rechtsanwälte…*, S. 28.

113 R. S. Levy, *The Downfall…*, S. 180.

noch sehr gering.[114] Es war eine Jüdin, die – in den 1920er Jahren – erste weibliche Rechtsanwältin in Preußen wurde, zugleich eine Frauenrechtlerin der ersten Stunde: Margarete Berent (1887–1965) legte zuerst ein Lehrerinnenexamen ab, um mehrere Jahre an höheren Mädchenschulen in Berlin zu unterrichten. Im Anschluß daran studierte sie Rechtswissenschaften in Berlin und Erlangen. Referendar- und Assessorausbildung blieben ihr als Frau noch bis 1921 verschlossen. So promovierte sie 1913 zum Eherecht und arbeitete danach als juristische Hilfskraft in verschiedenen Berliner Anwaltspraxen und in der Rechtsabteilung der AEG, später unter anderem auch für die Rechtsschutzstelle für Frauen und in der Jugendfürsorge. 1925 wurde sie Rechtsanwältin und gründete im gleichen Jahr ihre eigene Praxis in Berlin.[115]

Die Auflockerung der diskriminierenden Verwaltungspraxis gegenüber Juden während des Ersten Weltkrieges vollzog sich gleichzeitig mit einer Verschärfung des gesellschaftlichen Antisemitismus.[116] Die Liberalisierungstendenzen in der Justizverwaltung nutzte der Verband der Deutschen Juden im Jahre 1915, um in einer schriftlichen Vorstellung beim preußischen Justizminister noch einmal als Bitte vorzutragen, was in früheren Jahren mehrfach als offene Frage inner-

[114] Nach einer Verfügung vom Mai 1919 wurden auch Frauen zur ersten juristischen Staatsprüfung zugelassen, aber von einer Ernennung zum Referandar ausdrücklich ausgeschlossen; im Januar 1921 eröffnete eine weitere Verfügung Frauen den Zugang zum juristischen Vorbereitungsdienst, bestimmte aber ausdrücklich, daß sie zu Richtern, Staatsanwälten oder der selbständigen Vertretung eines Rechtsanwaltes nicht bestellt werden durften. Die letzten rechtlichen Einschränkungen wurden erst durch das Reichsgesetz vom 11. Juli 1922 in Preußen beseitigt. Vgl. Th. Kolbeck, *Juristenschwemmen...*, S. 22. Unter den sehr wenigen Juristinnen (so waren Ende der 20er Jahre in Berlin unter ca. 3000 Anwälten nur 8 Frauen) war der Anteil von Jüdinnen überproportional hoch, vgl. Ernst E. Stiefel/Frank Mecklenburg, *Deutsche Juristen im amerikanischen Exil (1933–1950)*, Tübingen 1991, S. 75 f.

[115] Ausführlicher zu M. Berent vgl. Jutta Dick/Marina Sassenberg (Hrsg.), *Jüdische Frauen im 19. und 20. Jahrhundert*, Hamburg 1993, S. 53 ff. Vgl. ihren beeindrukkenden weiteren Lebensweg bis ins amerikanische Exil in: E. E. Stiefel/F. Mecklenburg, *Deutsche Juristen...*, S. 76 f. Ein weiteres Beispiel ist Margarete Muehsam-Edelheim, die 1914 in Erlangen promovierte und danach beim Ullstein-Verlag arbeitete. Auch sie war aktiv in der Frauenbewegung tätig (vgl. *ebda.*). Allgemein zur Lage (Jura) studierender Frauen vgl. Deutscher Juristinnenbund (Hrsg.), *Juristinnen in Deutschland. Eine Dokumentation (1900–1984)*, München 1984 sowie Claudia Huerkamp, *Frauen, Universitäten und Bildungsbürgertum*, in: Hannes Siegrist (Hrsg.), *Bürgerliche Berufe*, Göttingen 1988, S. 200 ff., zu Jüdinnen bes. S. 206 f.

[116] E. Hamburger, *Juden im öffentlichen Leben...*, S. 101.

halb der Gleichstellungsforderungen der jüdischen Organisationen hervorgehoben worden war: Das Schreiben des Ausschusses des Verbandes erkannte „dankbar an, daß namentlich im vergangenen Jahrzehnt in einer größeren Zahl von Fällen Juden zu Oberlandesgerichtsräten in Preußen ernannt wurden", wollte jedoch bei künftigen Ernennungen von Richtern zu Senatspräsidenten oder Landgerichtsdirektoren auch jüdische Richter berücksichtigt wissen. Neben dem Hinweis auf die Ernennung jüdischer Offiziere im Heer seit Kriegsbeginn wird an dieser Stelle ausdrücklich auf die ungehinderten Möglichkeiten sogenannter Getaufter hingewiesen: „Die niederdrükkende Empfindung einer solchen Zurücksetzung muß dadurch verschärft werden, daß bekanntermaßen eine Reihe von Richtern, die aus dem Judentum zum Christentum übergetreten sind, sowohl in früheren Jahren wie im letzten Jahrzehnt an verschiedenen Gerichten in Preußen zu Direktoren und zu Senatspräsidenten ernannt worden sind." Spätestens nach dem Friedensschluß sollte, so der Verband, die Wiederzusammensetzung der Gerichte einige Ernennungen von jüdischen Richtern in die genannten Positionen im Gefolge haben, um „Überbleibsel alter Vorurteile und die in ihnen wurzelnden Widerstände in bestimmten Kreisen" durch das Handeln der Regierung überwinden zu helfen.[117]

Das letzte Mal in jener Epoche wurde die Frage auf Regierungsebene in einer Staatsministerialsitzung am 3. Oktober 1917 erörtert. Den Anlaß bildete eine Eingabe von Justizrat Cassel, der sich auf Grund seiner öffentlichen Reputation als Stadtverordneter und Landtagsabgeordneter seit Jahren zu einem bekannten Anwalt der jüdischen Organisationen in dieser Sache gemacht hatte und einer der prominentesten Repräsentanten des VdDJ war. Cassel war im September 1917 in einer Audienz beim neuen Reichskanzler Georg Michaelis, in der er ein weiteres Mal gegen die Zurücksetzung seiner Glaubensgenossen beim Zutritt zu Ämtern und Beförderungen trotz der verfassungsmäßigen Gleichberechtigung Klage erhoben hatte, dahingehend beschieden worden, daß die Angelegenheit im Staatsministerium zur Sprache gebracht werde und man bemüht sei, derartige Benachteiligungen zukünftig zu vermeiden.[118] Zu dieser Zeit befanden sich keine Juden in der inneren Staatsverwaltung, und

[117] GStAPK, Rep. 84a, Nr. 2942, Bl. 31–35 (Schreiben des VdDJ vom 31. Mai 1915).
[118] GStAPK, 2.5.1., Nr. 7414, Bl. 70–73.

selbst in der Eisenbahnverwaltung (in der durch die staatliche Übernahme ehemaliger Privatbahnen nach der Reichsgründung einige Juden angestellt worden waren) fand sich kein jüdischer Beamter mehr.[119]

Die nun schriftlich wiederholte Eingabe an den Reichskanzler bezog sich auf alle noch vorhandenen Zurücksetzungen bei der Zulassung von Juden zu Staatsämtern im Heeres-, Schul- und Verwaltungsdienst, zielte aber vorrangig auf die bekannten Benachteiligungen im Justizdienst. Zur Stellungnahme aufgefordert, betonte der Kultusminister in der Staatsminsterialsitzung, daß er – abgesehen von einigen kleineren Zugeständnissen – an keine Änderung der bisherigen Grundsätze im Schulwesen denke. Der Vizepräsident des Staatsministeriums und Minister für öffentliche Arbeiten, Paul von Breitenbach, wiederholte das Credo seiner Amtsvorgänger: Juden in leitende Stellungen zu bringen, sei „mißlich, weil ihnen hierzu die nötige Autorität fehle".[120]

Als Ergebnis der Beratung wurde der Regierung im Auftrage des Reichskanzlers folgende Verfügung intern bekannt gemacht: „Seine Majestät der Kaiser und König hat sich auf meinen Vortrag dahin einverstanden erklärt, daß *ausnahmsweise* Juden in leitende Stellen der Justiz ... gesetzt werden sollten, doch müsse in der Auswahl der Personen ganz besonders gewissenhaft vorgegangen werden."[121]

Während sich durch den Ersten Weltkrieg die Situation der deutschen Juden in politischer und sozialer Hinsicht, insbesondere durch den von der politischen Rechten nun wieder systematisch geschürten Antisemitismus, insgesamt wesentlich verschlechterte, war Juden in der Weimarer Republik der Zugang zu allen öffentlichen Stellungen, beamteten Berufen und Positionen im Herrschaftsapparat weitgehend ungehindert möglich. Die aktive und häufig herausragende Beteiligung der deutschen Juden an Wissenschaft und Politik in jenen Jahren ist bekannt, wenngleich im Universitätsbereich Benachteiligungen bei der Berufung von Ordinarien – insbesondere infolge des dort grassierenden Antisemitismus – weiter-

119 Als einzige Änderung war man in Kriegszeiten dazu übergegangen, auch jüdische Gerichtsassessoren an die Staatsanwaltschaft zur (aushilfsweisen) Beschäftigung zu überweisen. Vgl. *Mitteilungen aus dem Verein zur Abwehr des Antisemitismus*, 27. Jg., 5. September 1917, S. 123.

120 GStAPK, 2.5.1., Nr. 4714, Bl. 71.

121 *A. a. O.*, Bl. 73, Hervorhebung von B. S.

hin vorkamen.[122] Im Frühjahr 1918 wurde mit dem Landgerichtsrat Cohn zum ersten Male in der preußischen Justizverwaltung (unter dem neuen Minister Spahn) ein jüdischer Richter zum Landgerichtspräsidenten befördert.[123] Mit Bernhard Weiß (1880–1951), dem späteren Polizeipräsidenten von Berlin, berief man im Sommer 1918 erstmals einen jüdischen Juristen an das preußische Innenministerium.[124] Weiß' politische Fähigkeiten und sein außerordentliches Avancement ermöglichten den Sprung in eine Behörde, die seit jeher

[122] Zum wachsenden Antisemitismus seit dem ersten Weltkrieg vgl. u. a. Werner Jochmann, *Die Ausbreitung des Antisemitismus in Deutschland 1914–1923*, in: ders., *Gesellschaftskrise und Judenfeindschaft in Deutschland 1870–1945*, Hamburg 1988, S. 99–170. Vgl. auch zahlreiche Beispiele für Zurücksetzungen jüdischer Wissenschafter in der akademischen Karriere an der Universität u. a. bei David L. Preston, *Science, Society and the German Jews 1870–1933*, Urbana 1971, S. 191 ff. – Der wohl bekannteste „ungetaufte" Jurist, der unmittelbar nach dem Ende des Ersten Weltkriegs in ein hohes Staatsamt gelangte, war Hugo Preuss (1860–1925). Im November 1918 berief ihn Friedrich Ebert zum Staatssekretär des Innern mit dem Auftrag, die Reichsverfasssung zu entwerfen. Seit Februar 1919 war er für vier Monate Innenminister der Weimarer Republik. Zu Hugo Preuss vgl. u. a.: Gerd Kleinheyer/Jan Schröder, *Deutsche Juristen aus fünf Jahrhunderten*, Heidelberg 1989, S. 212 ff.; S. Kaznelson (Hrsg.), *Juden im deutschen Kulturbereich*..., S. 616 f.; E. Hamburger, *Juden im öffentlichen Leben*..., S. 194 ff.; Dian Schefold, *Hugo Preuss (1860–1925). Von der Stadtverfassung zur Staatsverfassung der Weimarer Republik*, in: H. Heinrichs u. a. (Hrsg.), *Deutsche Juristen jüdischer Herkunft*..., S. 429–453. Der Breslauer Rechtsanwalt Hans Schäffer (1886–1967), auch bereits 1918/19 ins Reichswirtschaftsministerium eingetreten, erreichte z. B. 1929 als Staatssekretär in dieser Behörde in der Weimarer Republik ebenfalls den höchsten Rang in der Laufbahn eines Berufsbeamten, ohne je die Taufe zu akzeptiert zu haben; vgl. Eckard Wandel, *Hans Schäffer. Steuermann in wirtschaftlichen und politischen Krisen*, Stuttgart 1974.

[123] Auf Reichsebene waren etwa zur gleichen Zeit zwei jüdische Juristen, die bisherigen Oberlandesgerichtsräte David in Düsseldorf und Schaps in Hamburg, zu Reichsgerichtsräten ernannt worden (der erste und gleichzeitig auch letzte jüdische Reichsgerichtsrat war bis dahin J. F. Behrend); vgl. *Mitteilungen aus dem Verein zur Abwehr des Antisemitismus*, 28. Jg., 22. Mai 1918, S. 44 f.

[124] Weiß hatte in Berlin, München und Freiburg Rechtswissenschaften studiert. 1905 war er in Bayern während des Einjährig-Freiwilligen-Dienstes zum Reserveoffizier ernannt worden, 1908 unter außergewöhnlichen Umständen sogar zum Offizier. Im Justizvorbereitungsdienst wurde er 1909 zum Assessor ernannt; über seine Zeit als Gerichtsassessor und als Amtsrichter ist leider kaum etwas überliefert. Vgl. Dietz Bering, *Kampf um Namen. Bernhard Weiß gegen Joseph Goebbels*, Stuttgart 1991, S. 39.

als besonderes Machtzentrum galt. Seine Anstellung im Berliner Polizeipräsidium war „ein Schritt über eine Grenze, die in Preußen seit 1812 ... für unübersteigbar gehalten wurde" (D. Bering).[125]

[125] *A. a. O.*, S. 43. Für die Zeit der Weimarer Republik und des Nationalsozialismus vgl. weiterführend u. a. folgende Literatur zum Thema: T. Krach, *Jüdische Rechtsanwälte...*; H. Göppinger, Horst, *Juristen jüdischer Abstammung...*; E. C. Stiefel/F. Mecklenburg, *Deutsche Juristen im amerikanischen Exil...*; H. Heinrichs/H. Franzki/K. Schmalz/M. Stolleis (Hrsg.), *Deutsche Juristen jüdischer Herkunft...* (insbes. die Beiträge von Peter Landau und Wolfgang Benz); Udo Beer, *Die Juden, das Recht und die Republik. Verbandswesen und Rechtsschutz 1919–1933*, Frankfurt/M.-Bern-New York 1986; Theo Rasehorn, *Sie waren keine Außenseiter. Jüdische Juristen und linksbürgerliche Kultur in der Weimarer Republik*, in: *Tribüne*, 28. Jg. (1989), H. 111, S. 181–192. – Auch die einschlägige Memoiren- und biographische Literatur (für Juristen, die im Sinne der nationalsozialistischen Nürnberger Gesetze Juden waren und zumeist unter dem Eindruck der Verfolgung und Emigration ihren Lebensweg schilderten) ist für diesen Zeitraum größer. Vgl. u. a. E. Wandel, *Hans Schäffer...*; Robert M. Kempner, *Ankläger einer Epoche. Lebenserinnerungen*, Frankfurt/M. 1986; R. Bendix, *Von Berlin nach Berkeley...*; Klaus-Detlev Godau-Schüttke, *Rechtsverwalter des Reiches Dr. Kurt Joel*, Frankfurt/M.-Bern 1981; Oscar Meyer, *Von Bismarck zu Hitler. Erinnerungen und Betrachtungen*, 2. Aufl., Offenbach 1948; Kurt Riess, *Der Mann in der schwarzen Robe. Das Leben des Strafverteidigers Max Alsberg*, Hamburg 1965; Guido Kisch, *Der Lebensweg eines Rechtshistorikers. Erinnerungen*, Sigmaringen 1975; Hugo Marx, *Werdegang eines jüdischen Staatsanwalts und Richters in Baden (1892–1933). Ein soziologisch-politisches Zeitbild*, Villingen 1965.

SCHLUSS

Es konnte am Beispiel der Geschichte des Zugangs von Juden zum preußischen Justizdienst eine Benachteiligung jüdischer Staatsdienstbewerber durch eine diskriminierende Anstellungspraxis des Staates, untermauert durch einen informellen Konsens der Ministerien gegenüber sozial aufstrebenden jüdischen Beamtenanwärtern und eine in der preußischen Bürokratie allgemein akzeptierte Verbindung zwischen Herrschaftausübung und christlicher Religion, nachgewiesen werden. Insbesondere Schlüsselstellungen im Justizapparat blieben auch nach der rechtlichen Gleichstellung – durch einen schlecht verhüllten Bruch der verfassungsmäßig gewährleisteten Gleichstellung – versperrt oder nur unter der Voraussetzung der Taufe erreichbar.

Durch eine weitgehende Identifikation von Beamtenschaft und Staat, Verwaltung und Obrigkeit waren Politik und Verwaltung in Preußen kaum voneinander zu trennen. Hohe Beamtenposten wurden als Symbol des „Nationalgeistes" angesehen, bei denen die fachliche Eignung vor der politisch-„moralischen" in den Hintergrund trat. Politische Gefügigkeit und soziale Homogenität der Staatsdienstbewerber zählten mehr als berufliche Qualifikation. Die Auswahl und Sozialisation der Beamten war im Kaiserreich, vor allem seit Wilhelm II., eindeutig auf eine konservative politische Grundüberzeugung einschließlich „christlicher Gesinnung" und eine neofeudale Gesellschaftshaltung im Sinne eines möglichst homogenen Apparates ausgerichtet, die die Staatsbeamtenschaft zu einem „konservativ-aristokratischen Reservat" (W. Bleek) machte. Die Dominanz des Adels in der höheren Staatsverwaltung und im Offizierskorps, der traditionelle Untertanengeist und die militaristisch-bürokratische Herrschaft im kaiserlichen Deutschland mit dem sozialen Leitbild des Reserveoffiziers nährten Nationalismus, Militarismus und Antisemitismus.

Trotz theoretischer Chancengleichheit durch formal-verfassungsmäßig garantierte Rechte wirkte jahrhundertelange Judenfeindschaft gemeinsam mit weiter bestehenden antijüdischen Stereotypen sowie die ebenso lange Tradition der Ausschließung der Juden von Staatsämtern einer tatsächlichen Gleichberechtigung entgegen. Der bürgerliche Rechtsstaat Preußen, der zwar seit 1848 eine Verfassung, aber damit noch lange keine parlamentarische Demokratie kannte, statt dessen monarchistisch geprägt war und noch feudale Elemente aufwies, hatte erhebliche Demokratiedefizite. Aus dem vom Bürgertum angestrebten nationaldemokratischen Verfassungsstaat war 1871 ein national-monarchischer Obrigkeitsstaat geworden, dessen Ministerialbürokratie Züge einer politischen Kaste zeigte (E. Kehr).

Im Kern der diskriminierenden Personalpolitik der preußischen Justizverwaltung ging es darum, jüdische Bewerber bei Anstellung oder Beförderung beruflich beziehungsweise sozial und ökonomisch zu benachteiligen, um exklusive Standesrechte zu erhalten und die Karriereinteressen der christlichen Juristen zu sichern. Je machtnäher die Sphären wurden, in denen preußische Beamte tätig waren, desto konsequenter funktionierten staatliche formelle und informelle Ausschließungspraktiken gegenüber politisch oder religiös mißliebigen Bewerbern. Juden wurden von jenen exekutiven, militärischen und Verwaltungsfunktionen ausgeschlossen, die in der hierarchischen Struktur des preußischen Obrigkeitsstaates das höchste soziale Prestige genossen. Durch diesen Ausschluß aus Positionen mit repräsentativem Charakter und hoher Entscheidungskompetenz blieben, ungeachtet der Erfolge der Judenemanzipation und der endgültig erreichten Gleichstellung durch das Bundesgesetz von 1869, auch nach der Reichsgründung bis zum Ende des Kaiserreichs die Berufsmöglichkeiten jüdischer Staatsdienstbewerber beschränkt.

Als Ausgrenzungsmittel zur Erhaltung der Exklusivität machtnaher Bereiche war das Glaubensbekenntnis sowohl für den Beginn als auch für die Reichweite einer Karriere im preußischen Staatsdienst von erheblicher Bedeutung; die religiöse Zugehörigkeit wäre nur dann für Einstellungen in staatliche Führungspositionen irrelevant gewesen, wenn es sich um einen rein säkularen Staat, unter der Voraussetzung der Unterordnung religiös-kirchlicher Interessen unter das allgemeine öffentliche Wohl und der Einklagbarkeit aller Verfassungsbestimmungen, gehandelt hätte. Der preußische Staat war jedoch bis zum Ende der Monarchie vielmehr durch eine starke Überlagerung und Verzahnung des Religiösen und Säkularen gekennzeichnet, in dem die evangelische Kirche eine angesehene und etablierte Größe darstellte; die protestantische „Staatskonfession" und die als „privilegierte" Religionsgemeinschaft geltende katholische Kirche wurden staatlich subventioniert. Die Verbindung von Staat und Kirche, von „Thron und Altar" war trotz aller Auflockerungen durch Konstitutionalismus und Liberalismus eng geblieben und sicherte wesentlich den fortbestehenden hohen Stellenwert der Religion im öffentlichen Leben, der dazu beitrug, die Gleichbehandlung der Juden und ihren gesellschaftlichen Status zu untergraben. Keiner Konfession oder der „falschen" anzugehören, war in den meisten deutschen Staaten sozial von Nachteil und kaum karrierefördernd. Solange die Trennung von Staat und Kirche in Preußen nicht konsequent durchgeführt war, bestand der Staat auf der unbedingten Vorzugsstellung des Christentums gegenüber dem Judentum. Die christlich-religiöse Erziehung beziehungsweise Haltung galt nach wie vor als Garant für Staatstreue und bürgerliche Zuverlässigkeit.[1]

Die traditionellen konservativen Eliten konnten, um ihr Herrschaftsprivileg im Staat zu erhalten und die Ausgrenzung jüdischer Bewerber zu rechtfertigen, großenteils auf alte Argumente und traditionelle antijüdische Einstellungen zurückgreifen. Dazu gehörte die Ablehnung jüdischer Staatsdienstbewerber mit der Begründung moralischer Inferiorität und der daraus gefolgerten politischen Unzuverlässigkeit. Das jahrhundertealte Vorurteil einer moralisch-ethischen Unterlegenheit der Juden war mit der fortschreitenden Emanzipation und Integration der Juden in Staat und Gesellschaft geschwächt, aber nicht völlig getilgt worden. Sie erschienen den Staatsbehörden als höhere Beamte auch deshalb besonders suspekt, da ihnen nicht nur eine „doppelte Loyalität" unterstellt wurde, sondern auch – durch die enge Verbindung der Emanzipation der Juden mit der Entwicklung des Liberalismus und der modernen bürgerlichen Gesellschaft – eine besondere Nähe zu liberalem oder demokratischem Gedankengut.

Der in der Doktrin des „christlichen Staates" nach den preußischen Befreiungskriegen ideologisch betonte religiöse Gegensatz von Juden und Christen strahlte auf den säkularen Bereich aus. Nicht-Christen wurde von vornherein ein zweitrangiger Status in der Gesellschaft zugeordnet. Ein Überlegenheitsgefühl und umfassendes

[1] Vgl. U. Tal, *Christians and Jews in Germany...*, S. 291 f.; Jacob Katz, *Judenemanzipation und soziale Folgen*, in: ders., *Zur Assimilation und Emanzipation der Juden*, Darmstadt 1982, S. 191 ff.; ferner Werner Weber, *Das kirchenpolitische System der Weimarer Reichsverfassung im Rückblick*, in: *Gesellschaft, Recht und Politik*, Neuwied-Berlin 1986, S. 381–397.

Mißtrauen der christlichen Mehrheit gegenüber Juden blieb bestehen. Ihnen wurde mit der moralischen Qualifikation zugleich die Fähigkeit zur Bekleidung „autoritativer" („richterlicher, polizeilicher oder exekutiver") Positionen schlechthin abgesprochen, da sie wegen ihrer Religion nicht die Voraussetzungen und die Gewähr hundertprozentiger politisch-nationaler Zuverlässigkeit für einen preußischen Beamten bieten würden. Die präemanzipatorische Vorstellung, daß die Juden eine „abgesonderte" Gruppe oder „Nation" seien, lieferte auch noch nach ihrer Aufnahme in den preußischen Staat und in allgemein geltendes Recht die Begründung für eine befürchtete „Herrschaft der Juden über die Christen", ein Topos, der vom modernen Antisemitismus in säkularisierter Form weiter benutzt wurde, insbesondere auch hinsichtlich jüdischer Justizbeamten.

Überall da, wo „obrigkeitliche Gesinnung" aufrechterhalten werden sollte, indem der Staatsbeamte die seiner Stellung angemessene Würde vertritt und auf diese Weise das Ansehen des Staates fördert, befürchtete man einen Autoritätsverlust des Amtes durch jüdische Amtsträger oder gab dies zumindest vor. Gern berief man sich zur Unterstützung dieser Argumente gegen die Vergabe von Staatsämtern an Juden auf die „Interessen der (christlichen) Bevölkerung", die einen jüdischen Beamten beziehungsweise Vorgesetzten nicht anerkennen würden. Mit der generell in Zweifel gezogenen Fähigkeit der Juden zu Autorität und dem Argument, daß demzufolge die Amtstätigkeit durch jüdische Beamte beeinträchtigt sei, blokkierte die preußische Regierung eine Zulassung jüdischer Staatsdienstbewerber insbesondere zu zentralen Bereichen des Staatsapparates.

Als „Vorleistung" für den Zugang zu Staatsämtern erwartete der Staat die Taufe. Der Übertritt zum Christentum, als Nachweis für eine völlige Eingliederung in die „nationale Kulturgemeinschaft" gefordert, wurde geradezu Bedingung für die Aufnahme oder ein berufliches Fortkommen im höheren Staatsdienst. Insbesondere im Justizdienst, in dem sich nach der Reichsgründung – im Gegensatz zu den meisten anderen Ressorts – einerseits zumindest die Chance eines sozialen Aufstiegs im höheren Staatsdienst auch für jüdische Bewerber bot, andererseits der Zugang zu höheren Rängen der Justizverwaltung und zum akademischen Lehramt ohne Taufe fast unmöglich war, entstand ein „Taufdruck". In der Justizverwaltung setzte man auf die Taufe jüdischer Bewerber – wenn sie mit betontem Konformismus des Anwärters auch in anderen Bereichen zusammenging – eine

„Beförderungsprämie". Vor allem für den Zugang zu Schlüsselpositionen in der Justizverwaltung, Funktionen, die in der hierarchischen Struktur des preußisch-deutschen Obrigkeitsstaates am höchsten bewertet wurden, blieb die Taufe für jüdische Anwärter bis zum Ende der Monarchie unumgängliche Voraussetzung. Getaufte Juden erlangten schneller Zugang zu administrativen Positionen, erhielten Ordinariate und wurden im Justizwesen häufiger befördert. Man kann Pulzer folgen, wenn er den beruflichen Erfolg „getaufter Juden" als „the most spectacular evidence of the premium on conformity" ansieht.[2]

Die Tatsache, daß hohe Posten in Regierung und Verwaltung nicht nur als Stellungen mit hoher beruflicher Qualifikation besetzt, sondern auch als Symbole des „Nationalgeistes" angesehen wurden, hatte Eduard von Hartmann (1885) unter antisemitischer Stoßrichtung aufgegriffen, als er behauptete, Juden seien für „Vertrauensstellungen im nationalen Leben", das heißt Staatsämter, erst würdig, wenn sie sich innerlich vom Judentum losgesagt und mit ihrem „Stammesgefühl" gebrochen hätten. Hartmann beschreibt damit ein „Unterwerfungsritual", mit dem man sich als zur „guten Gesellschaft" zugehörig legitimieren konnte. Der Schritt der formellen Lossagung vom Judentum schien den staatlichen Behörden allein durch die Taufe nachweisbar. Diese demonstrative Unterordnung des Individuums unter die „christliche" Gemeinschaft konnte dann als bestimmt durch den Respekt vor der christlich-deutschen Tradition und das Bemühen um ihre Konservierung durch den Gehorsam vor der „gottgewollten" Obrigkeit interpretiert werden. Der Glaubenswechsel jüdischer Anwärter auf staatliche Ämter als „Beitrag, den die staatlichen Organe zur Herbeiführung einer größeren Uniformität leisteten" (E. Hamburger),[3] mußte deshalb auch weniger mit wahrer Gläubigkeit zu tun haben als vielmehr mit dem Vollzug eines Gebotes der Staatsräson durch einen formal-demonstrativen Bruch mit der jüdischen Tradition aus sozialen Gründen.

Die Beibehaltung „christlicher Werte" als Symbol staatsbürgerlicher Zuverlässigkeit und das Bestehen auf „Gesetz und Ordnung" zwecks Erhalt der traditionellen politischen und sozialen Strukturen und der staatlichen Autorität hielt die konservative Staatsführung jedoch auch von einer Verwaltungspraxis nach rassistischen Gesichtspunkten ab. Die Vorurteile, die jüdischen Akademikern in den Staatsbehörden

[2] P. Pulzer, *Religion and Judicial Appointments...*, in: *LBI-YB*, XXVIII (1983), S. 201.
[3] E. Hamburger, *Juden im öffentlichen Leben...*, S. 98.

einen beruflichen Aufstieg erschwerten, beruhten überwiegend auf traditionellen antijüdischen Einstellungen der preußischen konservativen Elite. Eine Ablehnung von Juden in höheren Positionen des Staatsdienstes in Regierungskreisen und eine Abneigung gegen mögliche jüdische Vorgesetzte mußte nicht in einen manifesten Antisemitismus moderner Prägung münden. Bei der Anstellungspolitik der preußischen Behörden blieb das religiöse Bekenntnis ausschlaggebend. Gerade in der Justizverwaltung fand sich eine relativ große Zahl getaufter, ehemals jüdischer Juristen in höheren Rängen des Staatsdienstes und an den juristischen Fakultäten.

Die staatlich-administrative restriktive Anstellungspraxis bestand auch in der Justizverwaltung. Dennoch blieb der Justizdienst als Träger eines insgesamt gesellschaftlich weniger hoch bewerteten Beamtenreservoirs eine der wenigen realen Möglichkeiten für jüdische Staatsdienstanwärter, eine Berufskarriere einzuschlagen. Der Justizdienst wurde damit zu einem Bereich, in dem sich jüdischen Staatsdienstbewerbern die vergleichsweise größten Chancen für eine höhere Beamtenlaufbahn im preußischen Staat boten. Die Rechtsanwaltschaft erlangte nach ihrer Freigabe besonders für jüdische Anwärter einen beachtlichen Stellenwert innerhalb der juristischen Berufe. In der Geschichte der jüdischen Juristen treten damit die Ambivalenzen von fortschreitender Integration und fortdauernder Diskriminierung, von sozialem Aufstieg und den Grenzen des Erfolgs besonders deutlich hervor.

In der preußischen Verwaltungshierarchie wurden richterliche Beamte als weniger „elitär" angesehen als Verwaltungsbeamte oder Militärangehörige. Richterämter galten deshalb als erstrebenswerte Posten für Angehörige des mittleren Bürgertums, weniger für die Aristokratie. Damit war die Justiz von allen Sphären im Staatsdienst diejenige, in welcher den Juden noch die wenigsten Vorbehalte zur Anstellung entgegengesetzt wurden, so daß sich der Justizbereich in dieser Hinsicht als vergleichsweise liberal darstellte.

Aufstiegschancen boten sich jedoch auch hier nur bedingt. Die Justizverwaltung strebte eine Verengung des Zugangs von jüdischen Bewerbern zu höheren Ämtern an, mit der ohne offensichtlichen Verfassungsbruch gesellschaftliche Spitzenpositionen für die Söhne der oberen Gesellschaftsschichten reserviert blieben. Eine Exklusivität, wie sie hinsichtlich des Ausschlusses von Juden und (klein-)bürgerlichen Bewerbern in der allgemeinen Staatsverwaltung und dem diplomatischen Korps praktiziert wurde, war für den Justizbereich allerdings nicht mehr realisierbar.

Bis zum Vorabend der Reichsgründung gab es – ungeachtet der durch das Edikt von 1812 eingeleiteten und durch die Verfassungen von 1848 und 1850 bestätigten rechtlichen Gleichstellung – in der preußischen Justiz scharfe Berufsbeschränkungen für jüdische Bewerber. Bis 1848 waren sie selbst vom Vorbereitungsdienst ausgeschlossen worden. Zur Advokatur beziehungsweise dem Justizkommissariat wurden Juden nach 1848 nur vereinzelt zugelassen. Erst seit den 1860er Jahren erlangten noch einige weitere jüdische Assessoren das Rechtsanwaltspatent. Nur zwei jüdischen Juristen gelang es, vor der Reichseinigung an einer preußischen Universität eine Privatdozentur zu bekommen. Bis 1869 verschlossen ihnen diskriminierende Ministerialreskripte das Richteramt und zeitweilig sogar erneut die praktische Ausbildung.

Seit der Vollendung der formalrechtlichen Emanzipation der Juden mit dem Gesetz vom 3. Juli 1869 versuchte man in der preußischen Staatsverwaltung erfolgreich, die berufliche Laufbahn jüdischer Akademiker durch eine „stillschweigende Übereinkunft" auf informellem Wege zu be- oder verhindern, solange nicht der Übertritt zum Christentum vollzogen wurde. War dieser Schritt getan, traten in der Personalpolitik die anderen Bedingungen und Merkmale hinzu, die nach behördlich-staatlichem Ermessen einen Bewerber für den Staatsdienst auszeichnen sollten, insbesondere eine großbürgerliche oder adlige Herkunft, eine konservative politische Haltung und das Reserveoffizierspatent. Waren all diese Hürden genommen, stiegen die Chancen auf einen sozialen Aufstieg als preußischer Beamter erheblich.[4]

[4] Daß die politische Diskriminierung über die Form religiöser Diskriminierung hinausging, wurde bereits angemerkt, vgl. dazu die Ausführungen im Vierten Kapitel, S. 272–282, insbesondere die Anmerkung P. Pulzers (Anm. 129). E. Hamburger formuliert ähnlich: „Innerhalb der hierarchischen militärisch-administrativen Struktur ergaben sich zahlreiche Privilegierungen und Diskriminierungen. Das Junkertum wurde gegenüber dem Bürgertum bevorzugt, Mitglieder feudaler Studentenverbindungen gegenüber Studenten ohne gesellschaftliche Stütze, die Anhänger rechtsstehender Parteien gegenüber Liberalen und in Norddeutschland die Evangelischen gegenüber den Katholiken. Sozialdemokraten und Mitglieder nationaler Minderheiten wie Polen und Dänen, auch Elsässer und Lothringer waren vom Zugang zu Reichs- und Staatsämtern ausgeschlossen und wurden in Kommunalämtern nicht bestätigt. Dem Nachwuchs aus der Arbeiterklasse war, ganz abgesehen von der politischen Haltung des Einzelnen, aus wirtschaftlichen Gründen der Aufstieg in das Offizierskorps und in die höhere Beamtenlaufbahn unmöglich" (E. Hamburger, *Juden im öffentlichen Leben*..., S. 5 f.).

Anders als in der inneren Staatsverwaltung war Juden seit 1870 praktisch der Zugang zur beamteten Justizlaufbahn in Preußen eröffnet worden. Seitdem waren sie in den unteren Rängen des höheren Dienstes, als Amts- und Landrichter, in verhältnismäßig großer Zahl tätig. In den 1890er Jahren, in denen der Antisemitismus als „kultureller Code" prägend für eine Gesellschaft geworden war, die sich durch einen zunehmenden militanten Nationalismus und Antiliberalismus auszeichnete, und als die „Refeudalisierung" der preußischen Beamtenschaft auch in der Justiz ihre Auswirkungen zeigte, verstärkten sich auch hier die Zurücksetzungen. Es ist bezeichnend für die Situation jüdischer Beamtenanwärter, daß sich der Justizminister noch im Jahre 1891 in einem Bericht an das königliche Kabinett „trotz aller Bedenken" betont grundsätzlich für die Zulassung jüdischer Assessoren zu Richtern aussprechen muß.

Die Berufslaufbahn jüdischer Juristen nach der Reichsgründung weist eine Reihe charakteristischer, durch die Mechanismen der Diskriminierung jüdischer Staatsdienstbewerber geprägter Merkmale auf:

1. Jüdische Gerichtsassessoren mußten oft ein höheres Dienstalter nachweisen als ihre christlichen Kollegen, um bei der Berufung in ein Richteramt berücksichtigt zu werden. Die durchschnittliche Dienstzeit jüdischer Assessoren war dadurch oft nicht nur länger, sondern wurde auch in deutlich geringerem Maße mit besoldeten Aushilfstätigkeiten bedacht, die dem Assessor ein wenigstens geringes finanzielles Einkommen ermöglichten.
2. In den niedrigeren Rängen, vor allem als Richter an den unteren Instanzen der Gerichte, waren die Möglichkeiten für Juden vergleichsweise schlechter als für gleich befähigte nichtjüdische Bewerber, aber insgesamt passabel; die jüdischen Richter verblieben jedoch auch im Verlauf ihres Berufslebens in der Regel in dieser Beamtenkategorie. Bei Beförderungen in höhere Positionen innerhalb der Justizverwaltung wurden sie regelmäßig übergangen. Angesichts der diskriminierenden Anstellungs- und Beförderungspraxis, die auf eine völlige Blockierung jeglicher Beförderungen hinauslief, war es fast unmöglich, in höhere Ränge des juristischen Staatsdienstes zu gelangen. Selbst Empfehlungen liberal gesinnter Vorgesetzter und herausragende Verdienste waren hier von geringem Nutzen. Die Avancementssperre für jüdische Richter wurde, bis auf drei Ausnahmen, erst nach 1905 aufgehoben.

3. Offenkundige Zurücksetzungen fanden in Preußen auch gegenüber jüdischen Anwälten hinsichtlich der staatlichen Verleihung des (einträglichen und ehrenvollen) Notariats statt, das ihnen vergleichsweise wesentlich seltener übertragen wurde als christlichen Anwälten.
4. Die systematische Diskriminierung von Juden in der preußischen Justizverwaltung endete mit dem Ausscheiden des reaktionären Ministers Karl Heinrich von Schönstedt. Seit 1906/07 ist hinsichtlich der Richterernennung und -beförderung sowie der Verleihung des Notariats eine „Wende zum Besseren" festzustellen. Das Ende der systematischen Benachteiligungen im Justizbereich (ohne daß eine akribische ministerielle Kontrolle über individuelle Anstellungen von Juden aufhörte) konstatierten zu diesem Zeitpunkt auch mehrere jüdische Zeitgenossen.
5. In die (nichtrichterliche) Staatsanwaltschaft, die als wichtige Station politischer und sozialer Bewährung für staatliche Schlüsselstellungen in der Ministerialbürokratie galt, gelangten Juden in Preußen vor 1918 jedoch niemals, ebensowenig wie sie als Richter in die sogenannten „Dirigentenstellen", befördert wurden. Die obersten Positionen in der preußischen Justizverwaltung, die außer der richterlichen zugleich eine Verwaltungsfunktion und damit erweiterte „obrigkeitliche" Funktionen staatlicher Herrschaftsausübung einschlossen (wie Direktor des Oberlandesgerichts, Landgerichtspräsident, Senatspräsident) blieben für jüdische Juristen bis zum Ende der wilhelminischen Ära tabu.
6. Die beruflichen Möglichkeiten jüdischer Universitätsabsolventen blieben auch außerhalb des Justizdienstes und der Rechtsanwaltschaft eingeschränkt. Die Verleihung eines Ordinariats an einen jüdischen Hochschullehrer gehörte an den juristischen Fakultäten Preußens ebenfalls weiter zu den Seltenheiten.
7. Das Bestreben, ein hohes gesellschaftliches Standesbewußtsein und den quasi-aristokratischen Kastengeist der Verwaltungsbeamtenschaft zu erhalten, ließ zudem eine Übernahme jüdischer Justizaspiranten ins Regierungsreferendariat beziehungsweise in die höhere Verwaltungslaufbahn nach der Assessorprüfung unmöglich erscheinen. Da ihnen der Eintritt in den höheren Verwaltungsdienst bis zum Ende des Kaiserreichs mit wenigen Ausnahmen generell verwehrt wurde, verblieben jüdische Beamtenanwärter größtenteils in der Justiz. Für die innere Ver-

waltung und die Heeresverwaltung waren Fortschritte in Richtung einer Aufhebung der jüdische Bewerber ausschließenden Ämterbesetzung generell nicht zu erkennen. Insbesondere die Verweigerung des Reserveoffizierspatents – als Inbegriff, „ganz dazu zugehören" – seit 1886 war für jüdische Akademiker hinsichtlich ihrer gesellschaftlichen Stellung und ihrer beruflichen Chancen von Nachteil und wurde als besonders schmerzliche Diskriminierung empfunden.

8. Die Orientierung jüdischer Akademiker auf die „freien" Berufe, in der berufliche Unabhängigkeit sowie Chancen auf Ansehen, Einkommen und berufliche Entfaltung größer waren, wurde durch die im öffentlichen Dienst fortbestehenden informellen Zurücksetzungs- und Ausschließungspraktiken gefördert oder erst hervorgebracht. Sie führte insbesondere in der Rechtsanwaltschaft zu einer beträchtlichen jüdischen Präsenz, nachdem die Einführung der freien Advokatur im Deutschen Reich 1878/79 die Verleihung des Rechtsanwaltspatents von administrativer Willkür und „Taufdruck" unabhängig gemacht hatte. Während es der Ehre der Familien der nichtjüdischen Oberschicht entsprach, daß ihre Söhne trotz der angespannten Lage auf dem akademischen juristischen Arbeitsmarkt und des langwierigen Vorbereitungsdienstes auch weiterhin eine angemessene Versorgung und gesellschaftliche Anerkennung im Staatsdienst suchten, wandten sich jüdische Studenten verstärkt dem Berufsziel des Rechtsanwalts zu, bei dem die Erschwernisse einer Staatsanstellung fortfielen. Insbesondere von den religiös Orientierten unter ihnen wurde der freie Beruf bevorzugt. Diejenigen Justizaspiranten kleinbürgerlicher Herkunft, die keine finanziellen Mittel für einen jahrelangen unbesoldeten Justizdienst hatten, wählten von vornherein die Anwaltslaufbahn, um der kostspieligen und immer länger währenden Zeit des Assessorentums zu entgehen und mit dem „Brotberuf" relativ rasch ihren Lebensunterhalt zu verdienen. Neben administrativer Diskriminierung bestärkte der wachsende Antisemitismus an den Universitäten und unter den Beamten die Entscheidung jüdischer Juristen für die Advokatur. Mit der Chance, einen „freien" Beruf zu ergreifen, wurde der Anwaltsberuf zur „klassischen Juristenprofession" (T. Krach) für die jüdische Bevölkerung Preußens. Die Mehrzahl der jüdischen Juristen war seit den 1880er Jahren im Anwaltsberuf tätig und machte mit ca. 23% (1895) bis ca. 27%

(1904) einen beträchtlichen Anteil innerhalb der gesamten Berufgruppe aus. Diese Entwicklung gestaltete sich als ein dynamischer Prozeß, in dem Zwang und Freiwilligkeit ineinandergriffen.

Eine Interpretation der in der vorliegenden Arbeit publizierten statistischen Quellen ist ohne ausreichende Vergleichs- und Bezugsdaten nur begrenzt möglich. So lassen die zur Verfügung stehenden Daten keine genauen Aussagen über das proportionale Verhältnis von Assessoren, die eine Richterlaufbahn anstrebten, und Assessoren, die sich für die Rechtsanwaltschaft entschieden, zu. Ebenso ist es nicht möglich, aus den vorhandenen Zahlenangaben Rückschlüsse darauf zu ziehen, in welchem Maße jüdische Assessoren bei der Berufung zu Richterämtern nach der jeweils üblichen Frist übergangen wurden. Es ist damit heute schwer zu ermitteln, ob die Mehrheit der jüdischen Justizaspiranten von vornherein den freien Beruf der Rechtsanwaltschaft dem Richteramt vorzog oder in welchem Grade sie sich durch den „gesellschaftlichen Boykott" oder die judenfeindliche Atmosphäre in der Staats- beziehungsweise Justizverwaltung zu dieser Berufswahl gezwungen sah.

Schließlich ist – ähnlich wie bei Angehörigen der politischen Opposition – im konkreten Einzelfall der Nachweis schwer zu erbringen, ob die Nichtzulassung zu einem höheren Amt aus religiösen, politischen oder anderen Gründen erfolgte. Daß antijüdische Vorurteile und antisemitische Einstellungen hierbei eine Rolle spielten, liegt auf der Hand, entzieht sich aber oftmals einer eindeutigen Dokumentation. Obgleich es im preußischen Justizvorbereitungsdienst eine gewisse Anwartschaft auf Beförderung in die nächsthöhere Ausbildungsstufe wenigstens bis zum Richteramt gab, bestand natürlich kein justitiables Anrecht auf Anstellung als preußischer Beamter – weder für Juden noch für Christen. Das im preußischen Staatsverständnis unangreifbare „Anstellungsrecht der Krone" konnte damit von Regierungsbeamten als unverfänglicher Vorwand für administrative Willkür vorgebracht werden. Die besondere Eignung für eine Anstellung oder Beförderung festzustellen, war zum großen Teil eine Interpretationssache, die durch Protektion ergänzt wurde (Inwieweit der breite Spielraum der Examinations-Willkür außerdem dazu beitrug, jüdische Aspiranten bereits im Vorbereitungsdienst zu reduzieren, läßt sich ebenfalls nur schwer nachweisen.).

Ungeachtet dieser methodischen Schwierigkeiten der Untersuchung kann als Gesamtergebnis jedoch eindeutig festgestellt werden, daß jüdische Akademiker einem doppelten Anpassungsdruck Rechnung trugen, als sie sich – da hier generell Aussichten auf eine berufliche Laufbahn bestanden – der Justiz zuwandten und innerhalb der Justizberufe in der Rechtsanwaltschaft konzentrierten. Eine weiterhin von der „Norm“ und ihrem Anteil an der Gesamtbevölkerung proportional abweichende spezifische soziale und berufliche Stellung der Juden wurde damit im Justizbereich zu einer konkret faßbaren Tatsache. Durch diesen Umstand und dadurch, daß sich die Mehrzahl der jüdischen Rechtsanwälte in größeren Städten ansiedelte, wurde diese Berufsgruppe besonders sichtbar und von Antisemiten bevorzugt als Beweis für die „Verjudung“ der Justiz verwendet.

Die seit dem Aufkommen des modernen Antisemitismus auch gegen jüdische Justizaspiranten, Richter und Rechtsanwälte gerichtete antisemitische Agitation, die 1878 mit einem Artikel in der *Schlesischen Volkszeitung* („Der jüdische Referendarius“) eingeleitet wurde, schürte judenfeindliche Stimmungen besonders in Universitäts- und Beamtenkreisen. Wie durch zahlreiche Quellen belegt werden konnte, wurde das „Eindringen der Juden in die Justiz“ zu einer festen verbalen demagogischen Größe innerhalb der antisemitischen Agitation der folgenden Jahrzehnte. Mit dieser Diffamierung jüdischer Juristen sprach man diesen in stereotyper Weise Berufsethos und -befähigung ab. Jüdischen Rechtsanwälten ordnete man als „Gewerbetreibenden“ alle bekannten antisemitischen Attribute des „jüdischen Wesens“ zu, um Person und Berufsausübung zu diskreditieren, während man jüdischen Richtern die Unfähigkeit unterstellte, „christlich-germanisches“ beziehungsweise „deutsches“ Recht anwenden zu können. Die in den 1850er/60er Jahren in Regierung und Landtag diskutierte Frage der (christlichen) Eidesleistung vor einem jüdischen Richter wurde von den Antisemiten weiter als Scheinargument gegen Juden in Richterämtern benutzt.

Im Gegensatz zur staatlichen Diskriminierung, die in der Regel bei der Taufe jüdischer Bewerber endete, bestritten die parteipolitischen Antisemiten grundsätzlich jede Möglichkeit der Integration der Juden und forderten eine Rückgängigmachung der Emanzipation sowie einen gesetzlichen Ausschluß von Juden aus allen Staatsämtern, insbesondere aus dem Lehrer- und Richteramt, auf der Grundlage rassistischer Prinzipien. Sie konnten ihren Einfluß nicht bis in die Legislative geltend machen; jedoch reichte der Antisemitismus weit in die (Justiz-)Beamtenschaft hinein.

Während die Staatspolitik vorrangig die Wahrung staatlicher Autorität und Ordnung im Auge hatte und antisemitische Aktionen nicht (direkt) förderte, konnten die Antisemiten seit den 1880er/90er Jahren auf eine insgeheime oder offene Zustimmung zahlreicher Beamter in den Ortsbehörden zählen. Die zentrale Administration, ihrerseits nicht frei von judenfeindlichen Vorbehalten, tat sich zudem schwer, antisemitischen Neigungen hoher Provinzialbeamter Widerstand entgegenzusetzen und verhielt sich vorzugsweise passiv gegenüber der antisemitischen Propaganda. Wie nachgewiesen wurde, stellten sich dadurch und durch antisemitische Haltungen und Äußerungen einzelner höherer Justizbeamter Berührungspunkte zwischen staatlicher Personalpolitik und Antisemitismus her. Nur wenn durch judenfeindliche Aktivitäten die Autorität der Staatsgewalt an sich gefährdet war, griff man zu unterbindenden Maßnahmen. Die Autorität des Amtes – eine Säule, auf der die preußische Bürokratie in starkem Maße ruhte – konnte nur gewahrt werden, wenn auch die Amtsträger diese verkörperten. Jüdischen Justizbeamten, die sich einmal im öffentlichen Dienst befanden, hatte deshalb nach staatlichen Vorstellungen der gleiche Respekt entgegengebracht zu werden wie ihren christlichen Kollegen. Die Wirkung der antisemitischen Hetze erreichte die Justiz damit nur indirekt, weil sie durch die Handlungsimperative der Bürokratie gebrochen wurde. Die obrigkeitsstaatlichen Machtstrukturen zu erhalten, war oberstes Prinzip der Regierung.

Die Situation im preußischen Justizwesen war durch allgemeine Mißstände belastet, die unter anderem durch ein Überangebot von juristischem Nachwuchs hervorgerufen worden waren. Seit den 1880er Jahren kann von einer Krise auf dem juristischen Arbeitsmarkt durch „Überfüllung“ gesprochen werden. Die von der antisemitischen Propaganda behauptete kausale Verbindung zwischen dem gesunkenen „Ansehen“ der Justiz und den in ihr relativ zahlreich vertretenden Juden wurde dabei von den Provinzial-Gerichtsbehörden oft als Tatsache behandelt.

Daß jüdische Justizbewerber ein „unbequemes Element“ bilden würden, mit dem man – je nach persönlicher politischer Neigung oder Sentiment – wohl oder übel umgehen müsse, war seit den 1890er Jahren wohl der kleinste gemeinsame Nenner für die Anschauungen höherer Justizbeamter zu dieser Problematik. Feste Bezugspunkte für diese Haltung waren der konservative Geist in der Justizverwaltung und die den jungen Aspiranten im Vorbereitungsdienst bedrohlich erscheinende mögliche Konkurrenz jüdischer Kollegen, zusammen mit dem wachsenden gesellschaftlichen Antisemitismus, der besonders den akademischen Bereich erfaßt hatte. Träger des Antisemitismus im Justizdienst wurden dadurch vor allem die Referendare.

In den 1890er Jahren entstand der Begriff des „Referendariats-Antisemitismus". Dieser trat als prägende Variante antisemitischen Verhaltens innerhalb des Justizsektors auf. Die Dominanz des „Referendariats-Antisemitismus" und seine Schärfe ergaben sich vermutlich vornehmlich aus der unsicheren sozialen Stellung der Justizaspiranten der ersten Ausbildungsstufe. Die zur gleichen Zeit drohende Abwertung des gesellschaftlichen Stellenwertes von „Bildung" wurde als Krise empfunden – Studenten und noch am Anfang eines antizipierten sozialen Aufstiegs Stehende im Justizvorbereitungsdienst reagierten darauf am empfindlichsten. Zum einen erschienen die (in den 1890er Jahren mit einem Anteil von 9 bis 10% aller Referendare vertretenen) jüdischen Referendare auf dieser Ebene am stärksten als Konkurrenz, zum anderen war diese Generation christlicher Referendare durch ihre nicht lange zurückliegende Studentenzeit oftmals antisemitisch „geschult".

Für andere Justizbeamte dürften neu auflebende antijüdische Ressentiments aus einem Neid auf erworbenes Prestige oder aus Verteidigung des eigenen, absinkenden Prestiges gegen sozial aufstrebende Juristen jüdischen Glaubens und kleinbürgerlicher Herkunft sowie dem daraus erwachsenden Gefühl der Bedrohung der eigenen ökonomischen Lage hervorgerufen worden sein. Es klingt hier unüberhörbar die Furcht vor einem verstärkten Eindringen kleinbürgerlicher Elemente, deren erste Vertreter im akademischen Bereich großenteils Juden waren, in die gehüteten Kreise der höheren Beamtenschaft und damit die Angst vor einem Statusverlust an. Die Richter – ohnehin eher durch konservativ-autoritäre Ideale der Beamtenschaft als durch die Tradition demokratischer Liberalität geprägt – reagierten damit auf die brüchig werdende Exklusivität des eigenen Berufsstandes und auf allgemeine Probleme in Justizverwaltung und Gesellschaft. Eine von den Antisemiten behauptete ständige Zunahme der Zahl jüdischer Richter war allerdings völlig aus der Luft gegriffen: Der Anteil der Juden an der preußischen Richterschaft hatte in den 1890er Jahren ca. 4,5% (etwa 177 Richter) erreicht und sank bis 1910 auf 4,0% (193). Im Jahre 1916 machte er nur noch 2,3% (186) aus.

Der in zeitgenössischen Debatten zum Thema häufig herangezogene Maßstab für den (vermeintlich zu regulierenden) Anteil jüdischer Juristen an der Berufsgruppe, der (geringe) Anteil der Juden an der Gesamtbevölkerung, war angesichts der großen Teilnahme der Juden an der höheren Bildung beziehungsweise der dementsprechend für den höheren Staatsdienst befähigten Anwärter fragwürdig. Jedoch auch die Bezugsgröße der zur Anstellung real zur Verfügung stehenden Bewerber geht, indem Paritäten geschaffen werden, letztlich am Postulat der Gleichheit vor dem Gesetz vorbei. Eigentlich (idealerweise) sollte die Emanzipation – unabhängig von den differierenden quantitativen Befunden – keinerlei Gruppenansprüche oder Gruppennormen, weder von jüdischer noch von nichtjüdischer Seite, implizieren, und demzufolge sollte eine Aufrechnung der konfessionellen Zugehörigkeit, vor allem im Vergleich zum Anteil einer Bevölkerungsgruppe an der Gesamtbevölkerung, nicht maßgebend sein.[5]

Da unter allen öffentlichen Positionen, die jüdische Bewerber im Staatsdienst anstrebten, diejenigen in der Justiz die größte Rolle spielten, waren die Zurücksetzungen im Justizdienst von allen staatlichen Zuwiderhandlungen gegen das Verfassungsprinzip der rechtlichen Gleichstellung deshalb auch jene, die Juden am wenigsten hinzunehmen bereit waren und am häufigsten beanstandeten.[6] Während sich vor der Reichsgründung fast alle Vertreter des bürgerlichen Liberalismus im Rahmen der Forderung nach einem konstitutionellen nationalen Rechtsstaat für die vollständige rechtliche Emanzipation der Juden eingesetzt hatten, waren nach dem innenpolitischen Kurswechsel im Bismarckstaat die linksliberalen Freisinnigen die einzigen bürgerlichen Parteien, die in Preußen für die vollen verfassungsmäßigen Rechte der Juden eintraten. Erst seit den 1890er Jahren entstanden als Reaktion auf den modernen Antisemitismus spezielle Interessenvertretungen für die Juden und mit dem Central-Verein Deutscher Staatsbürger jüdischen Glaubens eine jüdische Organisation, die sich aktiv darum bemühte, daß ihren Glaubensgenossen das von Gesetzgebung und Staatsverfassung rechtlich Gewährleistete nicht nur „im Prinzip“, sondern auch in der Wirklichkeit erreichbar werden sollte. Das Leitmotiv der Verteidigungsaktivitäten des Central-Vereins, in dessen Vorstand und Rechtsschutzkommission zahl-

[5] Vgl. Jacob Toury, *Die bangen Jahre (1889–91)*, in: Peter Freimark u. a. (Hrsg.), *Juden in Deutschland*, Hamburg 1991, S. 178.

[6] Vgl. P. Pulzer, *Religion and Judicial Appointments* ..., S. 185, bzw. ders., *The Jewish Question in Imperial Germany*, in: *LBI-YB*, XXV (1980), S. 142.

reiche jüdische Juristen tätig waren, war bis zum Ende der Monarchie durch ein kompromißloses Eintreten für die Prinzipien des Rechtsstaates gekennzeichnet.

Durch die Zurücksetzung in Staatsämtern, durch Behinderung des beruflichen Fortkommens – und damit auch Beschränkung von Einkommen und gesellschaftlichem Ansehen – wurde die volle berufliche Emanzipation jüdischer Akademiker verhindert und ihre soziale Integration erschwert. Ein gewisser Konsens in den Ministerien, Juden in höheren Staatsämtern abzulehnen, begünstigte im Kontext der allgemeinen politischen und wirtschaftlichen Lage antisemitische Vorurteilsstrukturen in der Gesellschaft und ermutigte auch nichtjüdische Juristenkollegen – sowieso nicht auf Konkurrenz erpicht – zu Geringschätzung oder antisemitischen Manifestationen.

Trotz beachtlicher Präsenz und der erfolgreichen Behauptung der Juden in den juristischen Berufen wurde bis zuletzt keine wirkliche „Normalität“ erreicht, selbst wenn sich die Herausbildung der Berufsgruppe der jüdischen Rechtsanwälte seit 1878 bis zur Weimarer Republik am ehesten als emanzipatorische „Erfolgsgeschichte“ schreiben ließe. Real errungene Positionen erschienen immer wieder als besondere Ereignisse oder Ausnahmen. Solange kein jüdischer Beamter für „würdig“ befunden wurde, höhere Stellen in der preußischen Bürokratie zu besetzen, solange jüdischen Juristen der Zugang zu den einflußreichen Verwaltungs-, Justiz- und Dozentenposten gesperrt oder nur unter der Bedingung der Taufe freigegeben war – als prinzipielle Entscheidung und offenkundig systematischer Ausschluß durch die oberste Staatsverwaltung –, blieben sie in Preußen Staatsbürger „zweiter Klasse“. Es war unmöglich, volles Vertrauen und Ansehen zu erringen, wenn sich ihnen die Möglichkeit einer ehrenvollen höheren Beamtenkarriere verschloß. Dies wurde nicht nur von den (relativ wenigen) unmittelbar Betroffenen als bitter empfunden, sondern wirkte sich auch auf den Status der Gesamtheit der preußischen Juden als gleichberechtigte Staatsbürger nachteilig aus. Für die meisten fiel die Verweigerung der höheren Positionen im Staatsdienst nach 1871 nicht unmittelbar ins Gewicht, da es in der Prosperität der beiden Jahrzehnte vor dem Ersten Weltkrieg genügend andere Berufsmöglichkeiten gab und nur ein verhältnismäßig geringer Teil der Juden solche Ämter (außerhalb des Universitätsbereichs) auch tatsächlich anstrebte. Die verbliebenen Restriktionen im Staatsdienst waren nur noch Restbestände der früheren Rechtsbeschränkungen für Juden. In den weiterbestehenden Berufsbeschränkungen für die mit besonders hohem Sozialprestige verbundenen Schlüsselstellungen im Staatsapparat mußten sie jedoch, gerade weil diese auch eine Symbolfunktion hatten, eine Bestätigung ihrer fortdauernden Minderberechtigung sehen. Mit der Zurücksetzung im Staatsdienst standen Rechte von grundsätzlicher Bedeutung auf dem Spiel, deren Verletzung zugleich eine Verfassungsverletzung durch die Regierung und damit ein Präjudiz für ein andauerndes Demokratiedefizit in der Gesellschaft war.

QUELLEN- UND LITERATURVERZEICHNIS

A) Ungedruckte Quellen

Geheimes Staatsarchiv Preußischer Kulturbesitz, Berlin
- Justizministerium – Rep. 84 a; 2.5.1.
- Innenministerium – Rep. 77
- Staatsministerium – Rep. 90
- Bestände Westpreußen, Reg. Marienwerder – Rep. 181
- Geheimes Zivilkabinett – 2.2.1.
- Kultusministerium – Rep. 76
- Haus der Abgeordneten – Rep. 169 C

Bundesarchiv Koblenz, Abteilungen Potsdam
- Reichsjustizministerium – 30.01.
- Reichsamt des Innern – 15.01.
- Reichskanzlei – 07.01.
- Reichskanzleramt – 14.01.
- Reichstag – 01.01.
- Bund der Landwirte – Pressearchiv, Bd. 1

Central Archives for the History of the Jewish People, Jerusalem
- Ismar Freund-Archiv – P 2
- Stern-Collection – P 17
- Verband der Deutschen Juden – M 21

Landesarchiv Berlin
- Magistrat zu Berlin, Bürgerrechtsabteilung – Rep. 01

Archiv der Humboldt-Universität zu Berlin
- Professoren der juristischen Fakultät der Friedrich-Wilhelms-Universität, Nr. 493–394, 497
- Personalakte J. F. Behrend; Dr. Goldschmidt; Dr. Rubo: Nr. 127; 141; 248

Landeshauptarchiv Koblenz
- Oberpräsident der Rheinprovinz – Best. 403

B) Literaturverzeichnis (einschließlich ausgewählter Zeitungen, Bibliographien, Nachschlagewerke)

Adreß-Kalender für die königlichen Haupt- und Residenzstädte Berlin und Potsdam, Berlin 1847 ff.

Ahlwardt, Hermann, *Der Verzweiflungskampf der arischen Völker mit dem Judentum,* Berlin 1890; Teil 2: *Der Eid eines Juden,* Berlin 1892; Teil 3: *Jüdische Taktiken,* Berlin 1892.

Allgemeine Gerichtsordnung für die Preußischen Staaten (gegeben am 6. Juli 1793), 2 Bde., Berlin 1795.

Allgemeine Zeitung des Judentums, Leipzig-Berlin, 1837 ff.

Angermund, Ralph, *Deutsche Richterschaft 1919–1945,* Frankfurt/M. 1990.

Angress, Werner T., *Prussia's Army and the Jewish Reserve Officer Controversy before World War I,* in: *LBI-YB,* XVII (1972), S. 19–42.

Der Anteil der Juden am Unterrichtswesen in Preußen. Veröffentlichung des Bureaus für Statistik der Juden, Berlin 1905.

Antisemitische Correspondenz, hrsg. von Theodor Fritsch, Leipzig, 1885, 1887.

Arnsberg, Paul, *Friedrich Julius Stahl (1802–1861). Notizen über einen Reaktionär,* in: *Jahrbuch des Instituts für Deutsche Geschichte Tel Aviv,* Tel Aviv 1977, S. 513–523.

Aschkewitz, Max, *Zur Geschichte der Juden in Westpreussen,* Marburg/Lahn 1967.

Der Assessorenparagraph und die Reform des preussischen Richtertums. Von einem deutschen Rechtslehrer, Greifswald 1896.

Auerbach, Leopold, *Das Judentum und seine Bekenner in Preußen und in den anderen deutschen Bundesländern,* Berlin 1890.

Bamberger, Ludwig, *Deutschtum und Judentum,* 2. Aufl., Leipzig 1880.

Baron, Salo W., *Die Judenfrage auf dem Wiener Kongreß,* Wien-Berlin 1920.

Barthold, Erich, *Die preußische Judenemanzipation und die öffentliche Meinung 1825–1845,* Phil. Diss., Münster 1924.

Bauer, Bruno, *Die Judenfrage,* Braunschweig 1843.

Bauer, Bruno, *Das Judentum in der Fremde* (Separatabdruck aus dem *Staats- und Gesellschafts-Lexikon,* Bd. 10 [1862], S. 614–671), Berlin 1863.

Baumgart, Peter (Hrsg.), *Expansion und Integration. Zur Eingliederung neugewonnener Gebiete in den preußischen Staat,* Köln-Wien 1984.

Becker, Hans-Jürgen, *Zur Geschichte der Kölner Rechtsanwaltschaft 1887–1987,* in: Oswald Bussenius u. a. (Hrsg.), *100 Jahre Kölner Anwaltsverein. Festschrift,* Köln 1987, S. 19–126.

Beer, Udo, *Die Juden, das Recht und die Republik. Verbandswesen und Rechtsschutz 1919–1933,* Frankfurt/M.-Bern-New York 1986.

Behnen, Michael, *Probleme des Frühantisemitismus in Deutschland 1815–1848,* in: *Blätter für deutsche Landesgeschichte,* 112 (1976), S. 244–279.

Bendix, Reinhard, *Von Berlin nach Berkeley. Deutsch-Jüdische Identitäten,* Frankfurt/M. 1985.

Benöhr, Hans-Peter, *Jüdische Rechtsgelehrte in der deutschen Rechtswissenschaft*, in: Karl E. Grözinger (Hrsg.), *Judentum im deutschen Sprachraum*, Frankfurt/M. 1991, S. 280–308.

Benz, Wolfgang, *Von der Entrechtung zur Verfolgung und Vernichtung. Jüdische Juristen unter dem nationalsozialistischen Regime*, in: Helmut Heinrichs u. a. (Hrsg.), *Deutsche Juristen jüdischer Herkunft*, München 1993, S. 813–852.

Bering, Dietz, *Der Name als Stigma. Antisemitismus im deutschen Alltag 1812–1933*, Stuttgart 1987.

Bering, Dietz, *Kampf um Namen. Bernhard Weiß gegen Joseph Goebbels*, Stuttgart 1991.

Berliner Revue. Social-politische Wochenschrift, Berlin, 1855 ff.

Bernstein, Aron, *Revolutions- und Reaktionsgeschichte*, Bd. 1–3, Berlin 1882.

Bernstein, Eduard, *Von 1850–1872. Kindheit und Jugendjahre*, Berlin 1926.

Birtsch, Günter, *Gemäßigter Liberalismus und Grundrechte. Zur Traditionsbestimmung des deutschen Liberalismus von 1848/49*, in: Wolfgang Schieder (Hrsg.), *Liberalismus in der Gesellschaft des Vormärz*, Göttingen 1983.

Bitter, Rudolf von (Hrsg.), *Handwörterbuch der preußischen Verwaltung*, 2 Bde., 3. Aufl., Berlin-Leipzig 1928.

Blasius, Dirk, *Der Kampf um die Geschworenengerichte im Vormärz*, in: Hans-Ulrich Wehler (Hrsg.), *Sozialgeschichte Heute. Festschrift für Hans Rosenberg zum 70. Geburtstag*, Göttingen 1974, S. 148–161.

Bleek, Wilhelm, *Von der Kameralausbildung zum Juristenprivileg*, Berlin 1972.

Bleich, Eduard (Hrsg.), *Der Erste Vereinigte Landtag für Berlin*, Teil 1–4, Berlin 1847.

Böckenförde, Ernst-Wolfgang, *Moderne deutsche Verfassungsgeschichte (1815–1918)*, Köln 1982.

Boehlich, Walter (Hrsg.), *Der Berliner Antisemitismusstreit*, Frankfurt/M. 1965.

Böhme, Helmut (Hrsg.), *Probleme der Reichsgründungszeit 1848–1879*, Köln-Berlin 1968.

Börner, Karl-Heinz, *Die Krise der preußischen Monarchie von 1858 bis 1862*, Berlin 1976.

Born, Karl Erich, *Von der Reichsgründung bis zum Ersten Weltkrieg*, München 1975.

Bornhak, Conrad, *Preußische Staats- und Rechtsgeschichte*, Berlin 1903.

Brammer, Annegret, *Judenpolitik und Judengesetzgebung in Preußen 1812 bis 1848*, Berlin 1987.

Brand, Theodor, *Die Judenfrage in Preußen*, Breslau 1842.

Brann, Marcus (Hrsg.), *David Honigmanns Aufzeichnungen aus seinen Studienjahren (1841/45)*, in: *JJGL*, Bd. 7 (1907), S. 133–188.

Braun, Johann, *Die „Lex Gans" – ein Kapitel aus der Geschichte der Judenemanzipation in Preußen*, in: *Zeitschrift der Savigny-Stiftung für Rechtsgeschichte. Germanistische Abteilung*, Bd. 102 (1985), S. 60–98.

Braun, Johann, *Eduard Gans (1797–1839). Ein homo politicus zwischen Hegel und Savigny*, in: Helmut Heinrichs u. a. (Hrsg.), *Deutsche Juristen jüdischer Herkunft*, München 1993, S. 45–58.

Breslauer, Bernhard, *Die Zurücksetzung der Juden im Justizdienst*. Denkschrift im Auftrage des Verbandes der deutschen Juden, Berlin 1907.

Breslauer, Bernhard, *Die Zurücksetzung der Juden an den Universitäten Deutschlands*. Denkschrift im Auftrage des Verbandes der Deutschen Juden, Berlin 1911.

Breslauer, Bernhard, *Die gesellschaftliche Stellung der Juden in Deutschland*, in: *IDR*, 12 (1906), S. 289–294.

Breslauer, Bernhard, *Zwei Berufe*, in: *Korrespondenz-Blatt des Verbandes der deutschen Juden*, Nr. 6 (1910), S. 1 ff.

Brilling, Bernhard, *Ein Kapitel aus dem Kampf der preußischen Juden um ihre Gleichberechtigung. Der Fall des Feldmessers und Bauführers Baruch Sutro in Münster (1853)*, in: *Theokratia* II, Leiden 1973, S. 273–306.

Brunner, Otto/Conze, Werner/Koselleck, Reinhart (Hrsg.), *Geschichtliche Grundbegriffe. Historisches Lexikon zur politisch-sozialen Sprache in Deutschland*, (bisher 7 Bde.), Stuttgart 1975 ff.

Burg, Meno, *Geschichte meines Dienstlebens*, 2. Aufl., Leipzig 1916.

Busch, A., *Die Geschichte der Privatdozenten*, Stuttgart 1959.

Central-Verein, *Bericht der Rechtsschutz-Kommission des Central-Vereins deutscher Staatsbürger jüdischen Glaubens vom 16. April 1894 durch Eugen Fuchs*, Berlin 1894.

Claussen, Detlev, *Grenzen der Aufklärung. Zur gesellschaftlichen Geschichte des modernen Antisemitismus*, Frankfurt/M. 1987.

Clemens, Justus, *Strafrecht und Politik. Kriminalpolitische Gedanken eines alten Richters*, Berlin 1898.

(Clemens, Justus,) *Richter und Anwalt*, in: *Die Grenzboten*, 55. Jg. (1896), Nr. 11.

Cocks, Geoffrey/Jarausch, Konrad H. (Hrsg.), *German Professions 1800–1950*, New York 1990.

Cohn, Ernst J., *Three Jewish Lawyers of Germany*, in: *LBI-YB*, XVII (1972), S. 155–178.

Cohn, Tobias, *Deutsche Volksvertreter jüdischen Bekenntnisses – Eduard Lasker*, in: *IDR*, 3 (1897), S. 410–420.

Conze, Werner/Kocka, Jürgen (Hrsg.), *Bildungsbürgertum im 19. Jahrhundert*, Stuttgart 1985.

Denkschrift über die Schöffengerichte. Ausgearbeitet im Königlich Preußischen Justiz-Ministerium, Berlin 1873.

Demeter, Karl, *Das deutsche Offizierskorps in Gesellschaft und Staat 1650–1945*, Frankfurt/M. 1965.

Deutsch-soziale Blätter. Organ der Deutschsozialen Partei, Hamburg 1890 ff.

Deutsche Juristen-Zeitung, Berlin, 1877 ff.

Deutscher Juristinnenbund (Hrsg.), *Juristinnen in Deutschland. Eine Dokumentation (1900–1984)*, München 1984.

Dick, Jutta/Sassenberg, Marina (Hrsg.), *Jüdische Frauen im 19. und 20. Jahrhundert*, Hamburg 1993.

Dienemann, M., *Eine Vorarbeit für das Judengesetz von 1847*, in: *IDR*, 15 (1901), S. 408–412.

Dill, Richard W., *Der Parlamentarier Eduard Lasker und die parlamentarische Stilentwicklung der Jahre 1867–1884*, Erlangen 1956.

Dokumentation zur Geschichte der jüdischen Bevölkerung in Rheinland-Pfalz und im Saarland von 1800 bis 1945, hrsg. von der Landesarchiv-Verwaltung Rheinland-Pfalz, Bd. 2, Koblenz 1979.

Dokumente zur Emanzipation der Juden. Vier Reden, Halle/S. 1912.

Drabek, Anna M., u. a. (Hrsg.), *Prag – Czernowitz – Jerusalem*, Eisenstadt 1984.

Dubnow, Simon, *Die Neueste Geschichte des Jüdischen Volkes 1789–1914*, 3 Bde., Berlin 1920–1923 (Neuauflage, Jerusalem 1971).

Dürrenmatt, Friedrich, *Monstervortrag über Recht und Gerechtigkeit*, Zürich 1969.

Eckert, Willehad P., *Ludwig Philippson und seine Allgemeine Zeitung des Judentums in den Jahren 1848/49*, in: *Studia Judaica Austriaca*, Bd. 1, Wien 1974, S. 112–125.

Eichstädt, Volker, *Bibliographie zur Geschichte der Judenfrage (1750–1848)*, Hamburg 1938.

Einige Erklärungen über die Judenfrage aus früheren Sitzungen des preußischen Herrenhauses, Berlin 1880.

Eisenbach, Artur, *Die Judenemanzipation in den polnischen Gebieten im 19. Jahrhundert vor europäischem Hintergrund*, in: Stefi Jersch-Wenzel (Hrsg.), *Deutsche – Polen – Juden. Ihre Beziehungen von den Anfängen bis ins 20. Jahrhundert. Beiträge zu einer Tagung*, Berlin 1987, S. 169–189.

Elbogen, Ismar, *Die Bezeichnung „jüdische Nation"*, in: *Monatsschrift für Geschichte und Wissenschaft des Judentums*, N. F. 27 (1919), S. 200 ff.

Elbogen, Ismar/Sterling, Eleonore, *Die Geschichte der Juden in Deutschland*, Frankfurt/M. 1966.

Engelbert, Ernst, *Bismark. Urpreuße und Reichsgründer*, Berlin 1985.

Engelbert, Ernst, *Die preußische Reformzeit in ihren Struktur- und Entwicklungszusammenhängen*, in: *Universalhistorische Aspekte und Dimensionen der Jakobinismus*, Berlin 1976, S. 40–52.

Erb, Rainer/Bergmann, Werner, *Die Nachtseite der Judenemanzipation. Der Widerstand gegen die Integration der Juden in Deutschland 1780–1860*, Berlin 1989.

Erb, Rainer/Schmidt, Michael (Hrsg.), *Antisemitismus und jüdische Geschichte. Studien zu Ehren von Herbert A. Strauss*, Berlin 1987.

Feuchtwanger, Sigbert, *Die Judenfrage als wissenschaftliches und politisches Problem*, Berlin 1916.

Fiedler, Wilfried, *Gabriel Riesser (1806–1863). Vom Kampf für die Emanzipation der Juden zur freiheitlichen deutschen Verfassung*, in: Helmut Heinrichs u. a. (Hrsg.), *Deutsche Juristen jüdischer Herkunft*, München 1993, S. 85–99.

Fijal, Andreas, *Die Geschichte der Juristischen Gesellschaft zu Berlin in den Jahren 1859 bis 1933*, Berlin-New York 1991.

Fischer, Horst, *Judentum, Staat und Heer in Preußen im frühen 19. Jahrhundert. Zur Geschichte der staatlichen Judenpolitik*, Tübingen 1968.

Fraenkel, Ernst, *Zur Soziologie der Klassenjustiz* (Berlin 1927), Darmstadt 1968.

Fraenkel, Ernst, *Reformismus und Pluralismus. Materialien zu einer ungeschriebenen Autobiographie*, hrsg. von Falk Esche und Frank Grube, Hamburg 1973.

Frankel, Zacharias, *Der Judeneid vor den preußischen Kammern*, in: *Monatsschrift für Geschichte und Wissenschaft des Judentums*, 10 (1861), S. 196–203.

Frantz, Constantin, *Ahasverus oder die Judenfrage*, Berlin 1844.

Freimark, Peter (Hrsg.), *Juden in Preußen – Juden in Hamburg*, Hamburg 1983.

Freimark, Peter/Jankowski, Alice/Lorenz, Ina S. (Hrsg.), *Juden in Deutschland. Emanzipation, Integration, Verfolgung und Vernichtung*, Hamburg 1991.

Fremerey-Dohna, Helga /Schoene, Renate (Bearb.), *Jüdisches Geistesleben in Bonn 1786–1945*, Bonn 1985.

Freund, Ismar, *Die Rechtsstellung der Juden im preußischen Volksschulrecht*, Berlin 1908.

Freund, Ismar, *Die Emanzipation der Juden in Preußen unter besonderer Berücksichtigung des Gesetzes vom 11. März 1812*, 2 Bde., Berlin 1912.

Freund, Ismar, *Staat, Kirche, Judentum in Preußen*, in: *JJGL*, 14 (1911), S. 109 ff.

Freund, Wilhelm, *Zur Judenfrage in Deutschland*, Bd. 1–2, Berlin-Breslau 1843/44.

Fricke, Dieter, u. a. (Hrsg.), *Lexikon zur Parteiengeschichte. Die bürgerlichen und kleinbürgerlichen Parteien und Verbände in Deutschland 1789–1945*, 4 Bde., Leipzig 1983–1986.

Friedlaender, Fritz, *Das Leben Gabriel Riessers. Ein Beitrag zur inneren Geschichte Deutschlands im 19. Jahrhundert*, Berlin 1926.

Friedlaender, *Fritz, Der Kampf um die preußische Judenemanzipation im Jahre 1833*, in: *Monatsschrift für Geschichte und Wissenschaft des Judentums*, N.F., 42 (1934), S. 288–305.

Fries, Jakob Friedrich, *Über die Gefährdung des Wohlstandes und Charakters der Deutschen durch die Juden*, Heidelberg 1816.

Fuchs, Eugen, *Um Deutschtum und Judentum. Gesammelte Reden und Aufsätze (1894–1919)*, Frankfurt/M. 1919.

Gans, Eduard, *Philosophische Schriften*, hrsg. und eingel. von Horst Schröder, Berlin 1971.

Die Gegenwart. Berliner Wochenschrift für jüdische Angelegenheiten,1 (1867) – 2 (1868).

Geiger, Ludwig, *Geschichte der Juden in Berlin*, (Berlin 1871), Neudruck Leipzig 1988.

Zur Geschichte der Juden in Deutschland im 19. und 20. Jahrhundert,. Jerusalem 1971.

Gesetz-Sammlung für die Königlich-Preußischen Staaten, 1812 ff.

Die bürgerliche Gleichstellung der Juden in Preußen. Verhandlungen des Hauses der Abgeordneten 24. – 27. IV. und 10. V. 1860, Sonderdruck, Berlin 1860.

Giese, Friedrich, *Preußische Rechtsgeschichte*, Berlin-Leipzig 1920.

Ghillany, Friedrich W., *Die Judenfrage*, Nürnberg 1843.

Gneist, Rudolf, *Freie Advokatur. Die erste Forderung aller Justizreform in Preußen (1867)*, 2. Aufl., Berlin 1911.

Godau-Schüttke, Klaus-Detlev, *Rechtsverwalter des Reiches Dr. Kurt Joel*, Frankfurt/M.-Bern 1981.

Göppinger, Horst, *Juristen jüdischer Abstammung im „Dritten Reich" – Entrechtung und Verfolgung*, 2. Aufl., München 1990.

Levin Goldschmidt. Ein Lebensbild in Briefen, (o. Hrsg.), Berlin 1898.

Grab, Walter (Hrsg.), *Juden und jüdische Aspekte in der deutschen Arbeiterbewegung 1848–1918,* Tel Aviv 1977.

Grab, Walter (Hrsg.), *Gegenseitige Einflüsse deutscher und jüdischer Kultur von der Epoche der Aufklärung bis zur Weimarer Republik,* Internationales Symposium, Tel Aviv 1982.

Grab, Walter/Schoeps, Julius (Hrsg.), *Juden im Vormärz und in der Revolution von 1848,* Stuttgart-Bonn 1983.

Graupe, Heinz Mosche, *Die Entstehung des modernen Judentums. Geistesgeschichte der deutschen Juden 1640–1942,* 2. Aufl., Hamburg 1977.

Greive, Hermann, *Geschichte des modernen Antisemitismus in Deutschland,* Darmstadt 1980.

Greive, Hermann, *Zur multikausalen Bedingtheit des modernen Antisemitismus,* in: *Judaica,* 1. Jg. (1945/46).

Greive, Hermann, *Minoritätenstatus und Toleranz,* in: Peter Freimark (Hrsg.), *Juden in Preußen – Juden in Hamburg,* Hamburg 1983, S. 98–112.

Grunenberg, Andreas, *Die Religionsbekenntnisse der höheren Beamten in Preußen,* Bd. 1: *Die höheren staatlichen Beamten,* Berlin 1914.

Grünthal, Günther, *Parlamentarismus in Preußen 1848/49–1857/58. Preußischer Konstitutionalismus, Parlament und Regierung in der Reaktionsära,* Düsseldorf 1982.

Grünthal, Günther, *Grundlagen konstitutionellen Regiments in Preußen 1848–1867,* in: Gerhard A. Ritter (Hrsg.), *Regierung, Bürokratie und Parlament in Deutschland und Preußen von 1848 bis zur Gegenwart,* Düsseldorf 1983, S. 41–55.

Haase, Amine, *Katholische Presse und Judenfrage,* Pullach 1975.

Haase, Ernst, *Hugo Haase. Sein Leben und Wirken,* Berlin 1929.

Hachenburg, Max, *Lebenserinnerungen eines Rechtsanwalts,* Düsseldorf 1927.

Hahn, Rolf, *Das schändliche Dekret vom 17. März 1808 und seine Auswirkungen auf die rechtliche Stellung der Juden in Köln,* Jur. Diss., Köln 1967.

Hamburger, Ernest, *Juden im öffentlichen Leben Deutschlands. Regierungsmitglieder, Beamte und Parlamentarier in der monarchischen Zeit 1848–1918,* Tübingen 1968.

Hamburger, Ernest, *Jüdische Parlamentarier in Berlin 1848–1933,* in: Herbert A. Strauss/Kurt R. Grossmann (Hrsg.), *Gegenwart im Rückblick,* Heidelberg 1970, S. 56–85.

Hamburger, Ernest, *One Hundred Years of Emancipation,* in: *LBI-YB,* XIV (1969), S. 3–66.

Handbuch über den Kgl. Preußischen Hof und Staat, Berlin 1847 ff.

Hartmann, Eduard von, *Das Judentum in Gegenwart und Zukunft,* Leipzig-Berlin 1885.

Hartung, Fritz, *Die Entwicklung der Menschen- und Bürgerrechte von 1776 bis zur Gegenwart,* Göttingen-Frankfurt/M.-Berlin 1954.

Hartung, Fritz, *Zur Geschichte der preußischen Verwaltung im 19. und 20. Jahrhundert,* in: *Moderne preußische Geschichte 1648–1947. Eine Anthologie,* Bd. 52/2, Berlin-New York 1981, S. 680–730.

Hattenhauer, Hans, *Geschichte des Beamtentums,* Köln-Berlin-Bonn-München 1980.

Haym, Rudolf, *Reden und Redner des Ersten Preußischen Vereinigten Landtags*, Berlin 1847.

Heinemann, Jeremias, *Ergänzungen und Erläuterungen der die religiöse und bürgerliche Verfassung der Juden in den Kgl. Preußischen Staaten betreffenden Gesetze*, Glogau 1831.

Heinrichs, Helmut/Franzki, Hans H./Schmalz, Klaus/Stolleis, Michael (Hrsg.), *Deutsche Juristen jüdischer Herkunft*, München 1993.

Heinrichs, Helmut, *Herrmann Staub (1856–1904). Kommentator des Handelsrechts und Entdecker der positiven Rechtsverletzung*, in: ders. u. a. (Hrsg.), *Deutsche Juristen jüdischer Herkunft*, München 1993, S. 385–402.

Hennig, Eike/Saage, Richard (Hrsg.), *Konservatismus – eine Gefahr für die Freiheit?*, München-Zürich 1983.

Henning, Hans-Joachim, *Die deutsche Beamtenschaft im 19. Jahrhundert*, Stuttgart 1984.

Herzig, Arno, *Judentum und Emanzipation in Westfalen*, Münster 1973.

Herzig, Arno, *Die Juden in Preußen im 19. Jahrhundert*, in: Peter Freimark (Hrsg.), *Juden in Preußen – Juden in Hamburg*, Hamburg 1983, S. 32–58.

Herzig, Arno, *Juden und Judentum in der sozialgeschichtlichen Forschung*, in: Wolfgang Schieder/Volker Sellin (Hrsg.), *Sozialgeschichte in Deutschland*, Bd. 4, Göttingen 1987, S. 108–132.

Hess, Adalbert, *Das Parlament das Bismarck widerstrebte. Zur Politik und sozialen Zusammensetzung des preußischen Abgeordnetenhauses in der Konfliktzeit (1862–66)*, Köln-Opladen 1964.

Hintze, Otto, *Das preußische Staatsministerium im 19. Jahrhundert*, in: *Beiträge zur Brandenburgischen und Preußischen Geschichte*, Leipzig 1908, S. 403–413.

Hollerbach, Alexander, *Heinrich Rosin (1855–1927). Pionier des allgemeinen Verwaltungs- und Sozialversicherungsrechts*, in: Helmut Heinrichs u. a. (Hrsg.), *Deutsche Juristen jüdischer Herkunft*, München 1993, S. 369–384.

Honigmann, Peter, *Peter Theophil Riess. Der erste Jude in der preußischen Akademie der Wissenschaften*, in: *Jahrbuch des Instituts für Deutsche Geschichte Tel Aviv*, Tel Aviv 1985, S. 181–191.

Hortzitz, Nicoline, *„Früh-Antisemitismus" in Deutschland (1789–1871/72). Strukturelle Untersuchungen zu Wortschatz, Text und Argumentation*, Tübingen 1988.

Horwitz, Maximilian, *Ansprachen bei der Trauerfeier für Justizrat Dr. Maximilian Horwitz* (u. a. von Geh. Justizrat Cassel, Geh. Justizrat Dr. Eugen Fuchs), Berlin 1917.

Huber, Ernst R., *Deutsche Verfassungsdokumente*, Bd. 1: *Dokumente zur deutschen Verfassungsgeschichte (1803–1850)*, Stuttgart 1961.

Huerkamp, Claudia, *Frauen, Universitäten und Bildungsbürgertum. Zur Lage studierender Frauen*, in: Hannes Siegrist (Hrsg.), *Bürgerliche Berufe*, Göttingen 1988, S. 200–222.

Humboldt, Wilhelm v., *Über den Entwurf zu einer Konstitution für die Juden (1809)*, in: ders., *Werke in 5 Bänden*, Bd. 4, Berlin 1960.

Hunt, James C., *„Die Parität in Preußen" (1899): Hintergrund, Verlauf und Ergebnis eines Aktionsprogramms der Zentrumspartei*, in: *Historisches Jahrbuch*, 102 (1982), München 1982, S. 418–434.

Im Deutschen Reich. Zeitschrift des Central-Vereins deutscher Staatsbürger jüdischen Glaubens, Berlin 1895 ff.

Isler, M. (Hrsg.), *Gabriel Riessers gesammelte Schriften*, 4 Bde., Frankfurt/M.-Leipzig 1867–1868.

Jacobson, Jacob, *Die Judenbürgerbücher der Stadt Berlin*, Berlin 1962.

Jacobson, H. F., *Über die Arten der Religionsgesellschaften und die religiösen Rechtsverhältnisse der Dissidenten in Preußen*, in: *Zeitschrift für Kirchenrecht*, 1 (1861), S. 392 ff.

Jacoby, Johann, *Über das Verhältnis des Kgl. Preußischen Oberregierungsraths Streckfuß zur Emanzipation der Juden*, Hamburg 1833.

Jahrbuch für Israeliten aus dem Jahr 5624 (1864), hrsg. von J. K. Bruckner, Leipzig, 21. Jg. (1863).

Jarausch, Konrad H., *Jewish Lawyers in Germany, 1848–1938. The Disintegration of a Profession*, in: *LBI-YB*, XXXVI (1991), S. 171–190.

(Jersch-)Wenzel, Stefi, *Jüdische Bürger und kommunale Selbstverwaltung in preußischen Städten 1808–1848*, Berlin 1967.

Jersch-Wenzel, Stefi, *Juden und „Franzosen" in der Wirtschaft des Raumes Berlin/Brandenburg zur Zeit des Merkantilismus*, Berlin 1978.

Jersch-Wenzel, Stefi, *Die Lage von Minderheiten als Indiz für den Stand der Emanzipation einer Gesellschaft*, in: Hans-Ulrich Wehler (Hrsg.), *Sozialgeschichte Heute. Festschrift für Hans Rosenberg zum 70. Geburtstag*, Göttingen 1974, S. 365–387.

Jersch-Wenzel, Stefi, *Minderheiten in der preußischen Gesellschaft*, in: *Moderne preußische Gesellschaft 1648–1947. Eine Anthologie*, Berlin-New York, Bd. 52/1, Berlin 1981, S. 486–506.

Jersch-Wenzel, Stefi, *The Jews as a „Classic" Minority in Eighteenth- and Nineteenth-Century Prussia*, in: *LBI-YB*, XXVII (1982), S. 37–52.

Jersch-Wenzel, Stefi, *Der „mindere Status" als historisches Problem. Überlegungen zur vergleichenden Minderheitenforschung*, Berlin 1986.

Jersch-Wenzel, Stefi, *Die Herausbildung eines „preußischen" Judentums 1671–1825*, in: Peter Freimark (Hrsg.), *Juden in Preußen – Juden in Hamburg*, Hamburg 1983, S. 11–31.

Jersch-Wenzel, Stefi (Hrsg.), *Deutsche – Polen – Juden. Ihre Beziehungen von den Anfängen bis ins 20. Jahrhundert. Ein Tagungsbericht*, Berlin 1987.

Jersch-Wenzel, Stefi, *Minderheiten in der bürgerlichen Gesellschaft. Juden in Amsterdam, Frankfurt und Posen*, in: Jürgen Kocka (Hrsg.), *Bürgertum im 19. Jahrhundert*, München 1988, S. 392–420.

Jeserich, Kurt G. A., u. a. (Hrsg.), *Deutsche Verwaltungsgeschichte*, Bd. 2: *Vom Reichsdeputationshauptschluß bis zur Auflösung des Deutschen Bundes*, Stuttgart 1983.

Jessen, Jens, *Die Selbstzeugnisse der deutschen Juristen. Erinnerungen, Tagebücher und Briefe. Eine Bibliographie*, Frankfurt/M.-Berlin 1983.

Jochmann, Werner, *Gesellschaftskrise und Judenfeindschaft in Deutschland 1870–1945*, Hamburg 1988.

Juden in Preußen. Ein Kapitel deutscher Geschichte, hrsg. vom Bildarchiv Preußischer Kulturbesitz, Dortmund 1981.

Juden können nicht Richter sein. Ein Wort zur Berücksichtigung von einem preußischen Richter, Berlin 1859.

Die Juden. Von einem Christen, 3. Aufl., Berlin 1877.

Die Judendebatte im preußischen Abgeordnetenhaus. Reden Sr. Excellenz des Herrn Minister Goßler und der Herren Abgeordneten Stoecker und Rickert anläßlich der 2. Beratung des Kulturetats am 20. März 1890. Nach dem stenographischen Parlamentsberichte, Berlin 1890.

Die Judenfrage. Verhandlungen des Preußischen Abgeordnetenhauses über die Interpellation des Abgeordneten Dr. Hänel am 20. und 22. November 1880. Separatabdruck der stenographischen Berichte, Berlin 1880.

Das deutsche Judentum und der Liberalismus – German Jewry and Liberalism. Dokumentation eines internationalen Seminars der Friedrich-Naumann-Stiftung in Zusammenarbeit mit dem Leo Baeck Institute London, Sankt Augustin 1986.

Jüdisches Lexikon, hrsg. von Georg Herlitz u. Bruno Kirschner, 5 Bde., Berlin 1927–1935.

Juristische Wochenschrift. Organ des deutschen Anwaltsvereins, Leipzig, 1872 ff.

Justiz-Ministerial-Blatt für die preußische Gesetzgebung und Rechtspflege, hrsg. im Bureau des Justizministers, Berlin, 1847 ff.

Kade, Carl, *Der preußische Juristenstand,* in: *Preußische Jahrbücher,* Bd. 75 (1894), S. 226 ff., 247 ff.

Kade, Carl, *Der deutsche Richter,* 2., neubearb. Aufl., Berlin 1910.

Kaim, Isidor, *Ein Jahrhundert der Judenemanzipation und deren christliche Verteidiger,* Leipzig 1869.

Kalisch, Moritz, *Die Judenfrage in ihrer wahren Bedeutung für Preußen,* Leipzig 1860.

Kampe, Norbert, *Studenten und „Judenfrage" im deutschen Kaiserreich. Die Entstehung einer akademischen Trägerschicht des Antisemitismus,* Göttingen 1988.

Kampe, Norbert, *Jews and Antisemitism in Imperial Germany (I). Jewish Students: Social History and Social Conflict,* in: *LBI-YB,* XXX (1985), S. 357–394.

Kampe, Norbert, *Jüdische Professoren im deutschen Kaiserreich. Zu einer vergessenen Enquête Bernhard Breslauers,* in: Rainer Erb/Michael Schmidt (Hrsg.), *Antisemitismus und jüdische Geschichte. Studien zu Ehren von Herbert A. Strauss,* Berlin 1987, S. 185–211.

Kampe, Norbert/Schmiedebach, Heinz-Peter, *Robert Remak (1815–1865). A Case Study in Jewish Emancipation in the Mid-Nineteenth Century German Scientific Community,* in: *LBI-YB,* XXXIV (1989), S. 95–130.

Kampe, Norbert/Strauss Herbert A. (Hrsg.), *Antisemitismus. Von der Judenfeindschaft zum Holocaust,* Frankfurt/M.-New York 1985.

Kampmann, Wanda, *Deutsche und Juden. Die Geschichte der Juden in Deutschland vom Mittelalter bis zum Beginn des Ersten Weltkrieges,* Heidelberg 1963.

Kastner, Dieter (Bearb.), *Der rheinische Provinziallandtag und die Emanzipation der Juden im Rheinland 1825–1845,* 2 Bde., Brauweiler 1989.

Katz, Jacob, *Die Entstehung der Juden-Assimilation in Deutschland und deren Ideologie*, Diss., Frankfurt/M. 1935.

Katz, Jacob, *Zur Assimilation und Emanzipation der Juden*, Darmstadt 1982.

Katz, Jacob, *Richard Wagner. Vorbote des Antisemitismus*, Königstein/Ts. 1985.

Katz, Jacob, *Aus dem Ghetto in die bürgerliche Gesellschaft: jüdische Emanzipation 1770–1870*, Frankfurt/M. 1986.

Kaznelson, Siegmund (Hrsg.), *Juden im deutschen Kulturbereich. Ein Sammelwerk (1934)*, 2., erw. Aufl., Berlin 1959.

Kehr, Eckart, *Der Primat der Innenpolitik. Gesammelte Aufsätze zur preußisch-deutschen Sozialgeschichte im 19. und 20. Jahrhundert*, Berlin 1965.

Kempner, Robert M., *Ankläger einer Epoche. Lebenserinnerungen*, Frankfurt/M. 1986.

Kisch, Guido, *Judentaufen. Eine historisch-biographisch-psychologisch-soziologische Studie besonders für Berlin und Königsberg*, Berlin 1973.

Kisch, Guido, *Der Lebensweg eines Rechtshistorikers. Erinnerungen*, Sigmaringen 1975.

Klee, Emil Wilhelm, *Über die Emanzipation der Juden. Zugleich eine Kritik der Behandlung dieser Frage auf dem Vereinigten Landtag in Preußen*, Magdeburg 1847.

Klein, Ernst, *Funktion und Bedeutung des preußischen Staatsministeriums*, in: *Jahrbuch für die Geschichte Mittel- und Ostdeutschlands*, Bd. 9/10 (1961), S. 195–261.

Kleinheyer, Gerd/Schröder, Jan, *Deutsche Juristen aus fünf Jahrhunderten*, 3., erw. Aufl., Heidelberg 1989.

Kober, Adolf, *Aus der Geschichte der Juden im Rheinland*, in: *Zeitschrift des Rheinischen Vereins für Denkmalpflege und Heimatschutz*, H. 1 (1931), S. 11–90.

Kober, Adolf, *Karl Marx' Vater und das napoleonische Ausnahmegesetz gegen die Juden 1808*, in: *Jahrbuch des Kölnischen Geschichtsvereins*, XIV (1932), S. 115 ff.

Kobler, Franz, *Juden und Judentum in deutschen Briefen aus drei Jahrhunderten*, Wien 1935.

Kocka, Jürgen (Hrsg.), *Bürger und Bürgerlichkeit im 19. Jahrhundert*, Göttingen 1987.

Kocka, Jürgen (Hrsg.), *Bürgertum im 19. Jahrhundert. Deutschland im europäischen Vergleich*, München 1988.

Kocka, Jürgen, *Bürgertum und Bürgerlichkeit als Problem der deutschen Geschichte vom späten 18. zum frühen 20. Jahrhundert*, in: ders. (Hrsg.) *Bürger und Bürgerlichkeit im 19. Jahrhundert*, Göttingen 1987, S. 21–63.

Kolbeck, Thomas, *Juristenschwemmen. Untersuchungen über den juristischen Arbeitsmarkt im 19. und 20. Jahrhundert*, Frankfurt/M.-Berlin 1978.

Kolkmann, Joseph, *Die gesellschaftliche Stellung der Juden*, 2. Aufl., Löbau/Westpr. 1876.

Kollenscher, Max, *Rechtsverhältnisse der Juden in Preußen*, Berlin 1910.

Koselleck, Reinhart, *Preußen zwischen Reform und Revolution*, Stuttgart 1967.

Korrespondenz-Blatt des Verbandes der deutschen Juden, Berlin, Nr. 1 (Okt. 1907) – Nr. 14 (Juni 1914).

Krach, Tillmann, *Jüdische Rechtsanwälte in Preußen. Über die Bedeutung der freien Advokatur und ihre Zerstörung durch den Nationalsozialismus*, München 1991.

Krampe, Christoph, *Sigmund Wilhelm Zimmern (1796–1830). Systematiker des römischen Rechts in der Frühzeit der Emanzipation*, in: Helmut Heinrichs u. a. (Hrsg.), *Deutsche Juristen jüdischer Herkunft*, München 1993, S. 27–43.

Krohn, Helga, *Die Juden in Hamburg 1800–1850. Ihre soziale und politische Entwicklung während der Emanzipationszeit*, Frankfurt/M. 1967.

Krug, Wilhelm Traugott, *Über das Verhältnis verschiedener Religionsparteien zum Staate und über die Emanzipation der Juden (1828)*, in: *Krug's gesammelte Schriften*, Bd. 4, Braunschweig 1834, S. 459–482.

Laband, Paul, *Lebenserinnerungen*, hrsg. von Wilhelm Bruck, Berlin 1918.

Lamberti, Marjorie, *Jewish Activism in Imperial Germany. The Struggle for Civil Equality*, New Haven-London 1978.

Lamberti, Marjorie, *The Attempt to Form a Jewish Bloc: Jewish Notables and Politics in Wilhelminian Germany*, in: *Central European History*, 3 (1970), S. 73–93.

Lamberti, Marjorie, *The Prussian Government and the Jews – Official Behavior and Policy-Making in the Wilhelminian Era*, in: *LBI-YB*, XVII (1972), S. 5–18.

Lamberti, Marjorie, *The Jewish Struggle for the Legal Equality of Religions in Imperial Germany*, in: *LBI-YB*, XXIII (1978), S. 101–116.

Lamm, Hans, *Karl Marx und das Judentum*, in: *Karl Marx 1818–1968. Neue Studien zu Person und Leben*, Mainz 1968, S. 11–66.

Landau, Peter, *Juristen jüdischer Herkunft im Kaiserreich und in der Weimarer Republik*, in: Helmut Heinrichs u. a. (Hrsg.), *Deutsche Juristen jüdischer Herkunft*, München 1993, S. 133–214.

Landauer, Georg, *Zur Geschichte der Judenrechtswissenschaft (1930)*, in: Kurt Wilhelm (Hrsg.), *Wissenschaft der Judentums im deutschen Sprachbereich*, Tübingen 1967, S. 295–301.

Lasker, Eduard, *Seine Biographie und letzte öffentliche Rede*, (o. Hrsg.), Stuttgart 1884.

Laufs, Adolf, *Eduard Lasker (1829–1884). Ein Leben für den Rechtsstaat*, in: Helmut Heinrichs u. a. (Hrsg.), *Deutsche Juristen jüdischer Herkunft*, München 1993, S. 249–281.

Lazarus, Moritz, *An die deutschen Juden*, in: *Treu und frei. Gesammelte Reden und Vorträge über Juden und Judentum*, Leipzig 1887, S. 157–180.

Lemonon, Michel, *Die Verbreitung der Rassenlehre Gobineaus in Deutschland*, in: Ursula Büttner (Hrsg.), *Das Unrechtsregime*, Bd. 1, Hamburg 1986, S. 39–48.

Lenz, Max, *Geschichte der Kgl. Friedrich-Wilhelms-Universität zu Berlin*, Bd. 1–4, Halle/S. 1910–1918.

Leuschen-Seppel, Rosemarie, *Sozialdemokratie und Antisemitismus im Kaiserreich. Die Auseinandersetzungen der Partei mit den konservativen und völkischen Strömungen des Antisemitismus 1871–1914*, Bonn 1978.

Levy, Meyer, *Der Staat und die Juden im Norddeutschen Bunde. Ein Mahnruf an das Norddeutsche Parlament*, Lissa 1867.

Levy, Meyer, *Gesetz oder Willkür?*, in: *Die Nation. Wochenschrift für Politik, Volkswirtschaft und Literatur*, hrsg. von Theodor Barth, 11. Jg. (1893/94), S. 347–350.

Levy, Richard S., *The Downfall of the Antisemitic Political Parties in Imperial Germany*, New Haven-London 1975.

Liebeschütz, Hans, *Judentum und deutsche Umwelt im Zeitalter der Restauration*, in: Liebeschütz, Hans/Paucker, Arnold (Hrsg.), *Das Judentum in der deutschen Umwelt 1800–1850. Studien zur Frühgeschichte der Emanzipation*, Tübingen 1977, S. 1–54.

Liebeschütz, Hans/Paucker, Arnold (Hrsg.), *Das Judentum in der deutschen Umwelt 1800–1850. Studien zur Frühgeschichte der Emanzipation*, Tübingen 1977.

Liebmann, Otto (Hrsg.), *Die juristische Fakultät der Universität Berlin von ihrer Gründung bis zur Gegenwart. Festgabe der Deutschen Juristenzeitung zur Jahrhundertfeier der Friedrich-Wilhelms-Universität zu Berlin (1810–1910)*, Berlin 1910.

Link, Christoph, *Emil Friedberg (1837–1910). Kirchenrechtler der historischen Rechtsschule, „Staatskanonist" und Mitstreiter im Kulturkampf*, in: Helmut Heinrichs u. a. (Hrsg.), *Deutsche Juristen jüdischer Herkunft*, München 1993, S. 283–300.

Link, Christoph, *Friedrich Julius Stahl (1802–1861). Christlicher Staat und Partei der Legitimität*, in: Helmut Heinrichs u. a. (Hrsg.), *Deutsche Juristen jüdischer Herkunft*, München 1993, S. 59–83.

Lippmann, Leo, *Mein Leben und meine amtliche Tätigkeit* (Autobiographie, 1934), hrsg. von Werner Jochmann, Hamburg 1964.

Loewenfeld, Raphael, *Schutzjuden oder Staatsbürger?*, 3. Aufl., Berlin 1893.

Loewenthal, Max J., *Das jüdische Bekenntnis als Hinderungsgrund bei der Beförderung zum preußischen Reserve-Offizier.* Im Auftrage des Verbandes der deutschen Juden, Berlin 1911.

Lorenzen, Sievert, *Die Juden und die Justiz*, Berlin-Hamburg 1942.

Lorenzen, Sievert, *Das Eindringen der Juden in die Justiz vor 1933*, in: *Deutsche Justiz*, Berlin 1939, S. 731–740, 768–777, 956–966.

Loth, Wilfried, *Katholiken im Kaiserreich. Der politische Katholizismus in der Krise des wilhelminischen Deutschlands*, Düsseldorf 1984.

Lowenthal, Ernst G., *Juden in Preußen. Ein biographisches Verzeichnis*, Berlin 1982.

Lowenthal, Ernst G., *Lebensgeschichte als Zeitgeschichte: Erinnerungen an den Berliner Juristen Walter Breslauer (1890–1981)*, in: *Mitteilungen des Vereins für die Geschichte Berlins*, 87 (1991), H. 1, S. 366–368.

Lüdke, Alf, *„Gemeinwohl", Polizei und „Festungspraxis". Staatliche Gewaltsamkeit und innere Verwaltung in Preußen 1815–1856*, Göttingen 1982.

Luig, Klaus, *Heinrich Dernburg (1829–1907). Ein „Fürst" der Spätpandektistik und des preußischen Privatrechts*, in: Helmut Heinrichs u. a. (Hrsg.), *Deutsche Juristen preußischer Herkunft*, München 1993, S. 231–247.

Mann, Bernhard, *Biographisches Handbuch für das preußische Abgeordnetenhaus 1867–1918*, Düsseldorf 1988.

Marcus, Conrad, *Juristen erster bis dritter Klasse*, in: *Frankfurter Zeitung* vom 21. Jan. 1906, 50. Jg., Nr. 20, S. 1 ff.

Marr, Wilhelm, *Der Judenspiegel*, Hamburg 1862.

Marr, Wilhelm, *Der Sieg des Judentums über das Germanentum. Vom nichtconfessionellem Standpunkt aus betrachtet*, 8. Aufl., Bern 1879.

Marx, Hugo, *Werdegang eines jüdischen Staatsanwalts und Richters in Baden (1892–1933). Ein soziologisch-politisches Zeitbild,* Villingen 1965.

Marx, Karl, *Zur Judenfrage,* in: *Deutsch-Französische Jahrbücher* (1844), Neudruck Leipzig 1981, S. 266–299.

Massing, Paul W., *Vorgeschichte des modernen Antisemitismus,* Frankfurt/M. 1959.

Mayer, Gustav, *Erinnerungen,* Zürich 1949.

Meinecke, Friedrich, *Weltbürgertum und Nationalstaat* (1908), 6. Aufl., München-Berlin 1922.

Meyer, Oscar, *Von Bismarck zu Hitler. Erinnerungen und Betrachtungen,* 2. Aufl., Offenbach 1948.

Meyer, Wilhelm (Bearb.), *Dienstlaufbahn der preußischen Richter und Staatsanwälte.* Bearb. im Bureau des Justizministeriums, 3. Ausg., Berlin 1909.

Michaelis, Alfred, *Die Rechtsverhältnisse der Juden in Preußen seit dem Beginn des 19. Jahrhunderts. Gesetze, Erlasse, Verordnungen, Entscheidungen,* Berlin 1910.

Miek, Ilja, *Zielsetzungen und Ertrag der preußischen Reformen,* in: *Preußen – Beiträge zu einer politischen Kultur,* Hamburg 1981, S. 181–196.

Mitteilungen des Gesamtarchivs der Deutschen Juden, hrsg. von Eugen Täubler, Leipzig bzw. Berlin, 6 Jge. (1909–1926).

Mitteilungen aus dem Verein zur Abwehr des Antisemitismus, Berlin, 1891 ff.

Mohl, Robert von, *Staatsrecht, Völkerrecht und Politik,* Bd. 3, Tübingen 1869.

Monatsschrift für Geschichte und Wissenschaft des Judentums, Breslau, 1. Jg. (1851/52) bis N.F. 47 = 83 (1939).

Monz, Heinz, *Die soziale Lage der elterlichen Familie von Karl Marx,* in: *Karl Marx 1818–1968. Neue Studien zu Person und Leben,* Mainz 1968, S. 67–129.

Monz, Heinz, *Die jüdische Herkunft von Karl Marx,* in: *Jahrbuch des Instituts für deutsche Geschichte Tel Aviv,* Tel Aviv 1973, S. 173–197.

Monz, Heinz, *Advokatanwalt Heinrich Marx. Die Berufsausbildung eines Juristen im französischen Rheinland,* in: *Jahrbuch des Instituts für Deutsche Geschichte Tel Aviv,* Tel Aviv 1979, S. 125–141.

Mosse, George L., *Rassismus. Ein Krankheitssymptom in der europäischen Geschichte des 19. und 20. Jahrhunderts,* Königstein/T. 1978.

Mosse, Werner E., *Albert Mosse – A Jewish Judge in Imperial Germany,* in: *LBI-YB,* XXVIII (1983), S. 169–184.

Mosse, Werner E., *Deutsches Judentum und Liberalismus,* in: *Das deutsche Judentum und der Liberalismus – German Jewry and Liberalism.* Dokumentation eines internationalen Seminars der Friedrich-Naumann-Stiftung in Zusammenarbeit mit dem Leo Baeck Institute London), Sankt Augustin 1986, S. 15–21.

Mosse, Werner E./Paucker, Arnold (Hrsg.), *Juden im Wilhelminischen Deutschland 1890–1914.* Ein Sammelband, Tübingen 1976.

Mosse, Werner E./Paucker, Arnold/Rürup, Reinhard (Hrsg.), *Revolution and Evolution 1848 in German-Jewish History,* Tübingen 1981.

Mühsam, Paul, *Ich bin ein Mensch gewesen. Lebenserinnerungen,* hrsg. von E. Kretzschmar, Gerlingen 1989.

Müller, D. K., u. a., *Modellentwicklung zur Analyse von Krisenphasen im Verhältnis von Schulsystem und staatlichem Beschäftigungssystem*, in: *Zeitschrift für Pädagogik*, Beih. 14, (1977), S. 37–77.

Na'aman, Shlomo, *Ferdinand Lassalle (1825–1864). Anwalt des Rechts und Rechtsanwalt*, in: *Streitbare Juristen*. Hrsg.: *Kritische Justiz*, Baden-Baden 1988, S. 69–80.

Nathan, Paul, *Die Kriminalität der Juden in Deutschland*, Berlin 1896.

National-Zeitung, Berlin, 1901.

Naudh, H. (Pseudonym), *Die Juden und der deutsche Staat*, (Leipzig 1859), 5. Aufl., Berlin-Posen 1862; 10. Aufl., Berlin 1879; 11. Aufl., Chemnitz 1883.

Nauwerck, Karl, *Hauptergebnisse der Landtags-Abschiede in Preußen 1841, 1843, 1845*, Berlin 1846.

Neue Preußische Zeitung (Kreuzzeitung), Berlin, 1855 ff.

Niewyk, Donald L., *Das Selbstverständnis der Juden und ihre Beteiligung am politischen Leben des Kaiserreiches und der Weimarer Republik*, in: *Geschichte und Kultur der Juden in Bayern*, München 1988, S. 369–385.

Nipperdey, Thomas/Rürup, Reinhard, *Antisemitismus – Enstehung, Funktion und Geschichte eines Begriffs*, in: Nipperdey, Thomas (Hrsg.), *Gesellschaft, Kultur, Theorie*, Göttingen 1976, S. 113–132.

Ohlsen, Manfred, *Der Eisenbahnkönig B. H. Strousberg: eine preußische Gründerkarriere*, Berlin 1987.

Ostler, Fritz, *Die deutschen Rechtsanwälte 1871–1917*, Essen 1971.

Paech, Norman, *„Ich habe nur als proletarischer Anwalt meine Pflicht den angeklagten Proletariern gegenüber erfüllt". Hans Litten, Rechtsanwalt (1903–1938)*, in: *Demokratie und Recht*, (1988), S. 70 ff.

Pappenheim, Max, *Levin Goldschmidt*, Stuttgart 1897.

Parmod, Maximilian, *Antisemitismus und Strafrechtspflege*, Berlin 1894.

Paucker, Arnold, *Zur Problematik einer jüdischen Abwehrstrategie in der deutschen Gesellschaft*, in: Mosse, Werner E./Paucker, Arnold (Hrsg.), *Juden im Wilhelminischen Deutschland 1890–1914*, Tübingen 1976, S. 479–548.

Pauly, Walter, *Paul Laband (1838–1918). Staatsrechtslehre als Wissenschaft*, in: Helmut Heinrichs u. a. (Hrsg.), *Deutsche Juristen jüdischer Herkunft*, München 1993, S. 301–319.

Pazi, Margarita, *Die Juden in der ersten deutschen Nationalversammlung 1848/49*, in: *Jahrbuch des Instituts für Deutsche Geschichte Tel Aviv*, Bd. 5, Tel Aviv 1976, S. 177–209.

Pfeiffer, Gerd, *Eduard von Simson (1810–1899). Präsident der Deutschen Nationalversammlung von 1848/49, des Deutschen Reichstages nach 1871 und des Reichsgerichts*, in: Helmut Heinrichs u. a. (Hrsg.), *Deutsche Juristen jüdischer Herkunft*, München 1993, S. 101–115

Philipp, Ferdinand, *Lebenserinnerungen*, Altona 1917.

Philippson, Ludwig, *Der Kampf der preußischen Juden um die Sache der Gewissensfreiheit*, Magdeburg-Berlin 1856.

Philippson, Martin, *Neueste Geschichte der Juden*, 3 Bde., Leipzig 1907, 1910, 1911 (2. Aufl., Frankfurt/M. 1911–1930).

Philippson, Martin, *Rückblick auf das Jahr 5666*, in: *JJGL*, Bd. 10 (1907), S. 1–20.

Philippson, Martin, *Rückblick auf das Jahr 5668*, in: *JJGL*, Bd. 12 (1909), S. 1–17.

Planitz, Hans (Hrsg.), *Die Rechtswissenschaft der Gegenwart in Selbstdarstellungen*, 3 Bde, Leipzig 1924–1929.

Poliakov, Leon, *Geschichte des Antisemitismus. Emanzipation und Rassenwahn*, Bd. 6, Worms 1987.

Preston, David L., *Science, Society and the German Jews 1870–1933*, Phil. Diss, Urbana (Illinois) 1971.

Preußischer Terminkalender für Justizbeamten, 28. Jg. (1880), 34. Jg. (1886).

Pulzer, Peter, *Die Entstehung des politischen Antisemitismus in Deutschland und Östereich 1867–1914*, Gütersloh 1966 (englische Ausgabe mit Forschungsbericht unter dem Titel *The Rise of Political Anti-Semitism in Germany*, New York 1964).

Pulzer, Peter, *Die jüdische Beteiligung an der Politik*, in: Werner E. Mosse/Arnold Paucker (Hrsg.), *Juden im Wilhelminischen Deutschland, 1890–1914*, Tübingen 1976, S. 143–240.

Pulzer, Peter, *The Jewish Question in Imperial Germany*, in: *LBI-YB*, XXV (1980), S. 133–146.

Pulzer, Peter, *Religion and Judicial Appointments in Germany 1869–1918*, in: *LBI-YB*, XXVIII (1983), S. 185–204.

Rasehorn, Theo, *Sie waren keine Außenseiter. Jüdische Juristen und linksbürgerliche Kultur in der Weimarer Republik*, in: *Tribüne. Zeitschrift zum Verständnis des Judentums*, 28. Jg. (1989), H. 111, S. 181–192.

Reichmann, Eva, *Die Flucht in den Haß. Die Ursachen der deutschen Judenkatastrophe*, Frankfurt/M. 1956.

Reichmann, Eva, *Größe und Verhängnis deutsch-jüdischer Existenzen. Zeugnisse einer tragischen Begegnung*, Heidelberg 1974.

Der Reichsbote. Deutsche Wochenzeitung für Christentum und Volkstum, Berlin, 1873 ff.

Reichs-Gesetzblatt, 1878.

Reinharz, Jehuda, *Deutschtum and Judentum. Jewish Liberalism and Zionism in Germany 1893–1914*, Phil. Diss., Brandeis University, 1972.

Reissner, Hanns Günther, *Eduard Gans. Ein Leben im Vormärz*, Tübingen 1965.

Rhode, Gotthold (Hrsg.), *Juden in Ostmitteleuropa. Von der Emanzipation bis zum Ersten Weltkrieg*, Marburg/Lahn 1989.

Richarz, Monika, *Der Eintritt der Juden in die akademischen Berufe. Jüdische Studenten und Akademiker in Deutschland 1678–1848*, Tübingen 1974.

Richarz, Monika, *Juden, Wissenschaft und Universitäten. Zur Sozialgeschichte der jüdischen Intelligenz und der akademischen Judenfeindschaft 1780–1848*, in: Walter Grab (Hrsg.), *Gegenseitige Einflüsse deutscher und jüdischer Kultur von der Epoche der Aufklärung bis zur Weimarer Republik*, Tel Aviv 1982, S. 55–73.

Richarz, Monika (Hrsg.), *Jüdisches Leben in Deutschland. Selbstzeugnisse zur Sozialgeschichte*, 3 Bde., Stuttgart 1976–1982.

Die jüdischen Richter und Staatsanwälte. Ein familienkundlicher Nachweis über die jüdischen und verjudeten Justizbeamten in Deutschland. Als Handschrift gedruckt für den Kreis der Freunde und Förderer der deutschen Auskunftei, H. 1–4, 1930.

Rieger, Paul, *Zur Jahrhundertfeier des Judenedikts vom 11. März 1812*, Berlin 1912.

Riess, Kurt, *Der Mann in der schwarzen Robe. Das Leben des Strafverteidigers Max Alsberg*, Hamburg 1965.

Riesser, Gabriel, *Die Rechte der Juden in Preußen*, in: *Preußische Jahrbücher*, Bd. 5 (1860), S. 105–142.

Riesser, Gabriel, *Die Judenfrage noch einmal vor beiden Häusern des Landtages*, in: *Preußische Jahrbücher*, Bd. 7 (1861), S. 11–50.

Riesser, Jacob, *Levin Goldschmidt*. Gedächtnisrede, gehalten in der juristischen Gesellschaft zu Berlin am 13. Nov. 1897 von Justizrat Dr. Riesser, Berlin 1897.

Ritter, Gerhard A. (Hrsg.), *Regierung, Bürokratie und Parlament in Preußen und Deutschland von 1848 bis zur Gegenwart*, Düsseldorf 1983.

Ritter, Immanuel Heinrich, *Die letzten zwölf Jahre. Ein Beitrag zur Geschichte der Juden in Preußen*, in: *Jahrbuch für die Geschichte des Judentums*, Bd. 1, Leipzig 1860, S. 101–138.

Röhl, John C. G., *Beamtenpolitik im Wilhelminischen Deutschland*, in: Michael Stürmer (Hrsg.), *Das kaiserliche Deutschland*, Düsseldorf 1970, S. 287–311.

Rönne, Ludwig v., *Die Verfassungsurkunde für den preußischen Staat vom 31. Januar 1850*, Berlin 1850.

Rönne, Ludwig von/Simon, Heinrich, *Die früheren und gegenwärtigen Verhältnisse der Juden in den sämtlichen Landestheilen des preußischen Staates*, Breslau 1843.

Rönne, Ludwig von/Zorn, Philipp, *Das Staatsrecht der preußischen Monarchie*, 2 Bde., Leipzig 1899–1906.

Rohling, August, *Der Talmudjude*, 5. Aufl., Lorch 1926.

Rothholz, Julius, *Die deutschen Juden in Zahl und Bild*, Berlin 1925.

Rottleuthner, Hubert, *Die gebrochene Bürgerlichkeit der Scheinprofession – Zur Situation der deutschen Richterschaft zu Beginn des 20. Jahrhunderts*, in: Hannes Siegrist (Hrsg.), *Bürgerliche Berufe*, Göttingen 1988, S. 145–173.

Rühs, Friedrich, *Über die Ansprüche der Juden an das deutsche Bürgerrecht*, 2., erw. Aufl., Berlin 1816.

Rürup, Reinhard, *Emanzipation und Antisemitismus. Studien zur „Judenfrage" in der bürgerlichen Gesellschaft*, Göttingen 1975.

Rürup, Reinhard, *Deutschland im 19. Jahrhundert (1815–1871)*, Göttingen 1984.

Rürup, Reinhard, *Kontinuität und Diskontinuität der Judenfrage im 19. Jahrhundert. Zur Entstehung des modernen Antisemitismus*, in: Hans-Ulrich Wehler (Hrsg.), *Sozialgeschichte Heute. Festschrift für Hans Rosenberg zum 70. Geburtstag*, Göttingen 1974, S. 388–415.

Rürup, Reinhard, *Emanzipation und Krise. Zur Geschichte der Judenfrage in Deutschland vor 1890*, in: Werner E. Mosse/Arnold Paucker (Hrsg.), *Juden im Wilhelminischen Deutschland 1890–1914*, Tübingen 1976, S. 1–56.

Rürup, Reinhard, *Juden in Preußen. Probleme ihrer Geschichte*, in: *Juden in Preußen. Ein Kapitel deutscher Geschichte*, hrsg. vom Bildarchiv Preußischer Kulturbesitz, Dortmund 1981, S. 30–38.

Rürup, Reinhard, *Emanzipation und Antisemitismus. Historische Verbindungslinien*, in: Norbert Kampe/Herbert A. Strauss (Hrsg.), *Antisemitismus. Von der Judenfeindschaft zum Holocaust*, Frankfurt/M.-New York 1985, S. 88–98.

Rürup, Reinhard, *Judenemanzipation und bürgerliche Geschichte in Deutschland*, in: Ernst Schulin (Hrsg.), *Gedenkschrift für Martin Göhring*, Wiesbaden 1986, S. 174–199.

Rürup, Reinhard, *Emanzipationsgeschichte und Antisemitismusforschung zur Überwindung antisemitischer Vorurteile*, in: Rainer Erb/Michael Schmidt (Hrsg.), *Antisemitismus und jüdische Geschichte. Studien zu Ehren von Herbert A. Strauss*, Berlin 1987, S. 467–478.

Rürup, Reinhard *Die Emanzipation der Juden und die verzögerte Öffnung der juristischen Berufe*, in: Helmut Heinrichs u. a. (Hrsg.), *Deutsche Juristen jüdischer Herkunft*, München 1993, S. 1–25.

Ruppin, Arthur, *Soziologie der Juden*, 2 Bde., Berlin 1930–1931.

Ruppin, Arthur, *Tagebücher, Briefe und Erinnerungen*, Königstein/Ts. 1985.

Sachs, Salomon, *Mein fünfzigjähriges Dienstleben und literarisches Wirken. Ein Beitrag zur tatsächlichen Beleuchtung der Frage: Sind Juden zum Staatsdienst geeignet?*, Berlin 1842.

Sammlung sämtlicher Drucksachen des Hauses der Abgeordneten, I. Session 1862, Bd. 2, Berlin 1862.

Samter, Nathan, *Judentaufen im 19. Jahrhundert*, Berlin 1906.

Sartre, Jean-Paul, *Betrachtungen zur Judenfrage*, Zürich 1948.

Scharff-Scharffenstein, Hermann von, *Ein Blick in das gefährliche Treiben der Judensippschaft*. Von einem Deutschen, Augsburg 1851.

Scharff-Scharffenstein, Hermann von, *Das entlarvte Judentum der Neuzeit*, Zürich 1871.

Scheiger, Brigitte, *Juden in Berlin*, in: Stefi Jersch-Wenzel/Barbara John (Hrsg.), *Von Zuwanderern zu Einheimischen. Hugenotten, Juden, Böhmen, Polen in Berlin*, Berlin 1990, S. 153–488.

Scherner, Karl Otto, *Max Hachenburg (1860–1951). Recht des Handels als geordnetes Leben der Wirtschaft*, in: Helmut Heinrichs u. a. (Hrsg.), *Deutsche Juristen jüdischer Herkunft*, München 1993, S. 415–428.

Scheuer, Oskar F., *Burschenschaft und Judenfrage*, Wien-Berlin 1927.

Schieder, Wolfgang (Hrsg.), *Liberalismus in der Gesellschaft des Vormärz*, Göttingen 1983.

Schmidt, Karsten, *Levin Goldschmidt (1829–1897). Der Begründer der modernen Handelsrechtswissenschaft*, in: Helmut Heinrichs u. a. (Hrsg.), *Deutsche Juristen jüdischer Herkunft*, München 1993, S. 216–230.

Schnee, Heinrich, *Rothschild. Geschichte einer Finanzdynastie*, Göttingen-Berlin-Frankfurt/M. 1961.

Schoeps, Hans-Joachim, *Das andere Preußen*, Stuttgart 1957.

Schoeps, Hans-Joachim, *Friedrich Julius Stahl und das Judentum*, in: Hans Lamm (Hrsg.), *Von Juden in München*, München 1958, S. 99–103.

Schoeps, Hans-Joachim, *Jüdische Anhänger der konservativen Partei Preußens*, in: ders., *Ein weites Feld. Gesammelte Aufsätze*, Berlin 1980, S. 163–173.

Schoeps, Julius, *Christlicher Staat und jüdische Gleichberechtigung*, in: Eike Hennig/Richard Saage (Hrsg.), *Konservatismus, eine Gefahr für die Freiheit?*, München-Zürich 1983, S. 38–54.

Schorsch, Ismar, *Jewish Reactions to German Anti-Semitism 1870–1914*, Philadelphia-New York-London 1972.

Schorsch, Ismar, *The Religious Parameters of Wissenschaft. Jewish Academics at Prussian Universities*, in: *LBI-YB*, XXV (1980), S. 3–20.

Schröder, Rainer, *Die Richterschaft am Ende des Zweiten Kaiserreiches unter dem Druck polarer sozialer und politischer Anforderungen*, in: *Festschrift für Rudolf Gmür zum 70. Geburtstag*, Bielefeld 1983.

Schütz, Rüdiger, *Zur Eingliederung der Rheinlande*, in: Peter Baumgart (Hrsg.), *Expansion und Integration zur Eingliederung neugewonnener Gebiete in den preußischen Staat*, Köln-Wien 1984, S. 195–226.

Schwemer, Richard, *Geschichte der freien Stadt Frankfurt am Main (1814–1866)*, 3 Bde., Frankfurt/M. 1910.

Seeber, Gustav/Noack, Karl-Heinz (Hrsg.), *Preußen in der deutschen Geschichte nach 1789*, Berlin 1985.

Segall, Jakob, *Die beruflichen und sozialen Verhältnisse der Juden in Deutschland*, Berlin 1912.

Sendschreiben israelitischer Preußen an die Mitglieder des Vereinigten Landtages, Leipzig 1847.

Siegrist, Hannes, *Die Rechtsanwälte und das Bürgertum. Deutschland, die Schweiz und Italien im 19. Jahrhundert*, in: Jürgen Kocka (Hrsg.), *Bürgertum im 19. Jahrhundert*, München 1988, S. 92–123.

Siegrist, Hannes (Hrsg.), *Bürgerliche Berufe*, Göttingen 1988.

Siegrist, Hannes, *Public Office or Free Profession? German Attorneys in the Nineteenth and Early Twentieth Centuries*, in: Geoffrey Cocks/Konrad H. Jarausch (Hrsg.), *German Professions 1800–1950*, New York 1990.

Silbergleit, Heinrich, *Die Bevölkerungs- und Berufsverhältnisse der Juden im Deutschen Reich*, Bd. 1: *Preußen*, Berlin 1930.

Silberner, Edmund, *Sozialisten zur Judenfrage. Ein Beitrag zur Geschichte des Sozialismus vom Anfang des 19. Jahrhunderts bis 1914*, Berlin 1962.

Silberner, Edmund, *Kommunisten zur Judenfrage. Zur Geschichte von Theorie und Praxis des Kommunismus*, Opladen 1983.

Simon, Dieter, *Die Unabhängigkeit des Richters*, Darmstadt 1975.

Sinsheimer, Hermann, *Gelebt wie im Paradies. Erinnerungen und Begegnungen*, München 1953.

Sinzheimer, Hugo, *Jüdische Klassiker der deutschen Rechtswissenschaft*, (1. Aufl., 1937), 2. Aufl., Frankfurt/M. 1953.

Sombart, Werner, *Die Juden und das Wirtschaftsleben*, Leipzig 1911.

Sonnenfeld, Hugo, *Zum Meineidsprozeß gegen Moritz Levy in Konitz/Westpreußen. Verteidigungsrede des Rechtsanwalts Hugo Sonnenfeld in Berlin*, Berlin 1901.

Staatsbürger-Zeitung, Berlin, 1865 ff.

Die preußische Staatsverwaltung und die Juden. Protestversammlung vom 10. Febr. 1901 in Berlin. Stenographischer Bericht, Berlin 1901.

Stegmann, Dirk, u. a. (Hrsg.), *Deutscher Konservatismus im 19. und 20. Jahrhundert*, Bonn 1983.

Stenographische Berichte über die Hauptversammlungen des Verbandes deutscher Juden, Berlin, 1 (1905) – 5 (1913/14).

Stenographische Berichte der Verhandlungen der Versammlung zur Vereinbarung der preußischen Staatsverfassung, Bd. 2, Berlin 1848.

Stenographische Berichte über die Verhandlungen der deutschen constituierenden Nationalversammlung zu Frankfurt am Main, hrsg. von Franz Wigard, Bd. 3, Leipzig 1848.

Stenographische Berichte über die Verhandlungen des (preußischen) Hauses der Abgeordneten (bzw. der II. Kammer), Berlin 1849 ff.

Stenographische Berichte über die Verhandlungen des (preußischen) Herrenhauses (bzw. der I. Kammer), Berlin 1849 ff.

Stenographische Berichte der Verhandlungen des Reichstages des Norddeutschen Bundes (Anlagen), Bd. 9, Berlin 1869.

Stenographische Berichte über die Verhandlungen des Deutschen Reichstags, Berlin 1898.

Sterling, Eleonore, *Er ist wie Du. Aus der Frühgeschichte des Antisemitismus in Deutschland (1815–1850)*, München 1956.

Stern, Fritz, *Kulturpessimismus als politische Gefahr. Eine Analyse nationaler Ideologie in Deutschland*, Berlin- Stuttgart-Wien 1963.

Stern, Ludwig, *Die Lehrsätze des neugermanischen Judenhasses*, Würzburg 1879.

Stern, Selma, *Der preußische Staat und die Juden*, (Berlin 1925), 7 Bde., Tübingen 1962–1975.

Stiefel, Ernst C./Mecklenburg, Frank, *Deutsche Juristen im amerikanischen Exil (1933–1950)*, Tübingen 1991.

Stoecker, Adolf, *Christlich-Soziale Reden und Aufsätze*, Berlin 1890.

Stourzh, Gerald, *Die Gleichberechtigung der Nationalitäten in der Verfassung und Verwaltung Östereichs 1848–1918*, Wien 1985.

Strauss, Herbert A., *Staat, Bürger, Mensch. Die Debatten der deutschen Nationalversammlung 1848/49 über die Grundrechte*, Phil. Diss., Bern 1948.

Strauss, Herbert A., *Pre-Emancipation Prussian Politics towards the Jews 1815–1847*, in: *LBI-YB*, XI (1966), S. 107–136.

Strauss, Herbert A., *Liberalism and Conservatism in Prussian Legislation for Jewish Affairs 1815–1847*, in: ders./Hanns Günther Reissner (Hrsg.), *Jubilee Volume dedicated to Curt C. Silberman*, New York 1969, S. 114–132.

Strauss, Herbert A./Grossmann, Kurt R. (Hrsg.), *Gegenwart im Rückblick. Festgabe für die jüdische Gemeinde zu Berlin*, Heidelberg 1970.

Streckfuß, Karl, *Über das Verhältnis der Juden zu den christlichen Staaten*, Halle 1833.

Streitbare Juristen, Hrsg.: *Kritische Justiz*, Baden-Baden 1988.

Stürmer, Michael (Hrsg.), *Das kaiserliche Deutschland*, Düsseldorf 1970.

Suchy, Barbara, *The Verein zur Abwehr des Antisemitismus. From its Beginnings to the First World War*, in: *LBI-YB*, XXVIII (1983), S. 205–239.

Tal, Uriel, *Christians and Jews in Germany. Religion, Politics and Ideology in Second Reich 1870–1914*, Ithaca-London 1975.

Täubler, Eugen, *Zur Vorgeschichte des Gesetzes über die Verhältnisse der Juden vom 23. Juli 1847*, in: *Mitteilungen des Gesamtarchivs der Deutschen Juden*, hrsg. von E. Täubler), 2. Jg. (1909), H. 1, S. 37–41.

Täubler-Stern, Selma, *Der literarische Kampf um die Emanzipation der Juden 1816–1819*, in: *Monatsschrift für Geschichte und Wissenschaft des Judentums*, 83 (1939), Neuaufl. Tübingen 1963.

Terminkalender für preußische Justizbeamte, Berlin, 28. Jg. (1880), 34. Jg. (1886).

Termin-Kalender für die preußischen Rechtsanwälte und Notare, Berlin, 1. Jg. (1860) – 60. Jg. (1919).

Titze, Hartmut, *Die zyklische Überproduktion von Akademikern im 19. und 20. Jahrhundert*, in: *Geschichte und Gesellschaft*, 10. Jg. (1984), S. 92–121.

Toury, Jacob, *Die politischen Orientierungen der Juden in Deutschland von Jena bis Weimar*, Tübingen 1966.

Toury, Jacob, *Der Eintritt der Juden ins deutsche Bürgertum. Eine Dokumentation*, Tel Aviv 1972.

Toury, Jacob, *Soziale und politische Geschichte der Juden in Deutschland 1848–1871. Zwischen Revolution, Reaktion und Emanzipation*, Düsseldorf 1977.

Toury, Jacob, *Jüdische Parteigänger des Antisemitismus*, in: *LBI-Bulletin*, Tel Aviv, 4. Jg. (1961), Nr. 16, S. 323–335.

Toury, Jacob, *Der Eintritt der Juden ins deutsche Bürgertum*, in: Hans Liebeschütz/Arnold Paucker, *Das Judentum in der deutschen Umwelt 1800–1850. Studien zur Frühgeschichte der Emanzipation*, Tübingen 1977, S. 139–242.

Toury, Jacob, *Die bangen Jahre (1889–1891). Juden in Deutschland zwischen Integrationshoffnung und Isolationsfurcht*, in: Peter Freimark/Alice Jankowski/Ina S. Lorenz (Hrsg.), *Juden in Deutschland. Emanzipation, Integration, Verfolgung und Vernichtung*, Hamburg 1991, S. 164–185.

Treitschke, Heinrich von, *Ein Wort über unser Judentum* (Separatdruck aus dem 44. und 45. Bd. der *Preußischen Jahrbücher*), 3. Aufl., Berlin 1880.

Treumund Wahrlieb (d. i. Marcard, H. E.), *Darf ein Jude Mitglied einer Obrigkeit sein, die über christliche Untertanen gesetzt ist?*, 7. Aufl., Minden 1843.

Veit, Moritz, *Der Entwurf einer Verordnung über die Verhältnisse der Juden und das Edikt vom 11. März 1812*, Leipzig 1847.

Veit, Moritz (Hrsg.), *Die bürgerlichen Rechte der Juden und Dissidenten vor dem Forum der Ersten Kammer. Nach Denkschriften der Kammer und stenographischem Bericht*, Berlin 1852.

Die Verhandlungen des Reichstages über den Wucher und des preußischen Abgeordnetenhauses über die Juden als Geschworene und Richter. Flugblatt, hrsg. vom Verein zur Abwehr des Antisemitismus, (Berlin) 1891.

Die Verjudung des christlichen Staates. Ein Wort zur Zeit, Leipzig 1865.

Vierhaus, Rudolf, *Liberalismus und deutsches Bürgertum*, in: *Das deutsche Judentum und der Liberalismus – German Jewry and Liberalism.* Dokumentation eines internationalen Seminars der Friedrich-Naumann-Stiftung in Zusammenarbeit mit dem Leo Baeck Institute London, Sankt Augustin 1986, S. 28 ff.

Vierhaus, Rudolf, *Der Aufstieg des Bürgertums vom späten 18. Jahrhundert bis 1848/49*, in: Jürgen Kocka (Hrsg.), *Bürger und Bürgerlichkeit im 19. Jahrhundert*, Göttingen 1987, S. 64–78.

Vogel, Barbara, *Beamtenkonservatismus. Sozial- und verfassungsgeschichtliche Voraussetzungen der Parteien im frühen 19. Jahrhundert*, in: Dirk Stegmann u. a. (Hrsg.), *Deutscher Konservatismus im 19. und 20. Jahrhundert*, Bonn 1983, S. 1–31.

Vogelstein, H., *Zur Vorgeschichte des Gesetzes über die Verhältnisse der Juden vom 23. Juli 1847*, in: *Monatsschrift für Geschichte und Wissenschaft des Judentums*, N.F. 17 (1909), S. 385–427.

Vogt, Arnold, *Volle Gleichstellung nie erreicht: Chancen und Grenzen jüdischer Religion im deutschen Militär bis 1918*, in: *Tribüne. Zeitschrift zum Verständnis des Judentums*, 25. Jg. (1986), H. 99 und 26. Jg. (1987), H. 101.

Volkov, Shulamit, *Jüdisches Leben und Antisemitismus im 19. und 20. Jahrhundert. Zehn Essays*, München 1990.

Volkov, Shulamit, *Die Juden in Deutschland 1780–1918*, München 1994.

Vollständige Verhandlungen des Ersten Vereinigten Preußischen Landtages über die Emanzipationsfrage der Juden, Berlin 1847.

Wagener, Hermann, *Das Judentum und der Staat*, Berlin 1857.

Wagener, Hermann, *Erlebtes (Memoiren)*, T. 1 u. 2., Berlin 1884.

Wandel, Eckard, *Hans Schäffer (1886–1967). Steuermann in wirtschaftlichen und politischen Krisen*, Stuttgart 1974.

Wagner, Richard, *Das Judentum in der Musik*, Leipzig 1869 (1. Aufl. unter Pseudonym K. Freigedank, 1850).

Wawrzinek, Kurt, *Die Entstehung der deutschen Antisemitenparteien (1873–1890)*, Berlin 1927.

Weber, Rolf, *Das Unglück der Könige. Johann Jacoby 1805–1877. Eine Biographie*, Berlin 1987.

Weber, Werner, *Das kirchenpolitische System der Weimarer Reichsverfassung im Rückblick*, in: *Gesellschaft, Recht und Politik*, Neuwied-Berlin 1986, S. 381–397.

Wedell, R., *Vorurtheil oder berechtigter Hass? Eine vorurteilslose Besprechung der Judenfrage*, Berlin 1880.

Wehler, Hans-Ulrich (Hrsg.), *Sozialgeschichte Heute. Festschrift für Hans Rosenberg zum 70. Geburtstag*, Göttingen 1974.

Weißler, Adolf, *Geschichte der Rechtsanwaltschaft*, Leipzig 1905, Neudruck Frankfurt/M. 1967.

Wilmanns, C., *Die „goldene" Internationale und die Notwendigkeit einer sozialen Reformpartei*, 5. Ausg., Berlin 1876.

Wininger, Salomon, *Große jüdische National-Biographie*, 7 Bde., (Czernowitz 1927), Reprint Neudeln/Liechtenstein 1979.

Winkler, Heinrich August, *Bürgerliche Emanzipation und nationale Einigung*, in: Helmut Böhme (Hrsg.), *Probleme der Reichsgründungszeit 1848–1879*, Berlin-Köln 1968.

Witt, A. J., *Auch ein Wort über Judenemanzipation*, 2. Aufl., Altona 1841.

Witt, Peter Christian, *Der preußische Landrat als Steuerbeamter 1891–1918. Bemerkungen zur politischen und sozialen Funktion des deutschen Beamtentums*, in: Dirk Blasius (Hrsg.), *Preußen in der deutschen Geschichte*, Königstein/Ts. 1980, S. 293–308.

Wolfart, Philipp Ludwig, *Über die Emanzipation der Juden in Preußen*, Potsdam 1844.

Zander, K., *Handbuch, enthaltend die sämtlichen Bestimmungen über die Verhältnisse der Juden im preußischen Staat*, Leipzig 1881.

Zimmermann, Mosche, *Hamburgischer Patriotismus und deutscher Nationalismus. Die Emanzipation der Juden in Hamburg 1830–1865*, Hamburg 1979.

Zimmermann, Volker, *Ein besonderer Eid für jüdische Ärzte und Wundärzte in Preußen*, in: *Medizinhistorisches Journal*, Bd. 17 (1982), Nr. 1–2, S. 78–88.

Zunz, Leopold, *Gesammelte Schriften*, 3 Bde. (Berlin 1874/76), Reprint Hildesheim-New York 1976.

zur Mühlen, Patrick von, *Rassenideologien. Geschichte und Hintergründe*, Berlin-Bonn 1977.

ORTS- UND PERSONENREGISTER

SACHREGISTER

Kolibri 360 GmbH
Ferdinand-Jühlke-Straße 7
99095 Erfurt, Deutschland
produktsicherheit@kolibri360.de